U0137332

朝鮮時代漢語教科書十種彙輯

汪維輝〇編著

三

上海教育出版社

朴通事諺解（影印本）

朴 팧팧 通 퉁퉁 事 쓰스 諺 연연 解 계계 上 쌍샹

當 당당 今 긴긴 聖 싱싱 主 쥬쥬 ○當今에聖主ㅣ 洪 훙훙 福 부부 齊 찌치 天 텬텬 ○

큰福이하ᄂᆞᆯ과ᄀᆞ족ᄒᆞ야 風 봉봉 調 댶댶 雨 유유 順 쓘쓘 ○風調雨順ᄒᆞ고 國 궈궈 泰 태태

民 민민 安 한안 ○國泰民安ᄒᆞᆫ디 又 왕우 逢 뽕봉 着 쨯죠 這 저저 春 츈츈 二 ᅀᅳᆯ을 三

산산 月 웨워 好 핳한 時 쓰스 節 졍져 ○또이봄二三月됴ᄒᆞᆫ時節을만나시니 休 힣휴 蹉

처초 過 거고 了 랗랴 好 핳한 時 쓰스 光 광광 ○됴ᄒᆞᆫ時光을그ᄅᆞᆺ디내디마쟈 人 ᅀᅵᆫ신 生

승승 一 잉이 世 싱시 草 챃찰 生 승승 一 잉이 秋 칠추 ○人生一世ㅣ오草生一秋ㅣ라 咱

잠자 們 믄믄 幾 기기 箇 거거 好 핳한 弟 띠디 兄 흉흉 ○우리여러됴ᄒᆞᆫ弟兄ᄃᆞᆯ히 去 큐큐

那 나나 有 윌우 名 밍밍 的 딩디 花 화화 園 원원 裏 리리 ○뎌有名ᄒᆞᆫ花園에가 做 주주

一 잉이 箇 거거 賞 샹샹 花 화화 筵 연연 席 씽시 ○ᄒᆞᆫ賞花ᄒᆞᄂᆞᆫ이바디ᄅᆞᆯᄒᆞ여 ○凡宴會席

話曰筵席文話曰筵會吏語[illegible]筵設席之意 咱 잠자 們 믄믄 消 샿샤 愁 쯓추 解 계계

問믄문如유유何ᄒᆡ허◯우리消愁解悶홈이엇더ᄒᆞ뇨衆즁중弟ᄯᅵ디兄흉흉們믄믄

商샹샹量량량了랼랴◯모든弟兄들히혜아리쟈咱쟘자們믄믄三산산十씽시箇

거거人신인◯우리三十人이各거거人신인出츄츄一이이百븨배箇거거銅퉁퉁

錢쳔쳔◯各人이一百낫銅錢을내면共궁궁通퉁퉁三산산千쳔쳔箇거거銅퉁퉁

錢쳔쳔◯대되三千낫銅錢이니勾쿠쿠使ᄉᆞ스用융용了랼랴◯유여히쓰리라着

쟣조張쟝쟝三산산買매매羊양양去큐큐◯張三으로ᄒᆞ여羊을사라가○三或族次或朋

友行苐之次或有官者以職次相呼或穪爲定名者有之李四王五亦同買매매二ᅀᆞᆯ을十씽시箇

거거好핳핟肥ᄢᅴ뷔羊양양◯二十낫ᄆᆞ장솔진羊을사되休향햐買매매母무무的

딩디都두두要얗얖羯걍거的딩디◯암을사디말고다수를사고又잉우買매매一

ᅙᅵᆼ이隻징지好핳핟肥ᄢᅴ뷔牛닣누◯또一隻ᄆᆞ장솔진쇼를사고買매매五우우十

씽시斤긴긴猪쥬쥬肉ᅀᆞᆨ수◯五十斤猪肉을사고着쟣조李리리四ᅀᆞ스買매매果

귀고 子즈즈 拖터토 爐루루 隨쉬취 食씽시 去큐큐 ○李四로ᄒᆞ여과실와拖爐隨食을사

라가게ᄒᆞ라 ○果子 果實也 又呼油蜜果亦曰果子曰蜜果子 制形如棗 拖爐音義云 麪作小餅 質問云以麥

麪和油蜜印成花餅熔熟食之 隨食音義云與拖爐相似 質問云以麥麪和油作小餅與茶食時食之取其香酥

也 原本用隨字 故反譯亦用隨字 俗音취 今更質之 字作饋 宜從위音讀 今俗亦曰饋餅 今 酒징쥬 京깅깅

城찡칭 槽짷찬 房빵방 雖쉬쉬 然션션 多더도 ○술은京城에술집이비록만ᄒᆞ나 ○槽房

釀酒出賣之家 官收其稅 街계계 市쓰스 酒징쥬 打다다 將쟝쟝 來래래 怎즘즘 麼마마

喫칭치 ○저젯술을가져오면엇디머그리오 咱잠자 們믄믄 問운운 那나나 光광광 祿

롱루 寺쓰스 裏리리 ○우리뎌光祿寺에무러 ○光祿寺在東長安門內 其屬有大官珍羞良醞掌醢

四署 享供辦內府諸品膳羞酒醴及管待使客之事 討탕토 南난난 方방방 來래래 的딍디 蜜

밍이 林린린 檎낀긴 燒샿샾 酒징쥬 一잉이 桶퉁퉁 ○南方으로셔온蜜林檎燒酒ᄒᆞᆫ통과

○蜜林檎燒酒 質問云 初蒸熟燒酒 用蜜葡萄相參浸 久而食之 方言謂之蜜林檎燒酒 又云以麪為麴延用

藥料以燒酒為蒸下入熱麋內待熱搽之其味甚甜又云如蒸的熱燒酒將蜜與抹擒果參和盛入瓶內封裹

久而食之最妙長챵창春츈츈酒정작一힝이桶퉁퉁○長春酒ᄒᆞᆫ통과○長春酒質問云春

分巳所造之酒永久不變其味方言謂之長春酒又云以春分日蒸粲下酒三日後封開了甕待夏後方掠

苦쿠쿠酒정작一힝이桶퉁퉁○苦酒ᄒᆞᆫ통과○苦酒質問云酒有苦味少甜味又云麴多米少

之酒其味最苦豆뚜두酒정작一힝이桶퉁퉁○豆酒ᄒᆞᆫ통을어더오고○豆酒音義云菉豆做

的質問云菉豆造為細麯作酒取其有味又云以菉豆作麴用粘米作酒其味殊長桶質問云大者容二十瓶

小者容十五瓶又잉우內뉘뉘府부부管권권酒정작的딍디官권권人인인們믄믄

造장잔的딍디好핳할酒정작○또內府에술마ᄋᆞᆫ官人들의비즌됴흔술을○內府猶言

闕內也討탕토十씽시來래레瓶빙핑如슈슈何해허○여라믄병을어더오니엇디ᄒᆞ

뇨可커커知징지道땅단好핳할○그리어니됴커니와着쟣죠誰쒸쉬去큐큐討

탕토○눌로ᄒᆞ여가어더오료光광광祿루루寺쓰스裡리리着쟣죠姓싱싱李리리

的뎌디館권권夫부부討탕탄去큐큐○光祿寺에는姓이李가館夫로ᄒᆞᆫ여어ᄃᆞ라가개ᄒᆞᆫ

고○館夫應當館驛接待使客之役質問云府개將百姓差撥無身役者做館夫答應使客待三年更替內

뉘뉘府부부裏리리着쟣조姓신신崔취취的뎌디外왜왜郞랑랑討탕탄去큐큐

○內府에는姓이崔가外郞으로ᄒᆞᆫ여어ᄃᆞ라가게ᄒᆞᆫ라○外郞汝稱各衙門吏典之號俗嫌其托我貪外

郞之號字外字爲上聲大小衙門吏典名稱各異討탕탄酒장주的뎌디都두두廻휘휘來

래래了랼랴○술가질라갓더너다오나다勘칸칸合헣허有잉우了랼랴不붕부曾

쯩층○勘合어잇는가못ᄒᆞᆫ엿는가○勘合吏學指南云勘合即古之符契也質問云官府設簿冊二扇九

事用印鈐記上寫外字發號發批去者曰外號上寫內字集號留在官府者曰內號討탕탄將장장來

래래了랼랴○어더가져왓노라我어오到닿닫那나나衙야야門믄믄裏리리堂

땅탕上샹샹官권권說쉬쉬了랼랴○내뎌衙門에가堂上官의게니르니便뼌변呌갸갸

將장장當당당該개개的뎌디外왜왜郞랑랑來래래○곳當該外郞을블러와寫

셔셔 勘칸칸合햫허就쥥쥭使씃스印힌인信신신與유유我어오來래레○合勘
텨을나써룰이주의드셔라러在째재那나나裏리리拿나나來래레我어오看칸칸○
져어오티라잇내ᄂᆞ보됴쟈가官권권人신인們믄믄文문운書슈슈分븐븐付부부管
권권酒쥥쥐白的뎡디署슈슈官권권根근근底디디○官人들이文書를술ᄀᆞ음아는署官
리개分付ᄒᆞ여○署官良醞署即光祿寺屬ᄒᆞᆫ也有署正署丞監事等官支즈즈與유유竹주주簍
뎡여清칭칭酒쥥쥐十씨시五우우瓶빙핑腦뇨노兒슬올酒쥥쥐五우우桶퉁퉁
○竹簍清酒十五瓶과腦兒酒五桶을支與ᄒᆞ더라○竹簍清酒質問云其酒甚清色如竹簍腦兒酒質問
云做酒用麵麴藥料為藥人封不動其色紅而味最純厚又云以糯米為之酒一帶稍者又云好麴妙香作酒
成熟粘稠有忌云用參和照쟝쟌依히이前쳔쳔例리리該개개與유유多더도少샾샨
○舊例대로ᄒᆞ면언메나주엄즉ᄒᆞ관티如슈슈今긴긴怎즘즘麼마마少샾샨了랼랸
○이제엇더져그뇨都두두是쓰스官권권人신인們믄믄剋킁킈減켠켠了랼랸

○ ᄅ다 거官 더入 도들 다이 羅 빠바 羅 빠바 緘 권견 不 봉부 多 더도 ○ 감두 호어 거두 시어

니하 ᄒ다 다아 一 징이 邊 변변 擺 배배 卓 잘조 兒 ᅀᆞᆯ올 ○ 삼一 버邊 리고 라로 怎 즘즘 濾

마아 擺 배배 ○ 리것 료다 버 外 왜왜 手 싷수 一 징이 遭 잘잔 兒 ᅀᆞᆯ올 十 씹시 六 륙릭

楪 뎡뎌 ○ 솟밧 뎝첫 시줄 에열 눈여 菜 채채 蔬 수수 ○ ㅣ菜 오蔬 菉 떠디 二 ᅀᆞᆯ올 遭 장잔

十 씹시 六 륙루 楪 뎡리 ○ 솟돌 뎝재 시줄 에열 눈여 榛 즌즌 子 즈즈 ○ 과개 얌 松 숭숭

子 즈즈 ○ 과잣 乾 간간 葡 뿌푸 萄 땋또 ○ 萄ᄆᆞ 와ᄅᆞᆫ 葡 栗 릿리 子 즈즈 ○ 과밤 龍

둥룽 眼 현연 ○ 其龍 子眼 形과 如○ 彈一 丸名 核圓 如眼 木樹 捷如 肉荔 白支 葉但 甘枝 如葉 家積 五小

荔六 奴十 木顆 捷作 即總 本荔 國支 모熟 간後 쥬龍 捻眼 音熟 惠號 核 흑허 桃 떨탈 ○ ○호 碌도 嘉와

後使 五西 胡成 時得 遊明 胡耗 字四 改種 名子 核中 耗圓 荔 리리 子 즈즈 ○ 作티 支지 荔오 支○ 生子

夏巳 孕峡 如閩 葡形 葡狀 核圓 如如 枇椎 把盖 殼葉 如如 紅冬 增育 睽花 如如 禁橘 绪春 執茶 肉實 潔如 白丹

二如 日氷 香霜 变漿 三液 日甘 味如 变醴 四酪 五如 日辭 外本 色枝 香一 味日 尽色 変変 荔 떠디 三 산산

遭잔잠十시씩六루룰樣리몸○셋재줄열여ᄉᆞᆺ뎝시예순柑간간子조즈○柑子과

石시씽榴루륭○石榴와香향향水쉬쉬梨리리○香水梨와櫻잉잉桃토땊○

櫻桃와杏힝힝子즈즈○杏고와蘋핀핀婆포포果고귀○굴근님금과○似林檎而

大者反譯名義云梵言頻波果此云相思果色丹且潤質問云形如沙果其大如梨玉용유黃황황子

즈즈○유황술고와虎후후剌라랄賓빈빈○굴근외앗이오○質問云如李長大半靑半紅

色食之可口又云如赤李長而大者當당당中중중間건권裡리리○가온대논放방방象

샹샹生승승纏쳔젼糖당탕○生物을象ᄒᆞ여ᄆᆡᆼ민沙糖이어나○音義經字註云用白糖白芝麻

相和以火煎熱須八木印内傾史涼後與果實相似也餹字註云白糖化後用木印澆成亦與果實相似今按

纏糖印一物之名諸司職掌婚禮定親及納徵皆用芝麻纏糖二合粲纏糖二合則纏與糖非二物矣況音義

内解義相同則是亦明為一物矣象生者像生物之形而為之義也象作像木印以木刻成物形為模范者也糖

即沙糖也煎甘蔗笙為之或휘휙是스스獅스스仙션션糖탕당○흑ᄉ지둔신션강으로민

근沙糖을노코○獅仙糖以糖印做騎獅仙人之形也亦有爲樓就僧佛之形者也 前쪈쳔 面면면 一

황이 遭장잔 ○ 압흐줄은 燒샾샾 鵝어오 白뽕버 煠짱자 鷄기기 ○ 干온게오와긴기듬

에지진두리파○煠音義音쯩誤以油煎也 川쳔쳔 炒참챠 猪쥬쥬 肉슝수 ○ 제믈에조흔며욕과

○音義云민몰에炒ᄒᆞᆫ猪肉수按川炒盪水炒也 [火+賛]잔잔 鴿급거 子즈즈 彈딴단 ○ 비돌기알

全은이와○質問云鴿子彈滲於滚肉湯食之又云用肉腸在鍋再加椒料菜蔥花燒火至滚滚方下鴿子卵

盛之於碗以獻賓客 燒호샤 爛란란 [足+旁]빵팡 蹄띠티 ○ 농난허干은족파 蒸징징 鮮션션

魚유유 ○ 번엉션파 [火+朋]븡븡 牛븡부 肉슝수 ○ 干은석고기와○音義燜者븡平聲質問云字

肉細切用椒煮燗食又云以水和醬成湯放入鍋內燒至滚沸方下細切的牛肉弄加椒醋蔥花盛供放已燗

炮빵팦 炒찹챠 猪쥬쥬 肚뚜두 ○ 炮炒ᄒᆞᆫ돋의양과○炮炒用音和水炒之質問云如猪肚生切

置於鍋中用緊火炒熟方言謂之炮炒 席씽시 面면면 上썅상 ○ 席面에논○音義云못첫줄

寶빻봐 粧쫭좡 高강갸 頂딩딩 插창차 花화화 ○ 寶粧高頂에곳츨못고 着짭조 張

장장三산산去큐큐○張三으로ᄒᆞ여가叫걍갸教걍갸坊항방司슷스十씽시數

수수箇거거樂양요工궁궁和해호做주주院원원本븐븐諸쥬쥬般번번雜짜자

技끼기的듸디來래레○敎坊司외여라믄樂工과院本에며러가지雜技ᄒᆞᄂᆞ니ᄅᆞᆯ블러오라○

敎坊司掌雜俗樂之司隸禮部有奉鑾韶舞司樂等官一名麗春院卽元俗所呼拘欄司○院本南村輟耕錄云唐有傳奇宋有戲曲唱諢詞說金有雜劇諸宮調院本雜劇其實一也國朝院本雜劇始釐而二之院本則五人一曰副淨古謂之參軍一曰副末古謂之蒼鶻鶻能擊禽鳥末可打副淨故云一曰引戲一曰末泥一曰孤裝又謂之五花爨弄或曰宋徽宗見爨國人來朝衣裝鞋履巾裹傅粉墨舉動如此使優人效之以爲戲其間副淨有散說有道念有筋斗有科泛蓋古教坊色長有魏武劉三人而魏長於念誦武長於筋斗劉長於科泛至今樂人皆宗之賀間云院本有曰外或粧先生孫訪使考試官老入達達之頻皆是外扮曰淨有男淨女淨亦做院戀尊一美言取人歡笑曰末粧扮不一初則閑瘍白說或粧家人粧低或扮使臣之頻曰丑往言戲兵戲粧孫漢大醫吏負妓婆之類今按譯音混優人戲美之言也雜劇亦戲也南村輟耕錄曰俳官藝而侍奇

作傳奇作而戯曲繼金季國初樂府猶宋詞之流傳奇猶宋戯曲之變世傳謂雜劇那나나冰빙빙盤

뻔펀上샹샹放방방一잉이塊쾌쾌冰빙빙○이며어冰롤盤을에노호코뎡杏힝힝兒

숨올櫻힝잉桃딸랃諸쥬쥬般번번鮮션션果귀고○러술가고지와鮮잉果도롤와여

浸진진在째재冰빙빙盤뻔펀裏리리好향한生승숭好향한着칸칸○예冰좀盤

기가도두ᄒᆞ면니마라장보如슈슈今긴긴却컇켜早짱잔有잉우賣매매的딩디拳

뗜뗜杏힝힝麼마마○졸이리제인볼ᄂᆞ셔나拳杏黃황황杏힝힝未위위有잉우裏

리리○업黃고杏온大따다水쉬쉬杏힝힝半번번黃황황半번번生승숭的딩디

有잉우○黃출杏고生읍호한이술잇고더ㅣ라杏官권권人신인們믄믄都두두來래래

了랴랸○다官오人나을다이將장장些서서乾간간按한안酒쥥주來래래○기제

가므져론오接고酒을熟쓩쓔將장장那나나燒샿샹肉숭슈來래래○더이燒의肉서

오을라가저我어오們믄믄先션션喫칭치兩량량巡쓘쓘酒쥥주後흫후頭뚷두

朴通事諺解上 六

擡때태卓쟢조兒ᅀᆞᆯ을○드우러리돈몬○저擡두擧순也비進술奏어撤근奏후習에日상擡을

國謂所入謂所高卑是也床卓也即本彈단탄的듸디們믄믄動뚱둥樂얗요器키키○

器吋을ᄂᆞ動니ᄒᆞ돌고이樂吁걍갸將쟝장唱챵창的듸디根근근前쳔쳔來래래着

쟢조他타타唱챵창○와노ᄅᆞᆯ래로브ᄒᆞ르여ᄂᆞ브니르를게블ᄒᆞ러라앏티如유유今긴긴

擡때태卓쟢조兒ᅀᆞᆯ을上샹샹湯탕탕着쟢죠○을이믈제일상거슬시들니면湯擡

홍홍湯탕탕的듸디都두두來래래○다湯오들라리第띠디一힝이道땁담燒항샆

羊양양蒸징징捲권권○오蒸○一蒸道捲는質므問르云고麥ᄅᆞᆫ麵ᄌᆞᆫ作파成蒸五捲寸ᄯᅥᆨ長이

之麩長蒸疊熟四食折之用又籠云蒸以熟麵為第띠디二ᅀᅳᆯ을道땁담金긴긴銀인인豆

뚱두腐뿌부湯탕탕○豆荳腐二用道油는煎金熟銀其豆色腐黃湯如이金오白○如質銀問細云

黃切相作制湯為食之之今又按云鷄用鴨鷄即鳴鷄淸子同也鴨第띠디三산산道땁담鮮션션

筍순순燈둥등籠룽룽湯탕탕○質第問三云道鮮는筍鮮以筍筍燈劈籠為湯玲이瓏오花○

蒜塩其內豬肉作羹食之又云以竹 切成寸段鷄子煮熟去黃桩肉做湯 笋 第떼디四스스道닿닾

三산산鮮션션湯탕탕 ○ 第四道ᄂᆞᆫ三鮮湯이오○質問云臭 蛤蜊三味合為一湯羹或鷄鴨鵞三味

合為羹方言俱謂之三鮮湯又言以羊膓豆粉做餃蓮 蓬假炎蓀假合香魚謂之三鮮今按合香魚恐是河豚

魚之說觧 亦未詳 第떼디五우우道닿닾五우우軟숸숸三산산下햐하鍋궈고 ○

第五道ᄂᆞᆫ五軟三下鍋ㅣ오○質問云五般精 肉碎切為片兌用塩煎次用醋煮交蔥花以食 第떼디六

롱라 道닿닾鷄기기脆취취芙뿌부蓉융융湯탕탕 ○ 第六道ᄂᆞᆫ鷄脆芙 蓉湯이니○質問

云將鷄膝子作芙蓉花做湯食之又云以鷄子清做成 芙蓉花每碗三朵今按上文五般湯名之緣恐或失真

都두두着쨯죠些셔셔細시시料랗랸物웋우 ○ 다져기ᄀᆞᄂᆞᆫ교토를 두고○事林廣記食

饌類細料物官桂良薑蓽撥草荳蔻陳皮砂仁八角茴 香各一兩川椒二兩杏仁五兩甘草一兩半白檀末半

兩右共為細末用之如欲出路停久用之者以水浸蒸 餅為丸如彈子大臨時湯泡用之今按漢俗謂탕슷고

믈日 料物細 第떼디七칭치道닿닾粉븐븐湯탕탕饅먼먼頭틓투 ○ 第七道 ᄂᆞᆫ스션

롤콰 ᄒᆞ상 뎐화 官 권권 人 신신 們 믄믄 待 때대 散 산산 也 여여 ○ 마官 ᄒᆞ人 더들 딜히 새ᄒᆞ
니시 疾 징지 快 쾌쾌 旋 션쉰 將 쟝쟝 酒 질작 來 대래 ○ 러샐 가리 져술 와믈 把 바바 上
샹샹 馬 마마 盃 븨븨 兒 ᅀᅳᆯ올 ○ 집上 게馬 ᄒᆞ盃 다ᄅᆞᆯ 如 슈슈 今 긴긴 唱 챵창 達 따다 達
뗭다 曲 큥큐 兒 ᅀᅳᆯ올 ○ 올이 브제 ᄅᆞ達 고達 曲 吹 취취 笛 띵디 兒 ᅀᅳᆯ올 着 쟐죠 ○ 믈려
라불 今 긴긴 日 ᅀᅵᆼ시 箇 거거 日 ᅀᅵᆼ시 頭 뜰투 ○ 날오 예ᄂᆞᆯ 咱 잠자 弟 띠디 兄 흉흉 們
믄믄 和 훠호 順 쓘슌 的 띵디 上 썅샹 頭 뜰투 ○ 和우 順리 ᄒᆞ弟 뎐兄 ᄎᆞ들 로히 皇 황황 帝
디디 的 띵디 大 따다 福 붕부 蔭 힌인 裏 리리 ○ 福皇 蔭帝 에큰 酒 질작 也 여여 醉 쥐쥐
了 랼랴 茶 짜차 飯 반반 也 여여 飽 봘봐 了 랼랴 ○ 飯술 도도 비醉 브ᄒᆞ 르엿 다고 茶 古
구구 人 신신 道 땋단 ○ 너古 ᄅᆞ人 되이 有 잎우 酒 질작 有 잎우 花 화화 以 이이 爲 위위
眼 연연 前 쪈쳔 之 즈즈 樂 랗로 ○ 배술 眼이 前잇 의고 樂못 을치 ᄒᆞ잇 라거 든 無 무우 子
즈즈 無 무우 孫 순순 盡 진진 是 씃스 他 타타 人 신신 之 즈즈 物 우우 ○ 孫無 ᄒᆞ子 면無

다世人의거시라ᄒᆞ니咱짱자如슈슈今긴긴不뿌부快쾌쾌活화호時쓰스○우리

이제즐기디아니ᄒᆞ면做주주甚씸숨麽마마○므슴ᄒᆞ리오

好할한院원원判퀀퀀哥거거○ᄆᆞ옴됴흔院判형아○太醫院有院使一貟院判一貟到

당단那나나裏리리○어듸가ᄂᆞᆫ다小샹샨人인인到당단禮리리部뿌부裏리리

○ᄉᆞᄉᆡᆫ이禮部의가노다有잉우甚씸숨麽마마勾끅구當당당○므슴일이잇ᄂᆞ뇨

我어오有잉우箇거거差채채使ᄉᆞ스○내差使ㅣ이셔堂땅탕上썅샹稟빈빈去

큐큐裏리리○堂上ᄭᅴ稟ᄒᆞ라가노라甚씸숨麽마마差채채使ᄉᆞ스○므슴差使고

開개개詔쨯잔去큐큐○詔書開讀ᄒᆞ라가노라甚씸숨麽마마詔쨯잔○므슴詔書

고都두두堂땅탕摠중중兵빙빙官권권的딩디詔쨯잔書슈슈○都堂摠兵官외

게ᄒᆞᄂᆞᆫ詔書라○都堂唐制尚書省曰都堂元時亦有尚書省今按華制都察院有左右都御史副都御史僉

都御史在外十三布政司及都司皆有御史一貟都御史所在謂之都堂監察御史所在謂之察院○摠兵官

各都司各有鎭守摠兵官一員以管兵政

往왕왕那나나箇거거地띠디面면면裏리리去큐큐 ○ 어ᄂᆡ ᄯᅡ흘 향ᄒᆞ여 가ᄂᆞ뇨

往왕왕永윤융平밍핑大따다寧닝닝遼랼랴陽양양開캐캐元원원瀋신신陽양양等등등處츄츄開캐캐去큐큐 ○ 永平大寧遼陽開元瀋陽等處ᄅᆞᆯ 향ᄒᆞ여 開讀ᄒᆞ라 가노라

○永平一統誌云禹貢冀州之域虞分冀北為營州此即其地商為孤竹國元為永平路洪武二年改永平府屬北平布政司北平即燕都永樂都燕京以此直隸京師大寧遼誌云在遼東城北漢水之南漢為新安縣唐置營州遼號大定府金改北京元改大寧路今廢遼陽遼誌云舜分冀東北為幽州即今廣寧以西之地青東北為營州即今廣寧以東之地周武王封箕子於朝鮮是其地也即古肅慎氏地遼置遼陽路元改為東京路尋復遼陽路今置遼東都指揮使司開元遼誌云本肅慎氏地虞舜時高麗有其地周時為袁服元設開元路元宋屬納哈出今設三萬衛又設遼海衛永樂年間設安樂自在二州俱隸遼東都司城東陸路畨有設站至三散口子通朝鮮後門管屬外夷往來朝貢之路四面皆古設站之地瀋陽遼誌云舊名瀋州禹貢營州之域遼為節鎭屬遼東道遼乚改金元為瀋陽路去遼東城數舍今設瀋陽中衛地

方廣寧東逼高麗北抵建州去衛治東北八十里有州曰貴德或謂去苑郡 開 캐캐 詔 잘잘 後 ᅘᅘ

頭 ᄠᅳᆯ투 ○ 詔書開讀ᄒᆞᆫ 후의 高 갈간 麗 리리 地 ᄯᅵ디 面 면면 裏 리리 去 큐큐 麼 미다

○ 高麗ᄯᅡ히 갈다 我 오오 也 저저 往 왕왕 金 긴긴 剛 강강 山 산산 禪 ᄎᆞᆫ천 院 원원 松

숭숭 廣 광광 等 등등 處 츄추 降 강강 香 향향 去 큐큐 ○ 나도 金剛山禪院 松廣等處롤 향ᄒᆞ

야 降香ᄒᆞ라 가노라 ○ 金剛山一名皆骨山即白頭山 南條也南至淮陽號之素高城郡之西爲金剛山凡一

萬二千峯禪院松廣 偉刹名皆在金剛山 哥 거거 哥 거거 你 니니 幾 기기 時 ᄊᆞ스 起 키키 身

신신 ○ 힝아 네 언제 起身ᄒᆞᆯ다 這 저저 月 웨워 二 ᅀᅳᆯ 十 씨시 頭 ᄠᅳᆯ투 起 키키 身 신신

○ 이ᄃᆞᆯ 스므날ᄭᅴ 起身ᄒᆞ리로다 小 ᄉᆞᆼ샹 人 신신 也 여여 得 되더 了 랼랴 劄 쟈자 付 부부

關 권권 字 즈즈 便 변변 上 샹샹 馬 마마 ○ 小人도 劄付關字를 어드 면 곳 上馬ᄒᆞ리로다 ○ 劄

付音義云禮部知會都堂總兵官文書內有專件体式 詳見求政歸關字音義云支應馬廷并廩給者体式詳

聖 싱싱 旨 즈즈 領 링링 了 랼랴 麼 마마 ○ 聖旨를 밧ᄂᆞᆫ다 領 링링 了 랼랴 ○

라맛 노 我어오是쓰스愚유유魯루루之즈즈人신인 ○ 나ᄂᆞᆫ 이 愚魯ᄒᆞᆫ 사ᄅᆞᆷ이라 不

봉부理리리會휭휘那나나裏리리的딩디法방바度뚜두 ○ 뎌긔 法度를 아디 몯ᄒᆞ니

你니니到닿닾本븐븐國궝귀 ○ 네 本國에 가거든 好핳하生승승照쟣쟈覷츄츄

我어오 ○ ᄆᆞ장 날ᄋᆞᆯ 보숣피라 咱장자會휭휘同뚱퉁着쨯죠一힝이時쓰스行찡힝

○ 우리모다 ᄒᆞᆷᄢᅴ 가자

今긴긴年녠년雨유유水쉬쉬十씽시分븐븐大따다 ○ 올ᄒᆡ 雨水ㅣ ᄀᆞ장 만ᄒᆞ여 水

쉬쉬渰련연過궈고蘆루루溝긓구橋걓갸獅스스子즈즈頭틓투 ○ 믈이 蘆溝橋獅

子ㅅ 머리ᄅᆞᆯ ᄌᆞᆷ가니어 ○蘆溝本桑乾河俗曰渾河亦曰小黃河上自保安州界歷山南流入宛平縣境至都

城四十里分爲二派其一東流經金口河引往都城之壕其一東南流入于蘆溝又東入于東安縣界去都城

三十里有石橋跨于河廣二百餘步其上兩旁皆石欄雕刻石獅形狀奇巧成於金明昌三年橋之路西通關

陝南達江淮兩旁多旅舍以其密邇京都行人使客絡繹不絶 把바바水쉬쉬門믄믄都두두衝

츙츙壞뽜뽜了랼랼○러水해門야을브다리가고다틸澇랼랄了랼랼田뗜뗜禾훠호

後흫후一힁이根근근兒슬은○훈田불禾회에도을업세고여看칸칸那나나人신신

家갸갸墻쟝샹壁븨비都두두倒닿단了랼랼○니뎌다ㅅ믄家하墻뎌壁시을너보伱

니니家갸갸墻쟝창如슈슈何허허○엇비디집흔담뇨은我어오家갸갸墻쟝샹也

여여倒닿단了랼랼幾기기堵두두○림우이리은집허담뎌도시여니러모如유유今

긴긴待때대秋충추後흫후整징징治찌치怕파파甚씸슴麽마다○後이롤제기秋

서두시며저整ᄑ治리ᄒᆞ오면므後흫후日싀시是쑤스天텬뎐赦셔셔日싀시○되므

ᄂᆞᆫ눈道이生天育赦萬日物이而니宥C其春罪戊也寅甲夏戌甲為午陽秋于戊之申德冬子甲午子為謂

干陰德陽配之之成為寅赦申也為可陰修陽造之起並土以去큐큐角걓교頭틓투叫걓갸幾

기기箇거거打다다墻쟝샹的딩디和훠호坌쁜븐工궁궁來래레築중주墻쟝샹

○바모이롱리이라에ㅇ가角여頭러音담義바云ᄂᆞᆫ東이南와西조北역柱을來블人리摸다湊가集담

之處今按角頭即通逵達道要會之衢備力求直之入坌集之所然漢俗呼市廛亦曰角頭謂敏市者必指角

頭两夫畝云伱坌工分工用力之人伱니니來래레○이바我어오教걍갸與유유伱니니

○내더롤ᄀᆞᄆᆞ치마多더도少샬샾一힝이板반반○언어에ᄒᆞ잔고ᄋ六尺爲板五板爲

堵二ᅀᅳᆯ얼錢쪈쳔半번반一힝이板반반家갸갸○두돈반에ᄒᆞᆫ판식ᄒᆞ뒤喫칭치

我어오的딍디飯빤반時쓰스○내밥을먹이면錢쪈쳔半번번一힝이板반반○

돈반에ᄒᆞᆫ판이라伱니니來래레○이바休힣후愛해애惜싱시那나나飯빤반○

ᄂᆡ밥올앗기디말고一힝이日싱이三산산頓둔둔家갸갸饋괴귀他타타飽밯밮飯

빤반喫칭치○ᄒᆞᆫᄅᆞ세지식떼롤주어밥올비브리먹이고着쟣죠墻쨩샹板반반當당당

着쟣죠墻쨩샹頭뜽두絟쏸쏸的딍디牢랗랖着쟣죠○담ᄡᆞ논닐로닮어리예악다미

기롤ᄎᆞ이ᄒᆞ고着쟣죠石씽시杵츄츄慢만만慢만만兒ᅀᅳᆯ올打다다○돌고로다가ᄂᆞᆯ

회여다이되不봉부要향얀忙망망○밧바말고着쟣죠他타타下햐하工궁궁夫

부부打다다○드리머르다ᄒᆞ이여라工夫徐너너再재재和해호他타타商샹샹量
량량○商비量다ᄒᆞ시여뎌과假갸가如슈슈朋밍밍年뎐뎐倒닿도了랼랴時쑤스
○몬가허ᄉᆞ디明연年예管권권的뎡디三산산年뎐뎐不봉부要햫얀切궁궁錢
쳔쳔打다다○더三아年니을ᄒᆞ마고옴다아으라게工ᄒᆞ錢라을밧這저져般변번要햫얀
他터타文문운書슈슈打다다了랼랴時쑤스○롤이밧러교뎌다의이게연丈書五
우우十씽시年뎐뎐也여여倒닿도不봉부得듸더○허五다十다쑥아이니라ᄒᆞ도리믄
라
那나나挑턀탈脚걒교的듸디○脚뎌的삭謂짐趁지脚ᄂᆞᆫ者이賃아驢ᄋᆞ取齎直本之作人趁
動謂求挑直府之者入負也猪重今긴긴日싱시開개개倉창창麽마마○倉오ᄒᆞᄂᆞᆯᄂᆞ開
卟今긴긴日싱이開개개○ᄒᆞ오ᄂᆞ놀니開라倉閑견견來미미麽마마○톨발가올
我어오有윙우兩량량箇거거月웨위俸봉봉來래레關견견○돌내머두시돌이요

朴通事諺解上　十二

셰라○月俸元制官祿每月支給今此一月四石之俸以元制考之乃從九品也米豆曰祿鈔錢緡曰俸 關
권권 幾 기기 擔 단단 ○ 몃짐을ᄐ료○所負曰擔俗作担今按關八擔則是八石也前漢蒯通傳守儋
石之祿應劭註擔受二斛揚雄傳家無儋石之儲註一石爲石兩石爲擔以此觀之則擔爲二石也然今俗皆
稱一石爲擔謂任力所勝而負擔之也字俗作担音단 關 권권 八 방바 擔 단단 ○ 여듧짐을ᄐ리
로다 郎 랑랑 中 즁즁 馬 마마 只 즈즈 寄 기기 在 째재 這 져저 人 인인 家 가갸 裏 리리
○ 郎中아ᄆᆞᆯ을그저이人家에브텨두엇다가○元制郎中正五品月支米十六石歲該一百九十石今此
月支四石則非實郎中乃衙須斟酌推數之稱 關 권권 出 츄츄 米 미미 來 래래 ○ ᄡᆞᆯ타나오나든
絟 쳔쳔 馬 마마 錢 쳔쳔 與 유유 他 타타 一 이이 捧 봉봉 兒 ᅀᆞᆯ올 米 미미 便 뼌변 是
ᄉᆞ스 ○ ᄆᆞᆯᄋᆡ엿든갑ᄉᆞᆯ뎌줄ᄒᆞ우흠ᄡᆞᆯ울줌이곳올다 咱 짱자 們 믄믄 且 쳐쳐 商 샹샹 量 량량
脚 걍교 錢 쪈쳔 着 쟢죠 ○ 우리아직삭갑혜아리자 郎 랑랑 中 즁즁 你 니니 在 째재 那
나나 裏 리리 住 쮸쥬 ○ 郎中아네어듸이셔사ᄂᆞᆫ다 我 어오 在 째재 平 삥핑 則 즈저 門

몬몬 邊변변 住쥬쥬 ⊕ 내 平則門ㅅ ᄀᆞ의 이셔 사노라 ○ 燕都 禹貢冀州之域 唐曰幽都 虞爲幽州 武王

封召公奭於燕即此 元初爲燕京路 後稱大都路 洪武初改爲北平布政司 太宗皇帝龍潛於此 及承大統

遂爲北京遷都焉 永樂十九年營建宮室 立門九 南曰正陽 又曰午門 元則曰麗正 南之右曰宣武 元則曰順

承 南之左曰文明 元則曰崇文 又曰哈噠 北之東曰安定 北之西曰德勝 元則曰健德 東之北曰崇仁 一名東

直 元名同 東之南曰朝陽 元則曰齊華 西之北[illegible] 西之南曰阜成 元則曰平則 元設十一門 [illegible]

你니니 與유유 多더도 少샾샤 脚갼교 錢쳔쳔 ○ 네 언머 삭갑 주려 ᄒᆞᄂᆞᆫ다 술 五우우

十씨시 箇거거 銅뚱퉁 錢쪈쳔 一이이 擔단단 家갸갸 去큐큐 來래레 [illegible]

錢에 ᄒᆞᆫ짐식 ᄒᆞ여가쟈 平삥핑 則쯔저 門몬믄 離리리 這져저 廣광광 [illegible] 倉창장

二ᅀᅳᆯ을 十씨시 里리리 地띠디 ○ 平則門이 이 廣豐倉에셔 ᄠᅳᆷ이 二十里 ᄉᆞ이 ᄒᆞ니 ○ 廣豐倉 質問

云在京所收天下米粮處也 五우우 十씨시 箇거거 銅뚱퉁 錢쪈쳔 一이이 擔단단 時

ᄊᆞ스 ○ 五十낫 銅錢에 ᄒᆞᆫ짐식 ᄒᆞᆫ젼 却쟣거 不붕부 虧퀴퀴 着쟣죠 我어오 ○ ᄯᅩ 내 네 ᄉᆞᆲ

朴通事諺解上 十二

디아 ᄃ나 니 那나나 裏리리 有잉우 二슬을 十씽시 里리리 地띠디 来래레 ○ 더더

二十里ᄯᅡ히 잇ᄂᆞ니 不붕부 去큐큐 時스스 띠 갼갼 別뼝벼 箇거거 ○ 연가 다디 로아 니니

로로 쟈브 罷빠바 罷빠바 去큐큐 来래레 ○ 어두 가여 쟈두 郎랑랑 中중즁 徐니니 如

유유 今긴긴 到닿닾 裏리리 頭뜰투 ○ 郎제 中간 아희 미가 이 與유유 他타다 一 이황

百뷩버 箇거거 斗듷두 子줗즈 錢쳔쳔 ○ 주며 고롤 ○一 百 낫 말 되는 갑슬

之人 卒卒 槩槩 即木 監견젼 納낭나 官권권 人인인 們믄믄 處츄츄 說쉉숴 ○ 監 ᄒᆞᆫ 納

官人들의게 녈어 ○ 監納貿糧云收來糧官名 着쟣조 斛후 斟 起기기 ○ 취게 로ᄒᆞ 되라 斗듷두

量량량 時슳스 不붕부 勾긓구 ○ 말다 로못 되ᄒᆞ 면리 ᄎᆞ다 將장장 来미디 貼텅뎌 兒

올ᄉᆞᆷ 來래레 對뒤뒤 官권권 踈황화 ○ 발고 뎨ᄀᆞ 조来 가貼 저月 다俸 가之 官貼 踈貿 아問 초云

收來放來許數之標也又云是文武官員 西시시 邊변변 對

問文月來時各該衙門出給印信貼兒

뒤뒤 籌짷추 去큐큐 ○ 셔 편에 사술아 초라기 ○ 籌音義云出 舍之計算質問云以木為之與放來

一許礙對此籌一每根來 與유유他타타小샿샾脚걒갼兒ᅀᅳᆯ錢쪈쳔 ○ 쟉뎌은롤

주삭쾨갑全三산산十씽시箇거거錢쪈쳔一힝이搭단단家갸갸 ○ 돈三에十ᄒᆞᆫ낫

ᄒᆞᆫ짐고식將쟝쟝碎쉬쉬貼톄텨兒ᅀᅳᆯ來래래過궈고籌쯯추 ○ 뎐존와뎌사조숟가

듣디쇼내門라數○放碎之貼貼音叢 布부부的뎨데不부부漏릏루麼마다 ○ 서布디的

누아나니ᄒᆞ新신신布부부的뎨데那나나裏리리怕파파漏릏루 ○ 나새어추디술

끄설리가오저將쟝쟝車쳐처子즈ᄌᆞ來래레載재재 ○ 뒤술시위르가라저那나나的

둥디有임와四ᄾᆞ스箇거거小샿샾車쳐처兒ᅀᅳᆯ ○ 시뎌니비○젹ᄆᆞ은후술一위輛이

推車輪也 即一힝이車쳐키兩량량擔단단家갸갸推퉤퉤將쟝쟝去큐큐 ○ ᄒᆞᆯ

미위더예가두저짐가식쟈ᄒᆞ여不부부要햫햪小샿샾車쳐처 ○ 란젹말은고술 只

즈즈着쟣죠大따다車쳐처上쌍샹裝좡좡去큐큐 ○ 에그시저러큰가술쟈위千쳔쳔

零링링不붕부如슈ᅀᅲ一힝이頓둔둔 ○ 것ᄂᆞ디零못ᄂᆞᄒᆞ一니頓라만

你니니那나나腮새새頰걍겨上샹샹甚씸슴麼마마瘡챵창 ○ 네 뎌 뺨에 므슴 瘡고

不부부知지지甚씸슴麼마마瘡챵창 ○ 아디 몯게라 므슴 瘡인디 從쭝충幾기기時

씋스出츄츄來래래 ○ 언제브터 나ᄂᆞ뇨 從쭝충前쪈쳔日씨시箇거거出츄츄來

래래 ○ 그제브터 나시되 痒양양的디디當당당不부부得더더 ○ ᄀᆞ렵기롤 當티 몯ᄒᆞ

여라 這저저們믄믄時씨스不부부得더더事쓰스 ○ 이러면 일에 해롭디 아니ᄒᆞ다 容

융융易이이醫이이他타타 ○ 뎌ᄂᆞᆫ 고티기 쉬오니 不부부須슈슈貼뎌텨膏갈고藥

양요 ○ 모로미 膏藥을 브티디 말라 有잉우箇거거法밯바度두두便변번好함한了

랼랴 ○ ᄒᆞᆫ 法度ㅣ 이시니 곳 됴ᄒᆞ리라 太태태醫이이哥거거 ○ 太醫형아 你니니敎걒쟌

與유유我어오這저저好핳한法밯바兒ᅀᆞᆯ얼 ○ 네 나ᄅᆞᆯ 이 됴ᄒᆞᆫ 법을 ᄀᆞᄅᆞ쳐 주고려 將

쟝장指지즈頭뜰투那나나瘡창창口쿨쿠上샹샹 ○ ᄉᆞᆫ가락으로다가 뎌 瘡부리예 着

쟐조唾퉈토沫뭥모白뻥버日씨시黑흥허夜여여不부부住쮸쥬的딩디搽짜차

○어춤므으로로다닥말가고白븐日ᄅᆞ黑라夜에那나나們믄은時ᄉᆞ스便변변消샹샾

了럎랴○더그디러디뎐라곳스真잔잔箇거거好할핳法밥바見견을○로진묘실

로혼다ᄯᅡ이太태태醫이이哥거거不부부說숴숴時ᄉᆞ스○ᄃᆞ太디醫아형니이뎐나

却켜켜怎즘즘麼마마知지지道닿단○말또리엇오디常짱장言연연道닿단○

본常오言티에話화화不부부說숴숴不부부知지지木무무不부부鑽줜줜不부부

透ᄐᆞ투○ᄯᅳᆯ말다은아니니ᄅᆞ면디ᄉᆞ아못니더면아아넌디논못다ᄒᆞᄒᆞ고니남라글

拜배배揖잉이哥거거哥거거那나나裏리리去큐큐來래래○니拜형ᄒᆡᆼ아ᄒᆞ어노

뒤ᄃᆞ다갓角갸고頭투투買매메段돤돤子ᄌᆞ즈去큐큐來래래○비모단로사이라에

나갓라ᄃᆞ你니니將쟝쟝來래래我어오看칸칸○라내내가보져쟈오這져져的디디

幾기기托타토○몃이발ᄇᆡ고시滿면면七치치托타토○발츤이블라곱你니니稍사ᄉᆞ

재새的디디麼마마○로미소알나리我어오猜채채○로미다알리這져져的디디

朴通事諺解上 一四

大다다紅훙홍綉식수五우우爪잘잔蟒망망龍룽룽○이大紅에五爪蟒龍을슈지칠

호고○蟒大蟒也蟒龍謂無角龍也元制五爪二角龍爲文者上供御用不許下入穿用經깅깅緯위위

合궁거線션션結켱겨織징지○뻬는을슴緣ᄒᆞ여혀시니上샹샹用융용段뒨된子

즈즈○上用홀비단이라不붕부是씃스諸쥬쥬王왕왕段뚠돤子즈즈○諸王의비

단이아니오也여여不붕부是씃스常쨩챵行휭힝的듸디○또常行옛거시아니라

不붕부着쨯죠十씽시二슬을兩량량銀인인子즈즈○열두냥은이아니면買매매

不붕부得둥더他타타的듸디○뎌롤사디못ᄒᆞ리라咳햬해真진진箇거거好항호

摽할랸致징지○개진실로ᄆᆞ착영노술갈다使뻔편猜채채着쨯죠了럏랴○곳아

논고나你니니說워숴甚씸슴麽마마話화화○네므슴말을니ᄅᆞ는다好할한物

붕우不붕부賤쪈쳔賤쪈쳔物ᄒᆞ우不붕부好할한○됴ᄒᆞᆫ거슨쳔티아니ᄒᆞ고쳔ᄒᆞᆫ거슨

됴티아니ᄒᆞ니라

快쾌쾌打다다刀닿닾子즈즈的딩디匠쟝쟝人신인那나나裏리리有잍우○칼 잘 ᄆᆡᆼᄀᆞ는 匠人이 어듸 잇ᄂᆞ뇨 我어오打다다一힝이副후부刀닿닾子즈즈○내 ᄒᆞᆫ 볼 갈ᄒᆞᆯ ᄆᆡᆼᄀᆞᆯ려 ᄒᆞ노라 有잍우名밍밍的딩디張쟝쟝黑흐히子즈즈○有名ᄒᆞᆫ 張黑子ㅣ ○張姓黑子瘸也張之面有瘸回以為號人號為張黑子 打다다的딩디好함한刀닿닾子즈즈○ᄆᆡᆼᄀᆞᆫ 칼이 됴ᄒᆞ니라 着잪죠他타타打다다不부부得듸더○뎌ᄒᆞ여 ᄆᆡᆼᄀᆞ디 몯ᄒᆞ랴 你니니打다다時ᄉᆞ스怎즘즘麽마마打다다○네 ᄆᆡᆼᄀᆞᆯ면 엇디 ᄆᆡᆼᄀᆞᆯ려 ᄒᆞᄂᆞᆫ다 起키키線션션花화화梨리리木무무鞘샾샾兒ᅀᅳᆯ올○실도틴 花梨木 갑플에 鹿롱루角갸교口쿠쿠子즈즈○鹿角 마개에 駝뗘토骨구구底디디子즈즈○약대ᄲᅧ 밋킈 梁량량兒ᅀᅳᆯ東둥두兒ᅀᅳᆯ打다다的딩디輕깅깅妙먀먀着잪죠○ᄆᆞᄅᆞ쇠와 못금ᄉᆡ롤 ᄆᆡᆼ기롤 輕妙히 ᄒᆞ고 紫즈즈檀딴탄把바바兒ᅀᅳᆯ올○紫檀ᄌᆞᆯ레 象샹샹牙야야頂딩딩兒ᅀᅳᆯ올○象牙어리에 也여여是ᄉᆞ스走주주線션션○또 실도티

려ᄒᆞ노라 着쟐죠 甚씸씀 麽마마 鐵텽톄 頭뜰투 打다다 ○므슴鐵로티이려ᄒᆞᄂᆞᆫ다 不

봉부 要향얍 別뼝벼 搡양양 鐵텽톄 ○다론鐵단말고 着쟐죠 鑌빈빈 鐵텽톄 打다다

○鑌鐵로티이되○鑌鐵總龜云出西番面上自有旋螺花者有芝麻花者凡刀劍器打磨光淨價過扒銀

鐵中最利者也 刃인인 兒ᅀᅳᆯᅀᆞᆯ 不봉부 要향얍 忒퇴틔 厚훟후 了랼랴 ○ᄂᆞᆯ을너무두터

이말고 脊징지 兒ᅀᅳᆯᅀᆞᆯ 平삥핑 正징징 着쟐죠 ○등올平正히ᄒᆞ려ᄒᆞ노라 你니니 打

다다 幾기기 件껸견 兒ᅀᅳᆯᅀᆞᆯ ○대엿블을뎐돌다 大따다 刀담닾 子즈즈 一힝이 把

바바 ○큰칼ᄒᆞᆫ조ᄅᆞ 小샿샤 刀담닾 子즈즈 一힝이 把바바 ○직은칼ᄒᆞᆫ조ᄅᆞ 叉차차

兒ᅀᅳᆯᅀᆞᆯ 一힝이 箇거거 ○첨조ᄒᆞᆫ나 錐쥐쥐 兒ᅀᅳᆯᅀᆞᆯ 一힝이 箇거거 ○송곳ᄒᆞᆫ나 鋸

규규 兒ᅀᅳᆯᅀᆞᆯ 刀담닾 子즈즈 一힝이 箇거거 ○톱갈ᄒᆞᆫ나흘호되 鋸규규 兒ᅀᅳᆯᅀᆞᆯ 上

샹샹 鈒삽사 一힝이 箇거거 好향핳 花화화 搡양양 兒ᅀᅳᆯᅀᆞᆯ ○톱우희ᄒᆞᆫ됴ᄒᆞᆫ花搡을사

기고 買매매 將쟝쟝 條됸탄 兒ᅀᅳᆯᅀᆞᆯ 來래레 帶대대 他타타 ○條兒올사다가뎌롤초려

라ᄒᆞ노 你니니 這져져 五우우 件켠견 兒ᅀᅳᆯ을 刀닿닾 子즈즈 ○ 블뎨 칼이 울다 ᄉᆞᆺ

這져져 般번번 打다다 的딍디 可커커 喜히히 乾간간 淨찡징 時ᄉᆞ스 ○ 민이 돌리

히기 ᄒᆞ롤 려곰 ᄒᆞ고 면乾淨 三산산 錢쪈젼 銀인인 子즈즈 打다다 的딍디 ○ 은시 이돈

리야 라믄 들 如슈슈 今긴긴 張쟝쟝 黑힇히 子즈즈 家갸갸 裏리리 去큐큐 來래레

○ 의이 집제 ᄀᆡ張 가黑 자子 張장장 舍셔셔 你니니 來래레 ○ 王張 公가 大야 人이 之바 家○

人必 貧有 賤舍 之人 所尊 羨家 慕臣 者也 故如 衖本 巷國 呼伴 親儅 識之 爲類 張爲 舍權 李勢 舍倚 乃伏 一之

驟時 官推 下敬 問之 人稱 謂又 之質 舍問 人云 武 咱쟝자 這져져 官권권 人신인 要양야 打

다다 一향이 副부부 刀닾닾 子즈즈 ○ 칼우 울리 민이 돌官 고人 져이 ᄒᆞ호 되블 好함할 生

승승 細시시 詳썅샹 ○ 詳ᄀᆞ ᄒᆞ장 니細 這져져 五우우 件켠견 兒ᅀᅳᆯ을 刀닾닾 子즈즈

○ 블이 갈다 늘ᄉᆞᆺ 你니니 用융융 心신신 下햐하 功궁궁 夫부부 打다다 ○ 心네 ᄒᆞ김

며여 믄功 들夫 라ᄃᆞ 這져져 的딍디 你니니 不붕부 須슈슈 說숴쉬 ○ 롬이 이란 니네 ᄅᆞ모

라디 말 越 웨웨 細 시시 詳 썅샹 越 웨웨 好 핳하 ○ 더러 옥쑥 도細 ᄒᆞ詳 니도 라록 我 어오

也 여여 用 융용 心 신신 做 주주 生 승승 活 훠호 ○ 셩나 명도 올用 ᄒᆞ心 라ᄒᆞ 라여

街 계계 上 썅샹 放 방항 空 쿵쿵 中 중중 的 딍디 小 샹샾 廝 ᄉᆞ스 們 믄믄 好 핳하 空

숭숭 廣 광광 ○ 中거 音리 義에 云박 用핑 檀이 木믈 旋아 圓히 內들 用ㄱ 刀장 剜흔 空더 以라 繩○ 兒空

之之 備在 作地 一轉 眼動 以有 繩聲 繫貨 扯問 旋法 轉頑 有童 聲將 亦胡 謂蘆 之用 空木 中釘 事 如口 유유

今 긴긴 這 져져 七 칭치 月 웨웨 立 릐리 了 랼랴 秋 칙추 ○ 니이 立제 秋이 ᄒᆞ七 엿月 꼬이

祭 지지 了 랼랴 社 쎠셔 神 씬신 ○ 立社 五神 戊의 為祭 春ᄒᆞ 社여 立시 秋니 後○ 立之 五春 戊後

封為 土秋 為社 社孝 以經 報緯 功曰 也社 春土 祭地 社之 祈主 穀也 之土 生地 秋潤 祭不 社可 報盡 穀祭 之故

制成 五左 十傳 戶共 為工 一氏 社有 今子 制曰 每勾 一龍 鄉氏 村平 之水 間土 歲故 十立 五以 戶為 歲社 二元

入十 為戶 社隨 長其 擇所 其使 歲合 實為 者一 一社 入擇 為其 副鄉 立里 社之 倉民 收有 掌義 錢行 穀者 倍一

急貸 意 正 징징 是 ᄉᆞ스 放 방방 空 쿵쿵 中 중주 的 딍디 時 ᄊᆞ스 節 졍져 ○ 박젼 핑히

디됼제로다 八밯바 月웡워 裏리리 却컹키 放방방 鶴헣허 兒ᅀᆞᆯ올 ○ 八月에또연노

허ᄒᆞᄂᆞ니○鷂兒即紙鳶今漢俗呼爲風箏亦日風會 又琉紙鷂兒質問云風旗也乃小兒三月放爲風買八

月故爲經鷂也 有잉우 繋기기 等등등 鶴헣허 兒ᅀᆞᆯ올 ○ 여러가지연이이시니 鵝어오

老랑랖 翅ᄎᆞ츠 鶴헣허 兒ᅀᆞᆯ올 ○ 쇼로기연 鮎년뎐 魚유유 鶴헣허 兒ᅀᆞᆯ올 ○ 메유

기연 八밯바 角갈교 鶴헣허 兒ᅀᆞᆯ올 ○ 여ᄃᆞᆲ모연 月웡웨 樣양양 鶴헣허 兒ᅀᆞᆯ올 ○

ᄃᆞᆯᄀᆞᄐᆞᆫ연 人신인 樣양양 鶴헣허 兒ᅀᆞᆯ올 ○ 사람ᄀᆞᄐᆞᆫ연 四ᄉᆞ스 方방방 鶴헣허 兒

ᅀᆞᆯ올 ○ 녜모연 有잉우 六룽루 七칭치 等등등 鶴헣허 兒ᅀᆞᆯ올 ○ 여ᄉᆞᆺ닐곱가지연이

디시니 八밯바 月웡웨 秋칭추 風봉봉 急깅기 ○ 八月에秋風이急ᄒᆞ연 五우우 六

룽루 十씽시 托탕토 麁추추 麻마마 線션션 也여여 放방방 不붕부 勾긓구 ○ 五六

十발ᄀᆞᆯᄅᆞᆫ삼실이라도노키유여터못ᄒᆞ니리 九깋구 月웡웨 裏리리 打다다 撞ᄆᆡᄆᆡ ○ 九月

예ᄃᆡᄃᆡ기ᄒᆞ고○打撞音義云抗開小兒之戲也用 나[illegible]木長三四寸各持一塊擲相擊出限者爲輸 耍

朴通事諺解上　十二

솨솨鵪잔잔鶉쥰쥰○노뢰못초호라고기鬪둫두促츙추織징지兒ᅀᆞᆯ올○이빅사랑
티홈고브十싱시月웨웨裏리리騎끼키竹쥬주馬마마○트十기月ᄒᆞ게고대볼一
공이冬둥둥裏리리踢팅티建견견子ᄌᆞ즈○고호ᄋᆞ뎌建올子은ᄎᆞ며ᄒᆡ기ᄎᆞᄎᆞ논기뎌ᄒᆞ
作기毽建音免徒毽俗鞬自韵换内也字開깨깨春츈츈時ᄊᆞ스○ᄒᆞ隔년春打다다毬깔쿠
兒ᅀᆞᆯ올○당二방个올月리木기杓ᄒᆞ一고上一○下毽兒蓮貫接不問絶云方作言成謂木之國打毽
與毬此兒節貫小問兒所之釋戲毽恐即或本不圖同便許人見所下丟卷擗集鈴覽之戲或혹是
ᄉᆞᆫ스傳방보錢젼쳔拿나나錢젼쳔○ᄒᆞ흑고돈ㅇ뎌椁ᄂᆞ錢ᄋᆡ質ᄒᆞ問ᄒᆞ云쌍月블八ᄃᆞᆸᄇᆡᆺ기
七錢字將謂八之文七錢七程此在是手為請嚮擲無之八於八起七有七八此背是謂為之八輪拿八錢有
鼓即跃猶過奉再也背쌍相블同재為기農貨貨同問云之此釋二若人本以國錢돈相ᄒᆞ賭기之一곰이
夏하햐裏리리蔵짱창蔵짱창賕믜믜賕믜믜○져ᄃᆞ기여ᄒᆞ믐ᄂᆞ은나수라뭇咳깨개
小샹샤廝ᄉᆞᆺ스們믄믄倒담도骲쁜고噪살산○로애취아지희져들귀히뎌도按잔간

四쏘스時쏘스要와쇠子즈즈○四時롤조차上논또다

徐니니邦나나金긴긴帶대대是쏘스誰쉬쉬廂상샹的디디○비티合셔롤뷔젼에

뎟노ᄂᆞ是쏘스拘큥주欄란란衚후후衕뚱둥裏리리帶대대匠쨩쟝夏햐햐五

우우廂상샹的디디○이拘欄衚衕셕장이夏五ㅣ젼에잇ᄂᆞ니라○書言故事云鈎欄俳優樂也民咨

通云漢文帝庙鼓花老鈎攔法云其鈎屈曲如鈎以防人隨質問云麗春院樂入撒演戲之雜劇之處也入云

麗春院所教坊司也教坊司見上今按北京有東拘欄西拘欄俗謂宿娼者曰院裏走質問云是京師樂工住

處鞓탕팅帶대대忒퉁틔長쨩챵了량랴○바당이녀모기니徐니니饋귀귀我

어오趲잔잔短된돤些셔셔○비날을져기주려주고려多터도少샿샾分본븐兩량량

○언멋分两고五우우兩량량金긴긴子즈즈廂상샹的디디○닷냥金으로뎐메웃

ᄂᆞᆫ니라那나나三산산台태태板반반兒숭울做주주得티더好항한○뎌三슴돈

근인돌기롤잘ᄒᆞ엿고○三台星名在天爲六符名天階亦曰泰階太上升降之道也事文類聚云上階爲天

朴通事諺解上 十八

子中階爲諸侯公卿大夫下階爲士庶人三階平則陰陽和風雨時天下大安周禮疏上台司命爲太尉中台

司中爲司徒下台司祿爲司空三公之象南난난斗두둫六륙릭星싱싱板반반兒ᅀᆞᆯᅀᆞᆯ做

주주得더더式싀싀圓원원了랴랴些셔셔○南斗六星돈은된돈기몰더모두펏게ᄒᆞ엿고

○南斗南極老人星名日天府日天相日天梁日天童日天樞日天機六星壽爵秩祿俸之籍能解本命之厄

晉書天文志六星天廟丞相太宰之位主褒賢進士稟授爵祿左조저輔부뿌右우잉弼비삐板

반반兒ᅀᆞᆯᅀᆞᆯ和호해兩량량箇거거束수숭兒ᅀᆞᆯᅀᆞᆯ○左輔右弼돈과두뭇금쇠는欠

컨컨端둰둰正징징些셔셔○端正喜이엄고後후흫面면면北버븽斗두둫七치칭

星싱싱板반반兒ᅀᆞᆯᅀᆞᆯ做주주的디딍好할함○後面北斗七星돈은믠돈기롤잘ᄒᆞ엿고

○北斗凡九星日樞宮貪狼日璇宮巨門日璣宮祿存日權宮文曲日衡宮廉貞日闓陽宮武曲日搖光宮破

軍日洞明宮左輔日隱元宮右弼左輔連附北斗第六星在外右弼連附北斗第二星在內俱在紫微垣七現

二隱世人惟見七星不見輔弼二星蓋九星宰主死是非之薄餘辭一切厄晉書天文志云七星在太微北七

改之推陰陽之元本七星 朔其局昌精星明則巨強
那나나雀챨쟢舌셔셔兒ᅀᆞᆯ牢랖랖
壯짱장便뼌변好항한○력혓쇠논牢壯ᄒᆞ니곳됴타 他타타要향얀多뎌도少샿샨
工궁궁錢쪈쳔○뎨언엇工錢을밧더노 要쟣얀一힝기兩량량銀인인子즈즈○
ᄒᆞᆫ냥은을밧더라 若샿쇼廂샹샹的딩디好항한時쓰스○만일전에오기를잘ᄒᆞ면也
여여不붕부打다다緊긴긴○또打緊티아니ᄒᆞ니 你니니明밍잉日ᅀᅵ이領링링我
어오去큐큐○내일날을ᄃᆞ려가 做주주一힝이條턒턒銀인인廂샹샹花화화帶
대대○혼올이銀전에온셥사 긴셕롤읜돌게ᄒᆞ라 我어오知징지道땅닿領링링你니니
去큐큐○내알과라너롤ᄃᆞ려가마
你니니今긴긴日ᅀᅵ이那나나裏리리去큐큐○비오놀어뒤가는다 我어오今긴긴
日ᅀᅵ이印힌인子즈즈鋪푸푸裏리리儅당당錢쪈쳔去큐큐○내오놀印子鋪에돈
典儅ᄒᆞ라가노라○印子諺音義云是典儅錢物者之所質問云有錢之人開鋪那無錢之人拿衣服家器

皿借銅錢或銀子使用每十分加利一分亦與有印號帖兒以爲執照把 바바 甚 씸슴 麽 마마 去

큐큐 儅 당당 ○ 당ᄒᆞ려ᄒᆞ뇨다으셔ᄉᆞ로가면 把 바바 一 휭이 對 뒤뒤 八 빠바 珠 쥬쥬 環

환환 兒 ᅀᆞᆯ ○ ᄒᆞᆫ방八珠環과○八珠環兒키엿즐회以珎珠大者四顆連綴爲一隻一變共八珠 一

황이 對 뒤뒤 釧 쳔쳔 兒 ᅀᆞᆯ ○ ᄒᆞᆫ방플쇠로다가ᄒᆞ련노라○劍事物紀原云黃帝時西王母獻白

環舜時亦獻通俗文云環臂謂之釧漢順帝時有功者婦金釧亦日環釧 那 나나 珠 쥬쥬 兒 ᅀᆞᆯ 多

더도 大 따다 小 샾샨 ○ 뎌진쥬ㅣ크기언에나ᄒᆞ뇨 圓 원원 眼 연연 來 래레 大 따다 的

딩디 好 할한 明 잉밍 淨 징징 ○ 龍眼만치크고ᄆᆞ장明淨ᄒᆞ니라○圓眼音義云龍眼的外名繹見

上 儅 당당 的 딩디 多 더도 少 샾샨 錢 쪈쳔 ○ 언멋돈에典儅ᄒᆞ려ᄒᆞ노다 儅 당당 的

딩디 二 ᅀᆞᆯ 十 씽시 兩 량량 銀 인인 子 즈즈 ○ 二十兩銀에典儅ᄒᆞ려ᄒᆞ노라 儅 당당 那

나나 偌 여여 多 더도 做 주주 甚 씸슴 麽 마마 ○ 뎌리만히典儅ᄒᆞ여므슴ᄒᆞ려ᄒᆞᄂᆞ다 多

더도 儅 당당 贖 쑤스 多 더도 贖 쓩슈 ○ 만히典儅ᄒᆞ면만히갑고 少 샾샨 儅 당당 贖 쑤스

少샾샾贖슈슈○적게典當ᄒᆞᆫ 적게 갈ᄂᆞ니라 二ᅀᅳᆯ을十씽시兩량량也여여不부부勾궇구○二十兩도 뮤거 티 못ᄒᆞ여라 我어오典뎐뎐一이이箇거거房빵방子즈즈裏리리○내 ᄒᆞᆫ 집을 典當ᄒᆞ러 ᄒᆞ야 我어오再재져把바바一이이副부부頭뚜투面면면○내 또 ᄒᆞᆫ 볼 곳갈과 一이이箇거거七칭치寶봘보金긴긴簪잔존兒ᅀᅳᆯ○ᄒᆞᆫ 七寶ᄒᆞᆫ 금빈혀와 一이이對뒤뒤耳ᅀᅳᆯ墜쮜쥐兒ᅀᅳᆯ○ᄒᆞᆫ 빵 귀엿골희과○事文類聚云莊子曰天子之侍御不爪翦不穿耳既穿 耳自古有之今俗亦曰耳環卽八珠環也 一이이對뒤뒤窟쿵쿠嵌컨컨的디디金긴긴戒계계指즈즈兒ᅀᅳᆯ○ᄒᆞᆫ 빵 날박은 금가락지○窟嵌 戒指事物紀原云古者后妃羣妾御于君所當御者以 銀環進之娠則以金環退之進者著右手既御者著左手 今有指環卽遺制也今按窟嵌者指環之背剜空爲穴 用珠嵌穴爲飾總龜云亦名手記斤錚王石手爲戒指 百舊本作揞鑿兒音義窟音왕 窟是空字之誤窟音흥 這져뎌六룩루件껸견兒ᅀᅳᆯ當당당的딩디五우우十씽시兩량량銀인인子즈즈○이 여ᄉᆞᆺ 가지로 五十兩 銀에 典當ᄒᆞ

러ᄒᆞ니 共꿍궁有잏우二ᅀᆞᆯ百뵝버兩량량銀인인子ᄌᆞᄌ○대되二百兩銀이이

서야○共有二百兩銀今觀所典之物只得七十兩而云二百兩銀者蓋舊本云有二百錠鈔今本改鈔為銀

仍存鈔之數而不改也舊典뎐뎐一힝이箇거거大따다宅쪙지子ᄌᆞᄌ○ᄒᆞᆫ큰집을典當

ᄒᆞ리로다○俗総称家舍曰房子自称曰寒家文士呼曰寒居自指室内曰屋裏人称王公大人之家則曰宅

子

背븨븨後흫후河허허裏리리洗시시馬마마去큐큐來래레○뒷내헤ᄆᆞᆯ싯기라가

쟈絟산산在째재陰힌인涼량량處츄츄○서늘ᄒᆞᆫ듸믜여두고着쟣죠鞍빵판子

ᄌᆞᄌ刮꽈과的딍디乾간간淨찡징着쟣죠○글게로다가ᄅᆞ빗기기ᄅᆞᆯ乾淨히ᄒᆞ되一

힝이日싕이三산산遍변변家갸갸○ᄒᆞᆫᄅᆞ세번식每믜믜日싕이洗시시刷솽솨

鞍빵판的딍디乾간간乾간간淨찡징淨찡징地띠디○每日에삿빗지글게질ᄒᆞ기ᄅᆞᆯ

乾乾淨淨히ᄒᆞ고等등등一힝이會휭휘兒ᅀᆞᆯ饋긔귀與셔셔草챂차喫칭치○

훈더위기드려저기여을을주어머이고黑흥허夜여여好핳한生승승用융융心신신喂

위위他타타○밤의ᄆᆞ장用心ᄒᆞ여ᄆᆞᄅᆞᆯ먹이라懶란란小샿샤廝ᄉᆞ스們믄믄一힝이

發방바滿먼먼槽짷찬子ᄌᆞ즈饋귀귀草찬찬○게여론아히들히훙셔귀유에ᄆᆞ독이여

믈을주고聽씽쉬到닿단明밍밍○자기ᄅᆞᆯ블그매다ᄃᆞᆺ도록ᄒᆞ니可커커憐련련見견견

○가히어엿브다那나나不봉부會휘회說숭숴話확화的딩디頭뚷투口큭쿠們

믄믄喂위위不봉부到닿단○뎌말못ᄒᆞᄂᆞᆫ즘승들ᄒᆞᆯ며이기ᄅᆞᆯ이ᄀᆞᆺ못ᄒᆞ니好핳한生승승

說숭숴與유유小샿샤廝ᄉᆞ스們믄믄○ᄆᆞ장아히들ᄃᆞ려블러十씽시箇거거人

신신一힝이宿숭수家갸갸輪룬룬着쟣조喂위위○열사ᄅᆞᆷ이ᄒᆞᆫ좀식돌려먹이게ᄒᆞ라

那나나們믄믄時ᄉᆞ스不봉부渴컹커聽씽쉬○그리면좀이낫브다아니ᄒᆞ리가切

쳥쳐的딩디草챨찬細시시着쟣조○여믈써흘기ᄆᆞ놀게ᄒᆞ야ᄃᆞᆯ爲위위頭뚷투兒

ᅀᆞ올只즈즈半번번筐광광兒ᅀᆞ올草챨찬○처음은그저반광조리여믈올着쟣조攪

강잔 草 창찬 棍 군군 拌 뺀번 饋 귀귀 他 타타 些 셔셔 料 랼랴 水 쉬쉬 喫 칭치 ○ 여물

버므리눈 막대로 뎌롤 져기 콩을을 버므려 주어 먹이고 半 번번 夜 여여 裏 리리 却 킹커 拌 뺀번

饋 귀귀 他 타타 料 랼랴 喫 칭치 ○ 半夜에 또 뎌롤 콩을 버므려 주어 먹이되 一 힝이 夜 여여

裏 리리 喂 위위 到 닿다 七 칭치 八 밯바 遍 변변 家 갸가 ○ ᄒᆞᄅᆞᆺ밤의 먹이기롤 닐곱 여ᄃᆞᆲ

번의 다 게ᄒᆞ라 돗 每 믝믜 日 싕시 這 쳐져 般 번번 勤 킨킨 勤 킨킨 的 딩디 喂 위위 時

씃스 ○ 每日에 어리브 ᄌᆞ런이 먹이면 甚 씸슴 麼 마마 膘 뱌뱌 添 텬텬 不 붕부 上 샹샹 ○

므슴 아라 솔이오 ᄒᆞ더 아니ᄒᆞ리오 說 슝숴 的 딩디 是 씃스 ○ 니룸이 올흐니 人 인신 不 붕부

得 듸더 橫 횡훙 財 ᄍᆡᄎᆡ 不 붕부 富 부부 ○ 사룸이 橫財롤 엇디 못ᄒᆞ면 가음여디 못ᄒᆞ고 馬

마마 不 붕부 得 듸더 夜 여여 草 찰찬 不 붕부 肥 뻬뵈 ○ 물이 夜草롤 엇디 못ᄒᆞ면 솔지디 못

ᄒᆞ다 ᄒᆞ니라

今 긴긴 日 싀이 下 햐햐 雨 유유 正 징징 好 핳하 下 햐햐 碁 끼키 ○ 오놀 비오니 졍히 바

됴토 타두 기 咱 쟈자 們 믄믄 下 햐햐 一 이이 局 쥐귀 賭 두두 輸 슈슈 贏 잉잉 如 슈슈

何 허허 ○ 거우 믈리 더ᄒᆞᆫ 느판 미두 엇어 더저 ᄒᆞ여 뇨이 你 니니 那 나나 裏 리리 贏 깅잉 的

뎡디 我 어오 ○ 올ᄂᆡ 이어 길ᄃᆡ 아날 要 햫얀 甚 씸슴 麼 마마 合 겅거 口 쿵쿠 ○ 아므 라슴

ᄒᆞ입 리헐 오홈 眼 얀연 下 햐햐 交 걒갸 手 섷수 便 뺸변 見 견견 輸 슈슈 贏 잉잉 ○ 下眼

여에 이交 긔手 믈ᄒᆞ 보면 리天 라저 你 니니 一 히이 般 번번 淺 쳔쳔 見 견견 薄 뽷보 識 싱시

的 듸디 人 신인 ○ 識너 엿ᄀᆞ 사툰 ᄅᆞᆷ淺 이見 薄 那 나나 裏 리리 抵 디디 當 당당 的 듸디

我 어오 ○ 抵어 當뎌 ᄒᆞᆯ내 다개 咱 쟈자 賭 두두 甚 씸슴 麼 마마 ○ 술우 더리 ᄂᆞ므 료ᄒᆡ 咱

쟝자 賭 두두 一 이이 箇 거거 羊 양양 着 쟢죠 ○ 울우 더리 ᄂᆞᄒᆞᆫ 쟈羊 這 져져 們 믄믄 므時

쏘스 ○ 면이 러 有 임우 一 히이 箇 거기 輸 슈슈 了 랼랴 的 듸디 便 뺸변 賽 새새 殺

놉사 ○ 시ᄒᆞ 면나 ᄀᆞ히 뎐지 기ᄂᆞ 리니 라이 可 커커 知 징지 便 뺸변 賽 새새 ○ 니그 곳리 뎐어

쟈기 你 니니 餓 양아 四 쏘스 着 쟢죠 時 쏘스 纔 쨰채 好 핳한 ○ 야네 ᄌᆞ비 됴훌 호졉 리혜

朴通事上 二十二

라硬잉잉道땋또是씋스着쟣죠麽마마○리ㅊ닐트올어다이我어오餓샹샨四
씋스着쟣죠○접네으바마홀咱장자停명팅下해햐○버우리리쟈맛罷빠바罷빠바
来래레括변련子즈즈爲위위定명딩○몰두잡어바두뎌어ᄒᆞ오쟈라這져저一힁이
着쟣죠好항한利리리害해해○쟝이利ᄒᆞᆫ害손ᄒᆞ이다ᄆᆞ殺삼사一힁이殺삼사八
슝슈一힁이八슝슈赶간간一힁이赶간간扭늏누將장장去큐큐打다다翅퓡겨
○고주몰기리리모주라기에고뭐드가리패리티드쟈리我어오輸슈슈了럏랸這져저翅
퓡겨時씋스遲칭치了럏랸○사내오이나패오올니지 뎐這져저箇거거馬마마下
해햐了럏랸時씋스好항한○뎐이됴몯타올 두咳해해這져저官권권人신신好
항한尋신신思씋스計기기量량량大따다○尋에思이計官量人이이크ᄆᆞ다창你니니
的딓디殺삼사子즈즈多더도沒뭏무眼연연碁끼키○ᄒᆞ네ᄂᆞ주눈긘엄몰손이바만
로독다이咱장자擺배배着쟣죠看칸칸○려우보리쟈버我어오不봉부說쉉쉐停

띵딩 下햐하 来래레 ○ 내맛버리쟈너ᄅᆞ 더아나ᄒᆞ드냐 你니니 說숴워 饒샿샾 我어오

四ᄉᆞ스 着쟣죠 ○ 네날오뒤날올네 출졉쟈ᄒᆞ더니 ○ 我어오 却켜거 怎즘즘 麽마마 贏

잉엉 了랼랴 這져저 三산산 十씽시 路루루 碁끼키 ○ 네ᄯᅩ엇다이졀ᄒᆞᆫ 집바독올이긔여

上 来래레 麽마마 兄흉흉 弟띠디 ○ 오라아 ᅀᆞ야 常쨩장 言연연 道땋닫 ○ 常言

에닐 오되 高갛갚 碁끼키 輸슈슈 頭뜰투 盤뻔펀 ○ 놉ᄒᆞᆫ바독은첫판 올진다ᄒᆞᄂᆞ니라

咱쟘자 家기기 箇거거 好핳한 朋뻥픙 友잉우 們믄믄 ○ 우리여러ᄆᆞ옴 됴흔벗들이

這져저 八밯바 月웧워 十씽시 五웋우 日싕ᅀᅵ 仲쯍중 秋칳추 節졓져 ○ 이八 月十

五日仲 秋節에 歛렴련 些셔셔 錢쪈쳔 做주주 翫완완 月웧워 會휘휘 ○ 져기돈 거두어

翫月會를ᄒᆞ쟈 ○ 東京夢云 中秋夜貴家結飾臺榭民 間爭占酒樓翫月絲簧鼎沸近內庭居民夜深遙聞笙

竽之聲宛若雲外天樂閭里兒童 連宵嬉戲夜市駢闐至於通曉 咱쟘자 就찧주 那나나 一힝이

日싕ᅀᅵ 各갛거 自쯔즈 說숴워 箇거거 重쯍중 誓씽시 ○ 우리임의셔고 날ᄒᆡ각각듕ᄒᆞᆫ

밍셔룰닐러 結켱겨做주주好할한弟뗴디兄훙흉時쏘스如슈유何허허○므옴

됴혼弟兄을지옴이엇더호뇨 好할한意이이思ᄉᆞ스○됴혼意思ㅣ로中 將장장一힝이

張쟝장紙즈즈來래레○혼당죠히롤가져다가 衆즁즁朋뿡픙友윙익們믄믄的

딩디名밍밍字즈즈都두두寫셔셔着죠쟢請칭칭去큐큐○모든벗들의名字롤다써

청호라가쟈 那나나箇거거劉릭리三산산舍셔셔如슈유何허허○뎌劉三舍ㅣ엇

더호뇨 那나나廝스ᄉᆞ不부봉成칭징○뎌놈이不成호여 面면면前쳔쳔背븨븨

後흫후○面前背後호고 到다당處츄추裏리리破포퓌別뼝베人신신誇콰콰自

즈즈己기기○간곳마다다론사롬을헤야보리며내몸을자랑호고 說쉬숭口쿠쿵諂쳔쳔

佞닝닝○말호는입이諂佞호여 不부봉得더듷仁신신義이이的디딩人신신○

수義돌잇디몯호사롬이라 結겨켱做주주弟뗴디兄훙흉時쏘스不부봉中중중○

弟兄지음이맛당티아니호니 將장장筆비빙來래레抹마뭉了랴랴着죠쟢○붓가져다

가에오라 咱좡자衆즁쭝弟띠디兄흉흉們믄믄裏리리頭뚤투 ○ 우리모든弟兄들흔

에 那나나一힝이箇기거有잉우喜히히事쓰스便뼌변去큐큐慶킹킹賀허허

아모나혼나히喜事ㅣ잇거든곳가慶賀흐고 有잉우官권권司쓰스突재재難난난 ○

官司突難이잇거든 ○凡干詞訟累禍之事皆謂之官司如揮餂子의종司字恐是事字之誤 便뼌변儘

진진 氣기키力링리去큐큐救궁구一힝이救궁구 ○ 곳氣力올다흐여가救흐쟈 這

져저 般번번照쟣쟌覷츄츄 ○ 이리보솔피면 却켱커有잉우弟띠디兄흉흉之즈즈

意이이 ○ 또弟兄의뜻이이시려니떠뎌 咱좡자休힣후別뼝벼了랼랴兄흉흉長쟝쟝

之즈즈言연연 ○ 우리兄長의말줄번티말고 定띵딩體티티已이이後흫후不붕부

得득더改개개別뼝벼 ○ 定體흔後의改別티마쟈 這져저的듸디時쓰스 ○ 이러면

有잉우甚씸슴麼마마話화화說숴쉬 ○ 므슴말을닐옴이이시리오 君균균子즈즈

一힝이言연연快쾌쾌馬마마一힝이鞭변변 ○ 君子는一言이오快馬는一鞭이라흐니

라

수유門믄믄外왜왜前쳔쳔看칸칸操챃찬馬마마去큐큐來래래○밧수찌門

뢰믈門도下ᄒᆞᆸ操ᄒᆞ練ᄂᆞᆫ習양也보謂라軍가士쟈上○番守亦門曰見上工操平夜여여來래레兩

량량箇거거舍셔셔人싄인操챃찬馬마마○ᄒᆞ어뎌져○두舍舍人人見이上몯張됴舍ᄉᆞᆸ

下一힝이箇거거舍셔셔人신인打다다扮반반的딩디○ᄋᆞ호기舍는人비脚

걍교穿춴천着쟣죠皂짷잔鹿기기皮삐피嵌켠켠金긴긴線션션藍란란條턍됴

子즈즈○갸발폼에시신고은ㅇ거鹿슨大거麋믄也기麋ᄂᆞ鹿피之여大金者線譯남語오指리南로

曰謂麖牝小鹿日曰麂麖眞鹿皮質可問作云鞹大捲권권尖젼젼紛본본底디디○것부고리

칠디ᄒᆞ즈끄에분五우우綵채채繡싛수麒끼키麟린린柳릳릭綠룽루紵쮸쥬綠

숬스抹먕마口큫쿠的듷디靴훼훼子즈즈○착五綵絛빗로체袵비襴단올으紡ᄅᆞᄒᆞ부고

훠리ᄋᆞ두에론白뻭버絨숭숭氈젼젼襪왕와上썅샹○시흰옭부청드에러온絟촨촨

着잘죠一힝이副부부鴉야야青칭칭段돤돤子즈즈满먼먼刺츠치嬌걓갸護

후후膝싀시○호부야청비단에满刺嬌호슬갑을미엿고○質問云以蓮花荷葉鸂鶒鴛鴦蜂蝶之形或

用五色絨繡或用彩色畫於段帛上謂之滿刺嬌今按刺新舊原本皆作池今詳文義作刺是池字刺音相近

而訛衫산산兒ᅀᆞᆯ을袴쿠쿠兒ᅀᆞᆯ을裹궈고肚두두等둥등裹리리衣이이且쳐쳐

休힐휘說숴숴○젹삼고의裹肚等속옷으란아직닐오디말려니와刺칭치通퉁퉁袖씸수

膝싀시襴란란羅러로帖텽뎌裹리리上샹샹○ᄉᆞ매ᄆᆞᄀᆞ내치질ᄒᆞ고膝襴ᄒᆞᆫ羅텰릭에

○元時好着此衣前後具胸背又連肩而通袖之脊至袖口爲紋嘗膝周圍亦爲紋如欄千然織成段匹爲衣

者有之或皮或帛用條線周遭回曲爲綠如花樣刺爲草對繡獸山川宮殿之紋於其內備挺奇巧皆用圍領

着之其直甚高達呼爲之俗今亦曰綴音然扣뷔싀로쳐질ᄒᆞ니를爲刺亦緝ᅌᅳᆫ珊산산瑚후후鉤

근주子즈즈繫기기腰향요○鋼珊鈒瑚玉鉤常子等호셔音刺오成○龜鉤龍子常龍用屈虎金銀

爲頭綵繫納之於於鉤條獸之頭一之端空人以若爲帶圓之鼓則不又鮮以香條如之條一綵子刺曲之

然五우우六릭루件껸견兒ᅀᆞᆯ刀닿닫子즈즈○다엿볼갈온象쌍샹牙야야
頂딩딩兒ᅀᆞᆯ○象牙어리오玲링링瓏룽룽龍룽룽頭뚤투解계계錐쥐쥐兒
ᅀᆞᆯ○龍頭롤玲瓏히ᄒᆞᆫ解錐兒와象쌍샹牙야야細시시花화화兒ᅀᆞᆯ挑탈탈牙
야야○象牙로細花ᄒᆞᆫ됴아에鞘샾샾兒ᅀᆞᆯ都두두全쳔쳔○갑플이다ᄀᆞ잣고明
밍밍綠루루抹뭥마絨슝슝胷흉흉背븨뵈的딍디比비비甲갸갸○明綠빗치융ᄉᆞ
로ᄆᆞ두른胷背比甲과○胷背凡揹紗羅段帛之上以綵綫織成胷背之紋裁成衣服者也凡絲之練熟未合
者曰絨已合爲綸者曰綫衣之無袖對襟爲襞積者曰比甲卽本國語지털릭婦女亦依此制爲短襖着之亦
曰比甲通稱搭護鴉야야青칭칭綃샹삭四ᄉᆞ스花화화織징지金긴긴羅러로搭
닿다護후후○鴉青빗치四花롤繡노고織金ᄒᆞᆫ羅더그레오○事物紀原云隋內官多服半臂餘皆長
袖唐高祖減其袖謂之半臂卽今背子也江淮間或曰綽子士人競服之今俗呼爲搭護더그레江강강
西시시十씨시分분분上쌍샹等등등真진진結겨겨綜중중帽맘만兒ᅀᆞᆯ上

쌍샹 ○ 江西ᄀᆞ장上等에진짓緞으로ᄆᆡ존갓우희 ○ 江西古揚州地今置承宣布政使司椶木名高一二
丈葉如車輪旁無枝皆萃於木杪其下有皮重疊裹之每皮一匝爲一節花黃白色結實作房如魚子狀其皮
皆是絲而經緯如織傍有細縷文相連綴不散取其絲理之以結成大帽又剌其皮一匝納爲裹衣亦可禦雨
綴쥐쥐着쨯죠上쌍샹等등등玲링링瓏룽룽羊양양脂즈즈玉유유頂딩딩兒
숭울 ○ 上等에玲瓏히ᄒᆞᆫ羊脂玉당조에 又임우是쓰ᄉᆞ箇거거鷀즈츠鵝랑랑翎린린
兒숭울 ○ ᄯᅩ이두롬되짓출ᄃᆞ랏고 騎끼키着쨯죠一흥이箇거거墨믕머丁딩딩也
여여似쓰스黑흐허五우우明잉밍馬마마 ○ ᄒᆞᆫ墨丁마토가라간자ᄉ족빅몰을도고 鞍
한안子즈즈是쓰스一흥이箇거거烏후우犀시시角갸교邊변변兒숭울幔먼먼
玳대대瑁뫼뫼 ○ 기ᄅᆞ마ᄂᆞᆫ이ᄒᆞᆫ烏犀角번ᄋᆞ게玳瑁룰ᄭᆞ랏고 油임우心신신紅훙홍畫
화화水쉬쉬波버보面면면兒숭울的디디鞍한안橋갸갸子즈즈 ○ 油心紅빗치水
波面그린기ᄅᆞ마가지오 ○ 油心紅質問云云朱紅一云如心之紅也油加油於紅漆之上也又云油乃件字排

紅油如也件其心色 鴈 헌연 翅 츠츠 板 반반 上 썅샹 釘 딩딩 着 잪죠 金 긴긴 絲 슷스 減

견견 鐵 텽뎌 事 쑷스 件 뗜뎐 ○ 혼둥 事올 쑈우 을희 박金 앗입 고소 紅 훙홍 斜 쌔셔 皮 삐피

心 신신 兒 숭올 ○ 心紅 兒斜 에皮 藍 란란 斜 써셔 皮 빼피 細 시시 邊 변변 兒 숭올 金

긴긴 絲 슷스 夾 걍갸 縫 뽕봉 的 듸디 鞍 한안 座 쪼조 兒 숭올 ○ 兒藍 에斜 金皮 絲細 로遣

室갸 兒퓽 에훈 鞍 黃 횡황 獖 뎐뎐 皮 빼피 軟 쉰쉰 座 쪼조 兒 숭올 ○ 座黃 兒獖 게皮 軟

藍 란란 斜 써셔 皮 빼피 細 시시 邊 번변 兒 숭올 剌 창치 璽 링링 芝 즈즈 草 창찻 ○

芝藍 草斜 롤皮 치細 질邊 ᄒ兒 엿에 고璽 羊 양양 肝 간간 漆 칭치 點 헌천 ○ 로羊 헐肝 ᄒ빗 ᄃ大

에대 銀 인인 絲 슷스 兒 숭올 獅 슷스 子 즈즈 頭 뚷투 的 띙디 花 화화 鐙 등등 ○ 깁銀

섭소 샤ᄒ 긴褲 등子 죠어 에리 獖 뎐뎐 皮 빼피 心 신신 兒 숭올 藍 란란 斜 써셔 皮 삐피 邊

뎐변 兒 숭올 的 띙디 皮 빼피 汗 헌한 替 티티 ○ 兒獖 ᄒ皮 가心 죽兒 뎜에 어藍 치斜 에皮 邊

大 따다 紅 훙홍 斜 써셔 皮 빼피 雙 솽쌍 條 턍턀 縧 끄피 頭 뚜투 ○ 로大 ᄒ紅 雙斜 條皮

예구 대 帶대대纓잉잉筒뚱뚱○두번랏영고을鞦칭칙皮삐피穗쉬쉬兒슬을鞦

칭칙根근근都두두是씃스斜쎠셔皮삐피的딍디○귀쥬롤피다딜이쌔솨와皮군로뎌

고호 엿攀펀펀胷훙훙下햐하滴딍디溜릳루着쨭죠一굉이箇거거珠쥬쥬兒

슬올網왕왕盖개개兒슬올罕한한荅당다哈헝허○구가슬슴로거망리미아자리신호

리罕뮛쫑더삼라롤 드又일우一굉이箇거거舍셔셔人신인打다다扮반반的딍디

○비또오호기솜논ㅅ白뽕버鹿기기皮삐피靴훠휘子즈즈○휘흰오기에조 피鴨

향야綠룽루羅러로納낭나綉싱사獅슷스子즈즈的딍디抹뭉마口쿵쿠青칭칭

綫융숭氈젼젼襪황와上쌍상○도鴨론頭프綠른羅부에드獅러子온로시綉록호쳔야에ᄀᆞᆺ

숭○紗納之綉本以質未外合見綵者滿綉綉赤紗作面縫不絟관관着쨭죠一굉이對뒤뒤明

힝잉綠룽루綉싱사四슷스季기기花화화護후후膝시시○처호四쌍季明花綠롤빗

솔綉미호엿슬고갑柳릥리綠룽루蟒망망龍룽룽織징지金긴긴羅러로帖뎡뎌裏

다리 ○ 粧綵빗치蟒龍을 撚金호羅털락에 嵌 권권 八 방바 寶 밮밮 骨 구구 朶 도더 雲 운운

織 징지 金 긴긴 羅 러로 比 비비 甲 갸갸 ○ 八寶지고글근운문호織 金ᄶ比甲에○骨朶南村

輟耕錄云國朝有四怯薛中有云都赤三日一次輪流 入直負骨朶於背余究骨朶字義嘗記宋景文筆記云

關中人以腹大爲胍肶音孤都俗謂杖頭大者亦曰胍 肶後訛爲骨朶ㄴ平聲事文類聚云宋景文筆錄謂俗

以撾爲骨朶古無稽據國朝統名衞士執撾扈從者爲 骨朶子班子按字書撾撾皆音竹瓜切通作撾又音徒

果切撾字之變爲骨朶雖不雅馴 其來久矣今俗音구도皆上聲

綉 싛슈 四 스ᄉ 花 화화 羅 러로 搭 당다 護 후후 ○ 柳黃빗치金으로당 여四花롤綉호羅더

그례 예 八 방바 辮 빤반 兒 숲올 鋪 푸푸 翠 취취 真 진진 言 연연 字 쯔즈 粧 좡장 金

긴긴 大 따다 帽 맣모 上 샹샹 ○ 여듧뼉에비취짓털고真言 字롤금으로뭉인큰갓에 指 쯔즈

頭 뚱투 來 래레 大 따다 鬃 쯩즈 鴉 야야 忽 홍후 頂 딩딩 兒 숲올 ○ 손싸락글 긔鬃鴉忽

頂子에○鬃鴉忽瓓也出南番西番性堅滑有紅瓓鬃 瓓亦有淡者色明瑩有大如指面者盡大儘貴古語云

璞重一鏤十萬可相蠟音 날舊本作剃元語作剃兒 傍빵팡邊변변插챵차孔쿵쿵雀챻쵸翎

링링兒슿올○깃티孔雀의 잣츨고잣끠騎끼키着쟣죠一퓡이箇거겨十씽시分븐본

膝빟받鐵텽텨青칭칭玉융유面면면馬마마○흔마장슬진털청총 이광간쟈몰을탓고

鞍한안子즈즈是쓰스雪쉥쉐白뻥버鹿룽루角걍교邊변변兒슿올○기ᄅᆞ 마눈

이눈ᄀᆞᆺ티흰 鹿角邊兒에時쓰스㨾양양的딩디黑흥히斜써서皮삐피鞍한안橋꺙갸

子즈즈○시터로흔黑斜皮 뻔기ᄅᆞ마가지오銀힌인絲슿스事쓰스件견견○銀입 소흔

事件 이오紅흥훙斜써셔皮삐피心신신兒슿올○紅斜皮 心兒에藍란란斜써셔皮

삐피邊변변兒슿올的딩디座쭤조兒슿올○藍斜皮로邊兒 흔座兒ㅣ오天텬텬青

칭칭描먕먀金긴긴獅스스子즈즈韂쳔쳔○天青빗치金으로 獅子그린ᄃᆞ래예底더디

下햐햐垂쮜취下햐햐着쟣죠兩량량頭뚷투青칭칭珠쥬쥬兒슿올結겨겨帘

련련的딩디駝터토毛망만肚뚜두帶대대○미티드리온거슨두어 리예ᄠᅳ른구술로이자

朴通事諺解 上 二八

졔온약대털로ᄒᆞᆫ빗대오 白뻥버斜써셔皮삐피鞦칭추皮삐피纏피피頭뜽투○白斜

皮로ᄒᆞᆫ쥬피와굴례오 攀편편胷흉흉下햐햐滴딍디溜릳루着잪죠○가승거리아러

드리온거ᄉᆞᆫ 珠쥬쥬結켱겨子즈즈的딍디蓋개개兒슬을野여여狗긍구尾읫이

子즈즈罕한한荅당다哈행허○구술로의자찐여ᄋᆞ쪼리罕荅哈ㅣ려라兩량량箇거거

舍셔셔人신인打다다扮반반的딍디風봉봉風봉봉流릳루流릳루○두솜ㅅ외

비온거시風風流流ᄒᆞ고躥천쳔的딍디那나나馬마마一힝이似ᅀᆞ스那나나箭젼젼

○잰더몰은더살ᄆᆞᄐᆞᄂᆞ真진진箇거거是ᄉᆞ스好항한男난난兒슬을○진짓이好

男兒러라ㅣ這져져的딍디都두두是ᄉᆞ스前젼젼世싷시裏리리修싱수善션션

積징지福봉부来래래○이다前世예修善積福ᄒᆞ여시매因힌인此ᄎᆞ츠上썅샹○

이런편ᄎᆞ로今긴긴世싷시裏리리那나나般번번得딍더自ᄌᆞ즈在재재○今世

예뎌리自在홈올어덧ᄂᆞ니易잉이經깅깅云윤윤○易經에닐오더積징지善션션之

조즈家갸갸必비비有잉우餘유유慶킹킹○積善ᄒᆞᆫ 집은 반ᄃᆞ시 餘慶이 잇다 ᄒᆞ니라
店뎐뎬裏리리買매매獖뎐뎬皮삐피去큐큐來래레○店에 獖皮 사라 가자 ○店 停物
貨賣之舍客商往來者多寓之官所營建收稅者曰官店 獖皮質問云羊皮去毛熟軟有槃眼作熟好者今按
獖字字書不收字義未詳 那나나箇거거店뎐뎬裏리리去큐큐○어니 店에 가료 山산산
西시시店뎐뎬裏리리去큐큐○山西店예 가자 買매매獖뎐뎬皮삐피做주주甚
씸슴麽마마○獖皮 사 므섯 ᄒᆞ려 ᄒᆞᄂᆞᆫ다 做주주坐쭤조褥숭우皮삐피搭닿다連련련
○아답ᄃᆡ와 가족대면 울 민돌려 ᄒᆞ노라 這져져兩량량件껸껸東둥둥西시시做주주
時씃스○이 두 가짓거슬 민돌며 ᄒᆞ연 使숫스的딍디六륙류箇거거獖뎐뎬皮삐피
○여ᄉᆞᆺ 獖皮롤 ᄡᅳ리로다 賣매매獖뎐뎬皮삐피的딍디好핳핳獖뎐뎬皮삐피有
잉우麽마마○獖皮 ᄑᆞᄂᆞᆫ니아됴 店獖皮 잇ᄂᆞᆫ나 那나나裏리리將쟝쟝不봉부好핳핳
的딍디來래레○어ᄃᆡ 됴리 아니니롤 가져 오리오 都두두是씃스好핳핳的딍디○

다이됴혼이라 你니니要햘얖幾기기箇거거 ○비엇치나ᄒᆞ고져ᄒᆞ눈다 要햘얖六룽릭箇거거 ○이것슬ᄒᆞ고져ᄒᆞ노라 這저저六룽릭箇거거商샹샹量량랑價갸가錢쳔쳔着쟢죠 ○네여숫갑슬혜아리자 你니니說숴숴都두두是쓰스好할할的듸디 ○네닐오되다이됴타ᄒᆞ더니 怎즘즘麽마마沒무무一이이箇거거中중중使쓰스的듸디 ○엇디ᄒᆞ나토ᄡᅳᆷ즉ᄒᆞ니업ᄂᆞ뇨 十씨시箇거거指즈즈頭투투也여여有우우長챵챵的듸디短돤돤的듸디 ○열손가락도기니뎌르니잇ᄂᆞ니 有우우的듸디是쓰스撚련련皮삐피裏리리的듸디 ○잇거져撚皮에ᄒᆞᆫ 你니니自쯔즈揀견견着쟢죠要햘얖 ○네손조골히여사라 這저저一이이等등등花화화兒슬올匀윤윤大따다的듸디 ○이ᄒᆞᆫ가지소흠고로고크니롤 怎즘즘麽마마賣매매 ○엇디풀다 這저저六룽릭箇거거大따다的듸디 ○이여숫크니예 毎믜믜一이이箇거거討탕탁五우우錢쳔쳔銀인인子즈즈 ○미ᄒᆞ나히닷돈은을ᄡᅬ오려니라 老랑랖實씽시價갸가錢쳔쳔

○효고 감며 손식 四슷스 錢쪈쳔 一흥이 箇거거 家갸갸 將쟝쟝 去큐큐 麼마마 ○
흐녀 여돈 가에 져ᄒᆞ 같나 다식 徐니니 來대래 ○ 바이 我어오 說쓔쉬 與유유 徐니니 ○
니내 롬더 마ᄃᆞ 려 沒몽무 來래레 由읭우 胡후후 討탕토 價갸갸 錢쪈쳔 怎즘즘 麼
아마 ○ 술속 쎄절 옴업 은시 엇간 디대 오로 갑 三산산 錢쪈쳔 一흥이 箇거개 家갸갸 買
매예 徐니니 的딍디 ○ 여서 비돈 하에 롤ᄒᆞ 사나 쟈긱 ᄒᆞ 羅빠바 羅빠바 將쟝쟝 銀힌인
子즘즈 來래레 看칸칸 ○ 져두 오어 라두 보어 쟈銀 가 六롷릭 箇거거 換환환 皮삐피
每믜믜 一흥이 箇거거 三산산 錢쪈쳔 家갸갸 算쉰연 時쓰스 ○ 에여 미숫 ᄒᆞ換 나交
혀치 아서 리든 면식 通퉁퉁 該개개 一흥이 兩량량 八빵바 錢쪈쳔 ○ 오通 나ᄒᆞ 호여 낭히
이여 로곱 다돈 我어오 的딍디 都두두 是쓰스 細시시 絲스스 官권권 銀힌인 ○ 하내
色는 日中 細이 絲細 日絲 手官 絲銀 兒이 日라 吹○ 習銀 日주 白品 銀日 九十 品成 日日 九足 成色 白日 青成
元絲 寶八 元品 寶日 釋八 兒成 下絲 絲 每믜믜 一흥이 兩량량 傾킹킹 白뻥비 臉련련 銀

인인 子즈즈 出츄츄 一이이 錢쳔쳔 裏리리 ○ 每ᄒᆞᆫ낭에白臉銀을더위인믈려ᄒᆞ연ᄒᆞᆫ돈을

내리라 ○ 傾貿問云將碎銀子與銀匠化了傾成整錠白臉貿問云將好銀子與銀匠化了傾成細絲雪白錠

兒又有光色好着即十成銀也 罷빠바 罷빠바 我어오 知지지 道당도 ○ 두어두어내알과라

出츄츄 饋귀귀 你니니 一이이 錢쳔쳔 八바바 分븐븐 銀인인 子즈즈 ○ 너ᄅᆞᆯᄒᆞᆫ돈

八分銀을내여주마 咳해해 你니니 忒틍퇴 細시시 詳샹샹 ○ 애네너모細詳ᄒᆞ다 覓믜미

得득더 高갈갈 麗리리 錢쳔쳔 大따다 快쾌쾌 三산산 十씽시 年년 ○ 高麗人錢

을어든ᄃᆞᆯ크게三十年을즐기리라

李리리 小샿샾 兒ᅀᆞᆯ올 那나나 廝ᄉᆞ스 ○ 李小兒ㅣ란뎌놈을 這져져 兩량량 日ᅀᅵ이

不봉부 見견견 他타타 ○ 이두어날ᄃᆞ롤보디못ᄒᆞ니 你니니 見견견 來래래 麼마마

○ 네보앗ᄂᆞᆫ다 你니니 饋귀귀 我어오 尋신신 見견견 了랼랴 拿나나 將쟝쟝 來

래레 ○ 네ᄎᆞ자보아잡아다가날ᄅᆞᆯ주고려 你니니 不봉부 理리리 會휘휘 的디디 ○ 네아

ᄒᆞᆫ더 ᄃᆞᆺ 那나나 廝ᄉᆞᄉᆞ 高강고 麗리리 地뗘디 面면면 來래래 的딩디 宰재재 相

샹샹 們믄믄 上샹샹 做주주 牙야야 子즈즈 ○ 온뎌 宰놈 相이 들高 희麗 손ᄯᅡ 되흐 조로 름서

ᄂᆞ이 니도 엿 那나나 狗금구 骨궁구 頭뜰투 知징지 他타타 那나나 裏리리 去큐큐

○ 로뎌 다가 어희 더빼 간모 디로 리 誆쾅쾅 惑횡휘 人인인 東둥둥 西시시 不붕부 在

재재 家갸갸 ○ 집사 외ᄅᆞᆷ 잇의 디것 아소 니기 ᄒᆞ노 니라 㑖니니 尋씬신 他타타 怎즘즘 麼

아마 ○ 습데 ᄒᆞ뎌 러롤 ᄒᆞ太 ᄂᆞᆫ자 다므 他타타 少샹샤 我어오 五우우 兩량량 銀인인 子

즈즈 裏리리 ○ 올례 벗새 젓게 ᄂᆞᆺ 니낭 은 別뼝벼 人신인 便변변 一핑이 兩량량 要

량고 一흥이 兩량량 利리리 錢쪈쳔 借져져 饋귀귀 ○ 낭다 예로 ᄒᆞᆫ사 낭ᄅᆞᆷ 利은 錢ᄀᆞᆺ 글ᄒᆞᆫ

가ᄉᆞᆺ 되고 아 他타타 京깅깅 裏리리 臨린린 起키키 身신신 時ᄉᆞᄉᆞ 節졍쳐 ○ 처레

빼울 계셔 臨起 ᄒᆞ身 여홀 那나나 般번번 磕컹거 頭뜰투 禮리리 拜배배 央양양 及끔기

我 쉬오 ○ ᄒᆞ뎌 여리 새어 게리 빌쫏 거고 ᄂᆞᆯ禮 拜 限현현 至즈즈 周징주 年년년 ○ 全限

ᄅᆞ周 게年 ᄒᆞ에 여니 本 븐븐 利 리리 八 바바 兩 량량 銀 인인 子 즈즈 ○ 八本 兩과 銀利 을|

寫 셔셔 定 띵딩 文 운운 書 슈슈 借 저져 與 유유 他 타타 來 래래 ○ 定文 ᄒᆞᆫ書 ㅁ롤 뎌써

뎌롤 니께 엿 到 닿닫 今 긴긴 一 잉이 年 년년 半 번번 了 럏랴 ○ 이이 다제 텃一 게年 가ᄎᆞ

只 즈즈 還 환환 我 어오 本 븐븐 錢 쳔쳔 ○ 錢그 안저 갑내 고게 本 一 잉이 分 븐븐 利

리리 錢 쳔쳔 也 여여 不 부부 肯 큰큰 還 환환 ○ 갑一 더分 가利 니錢 ᄒᆞ도 니즐 겨 因 인인

此 츠츠 上 샹샹 ○ 太이 로런 전 半 번번 夜 여여 三 산산 更 깅깅 裏 리리 起 키키 來

래래 ○ 의半 니夜 러三 更 上 쌍샹 他 타타 家 갸갸 門 믄믄 前 쳔쳔 ○ 히뎌 가집 셔門 앒

며ᄐᆞ 갈ᄀᆞᆫ 喚 훤훤 着 쟣죠 討 탈닾 時 씃스 ○ 라블 ᄒᆞ려 면달 他 타타 係 채채 也 여여 不

붕부 係 채채 ○ 수테 티긔 가수 니홀 ᄒᆞ더 고긔 那 나나 驢 류류 養 양양 下 햐햐 來 래래 的

등디 ○ 나며 ᄒᆞᆫ나 놈키 기열 려 只 즈즈 趕 티도 着 쟣죠 我 러고 走 줗주 ○ 을그 수지 어날

고돈 니 討 탈닾 了 럏랴 半 번번 年 년년 不 부부 肯 큰큰 還 환환 我 어오 ○ ᄒᆞᆫ달 여라

다내半게年감이더로가티니줄ᄒᆞ거애 把 바바 我 오이 的 디디 兩 량량 對 뒤뒤 新 신신 靴
휘휘 子 즈즈 都 두두 走 주주 破 포포 了 랴랴 ○ 네도 두며 쌍채 새야 휘부 롤리 다게 가ᄒᆞ 다고
他 타타 那 나나 養 양양 漢 한한 的 디디 老 랖랖 婆 포포 ○ 뎌ᄒᆞ 의노 뎌老 養婆 漢ㅣ 甜
뎐뎐 言 연연 義 의의 語 유유 的 디디 ○ 話화화 로ᄒᆞᆫ 表 只 즈즈 說 숴숴 明 밍밍 日 ᅀᅵᅀᅵ
後 후후 日 ᅀᅵᅀᅵ 還 환환 我 오오 ○ 그리 지네 날게 오갑 뎌ᄒᆞ 너마 일ᄒᆞ 모니 知 지징 他 타타
是 스ᄉᆞ 幾 기기 箇 거거 明 밍밍 日 ᅀᅵᅀᅵ ○ 모엿 로너 리일 로인 다더 이 只 즈즈 是 스ᄉᆞ
快 쾌쾌 說 숴숴 謊 황황 ○ 그ᄅᆞ 저기 거로 줏잘 말ᄒᆞ 니니 真 진진 箇 거거 氣 키키 殺 사상
我 오어 ○ 진삐 실오 로ᄂᆞ 날니 을라 애 可 키커 知 지징 快 쾌쾌 說 숴숴 謊 황황 ○ 그리
어기 니로 거잘 즛ᄒᆞ 말ᄂᆞ 니니 ᄅᆞ 債 재재 不 부봉 殺 사상 人 신신 ○ 빗죽 이게 사아 ᄅᆞ니 을ᄒᆞ
ᄂᆞᄂᆞ 常 샹챵 言 연연 道 닾당 ○ 常닐 言오 에뎌 人 인신 貧 핀삔 只 즈즈 爲 위위 欠 권권
少 샹샹 債 재재 快 쾌쾌 說 숴숴 謊 황황 ○ 사람 로고 이빗 가지 난면 ᄒᆞ거 면즛 그말 지니 다ᄅᆞ

기잘ᄒᆞ다ᄒᆞᄂᆞ니라

一ᅙᅵᇙ이箇거거和훠호尚쌍샹偸틓투弄룽룽別뼝벼人인인的딩디媳심시婦

뿌부○ᄒᆞᆫ중이ᄂᆞᄆᆡ겨집을도적ᄒᆞ여어ᄅᆞ노라○和尚萬里相和曰和外道相尚曰尚又知者太和也尚

者高尚也又和尚外國語此云近誦以弟子年少不離於師常逐常近受經而誦者偸틓투將쟝쟝去

ᄏᆔ큐的딩디時씃스節졍져○도적ᄒᆞ여갈ᄢᅢ예正징징撞쫭좡見견견他타타的

딩디漢한한子ᄌᆞᄌᆞ○정히ᄃᆡ의남진을만나보니○俗稱男兒曰漢又指婦女之夫曰漢子事物紀

原云三代以降有國號者至多獨以漢為名者取兩漢之盛漢武帝征討四夷專事匈奴由此有漢胡之稱至

晉宋五胡亂華胡人罵華人曰漢兒華人罵胡人曰胡虜此稱漢之始也今按元時胡漢猶雜故兩書稱漢者

居多却컁키拿나나着쨯죠那나나和훠호尚쌍샹○ᄯᅩ뎌즁을잡아打다다的딩디

半번번死ᄉᆞ스剌랑라活횡호的딩디○려반만죽엇다가되ᄭᆡ여나니傍빵팡邊변변

看칸칸的띵디閑현헌人인인們믄믄說숴쉬○겨ᄐᆡ보ᄃᆞᆫ힘힘ᄒᆞᆫᄉᆞᄅᆞᆷ들히닐오되

你니니是씃스佛뿡부家갸가弟띠디子즈즈○디ᄂᆞᆫ이佛家弟子ㅣ라○梵云婆加婆舍

言佛ㄴ者覺也自覺ㄷ他一切有情咸具此道悟者即名佛迷者曰衆生穿쳔쳔着쨯죠衲납나襖

할와將쟝장着쨯죠鉢봉보盂유유○누비옷닙고에우아리가지고○衲襖反譯名義云好衣

是去得道者生貪着零拈致賊難或致奪命有如是等恚故受糞衲衣大智論云行者少欲知足衣趣蓋形又

囯土多寒畜百衲具鉢盂總亀云天竺國器也釋迦有女青石鉢宋廬陵王以銅鉢餉亍五祖是宋晉間中國

始用也披피피着쨯죠袈갸갸裟사사○袈裟닙고○反譯名義云袈裟是外國三衣之名或

名雜塵服由斷六塵故或名消瘦服由斷煩惱故或名無垢衣一曰金縷僧伽棃即大衣也入王宮聚落時衣

乞食時着二曰鬱多羅僧即七條也此云上着衣也入衆時衣禮誦齋講時着三曰安陀會即五條也院內行

道雜作衣華嚴云着袈裟者捨離三毒戒壇云五條下衣斷貪身也七條中衣斷嗔口也大衣上衣斷痴心也

揀견견那나나清칭칭淨찡징山산산庵한안裏리리○뎌清淨ᄒᆞᆫ山庵을ᄀᆞᆯᄒᆡ여安

한안禪쪈쳔悟우우法봡바却컇키不붕부好항할○安禪悟法홈이ᄯᅩ됴티아니ᄒᆞᆫ다○

稱靜也傳燈錄有五等禪有外道禪凡夫禪小乘禪大乘禪最上乘禪又名如來清淨禪又名無上菩提又云

敎於身爲法說於口爲律行於心爲禪更긍긍不봉부時씃스○또그리못ᄒᆞ기든歸귀귀

佛뿡보敬깅깅法밯바看칸칸經깅깅念년년佛뿡보也여여好항핳○歸佛敬法

ᄒᆞ여看經念佛홈이됴커늘○歸ㄷ依也般若經序云經者徑也是成佛之徑路而슬올今긴긴沒

몽무來래래由잉우偸뚷투別뼝볘人신신的딩디媳싱시婦뿌부怎즘즘麽마마

○이제쇽졀업시ᄂᆞᆷ의겨집을도적홈은엇디도却콩키喫칭치這저저一힝이頓둔둔打

다다也여여是씃스○또이ᄒᆞᆫ디위마좀을니버도올ᄒᆞ니라你니니布부부施씃스人

신신家갸갸齋재재飯빤반錢쪈쳔○네人家에보시ᄒᆞᆫ齋飯錢을○布施捨施也財施爲凡法

施爲聖凡布施必以滿三千世界七寶爲求福之具財施也此住相布施也菩薩布施但一心清淨利益一切

爲大施主法施也此不住相布施也請觀音經疏云齋者齊也齊身口業也佛氏日中而食瓶沙王問佛何故

日中食答云早起諸天食日中三世佛食日西畜生食日暮鬼神食無무우處츄츄發방바落랄로

○薎落ᄒᆞᆫ곳이겁고◦薎落吏學指南云明白散附也到단도處츄츄裏리리養양양老랄랖

婆뻐포○간곳마다겨집을어르니這져저一히이等등등和훠호尙썅샹不부부打다

다他타타要얄얀做주주甚씸숨麼마마○이런즁을티디아니ᄒᆞ고므슴ᄒᆞ리오衆즁

중人신신再재재問운운和훠호尙썅샹○모든사ᄅᆞᆷ이다시즁ᄃᆞ려무로되伱니니

再재재敢간간偷투투別뼈베人신신媳싀시婦뿌부麼마마○네다시감히ᄂᆞᄆᆡ겨

집도적ᄒᆞᆯ다那나나和훠호尙썅샹說숴쉬再재재也여여不부부敢간간○즁ᄃᆡ

이닐오ᄃᆡᄂᆞ외여단식심이나小샿샤僧승승從중충今긴긴日싀시○小僧이오ᄂᆞᆯ브터

굴갓과어유아리를准備ᄒᆞ야◦箬音蒻准쥰쥰備삐비箬샿숖笠링리瓦와와鉢봉보○

云日灼切亦作蒻竹皮笠往왕왕深신신山산산裏리리懺찬찬悔휘휘去큐큐○深山

을향ᄒᆞ야懺悔ᄒᆞ라가노라◦懺自陳悔也六祖惠能大師曰懺者懺其前愆悔者悔其後過反譯名義云懺

者着也悔者伏也不逆為伏順從為首正順道𢡖不敢作非故名懺悔又修來為懺改往為悔常챵창言

朴通事諺解二　三十四

언연 道 땅닾 ○ 常言에 닐오되 一 잉이 年 년년 經 깅깅 蛇 써셔 咬 얗야 三 산산 年 년년

怕 파파 井 징징 繩 씽싱 ○ ᄒᆞᆫ 히롤 비얌 믈려 디내면 三年 올 드렛 줄도 집피ᄒᆞ다ᄒᆞᄂᆞ니라

咳 해해 貴 귀귀 人 신신 難 난난 見 견견 ○ 애 貴ᄉ을 보 기어렵다 伱 니니 那 나나 裏

리리 有 잉우 來 래레 ○ 대어되 잇돈다 這 저저 兩 량량 日 싱이 不 붕부 見 견견 ○ 이 두

어날 보디 못 ᄒᆞ엿더니 伱 니니 來 래레 怎 즘즘 麽 마마 這 저저 般 번번 黃 황황 瘦 승수

○ 이바 엇디 이리 黃瘦ᄒᆞ엿ᄂᆞ뇨 我 어오 這 저저 幾 기기 日 싱이 害 해해 痢 리리 疾 찡지

○ 내 요ᄉᆞ이 痢疾 알하 不 붕부 曾 쭝층 上 쌍상 馬 마마 ○ 일즙 몰 올ᄐᆞ디 못ᄒᆞ더니라 咳

해해 我 어오 不 붕부 曾 쭝층 知 징지 道 땅닾 來 래레 ○ 에 내 일즙 아 디 못ᄒᆞᆯ샤 早 짱잔

知 징지 道 땅닾 時 씅스 ○ 일즉 아 드연 探 탄탄 望 망왕 去 큐큐 好 항학 來 래레 ○

探望ᄒᆞ라 감 이됴탓다 伱 니니 休 힣학 恠 괘괘 ○ 네 허믈 말라 不 붕부 敢 간간 相 상샹

公 궁궁 ○ 不敢ᄒᆞ여 다相公아 如 유유 今 긴긴 都 두두 好 항학 了 랼랴 不 붕부 曾 쭝층

○이제 다 됴한ᄂᆞᆫ가 못ᄒᆞ엿ᄂᆞᆫ가 一이이箇거거太태태醫이이者져쟈我어오小샤샤
肚뚜두皮삐피上샹샹使ᄉᆞ스一이이針진진○ᄒᆞᆫ太醫 날을 보고 져근ᄇᆡ우희 ᄒᆞᆫ번 침주
고 脚걓교內뉘뉘踝쾌고上샹샹一이이炙깋갸了랼랴三산산壯좡좡艾얘애來래려
○발안ᄭᅧ머리우희 三壯ᄡᆞᆨ으로 ᄠᅳ니 如유유今긴긴飯빤반也여여喫칭치得뒝더些
서셔箇거거却쿄겨無우우事ᄉᆞ스了랼랴○이제ᄂᆞᆫ 밥도 져기 먹고 ᄯᅩ 無事ᄒᆞ여라 虛
휴휴炙깋갸那나나實씽시炙깋갸○우각뜸을 ᄒᆞ나 실뜸을 ᄒᆞ나 恁즘즘麼마마虛
휴휴炙깋갸○엇디 우각뜸을 ᄒᆞ리오 將쟝쟝一이이根근근兒ᅀᅳᆯ올草챵찬來래레
○ᄒᆞᆫ낫플을 가져다가 比비비着쟐죠只즈즈一이이把바바長쟝챵短된돤鉸걒갸
了랼랴○그저ᄒᆞᆫ뼘기리로 견초와 ᄀᆞ처리 將쟝쟝那나나草챵찬稍샿산兒ᅀᅳᆯ올○려플
굿돌다가 放방방在째재脚걓교內뉘뉘踝쾌고尖젼젼骨궁구頭뚱투上샹샹○
발안ᄭᅧ머리 ᄲᅩ족ᄒᆞᆫ ᄲᅧ우희 노하 那나나稍샿산兒ᅀᅳᆯ올到닿다處츄츄○려ᄎᆞ간 곳을

朴通事諺解卷二 三十五

把바바那나나爻애애来래래揉싛쉬的듸디細시시着쟢죠○가며부숙뷔을기다

게돌호ᄆ야놀一힝이箇거거脚걍교上샹샹三산산壯좡좡家갸갸灸깅구的듕디

○壯호식발쓰우되회三直쯩지到닿닫做주주灰휘휘○게잇호ᄎ나지되這져저

般번번時쓰스○홈이애리爻애애氣키키肚뚜두裏리리八슝슈去큐큐○氣爻

러비가예드氣키키脉믕머通퉁퉁行힝힝便뼌변好핳한了랼랴○運氣行移호이

거야너곳와됴핫只즈즈是쓰스腿튀튀上샹샹十씽시分분분無무우氣키키力

량리○장그氣저力신이다엽리세며라마你니니且쳐쳐休힣햐上샹샹馬마마○아미

디직말몯라트忙망망怎즘즘麼마마○호밧리바오므섯且쳐쳐着쟢조乾간간飯

맨반肉슝수湯당당○肉아湯직으乾로飯파慢만만慢만만的듸디將쟝쟝息싱시

却컁커不붕부好핳한○날회여됴리ᄒᆞ면또도티아니ᄒᆞ다 ○將養也息生也謂調養其氣使生

息之也亦曰將理又曰 將攝今俗只說將息

我어오說숴숴幾기기箇거거謎미미○시내니여○려謎유隱지語엣也말正니音로이거
呼俗미或你니니精채채○라네 알你니니說숴숴我어오精채채○라네내날알ᄋ
마大따다哥거거山산산上샹샹擂뤼뤼鼓구구○셔큰봅형티은고山에二숟을
哥거거来래래来래래去큐큐去큐큐○락둘가재락형ᄒ은고오三산산哥거거待
떼대要향약分븐본開캐캐○호셋고재저형ᄒ은고눈四숟스哥거거待떼대要향약
一힝이處츄츄○고벳저재ᄒ형ᄂ온거흔시티여모호我어오精채채○노내라아大
따다哥거거是쓰스棒빵방鎚쮜취○방큰휘형오은이二숟을哥거거是쓰스運
윤윤斗둥두○다둘리재우형리은오이三산산哥거거是쓰스剪젼젼子즈즈○재셋
ᄆ형애은오이四쓰스哥거거是쓰스針진진線션션○ᄂ빗실재이형르은다이바你
니니弄재져說숴숴我어오精채채着잪죠○라대너또알날마ᄋ當당당路루루一
황이科커쿄麻마마○펵길이혜삼당이ᄒᄒ下햐햐兩유유開캐캐花화화剮괄과

風봉풍結경겨子즈즈○면비여오뎐면여곳논듸거고시ᄇ여람불這져저的듸디是
슨스傘산산○산이이논로이다우一둉이箇거거長장창大따다漢한한撒상사大
따다鞋혜헤○큰흔신킈ᄶ큰으놈고이白뻥버日쉉이去큐큐黑흥허夜여여來래레
○오나논잔거가자고여밤은這져저箇거거是슨스燈등등臺때대○이이燈거臺슨
다로鈹긍그皺즁주氈젼젼鈹긍그皺즁주被삐비○블벙에권○담音에義벙去권鈹나
그音疙疙瘩수미按답疙音鈹긍그皺즁주娘냥냥娘냥냥裏리리頭뚱투膝쉬쉬○
서병자권논겨거집시이여안히這저져箇거거是슨스核흥허桃떨탈○이이호거되슨
다로金긴긴甕옹옹兒슬을銀인인甕옹옹兒슬을表밮반裏리리無무우縫봉봉
兒슬을○씨금솔독엽은슨독거이시안여팟這져저箇거거是슨스鷄기기鴠떤단○
외이알거이슨로이다돍鐵텽텨人인인鐵텽텨馬마마不붕부着쨯조鐵텽텨鞭번변
不붕부下햐하馬마마○쏴쇠노사리롬디쇠아몰나쎠ᄒ쇠논채거아시나여ᄃ물這져저

箇 거거 是 씃스 鎖 숴소 子 즈즈 ○ 이거슨이ᄌᆞ믈쇠로다 墻 쨩챵 上 샹샹 一 힝이 塊

괘쾌 土 투투 吊 댶댜 下 햐햐 來 래레 檯 리리 拜 배배 ○ 담우희ᄒᆞᆫ뎡이흙이ᄠᅥ려뎌ᄂᆞ려와

檯拜ᄒᆞᄂᆞᆫ거시여 這 져져 箇 거거 是 씃스 雀 챻쵸 兒 ᅀᅳᆯ ○ 이거슨이새로다 一 힝이

箇 거거 老 랗랖 子 즈즈 當 당당 路 루루 睡 쒸쉬 ○ ᄒᆞᆫ늘근사ᄅᆞᆷ이길ᄒᆡ당ᄒᆞ여자거든 過

궈고 去 큐큐 的 딍디 過 궈고 來 래레 的 딍디 弄 룽룽 我 어오 的 딍디 ○ 디나가며디나

오리날을롱ᄒᆞ되 不 봉부 知 징지 道 땋닿 我 어오 的 딍디 麁 추추 和 훠호 細 시시 ○

나의ᄀᆞᆯ금과ᄌᆞᄂᆞᆷ을아디못ᄒᆞᄂᆞᆫ거시여 這 져져 箇 거거 是 씃스 碾 뎐뎐 子 즈즈 ○ 이거슨이

매로다 ○ 碾磨也磨上轉石曰碾磨下定石曰礱総稱曰碾 墻 쨩챵 上 샹샹 一 힝이 箇 거거 琵

삐피 琶 빠파 任 ᅀᅵᆫ신 誰 쒸쉬 不 봉부 敢 간간 拿 나나 他 타타 ○ 담우희ᄒᆞᆫ琵琶ᄅᆞᆯ아므도

감히뎌ᄅᆞᆯ잡다못ᄒᆞᄂᆞᆫ거시여 這 져져 箇 거거 是 씃스 蝎 혀혀 子 즈즈 ○ 이거슨이뎐갈이도

다 家 갸갸 後 ᄒᆞᇢ후 一 힝이 群 쿤균 羊 양양 箇 거거 箇 거거 尾 위이 子 즈즈 長 쨩챵

○집뒤히ᄒᆞᆫ무리양이낫 낫치쇼리긴거시여 這져져箇거거是씃스櫻힝잉桃땋타○

이거슨이櫻桃ㅣ로다 一힝이間견견房빵방子즈즈裏리리五우우箇거거人신인

炕강강坐쭤조的띠디○ᄒᆞᆫ간방에다ᄉᆞᆺ사ᄅᆞᆷ 이계요안ᄂᆞᆫ거시여 這져져箇거거是씃스

靴훠훠子즈즈○이거슨이훠ㅣ로다 金긴긴鑵권권兒ᅀᅵᆯ을鐵텽뎌擰휘히兒ᅀᅵᆯ을

裏리리頭뚷투盛찡칭着쨯죠白뻫버沙사사蜜밍미○금당권쇠곡지속에白沙蜜담

은거시여 這져져箇거거是씃스梨리리兒ᅀᅵᆯ을○이거슨이비로다 一힝이箇거거

長쨩챵甕옹웅兒ᅀᅵᆯ을窄쥥저窄쥥저口쿻쿠裏리리頭뚷투盛찡칭着쨯죠糯

너노米미미酒질작○ᄒᆞᆫ긴독조븐부리안ᄒᆡ 참ᄡᆞᆯ술담은거시여 這져져箇거거是씃스

奶내내子즈즈○이거슨이젓이로다 滿먼먼天텬텬星싱싱宿싷수一힝이箇거거

月웧워三산산條땋댜繩씽싱子즈즈由잉우你니니曳이이○하ᄂᆞᆯ예ᄀᆞ득ᄒᆞᆫ星宿

에ᄒᆞᆫ돌을세오리노ᄒᆞ로 계ᄃᆡ로ᄭᅳ으논거시여 這져져箇거거是씃스秤칭칭○이거슨이

로져 다올 이 兩 량량 箇 거거 先 션션 生 숭승 合 훟거 賣 매매 藥 얗요 一 힝이 箇 거거
坐 쬬조 一 힝이 箇 거거 跳 땋댤 ○ 훈두 앐先 잣生 고이 ᄒᆞ모 나다 ᄒᆞᆫ약 벽ᄑᆞᆫ 노노 ᄂᆞᆫ라 거ᄒᆞ 시나
여 這 져져 箇 거거 是 씃스 藥 얗요 刀 닿닫 ○ 刀이 ㅣ거 로슨 다이 藥 爹 뗘뎌 兄 훙훙
三 산산 四 숭스 箇 거거 守 싛슈 着 쨯죠 停 띵팅 柱 쮸쥬 坐 쬬조 ○ 히爹 兄 동세 믈네
ᄂᆞᆫ댜 거회 시녀 여안 잣 這 져져 箇 거거 是 씃스 蒜 숸숸 ○ 놀이 이거 로손 다이 ㄷ 鑽 젼젼
天 텬텬 錐 귀쥐 下 햐햐 大 따다 水 귀쉬 ○ 아하 리리 큰돌 믈ᄂᆞᆫ 이송 여곳 這 져져 箇 거거
是 씃스 塔 탕타 兒 ᅀᅳᆯ ○ 탑이 이거 로슨 다이 咳 해해 都 두두 精 쟁재 着 쨯죠 了 랴
也 여여 ○ ᄂᆞᆫ애 고다 나아 眞 진진 箇 거거 是 씃스 精 징징 細 시시 人 인인 ○ 精人
이細 로ᄒᆞᆫ 다사 ᄅᆞᆷ
這 져져 裏 리리 有 잉우 獸 싛샥 醫 이이 家 갸갸 麽 마마 ○ ᄂᆞᆫ여 집긔 이즘 잇승 ᄂᆞ고 냐티
○南村輟耕錄云世以療馬者曰獸醫療牛者曰牛醫
周禮獸醫註獸牛馬之屬按此則療牛者亦當曰獸醫

者수 曰俗 馬呼 獸醫 醫馬 那나나 紅향훙 橋꺙캰 邊변변 有잉우 一힝이 箇거거 張쟝쟝

獸싱삭 醫히이 ○ 獸뎌 醫紅 ㅣ橋 이ᄭᅴ 시에 니ᄒᆞᆫ 張 他타타 快쾌쾌 醫히이 頭뚷투 口

흫추 ○ 잘뎌 ᄒᆞ즘 ᄂᆞ성 니고 라티 기 我어오 的듸디 赤칭치 馬마마 害해해 骨궁구 眼

번연 ○ 害내 肚졀 疼ᄯᅡ 打몰 瘵이 劄눈 眼에 內치 肉알 方하 言○ 謂骨 之眼 韃質 眼問 音云 姑馬 不봉부

住쮸쥬 的듸디 臥어오 倒닿닾 打다다 滾균균 ○ 고어 누므 우디 셔아 러니 ᄒᆞ 一핑이

宿숭수 不봉부 喫칭치 草찰찬 ○ 먹ᄒᆞ 디룻 아밤 니을 ᄒᆞ여 니믈 을 將쟝쟝 那나나 裏

리리 治찡치 去큐큐 來래레 ○ 고가 티져 라뎌 가긔 就찧작 蹄떠티 子즈즈 放방방 血

혜혀 ○ 피임 ᄲᅡ외 히셔 리금 라에 他타타 要향얀 多더도 少샿샤 功궁궁 錢쪈쳔 ○ 언뎨

밧어 두功 됴錢 을 不봉부 問몬운 多더도 少샿샤 與유유 他타타 些셔셔 箇거거 便

뼌변 是씋스 ○ 젹多 이少 주롤 미못 곳디 올말 ᄒᆞ고 니뎌 라롤 治찡치 得듷디 馬마마 好향한

時씋스 ○ 됴몰 호을 면고 뎌 多더도 少샿샤 不봉부 打다다 緊긴긴 ○ 다多 긘少 티눈

아니ᄒᆞ니라 張장장五우후你니니饋거긔我오어醫이이馬마마骨구궁眼연연

○張五ㅣ야 네 나ᄅᆞᆯ ᄆᆞᆯ 눈에치 고텨주고 一이히蓬방ᄫᅡᆼ鬃자쭝〔?〕뎌뎌子즈ᄌᆞ放방ᄫᅡᆼ

血혀ᄒᆡ着조쨭○ᄒᆞᆫ번에임의셔 급에도 피ᄲᅢ혀라 醫이이了랴랴○고텨다 慢만만

慢만만的디디牽견견將쟝장去큐큐○날회여 잇ᄭᅳ려가 乾간간淨징찡田뎐뎐

地디ᄯᅵ上샹샹樹슈슈底디디下햐하拴솬솬着조쨭○乾淨ᄒᆞᆫ ᄯᅡ나모 아래 ᄆᆡ고 喂

위ᄢᅱ的디디好호ᄒᆞᇢ着조쨭○먹이기ᄅᆞᆯ 잘ᄒᆞ라 咱자쟝男난난子즈ᄌᆞ漢한한○

우리ᄉᆞ나희 沒무뭉馬마마時스ᄊᆞ怎즘즘麽마마過고궈○ᄆᆞᆯ이 업ᄉᆞ면 엇디 디내리

오 番번번步부뿌也여여行힝ᅘᅵᆼ不부붕得더ᄃᆞᆼ○ᄒᆞᆫ步도 行티 못ᄒᆞᄂᆞ니 馬마마

是스ᄊᆞ第디ᄯᅵ一이히寶반밧貝븨븨○ᄆᆞᆯ은 이第一寶貝라 常창쨩言연연道도ᄯᅡᇢ

○常言에 닐오되 狗구ᄀᆞᇢ有우잉濺젼젼草찬ᄎᆞᇢ之즈즈恩은흔○개는 濺草ᄒᆞᆫ 恩이 잇

고○晉太和中楊生養狗甚愛之後生飲酒醉行至大澤草中眠時值冬月野火起風因猛狗呼喚生不覺犬

有一坑水狗便走往水中還以身洒生左右草沾水得着地火尋過去生醒而去

馬마마有잉우無韁강강之즈즈報밯박○ᄆᆞᆯ은無韁ᄒᆞᆫ報ㅣ잇다ᄒᆞ니라○漢高祖與項王會鴻門舞劍事急

謀脫走馬南行道傍有一眢井馬到井邊不肯行漢王恐追者至下馬入井項王追至井傍見馬迹至井而止

謂漢王在井令人下井搜求見井口有蜘蛛罩網鵓鴿一雙出井飛去謂無人在中項王還壁翌日其馬到井

垂韁漢王執之而出

叫걓쟌將쟝쟝那나나剃티티頭뚷투的딍디來래레○뎌머리갓ᄂᆞᆫ이를블러오다○

漢俗凡梳頭者必剃去腦後頂上髮際細毛故曰剃頭

你니니的딍디刀닿닾子즈즈快쾌쾌

也여여鈍뚠둔○네칼이드ᄂᆞ나우되나

我어오剃티티頭뚷투的딍디○나ᄂᆞᆫ거리

갓ᄂᆞᆫ이라管권권甚씸슴麽마마來래래刀닿닾子즈즈鈍뚠둔○므서슬구옴알관되

갈이무되리오你니니剃티티的딍디乾간간淨찡징着쨯죠○네갓기를乾淨히ᄒᆞ고

不봉부要향얀只즈즈管권권的딍디刮꽝과○그저수리여긁빗기다알라刮꽝과

的딕디多더도頭듛투疼퉁둥○연츼어빗리기알기프론ᄂᆞ만니히라ᄒᆞ剃티틔了랼랴

○다갓가撒상사開캐캐頭듛투髮황하梳수수○커어고리빗터기저력뒤을훼先

션션將장장那나나稀히히笓삐비子즈ᄌᆞ搊피피了랼랴○춤몬빗저가리저성다권

가빗기고將장장那나나挑탈댤針진진挑탈댤起키키來래래○가리것저다고지가

기것곳尊고○장장梳挑敢針先用梳牛之角葼作以䒷[illegible]篦一㨨疊端上作頭鬅○子毛者梳下多䯰䯰

者섟俗䯰然用용용那나나密미밀的딕디笓삐비子즈ᄌᆞ去큐큐好한할的가듣坐승승搊피피着

수搊○머리ᄆᆞ빈빗츰을빗다겨將장장風봉봉梳수수屑셔셔了랼랴○다빗겨등디䔢왕상刷리리

조잔장○ᄒᆞ비듯야리소현다가업시라리고터양이조리지터양이조리○관환키키

着잘조頭듛투髮황하來래래○ᄒᆞ업亽쇠게가어조리터리고리將장장那나나䈕䈕등딕䆺완완起키키

○가려겨다고기탐다터摘렴리了랼랴那나나箕삐비亂롼롼箭쿵쿵宣숀숀毫할하毛뫄모

○럭더새고히당고려將장장那나나鉸갈갸刀닫도幹황와耳등들슈을○갓더갈귀

가저다가귀안도로고○幹運也俗書宁와字作究是 捎샾샾息싱시来래레掏뫃뫃一힝이

掏뫃뫃耳슬올朶뎌도○짓븨가저다가깃바회놀라○以鉤鳥毳細安共竹針頭用以取耳垢者

俗呼為消息舊本作蒲樓耳児朶作朶是俗去聲讀與유유你니니五우우箇거거銅뚱둥錢

젼천○더도다숫낫銅錢을주마

別뼈벼處츄츄一힝이箇거거官권권人인신娶츄츄娘낭낭子즈즈○다론고뒤

흔官人이娘子를娶흐노라○子謂母曰娘字作孃又少女之稱字作娘孃娘亦通用南村輟耕錄世謂穩婆

曰老娘女巫曰師娘娼婦曰花娘達人又曰草娘蓋人謂妻曰夫娘南方謂婦人無行者曰夫娘謂婦人之年

賤者曰某娘曰㛐娘鄙之曰婆娘今俗稱公主宮女下至庶人妻皆曰娘子今긴긴日싀이做주주

筵연연席씽시○오놀이바디ᄒᄂ니라○舊本作開口筵席古所謂言定今俗云求親女뉴뉴

孩해해兒슬올那나나後흐후婚훈훈○새각시러나니을리기려나今긴긴年년년

纔채채十씽시六릉루歲쉬쉬的딩디女뉴뉴孩해해兒슬올○올히굿十六歲엣새

각시더러 下햐햐 多도더 少샾샹 財채째 錢쳔쪈 ○언멋財錢을드리더 뇨○下財錢亦云下

財家禮會通云婚有六禮納采問名納吉納徵請期親 迎今制納采問名納吉捴一次行禮以從簡便謂之定

禮亦謂之定親亦曰下紅定亦送幣物又涓吉送婚書 行納徵禮亦曰納幣俗云下財亦曰送禮又俗捴捴曰手

酒衣紅又一次有禮曰請期謂之催 蒙亦具紅禮物五品以下無請期之禮 下햐햐 一이힝 百버뵈 兩

량량 銀인신 子즈즈 ○一百兩 銀과 十시씽 表뱦뱦 十시씽 裏리리 ○겉것과 열안과

八바빠 珠쥬쥬 環환환 兒올ᅀᆞᆯ ○八珠環과○ 八珠環見上 滿먼먼 頭두뚜 珠쥬쥬 翠

취취 金긴긴 廂샹샹 寶반밯 石시씽 頭두뚜 面면면 ○머리예ᄀᆞ독ᄒᆞᆫ珠 翠과金으로寶石

에젼에곤곳갈과○寶石即上節禁鴉忽之額以金為 라拱而納石於其中綴着於女冠之上以為飾也音義

云寶石에금젼 에위샤인頭面 珠쥬쥬 鳳봉뽕 冠권권 ○珠鳳冠과○音義云 珠子結成鳳的冠今

故用珍珠串結作成鳳形而至於 翎毛則皆用綵線及翠羽為飾 十시씽 羊양양 十시씽 酒작잘

裏리리 ○十羊과十酒로드리더라○羊十牽酒十瓶也 制禮亦隨貴賤異帙即送禮也詳見諸司職掌

那나나女뉴뉴孩해해兒ᅀᆞᆯ生승승的디디十시시分분분可커커喜히히○

며새각시얼굴이ᄀᆞ장고아○生的天生容範俊쥰쥰如유유觀권권音인인菩푸푸薩사사

○쥰유言이觀音菩薩又고○以耳根圓通以聞聲作觀故謂之觀世音菩者普也薩者濟也謂普濟衆生

也好핳할刺ᄎᆡᆼ치綉ᄉᆡᆼ식生승승活훵호○슈지처셩녕을잘ᄒᆞ고百ᄇᆡᆼ버能능능

百ᄇᆡᆼ버巧캬캬的디디○百能百巧ᄒᆞ더라幾기기時ᄉᆞ스下햐햐紅훙훙定딩딩

○언제紅定을드리려뇨○晋武帝多簡良家女以充內職而自擇美者入選則以絳紗繫臂鎭軍將軍胡

奮女入選亦以絳紗繫臂故俗謂定婚曰紅定這져져月워워初추추十시시日ᅀᅵ시立리리

了랴랴婚훈훈書슈슈○이ᄃᆞᆯ초열ᄒᆞᆯ날婚書을세오고下햐햐了랴랴定딩딩禮리리

○定禮를드리고半번번頭투투娶츄츄將쟝쟝來래래做주주筵연연席시시○

보름ᄶᅳᆷᄒᆞ여ᄃᆞ려와이바디ᄒᆞ고第디디三산산日ᅀᅵ시做주주圓원원飯반반筵연연

席시시了랴랴時ᄉᆞ스○第三日에圓飯이바디ᄒᆞ연○圓作完是謂齊足之意今按漢人娶妻親

迎而女至男家以宿則女家送女食于男家三日而止止食之日女家必具酒饌送男家設宴謂之完飯筵席

質問同舊本日餅饅筵席邵氏聞見錄宋景文公納子婦其婦家餽食書云以食物餽女公日錯用字從食從

而從大其子退撿博雅餽字注云女家三日餉食爲餽女也圓飯卽遺制也 便 변변 着 짭죠 拜 배배

門 믄몬 ○ 곳 拜門ᄒᆞ고 ○ 質問云女嫁九日公婆使兒子女兒往丈人家拜丈人丈母或兄嫂們方言請

之拜門 對 뒤뒤 月 웡워 又 읻우 做 주주 箇 거거 大 따다 筵 연연 席 씽시 ○ ᄃᆞᆯ바금에

또 큰 이바디ᄒᆞ연 女 뉴뉴 孩 해해 兒 ᅀᅳᆯ 家 갸가 親 친친 戚 칭치 們 믄몬 都 두두 去

큐큐 會 훼휘 親 친친 ○ 새각시집 권당ᄃᆞᆯ히 다 가 會親ᄒᆞᄂᆞ니라 可 커커 知 장지 都 두두 去

큐큐 裏 리리 ○ 그리 어니 다 가ᄂᆞ니라 那 나나 官 권권 人 신신 是 씃스 今 긴긴 年 년년

十 씽시 九 깅구 歲 쉬쉬 ○ 뎌 官人은 이 올히 十九歲오 好 함하 文 믄운 章 장장 諸 쥬쥬

般 번번 才 ᄍᆡ채 藝 이이 ○ 文章이 됴코 여러 가지 才藝오 無 무우 計 기기 筭 숸숸 的 딩디

錢 쩐쳔 糧 량량 ○ 수 업슨 쳔량이니 媒 믜믜 人 신신 也 여여 有 잉우 福 봉부 ○ 人媒

도有福훌사ᄃ兩次送禮之日娣人各有表裏之費 正징징 着죠쟢 了랴랖 也여여 多도뒤 尋
씬신 鈔챂챂 ○졍히만나시니錢鈔를만히어드리로다 可커커 知징지 有잏우 福붕부 裏
리리 ○그리어니有福ᄒᄂ 依이이 體티티 例리리 十씽시 兩량량 裏리리 一힝이 兩
량랑 家갸갸 除쮸츄 時씃스 ○體例대로열량에ᄒ냥식덜면 ○謂官私通行格例曰體禮 得
등더 十씽시 兩량량 銀인인 ○열량은을너드리로다 這져져 兩량량 口쿻쿠 兒숤을
夫부부 妻치치 好햪화 爽솽솽 利리리 ○이두夫妻ㅣᄀ장영노ᄅᆞᆸ더라 常쟝챵 言
연연 道땋다 ○常言에닐오되 一힝이 夜여여 夫부부 妻치치 百빅배 夜여여 恩흔은
○一夜夫妻ㅣ百夜恩이라ᄒᄂ니라
我어오 這져저 幾기기 日씽이 差채채 使슨스 出츄츄 去큐큐 ○내요ᄉ이差使로나
가니 好햫화 姐져저 姐져저 ○므ᄋᆞᆷ됴흔각시아○漢俗呼姉曰姐姐雖非弟妹如遇婦女可長者
漢之敬者亦曰姐姐是尊之之謂 你니니 做주주 饋귀귀 我어오 一힝이 副부부 護후후

賸싱시○네 날을 ᄒᆞᆫ 부 슬갑을 ᄆᆡᆫᄃᆞ라 주고려 我어오 沒무등 裁제저 帛뵈버○내게 裁帛

이 업세라 這저저 的디 你니 依 愁추○이란 네 근심 말라 我어오 有읻우

明밍밍 綠룽루 紵쥬쥬 絲ᄉᆞ스○내게 明綠 빗체 비단이 이시니 護ᅘᅮ후 膝싀시 上샹상

但딴단 使ᄉᆞ스 的디 都두두 說숴쉬 與유유 我어오 着쟣죠○슬갑애 믈읫 ᄡᅳᆯ 거슬

다 날ᄃᆞ려 니ᄅᆞ라 如유유 今긴긴 鋪푸푸 裏리리 買매매 去큐큐○이제 푸ᄌᆞ에 사라 가

쟈 諸쥬쥬 般번번 絨숭숭 線션션 砌치치 山산산 子ᄌᆞ즈 吊댱댜 琇쥬쥬 兒ᅀᆞ을

的디 麤추추 白ᄈᆡ베 線션션○여러 가지 보ᄃᆞ라온 실과 커여 ᅀᆞ무오고 진쥬ᄃᆞᆯ 굴근 흰 실과

○砌山子青叢云키여ᄉᆞ簇엿汏수揍山子呼커여ᄉᆞ砌郭結成之意俗呼簇城曰砌城謂疊石而簇成之

不부부 要향얀 紙ᄌᆞ즈 金긴긴 要향얀 五우우 錢쪈쳔 皮삐피 金긴긴○紙金으란

말고 ᄃᆞᆺ 돈 皮金을 ᄒᆞ고○皮金未詳質問云以厚紙上貼金女人靴知之用又云將金縫打如紙張之薄方言

謂之皮金 紫ᄌᆞ즈 官권권 素수수 段돤둰 子ᄌᆞ즈 一힝이 尺칭치○ᄌᆞ디 구읫 나기 빈 비

자단 과흔 三 산산 天 칭치 平 번번 白 쁘버 清 칭칭 水 쉬쉬 絹 견견 ○ 믈석 엣자 깁반 이제
아마 니ㅇ 光白 看清 緞水 硬絹 如무 本리 國플 持기 잠업 者시 也다 印ㄷ 不마 用들 緞호 粉로 面미 練론 生깁
緞後 也以 石 做 주주 帶 메메 子 즈즈 和 해호 裏 리리 兒 슬올 ○ 둘녀 리와 로안 다홀
氈 젼젼 子 즈즈 駝 떠토 毛 말마 我 어오 都 두두 有 읻우 ○ 내닫 게파 다약 이대 시털 니은
其 끼키 餘 유유 的 등디 係 니니 知 지디 箇 슈슈 今 긴긴 買 매매 去 큐큐 ○ 스그 랍남 녀은 이거
가계 라사 라 做 주주 一 룽이 對 뒤뒤 護 흐후 膝 싱시 ○ 민호 들망 려슬 호갑 연을 不 블부
筭 숸쉰 功 궁궁 錢 쪈쳔 時 쑤스 ○ 다끼 마錢 녀을 도혜 沒 믇무 有 읻우 五 우우 六 룩류
錢 쪈쳔 銀 인인 子 즈즈 ○ 이다 업몃 소돈 면은 結 거겨 最 귀고 不 블부 出 추츄 來 래래
○ 못밋 호삼 리너 라네 다 姐 져져 姐 져져 不 블부 要 향약 說 쉬워 ○ 날姐 오姐 더ㅣ 말아
라 我 어오 也 여여 知 즤지 道 담도 ○ 노나 라도 아 你 니니 用 융융 心 신신 做 주주
與 유유 我 어오 ○ 라네 날 用 을心 주 호 고여 려민 ㄷ 慢 만만 慢 만만 的 등디 把 바바 盞

잔잔 ○올날자흐브여마잔 我어오 尋쟈재 央양양 及끼기 ○노내나또 비 你니니 做

주주 饋귀귀 我어오 荷해허 包발반 如유슈 何해허 ○빈비 날 라올 줌주 이어 것니 더롤

뇨ᄒᆞ 那나나 的디디 最쥐쥐 容융융 易이이 ○쉬려 오는 니마 장 打다다 甚씸슴 麼

마마 不부부 緊긴긴 ○긴므 티서 아시 니리 ᄒᆞ오 다다 你니니 放팡방 心신신 ○ᄉᆡ비 ᄒᆞ放

라 我어오 做주주 饋귀귀 你니니 送숭숭 路루루 ○주내 어뎐 送ᄃᆞ 路라 ᄒᆞ녀 아롤 多

더도 謝셔셔 姐저져 姐저져 ○姐多 姐謝 ㅣᄒᆞ 아노 라 我어오 回휘휘 來래래 時ᄉᆞ스

○오내 뎐도 라 多더도 多더도 的디디 與유유 你니니 人신신 事ᄉᆞ스 ○비만 게하

人事 ᄒᆞ마 ○人事 土産 도산 善本作撒花

你니니 今긴긴 日ᅀᅵ이 怎즘즘 麼마마 學햫효 裏리리 不부부 曾쯩층 去큐큐 ○

가네 더오 아늘 나엇 ᄒᆞ더 엿學 는에 다일 즈 我어오 今긴긴 日ᅀᅵ이 告갈갓 假갸갸 來래래

○ᄒᆞ내 고오 왓늘 노吉 라做 你니니 幾기기 箇거거 學햫효 生승승 ○學더 生희 고엇 咱

朴通事諺解卷二

장자 學햫효 長장장 爲위위 頭뚱투 兒슬올 四스스 十씽시 五우우 箇거거 學햫효

生숭승 ○ 우리學長으로為頭ᄒᆞ여마믄다ᄉᆞᆺ學生이라 多더도 少샿샤 學햫효 課쿼쿄 錢

쪈쳔 ○ 學課錢이언머나ᄒᆞ뇨 一힝이 箇거거 月웨웨 五우우 錢쪈쳔 家가가 ○ ᄒᆞᆫᄃᆞᆯ

에닷돈식이라 你니니 師스스 傳부부 是스스 甚심슴 麽마마 人신인 ○ 네스승이이엇

던사ᄅᆞᆷ고 是스스 秀싱수 才쨰채 ○ 이秀才라 你니니 如유유 今긴긴 學햫효 甚심슴

麽마마 文운윤 書슈슈 ○ 네이제므슴글을비호ᄂᆞᆫ다 讀뚱두 毛맣마 詩스스 尚썅샹

書슈슈 ○ 毛詩와尚書롤닑노라 讀뚱두 到닿다 那나나 裏리리 也여여 ○ 닑기룰어

디ᄯᆞ지ᄒᆞ엿ᄂᆞ뇨 待데대 一힝이 兩량량 日싕이 了랼랴 也여여 ○ ᄒᆞᆫ이틀만ᄒᆞ면ᄆᆞᄎᆞ

리로다 你니니 每믜믜 日싕시 做주주 甚씸슴 麽마마 功궁궁 課쿼쿄 ○ 네每日에

므슴공부ᄒᆞᄂᆞᆫ다 每믜믜 日싕시 打다다 罷빠바 明밍밍 鐘즁중 起키키 來래래 ○

每日에明鐘을텨罷ᄒᆞ면니러 洗시시 臉련련 到닿다 學햫효 裏리리 ○ ᄂᆞᆺ싯고學에가 師

숭스傳부부上샹샹唱챵챵喏여어○스승님씌읍ᄒᆞ고○唱喏揖也詞曲曰一箇唱百箇喏謂一人呼唱於上衆人應諾於下如將帥在營幕下草卒拔謌於前者列於庭將帥發一令語則衆下齊聲以應凡里巷子爲拜謁父兄亦然曰謂揖曰唱喏未詳是否但家禮集註說云揖者拱手着胷也恐非所謂唱喏也令中朝俗以鞠躬拱手爲唱喏試숭스文흔운書슈슈的듸디之즈즈後흫후○글을바틴후에廻휘휘家갸가喫치츠飯반반○집의도라와밥먹고却켜거到닾닾學햫효裏리리上샹샹書슈슈念련텬一이이會휘휘○또學에가글비화ᄒᆞᆫ디위念ᄒᆞ고做주주七치치言연연四스스句귀귀詩스스○七言四句詩를짓고到닾닾晌샹샹午우우寫셔셔倣방방書슈슈○나지다ᄃᆞᄅᆞ면셔품쓰기ᄒᆞ여寫셔셔差차차字즈즈的듸디○字로그릇쓰ᄂᆞᆫ이ᄂᆞᆫ手숭수心신신上샹샹打다다三산산戒계계方방방○손바당올셰번젼반으로티ᄂᆞ니라○音義云學訓에티ᄂᆞᆫ벗質問云讀書小兒逃入學堂師傅教寫字不用心寫好字師傅拿二尺長寸半寬半寸厚的木板打手掌使後日寫好字免打手掌謂之戒方捺好항할好

향쏘 ○ 됴도 타타 你 니니 休 힐후 撒 상사 懶 란란 ○ 리네 알게 고얼 街 계계 上 썅샹 你

헝화 遊 왕와 蕩 땅당 ○ 蕩기 티리 말에 고遊 越 웡웨 在 째재 意 히이 勤 낀킨 勤 낀킨 的

둥디 學 햫효 着 쨯죠 ○ 즈티 런옥 이뜻 비두 ᄒᆞ어 라브 如 유유 今 긴긴 國 궝귀 家 갸갸 行

헹힝 仁 연인 義 이이 重 쭝중 詩 숭스 書 슈슈 ○ ᄒᆞ이 고제 詩國 書家 를ㅣ 重仁 히義 너를 ㅅ기行

니 你 니니 學 햫효 的 둥디 成 찡칭 人 인신 長 쟝장 大 따다 ○ 長대 大쉬 ᄒᆞ화 야成

應 힝잉 科 쿼코 擧 귀규 得 둥더 做 주주 官 권권 ○ 벼科 술擧 ᄒᆞ를 을應 어ᄒᆞ 디거 輔 뿌부

國 궝귀 忠 쭝중 君 균균 孝 향햣 順 슌슌 父 뿌부 母 무무 ○ 孝輔 順國 父忠 母君 ᄒᆞᄒᆞ 야여

光 꽝광 顯 현현 門 믄믄 閭 류류 時 숭스 如 유유 何 허허 ○ 먼門 엇閭 더에 ᄒᆞ光 뇨顯 ᄒᆞ

這 쩌져 的 둥디 便 변변 是 숭스 ○ ᄒᆞ이 니곳 올 立 링리 身 신신 行 힝힝 道 땅도 ○

道立 ᄒᆞ身 야行 揚 양양 名 밍밍 於 유유 後 헿후 世 싱시 ○ 名後 ᄒᆞ世 야에 揚 以 이이 顯

현현 父 뿌부 母 무무 ○ 顯버 흠父 이母 를 孝 향햐 之 즈즈 終 중중 也 여여 ○ 終孝 이의

라니

你니니幾기기時쓰스來래래○온네다언 제大따다前쪈쳔日ᅀᅵᆼ이來래래了

랼랴○왓긋노그라젹 끠我어오家갸갸裏리리書슈슈信신신有윙우麽마마○

이우잇리ᄂᆞ집나書 信稍샇샾將쟝장來래레了랼랴○저브왓텨노놀라가我어오父

뿌부母무무都두두身신신已기기安한안樂랗로麽마마○다우몸리이父安母樂ㅣ

나ᄒᆞ 터老랗랃官권권人인인爲위위頭뚷투兒ᅀᅳᆯ을○야老○官漢人人爲孛頭尊ᄒᆞ

字長之丈上加尊老之字之於稱姓大따다小샿샤家갸갸眷권권小샿샤娃와와娃와와

們믄믄○孩大兒小之家稱眷字파作저家근音아과희是들小로兒○等娃等娃 指以이이至

죵즈下햐하人인인們믄믄○에써니下ᄅᆞ人히들都두두身신신已기기安한안樂

랗로○樂다ᄒᆞ몸더이라安貴귀귀眷권권稍샇샾的딩디十씹시箇거거白뻥버毛

맣마施쓰스布부부○布貴即眷本이國브人틴呼멀爲필麻흰布모之시稱뵈漢파人○皆毛呼施

朴通事諺解 二　四十六

日苧麻布亦曰麻布日本綜布或書作沒綜布又曰漂
白布又曰白布今言毛施布即沒綜布之訛也而漢人
曰麗人之擇見麗布則直稱此名而呼
之訛書者因其祖稱而遂以爲名也 五 우우 箇 거거 黃 황황
毛 망만 施 슿스 布 부부 ○ 모닷 시필 뵈누 와른 五 우우 箇 거거 黑 흫허 帖 텽텨 裏 리리
布 부부 ○ 덜닷 릭필 뵈거 롤믄 小 샬샤 人 인신 將 장쟝 來 래레 這 져져 裏 리리 ○ 人小
겨이 왁여 노긔 라가 謝 쎠셔 俆 니니 將 쟝장 偌 여여 多 더도 布 부부 匹 핑피 來 래레 ○
옴비 을만 謝흔 ᄒᆞ布 노匹 라가 져 今 긴긴 年 년년 馬 마마 價 가갸 如 유유 何 해허 ○ 희올
터몰 ᄒᆞ갑 뇨시 엇 今 긴긴 年 년년 較 걒갸 賤 젼젼 些 셔셔 箇 거거 ○ 賤올 ᄒᆞ희 니젹 이
且 쳐쳐 喂 위위 幾 기기 日 ᅀᅵᆼ시 賣 매매 時 쑿스 好 향핳 ○ 여아 풀직 뎐요 됴ᄉᆞ ᄒᆞ이 거먹
와니 如 유유 今 긴긴 賣 매매 時 쑿스 ○ 풀이 뎐제 出 츙츄 不 붕부 上 썅샹 價 갸가 錢
젼쳔 ○ 아노 머븐 ᄒᆞ갑 리시 라나 디
孫 순순 舍 셔셔 混 훈훈 堂 땅탕 裏 리리 洗 시시 澡 잠잔 去 큐큐 來 래레 ○ 아孫 混가

堂에 목욕 ᄀᆞᆷ으라 가쟈 ○ 人家設温湯浴室處燕都多有之乃蘇术爲湯非温泉也或稱堂子舊本作湯子

我 어오 是 ᄊᆞ스 新 신신 来 래래 的 딩디 莊 쫭좡 家 갸갸 ○ 나ᄂᆞᆫ 이 새로 온 향암이라 ○ 村莊治農之人曰莊家謂不達時務之人

不 블부 理 리리 會 휘휘 的 딩디 ○ 아디 몯ᄒᆞ니

多 도더 少 샿샤 湯 탕탕 錢 쪈쳔 ○ 湯錢이 언메나 ᄒᆞ뇨 我 어오 說 숴쉬 與 유유 你 니니 ○

내 너ᄃᆞ려 니ᄅᆞ마 湯 탕탕 錢 쪈쳔 五 우우 箇 거거 錢 쪈쳔 ○ 湯錢은 다ᄉᆞᆺ 낫 돈이오

撓 낳나 背 븨븨 兩 량량 箇 거거 錢 쪈쳔 ○ 등 디르기ᄂᆞᆫ 두 낫 돈이오 梳 수수 頭 뜽투 五 우우 箇 거거 錢 쪈쳔 ○ 머리 빗기기ᄂᆞᆫ 다ᄉᆞᆺ 낫 돈이오 剃 티티 頭 뜽투 兩 량량 箇 거거 錢 쪈쳔 ○ 머리 갓기ᄂᆞᆫ 두 낫 돈이오 修 싛식 脚 걓교 五 우우 箇 거거 錢 쪈쳔 ○ 발돔다돔기ᄂᆞᆫ 다ᄉᆞᆺ 낫 돈이니 全 쭨쵠 做 주주 時 ᄊᆞ스 只 즈즈 使 ᄉᆞ스 的 딩디 十 씽시 九 긷구 箇 거거 錢 쪈쳔 ○ 다 ᄒᆞ려 ᄒᆞ면 그저 열아홉 낫 돈을 ᄡᅳ리라 我 어오 管 권권 着 쨯죠 湯 탕탕 錢 쪈쳔 去 큐큐 来 래래 ○ 내 湯錢을 ᄆᆞ옹가라 가마 衣 히이 裳 쨩샹 帽 맣마 子 즈즈 靴 훠훠 子

죵즈 ○ 과옷 훠과 를갓 都 두두 放 방방 在 째재 這 적저 積 꺼기 裏 리리 頭 틓투 ○ 이다

두擴 고안 히 分 본본 付 부부 這 져저 管 권권 混 훈훈 堂 땅탕 的 듸디 看 칸칸 着 쟣죠

○ 분이 付混 ᄒᆞ堂 여마 보옴 라야 ᄒᆞᄂᆞ 고니 게 到 닿닫 裏 리리 間 견견 湯 탕탕 池 찌치 裏

리리 洗 시시 了 랼랴 一 힝이 會 휘휘 兒 ᅀᆞᆯ올 ○ 다안 위잔 목湯 욕池 ᄌᆞ에 고가 ᄒᆞ 第 뗴디

二 ᅀᆞᆯ올 間 견견 裏 리리 睡 쉬쉬 一 힝이 覺 걓갸 ○ ᄒᆞ第 숨二 ᄌᆞ間 고에 又 잉우 入 슝슈

去 큐큐 洗 시시 一 힝이 洗 시시 ○ 기또 도드 고러 却 퀑커 出 츙츄 客 킇커 位 위위 裏

리리 歇 혀허 一 힝이 會 휘휘 兒 ᅀᆞᆯ올 ○ ᄒᆞ또 다客 귀位 쉬에 끄다 가 梳 수수 刮 꽈과 頭

퉁투 修 싱수 了 랼랴 脚 걓교 ○ 발머 둡리 다흙 동빗 고고 凉 량량 定 띵딩 了 랼랴 身 신신

巳 기기 時 쑷스 ○ ᄒᆞ몸 거이 ᄃᆞ凉 定 却 퀑커 穿 쳔쳔 衣 히이 服 뿡부 喫 칭치 幾 기기

盞 잔잔 閉 비비 風 붕붕 酒 징주 ○ 閉도 風옷 酒닙 로고 먹여 으러 떤잔 精 징징 神 씬신 便

번변 別 뼈벼 有 잏우 ○ 이精 이神 시이 리꼿 라각 별 你 니니 休 힣휘 恠 괘괘 ○ 물네 말허

라 到닿닿家갸갸慢만만慢만만的듸듸與유유你니니洗시시塵친쳔○집의

가날회여네 게마지ᄒᆞ아

哥거거你니니聽팅팅的듸듸麼마마○형아네드 런ᄂᆞᆫ다 京깅깅都두두駕가갸

幾기기時쓰스起키키○셔올며개언제 긔동ᄒᆞ실러뇨 未위위裏리리○못ᄒᆞ여 시니

且쳐쳐早잘잘裏리리○아직일 렷터라 把바바田뎐텬禾훠호都두두收싱삭 럏

곰거 了랼랴時쓰스○田禾롤다가다 거두어븨면 八바바月워웨初추추頭투투起

키키○八月初生에 긔동ᄒᆞᆯ러라 今긴긴年년년錢쳔쳔鈔챂챂艱견견難난난○올히

錢鈔ㅣ艱難ᄒᆞ야○錢者金帛之名古曰泉後鑄而曰 錢古者天降灾民於是手量資幣權輕重以救民困代

各鑄錢輕重不一至元楮幣也始於蜀之交子唐之 飛錢至元朝有中統元寶交鈔通行寶鈔之名 京깅깅

都두두也여여沒몽무甚씸슴麼마마買매매賣매매○셔을도아므란 買賣ㅣᄒᆞᆯ거시

업드 라 這쟝잔是쓰스我어오不봉부去큐큐○마초아이네가 다아니ᄒᆞᆯ샤 往왕왕

迴 휘회 二 슬올 千 쳔쳔 里 리리 田 뎐텬 地 떠디 ○往迴 다히 二千 到 닿도 那 나나

裏 리리 住 쥬쥬 三 산산 箇 거거 月 웨워 ○ 을며 머긔 몰가 면석 돌 納 낭나 房 항팡 錢

젼쳔 空 쿵쿵 費 비뷔 了 랼료 ○ 졀房 엽錢 시드 허리 비논 홀거 낫슬 ᄯᅡ속 說 숴워 的 딍디 是

쓰스 ○ 올날 타옴 이 不 봉부 去 큐큐 的 딍디 倒 닿도 快 쾌쾌 活 훵호 ○ 님가 이더 도마

갑로 다허 즐 省 승승 多 터도 少 샿샤 盤 펀펀 纏 젼쳔 ○ 와연 뇨엇 ○盤 盤纏 纏盤 길모 혜더

給머 眼러 食가 瘡지 用로 金브 錄는 時것 帛貨 之問 類云 今盤 技費 盤纏 纏緣 二供 字給 家之 義物 源如 流供

詳未 出 츄츄 外 왜왜 時 쓰스 端 뒨뒨 的 딍디 是 쓰스 愁 쯯추 殺 새새 人 신신 ○ 버밧

올나 근가 심면 계졍 ᄒᆞ히 ᄂᆞ사 너롬 家 갸갸 貧 빈핀 不 봉부 是 쓰스 貧 빈핀 路 루루 貧 빈핀

愁 쯯추 殺 새새 人 신신 ○ 家貧은貧이아니오路貧이아사ᄅᆞᆷ을근심케ᄒᆞᄂᆞ니라○愁殺謂人

有愁之甚而可至於死甚言其愁之極也

咱 짜자 們 믄믄 教 걒갸 場 쨩챵 裏 리리 射 써셔 箭 젼젼 去 큐큐 來 래레 ○ 教우 場리

애 활 쏘라 가자 這져져般번번時쓰스咱쟝자們믄믄幾기기箇거거去큐큐 ○ 이러면 우리 몃치 가료

咱쟝자十씽시數수수箇거거弟띠디兄흉흉們믄믄去큐큐時쓰스勾긓구了랼랴 ○ 우리 여라믄 弟兄들히 가면 유여흘 거시니

一ᅙᅵ이邊변변五우우箇거거家갸갸分분분着쟢죠射셔셔 ○ ᄒᆞᆫ 편에 다숫식 논화 쏘자

咱쟝자賭두두甚씸슴麼마마 ○ 우리 므서슬 나기ᄒᆞ료

咱쟝자賭두두一ᅙᅵ이箇거거筵연연席씽시着쟢죠 ○ 우리 ᄒᆞᆫ 이바디 톨 나기ᄒᆞ자

那나나般번번着쟢죠 ○ 그리ᄒᆞ자

你니니借져져饋긔긔我어오包밯바指ᄌᆞ즈麼마마 ○ 네 나롤 헐거피롤 빌려 주고려 ○音義云 헐거피

饋긔긔你니니濟쟈지機기기 ○ 너롤 각지롤 주마 ○音義云 ᄲᅳᆯ로 밍근 헐거피 ᄆᆞ툰 깃수 韘以象或牛角或鹿角爲之形如環着於拇指所以鉤弦開弓

咱쟝자各갛기自ᄍᆞ즈用융융心신신儘진진氣키키力령리射셔셔 ○ 우리 각각 用心ᄒᆞ야 氣 力을 잇긋ᄒᆞ야 ᄡᅩ자

哥거거你니니放방방心신신 ○ 형아 네 放 心ᄒᆞ라

我어오獨뚜두自ᄍᆞ즈箇거거射쎠셔

時쓰스也여여贏잉잉的디디○내이긔리로다 흔자쌋아도難난난道닿닾難난난

道닿닾○니니ᄀᆞᆯ기기어어렵렵다다你니니說쉬쉬甚씸슴麽마마話화화○네므ᄉᆞᆷ

말ᄉᆞᆷ 니ᄂᆞᆫ다 張장장弓궁궁有잉우別삐벼力리리飲인인酒쥐작有잉우別삐벼

腸챵챵○張弓애別力이잇고飲酒애別腸이잇ᄂᆞ니라

你니니姐져져姐져져曾층층幾기기時쓰스喫치치粥주주來래래○네姐姐ㅣ

일즉언제브터 죽을먹엇ᄂᆞ뇨 恰캬캬三산산日잉시也여여○이믓三日 니르러시니라 小샤샤廝스

스ᄉᆞ兒ᄋᆞᆯ那나나女뉴뉴孩해해兒ᄋᆞᆯ○ᄉᆞ나희가 一이이箇거거後

죠죠小샤샤廝스ᄉᆞ○나ᄒᆞᆫ 죠희리라 好하하好하하○됴됴도도다다只즈즈

怕파파產찬찬後훙후風붕붕感간간冒마오○그저 産後에 感冒호믈 저프니 레

說쉬쉬與유유你니니姐져져姐져져○네姐姐려 니ᄅᆞ라 好하하生승승小샤샤

心신신着쟢죠○ᄆᆞᄋᆞᆷ장조심ᄒᆞ야 休히히喫치치酸싼산甜텬뎐腥싱싱葷훈훈等

등등物웋우○쉰것돈것비린것누련것들을먹디말고只즈즈着쟣조些셔셔好핳하醬
쟝쟝瓜과과兒ᅀᆞᆯ을就찡작飯뻔반喫칭치○그저젹이됴ᄒᆞᆫ醬瓜로밥ᄒᆞ여먹히라滿
먼먼月웛워過궈고了랼랴時씃스喫칭치的딍디不붕부妨빵방事쑿스○이ᄃᆞᆯ
차다나면먹어도ᄆᆞᆷ에해롭디아니ᄒᆞ리라○産書云分娩未滿月恣食生冷粘硬果菜肥膩魚肉之物當時
雖未覺有損滿月之後卽成蓐勞質問云産婦一箇月不出門不生理只補養本身一月之後出門又喫喜酒
今按喜酒者賀生兒之宴滿먼먼月웛웨日ᅀᅵᆼᅀᅵ老랼랖娘냥냥來래레○ᄃᆞᆯ이ᄎᆞᆫ날에老
娘이와○老娘音義云伏侍生産的婦人今接咯手穩婆着쟣조孩ᅘᅢ해兒ᅀᆞᆯ을盆뻔픈子즈즈
水쉬쉬裏리리放방방着쟣조○아희ᄅᆞᆯ盆子믈에노ᄒᆞ면親친친戚쳔처們든믄
那나나水쉬쉬裏리리○親戚들이뎌믈계金긴긴銀인인珠쥬쥬子즈즈之즈즈
類뤼뤼○金銀珠子의類ᄅᆞᆯ各갇거自쯔즈丟딕두入슝슈去큐큐○각각드리텨든
纔ᄍᆡ채只즈즈洗시시了랼랴孩ᅘᅢ해兒ᅀᆞᆯ을剃티티了랼랴頭틓투○그제아아

머히 리를 갓싯 고기 고 把 바바 孩 해해 兒 슬을 上 쌍상 搖 얄얖 車 처처 ○ 다아 가히 搖를

ᄂᆞ車 니에 라올 리 買 매매 將 장쟝 車 쳐쳐 子 즈즈 來 래래 ○ 사술 다위 가룰 底 디더 下

햐하 鋪 푸푸 蒲 뿌푸 蓆 씨시 ○ 즉밋 뎔희 고지 임우 鋪 푸푸 氈 젼젼 子 즈즈 ○ 담ᄯᅩ

고뎔 上 썅샹 頭 뚱투 鋪 푸푸 兩 량량 三 산산 箇 거거 襁 꺄쟈 子 즈즈 ○ 세우 깃희 글두

子뎔 襁고 卽○ 襁襁 子子 音音 義義 䙵云 而襁 一襁 之接 誤習 矣訝 但織 譯之 語繃 指今 南接 赤襁 手卽 繃繃

餅子 是混 否稱 襁爲 子襁 깃襁 赤 着 쨥죠 孩 해해 兒 슬을 臥 어오 着 쨥죠 ○ ᄒᆞ아 여히 누로

고이 上 썅샹 頭 뚱투 蓋 개개 着 쨥죠 他 타타 衣 이이 裳 썅샹 ○ 옷우 텁희 고제 着 쨥죠

繃 붕붕 子 즈즈 絟 산산 了 랼랴 ○ 卽비 襁보 也로 褓기 韵미 東고 兒○ 衣繃 也子 襁보 八로 寸기

兒長 而一 負尺 之用 行約 者小 把 바바 溺 냥냐 胡 후후 蘆 루루 正 징징 着 쨥죠 那 나나 窟

룽루 籠 룽룽 裹 리리 放 방방 了 랼랴 ○ 바오 코좀 터누 검ᄂᆞᆫ 거박 노을 코다 가 가 把 바바 屎

냥냐 盆 뿐푼 放 방방 在 쨰재 底 디디 下 햐햐 ○ 미분 튀지 노롤 코다 가 見 견견 孩 해해

兒ᅀᅳᆯᅀᆞᆯ啼디티哭쿠쿠時ᄉᆞᆺᄉᆞ○아ᄒᆡ울 믈보면把바바搖ᅀᅣᅀᅣ車처처搖ᅀᅣᅀᅣ一

ᅙᅵᆼ이搖ᅀᅣᅀᅣ便뼌변往쮸쥬了랼랴○搖車ᄅᆞᆯ다가흔들 면곳그치ᄂᆞ니라做주주滿먼먼

月워웨○돌ᄎᆞᆫ이바 디ᄒᆞ면老랖랖娘냥냥上썅샹賞샹샹銀인인子즈즈段뒨뒨

匹피피○老娘의게은과 비단을샹ᄒᆞ고百ᄇᆡᆼ버歲쉬쉬日ᅀᅵ시又ᅌᅵᆼ우做주주筵연연

席씨시○百歲日에또이바디ᄒᆞ면○子生一七日謂之 一臘一歲謂之百晬質問云初生孩兒以百日

爲百歲日六親皆以禮 賀之主人設席館待 親친친戚칭치們믄믄都두두來래래慶킹킹

○親戚들히다와 경하ᄒᆞᄂᆞ니라把바바孩해해兒ᅀᅳᆯᅀᆞᆯ又ᅌᅵᆼ우剃티티了랼랴頭뚤투

頂딩딩上썅샹灸긩구○아히롤다가또머리 막고뎡박이ᄯᅳ고那나나一ᅙᅵᆼ이日ᅀᅵ시

老랗랖娘냥냥上썅샹又ᅌᅵᆼ우賞샹샹○그날老娘의게 ᄯᅩ샹ᄒᆞᄂᆞ니라如ᅀᅲ슈今긴긴

自ᄍᆞ즈妳내내那나나尋씬신妳내내子즈즈○이제손조젓억이ᄂᆞ 냐젓줄어뎐ᄂᆞ냐

尋씬신一ᅙᅵᆼ이箇거거好ᄒᆞᇢ한婦뿌부人ᅀᅵᆫ인妳내내○혼됴흔婦ᄉ의 젓올어더시되

一힝이箇거거月웨웨二슬은兩량량妳내내子즈즈錢쳔쳔○냥혼첫돌갑에시두

오按한간四스스時스스與유유他타타衣이이服부부○텩四를時衣를服조을차

나주養양양孩해해兒슬얼好항한難난난○장즈어식렵기텨로라기ᄆ可거거知지지

장지難난난裏리리○어그려리오어니이懷화화躭단단十시싱月웨웨○열비돌아

오이乳유유哺부부三산산年년년○年젓이어오겨三推튀튀乾간간就짇구濕시시

싀시○濕推ᄒᆞ乾야就千천천辛신신萬완완苦쿠쿠○쑤구ᄒᆞ辛야萬養양양大따다

成쳥청人신신○人養ᄒᆞ大니成曰인인此츠츠上샹샹○츠이로런젼古구구人신신

道단도○니古ᄅᆞ人되이養양양子즈즈方방방知지지父부부母무무恩흔은

○父조母식은을혜길를러안야다보ᄒᆞ야니ᄒᆞ라로

好항한大따다舍셔셔○大모舍옴ㅣ도아흔那나나裏리리下햐햐着쟢죠裏리리

○엇어는더다브리小샾샤人신신在재재那나나東둥둥角갸교頭투투堂땅당

子즈즈間견견壁비비下햐햐着쟣조裏리리 ○ 小人이 뎌 동벽 모롱이 堂子ㅅ 븍롱을 소이ᄒᆞ여 브리워 잇노라 堂子卽混堂 釋見上 板반반闥탕타門믄믄那나나甚씽슴麽마마 ○ 블문가 므슴 문고 朝쨯챠南난난開캐캐着쟣조一이箇거거小샿샤墻쨩챵門믄믄便뼌변是씃스 ○ 남을 향ᄒᆞ여 ᄒᆞᆫ 小墻門 연 거시 곳이라 不블부知징지道땋닾下햐햐處츄츄不붕부曾쯩충得둥더望왕왕去큐큐 ○ 下處를 아디 못ᄒᆞ여 일즙 보라 가디 못ᄒᆞ니라 大따다舍셔셔休힣화怪괘괘 ○ 大舍ㅣ아 허믈 말라 不붕부敎걓갸哥거거 ○ 不敎ᄒᆞ여라 형아 小샿샤人신신昨쨯조日싀시貴귀귀宅쨯저裏리리 ○ 小人이 어제 貴宅에 留릴루下햐햐一이箇거거拜배배貼뎧텨來래래見견견來래래麽마마 ○ ᄒᆞᆫ 拜貼을 머므렷더니 보신가 是씃스小샿샤人신신見견견來래래 ○ 올ᄒᆞ니 小人이 보앗노라 小샿샤人신신每믜믜日싀시不붕부在쨰재家갸가 ○ 小人이 每[illegible] 집ᄋᆡ 다 [illegible] 외잇 셔셔夜여여來래래乾간간走좋주了

랴랑 一 이잉 遭 잔짱 ○ 大舍ㅣ어제욕절업시ᄒᆞᆫ디위ᄃᆞᆫ더다 改 개개 日 ᅀᅵᅀᅵᆼ 迴 휘휘 望
왕왕 大 다따 舍 셔셔 去 큐큐 ○ 다ᄅᆞᆫ날大舍ᄅᆞᆯ迴望ᄒᆞ라가 慢 만만 慢 만만 的 디딩 說
숴숴 話 화화 ○ 날회여말ᄒᆞ자
醜 착칭 廝 ᄉᆞ숭 你 니니 來 래래 ○ 더러온놈아이바 咩 갸걍 將 쟝쟝 那 나나 斜 셔써
眼 연현 的 디딩 弓 궁궁 匠 쟝쨩 王 왕왕 五 우우 來 래래 ○ 뎌눈흘긘弓匠王五ᄅᆞᆯ블러오
라 王 왕왕 舍 셔셔 來 래래 了 랴랼 ○ 王가ㅣ아오라 相 샹샹 公 궁궁 王 왕왕 五 우우
來 래래 ○ 相公아王五ㅣ왓ᄂᆞ이다 我 오어 有 우잉 些 셔셔 央 양양 及 기낑 的 디딩 勾
구긓 當 당당 ○ 내져기빌일이이셔 咩 갸걍 的 디딩 你 니니 來 래래 ○ 너ᄅᆞᆯ블러오라 相
샹샹 公 궁궁 有 우잉 甚 슴씸 麼 마마 話 화화 ○ 相公아므슴말이이셔 說 숴숴 與 유유
小 샤샿 人 신신 麼 마마 ○ 小人ᄃᆞ려니ᄅᆞ실고 你 니니 打 다다 饋 귀긔 我 오어 兩 량량
張 쟝쟝 弓 궁궁 如 슈슈 何 허해 ○ 네나ᄅᆞᆯ두ᄃᆞᆼ할을ᄆᆡᆫᄃᆞ라주미엇더ᄒᆞ뇨 你 니니 要 야향

打다다幾기기箇거거氣키키力링리的딩디弓궁궁○네언머힘엣활을ᄃᆞᆫᄃᆞᆯ고개ᄒᆞ

ᄂᆞᆫ다○氣力音義云弓強弱之力畫十二斤日一箇氣力今按舊本以斗石為畫續綱目丙石弓註三十斤為

鈞四鈞為石百二十斤也畫京깅깅都두두綜중중殿뎐뎐西시시教걍갸場쨩챵裏

리리○京都綜殿西教場에○作藏閣用樓木皮蓋盡以為遊御之所舊本作棕毛蓋樓通作棕官권권

裏리리前쪈쳔面면면垜쟝자柳량루射쎠셔弓궁궁的딩디多더도有잉우○

황뎨앏희셔버들곳고활쏘ᄂᆞ니만히이시니○呼皇帝為官家亦曰官裏五帝官天下三王家天下故耳垜

柳質問云端午節日赴教場內將三枝柳植之三處走馬射之歲時樂事記云武士軍校楷柳于擊場今按禮

字即判音而刻字韵書不著惟免桀華翰內書衣印與挿字音意同総毫云端午日武士射柳為聞力之戲各

料弦弱相敵此作垜恐誤你니니打다다十씹시箇거거氣키키力링리的딩디一힝이

張쟝쟝○네열힘에치ᄒᆞᆫ당과七칭치八빵바箇거거氣키키力링리的딩디一힝이

張쟝쟝○닐곱여듧힘에ᄒᆞᆫ당을된들라你니니來래레這져져弓궁궁面면면上썅샹

鋪푸푸筋긴긴將장장来래레⊕이가이활면에힘울ᄊᆞ다가져와着잪죠我어오着

간간了랸랴之즈즈後학후⊕날을후에본樺화화一이이樺화화⊕봇님히라你

니니用융융心신신做주주的디디好한한時스스⊕네用心ᄒᆞ여민들기로잘ᄒᆞ면我

어오多도더與유유你니니賞샹샹錢쳔쳔⊙내안히비를賞錢을주리라不부부敢

간간相샹샹公궁궁⊙不敢ᄒᆞ여라相公아豈키키可커커望왕왕賞샹샹⊙엇디가히

샹을ᄇᆞ라리오小샤샤人신신奉봉봉承칭칭的디디便변변是스스⊙小人이奉承ᄒᆞ

이곳ᄒᆞ니올只즈즈願권권的디디爲위위頭투투兒울올射셔셔着죠죠⊙그저

원컨대웃뜸으로ᄡᆞ소셔

秀슈슈才채채哥거거⊙秀才형아你니니與유유我어오寫셔셔一이이紙즈즈

借저저錢쳔쳔文운운書슈슈⊙네나를ᄒᆞ당돈ᄭᅮᄂᆞᆫ文書를써주고려拿나나紙즈즈

墨머머筆비비硯연연来래래我어오寫셔셔與유유你니니⊙紙墨筆硯을가져오

라ᄂᆡ 주써 마 너 這져져 文운운 契기기 寫셔셔 了랴랴 ○ 이ᄃᆞᆯ 글월 我오어 讀

두ᄃᆞ 你니니 聽텅팅 ○ 내ᄂᆡ ᄇᆞᆯ 거ᄂᆞ 라ᄅᆞ 京깅깅 都두두 在재재 城칭칭 積지지 慶

광광 坊방방 住쥬쥬 人인인 趙잫잔 寶밯발 兒ᅀᆞᆯ올 ○ 京都ㅅ 안자 積慶坊애 사ᄂᆞᆫ 趙寶兒

ㅣ寶兒 今긴긴 爲위위 缺궤궤 錢쪈쳔 使ᄉᆞ스 用융융 ○ 이제 ᄡᅳᆯ 돈 업ᄉᆞᆫ 것 위ᄒᆞ여 입

情찡칭 愿원원 立리리 約요요 於유유 蘇무무 財채채 主쥬쥬 處츄츄 ○ 情愿으로

아여 主오 財的 ᄒᆞ 主 家마 借쟤쟤 到고ᄐᆞᆯ 細시시 絲ᄉᆞ스 官권권 銀인인 五우우 十시ᄉᆞᆷ

兩량량 整징징 ○ 細絲 ᄂᆞ 官銀 兩整 五十兩 無零數 之ᄃᆞᆫ 謂이 ᄃᆞᆯ 每믜믜 兩량량 月웡워

利리리 幾기기 分본본 ○ 每月 每兩 에 ᄒᆞᆫ 식 아 月利 按한안 月웡워 送숭숭 納나ᄂᆞ ○

送돌 納ᄂᆞᆯ ᄒᆞ조 되차 不부부 致지지 拖토ᄐᆞ 欠켠켠 ○ 그믄 그니 어ᄅᆞ 며거 ᄅᆞ 말 틈고 其키키

銀인인 限현현 至즈즈 下하하 年년년 幾기기 月웡워 內뉘뉘 ○ 그이 ᄂᆞᆫ 해 ᄅᆞᆯ 아 限을

므ᄅᆞ 돌게 너ᄂᆞ 에야 ㄴ 歸귀귀 還환환 數수수 足주주 ○ 갑ᄌᆞ 기히 ᄃᆞᆯ 수고 에 如유유

至즈즈日싱이無우우錢쪈쳔歸귀귀還환환○갑흘 날이 다ᄃᆞ라 돈이 업ᄉᆞ면 將
쟝쟝借져져錢쪈쳔人인인在째재家갸갸應잉깅有잉우直쯔지錢쪈쳔物우우
件껸껸○돈 ᄡᅳᆫ 사ᄅᆞᆷ의 집의 應有ᄒᆞᆫ 엇던 갑ᄉᆞᆫ 物件을 다가 照쟝쟌依이이時ᄊᆞ스價갸갸
准쥰쥰折졍저無우우詞ᄊᆞ스○時價에 照依ᄒᆞ야 准折ᄒᆞ야도 말 못ᄒᆞ고 如유유借져져
錢쪈쳔人인인無우우物우우准쥰쥰與유유○만일 돈 ᄡᅳᆫ 사ᄅᆞᆷ이 與홀 거시 업ᄉᆞ면 准
代ᄯᅢ대保밤바人인인一이이面면면替티톄還환환○代保人이 一面으로 ᄆᆞᄅᆞ차 갑
게ᄒᆞ라○一面 믄자 辭見字解 호 恐쿵쿵後ᅘᅥᆯ후無우우憑삥핑○후에 의빙ᄒᆞᆯ 것 업슬가 저흠
허 故구구立릐리此ᄎᆞᄎ文운운契키키爲위위用융융○짐ᄌᆞᆺ 이 글월 세워 ᄡᅳ게
ᄒᆞ엿ᄂᆞ니 某무무年년년月웨웨日ᅀᅵ이借져져錢쪈쳔人인인某무무○아모 年月
日에 돈 ᄡᅳᆫ 사ᄅᆞᆷ 아모 同뚱퉁借져져錢쪈쳔人인인某무무○ᄒᆞᆫ가지로 돈 ᄡᅳᆫ 사ᄅᆞᆷ 아모 代
ᄯᅢ대保밤바人인인某무무○代保ᄒᆞᆫ 사ᄅᆞᆷ 아모 同뚱퉁保밤바人인인某무무等

둥둥 押햐야 ○ 同保ᄒᆞᆫ 사ᄅᆞᆷ 아모 등이 일홈 두어다 空쿵쿵 處츄츄 寫셔셔 大따다 吉깅기

利리리 ○ 빈 곳에 大吉利라 쓰거나 或훵휘 寫셔셔 餘유유 白뻥버 兩량량 字쯔즈 着

쟐죠 ○ 或 餘白兩字ᄅᆞᆯ 쓰라 將장장 錢쪈쳔 來래레 贖쓩슈 將장장 契키키 去큐큐 ○

돈 가져와 갑고 글월 가져가라

那나나 裏리리 有잉우 賣매매 的딩디 好핳할 馬마마 ○ 어듸 ᄑᆞᆯ 됴ᄒᆞᆫ ᄆᆞᆯ이 잇더뇨 覔

둥둥 角갸교 頭뚷투 牙야야 家갸가 去큐큐 處츄츄 廣광광 ○ 동녁 모롱이에 즈름가ᄂᆞᆫ

뒤 만ᄒᆞ니 ○ 事文類聚云今人云駔儈爲牙本謂之互郞主互市事也唐人書互作𠀧似牙字因轉爲牙今漢

俗亦曰牙子卽古之牙儈 敢간간 知짛지 道땋닿 ○ 알돗ᄒᆞ니 伱니니 打다더 聽팅팅 一

힝이 打다다 聽팅팅 ○ 네 듯보라 伱니니 待때대 買매매 甚씸슴 麼마마 本본본 亭

쑹스 的딩디 馬마마 ○ 네 므슴 지조엣 ᄆᆞᄅᆞᆯ 사고져 ᄒᆞᄂᆞᆫ다 我어오 要얗얀 打다다 園위위

處츄츄 騎끼키 的딩디 快쾌쾌 走쭈주 的딩디 馬마마 ○ 내 산영ᄒᆞᄂᆞᆫ고ᄃᆡ ᄐᆞᆯ ᄀᆞᆯ도ᄂᆞᆫ ᄆᆞᆯ

ᄒᆞ올 노사 라고 저 你 니니 拿 나나 着 잪죠 多 더도 少 샿샾 銀 인인 子 즈즈 買 매매 ○

고네 사언 ᄒᆡ어 ᄒᆞ은 ᄂᆞᆫ올 다가 지 我 어오 有 읭우 三 산산 十 씽시 兩 량량 銀 인인 子 즈즈

○ 銀네 이게 이ᄃᆞ 세十 라兩 那 나나 裏 리리 有 읭우 一 힁이 箇 거거 土 투투 黃 황황 馬

마마 好 향한 本 븐븐 事 쑿스 ○ 이며 서귀 지ᄒᆞᆫ 죄고 됴라 호몰 되이 只 즈즈 腿 퉤퉤 跨 쿠쿠

不 봉부 鬧 나내 ○ ᄒᆞ다 고므 ᄋ뒷 흡지 義페 지며 패디 던디 몰못 一 횡이 箇 거거 黑 흥허 鬃

중중 青 칭칭 馬 마마 快 쾌쾌 走 증주 ○ 몰ᄒᆞᆫ 이가 잘리 ᄃᆞ온 ᄅᆞ총 되이 只 즈즈 是 쑿스 前

쳔쳔 失 씽시 ○ ᄂᆞᆫ그 몰저 譯잡 語거 指티 南고 云ㅇ 잡音 거義 티云 ᄂᆞᆫ거 몰티 一 횡이 箇 거거 赤

칭치 馬 마마 生 승승 的 딩디 十 씽시 分 분분 可 커커 喜 히히 ○ 열ᄒᆞᆫ 굴절 이다 ᄀᆞ몰 장이

되고 오 沒 몽무 本 븐븐 事 쑿스 ○ 소저 니죄 업 你 니니 自 즈즈 馬 마마 市 쑿스 裏

리리 揀 견견 着 잪죠 買 매매 去 큐큐 ○ 히대 여손 사ᄌᆞ 라몰 가져 라제 골 市 쑿스 裏 리리

尋 씬신 不 봉부 着 잪죠 好 향한 馬 마마 ○ 엇져 디제 못ᄂᆞᆫ 훌됴 러ᄒᆞᆫ 라몰 을 一 횡이 箇

거기 栗링리 色씽서 白뷩비 臉련련 馬마마 ○ 흔구렁빗쳐 간쟈몰이 有잉우 九긓구
分본본 膘뱡뱦 ○ 九分이나 술이잇고 好항한 轡피피 頭뚷투 ○ 복대됴코 ○音義云 잘든
논몰을 닐온轡頭 今按轡頭卽馬勒也 今俗謂셕대됴혼몰을 呼爲好轡頭 則音義亦當幷好字爲釋可也 且
漢俗以革爲之 有銜者曰轡頭 以索爲之 無銜者曰籠頭 今呼鞍轡之轡音비 好轡頭之轡音피 ᄡᅳᆫ轡字別有
其字而今未得也 恐當作披字爲是 謂以勒披馬頭引之也 點뎐뎜 的딩디 細시시 ○ 셰가달호
되 只즐즈 是쓰스 小샹샾 行힝힝 上샹샹 遲칭치 ○ 그저즌걸음이ᄯᅳ고 有잉우 些
셔셔 槽짱찰 疥계계 ○ 져기비르잇고 也여여 有잉우 些셔셔 撒상사 蹄띠티 ○ 샨져
기굽ᄀᆞ리미잇티라 ○音義云 뒷굽므리므라예ᄀᆞ리ᄂᆞᆫᄆᆞᆯ 譯語指南云 굽ᄀᆞ리ᄂᆞᆫᄆᆞᆯ 討당탚 多더도
少샵샨 銀인인 子즈즈 ○ 언머은을ᄢᅴ오더뇨 有잉우 人신인 出츄츄 十씽시 五우우
兩량량 銀인인 子즈즈 ○ 사ᄅᆞᆷ이 열닷냥은을 내리엇더라 你니니 為위위 甚씸슴 麽
마마 不봉부 買매매 來래래 ○ 네므서술위ᄒᆞ야 사오디아니ᄒᆞᆫ다 真진진 箇거거 是쓰스

好 할한 馬 마마 麽 마마 ○ 진실로 됴흔 물이랏다 只 즈즈 有 잉우 那 나나 些 셔셔 證

장징 候 햑후 ○ 그저 候ㅣ 잇디 고證 銀 인인 子 즈즈 也 여여 不 부부 勾 궁구 ○ 조흔 라도

ᄒ디 야못 不 봉부 曾 쯩충 買 매매 来 래레 ○ 일즙 사오 디못 ᄒ라 糟 짱찬 齊 계계 有 잉우

甚 씸슴 難 난난 處 츄츄 ○ 빌라 아므려 온곳이 이시리오 醫 이이 他 타타 時 씃스 便

뻔변 是 씃스 ○ 면뎌 곳롤 이곳 라티 料 랼랴 着 쟣죠 你 니니 那 나나 細 시시 詳 썅샹 時

씃스 ○ 뎨혜 리아 細리 鮮건 ᄒ대 면뎌 是 씃스 買 매매 不 봉부 得 듷더 馬 마마 ○ 믈기 사믈

리디 라못 ᄒ 將 장쟝 就 찧쥐 着 쟣죠 買 매매 將 장쟝 来 래레 ○ 사두 가어 져라 다ᄒ 가여

且 쳐쳐 胡 후후 亂 뢴뤈 騎 끼키 時 씃스 怕 파파 甚 씸슴 麽 마마 ○ 로아 드직 면간 므대

프서 리시 오저 萬 완완 事 씃스 不 봉부 由 일우 人 신신 計 기기 較 걀갸 ○ 사萬 롬事 의ㅣ

다計 니較 ᄒ롤 ᄂ말 니미 라암 디

你 니니 怎 즘즘 麽 마마 纔 째채 来 래레 ○ 네엇 온디 다디 早 잘잣 起 키키 家 갸갸 裏

有잉우客킈거人신인来래레 ○아ᄎᆞᆷ의 집의 그ᄂᆡ 갓거ᄂᆞᆯ 나 打다다發황바他
타타去큐큐了량랴纔째채来래래 ○뎌를 打發ᄒᆞ여 보내고 ᄀᆞᆺ 오롸 咱장자官권권人
인인在째재那나나裏리리 ○우리 官人이 어ᄃᆡ 잇ᄂᆞ뇨 官권권人신인在째재文ᄋᆞᆫ운
淵훤원閣갈거 ○官人이 文淵閣에 이셔 ○文淵閣 一名玉堂 有大學士 正五品官 官권권裏
리리前쳔쳔面면면着칸간書슈슈畫ᄒᆞᆨ화裏리리 ○황뎌 앏희셔 書畫를 보나 一힝이
會휘휘兒ᅀᆞᆯ올喫칭치罷빠바湯탕탕時ᄊᆞ스便편변上샹샹馬마마 ○ᄒᆞᆫ디위 湯
을 먹으면 곳 上馬ᄒᆞᆯ려라 上샹샹馬마마往왕왕那나나裏리티去큐큐 ○ᄆᆞᆯ ᄐᆞ면 어듸로
향ᄒᆞ여 갈려뇨 今긴긴日ᅀᅵᆼ이上샹샹墳뿐븐去큐큐 ○오ᄂᆞᆯ 上墳ᄒᆞ라 갈려라 上샹샹
了량랴墳뿐븐迴휘휘来래래怎즘즘的딩디 ○上墳ᄒᆞ고 도라올러나 엇뎌러노 今
긴긴日ᅀᅵᆼ이到담다黃황황村춘춘宿숙수 ○오ᄂᆞᆯ 黃村에 가 자고 明밍밍日ᅀᅵᆼ이就
쩍작那나나裏리리上샹샹了량랴墳뿐븐 ○ᄂᆡ일 임의셔 게셔 上墳ᄒᆞ고 喫칭치筵

연연 席 씽시 儘 진진 晩 완완 入 슈유 城 칭칭 来 래래 ○ 늣이 게바 야다 자먹 안고 예잇 드天

시러 나올 거 各 갸거 衙 야야 門 믄믄 官 권권 人 인인 們 믄믄 ○ 人各 들衙 올門 官 今

긴긴 日 잉이 都 두두 請 칭칭 下 햐하 了 랼랴 ○ 엿오 ᄂᆞ놀 니다 라請 ᄒᆞ 八 방바 舍 셔서

徐 니니 却 켱커 那 나나 裏 리리 去 큐큐 ○ 다八 ○舍 八ㅣ 舍아 音비 義쓰 ᄉᆞ어 行더 次가 第ᄂᆞ

入八 之 我 어오 家 갸갸 裏 리리 取 츄츄 氈 젼젼 衫 산산 和 혀호 油 잉우 帽 망마 去

큐큐 ○ 帽우 롤리 가집 질의 라氈 가衫 노과 라油 我 어오 不 봉부 理 리리 會 휘휘 的 디디 ○

못내 ᄒᆞ애 여디 不 봉부 曾 쯩층 將 장장 得 트더 来 래레 ○ 못일 ᄒᆞ즙 여가 시져 니오 디 徐

니니 將 장장 兩 량량 箇 거거 油 잉우 紙 즈즈 帽 망마 兒 ᅀᅳᆯ 来 래래 ○ 紙녀 帽두 로油

와가 져 借 져져 與 유유 我 어오 一 힝이 箇 거거 ○ 빌날 려을 주ᄒᆞ 고나 려흘 我 어오 只

죠즈 有 잉우 一 힝이 箇 거거 油 잉우 絹 젼권 帽 망마 兒 ᅀᅳᆯ 裏 리리 ○ 만내 ᄒᆞ게 油다

잇細 고帽 ㅣ 孟 믕믕 舍 셔셔 有 잉우 兩 량량 箇 거거 油 잉우 紙 즈즈 帽 망마 兒 ᅀᅳᆯ

○紙盔帽가ㅣ의 이게 시두 녀油 你니니 問몬운 他타타 借져저 時쓰스 便뼌변 饋귀긔

你니니 ○ 면데 꼿더 더드 롤려 주우 리러 라뵐 那나나 廝숭스 那나나 裏리리 肯큰큰 饋귀

긔긔 ○ 즐뎌 겨놈 주이 리어 오되 不봉부 通퉁퉁 人인인 情찡칭 不봉부 得듷더 仁신신

義이이 的딩디 小샹샤 廝숭스 ○ 義人 롤情 엇을 디통 못티 ᄒᆞᆫ못 놈ᄒᆞᆫ 이고 라仁 恁즘즘 麽

마마 不봉부 與유유 你니니 ○ 더엇 아더 니더 ᄒᆞ롤 료주 又임우 不봉부 喫충치 了량랴

他타타 的딩디 ○ 더또 아더 닐의 거거 시슬 니먹 你니니 自쪼즈 儘진진 一힝이 儘진진

○ 차네 ᄒᆞ손 라조 잇 咱장자 們몬믄 的딩디 馬마마 恁즘즘 的딩디 喂위위 ○ 리우

몰먹 을이 엇료 디 官권권 人신인 的딩디 伴뻔번 當당당 處츄츄 ○ 官當 人의 의손 伴디

○質問云 謂之 伴當 三𡯫 日戦 一官 𢬵𢬵 當隨 去儀 聲從 人 散산산 饋긔긔 喂위위 馬마마 的

딩디 草찰챠 料량랴 錢쩐천 ○ 몰감 먹슬 ᄃᆞᆯᄒᆞ 닙터 과주 콩라 那나나 般번번 時쓰스 省

숭승 氣키키 力리리 ○ 그カ 리이 ᄒᆞ털 면리 氣라

你니니昨쟉조日ᅀᅵ시張쟝장千쳔쳔戶후후的디디生승숭日ᅀᅵ시裏리리○

내어제張千戶의生日에○軍士五千六百名爲一衛二千二百名爲一千戶所一百一十名爲一百戶所每

百戶內設總旗二名小旗二名何해해故구구不봉부來래래○므슴연고로오디아니혼다

小人샹샤其끼키實싀시不봉부曾쯩층知짓지道땋닾○小人이진실로일즙

아디못ᄒᆞ롸那나나裏리리做주주生승숭日ᅀᅵ시來래래○어듸가生日을ᄒᆞ뇨八

방바里리리庄쟝장梁량량家갸갸花화화園원원裏리리做주주來래래○八里

庄梁家花園의셔ᄒᆞ니라○八里庄地名凡鄉井之制在內曰街坊閣廂在外曰店鎮鄉庄畨保屯務寨峪灣

寓盖曰俗呼得名皆指人所聚居之處也我어오也여여那나나一잉이日ᅀᅵ시遞디디了

랼랴手싷사帕파파之즈즈後흫후○나도그날에手帕드린후에○手帕即手巾也喫창치

幾기기盞잔잔酒쟝작過거고兩량량道닿닾湯탕탕○여러잔술먹고兩道湯을디내

고便뼌변上샹샹馬마마出츄츄來래래了랼랴○곧ᄆᆞᆯ을ᄐᆞ고나오롸咳해해我

오어 真진진箇거거不블부曾쯩층知징지道땋닾來래래 ○ 애내진실로일즙아디못

ᄒᆞ엿더니 我어오也여여明밍밍日싱시到당닾羊양양市쓰스裏리리 ○ 나도ᄂᆡ일

羊져제가 五우우錢쪈쳔銀인인子즈즈買매매一힝이箇거거羊양양腔캉캉子

즈즈 ○ 닷돈은에ᄒᆞᆫ양의얼골을사○韻會云音佉日腔 音義云羊無首之名羊有首則人厭着今按漢俗

屠羊出賣者 皆去其首 做주주人신신情찡칭去큐큐 ○ 人情을 삼아가 饋괴긔他다타

補부부生승승日싱이 ○ 뎌ᄅᆞᆯ주어生日을다느림ᄒᆞ면 有잉우甚씸슴麼마마遲찡치

處츄츄 ○ 므슴터딘곳이이시리오 常쨩창言연연道땋닾 ○ 常言에닐오디 有잉우心

신신拜배배節졍져 ○ 節에拜ᄒᆞᆯᄆᆞ옴이이시면○拜節歲時 樂事記云元日士庶自早至相慶賀車

馬交馳衣服華煥雜還 街市三四日而乃止 寒한한食씽시不블부遲찡치 ○ 寒食이라도더

듸다아니타ᄒᆞᄂᆞ니라○荊楚記云去冬節一百五日 有疾風甚雨謂之寒食又謂之百五節秦人呼為熟食

日言其不動烟火預辦熟食過節也晉文公焚山求子 推因燒死遂禁火以報之東京錄云唐明皇詔寒食上

[illegible]野如市芳對之下圈圈之間羅列盃盤撫暮而歸

揮휘휘使ᄉᆞ스你니니曾ᄍᆞᆼ층到담닫西시시湖ᅘᆞ후景깅깅來래래麼마마○

揮使ㅣ아미일즙西湖ㅅ景에갓든다○音義云揮使 指揮之義称今按指揮使官名都督府都指揮使正二

品各衛指揮使正三品西湖在玉泉山下泉水諸而為 湖流入宮中西苑為太液池出都城為玉河東南流注

于大通河環湖十餘里荷蒲菱芡與夫沙禽 水鳥出沒隱映於天光雲影中實佳境也 我어오不봉부

曾ᄍᆞᆼ층到담닫來래래○내일즉가디 못ᄒᆞ여시니你니니說숴쉬與유유我어오那

나나裏리리的딍디景깅깅致징지麼마마○네날ᄃᆞ려뎌긔 景致를니ᄅᆞ라說숴쉬時

ᄉᆞ스濟지지甚씸슴麼마마事ᄉᆞ스○날은들므슴 일이일리오咱잠자一힝이箇거거

日잉이頭틀투隨쉬쉬喜히히去큐큐來래래○우리ᄒᆞᄅᆞ구 경ᄒᆞ라가자然연연雖

쉬쉬那나나們믄믄時ᄉᆞ스○비록그 러나且쳐쳐說숴쉬一힝이說숴쉬着쨯죠

○아직니 ᄅᆞ라我어오說숴쉬與유유你니니○내너ᄃᆞ려 니ᄅᆞ마西시시湖ᅘᆞ후

是 쓰스 從 쭝충 玉 융유 泉 쮠쳔 裏 리리 流 릳루 下 햐햐 來 래래 ○ 西湖는이 玉泉으로

조차흘러ᄂᆞ리니○玉泉在宛平縣西北三十里玉泉 山下山有石洞三一在山之西南其下有泉深淺莫測

一在山之陽泉出石罅間鑿石爲螭頭泉從螭口噴出 鳴若雜佩色如素練泓澄百頃一在山之根有泉湧出

洞門刻玉泉二字有觀音閣又南有石岩呂公洞其 上有金時芙蓉殿廢址相傳以爲章宗避暑處宣德年

間建玉泉亭于 其上以備臨幸 深 신신 淺 쳔쳔 長 쨩창 短 돤돤 不 붕부 可 커키 量 량량 ○

深淺長短을可히 혜아리디못ᄒᆞ고 湖 후후 心 신신 中 즁즁 ○ 믈싸 온뒤 有 잉우 聖 싱싱 旨

즈즈 裏 리리 蓋 개개 來 래래 的 딩디 兩 량량 座 쭤조 瑠 릳루 璃 리리 閣 갇거 ○ 聖旨

로지은兩座瑠 璃閣이이시니 遠 원원 望 왕왕 高 갈간 接 졍져 靑 칭칭 霄 샿샿 ○ 멀리 ᄇᆞ라

매놉히프른하 ᄂᆞᆯ에졉ᄒᆞ엿고 近 낀긴 看 칸칸 時 쓰스 遠 원원 侵 친친 碧 빙비 漢 한한 ○

갓가이셔보면멀리碧漢을侵ᄒᆞ고○碧漢即天河也 河精上爲天漢爾雅析木謂之津ㄷ在箕斗間自坤抵

艮爲地紀赤名雲漢日天 潢白銀河日銀漢日河漢 四 쓰스 面 면면 蓋 개개 的 딩디 如 유유 鋪

푸루 翠 취취 ○ 四面에빈거시비 츄믈선듯ᄒᆞ야 白 ᄈᆡ버 日 ᅀᅵᆯ시 黑 허ᄒᆡ 夜 여여 瑞 쉬쉬

雲 윤윤 生 승승 ○ 白日黑夜에 瑞雲이나니 果 커고 是 숭스 奇 끼키 哉 재재 ○ 果然 긔특

ᄒᆞ더 라 那 나나 殿 뎐뎐 一 흥이 剗 찬찬 是 숭스 纏 쳔쳔 金 긴긴 龍 룽룽 木 뭉무 香

향향 停 띵팅 柱 쮸쥬 ○ 티殿에ᄒᆞᆫ굴ᄀᆞᆺ티金龍이 얼거던木香기둥이오 泥 니니 椒 쟝잔 紅

훙훙 墻 쨩챵 壁 삥비 ○ 호쇼로ᄇᆞᄅᆞᆫ 블근墻壁에 蓋 개개 的 딩디 都 두두 是 숭스 龍

鳳 뽕봉 凹 와와 面 면면 花 화화 頭 뚱투 筒 뚱퉁 瓦 와와 和 허호 仰 양양 瓦 와와 ○

뎐기ᄉᆞᆫ다龍鳳을우묵겨면돗게 ᄒᆞᆫ막새와수디새와암디새오 兩 량량 角 갿교 數 싷수 頭 뚱투

都 두두 是 숭스 青 칭칭 瑠 릥루 璃 리리 ○ 두모헤數頭는 다青瑠璃오 地 띠디 基 기기

地 띠디 篩 씅시 都 두두 是 숭스 花 화화 斑 반반 石 씅시 ○ 地基地篩은 다 花斑石이오

瑪 마마 瑙 낲노 幔 먼먼 地 띠디 ○ 瑪瑙를ᄯᅡ 희ᄉᆞᄆᆞ랏고 兩 량량 閣 갑거 中 중중 間 견견

有 잉와 三 산산 叉 차차 石 씽시 橋 꺙갼 ○ 두집ᄉᆞ이에세가 래石橋ㅣ이시니 欄 란란 干

간간 都 두두 是 ᄊᆞ스 白 뻐버 玉 융유 石 씽시 ○ 玉欄 石干 이은 오다 白 橋 꺋갸 上 썅샹
丁 딩딩 字 ᄍᆞ즈 街 개계 中 즁즁 間 견견 正 징징 面 면면 上 썅샹 ○ 字ᄃ 街리 中우 間丁
에교 面 有 잉우 官 권권 裏 리리 坐 쬐조 的 디디 地 띠디 白 뻐버 玉 융유 石 씽시 壁 비비 玲
링링 瓏 룽룽 龍 룽룽 床 쫭촹 ○ 玲황 瓏뎨 히안 ᄒᆞᆫ논 龍白 床玉 이石 잇으 고로 西 시시 壁 비비
廂 샹샹 有 잉우 太 태태 子 ᄌᆞ즈 坐 쬐조 的 디디 地 띠디 石 씽시 床 쫭촹 ○ 廂西 에壁
床太 이子 잇안 고ᄂᆞᆫ 石 東 둥둥 壁 비비 也 여여 有 잉우 石 씽시 床 쫭촹 ○ 도東 石壁 床에
고이 잇 前 쳔쳔 面 면면 放 방팡 一 이이 箇 거거 玉 융유 石 씽시 玲 링링 瓏 룽룽 酒
짱작 卓 짱조 兒 ᄉᆞᆯ올 ○ 瓏前 히面 ᄒᆞᆫ에 酒ᄒᆞᆫ 卓玉 을石 노으 핫로 고玲 把 뻐버 岸 한안 上 썅샹
有 잉우 一 이이 座 쬐조 大 따다 寺 ᄉᆞ스 ○ 座북 큰편 털연 이덕 이우 시희 너ᄒᆞᆫ 內 뉘뉘 外
왜왜 大 따다 小 샿샾 佛 뽀보 殿 뎐뎐 ○ 佛안 殿밧 파大 小 影 힝잉 堂 땅탕 ○ 논텅 집잇
과 串 쵠쵠 廊 랑랑 ○ 과월 랑 兩 량량 壁 비비 鐘 즁즁 樓 릏루 ○ 樓兩 와壁 鐘 金

긴긴堂땅탕○과金堂禪쪈쳔堂땅탕○과禪堂齋재재堂땅탕○과齋堂碑

비븨殿뎬뎐○과碑殿諸쥬쥬般번번殿뎬뎐舍셔셔且쳐쳐不붕부索쌩새說

쳥쉐○니여ᄅ러디가아지니殿ᄒ솜거논니아와직다筆빙비舌쎵셔難난난窮쿵쿵○

기筆어舌려로오도니다라ᄒ殿뎬뎐前쪈쳔閣갑거後흫후○後殿에前閣擎깅킹天

뎐뎐耐내내寒햰한傲암오雪숑쉐蒼챵창松숭숭○雪擎ᄒ天논혼蒼耐松寒과傲也

여여有잉와帶대대霧우우披피피烟연연翠취취竹중주○혼또翠帶竹霧이披잇烟

고諸쥬쥬雜짱자名밍밍花화화奇끼키樹쓔슈不붕부知장기其끼키數수수

○그여수러ᄅ가아지기名못花ᄒ奇고對논閣갑거前쪈쳔水쉬쉬面면면上쌍상○

우집희압을自쯔즈在째재快쾌쾌活훵호的딩디是쓰스對뒤뒤對뒤뒤兒슬올

鴛웬원鴦향양○이제對대對로鴦줄鴦기이논오거순湖후후心신신中중중浮뿡부

上쌍상浮뿡부下햐하的딩디是쓰스雙쐉솽雙쐉솽兒슬올鴨향야子쯔즈○

湖心中에浮上浮下ᄒᆞᄂᆞᆫ거슨이雙雙ᄒᆞᆫ올히오 河허허 邊변변 兒ᅀᆞ을 窺퀴퀴 魚유유 的

딩디 是ᄉᆞ스 無무우 數수수 目무우 的딩디 水쉬쉬 老랄랄 鴉야야 ○ 을ᄯᆡ의고가엿

ᄂᆞᆫ거슨이수업손가마오디오 撒상사 網랑왕 垂쮜취 釣듕주 的딩디 是ᄉᆞ스 大다다 小

샹산 漁유유 艇팅팅 ○ 撒網垂釣ᄒᆞᆫ거슨이大小漁艇이오 弄룽룽 水쉬쉬 穿춴춴 波뽀보

的딩디 是ᄉᆞ스 覓밍이 死ᄉᆞ스 的딩디 魚유유 蝦햐하 ○ 弄水穿波ᄒᆞᄂᆞᆫ거슨이覓死ᄒᆞ

ᄂᆞᆫ魚蝦오 無무우 邊변변 無무우 涯얘애 的딩디 是ᄉᆞ스 浮뿌부 萍삥핑 蒲뿌푸 棒

빵방 ○ 無邊無涯ᄒᆞᆫ거슨이浮萍과蒲棒이오 噴픈픈 鼻삐비 眼연연 花화화 的딩디 是

ᄉᆞ스 紅훙훙 白ᄈᆡ버 荷허허 花화화 ○ 코ᄭᅴ생기고눈에밤원거슨이紅白荷花러라 官권권

裏리리 上샹샹 龍룽룽 舡쭨춴 ○ 황뎨龍舡에오ᄅᆞ연 官권권 人신신 們믄믄 也여여

上샹샹 幾기기 隻징지 舡쭨춴 ○ 官人들도여러ᄇᆡ메올라 做주주 箇거거 筵연연 席

씽시 ○ 이바디ᄒᆞ여 動뚱뚱 細시시 樂얗요 大다다 樂얗요 ○ 細樂大樂을動ᄒᆞ고 沿

朴通事諺解 下 六十二

연연 河허허快쾌쾌活훵호 ○ 河로조차줄키다가 到담닫寺숭스裏리리燒샹샾香

향향 隨쒸쉬喜히히之즈즈後흫후 ○ 텰에가향픠오고구경혼후에 却켱거到당다湖

후후 心신신橋꺌갸上쌍샹玉융유石씽시龍룽룽床쫭촹上쌍샹 ○ 또湖心橋上玉

石龍床에가 坐쭤조的듸디歇헝혀一힝이會휘휘兒슬을 ○ 안자혼디위쉬고 又

잏우 上쌍샹琉릳루璃리리閣갛거 ○ 또琉璃閣에올ᄋ면 遠원원望왕왕滿먼먼眼

연연 景깅깅致지지 ○ 멀리ᄇ라매滿眼景致ㅣ 真진진箇거거是쓰스畫화화也여여

畫홰화不붕부成쪙칭 ○ 진실로그리려ᄒᆞ여도그리디못ᄒᆞ고 描먕먀也여여描먕먀

不붕부出츙츄 ○ 모ᄒᆞ려ᄒᆞ여도모티못ᄒᆞᆯ거시니 休힣후誇콰과天텬텬上쌍샹瑤

양얀 池쯔치 ○ 天上瑤池ᄅᆞᆯ쟈랑티말라○瑤池列仙傳崑崙閣苑白玉樓十二玄室九層左瑤池右翠

水環以弱水九重非飈車羽輪不可到也註瑤池王母所居 只즈즈此츠츠人신신間견견兜

둥두 率쇄쇄 ○ 그저이人間ㅅ兜率이러라○梵語兜率此云妙足又云知足於五欲知止足故佛地論

云名憙是謂一後身菩薩於中敎化多修憙是故卽 欲界六天之一也兜率天人間四百世爲一日

咱 쟝자 們 믄믄 結 겨 相 샹샹 識 싱시 知 징지 心 신신 腹 봉부 多 더도 年 년년 了

랼랴 ○ 우리 結相識ᄒᆞ여 心腹 아란 디 여러 ᄒᆡ로다 好 함한 哥 거거 哥 거거 弟 띠디 兄 흉흥

們 믄믄 裏 리리 頭 뜽투 ○ 므ᄋᆞᆷ 됴흔 형 아ᄋᆞ들 듕에 一 힝이 遍 변변 也 여여 不 봉부 曾

쫑층 說 숳숴 知 징지 心 신신 腹 봉부 的 딩디 話 홯화 ○ ᄒᆞᆫ 번도 일즉 心腹 아는 말ᄋᆞᆯ 니ᄅᆞ디

몯ᄒᆞ여 시니 咱 쟝자 有 잏우 一 힝이 件 껸견 東 둥둥 西 시시 ○ 우리 ᄒᆞᆫ 가짓 거시 이시니

對 뒤뒤 換 훤훤 如 슈슈 何 헣허 ○ 막밧곰이 엇더ᄒᆞ뇨 咱 쟝자 對 뒤뒤 換 훤훤 甚 씸슴

麽 마마 東 둥둥 西 시시 ○ 우리 므스거슬 막밧고료 我 어오 的 딩디 串 춴촨 香 향향 褐

헣허 通 퉁퉁 袖 싛수 膝 싱시 襴 란란 五 우우 彩 채채 繡 싷수 帖 텽텨 裏 리리 ○ 내팀

향빗체 通袖膝襴ᄒᆞ고 五彩로 繡노ᄒᆞᆫ 털릭과 ○ 串香 者合和諸香以爲佩者也凡絲染色之少文彩者曰褐

串香褐麝香褐鷹背褐蜜褐茶褐卽黃黑雜色也玉褐 艾褐水褐銀褐卽白黑雜色也藕褐卽紫黑雜色也深

淺異色各取其像 你니니的딍디大따다紅훙훙織짐지金긴긴胷흉흉背븨븨帖
텽뎌裏리리對뒤뒤換훤훤着쟣죠○네大紅잇체금ᄉ로ᄢᅢ胷背ᄒᆞᆫ텰릭과막밧고자我
오어的딍디帖텽뎌裏리리怎즘즘麼마마赶간간上샹샹你니니的딍디綉싱삭
帖텽뎌裏리리○내텰릭이엇디ᄃᆡ슈텰릭게미ᄎᆞ리오打다다甚슴슴麼마마緊긴긴
那나나○므서시다긘ᄒᆞ리오咱잠자男난난兒을울漢한한做주주弟띠디兄훙훙
○우리ᄉᆞ나희兄이되여셔弟那나나裏리리計기기較걍갸○어ᄃᆡ혀아리리오咱
장자從쭝충今긴긴已이이後흫후○우리이제로브터ᄅᆞ後ㅣ야爭즁증甚씸슴麼
마마一흥이母무무所소소生승승親친친弟띠디兄흉흉○므슴一母所生親弟兄에
셔ᄲᅳ리오有잉우苦쿠쿠時ᄊᆞ스同뚱퉁受쓩수○고로옴이잇거든ᄒᆞᆫ가지로밧고有
잉우樂랗로時ᄊᆞ스同뚱퉁樂랗로○즐거옴이잇거든가지로즐겨홈이ᄒᆞᆫ為위위之
즈즈妙먚먀也여여○희옴이妙ᄒᆞ니라

那나나賣매매織징지金긴긴胷흉흉背븨븨段돤둰子즈즈的디디○뎌織金胷

背비단줄리아將쟝쟝來래래我어오看칸칸○가져오라내보쟈這져저的디디是

씃스眞진진陝션션西시시地디디面면면裏리리來래래的디디○이거시이진짓

陝西ᄯᅡ흐로셔온거시로다○陝西古雍州地漢所都長安之地唐置京畿道宋置陝西路元置陝西行中書

省今置陝西布政司使舍셔셔人신신敢간간不봉부識싱시好항핫物뭉우麼마마

○舍人이됴ᄒᆞᆫ거슬아디몯ᄒᆞᄂᆞᆫᄃᆞᆺᄒᆞ다道땋닾地띠디的딩디好항핫胷흉흉背븨븨

○본ᄯᅵ됴흔胷背라你니니謾먼먼不봉부的딩디我어오○네날을속이디말라我

어오又읭우不봉부是씃스生승승達땅다達땅다囬휘휘囬휘휘○내또生達達囬

囬아니라生승승達땅다達땅다囬휘휘囬휘휘如유유今긴긴也여여都두두會

휘휘了량랴○生達達囬囬도이제는또다아는니라你니니怎즘즘麼마마謾먼먼的

딩디我어오高강가麗리리人신신○네엇디우리高麗ㅅ사ᄅᆞᆷ을소기ᄂᆞᆫ다不봉부敢

간간 舍 셔셔 人 인신 ○ 라不 舍敢 人호 아여 怕 파파 你 니니 不 봉부 信 신신 時 쓰스 ○

더저 아프 버건 호며 거비 든미 着 쟣죠 別 뼝뼈 人 인인 着 칸칸 ○ 로다 호른 여사 뵈롬 면으 便

뼌변 見 견견 真 진진 假 갸갸 ○ 롤곳 보真 리이 라며 假 罷 빠바 罷 빠바 ○ 두두 어어 說

쒕쒸 賣 매매 的 듸디 價 갸갸 錢 쪈천 ○ 버플 르갑 라슬 要 향얏 七 칭치 兩 량량 銀 인인

○ 바보 드곱 려냥 니은 와을 老 랗랖 實 싱시 價 갸갸 錢 쪈천 六 룽루 兩 량량 銀 인긴 子

즈즈 ○ 엿고 냥디 은식 이흔 라갑 슨 你 니니 來 래레 你 니니 這 져저 晴 한안 花 화화 段

뭔뭔 子 즈즈 ○ 뭔이 윤바 비데 단이 올스 一 히이 打 다다 裏 리리 饋 긔긔 你 니니 十 씨시

兩 량량 銀 인인 子 즈즈 ○ 은호 올번 줄에 거더 시롤 니열 량 肯 큰큰 時 쓰스 要 향얏 你

니니 的 듸디 ○ 하즐 롤기 흐면 고데 不 봉부 肯 큰큰 時 쓰스 罷 빠바 ○ 니즐 면기 마디 쟈아

要 향얏 甚 씸슴 麽 마마 多 더도 話 화화 ○ 한므 양슴 흐흐 리라 오말 舍 셔셔 人 인인 甚

씸슴 麽 마마 銀 인인 子 즈즈 ○ 슴舍 믄人 고아 므 有 임우 細 시시 絲 스스 官 권권 銀

인인 ○ 細絲官銀이이세라 罷빠바罷빠바 ○ 두어두어 將쟝쟝銀인긴子즈즈來래래

○ 은을가져오라 濫란란賤쪈쪈的디디賣매매與유유你니니 ○ 濫賤히네게플리라

你니니的디디手식식裏리리難난난尋씬신錢쪈쳔 ○ 네손에돈엇기어렵다

南난난城칭칭永융융寧닝닝寺ᄉᆞ스裏리리 ○ 南城永寧寺에 ○南城大元以燕京爲大

都俗呼南城以開平府爲上都俗呼此城開平府在陰山之南自燕京至上都地勢一步高一步四時多雨雪

聽팅팅說워쉬佛뽕보法봥바去큐큐來래래 ○ 佛法니ᄅᆞ는양드르라가쟈 一잉이

箇거거見견견性싱싱得더더道닫단的디디高강간麗리리和훠호尚썅샹 ○

ᄒᆞᆫ見性得道ᄒᆞᆫ高麗ㅅ즁法봥바名밍밍喚훤훤步뿌부虛휴휴 ○ 法名을步虛ㅣ라브ᄅᆞᄂᆞᆫ

이 ○法名削髮披緇故依佛法別立外號是謂法名步虛俗姓洪氏高麗洪州人法名普愚初名普虛號太古

和尚有求法於天下之志至正丙戌春入燕都聞南朝有臨濟正脉不斷可徃印可盡指臨濟直下雪嵓嫡孫

石屋和尚淸共也遂往湖州霞霧山天湖庵謁和尚嗣法傳衣還大都特逢丁太子令辰十二月二十四日奉

傳聖旨住持永寧禪寺開堂演法戊子東還掛錫于三角山重興寺尋往龍門山結小庵額曰小雪戊午冬示
寂放舍利玄陵賜諡圓證國師對塔于重興寺之東以藏舍利主陵即恭愍王陵也 到 담단 江 강강 南
난난 地 띠디 面 면면 石 씨시 屋 웅우 法 봡바 名 밍밍 的 딩디 和 ᅘᅘᅩ 尚 샹샹 根 근근
底 디디 ○江南什石屋이라法名ᄒᆞᆫ즘외손되가니○石屋法名清珙號石屋和尚臨濟十八世之嫡孫
也吾屋謂石屋石屋見之云老僧今日既已故下三百斤搭子遠伶搭了且展眸瞻矣乃微笑云佛法東矣遂
以袈裟表信日衣雖今日法自灵山流傳至今今附汝汝善護持毋令断絶事文類聚云釋氏五宗之教傳於
至法眼為雪峯真覺禪師之道至永明其道傳于高麗國此即普庵之傳也 作 잡조 興 유유 頌 쑹숭
字 쯔즈 ○頌字롤지어주매 迴 훠휘 光 광광 反 반반 照 잘잘 ○迴光反照ᄒᆞ야 大 따다
發 봘봐 明 밍밍 得 듷디 悟 우우 ○크게發明得悟ᄒᆞ야○音義云石屋和尚作偈頌與步虛其偈
光迴還返照於步虛之身其於生死輪迴之說靡不通號 拜 배배 他 타타 為 위위 師 ᄉᆞ스 傳 뿌부
○디롤拜ᄒᆞ야師傳롤삼고 得 듷디 傳 쭨쮠 衣 이이 鉢 붕보 ○衣鉢傳홈을어더○書言故事

云傳授佛法謂之傳衣鉢衣即袈裟三事衣也鉢應供器也譯見上釋迦佛生年十九出家住世四十九年傳衣

鉢于迦葉初祖達摩達摩傳衣鉢于二祖二祖傳于三祖至於六祖至三十二祖弘忍蓋以此為傳道之器也

迴훼휘來래레到닿도這저져永융용寧닝닝寺승스裏리리○이永寧寺에도라오

니皇황황帝디디聖싱싱旨즈즈裏리리開캐캐場창창說숴숴法바바裏리리

○皇帝聖旨로開場說法ᄒᆞᄂᆞ니라說숴숴幾기기箇거거日ᅀᅵᅀᅵ頭투투○몃날을니

르러뇨說숴숴三산산日ᅀᅵᅀᅵ三산산宿송수○三日三宿을닐올째시니從종층今

긴긴日ᅀᅵᅀᅵ起키키後훟후日ᅀᅵᅀᅵ罷빠바散산산○오늘브터시작ᄒᆞ여도리면罷散ᄒᆞᆯ

러라諸쥬쥬國궈궈人신신民민민一이이切쳐쳐善션션男난난善션션女뉴뉴

○諸國人民一切善男善女ㅣᄋ金說經曰向善之男女也又見下不부부知지지其기기數

수수○不知其數ᄒᆡ鼓바바大다다慈ᄍᆞ츠心신신○큰慈心을鼓ᄒᆞ야都두두往

왕왕那나나裏리리聽팅팅佛부부法바바去큐큐○다뎌긔로향ᄒᆞ여佛法을드르라가

나는 這저져的딍디真진진善션션智징지識싱시那나나裏리리尋씬신去큐큐

○이런 진짓 善智識을 어듸어 드리오 ○高僧之釋反譯名義云佛菩薩羅漢是善智識 六波羅蜜三十七品是善智識 法性宗際是善智識 咱장자也여여隨쮜쉬喜히히去큐큐來래래

○우리도 가자 ᄒᆞ라 你니니且쳐쳐停딩팅一이이停딩팅○네 아직 머믈라 我

오늘 到닾닿衙야야門믄믄押야향了랼랴公궁궁座쭤조便변변來래래○衙내

門에 가 公座簿에 일홈 두고 곳 오리라 咱장자兩량랑箇거거將쟝쟝些셔셔布부부施

스숭 和훠호香향향去큐큐○우리 향 들고 가 저기 보리라 禮리리拜배배供

궁궁養양양做주주些셔셔因힌인緣연연時쓰스好핲한○禮拜供養ᄒᆞ야 져기 인연 ᄒᆞ

올히 지음 ᄒᆞ리로다 ○ 說숴숴道닿다○ 人인신生승승七칭치十씽시古

구구來래래稀히히○來ᄉ稀生 ᄒᆞ라七十이 古 不부부到닾다三산산歲쉬쉬下

햐하世시시去큐큐的딍디也여여有일위的딍디○三歲에 ᄒᆞ여셔 下世ᄒᆞ니 ᄒᆞ드여뭇

가ᄂᆞ니도 잇ᄂᆞ니라 是 씋스 裏 리리 ○ 올ᄒᆞ니 常 쨩챵 言 연연 道 닿닾 ○ 常言에 닐오디

今 긴긴 日 ᅀᅵᇰᅀᅵ 脫 톻토 靴 휘훠 上 썅샹 炕 캉캉 ○ 오ᄂᆞᆯ 훠ᄅᆞᆯ 벗고 炕애 올랏다가 明 밍밍

日 ᅀᅵᇰᅀᅵ 難 난난 保 밯보 得 듷더 穿 춴춴 ○ ᄂᆡ일 어더 신기ᄅᆞᆯ 잇기 어렵다 ᄒᆞᄂᆞ니라

朴 팧파 通 퉁퉁 事 ᄊᆞ스 諺 연연 解 갸계 上 썅샹

朴 팧팦 通 퉁퉁 事 쓰스 諺 연연 解 계계 中 중중

拘 긓구 欄 란란 裏 리리 看 간간 雜 짜자 技 끼기 去 큐큐 來 래래 ○ 拘欄에 雜技 보다가

[illegible] 上○ 拘欄 去 큐큐 時 쓰스 怎 즘즘 麽 마마 得 더더 入 슈슈 去 큐큐 的 디디 ○

[illegible] 러면 가엿 료디 一 이이 箇 거거 人 신인 與 유유 他 타타 五 우우 箇 거거 錢 쳔쳔 時

쓰스 放 방방 入 슈슈 去 큐큐 ○ ᄒᆞᆫ 사ᄅᆞᆷ이 뎌를 다ᄉᆞᆺ 낫 돈을 주면 노하 드려 보내ᄂᆞ니라 有 잉우

諸 쥬쥬 般 번번 唱 챵챵 詞 쓰스 的 디디 ○ 여러 가지 唱詞 ᄒᆞᄂᆞ니 이시며 也 여여 有 잉우

耍 솨솨 棒 빵방 的 디디 ○ 또 막대 耍ᄒᆞᄂᆞ니 이서 一 이이 箇 거거 高 갈고 卓 좋조 兒

슬을 上 샹샹 跳 툥토 下 햐햐 衣 이이 裳 샹샹 ○ ᄒᆞᆫ 노픈 卓子 우희 옷 벗고 赤 칭치 條 턒톼

條 땋댜 的 디디 仰 양앙 白 뻬버 着 쟣조 臥 워오 ○ 이벌 잣거 바게 누울 어올 一 이이 托

탕토 來 래래 長 쨩쟝 短 돤돤 ○ 리ᄒᆞᆫ 예발 기 停 띵띵 柱 쥬쥬 來 래래 麁 추추 細 시시

的 디디 ○ 굴기 가둥 예ᄒᆞᆫ 호 油 엄우 紅 훙훙 畫 화화 金 긴긴 棒 빵방 子 즈즈 ○ 紅油

朴通事 … 一

림빗그세린金막으대로를그 放방팡 在째재 他타타 脚걀교 心신신 上샹샹 轉젼젼 ○
하더구발골빠리당고에 노 脚걀교 背븨븨 上샹샹 轉젼젼 ○ 을발리뜽고에 구 掯즈즈
頭뜰투 上샹샹 轉젼젼 ○ 둘가리락다우가희 구 吊댠댠 下햐하 來래래 踢틔티 上
샹샹 去큐큐 ○ 든ᄂ차려올오려ㅓ 丟듀듀 的디디 只즈즈 是쓰스 眼연연 花화화 了
랑랸 ○ 이놈바ᄒ외기엿를거그ᄒ저고눈 丟 룽룽 寶반반 盞 재재 的디디 ○ ᄒ寶는盞이놈
入ᄂ優○場凡告優戲人雀以之造由化次爲有爲一戲人時捧一一人雀擎以一入彩作帛戲絛如畫本先
雜節日所銅云觜造雌化日爲鑞죵觜다 리 又 임우 是 쏘스 一 휭이 箇 거거 銅 뚱퉁 觜 쥐쥐
鑞 랑라 觜 쥐쥐 造 짤잔 化 화화 ○ 리쏘프ᄒ론부담리죵노ᄂ론리수노픙룻다호리더부 帶
대대 着 잘죠 鬼 귀귀 臉 련련 兒 ᅀᆞᆯ ○ 빡광워더 趐 츠츠 兒 ᅀᆞᆯ 舞 우우 ○ 춤늘츠개
고이 他 타타 的 디디 主 쥬쥬 兒 ᅀᆞᆯ 拿 나나 着 잘죠 諸 쥬쥬 般 번번 顏 연연 色 싀서
的 디디 小 샹샾 旗 기기 兒 ᅀᆞᆯ ○ 적제은님旗제를여가러저가다지가빗 게 那 나나 主

쥬쥬 兒 을올 着 쟢쟢 那 나나 銅 뚱퉁 醬 쥐쥐 的 듸디 ○ 큰그 수님 죵재 다려 더부 로러 ᄒᆞ노

여 啣 현현 將 쟝쟝 那 나나 一 이이 箇 거거 顏 연연 色 싀서 的 듸디 旗 끼키 來 래래

說 쉬숴 時 쓰스 ○ 므아 러으 오흐 라빗 니체 ᄅᆞ莫 연귤 便 변변 醬 쥐쥐 裏 리리 啣 현현 搶

쟝장 來 래래 ○ 려곳 가부 져리 다로 가므 與 유유 他 타타 那 나나 主 쥬쥬 兒 을을 ○ 님뎌

ᄂᆞ자 내룰 라주 有 읻우 呈 칭칭 諸 쥬쥬 般 번번 把 바바 戲 히히 的 듸디 那 나나 ○ 려뎌

ᄂᆞᆫ가 이지 잇노 ᄂᆞ못 냐로 ᄒᆞ 好 핳한 着 잔잔 的 듸디 甚 씸슴 麼 마마 沒 뭇무 ○ 도보 흔기

업거 ᄉᆞ시 리므 오서 시 我 어오 沒 뭇무 零 령링 錢 쳔쳔 怎 즘즘 麼 마마 好 핳한 ○ ᄠᅳᆫ내

ᄒᆞ돈 여며 야업 됴ᄉᆞ ᄒᆞ니 료엇 다 不 뿡부 妨 방방 事 ᄊᆞᄉᆞ ○ 아일 너게 ᄒᆞ허 다롬 더 我 어오

有 엳우 零 령링 錢 쳔쳔 ○ 어내 어게 시ᄠᅳᆫ 니돈 我 어오 管 권권 着 쟢쟢 饋 귀귀 你 니니

○ 더내 룰ᄀᆞ 주음 마아 라 這 져져 般 번번 時 쓰스 倒 담도 好 핳한 ○ 로어 혀려 됴면 타도

古 구구 人 신인 道 댤도 ○ 녈古 오人 더이 因 힌인 風 훙풍 吹 취취 火 훠호 用 융용 力

리릭不부봉多도더○ᄇᆞ람을 조ᄎᆞ여 블을 블면 힘쓺이 하디 아니타 ᄒᆞᄂᆞ니라

夜여여來레래着죠쟣李리리三산산○어제 李三으로ᄒᆞ여木무몽匠쟝쨩家갸갸

裏리리旋쉰쉰做주주一이힝箇거거樻귀뀌子즈즈○木匠의 집의 ᄒᆞᆫ 樻ᄅᆞᆯ 마초이되

說쉬숴定딩띵與유유他타타二을ᅀᅳᆯ兩량량銀인인○ᄂᆞᆯ려 定ᄒᆞ고 뎌ᄅᆞᆯ 두 냥 銀을 주

엇더니把바바來래래做주주的디딩不부붕成칭쪙○가져오니 민둘옹이 不成ᄒᆞ고

油우잍的디딩也여여不부붕好핲할○칠도 됴티 아니ᄒᆞ고校반반子즈즈又우잉

薄보뽕○널이 엷고 또都두두是스쓰接져졍頭투뜰補부부定딩띵麽마마○

다 니와텨 보ᄃᆡ엿다 길多도더有우잍節져졍子즈즈○므이만 하잇고事스쏘件견켠

也여여不부붕壯좡쫭○事件도 壯티 아니ᄒᆞ고兩량량箇거꺼鏇쓘쉰鈸슈숑兒

을ᅀᅳᆯ○두 비목과一이힝箇거꺼了랼럎弔됴뗜兒을ᅀᅳᆯ都두두不부붕壯좡쫭○

ᄒᆞᆫ ᄃᆞ럼쇠 다 壯티 아니ᄒᆞ니一이힝箇거꺼薄보뽕薄보뽕的디딩生승승活호훵○

병ᄒᆞᆫ 薄이로薄 다ᄒᆞᆫ 성 要햫햪 做주주 甚씸슴 麽마마 ○ ᄒᆞᄒᆞ 리여 오므 슴 那나나 廝
숭스 不봉부 是숭스 人인신 ○ 이녀 아놈 니이 라사 룸 誆쾅광 猾횡화 賊쯰즤 ○ 猾誆
이ᄒᆞᆫ 나도 젹 好항한 生승승 揑녕녀 拐괘괘 東둥둥 西시시 ○ 건마 다잡 쥐놈 기의 ᄒᆞ것
니ᄂᆞ 這져져 積귀귀 子즞즈 多더도 直찡지 的딩디 一힝이 兩량량 銀힌인 儘진진
勾향구 也여여 ○ 이이 잇積 곳만 유히 여싸 ᄒᆞ야 거효 글냥 銀 這져져 廝승스 落랄로 了
랑랴오 我어오 一힝이 兩량량 銀힌인 ○ 올이 벼놈 르이 더내 시효 나냥 온 我어오 臨린린
了랑랴오 喫ᄎᆡ치 了랑랴오 他타타 一힝이 道땅닾 兒ᅀᆞᆯ ○ ᄒᆞᆫ내 ᄠᅢ나 ᄂᆞᆫ좃 납에 어려 다의
我어오 拿나나 着잘조 這져져 廝승스 時쓰스 ○ 잡내 으이 면놈 글 驢류류 一힝이
般번번 打다다 ○ 티나 라귀 라마 티 罷빠바 麽마마 相샹샹 公궁궁 ○ 셔마 相ᄅᆞ 公쇼
마 饒얗샾 他타타 麽마마 ○ ᄒᆞ녀 쇼를 셔사 大따다 人인신 不붕부 見견견 小샹샤
人인신 過궈고 ○ 보大 다人 아은 니小 ᄒᆞ人 ᄂᆞ의 너허 라믈 울

染연연房팡팡裏리리染연연東둥둥西시시去큐큐來래래○운읎것집믈의드잡

가리자라染연연家갸갸徐내내來래래○이믈아드이라바는着잔잔生승승活황호

○것셩보텽라엣這져져楊양양州짇주綾링링子즈즈滿먼먼七칭치托톻토長

쟝창○곰이발揚기깨리ㅅ太紋고이 날兩량랑頭뚷투有ㅇ우記기기事쏘스○어두

이리시예너보 담染연연柳령릭黃황황碾년년的듸디光광광着잘죠○드都려黃

나다게든ᄒᆞ기고를 빗這져져被뻬븨面면면大따다紅훙훙身신신兒슬울○너이

홍블롬거똥족과다明밍밍綠룽루當당당頭뚷투○쳣明깃綠는빗都두두是쏘스擡

떼태色승서的듸디○티다라빗 도裏리리兒슬올都두두全쳔쳔○ㄱ안자히시다

니要향햐染션연的듸디好항할着쟣죠○ᄒᆞ믈고드저리ᄒᆞ기노롤라잘這져져十

쳥시箇거거絹권권裏리리○갑이에열서필五우우箇거거大따다紅훙훙碾년년

「着잘죠○碾닷一필疋은之다半홍轄드其려아다圓듬以고碾ㄷ綃碾見砑印石局也礪砑擣知卷碾

五우우箇거거染션연小샿샤紅훙훙乾간간色싀새罷빠바○紅닷 드필 려은 小건

무석 편으 ᄒᆞ로 너홍 이 十씁시箇거거綃견견練련련的딍디熟슣수到당단着짭죠

○롤열 닉필 개깁 잇을 ᄎᆞ누 ᄒᆞ우 라기 這져저細시시綿면면紬쥳추染션션鴉햐야靑

칭칭攥배배一힁이攥배배○드디 려마 볋는 대綿 동紬 이란 ᄒᆞ鴉 고靑 這져저肉욱우紅

훙훙婦뿌부人인신搭따다忽후후表뱧뱌兒슬을○외이 려肉 그紅 레빗 것채 ᄌᆞ婦 人

跋개게染연연做주주桃텋탈紅훙훙礬뻔변到댤닷着짭죠○드고 려더 다桃 동紅

치기 ᄒᆞ를 라깃 商샹샹量량량染션연錢쩐쳔着짭죠○아믈 리갑 자슬 혀 這져저柳

령랴黃황황綾링링染션연錢쩐쳔五우우錢쩐쳔半번번銀인인子즈즈○綠이

맛黃 돈綾 반은 銀ᄌᆞ 이갑 오시 五우우箇거거 ᄂᆞ 바다 紅훙훙綃견견○흥맛 깁필 은하 奪

의의 一이이疋핑피染션션錢쩐쳔四ᄉᆞ스錢쩐쳔家갸갸○갑每 서ᄒᆞ 더필 돈에 식家

니이 通퉁퉁是씃스二ᅀᅵᆯ兩량량○ 이되 오두 五우우箇거거小샿샤紅훙훙

絹견견○紅닷깁필은ᄀᆞ一흔이兩량랸五우우錢쪈쳔○돈云이냥오닷這져져鴉
야야青칭칭綿면면紬쭈추六륙릭錢쪈쳔○는이엿鴉돈青이綿오紬에被삐비表
방바帶대대裏리리兒슬을八빠바錢쪈쳔○는니여볼둚거돈족이과니안셔都두두
通퉁퉁綫선연錢쪈쳔是씃스五우우兩량량四쓰스錢쪈쳔半반반銀인인子
즈즈○닷대냥되뎌통돈ᄒᆞ반여은ᄆᆞᆺ이갑라시你니니將쟝쟝樣양양子즈즈來래래我
어오看간간○簿비冊樣一子本를有가소져來오染라絹ᄃᆡ帛보者자○染於樣簿子上染記家其有
以物富穀契及約染者色謂弁之其樣染兒直你니니來래래○바이假가갸如유유明밍밍
日ᅀᅵᆯ이這져져樣양양兒슬을上쌍샹的딍디顏연연色싀서○이가견ᄉᆞ냥니깃말
셔빗체但딴단有잉우些셔셔兒슬을不봉부像썅샹時씃스○것을디왼아져념기
시이면이你니니便뻔변替티티我어오再재재染연선○차베다주시날드울리마라ᄅᆞ
라我어오說숴숴與유유你니니○니내ᄅᆞ더마ᄃᆞ려那나나的딩디有잉우甚

섬슴麽마아話화화說숴워○르거이야이므시슴리말오올니幾기기時쓰스來래레

取츄츄○져연가제료과가外왜외後훙후日싀이來래레取츄츄○가글져되가라

라准쥰쥰的듸디麽마마○호실다뎌히你니니放방방心신신○ㅎ네라放心

不부부悞우우了랴랴你니니的듸디○아네나하흐를리그라릇

站잔잔家갸갸擂뤼뤼鼓구구○說站吏여鼓서之븜樣티凡니使○客館入驛門門必上擊皆

衆其應鼓招鄉集事人務使스스臣쳔친來래레也여여○使臣이使다怎즘즘麽마마

沒뭄무一이어箇거개聽텅텅事쓰스的듸디○리엇도더업호亡事뇨事ㅎ百븨버

戶후후都두두那나나裏리리死쓰스去큐큐了랴랴○百뒤戶주ㅣ어ㅣ가다냐어我

어오們믄믄都두두在째재這져져裏리리○귀우잇리노다라여拜배배揖이이舍

셔셔人신신與유유我어오閑견견字쯔즈麽마마○다拜우揖리ㅎ룰노閑니字舍를人

가주실正정정官권권幾기기員원원○負正이官며이엇隨쥐취從중중幾기기

箇거거 ○ 隨從이몃치나ᄒᆞᆫ뇨 將장쟝 關권권 字ᄍᆞᄌᆞ 來래레 ○ 關字가져오라 正정징

官관권 三산산 員원원 六륙루 箇거거 伴뻔번 當당당 ○ 正官三員이오여ᄉᆞᆺ伴當이

니 分뿐분 例리리 支ᄌᆞᄌᆞ 應잉잉 ○ 分例로支應ᄒᆞ라○正官日廩給從人日口糧通謂之分

例元制正官一員一日宿頓該支米一升麵一斤羊肉一斤酒一升柴一束經過減半從人一名上支米一升

經過減半今制正官一員一日經過米三升宿頓五升從人一名經過二升宿頓三升漢俗今云行三坐五

大따다 使ᄉᆞ스 你니니 來래레 ○ 大使ㅣ아이바○館驛有大使一員或正九品或從九品有副

使一員從九品亦有未入流大使副使許見諸司職掌 三산산 箇거거 正징징 的듸디 ○ 세正

官의게ᄂᆞᆫ 三산산 升싱싱 米미미 ○ 서되ᄡᆞᆯ과 三산산 斤긴긴 麵면면 ○ 서근ᄀᆞᄅᆞ과

三산산 斤긴긴 羊양양 肉숭우 ○ 서근羊肉과 兩량량 瓶삥핑 酒징직 ○ 두병술이

오 從쭝중 的듸디 六륙루 箇거거 ○ 슈죵여ᄉᆞᆺ의게ᄂᆞᆫ 三산산 升싱싱 米미미 ○

시되ᄡᆞᆯ과 三산산 斤긴긴 麵면면 ○ 서근ᄀᆞᄅᆞ과 三산산 斤긴긴 猪쥬쥬 肉숭수 ○

肉서파근 猪一흥이瓶삥핑米미미酒쥥직和훠호駱랗로○호병米酒과 타락과ㅇ米

酒舊本作一瓶米酒新本作米酒今造酒用粳米糯米 黃米凡支待使客皆用此等酒也不必擧采酒為說恐

是新本仍存夲字而誤印為米 字也今從夲字讀恐或為是醋추추○초와醬쟝장○장과塩

연연○소금과芥계계末뭉모○계ᄌᆞᄀᆞᄅᆞ와蔥ᄎᆞᆼ충○파과蒜숸숸○마늘과

薤혜혜菜채채○부치와油잉우○기름과生승승蘿러로蔔뽕부○댓무우과

瓜과과○외와茄껴겨等등등○가지등諸쥬쥬般번번菜채채蔬수수鷄기기

鴠딴단和훠호升심싱斗등두等등등子즈즈○여러가지ᄂᆞ믈과ᄃᆞᆯ 거알과되과말과저

울을疾찡지忙망망如ᅀᅲᅀᅲ今긴긴都두두將쟝쟝來래레○샐리이제 다가져와如

ᅀᅲᅀᅲ今긴긴支즈즈一흥이支즈즈○이제支 應호되休힣후多더도要향얀你니니

的딩디○네게도만 허발고休힣후少샿샾了량랼我어오的딩디便뼌변是씃스

우리개도적게말 어꼿올ᄒᆞ니라廚쮸츄子즈즈你니니來래레○廚子ㅣ아어 바ㅇ充[illegible]

有廚子即供應大小筵宴及館待使客執爨之役者也 疾 징지 忙 망망 做 주주 飯 빤반 ○ 셜리

밥을 지으라 舍 셔셔 人 인인 道 닿단 做 주주 甚 씸슴 麽 마마 飯 빤반 ○ 舍人아 니ᄅᆞ라

므슴 밥을 지으료 做 주주 乾 간간 飯 빤반 那 나나 水 쉬쉬 飯 빤반 ○ 乾飯을 지으라 水飯

을 지으라 熬 앟앞 些 셔셔 稀 히히 粥 죻주 ○ 젹이 믈근 쥭을 쑤고 伱 니니 將 쟝장 那 나나

白 ᄈᆡᆼ배 麪 면면 來 래래 ○ 네 뎌 흰 ᄀᆞᄅᆞᆯ 가져다가 捏 녕녀 些 셔셔 匾 변변 食 싱시 ○

젹이 匾食ᄅᆞᆯ 빗고 撇 평펴 些 셔셔 禿 퉁투 禿 퉁투 麽 마마 思 ᄉᆞ스 ○ 젹이 의역져비 ᄯᅳ고

○禿禿麽思一名手撇麪即本國의역져비禿字音투上声讀麽思二合為音맛意呼則用思字曰투투맛慢

言之則用食字曰투투마시元時語如此劑法如水滑麪和圓小彈劑冷水浸手掌按作小薄餅兒下鍋煮熟

以盤盛用酥油炒羊肉加鹽炒至焦以酸甜湯拌和澆味得所別研蒜泥調酪任便加減使竹簽簽食之

一 힝이 鐴 빙비 廂 샹샹 熬 앟앞 些 셔셔 細 시시 茶 ᄍᆞ차 ○ ᄒᆞᆫ 브ᄅᆞᆷ ᄀᆞ석의 셔젹이 細茶ᄅᆞᆯ

달히라 這 져져 米 미미 麽 추추 將 쟝장 去 큐큐 再 재재 篩 ᄲᆡᆼ바 一 힝이 篩 ᄲᆡᆼ바 ○

져이 가쌀 다이 시구 슬즈 흐니 라가 管권권 事쓰스 的듸디 來래래 ○ 는일 이ㄱ 오옴 라아 馬
마아 們믄믄 怎즘즘 麼마아 來래래 的듸디 遲찌치 ○ 옴물 이들 러히 되엇 ᄂ다 這져져
的듸디 不부부 來래래 了랴랴 也여여 ○ 호이 엿오 ᄂ디 나아 니 舍셔셔 人신신 伱
니니 自쪼즈 看칸칸 ○ 손솔 ᄌ스 보아 라네 這져져 馬마아 都두두 不부부 中중중 ○
더이 아믈 니이 ᄒ다 니맛 당 三산산 箇거거 官권권 人신신 騎기키 的듸디 ○ ᄉ세 긔官
를 將쟝쟝 三산산 箇거거 十씽시 分븐븐 緊긴긴 騸쳔쳔 的듸디 頭뚤투 馬마아
來래래 ○ 물새 을ㄱ 가장 쟈잰 오웃 고뜸 伴뻔번 當당당 騎기키 的듸디 ○ 들伴 當 五
우우 箇거거 細시시 點뎐뎐 的듸디 馬마아 來래래 ○ 물다 롤섯 가세 져가 오탈 고ᄒ 는
我어오 騎기키 的듸디 十씽시 分븐븐 快쾌쾌 走줗주 的듸디 馬마아 將쟝쟝 來
래래 ○ 는나 물물 을이 가란 젹ㄱ 오장 라잘 곳 我어오 又윙우 先션션 報발발 馬마아 去
뷰뷰 ○ 報내 ᄒ또 라몬 가져 노몰 라을 背븨븨 包밭박 馬마아 們믄믄 都두두 將쟝쟝 好

朴通事諺解 中 七

핳핳壮좡장馬마마来래래○背色馬들을다ᄆᆞ장장ᄒᆞᆫ블올가져오라使ᄉᆞ스臣쳔친這

져져站잔잔裏리리不봉부宿송수○使臣이이站에자디아니ᄒᆞᆯ거시니疾쯩지快쾌쾌

將쟝쟝好항핲馬마마来래래○ᄲᆞᆯ리됴ᄒᆞᆫᄆᆞᆯ을가져오라拿나나將쟝쟝管권권馬

마마的딩디来래래吊댱댶着쟣죠○ᄆᆞᆯᄆᆞᄋᆞᆼ아ᄂᆞᆫ이를자바다가ᄃᆞᆯ고將쟝쟝棍군군

来래래打다다○곤댱가져다가티라這져져賊쩡져扇뎐디子즈즈孩해해兒ᅀᆞᆯ

○이도적놈외ᄌᆞ식아你니니聽팅팅我어오說숴쉬與유유你니니○네드르라내너

ᄃᆞ려니ᄅᆞ마這져져使ᄉᆞ스臣쳔친是ᄉᆞ스使ᄉᆞ스長쟝쟝耳ᅀᆞᆯ目뭉우一힝이

般번번的딩디使ᄉᆞ스臣쳔친○이使臣은이使長의耳目ᄒᆞᆫ가짓使臣이라你니니不

봉부見견견這져져金긴긴字쯔ᄌᆞ圓원원牌빼패○네이金字圓牌를보디몯ᄒᆞᄂᆞ다

金字圓牌至正條格云元時中書省奏諸王駙馬各投下有軍情緊急重事許令懸帶原降銀字圓牌應付鋪

馬騎坐其餘差使人員有緊急軍情重事許令懸帶金字圓牌方付鋪馬其他應常勾當只許臨時領受給降

聖旨方許給馬一잉이日싀시九깅각站잔잔十씽시站잔잔家가갸行헝힝○ᄒᆞ른

아홉站식열站식녀거늘你니니怎즘즘麼마마不붕부肯큰큰將쟝장頭뚱투馬마마

來래레○네엇디즐겨웃듬ᄆᆞᆯ을가져오디아니ᄒᆞᄂᆞᆫ다這져져廝스스們믄믄打다다的

딩디輕칭깅○이놈들을티기를경히ᄒᆞ면他타타不붕부像챠챠好항하生승승打

다다○메거수티아닐거시니ᄀᆞ장티라爲위위頭뚱투兒슬을老랑랖漢한한們믄믄

告갈갚道땅닾○爲頭ᄒᆞᆫ老漢들이ᄉᆞᆲᄒᆞ여닐오ᄃᆡ相샹샹公궁궁可커커憐련련見

견견○相公은어엿비너기라我어오的딩디不붕부是ᄊᆞ스了량랴○우리올티아니

호라這져져的딩디恰캬캬將쟝장來래레的딩디馬마마○이ᄀᆞᆺ가져온ᄆᆞᆯ이飛

비븨也여여似ᄊᆞ스緊긴긴躥촨춴○ᄂᆞᄂᆞᆫᄃᆞ시재고快쾌쾌走즈주的딩디點뎐뎐

的딩디都두두有잉우了량랴○잘건ᄂᆞᆫ이와셰가탈ᄒᆞᄂᆞᆫ이다이게라揀견견定띵딩

了량랴馬마마也여여○ᄆᆞᆯ을ᄆᆞᆯ히여령ᄒᆞ여다轡피피頭뚱투都두두散산산與

卜通事新釋

유유他타타○ᄃᆞ리ᄅᆞᆯ다ᄒᆞ더려ᄅᆞᆯ주라○害頭敱與女直達子朝貢時到驛應付馬匹騎坐者各出婁

頭敱與馬夫馬夫受贊婁馬合各害主認害占馬使無爭占之接明밍밍日ᅀᅵ시鷄기기兒ᅀᆞᆯ올

叫걓갸一힝이聲싱싱便뼌변上썅상馬마마○ᄂᆡ일ᄃᆞᆰ이ᄒᆞᆫ번울어든곳ᄆᆞᆯ을ᄐᆞᆯ거시니

茶짜차飯빤반都두두准쥰쥰備삐비下햐하着쟣죠○茶飯을다准備ᄒᆞ여두라當

당당直찍지的딩디點뎐뎐将쟝쟝燈등등来래레○當直ᄒᆞᄂᆞᆫ이아등잔블혀오라我

어오也여여鋪푸푸鋪푸푸盖개개睡쒸쉬些서셔箇거거○나도鋪盖ᄭᆞᆯ고져기자쟈

相샹샹公궁궁鷄기기兒ᅀᆞᆯ올叫걓갸起키키来래레○相公아ᄃᆞᆰ이우니닐라馬

마마都두두将쟝쟝来래레○ᄆᆞᆯ을다가져다가疾찡지忙망망着쟣죠背븨븨鞍

한안子즈즈○밧비기ᄅᆞ마짓고将쟝쟝飯빤반来래레我어오喫칭치○밥가져오

라ᄂᆡ먹자牌ᄈᆡ배子즈즈令링링史스스們믄믄来래레○牌子令史들흔오라○牌子凡

馬驛設置馬驛不等其中官馬答應者諸之馬牌管驛者諸之鑒牌總稱牌子令史在京六部及三品衙門在

外各衛及都布按三司俱有令驛吏則無令史之稱元制未詳史你니니與유유我어오甘간간

結결겨應힝잉付부부○네날을甘結과應付를주고려○甘結吏學指南云所領曰甘自合從曰結

今按如保擧人材者必寫稱所擧之人並無喪過及干娼優子嗣委的賢能如虛甘伏重罪云云擧此爲辭以

成文狀與彼收執或呈報上司以憑後考謂之不致扶同重甘結狀應付質問云應者答應也付者與也如過

使客到驛將口粮馬匹答應與他方言謂之應付相샹샹公궁궁們믄믄別뼈베沒몰무擎

깅징賫지지錢쪈쳔粮량량○相公들이각별이錢粮을擎賫홈이업고更긍긍沒몰무多

더도騎끼기鋪푸푸馬마마○또鋪馬를만히톰이업고又잉우不붕부曾쯩층冒맣안

支즐즈分흔븐例리리○또일즙分例를冒支티아니ᄒ여沒몰무一힝이點뎜뎐非

비븨理리리害해해民민민○一點도非理르害民홈이업ᄉ니何혀허故구구不

與유유甘간간結결겨○므슴연고로甘結을주디아니ᄒ리오

我어오本븐븐待때대要향얀請칭칭你니니去큐큐來래레○내본디ᄒ아너를쳥

제ᄒᆞ ᄒᆞ라 티가 니고 遣 쟝쟌 是 씅스 你 니니 來 래래 也 여여 ○ 오아 나ᄌᆞᆷ 다네 我 어오 今
긴긴 日 ᅀᅵᆼ이 買 매매 一 힝이 箇 거거 小 샹샾 廝 ᄉᆞᆼ스 兒 ᅀᅳᆯ얼 ○ 히내 를오 사ᄂᆞᆯ 되ᄒᆞᆫ 아
他 타타 的 디디 爺 여여 娘 냥냥 立 리리 與 유유 文 운운 書 슈슈 來 래래 ○ 내져 이어
주文 어書 시를 니ᅄᅧ 위 你 니니 與 유유 我 어오 看 간간 一 힝이 看 간간 中 즁즁 也 여여
不 부부 中 즁즁 ○ 아더 남블 을을 보맛 아당 주ᄒᆞᆷ 고ᄋᆡᆺ 려당 더 將 쟝쟝 來 래래 我 어오 念
년뎐 ○ 내가 ᄉᆞ져 ᄒᆞ오 아라 大 따다 都 두두 某 무무 村 ᄎᆞᆫ춘 住 쥬쥬 人 신신 錢 쪈쳔 小
샹샾 馬 마마 ○ 논서 사울 름아 錢오 小촌 馬의 ㅣ사 今 긴긴 將 쟝쟝 親 친친 生 ᄉᆞᆼ승 孩 ᅘᆡ해
兒 ᅀᅳᆯ얼 小 샹샾 名 밍밍 喚 환환 神 션신 奴 누누 ○ 名이 을제 神親 奴生 ㅣᄒᆞᆫ 라다 브히 르ᄂᆞ
고 年 년년 五 우우 歲 쉬쉬 無 우우 病 빙빙 ○ 업나 스히 니五 를歲 더오 가병 少 샹샾 人
신신 錢 쪈쳔 債 재재 闕 퀘퀘 少 샹샾 口 쿠쿠 粮 량량 ○ 을사 거름 시의 업빗 서져 먹 不
허ᄒᆞ 能 능능 養 양양 活 호호 ○ 리능 못히 ᄒᆞ養 니活 深 신신 爲 위위 赤 치치 便 변변 ○

ᄀ장未便ᄒᆞ디 隨 쮜쉬 問 운운 到 닿닷 本 븐븐 都 두두 在 째재 城 쩡칭 某 우우 坊 팡방

住 쥬쥬 某 우우 官 관관 人 인인 處 츄츄 賣 매매 與 유유 ○ 隨問ᄒᆞ야本都갓안아므坊에

셔사는아므官人의손ᄃᆡ가ᄑᆞ라주되 兩 량량 言 연연 議 이이 定 띵딩 ○ 兩言이議定ᄒᆞ야

恁 은은 養 양양 財 째채 禮 리리 銀 인인 五 우우 兩 량량 永 융융 遠 원원 爲 위위 主

쥬쥬 ○ 恁養ᄒᆞᆫ財禮銀닷냥에ᄒᆞ 야永遠히님자ᄅᆞᆯ삼아 養 양양 成 쪙칭 軀 큐큐 使 ᄉᆞ스 ○

길러ᄇᆞ리되 如 유유 賣 매매 已 이이 後 흫후 ○ 만일ᄑᆞᆫ후에 神 쩐신 奴 누누 來 래래

歷 링리 不 붕부 明 밍밍 ○ 神奴ㅣ來歷이不明ᄒᆞ거나 遠 원원 近 낀긴 親 친친 戚 칭치

閑 현현 雜 짜자 人 인인 等 등등 ○ 遠近親戚閑雜人等이 往 왕왕 來 래래 爭 즁증 競

낑깅 ○ 往來ᄒᆞ야ᄃᆞ토면 賣 매매 主 쥬쥬 一 힝이 面 면면 承 쪙칭 當 당당 不 붕부 詞

ᄉᆞ스 ○ ᄑᆞᆫ님재一面으로承當ᄒᆞ야말몯ᄒᆞ고○賣主 一面音義云猶言賣主自身又一面辭見字解 並

삥빙 不 붕부 干 간간 買 매매 主 쥬쥬 之 즈즈 事 ᄉᆞ스 ○ 다산님자의게ᄂᆞᆫ간셥디아닌일이

朴通事新釋諺解

라 恐쿵쿵後ᅘᅳᇢ후無우우憑삥빙 ○ 후에 의빙홀 이 업슬가 저허 故구구立리리此

ᄎᆞᄎᆞ文운운字ᄌᆞ즈爲위위用융융 ○ 짐즛 이 글월을 세워 ᄡᅳ게 ᄒᆞ엿ᄂᆞ니 某무무年년년

月웡워日ᅀᅵᆼ이賣매매兒ᅀᆞᆯ을人인인錢쪈쳔小샿샾馬마마 ○ 某年月日 어아히ᄑᆞ

ᄆᆞᆯ 사ᄅᆞᆷ 錢 同뚱퉁賣매매人인인妻치치何허허氏ᄉᆞ스 ○ 同賣人 妻何氏 見견견

人인인某무무 ○ 본 사ᄅᆞᆷ 아모 引인인進진진人인인某무무 ○ 引進ᄒᆞᆫ 사ᄅᆞᆷ 아모ㅣ

라 買매매人인인的딩디文운운契키키只즈즈這저저的딩디是ᄉᆞ스 ○ 사ᄅᆞᆷ

사ᄂᆞᆫ 글월을 그저 이리 홈이 올ᄒᆞ니 更긍긍待때대怎즘즘的딩디 ○ 또 므서 술 ᄃᆞ리리오 기

沒몽무保ᄇᆞᇢ보人인인中즁즁麼마마 ○ 保人이 업서도 므던ᄒᆞ다 怕파파甚씸슴麼

마가 ○ 므서시 저ᄭᅳ리오 買매매人인인的딩디契키키 ○ 사ᄅᆞᆷ 사ᄂᆞᆫ 글월은 保방보

人인인只즈즈管권권一힝이百빙버日ᅀᅵᆼ이 ○ 保人이 그저 갈 뵉 날을 ᄀᆞ옴아니 要

ᅘᅣᇢ야做주주甚씸슴麼마마 ○ ᄒᆞ여 므슴 ᄒᆞ리오 五우우歲쉬쉬的딩디小샿샾廝

스슨急깅기且쳐처那나나裏리리走즉주○다ᄉ술겟아히과거리 아적어듸로ᄃ라나리

오

一이힝兩량량日ᅀᅵ잉上샹샹位위위郊갸걍天텬뎐去큐큐○ᄒᆞᄅᆞ이틀 만ᄒᆞ면上

位ㅣ郊天ᄒᆞ라가실거시니○郊天天子設圜丘於南 郊以祭天神地祇日月星辰山川嶽瀆以太祖配享古

制冬至祭天今制正月十 五日以褒祭天謂之拜郊怎즘즘麼마마還환ᅘᅪᆫ不부부曾층쯩偺

상쑹理리리車쳐처輛량량○엇디댱시일즉車輛을 修理티아니ᄒᆞ엿ᄂᆞ뇨 먁 갸걍將

쟝쟝那나나木무무匠쟝쟝來래래○더려木匠이롤 블러다가 買매매饋거거他타타

木무무料랖럎席시씨子즈ᄌᆞ整졍징理리리○려롤木料와삿골사 주어整理케ᄒᆞ라○

木料凡造一件物兩該用之物皆曰料 木料ᄂ모ᄇᆞ릇ᄆᆞᄅᆞᆷ詳見字解料字下車처처輛량량都두두

有우잉麼마마○車輛이다 잇ᄂᆞ냐都두두有우잉了랸랴○ᄃ이 셰라那나나們

믄ᄅᆞᆫ時스씃○그리 면如유유今긴긴步산샹甚숨씀麼마마○이제므서 시업스뇨

朴通事諺解 上 十一

少샿샤揍터터子즈즈○술위앏괴오는나모○揍子音義云車前괴오는나모撐층충頭

뚱투○술위뒤괴오는나모○撐頭音義云車後괴오는나모套탈토繩징싱○멜줄撒사사

繩징싱○ᄡᅳ을줄拘규규索샇소○목집게籠룽룽頭뚤투○바굴레脚걓교

索샇소○지달ᄡᅳᆯ바鞍한안子즈즈○기루마肚뚜두帶대대○빗대업세라我

어오饋귀귀你니니銀힌인子즈즈○내더롤은을줄거시나如유유今긴긴都두두

買매매去큐큐○이져다사라가라鑼러로鍋궈고○고로柳릭릭箱샹샹○섞

灑사사子즈즈○드레三산산脚걓교○아리쇠椀원원楪뎌뎌○사발뎝시匙

즈즈筯쮸쥬○술저榪마마杓샿샤○나모쥬게笊쟐잔籬리리○죠리炊취취箒

졍작○솔擦창차床쫭좡兒슬을○숙치갈○擦床音義云用木小板長尺餘橫穿爲空二三

十穴各用薄鐵爲刃兩其中以蘿蔔等物按磨於鐵刃之上其縫從穴下漏勝於刃切令按即本國혈갈簸

뷔보箕기기○키篩싀스子즈즈○얼멍이馬마마尾미이羅러로兒슬을○

체믈 충 卓짶조 兒슬을 ○ 상 盤뻔편 子즈즈 ○ 반 茶쨔차 盤뻔편 ○ 반찻 擡

때태 盞잔잔 ○ 잔접 壺후후 瓶삥핑 ○ 瓶壺 酒졀쟉 鱉뼈뼈 ○ ᄋ쥬 벼 銅똥통 杓

짱산 ○ 계ㅅ 룰쥬 都두두 收싛수 拾씽시 下햐햐 着쨯죠 ○ 여다 두收 라拾 ᄒ 各갘거

擡양양 帳쟝쟝 房빵황 室씽시 車쳐쳐 ○ ᄋ여 室러 車가 轉지 習様 以房 細ᄒ 字室 作卓 室와

字護謂車上設屋可卧者也然漢人凡稱物之善者皆曰細如云茶之好者曰細茶今此細車亦謂說帳房於

車上爲屋及車之善者也故謂之細車連帳房細車讀亦通貨問云如婦人所乘車周圍雕刻花補油飾花

人復所方乘言有謂稱之長細蓋車之又車云女 簾씽시 篋광콱 馬마마 槽짱짠 都두두 杜

광광 麼마마 ○ 유삿ㅅ ㅣ광 다조 杜리 ᄒ믈 나귀 都두두 杜쨩장 ○ 것다 ᄆ杜 ᄒ 你니니 這

저저 車쳐쳐 子즈즈 先션션 將쟝쟝 到닿닿 門믄믄 外왜왜 ○ 몬미 져이 가술 지위 고롤

며문 가밧 買매매 些셔셔 紫쌔쌔 拳쳔쳔 頭둫투 菜쌔쌔 茶쨔차 葉여여 拿나나 去

큐큐 ○ 茶져 葉기 올나 사모 가와 져고 가사 라리 과 我어오 囑쥬쥬 付부부 你니니 ○ 닉내

부ᄃᆞ ᄒᆞ려 쟈닥 到닿닫 那나나 裏리리 各갛거 自쯔즈 省승싱 睡쉬쉬 些셔셔 箇거거

○ ᄀᆞᆯ뎌 져긔 기가 덜각 고각 좀 黑흫히 夜여여 用융융 心신신 好핳핳 生승승 看칸칸

着쨯죠 ○ ᄀᆞ밤 쟝의 보用 ᄉᆞᆯ心 피ᄒᆞ 라여 我어오 慢만만 慢만만 的등디 跟근근 駕갸갸

去큐큐 ○ ᄅᆞᆯ내 ᄯᆞᆯ날 와회 가여 마데 가

拜배배 揖황이 趙짷잗 舍셔셔 ○ 拜揖ᄒᆞ노라 趙舍ㅣ아 라 幾기기 時ᄉᆞᆼ스 來래레 了

랴랴 ○ 온언 다제 昨쭤조 日ᅀᅵᆼᅀᅵ 恰캬캬 來래레 到닿닫 ○ 올어 와제 ᄀᆞᆺ 你니니 船

쮠춴 路루루 裏리리 來래레 那나나 ○ 로비 ᄅᆞᆫ빗 다길 旱한한 路루루 裏리리 來래레

○ ᄅᆞᆫ못 다길 로 我어오 只즈즈 船쮠춴 上샹샹 來래레 了랴랴 ○ 로내 ᄀᆞᆯ그 과져 비

你니니 說숴워 我어오 地띠디 面면면 裏리리 的등디 田뗜뎐 禾ᅘᅥ화 如ᅀᅲ 何

허허 ○ 田네 禾날 ㅣᄋᆞ 엇라 더우 ᄒᆞ리 터ᄯᅡ 됴희 今긴긴 年년년 那나나 裏리리 慶킹킹 尙

샹샹 全쮠췐 羅러로 黃홯황 海해해 忠중중 淸칭칭 江강강 原원원 各갛거 道닿도

裏리리 ○ 올ᄒᆡ 뎌러 慶尙全羅黃海忠淸江原各道에 十씽시 分뽄븐 好할핳 田뗜뎐 禾
화호 ○ ᄆᆞᆺ장 田禾ㅣ 됴터라 謝쎠셔 天텬텬 地띠디 只즈즈 願원원 的듸디 好핳할 收
식싱 着쟣죠 ○ 天地ㅅ긔 謝ᄒᆞ노니 그저 원컨대 잘 거도게 ᄒᆞ쇼셔 聽텡팅 的듸디 今긴긴 年
년년 水쉬쉬 賊쪄저 廣꽝광 ○ 드르니 올ᄒᆡ 水賊이 흔타 ᄒᆞ니 是쓰스 那나나 不부부 是
스쏘 ○ 올ᄒᆞ냐 아니ᄒᆞ냐 티 我어오 來래레 時쓰스 節졍져 ○ 내 올 적의 五우우 六
랴룽 箇거거 賊쪄저 船쭨쳔 ○ 대엿 船이 賊 園위위 着쟣죠 一이 箇거거 西시시
京깅깅 來래레 的듸디 載재재 黃황황 豆뚜두 的듸디 船쭨쳔 ○ ᄒᆞᆫ 西京으로셔 오는
黃豆 시론 ᄇᆡ 돌에 오고 又읗야 高강고 麗리리 地띠디 面면면 裏리리 來래레 載재재
千쳔쳔 餘유유 箇궁궁 布부부 子즈즈 的듸디 大따다 船쭨쳔 ○ ᄯᅩ 高麗入 새ᄒᆞ로셔
오는 千餘箇 뵈 시론 큰 ᄇᆡ 돌ㅇ 音義云十疋爲同 衝충충 將장장 去큐큐 了럎랴 ○ 달려 가저
갓더냐 後헣후 頭뚜두 聽텡팅 的듸디 ○ 후에 드르니 那나나 賊쪄저 們믄믄 把

朴通事新釋諺解　卷一　十三

那船上的物件都奪了○도ᄌᆞᆨ들히 그 ᄇᆡ옛 物件을 다 앗고 把那船上的人来打殺了○그 ᄇᆡ옛 사ᄅᆞᆷ을 다 텨 주기다 ᄒᆞ더라

那丁舍徐幾時来○뎌 丁舍ㅣ 언제 온다 我趕着一百疋馬来○내 一百疋 ᄆᆞᆯ을 모라 오고 大前日来了○그제 왓더니

這馬們都好麼○이 ᄆᆞᆯ들히 다 됴ᄒᆞ냐 將来也麼○가져 온 제 這節到邐民鎮○이 邐民鎮에 다ᄃᆞᆯ 적 ᄆᆞᆯ이 ᄒᆞ나히 ᄀᆞ장 잘 먹더니

口子裏○邐民鎮 어귀예 다ᄃᆞ라○鎮安也 邐民鎮 在遼西 邐民聚爲市者曰鎮

抽分了幾箇馬○몃 ᄆᆞᆯ을 抽分ᄒᆞ여 가뇨 抽分○抽分 音義云 十分而取一分 以利官用 今按中朝設抽分竹木局 如過客商與販竹木柴炭等項 照例抽分 粗貨十五分中抽二分 細貨三十分中抽二分 竹木柴炭或三十分取二 或十分取二 或三分取一

당단 三 산산 河 허허 縣 현현 ○ 三河縣에다ᄃ라○三河縣在順天府東七十里以地近七渡鮑丘

臨泃三水故名直隸通州 抽 챻추 分 분분 了 럎랸 幾 기기 箇 거거 馬 마마 ○ 여러몰들출렴

ᄒ고 瘦 숳수 倒 댷도 的 딓디 倒 댷도 了 럎랸 ○ 여위어것ᄉ러리것ᄉ러디고디 又 잏우

不 붕부 見 견견 了 럎랸 三 산산 箇 거거 ○ 또세흘일코 只 즣즈 將 쟝쟝 的 딓디 八

방바 九 강가 十 씽시 箇 거거 馬 마마 來 래래 了 럎랸 ○ 그저八九十필몰을가져오다가

到 당단 通 퉁퉁 州 짛쥬 賣 매매 了 럎랸 多 더도 一 잉이 半 번반 兒 슬얼 ○ 通州ㅣ다

ᄃ라반남아풀고○通州在順天府東四十五里即古潞州金陞爲通州取漕運通濟之義今仍之直隸順天

府 到 당도 城 쪙쳥 裏 리리 都 두두 賣 매매 了 럎랸 ○ 서울니르러다푸랏노라 草 챻찰

料 럎랼 價 갸거 錢 쪈쳔 ○ 덥과콩이貴ᄒ더나賤ᄒ더나 我 어오 來 래래 時 씃스 節 졓져

○ 내올적외 黑 흫허 豆 뜰두 一 잉이 錢 쪈쳔 銀 힌인 子 즣즈 二 슿을 斗 듷두 ○ 거믄

콩은ᄒ돈은에두말이오 草 챻찰 一 잉이 錢 쪈쳔 銀 힌인 子 즣즈 十 씽시 一 잉이 箇 거거

家갸갸大따다東둥두兒ᅀᅳᆯ올○덥흔효돈은예열 ᄒᆞᆫ낫큰뭇이니今긴긴年년년好
할ᄒᆞᇢ生승승賤쪈젼了럏랴○올ᄒᆡᄀᆞ장 천ᄒᆞ리라我어오不부부會휘휘漢한한兒
ᅀᅳᆯ올言연연語유유○내한말올아 디못ᄒᆞ고又잉우不부부會휘휘做주주飯빤반
○또밥짓기를 아디못ᄒᆞ니我어오這쟈져吳우우舍셔셔生승승受쓩슈服뿡부事
쏘스我어오來래래○우리이吳舍ㅣ슈고로이 날올服事ᄒᆞ여오니라這져져的디디是
쏘스○이올 ᄒᆞ니遠원원行ᅘᅵᆼ힝知지지馬마마力링리○멀리가매ᄆᆞᆯ 힘올알고日
ᅀᅵᆼ이久깋각見견견人인인心신신○날이오라매사ᄅᆞᆷ의 ᄆᆞᅀᆞᆷ올보ᄂᆞ니라
我어오今긴긴日ᅀᅵᆼ이腦놓노疼뜽등頭틓투旋쉰션○내오ᄂᆞᆯ골치알ᄑᆞ 파머리어즐ᄒᆞ
고身신신顫젼젼的딩디當당당不붕부的딩디○몸이ᄠᅥᆯ려당 티못ᄒᆞ니請칭칭
將쟝쟝范빤한太태태醫이이來래래看칸칸○范太醫ᄅᆞᆯ請 ᄒᆞ여와뵈라太태태醫
이이來래래這져져裏리리○太醫여긔 왓ᄂᆡ이다請칭칭的딩디屋우우裏리리來

래레 ○ 請ᄒ여집의 드리오라 好 항한 相 샹샹 公 궁궁 坐 쬐조 的 딍디 ○ ᄆ옴됴 흔相公

즈은 라안 小 샹샾 人 인신 虛 휴휴 汗 한한 只 즈즈 是 스스 流 릳리 水 쉬쉬 一 잉이 般

번번 ○ 小人이虛汗이그저 流水와ᄒ가지오 奪 똥도 腦 낲낲 疼 뜽등 的 딍디 ○ 골치 ᄲᅧᆺ앏

포고 더교리 ○ 奪腦奪字未詳鄕習傳解曰 날알고다奪音도去聲讀 一 잉이 宿 숭수 不 붕부 得

등더 半 번번 點 뎐뎐 睡 쉬쉬 ○ ᄒᄅ밤을半點 도자디못ᄒ니 與 유유 我 워오 把 바바 脈

뭥머 息 싱시 着 잔잔 一 잉이 着 찬잔 ○ 날을脈을보 아주고려 咳 해해 相 샹샹 公 궁궁

脈 뭥머 息 싱시 ○ 애相公 의脈이 尺 칭쳐 脈 뭥머 較 걍갸 沉 찐친 ○ 尺脈이젹 이沉ᄒ니

○人手有寸關尺三部脈尺脈主腎命門屬水而沉脾 屬土凡人飲食傷脾土則土不克水而見沉宗較羞也

脈沉又見老 乞大集覽 傷 상상 着 쫭조 冷 릉릉 物 웅우 的 딍디 揉 양양 子 즈즈 ○ 冷 物

의傷ᄒ 揉이오 感 간간 冒 망모 風 봉봉 寒 한한 ○ 風寒에感 冒ᄒ엿다 是 스스 小 샹샾 人

신신 昨 쫭조 日 싱시 張 장장 少 샹샾 卿 깅깅 的 딍디 慶 깅깅 賀 해히 筵 연연 席 씽시

裏 리리 到 당단 來 래레 ○ 잔올 채호 에니 갓사 려스 니이 ㅇ어 少제 卿張 太火 常卿 寺의 大慶 理賀
有字 卿光 火焰 卿字 俱太 三僕 品字 好 할한 哥 거거 哥 거거 弟 뎌디 兄 훙흉 們 믄믄 央 향양
及 끙기 我 어오 ○ 둘ᄋᆞ 히옴 내됴 게혼 벌형 거아 늘ᄋᆞ 燒 샾샾 酒 짇작 和 훠호 黃 황황 酒
졍작 多 더도 喫 칭치 了 랼랴 ○ 룰燒 만酒 히와 먹黃 고酒 生 승싱 果 거고 子 즈즈 也 여여
多 더도 喫 칭치 了 랼랴 ○ 만싱 히과 먹실 고도 來 래레 到 당닫 家 갸갸 裏 리리 害 해해
熱 싀여 時 쓰스 ○ 熱집 ᄒᆞ긔 여오 니 把 바바 一 힝이 身 신신 衣 히이 服 뿡부 都 두두
脫 퉁토 了 랼랴 ○ 돌一 다身 벗에 고衣 服 着 쨥죠 這 져져 小 샿샤 丫 야야 頭 뜰투 們
믄믄 打 다다 扇 션션 子 즈즈 ○ 부이 체아 질히 ᄒᆞ돌 엿로 노ᄒᆞ 라여 那 나나 般 번번 不 뿡부
小 샿샤 心 신신 校 싱식 拾 씽시 身 신신 己 기기 ○ 校뎌 拾리 ᄃᆡ小 아心 니ᄒᆞ 홈여 애음 을
可 커커 知 지지 得 등더 這 져져 證 징징 候 향후 ○ 候그 룰리 엇어 도니 다이 證 我 어오
如 유유 今 긴긴 先 션션 與 유유 你 니니 香 향향 蘇 수수 飲 힌인 子 즈즈 ○ 재내 몬이

저녀로香蘇飮구론줄거시니熬앙오兩량량服뿌부喫칭치○두복을달혀먹고熱셩여

炕캉캉上샹샹熰훙우着쟢죠出츄츄些셔셔汗한한○더온강여블우화고적이상내

라我러오旋쉔쉰合겅거與유유你니니藿훟호香향향正장징氣키키散산산

○내이조차녀로藿香正氣散을지어줄거시니喫칭치了럏랴時쓰스便뼌변無우우事

쓰스了럏랴○먹으면곳效ᄒᆞ리라無貼터뎡兒슬을上샹샹寫셔셔與유유你니니

引연인子즈즈○引子에녀롤引子롤써주리라每믜믜服뿌부三산산錢쳔쳔○每服

三錢호티水쉬쉬一이이盞잔잔半번번○물호잔반生승승薑강강三산산片편편○

棗잘잘一이이枚믜믜○生薑三片棗一枚롤ᄒᆞ야煎젼젼至즈즈七치치分븐븐○

달혀七分예너르거든去큐큐滓재재溫운운服뿌부○滓롤브리고더온이롤먹으라然

연연後후후喫칭치進진진食시시丸완완○그린후에進食丸올먹으되每믜믜服

뿌부三산산十시시丸완완○每服三十丸ᄒᆞ야溫운운酒쟉작送숭숭下하햐○

더온술에 ᄂᆞ리오라 我어오 去큐큐 也여여 ○ 내가노라 生승승 受쓯수 相샹샹 公궁궁

○ 슈고ᄒᆞ여 다相公아 不봉부 違위위 寒한한 生승승 薄뽕보 面면면 ○ 寒生뇌 薄面울

어긔오디 아니ᄒᆞ고 勞랑랖 務이이 前쳔쳔 來래래 ○ 슈고로 어오너 幾기기 時쓰스 忘

왕왕 這져져 恩흔은 念년년 ○ 언제이恩念 을니즈리오 不붕부 敢간간 哥거거 ○ 不敢

ᄒᆞ여라 형아 小샹샨 人신신 豈키키 敢간간 有잉익 違위위 ○ 小人이엇디 감히어긔옴

이이시 러오 故구구 人신신 誠찡칭 信신신 病뼁빙 中중중 知짇지 ○ 故人의 誠信은

病中에아 ᄂᆞ니라

我어오 妳내내 妳내내 使ᄯᅳᆷ스 的딩디 我어오 說숴쉬 將쟝쟝 來래래 ○ 우리 妳妳

ㅣ날을브려닐러늘가져왓노 이다 ○ 汎稱尊長妻室曰妳妳 大따다 娘냥냥 身신신 子즈즈 好

할핟 麼마마 ○ 大娘의몸이됴ᄒᆞ신가 ○ 大娘音義云안해 님이라ᄒᆞ듯ᄒᆞᆫ말ᄉᆞ 按汎稱尊長妻室曰大

娘又稱人之正妻 曰大娘妾曰小娘 這져젹 幾기기 日싀싀 高갈갈 麗리리 地띠디 面면면

裏리리來래레的디디⊕셔요ᄒᆞ소로이셔온高麗人這저져海해해菜채채乾간간
魚유유脯부부肉ᅀᅮ우⊕魚이와어脯육肉과을乾饋거긔婆뽀포婆뽀포口쿠쿠到
당단些셔셔箇거거⊕다婆ㅇ婆婆를婆주訛어稱적老이嫗입之브謂티或소呼셔尊ᄒᆞ屬더老ㅣ
姉母之日稱婆又婆祖好함한意히기思스스好함한意히이思스스⊕思丘ㅣ흔로意
思다ㅣ丘로흔다意女뉴뉴兒슬을說워쉬與유유你니니妳내내妳내내○ㅣ女아兒
려데나妳로妳라ㅌ這저저般번번稀히히罕한한的디디好함한物우우○稀이罕련
거흔슬丘 흔重중중意히이的디디多더도與유유將장장來래레○으重로호만뜻
져히오주니어 가我어오這저저裏리리好함한生승ᄉᆞᆼ多더도喫치치了랴랴○
안내히예어셔글ㄱ와장再재재有우우一이이件변변○지또는ᄒᆞᆫ 가醬장장麴큐큐
今긴긴年년년送우우處추추尋신신⊕들데더조업를더근니히 어一이이發바바
稍산산將장장些서셔醬장장麴큐큐來래레最쥐쥐好함한○매흠조며글적브이

十二

ᄆᆞ뎌 장가 돗져 다오 니 這져져般번번的듸디有릳우甚씸슴麼마마稀히히罕한한

○ 쭌기 홈련 이거 이시 시므 디슴 오稀 又임우沒뭉무多뒤도 ○ 니또 ᄒᆞ만 이티 다아 咳해해

這져져孩해해兒ᅀᅳᆯ也여여好핳환不부부識시시 ○ 쟝애 아이 디아 못힘 ᄒᆞ또 다ᄆᆞ

却쿄커不부부說숴숴 ○ 아또 녇닐 ᄂᆞ으 나디 人인인離리리鄕향향賤쪈젼物우우

離리리鄕향향貴귀귀 ○ 이사 離ᄅᆞᆷ 鄕이 ᄒᆞ離 면鄕 貴ᄒᆞ 다면 ᄒᆞ천 ᄂᆞᄒᆞ 니고 라物

姐져져姐져뎌我어오看칸칸上샹샹你니니 ㊉ 니姐 ᄋᆞ姐 看ㅣ 上아 猜내 言너 見로 取보

意之 飯반반也여여好핳환生승승喫칭치不부부得듸더 ○ 더밥 못을 ᄒᆞᄆᆞ 리장 로먹

다 常짱창言언연道닿도 ○ 닐俗 소言 뎌대 男난난兒ᅀᅳᆯ無무우婦뿌부財쩌채

無무우主쥬쥬 ㊉ 면ᄉᆞ ㊉ 지나 몰희 이거 님집 재어 업업 고스 婦뿌부人인인無무우夫부부

身신신無무우主쥬쥬 ㊉ 몸거 이집 님이 재지 입아 다비 ᄒᆞ업 ᄂᆞ스 니면 怎즘즘擺배배劃홰

채채 我어오這져져一이이場쨩창愁쯓추 ㊉ 와어 드ᄃᆡ 료내 ㅇ이 ᄒᆞ一 劃場 排愁 擶를 ᄒᆞ혀

割之意ᄒᆡ顔書不放免疑䫫唸作百凡陌䫫阿字䫫諾 字皆字如桼䫫之音故百字字如擺字而解習傳字司

字音배亦從上聲 讀則字作擺亦通 咳 해해 你 니니 說 쉬워 甚 씜슴 麽 마아 話 화화 ○ 네애

니므 ᄅᆞ습 는말 다을 我 어오 夫 후부 主 쥬쥬 知 징지 道 닿닷 時 쓰스 了 랼랴 不 봉부 得

등더 ○ 위우 나라 다지 못아 ᄒᆞ비 리말 라면 예 再 재재 來 래리 休 힝후 說 쉬워 這 져져 般

번번 不 봉부 曉 향햐 事 쓰스 的 띵디 話 화화 ○ 는뇌 알여 나란 ᄅᆞ이 다련 말일 라모 로 咳

혜혜 姐 져져 姐 져져 我 어오 不 봉부 想 샹샹 你 니니 這 져져 般 번번 煩 뺜판 惱 남노

여애 홀姐 즐姐 을ㅣ 싱아 각내 대네 못어 호리 라노 ᄒᆞ 不 봉부 妨 항방 事 쓰스 ○ 해일 룰에

ᄒᆞ더 다아 니 古 구구 人 인신 道 땅닷 ○ 날古 오시 더이 隔 겨기 簾 련련 聽 텅딩 笑 샹샨

語 유유 燈 등등 下 햐하 看 칸칸 佳 갸갸 人 신신 ○ 룰발 듯을 고즈 燈음 下ᄒᆞ 예여 佳笑 人語

라을 ᄒᆞ봄 니이 氣 키키 殺 샹사 我 어오 也 여여 ○ 뻐날 온을 다개 姐 져져 姐 져져 你 니니

再 재재 尋 씬신 思 쓰스 我 어오 這 져져 秋 칭착 月 웡웨 紗 사사 窓 촹촹 一 잉이 片

편편 心 신신 ○ 姐姐ㅣ아네또나의이秋月 秋慈一乇心을싱각ᄒᆞ여 只 즈즈 滅 몌여 了 랼랴

我 어오 這 져저 心 신신 頭 등투 火 훠호 ○ 그저나의이 頭火를ᄭᅳ면 心 強 깡강 如 유유

良 량량 藥 얄요 治 찡치 病 뼁빙 ○ 良藥으로病다ᄉᆞ 림도곤나으리라 怕 파파 後 홍무 治

찡치 病 뼁빙 的 듸디 心 신신 邪 쎠셔 ○ 저프건대病고릴ᄆᆞ 옹이엽스라마는 只 즈즈 怕

파파 同 뚱퉁 房 빵방 人 인연 攬 걍갼 撒 삼사 了 랼랸 ○ 그저同房사ᄅᆞᆷ이 알ᄡᅡ저프고ᄋᆞ攪

撒攪作覺是覺字雖入聲而凡入聲清声則呼如上聲 者多矣如角字亦或呼如上聲記書者以覺撒之覺呼

為上聲而謂覺字為入聲不可呼如上聲故書用攪字 耳撒猶知也俗語亦曰快撒了今以撒放之撒用為知

覺之義者 亦未詳 又 잉우 怕 파파 窓 창창 孔 쿵쿵 裏 리리 偷 틓투 眼 연연 見 会을 看

간간 ⊕ 또창궁그로여 어볼가지괴라 那 나나 的 듸디 有 잉우 法 밯화 度 뚜두 ⊕ 法더 度ᄂᆞᆫ

시ㅣ 니이 推 튀튀 出 츄츄 後 흫후 去 큐큐 的 듸디 一 흥이 般 번번 出 츄츄 來 래레 時

솜스 ⊕ 뒤보라가ᄂᆞᆫ뎨ᄒᆞᆫ가지로나오면○推出後莫人 掊頭為後路詳見老乞大集覽上篇東頭下又大

朴通事諺解 中 十八

大便 後小 小便 後方 曰 怕 파파 甚 씸슴 麽 마마 ○ 프므 리서 오시 저 你 니니 且 쳐쳐 依

힘휘 忙 망망 休 힉힉 心 신신 焦 쟢쟌 ○ 옹대 올아 틔직 오밧 더바 뭘알 라고 므 有 윰우 緣

연연 千 쳔쳔 里 리리 能 능능 相 샹샹 會 회휘 ○ 도인 능연 히이 서이 르시 못면 곳쳔 고리 라

無 뭉우 緣 연연 對 뒤뒤 面 면면 不 붕부 相 샹샹 逢 뽕봉 ○ 낫인 출연 뎌이 ᄒᆞ입 여스 도면

못서 ᄒᆞᄅᆞ ᄂᆞ만 니나 디 兩 량량 心 신신 相 샹샹 照 쟣쟌 亦 잉이 不 븡부 難 난난 ○ 희둘

ᄒᆞᆫᄆᆞ 어음 렵이 디서 아ᄅᆞ 니비 ᄒᆞ최 니면 라ᄯᅩ

這 져져 幾 기기 箇 거거 賊 쩌즤 漢 한한 們 믄믄 ○ 적이 놈여 들러 히도 一 힝이 日 읭시

喫 칭치 三 산산 頓 둔둔 家 갸갸 飯 반반 ○ 밥ᄒᆞ 먹ᄅᆞ 고세 베 每 믜믜 日 읭이 家 갸갸

閒 현헌 浪 랑랑 蕩 땅당 做 주주 甚 씸슴 麽 마마 ○ 래날 여마 므다 승함 ᄒᆞ힘 리이 오마 一

횡이 箇 거거 賊 쩌즤 那 나나 靴 훠훠 鋪 푸푸 裏 리리 ○ 휘ᄒᆞᆫ ᄋᆞ도 푸적 조은 에뎌 學 햫효

生 승승 活 훵호 去 큐큐 ○ 라ᄇᆡᆨ 가명 고ᄇᆡᆨ 호 一 힝이 箇 거거 孤 후후 帽 망모 匠 쨩쟝

家갸갸學햫햪生승ᄼᆼ活훟홯去큐큐○ᄒᆞ나ᄒᆞᆫ孤帽匠의집의ᄉᆞᆼ녕ᄇᆡ호라가고○孤帽匠

音義云더력장수按以有毛皮作大小帽者謂之胡帽匠孤字作胡猶本國毛衣匠之類兩량량箇거거

漢한한子즈즈○두놈은把바바那나나驢류류騾러로們믄믄喂위위的딩디

好핳할着쟣죠○뎌나귀노새들을먹이기를잘ᄒᆞ야將쟝쟝十씽시兩량량銀인인子즈즈

○열량은을가지고東둥둥安한안州쥐직去큐큐○東安州에가○東安州在東安

縣西北金以前皆為縣元陞為州今避水患移今治在順天府南一百里故城遂廢洪武初改為縣放방방

黑흫희豆듷두○거믄콩에노하收싷ᄉᆛ拾씽시車처쳐輛량량○술위롤收拾ᄒᆞ겨

先션션載재재將쟝쟝一힝이車처쳐來래레○몬져ᄒᆞᆫ술위ᄅᆞᆯ시러가져오고又잉우

兩량량箇거거人인인○ᄯᅩ두사ᄅᆞᆷ온將쟝쟝五우우兩량량銀인인子즈즈下

햐햐馬마마莊좡좡裏리리去큐큐○닷냥은을가지고下馬莊에가○下馬莊地名放방방

稈간간草찰찬五수우錢젼쳔一힝이束숭수家갸갸放방방○조답해노ᄒᆞ되하ᄉᆞᆺ

낫돈에혼못식ᄒᆞ여노코○稈禾莖也即稭之和皮者也中國北方土地高燥宜粟不宜稻故治田好種粟收

粟者截穗取實留其稭以飼馬且名其稭曰稈草亦曰穀草稭音戞稻稭曰稭草把바바摟릉루草

창찬二슬을錢쳔쳔半번번一등이束숭수家갸갸○히든딥ᄒᆞᆫ다가돈들만에ᄒᆞᆫ못식ᄒᆞ

여○摟採聚也故禾登場截穗取實亂撒禾稭在場仍而摟聚者曰摟草商샹샹量량량着잘죠放

방방饋귀귀○헤아려노하주고再재재那나나一등이箇거거小샿샤斷숫스○

또뎌ᄒᆞᆫ가히ᄂᆞᆫ將장쟝二슬을兩량량銀인인到담단西시시山산산裏리리○두냥

은을가지고西山에가○西山在順天府西三十里太行山首始于河內北至幽州猿形鉅勢爭奇途華雲聳

星拱于皇都之右每大雪初霽千峯萬壑積雪凝華若圖畫然為京師之八景之一曰西山霽雪今見北京西城

外有山座即是一錢쳔쳔半번번一등이東숭수家갸갸○돈반에ᄒᆞᆫ못식ᄒᆞ야五우우

百뵝버來래레束숭수稻닿도草창찬裹리리放방방○五百뭇벗딥헤노ᄒᆞ다這

저져們믄믄時씃스○이리면一등이冬둥둥裏리리這져져頭틓투口쿻쿠們

은은 勾긓구 喫칭치 了랴랴 ○ 흐더둘골이즘싱돌이유여히먹으리라 ○頭口迅捨馬牛猪羊之

稱數猪以頭數牛亦日頭數羊以口數踔亦曰口故汝稱畜口日頭口牛馬亦日頭疋

咱잠자 們믄믄 付부부 些셔셔 盤반반 纏쪈쪈 ○ 우리적이盤纏울겨도가 南난난 海

普푸푸 陀토 落랑로 伽꺄 山산산 裏리리 ○ 南海普陀落伽山에 ○山在寧波府

定海縣古昌國縣海中佛書所謂海岸高絶處普陀落伽山世傳觀音現像于此上有普陀寺普陀落伽華言

小白花即山也山多小白花故仍名然時高麗新羅日本諸國皆由此取道以候風汛飜譯名義云補陀

落迦此云海島又云小白花 參찬찬 見견견 觀권권 音힌인 菩뿌푸 薩상사 真잔진 像

샹샹 去큐큐 來래래 ○ 觀音菩薩真像을參見ᄒᆞ다가자 ○參禮覲也 這져저 菩뿌푸 薩상사

真전전 乃내내 奇기기 哉재재 ○ 이菩薩이진실로기특ᄒᆞ니라 理리리 圓원원 四ᄉᆞ스

德덩더 ○ 理ᄂᆞᆫ四德게ᄀᆞ잣고 ○理者固常道之至也圓全備也四德曰常曰樂曰我曰淨無二生死爲

常不受二邊爲樂具入自在爲我三業清淨爲淨又我者即是佛義常者即是法身義淨者即是法義樂者即

是涅槃義大熱梵語經文釋義不一今不翻解智지쟝滿먼먼十시씽身신신○智는十身에차

도다○本覺為知始覺為智滿備也十身有調御十身日無著日弘願日業報日住持日涅槃日淨法日眞心

日三昧日道性日如意有內十身日菩提日願日化日力持日莊嚴日威勢日意生日福德日法日智有外十

身日自日衆生日國土日業報日聲聞日圓覺日菩薩日智日法日虛空灑새새悲븨비雨유유於

휴유遐하햐方방방○悲雨로遐方에쓰리고扇션션慈츠쯔風붕붕於유휴刹차챠

土투투○慈風으刹土에붓ᄂᆞ또다○悲雨慈風佛發大慈悲廣濟衆生猶雨而發風然無遠不被故日

風雨佛有四無量心慈悲喜捨刹土梵語刹此云竿即檣柱也沙門於此法中勤苦得一法者便當豎幡以告

四遠日令有以欲人也云法苑云阿育王取金華金幡懸諸刹上瓔珞經云刹土乃聖賢所居之處又刹土翻

言法界也又梵伽藍日梵刹者以柱為表也座조쭤飾시싱芙부뿌蓉용융湛잔짠南난난

海해해澄칭쩡淸칭칭之즈즈水쉬쉬○안즌되는芙蓉으로뭄어시니南海澄淸호水에좀

기고○座飾芙蓉翻譯名義云大論問諸床可坐何以蓮華答日床為世間白衣坐法又以蓮華軟淨欲現神

力能生其上令不壞故又以莊嚴妙法故又以此華華臺嚴淨香妙可生故港沒也澄也身신신嚴연연

瓔힝잉珞랑로居큐큐普푸푸陀더도空쿵쿵翠취취之즈즈山산산○몸에瓔珞

으로장엄ᄒᆞ여시니普陀空翠의山에居ᄒᆞ엿도다○瓔珞頸飾也普門品經云無盡意菩薩解頸下衆寶瓔

珞而以與之一說珠在頸日瓔在身日珞或홱휘作장조童뚱퉁男난난○혹童男이되여或

홱휘作장조童뚱퉁女뉘뉘○혹童女ㅣ되며○童男童女觀音現三十二應日佛身日辟支日圓

覺日聲聞日梵王日帝釋日自在天日大自在天日天大將軍日四天王日四天太子日人王日長者日居士

日宰官日婆羅門日比丘日比丘尼日優婆塞日優婆夷日女主日童男日童女日天身日龍身日藥叉日乾

達婆日阿脩羅日緊那羅日摩睺羅日樂人日非人應

作經禮身或在天上在人間隨其所樂皆令見衆生形

之各不同什葉音聲亦無量或홱휘現현현質징지梵빤반王왕왕帝디디釋싱시○

或梵王帝釋에現質ᄒᆞ여○梵王帝釋有欲界色界無色界爲三界欲界有四洲四惡趣六欲天帝釋爲欲界

主色界有四禪十八梵天梵王爲色界主無色界有四空天或홱휘分븐븐身신신居큐큐士

스ᄉᆞ宰재ᄌᆡ官관관○或居士宰官에分身ᄒᆞ고○居士宰官隱居之士宰轄之官佛書云應以居士

得道者必現居士應以宰官得道者必現宰官禮記玉藻曰居士錦帶注道藝處士也翻譯名義云凌設名言

清淨自居又多積財貨居業豐盈皆謂之居士以이이聲싱싱察차찰聲싱싱拯징징悲비비

酸신심於유유六루룽道단당○소리로써소리를ᄉᆞᆯ펴悲酸을六道에건디고○以聲察聲聞

其聲而察其苦樂之狀六道人道天道阿脩羅道餓鬼道畜生道地獄道亦名六趣加仙道名曰七趣阿脩羅

有大力神人嘗與天鬪立大海中其高與天隨취쮜相상상現현현相상상救구궁苦쿠쿠

惱노낭於유유三산산塗투뚜○相을조차相을뵈아苦惱를三塗에救ᄒᆞᄂᆞ니다○隨相現相

隨其衆生之相自爲其相而往救焉翻譯名義云佛昔爲帝釋時遭飢歲疾疫承行醫療無効道殣相屬帝釋

悲愍衆所救乃變其形爲大蟒身殭屍出于谷空中遍告聞者咸憂相率奔赴隨割隨生療飢療疾三塗餓

死墮畜生墮地獄墮起기기浮부뿌屠투뚜於유유泗스ᄉᆞ水쉬쉬之즈ᄌᆞ間견간○

浮屠를泗水ㅅᄉᆞ이에니르혀고○浮屠卽塔也唐言高顯也神僧傳云僧伽大士西域人姓何氏唐龍朔初

於泗州臨淮縣信義坊特建伽藍掘得古香積寺銘記并金像一軀上有普照王佛字遂建寺焉中宗聞名遣使迎所居薦福寺項上有一穴以絮窒之夜則去絮香從頂穴中出非常芬馥及曉香還項中又以絮窒之景龍四年葬立而終中宗令於寺起塔俄而大風歘起臭氣滿長安中宗問諸近臣近臣奏僧伽大師化緣在臨淮恐欲歸中宗心許其臭頓息奇香馥烈五月送至臨淮起塔供養即今泗上僧伽塔是也中宗問萬迴和尚曰僧伽是何人迴曰觀音化身

結경계草창찬蘆류류於유유香향향山산산之즈즈上샹샹○草盧롤香山우희지엇다○翻譯名義云西域記云阿耨達水名在香山之南觀此則香山亦西域山也而未詳所在結廬事亦未詳

執징지楊양양柳링릭於유유掌쟝쟝內뉘뉘拂붕보病뼝빙體티티於유유輕깅깅安한안○楊柳롤손에잡아病體롤輕安호티ᄠᅥᆯ티고○佛圖澄天竺人也妙通玄術善誦呪能役使鬼神石勒聞其名召試其術澄取鉢盛水燒香呪之須臾鉢中生青蓮花勒愛子暴病死澄又取楊枝沾水洒而呪之遂蘇自後凡謁僧醫病曰辱沾楊枝之水

傾킹킹甘간간露루루於유유瓶뼝핑中중중濟지지險현현途두두於유유飢기기渴커커○

甘露를瓶中에기우려險途를飢渴에ᄀᆞ저ᄒᆞ놋다○翻譯名義云梵言軍持此云瓶軍持有二若甆瓦者是
淨用若銅鐵者是觸用西域記云軍持澡瓶也尼畜軍持僧畜澡罐佛經云佛洒甘露水又云持閑甘露門又云
手托青楊枝徧洒甘露之水然甘露源流未許面면면圓원원璧비빙月웨월○ᄂᆞᆺᄎᆞ璧月ᄀᆞ티
두렷ᄒᆞ고○璧天生瑠至盈尺餘形圓者也佛八十種好云面圓淨如滿月身신신瑩잉잉瓊궁궁
瓌귀귀○몸은瓔瓌ㅣᄀᆞ티믉고○瑩玉色瓌也瓔瑓石次玉者也瓌音귀平聲佛八十種好天身有光
明又云身清淨又云色潤譯如瑠璃齒츠츠排빼빠柯거거雪쉬숭○니ᄂᆞᆫ柯雪이버렷는ᄃᆞᆺᄒᆞ
고○齒排柯雪謂齒如雪搶枝柯之上淨白頓整之形似人所編排然佛三十二相有四十齒相有齒白淨相
有齒齊密相眉믜믜秀수싱垂취쮜楊양양○눈섭은垂楊이ᄲᅧ여난ᄃᆞᆺᄒᆞ도다○佛十相有
眉細垂楊相由우잉是스ᄉᆞ威위휘神신신莫모맣測처칭○일로말미암아威神들헤
아리디못ᄒᆞ고聖싱싱德더듸難난난思스ᄉᆞ○聖德을싱각기어려온디라故구구得
더듸人인인天텬텬之즈ᄌᆞ喜히히躍야양鬼귀귀神신신之즈ᄌᆞ歡훤훤欣힌힌

二十三

○기려모로人天의喜躍파鬼神의歡欣을어더 萬뫈완民민민無무우攙삼산擾얌샨之

즈즈憂힏우○萬民이攙擾ᄒᆞᄂᆞᆫ근심이업고 百븨버姓싱싱有밍무安한안祥썅샹之

즈즈慶깅깅○百姓이安祥ᄒᆞᆫ慶이잇도다 若얍쇼人인인有잉우難난난○만일사ᄅᆞᆷ

이어려옴이잇거든 念년년菩뿌푸薩삭사名밍밍○菩薩의일흠을念ᄒᆞ면 速숭수詣

이이其끼기處츄츄○셜리그곳에나아가 救궁구衆중중生승승難난난○衆生의難

을救ᄒᆞ야 尋션신聲싱싱救궁구苦쿠쿠應힝잉念년년除쥬츄災재재○尋聲救苦

ᄒᆞ며應念除災ᄒᆞᄂᆞ니○史記昔盧景裕繫晉陽獄志心念觀世音菩薩枷鎖自脫又有人當死志心誦觀世

音菩薩普門品經千百遍臨刑刀折曰以獻之 如유유是ᄉᆞ스菩뿌푸薩삭사不붕부可커기

不붕부叅찬찬○이런菩薩을可히참견티아니티못홀거시라 咱장자這져져衆즁즁生

승승知징지不붕부知징지○우리이衆生이알거나아디못ᄒᆞ거나○一切衆縈合集而生故曰

衆生又衆緣和合名曰衆生衆平聲 作잘조一힝이切쳥쳐罪쮜쮜障쟝장○一切취罪障지

은거시○一以普及爲言切以盡除爲語罪障猶言業障罪業有임우千천천有임우萬완완○
有千有萬ᄒᆞ나咱장자也여여到닫닷佛뽕보所수소○우리도佛所에가誠찡칭心
신신懺찬찬悔휘휘後흫후不붕부復뿡부作잫조○誠心으로懺悔ᄒᆞ여후에다시짓디
아자○悔見上懺咱장자如유유今긴긴身신신已가기安한단樂랄로時쓰스節
졍져○우리이제몸이安樂ᄒᆞᆫ때예不붕부修심삭善쎤션時쓰스○善을닷디아니ᄒᆞ면
如유유同뚱퉁禽낀킨獸심삭之즈즈類뤼뤼○禽獸의類ᄀᆞᄐᆞ디라一잉기針진진
投뚤투海해해底디디○一針을海底에드리티면尚썅샹有잉우可커커得뜽더的디
읗이○오히려可히어들날이이시려니와一잉이失씽시人신신身신신後흫후○ᄒᆞᆫ번
사ᄅᆞᆷ의몸올일흔後ㅣ면萬완완劫겹겨再재재逢뽕봉難난난○萬劫ㅣ라도다시만나기
어려오니라○萬劫儒曰世釋曰劫道曰壺一說儒家曰數道家曰劫佛家曰世道經云天地一成一敗謂之
劫上天開化建五劫紹運曰龍漢曰赤明曰上皇曰延慶曰開皇五劫統周復從其始又六十年一甲子一日百

朴通事 卷中 二十三

年為一小刼一千年為一中刼三中刼為一大刼佛家初刼為釋迦牟尼佛二刼為寶髻佛三刼為燃燈佛漢武帝鑿昆明池其底有灰帝問東方朔對曰此刼灰也

今긴긴日싀시上샹상直찡지去큐큐○오늘上直가니你니니將쟝장鋪푸푸蓋개개送숭숭去큐큐○대鋪蓋가저보내고那나나廝스스你니니也여여將쟝장那나나箭젼젼帒때대裏리리○뎌놈아너도뎌동개녜揷창차三산산十씹시根근근箭젼젼○셜흔낫살을곳고弓궁궁帒때대裏리리揷창차一힝이張쟝쟝弓궁궁○弓帒에ᄒᆞᆫ당활을곳고盔킈킈甲갸가一힝이副부부○투구와갑옷ᄒᆞᆫ부와環환환刀당닷一힝이口쿻쿠○環刀ᄒᆞ나ᄒᆞᆯ都두두一힝이打다다裏리리將쟝장到당닷直찡지房빵방裏리리等등둥我어오着잡죠○다ᄒᆞᆫ번의가지고直房에가날을기ᄃᆞ리고其끼기餘유유的딍디伴뻔번當당당們문믄家갸갸裏리리有잏우着잡죠○그나믄伴當들흔집의이셔街계계上샹샹休힣휘撒상사潑포포皮삐피○

거리예가보피로온데말고 好핰핳生송승用융융心신신看칸칸家갸갸着죠쟢○

ᄆᆞ장用心ᄒᆞ여집을보라 如슈슈今긴긴賊쯰쯔廣광광○이제도적이흔ᄒᆞ니 我오어若

쇼샾 出츄츟直지찡房방팡來래래○내만길直房으로셔나와 看칸컨家갸갸裏리리

沒무뭉你니ᄂᆡ時스씃○집의보아네업스면 却켜켱要야향打다다○또티리라 家

갸갸 中중중沒무뭉甚슴씀的디딍事스씃時스씃賞샹샹你니ᄂᆡ○집의가므란흔

이업스면너를샹ᄒᆞ고 有우잉些셔셔事스씃時스씃喫치칭打다다○저기딜이이시

면아즘을니브리라 我오어說쉐쉬與유유你니ᄂᆡ衆중중伴번뻔當당당們문믄○

내너희모든伴當ᄃᆞᆯᄃᆞ려닐ᄋᆞ노니 常챵쨩言연연道닾땋○常言에닐오ᄃᆡ 常챵쨩防방빵

賊쯰쯔心신신莫모뫃偸투틓他타타物우뭉○샹녜도적ᄆᆞᄋᆞᆷ을막고놈의것도적디말

라ᄒᆞᄂᆞ니라

你니ᄂᆡ的디딍帽만망兒ᅀᅳᆯ슬那나나裏리리做주쥬來래래○네갓을어더셔민ᄃᆞ

란ᄂᆞ뇨 徐 쓔슈 五 우우 家 갸갸 的 디디 ○ 徐五의 집의셔 ᄒᆞᆫ 거시라 將 쟝쟝 來 래래 我
어오 看 칸칸 ○ 가져오라 내 보쟈 這 져져 帽 망맏 兒 ᅀᆞᆯ올 也 이여 做 주주 得 듷더 中
중중 中 중중 的 디디 이 갓ᄋᆞᆯ 민돌기를 알맛게 ᄒᆞ엿다 頭 듷투 盔 쿼퀴 大 다다 ○ 터우
ㅣ크고 簷 견연 兒 ᅀᆞᆯ올 小 샿샨 ○ 드르히 젹고 氈 젼젼 粗 추추 ○ 시ᄋᆞᆰ이 ᄎᆞᆰ고 做
주주 的 디디 鬆 숭숭 了 랼랴 ○ 민돌기를 섭섭 어ᄒᆞ여시니 着 쟙죠 了 랼랴 幾 기기 遍
변변 雨 유유 時 ᄊᆞ스 都 두두 走 즇주 了 랼랴 樣 양양 子 ᄌᆞ즈 ○ 여러번 비를 마즈면 다듧
뜯강이 로다 徐 쓔슈 五 우우 的 디디 徒 투투 弟 디디 李 리리 大 다다 ○ 徐五의 뎨시 李
大ㅣ 如 슈슈 今 긴긴 搬 번번 在 재재 法 밯바 藏 짱장 寺 ᄊᆞ스 西 시시 邊 변변 混 훈훈
堂 땅탕 間 견견 壁 빙비 住 쥬쥬 裏 리리 ○ 이제 法藏寺 셔편 混堂ᄉᆞ 이 ᄇᆞ람에 올마 사ᄂᆞ니
那 나나 廝 ᄊᆞ스 十 씽시 分 븐분 做 주주 的 디디 好 함한 ○ 뎌 놈이 마장인 ᄃᆞᆯ기를 잘ᄒᆞᄂᆞ
니라 可 커커 知 짛지 那 나나 廝 ᄊᆞ스 使 ᄊᆞ스 長 쟝쟝 的 디디 大 다다 帽 망맏 也 여여

做주주裏리리○그려어니더늘이使長긔큰갓도인ᄂᆞ니○使長者猶言君長也元語那衍音노연

大帽如本國笠子之制南村輟耕錄云胡石塘先生嘗應聘入京世皇召見於便殿趨進不覺笠子欹側上問

曰秀才何學對曰修身齊家治國平天下之學上笑曰自家笠子尚不端正又能平天下耶此元時戴笠也今

俗唯出外行者及新婚婿郞無職者親迎之夕必戴大帽休힣힣道땋닿是쓰스街개계上썅샹

百븽버姓싱싱的딩디○이거릿百姓의거슨니르디말리라我어오如유슈今긴긴與

유유你니니一잉이兩량량銀힌인○내이제너롤ᄒᆞᆫ냥은을줄세시니將쟝쟝去큐큐

饋귀귀李리리大따다做주주定띵딩錢쪈젼○가져가李大롤주어마초논갑슬삼고

做주주雲윤윤南난난氈젼젼大따다帽맣맣兒ᅀᅳᆯᅀᆞᆯ一잉이箇거거○雲南氊으

로ᄒᆞᆫ큰갓ᄒᆞ나와○雲南古梁州南境爲徼外夷地漢置益州郡元置路今改爲布政司州縣俱出氊細密爲

天下最陝션션西시시赶간간來래래的딩디白븽버駝떠도氈젼젼大따다帽

맣맣兒ᅀᅳᆯᅀᆞᆯ一잉이箇거거○陝西셔이더온白駝氈큰갓ᄒᆞ나홀ᄆᆞᆫ드되·說숴쉬與유유

他타타○뎌ᄃᆞ려닐러套토톻上샹샹氈젼젼兒ᅀᅳᆯ○털을벗울여着죠쟣我
오어看칸칸了랴럏的디뎡之즈즈後후ᄒᆯ○날로ᄒᆞ여뒨후예着죠쟣刺치칭邊
변변兒ᅀᅳᆯ○ᄆᆞ에치절호터刺치칭的디딩細시시句균균着죠쟣○치질ᄒᆞ기믈ᄆᆞ
ᄂᆞᆯ고고로게ᄒᆞ라李리리大다따的디딩帽모맣兒ᅀᅳᆯ樣양양兒ᅀᅳᆯ可커커喜
히히不부부走주쥬作조좋○李大의갓이오양이곱고듧ᄠᆞ디아니케믄드랏고又우믈不
부붕怕파파兩유유雪숴쉬○ᄯᅩ兩雪이저프디아니ᄒᆞ니라為위위甚스심麽마마○
므서슬위ᄒᆞ고那나나頭투톻盔쿼퀴好호함鬃새새到다당了랴럏時스씃○티틔
무룰ᄆᆞ잔뻐기룰잇곳ᄒᆞ고纔재쟤套토톻上샹샹氈젼젼兒ᅀᅳᆯ○그제야털을쳐골리
ᄂᆞ니라這저져一이잉箇거꺼高가강手수싱的디딩人신신做주주的디딩生
승숭活鬆○어ᄒᆞ高手엣사ᄅᆞᆷ의런도셩병이高가강如유유師스ᄉᆞ傅부부○스승
어셔나오ᄂᆡ라

一 힝이 箇 거거 放 방방 債 재채 財 채채 主 쥬쥬 ○ ᄒᆞᆫ 빗주기 ᄒᆞᄂᆞᆫ 財主 小 샾샨 名 밍밍

喚 훤훤 李 리리 大 따다 舍 셔셔 ○ 小名을 李大舍ㅣ라 브ᄅᆞᄂᆞᆫ이 開 개개 着 쟢죠 一 힝이

座 쭤조 解 계계 當 당당 庫 쿠쿠 ○ 一座解當庫ᄅᆞᆯ 질고 ○解當庫 王莽令市官收賤賣貴謂如貸

錢與民一百箇每月技利錢三箇銀一兩財每月取到 三分之額發主臺其貨物兩抽分遺下亦收息百三後

人所以劫之今之解庫是其遺意元時或稱所子錢或 稱把解人以重物來當承錢而去在後贖還本利還取

甚物而去此 即解當庫也 但 단단 是 쓰스 直 찍지 錢 쪈쳔 物 옹우 件 견견 來 래레 當 당당

時 쓰스 ○ 믈읫 갑ᄊᆞᆫ 物件으로 와 뎐당ᄒᆞ면 便 뼌변 奪 됳도 了 랼랴 那 나나 物 옹우 ○

곳 그 거슬 앗고 却 컹거 打 다다 死 쓰스 那 나나 人 신신 ○ 또 그 사ᄅᆞᆷ을 텨 죽여 正 징징 房

빵방 背 븨븨 後 흫후 掘 쿼궈 開 캐캐 一 힝이 箇 거거 老 랖랖 大 따다 深 신신 淺 쳔쳔

地 띠디 坑 킁컹 ○ 正房 뒤헤 ᄒᆞᆫ 크고 기픈 디함을 ᄑᆡ고 颩 딛뚜 在 째재 那 나나 裏 리리 頭

뚣투 ○ 그 안히 드리티더니 有 엳우 一 힝이 日 싀ᅀᅵ 賣 메매 布 부부 絹 퀸퀸 的 딛디 過

거고 去 큐큐 ○ 리호 디룬 나布 가와 거깁 늘플 那 나나 大 따다 舍 서셔 뎌 갈갸 將 장쟝 屋
롱우 裏 리리 去 큐큐 ○ 려뎌 집大 와舍 가ㅣ 블 把 바바 那 나나 布 부부 絹 견견 來 래레
都 두두 奪 똥도 了 랼랴 ○ 올려 대뫼 앗과 고깁 也 여여 打 다다 撒 삼사 撒 쫘쾌 在 째재
抗 캉캉 裏 리리 ○ 에또 드려 리죽 티여 고디 함 又 왕무 一 힝이 日 싀이 一 힝이 箇 거거
婦 뿌부 人 신인 ○ 배또 짐호 이룬 호 將 장쟝 豆 뜰투 子 쯔즈 來 래레 大 따다 的 딩디
明 밍밍 眞 진진 珠 쥬쥬 一 힝이 百 빙버 顆 쿼코 來 래레 儅 당당 ○ 볼콩 근안 眞치 珠큰
가一 편百 당낫 ᄒᆞ출 거가 늘져 다 又 잉우 奪 똥도 了 랼랴 ○ 고또 앗 也 여여 打 다다 殺
삼사 撒 쫘쾌 在 째재 那 나나 抗 캉캉 裏 리리 ○ 함또 에뎌 ᄌᆞ죽 리여 티그 고디 用 융용 板
반반 盖 께개 在 째재 上 썅샹 頭 뜰투 ○ 희널 펍로 끄뻐 우 頻 삔핀 頻 삔핀 的 딩디 這
져져 般 번번 做 주주 歹 대대 勾 금구 當 당당 ○ ᄂᆞᆫ 얼또 올이 ᄒᆞ린 더사 나오 ᄂᆞ 他 다다
有 잉우 兩 량량 箇 거거 婦 뿡훙 家 갸갸 ○ 이뎨 아두 시겨 ᄂᆡ집 小 샹샤 媳 싱시 婦 뿌부

朴通事諺解

一〇三九

與 유유 大 따다 妻 치처 商 샹샹 量 량량 說 숴숴 ○ 小媳婦ㅣ大妻ᄃᆞ려혜아려닐오ᄃᆡ 我
어오 男 난난 兒 슬올 做 주주 這 저저 般 번번 迷 미미 天 텬텬 大 따다 罪 쮜쥐 的 딩디
事 쓰스 ○ 우리소나희이런迷天大罪엣일올ᄒᆞ니 假 갸갸 如 슈슈 明 밍밍 日 ᅀᅵ시 事 쓰스
發 빵바 起 키키 來 래레 時 쓰스 ○ 만일明日에일이니러나면 帶 대대 累 뤼뤼 一 잉이
家 갸갸 人 인신 都 두두 死 소스 也 여여 怎 즘즘 的 딩디 好 함한 ○ 온집사름이버므리
여다죽을새시니엇디ᄒᆞ여야됴ᄒᆞ리오 大 따다 妻 처치 見 견견 那 나나 般 번번 說 숴숴 ○
大妻ㅣ그리닐옴을보고 對 뒤뒤 他 타타 男 난난 兒 슬을 說 숴숴 勸 권권 ○ 제소나희롤디
ᄒᆞ여닐러말리되 常 쨩창 言 견연 道 땋닾 ○ 常言에닐오디 若 샿쇼 作 잡조 非 비뵈 理
리리 必 삐비 受 쌍삭 其 끼키 殃 향양 ○ 만일非理엣길을ᄒᆞ면반ᄃᆞ시그앙화롤밧는다ᄒᆞ니
你 니니 做 주주 這 저저 般 번번 不 불부 合 뻥허 理 리리 的 딩디 勾 끟구 當 땅당 ○
네이런理에合디아닌일올ᄒᆞ다가 若 샿쇼 官 권권 司 쓰스 知 지지 道 땋닾 時 쓰스 ○ 만길

朴通事諺解 中 二十八

알官 면司 ㅣ 把 마바 咱 잠자 們 믄믄 不 부부 償 쨩챵 命 밍밍 那 나나 甚 씸슴 麽 마마

○ 아우 너리 코롤 므다 슴가 ᄒᆞ償 리命 오티 你 니니 再 재재 來 래래 休 힣후 做 주주 ○ 뇌네

디여 말란 라ᄒᆞ 說 숴숴 罷 빠바 ○ 므니 차른 에기 롤 老 랖란 李 리리 聽 팅팅 了 럎랴 惱

낭나 燥 쨩잔 起 키키 來 래레 ○ ᄒᆞ老 여李 니ᄯᅳᆺ 러고 나노 便 뺜변 要 햫얀 打 다다 殺 상사

那 나나 媳 심시 婦 뿌부 ○ 이곳 고뎌 제媳 ᄒᆞ婦 거롤 눌뎌 죽 那 나나 婦 뿌부 人 신인 便

뺜변 走 쭈주 了 럎랴 ○ 곳그 ᄃᆞ계 라집 나이 走 쭈주 到 닿도 官 권권 司 ᄉᆞ스 告 갛간 了

럎랴 ○ 가官 告司 ᄒᆞ에 나ᄃᆞ 라 官 권권 人 신신 們 믄믄 引 인인 着 쨯죠 幾 기기 箇 거거

皂 쨯잔 隷 리리 ○ 皂官 隷人 ᄃᆞᆯ들 ᄃᆞ이 리여 고러 將 쟝쟝 棍 군군 繩 씽싱 到 닿도 那 나나

家 가갸 裏 리리 ○ 지악 고대 뎌과 집노 의흘 가가 把 바바 老 랖란 李 리리 拿 나나 着 쟣죠

背 뵈뵈 綁 방방 了 럎랴 ○ 져老 차李 리롤 겨다 미가 고자 바 家 갸갸 後 훟후 坑 큭큭 裏

리리 ○ 함집 에뒤 디 都 두두 搜 숳수 出 츄츄 三 산산 四 ᄉᆞ스 十 씽시 箇 거거 血 휭히

瀝리링瀝리링的디딩尸스슿首싀싱和호헣那나나珠쥬쥬子즈즈布부부絹
견견○설마은파븟ᄃ는尸首와진쥬布絹을다뒤여버고 그將장장老랄랄李리리打다다
了랴랼一이힝百버븽七치칭○老李를다가一百닐굽을뎌ㅇ一百七南村輟耕錄云凡七下
至五十七下用笞六十七下至一百七下用杖而數用七者建元以前皆用成數大德中刑部尚書王約上言
國朝用刑寬恕笞杖十減其三故笞一十減為七今之杖一百者宜止九十七而不當又加十也議者憚於變
更其事遂寢木무뭉椿좡좡上상쌍剮과과了랴랑○나모기동에뫼고삭가주이니라ㄱ
木椿其制於刑人法場植一大柱縛著罪人於其上劊子用法刀剮其肉以喂狗而只留其骨盡其慘酷方茲
大辟即古之冎刑也劊子獄史刑罪人者也一이힝箇거거官권권人인싄就작징便변변
娶츄츄了랴랼那나나媳시싱婦부뿡○호官人이임의셔뎌媳婦를娶ᄒ려ᄒ니那나나
媳시싐婦부뿡道다땅○뎌媳婦ㅣ닐오되妻치치賢현현夫부붕省숭승事스쓰
官권권清칭칭民민민自즈즈安안한○妻ㅣ어딜면지아븨일이덜리이고官이믈그면빅

안영 ᄒᆞ이 ᄂᆞ스 니스 라로 편

咳 ᄒᆡ해 今 긴긴 日 잉이 天 텬텬 氣 키키 冷 릉릉 殺 상사 人 인신 ○ ᄂᆞᆯ애 긔오 운ᄂᆞᆯ 이하

죽차 게사 ᄒᆞ롬 니을 腮 새새 頰 겹겨 凍 둥둥 的 딩디 剌 랑라 剌 랑라 的 딩디 疼 뚱등 ○

ᄲᅡᆷ밤 알이 힌ᄃᆞ 다라 街 계계 上 샹샹 泥 니니 凍 둥둥 的 딩디 ○ 흙거 언리 거예 시즌 只 즘즈

是 쑹스 一 힝이 剗 찬찬 狼 랑랑 牙 야야 也 여여 似 쑹스 ○ 일그 희저 너ᄒᆞᆫ ᄀᆞᄀᆞᆯ ᄐᆞᄀᆞ 니터

馬 마마 們 믄믄 怎 즘즘 麼 마마 當 당당 的 딩디 ○ ᄃᆞᆫ믈 ᄒᆞ들 긔히 오엇 다 鐵 텽텨 匠

쟝쟝 家 갸갸 裏 리리 去 큐큐 ○ 집鐵 의匠 가의 打 다다 一 힝이 對 뒤뒤 馬 마마 脚 갸교

匙 쯔츠 來 래레 釘 딩딩 上 샹샹 着 잡죠 ○ 여ᄒᆞᆫ 다보 가다 박갈 으을 라티 我 어오 明 밍밍

日 잉이 通 퉁퉁 州 질쥐 接 졍져 尚 쨩챵 書 슈슈 去 큐큐 ○ 書내 마시 즈일 라通 가州 리尚

라 將 쟝쟝 交 갸갸 床 쫭촹 來 래레 ○ 저됴 오상 라을 가 我 어오 且 쳐쳐 外 왜왜 前

쮠쳔 坐 쭤조 的 딩디 ○ ᄉᆡ내 안아 잣직 자밧 請 칭칭 官 권권 人 인신 屋 웅우 裏 리리 喫

칭치飯빤반○인청회권셔대밥官먹人그은라접做주주甚씸슴麽마마飯빤반○슴므

엇밥ᄂ을뇨지乾간간飯빤반也여여做주주着쟢죠裏리리○지된엇밥고도稀히히

粥쥭주也여여熬앟앞着쟢죠裏리리○챠믐人은好쥭懶도不쑤力엇於다農ㅁ獲稀者粥

行者多齎麨米且其食性好粥尤好生肉遼路故兩

書皆九時所記多言稀粥及酪粆音即本國來實再

재재有왕우甚씸슴麽마마就짇작飯빤반的듸디○먹뚜을므것슴밋밥ᄂᄒᆞ뇨여乾

간간羊양양脚걒교子즈즈煮츄쥬着쟢죠裏리리○롤ᄆ솔론맛羊노외라다리好

향호好향호○됴됴타타飯빤반湯탕탕休힐후着쟢죠冷릉릉了량랴○탕밥을파

말ᄎ라게等등등一ᄒ이會훠휘兒슬올喫칭치○ᄃ흐려디먹위쟈기如ᄆ유슈今긴긴

便뻔변入슘슈裏리리頭뚱두去큐큐時씃스○히이드재러죽가시면안凍둥둥面

면면皮뻐피都두두打다다破퍼포了랑랴不봉부中중중○다먼히ᄂᆞᆺ여가딜죡거이

아시너니ᄒᆞ맛니당듸你니니把바바那나나鑼랑라臺후후箍삥핑灿산산的듸디

乾 간간 淨 쪙징 着 쟣죠 ○ 싀더 기려 로鏇 乾瓶 淨올 히다 ᄒᆞ가 야부 控 쿵쿵 一 횡이 控 쿵쿵

○ 로거 고후 且 져쳬 旋 쉰쉰 將 쟝쟝 酒 짛작 來 래래 ○ 러아 가직 져술 오올 라들 喫 침치

一 휭이 盞 잔잔 ○ 먹ᄒᆞᆫ 쟈잔 遠 져져 酒 짛작 忤 우우 秃 퉁투 怎 즘즘 麽 마마 喫 칭치

○ ᄒᆞ이 니술 엇어 다돌 먹므 으쥬 료쿤 將 쟝쟝 去 큐큐 再 재재 吊 댷됴 一 힝기 吊 댷됴 ○

드가 리져 오가 라다 시

孫 숀숀 舍 셔셔 那 나나 醜 칠착 廝 ᄉᆞᆼᄉᆞ ○ 러孫 온가 놈며 이더 那 나나 裏 리라 將 쟝쟝

那 나나 般 번번 好 항한 衣 히이 服 뽁부 好 항한 鞍 한안 馬 마마 來 래래 撇 평퍼 㨾

양양 子 즈즈 ○ 爲어 를디 가가 져며 와리 얼됴 글흔 굴옷 비파 언됴 는흔 고鞍 那 나나 謊 황황 鬆

숭숭 一 휭이 箇 거거 財 째재 主 쥬쥬 人 언인 家 갸갸 裏 리리 ○ 고더 섭거 섭즛 ᄒᆞᆫ말 ᄒᆞᆫᄒᆞᆫ

家財 에主 셔人 招 쟢쟌 做 주주 女 뉴뉴 婿 시시 來 래레 ○ 롤블 삼러 ᄋᆞ사 니회 他 타타 如

슈슈 今 긴긴 喫 칭치 的 딩디 穿 춴춴 的 딩디 無 우우 處 츄츄 發 봥바 落 랑로 裏 리리

○시뎨發이落제홀눈곳억이을업것스넘니올라것哥거거你니니說쉬쉬甚심슴麼마
話화화○글형나아로녀눈므다슴말他타타如유유今긴긴氣키지象샹샹大따다
起키지来래래時쓰스○크뎨게이녀제르氣히象면골粧좡좡腰걍얏大따다模무무
樣양양○氣腰像大起樣来樣時군又당粧여妖○氣腰又大作模大樣模貧大問樣云不如禮人待大
粧人腰方粧言備請歸氣也像一大說起腰来大時猶粧言妖大大氣模像樣也一說只즈즈把바바
我어오這져뎌舊꾸구家여디兄흉흉伴뻔번當당당們믄믄根근근底디디○
件그當저돌우괴리손녯티象兄卒번번點뎐뎐在셔여不봉부係캐개○거卒수點뎌도
뎌가라니他타타要걒얏變번번時쓰스誰쉬쉬係채치他타타○ᄒᆞ뎨더뉘코더저
ᄒᆞ물리거오수他타타敬깅깅我어오五우우分본본剌랄라○울뎨공날ᄌᆞ견ᄒᆞ五면分
我어오也여여敬깅깅他타타十씽시分본본○울나곰도격뎌ᄒᆞ롤十경ᄒᆞ他타타
敬깅깅我어오一룽이分본본時쓰소○굴뎨공날견울ᄒᆞ一면分我어看깅他

朴通事諺解 中 三十二

타타 五 우우 分 분분 ○ 곧나 공는 경뎌 ᄒᆞ롤 리五 라分 這 저저 般 번번 時 쓰스 ○ ᄒᆞ이 면리

是 쓰스 人 신인 倫 륜룬 扇 며더 凡 훙ᄒᆞᆼ 之 즈즈 意 히이 ○ 뜻이 기ㅅ 어倫 니弟 와凡 외

他 타타 不 봉부 敬 깅깅 我 어오 時 쓰스 ○ 뎌뎨 가날 너올 ᄒᆞ공 면경 我 어오 敬 깅깅 他

타타 甚 씸슴 麽 마마 屁 피피 ○ 디내 나뎌 공롤 경므 ᄒᆞ슴 랴밋 도 那 나나 廝 쓰스 如 유유 今

긴긴 倒 당단 可 거거 喜 히히 ○ 로뎌 혀놈 곱이 더이 라제 도 可 거거 知 징지 貌 망모 隨

쮜쥐 福 봉부 轉 줜줜 ○ 골그 조리 차어 궁나 ᄂᆞ열 니굴 라이 福

咱 쟝자 們 믄믄 當 당당 不 봉부 的 등디 ○ 當우 티리 못답 ᄒᆞ답 니흠 올 一 힝이 箇 거거

日 잉이 頭 뚷투 咱 샹자 商 샹샹 量 량량 着 쟣죠 ○ 혜ᄒᆞ 아ᄅᆞ 려우 리 遊 량와 山 산산

翫 원원 景 깅깅 去 큐큐 來 래리 ○ ᄒᆞ遊 라山 가翫 쟈景 好 항한 好 항한 ○ 됴됴 我

어오 也 여여 那 나나 般 번번 想 샹샹 着 쟣죠 ○ 각나 ᄒᆞ도 엿뎌 노리 라싱 如 유유 今 긴긴

更 궁궁 秋 칳착 凉 량량 丹 단단 楓 봉봉 八 빵바 月 웨워 好 항한 時 쓰스 節 졍져 ○

31b

八이 月제 丘坐 혼秋 때凉 니冊 極 正 징징 好 핳핳 山 산산 中 중중 之 즈즈 味 위위 ○ 허正
호山 리中 로味 다丘 咱 쟝자 那 나나 箇 거거 山 산산 裏 리리 去 큐큐 好 핳핳 ○ 어수 너리
丘山 호에 료가 야 這 져져 離 리리 城 쩡칭 三 산산 十 씃시 里 리리 來 레레 地 더디 ○
三이 十城 里에 싸서 휘쓰듬 이 有 잉와 箇 거거 名 밍미 山 산산 ○ 이名 시山 되이 喚 훤훤 禪
쳔쳔 頂 딩딩 山 산산 ○ 라棹 브頂 로山 니이 真 진진 箇 거거 奇 끼키 妙 먀먀 ○ 로진 奇실
니妙 라ᄒ 那 나나 山 산산 景 깅깅 致 장지 ○ 致더 ᄂ山 景 尖 젼젼 尖 젼젼 險 현현 險
현현 的 뎡디 山 산산 ○ ᄒ尖 山尖 과險 險 灣 관완 灣 관완 曲 큥큐 曲 큥큐 的 뎡디 路
루루 ○ ᄒ彎 길彎 히曲 오曲 松 숭숭 栢 븽버 檜 귀귀 栗 링리 諸 쥬쥬 雜 쨔자 樹 슈슈 杏
뭉무 上 썅샹 ○ 더松 가栢 짓檜 남栗 게여 纏 쪈쳔 着 쨯죠 乞 콩지 留 링랴 曲 큥큐 藤 룽류
藤 뚱퉁 ○ 之즙 意걸 漢곤 人藤 凡이 稱얼 草것 木고 竹○ 蔓乞 必留 曰曲 藤藤 非謂 別是 有曲 一藤 物藤
也 有 잉와 累 뤼뤼 累 뤼뤼 垂 쮜취 垂 쮜취 石 씽시 ○ 들累 허累 이垂 시垂 며ᄒ 有 잉각

三十二

高갈간高갈간下햐햐下햐햐坡퍼포○뎌高이高ㄷ下시下며호언有잉우重쭝충
重쭝충疊뎡뎌疊뎡뎌奇끼키峯봉봉○峯重이重이疊시疊며호奇有잉우深신신
深신신淺천쳔淺천쳔澗견견○시深내深이淺시淺며호有잉우一핑이簇충추兩
량량簇충추人인인家갸갸○家一ㅣ簇이兩시簇며人有잉우凹와와坡퍼포凸뎡뎌
嶺링링庵한안堂당랑○堂凹이坡이凸시嶺며엣庵有잉우晛현현晛현현晥훤훤
晥훤훤的딍디山산산禽낀킨聲싱싱○禽晛聲晛이晥이晥시호며山有잉우崔쮜취
崔쮜취嵬위위嵬위위棧짠잔道땅닾○棧崔道崔ㅣ嵬잇嵬고호崖애애高강간道
땅닾窄쩡저○窄崖ᄒ高ㄴ道只쯩즈是쏭스這쳐져箇거거愁쯩추人인인腸쨩챵
○시고름져ᄒ이게사ᄒ솔ㄴ와니ㅛ라댱올栗링리子쯩즈葡뿌푸萄땅탄滿먼먼山
산산峪융유○에밤ᄆ파두葡ᄒ萄여ㅣ시山나峪遠원원望망광一힝이似쏭스黑훟허
水쒸쉬精징정○黑멀水리精ㅂ굿라고매五우우色승서彩채채雲윤윤籠룽룽罩

잠잔 ○ 五色彩雲이ᄭᅵ엿고 山산산 頂딩당 上샹샹 有잉우 一힝이 小샿샾 池찡치 ○

山頂上에ᄒᆞᆫ젹운못이이시니 滿먼먼 池찡치 荷혀허 花화화 香향향 噴픈픈 噴픈픈 ○

못에ᄀᆞ득ᄒᆞᆫ련곳치향내ᄲᅳᆷ기더라 僧승숭 尼니니 道땋닿 俗쑹슈 都두두 隨쒸취 喜히히

去큐큐 ○ 僧尼道俗이다구경ᄒᆞ라가니 咱장자 也여여 拄쥬쥬 着졒조 拄쥬쥬 杖쨩쟝

○ 우리도막대딥고 沿연연 山산산 沿연연 峪융유 隨쒸취 喜히히 那나나 景깅깅

致징지 去큐큐 来래래 ○ 山을조ᄎᆞ며골을조차며景致들구경ᄒᆞ라가자 只즈즈 是ᄽᅳ스

平평핑 平평핑 斜써셔 斜써셔 石씽시 徑깅깅 難난난 行힝힝 ○ 그저平平斜斜ᄒᆞᆫ石

徑에行키어려오니라 㝵애애 甚씸슴 麽마마 事ᄽᅳ스 ○ 므슴일에해로오리오 常짱챵

言연연 道땋닷 ○ 常言에닐오되 逢뽕붕 山산산 開캐개 路루루 遇유유 水쉬쉬 迭

뗭뎌 橋꺟걒 ○ 山을만나길ᄒᆞᆯ열고믈을만나ᄃᆞ리ᄅᆞᆯ놋는다ᄒᆞᄂᆞ니라

聽텅팅 的딍디 賣매매 藥쟤재 子ᄌᆞ스 的딍디 過궈고 去큐큐 麽마마 ○ 드른라ᄂᆞ

나믈 가ᄢᅵ ᄂᆞ풀 나리 다 買매매 些셔셔 菜채채 子즈즈 兒ᅀᆞᆯ ○ ᄡᅡ저 ᄃᆞᆯ기 사ᄂᆞ 믈 後
흫후 園원원 裏리리 種중중 時슷스 好항할 ○ 연뒷 됴동 호산 리에 라시 므 夜여여 來
래레 箇거거 都두두 收싱식 割궁거 了랑랴 麻마마 ○ 두어 어제 뫼삼 여올 기다 니거 種
중중 菜채채 來래래 ○ 므ᄂᆞ 쟈믈 시 麻마마 骨궁구 一힁이 邊변변 稜싱식 拾씽시
下ᄹᅡ하 着쟣죠 用융융 着쟣죠 ○ 拾상 ᄒᆞ대 여롤 두호 라편 ᄡᅳ에 자拔 種중중 甚씸슴 麽
마마 菜채채 來래래 ○ 울므 시슴 므ᄂᆞ 됴몰 蘿러로 蔔뿡부 ○ 우댓 무 蔓먼먼 菁징징
○ 우쉿 무 萵워오 苣귀규 ○ 로부 葵끼기 菜채채 ○ 혹아 白뼁버 菜채채 ○ 치븨
赤칭치 根근근 菜채채 ○ 치시 근 園권원 荽쉬쉬 ○ 싀고 蔘랑란 子즈즈 ○ 피뎍
葱충충 ○ 파 蒜쉰쉰 ○ ᄒᆞᆯ마 薤혜혜 ○ 치부 荊깅깅 芥계계 ○ 개형 薄뽕보 荷
여허 ○ 하박 蕳뚱퉁 蒿항할 ○ 쿡믈 水쉬쉬 蘿러로 蔔뿡부 ○ 무믈 우한 댓 胡후후
蘿러로 蔔뿡부 ○ 무노 우론 댓 芋유유 頭뚱투 ○ 란토 紫즈즈 蘇수수 都두두 種

중중 來래래 ○ 紫蘇ᄅᆞᆯ 다 시므라 紫즈즈 蘇수수 這저저 廝ᄉᆞ스 好핳할 喫칭치 ○

紫蘇란 여기시 먹기 됴ᄒᆞ니라 把바바 那나나 葉여여 兒ᅀᅳᆯ을 摘지저 了랴랴 ○ 뎌 닙흘 다

ᄠᅡ가 着쟣죠 針진진 線션션 串쳔쳔 上썅샹 ○ 바ᄂᆞᆯ실로 ᄢᅦ여 吊댱댜 在ᄍᆡ재 一힝이

壁빙비 廂샹샹 ○ ᄒᆞᆫ부람ᄭᅡ석 외ᄃᆞ랏다가 一힝이 冬둥둥 裏리리 熬암오 喫칭치 好

핳할 ○ ᄒᆞᆫ겨올의 술아 먹기 됴ᄒᆞ니라 水쉬쉬 芹긴긴 田뎐뎐 也여여 儘신신 理리리 的

딩디 好핳할 着쟣죠 ○ 미나리밧도 儘理ᄒᆞ기 ᄅᆞᆯ 잘ᄒᆞ라 咱잫쟈 將쟝샹 翠취취 兒ᅀᅳᆯ을

春츈츈 喜히히 來래래 ○ 翠兒와 春喜ᄅᆞᆯ 블러다가 挍빠바 野여여 菜채채 去큐큐 ○

들ᄂᆞ몰올 킈라가되 挍빠바 將쟝쟝 小샿샤 蒜숸션 ○ 족지 田뎐뎐 菁징징 ○ 사뎌 올

蕎쨔쟈 菜채채 ○ 낭ᄂᆞᆫ 이 芫연연 荽휭휘 ○ 비름올 킈 여오다 都두두 挍빠바 將쟝쟝

來래래 ○ 다킈여가 져오나ᄃᆞᆫ 把바바 芫신신 荽휭휘 來래래 煮쥬쥬 喫칭치 ○ 비론

올다가술 마걱자 那나나 廝ᄉᆞ스 徐쉬쉬 西시시 園원원 裏리리 ○ 뎌놈아 西園에 대

種중중些셔셔冬둥둥瓜과과○동화西시시瓜과과○슈박甜텬텬瓜과과○
참외挿참차葫후후○ᄌᆞᄅᆞ박○質問云如葫蘆一二尺者方言謂之挿葫長稍삼산瓜과과
○수세외黃황황瓜과과○외茄겨져子즈즈○가지를시므라着짤쬬那나나
Y햐야頭뜽투菜채채市ᄉᆞ스裏리리○더Y頭로는을저제買매매將장장些셔셔
山산산菜채채來래래○저기山菜를사오되買매매些셔셔拳권권頭뜽투菜채채
○저기고사리치貫권권衆중중菜채채○회초미치搖먕얏頭뜽투菜채채○두롭
치蒼창창朮쓩츄菜채채來래래○삽듀치를사오라我어오們믄믄大따다家
갸갸嗇쨩쟝新신신○우리대되嗇新ᄒᆞ자那나나廝ᄉᆞ스把바바菜채채園원원修
싱식理리리的듸디好항할着짤죠○더놈아菜園을다가修理ᄒᆞ기를갈ᄒᆞ고修힝학[illegible]
현현生승승受씽샥○슈고홈을험의로어너기다말라古구구人인신道담닷○古人
이닐오되無뭏우功궁궁食씽시祿롱루寢친친食씽시不봉부安한안○功이업시

樣을먹으면褻食이편안티아니타ᄒᆞ니라
如슈슈今긴긴怎즘즘麽마마那나나般번번賊지쩡廣광광○이제엇더뎌리도적
이흔ᄒᆞ요今긴긴年년년天텬텬旱한헌田텬뗜禾호훠不부붕收삭심○올히하늘
이ᄆᆞ드라田禾를거도디못ᄒᆞ여시니因인힌此츠충上상썅賊지쩡廣광광○이런젼太
로도직이흔ᄒᆞ니라使스승鉤구궁子즈중的디딩賊지쩡們믄믄更긍근是스승廣
광광○갈고리ᄡᅳᄂᆞᆫ도젹이ᄯᅩ흔ᄒᆞ여拿나나着죠짱取츄츄燈등등兒룰ᅀᅳᆯ○取燈을가
지고○取燈南村輟耕錄云杭人削松木為小片其薄如紙鎔硫黃塗木片頂分許名曰發燭又曰粹兒宋陶
學士清異錄云夜有急苦於作燈之緩批杉木條染硫黃一與火過得錢文速呼為引光奴今之取燈兒其遺
制也今按舊本作吹燈兒粹音취則舊本吹燈之名恐或為是到닷당那나나一이ᅙᅵᆼ箇거거人
신신家갸갸裏리리○아모ᄒᆞᆫ人家에가舌셔쎵尖젼젼兒ᄋᆞᆯᅀᅳᆯ潤슌ᅀᅲᆫ開캐캐了
랴랑窓창창孔쿵쿵○혓곳ᄒᆞ로창궁글뚧고불위吹취취起기기火호훠來래레○

블올부러나르져 鑽 쥔쥔 入 슝슈 裏 리리 面 면면 ○ 안히비븨여드려 看 칸칸 東 둥둥

西 시시 在 째재 那 나나 裏 리리 時 ᄊᆞ스 ○ 자븐거시아므티긋ᄂᆞ즐울보아 知 징지 道

닿닾 了 럏랴 的 딍디 之 즈즈 後 흫후 ○ 안후에 却 쳥커 吹 취취 殺 상사 那 나나 燈

등등 ○ 또그등잔을부러죽이고 不 붕부 論 룬룬 竿 간간 子 즈즈 上 샹샹 的 딍디 積 찌지

子 즈즈 上 샹샹 的 딍디 物 웅우 件 견견 ○ 홰옛거시나궤옛物件을혀다아니ᄒᆞ고 便 변번

着 쟣죠 鈎 긓구 子 즈즈 鈎 긓구 出 츄츄 來 래래 將 쟝쟝 去 큐큐 ○ 곳갈고리로그려내

여가져가ᄂᆞ니라 那 나나 廝 ᄉᆞ스 們 믄믄 只 즈즈 是 ᄊᆞ스 夜 여여 猫 맣마 ○ 뎌놈들ᄂᆞᆫ

그저옷밤이오不 붕부 是 ᄊᆞ스 強 걍걍 盜 땋닾 ○ 強盜ㅣ아니라 有 잉우 法 봥바 度 뚜두

容 융융 易 이이 隄 디디 防 빵방 ○ 法度ㅣ이시니隄防ᄒᆞ기쉬오니라 那 나나 廝 ᄉᆞ스 們

믄믄 怕 파파 簾 련련 子 즈즈 ○ 뎌놈들이발을두려ᄒᆞᄂᆞ니 亮 량량 窗 챵창 裏 리리 面

면면 把 바바 簾 련련 子 즈즈 幔 먼먼 上 샹샹 ○ ᄇᆞᆯ근창안히발을다가디고 着 쟣죠 釘

딩딩子즈즈釘딩딩在쩨재三산산四스스處츄츄○곳못글그박로고세 비着쟢죠

鋦쿵큐鉞슝슈兒을을釘딩딩在쩨제兩량량三산산處츄츄○두비로세옥곳그을로

고박把바바了랼랸吊댜댜子즈즈叩쿠쿠上샹샹了랼랸○권군고새로持장쟝

指즈즈頭뚜투來래래大따다小샹샤的디디長쟝챵鐵텨텨條댜댠兒을올○

쇠손가싸락락으굴로긔다예가긴挿창차在쩨재鋦쿵큐鉞슝슈裏리리○곳비고목 에

門문몬子즈즈關권권了랼랸○닷문고을腰얀얀絟촨촨挿창차的디디牢랄랄

○구빗디당ᄒᆞ곳라기 를這져져般번번隄디디防방방時스스○防이ᄒᆞ리면隄忘

증증麼마마得더더入슈슈去큐큐○가엇리다오드 러常챵창言연연道담단○

날常오言되에小샤샤心신신必비비勝싱싱○기조권심다ᄒᆞᄒᆞ면ᄂᆞ반니ᄃᆞ라시

你니니那나나裏리리去큐큐○가네는어더더角갸교頭뚜투店뎐뎐裏리리買

매매匾편펀子즈즈去큐큐裏리리○단모사롱라이가店너에 비咱쟝자兩량량箇

거거去큐큐来래래買매매了랼랴段뛴뛴子즈즈○비우뎐리울둥사히고가貼텨텨

些셔셔銅뚱퉁錢쪈쳔○을저거기스銅려錢茶짜차房빵방裏리리喫칭치茶짜차

去큐큐来래래○으茶라房가에자차 억這져져們믄믄時쑹스○연이 려我어오

也여여與유유伱니니做주주伴뺀번兒술을閑현현看칸칸去큐큐○별나로도

힘드이려보벗다지가어자힘這져져鋪푸푸裏리리有잉우四숭스季기기花화화段

뛴뛴子즈즈麽마마○문이호푸비조단에잇四ㄴ李나花伱니니要향야甚씸슴麽마마

顔연연色싕서的듸디○룰비호므려슴호빗는체다치南난난京깅깅鴉햐야青칭칭

段뛴뛴子즈즈○체南비京단鴉과青 빗葱충충白뼁버素수수通퉁퉁袖쓍식膝

심시欄란란段뛴뛴子즈즈有잉우麽마마○欄葱호白비빗단체이민잇通ㄴ袖나膝襕

야야子즈즈道땅닾都두두有잉우○뎌즈다름이이셰날라오干간간伱니니甚씸슴

麽마마事쏭스○이녜간게셥므호슴뇨일沒뭉무伱니니時씋스怕파파買매대不

부붕 成칭쩡 ○비업다사더못홀가저프라 賣매매 段된뒨 子즈즈 的디딍 道닾땅 ○

비단ᄑᆞᄂᆞ이날오되 你니니 官권권 人신인 們믄믄 ○너희官人들히 和호혀 那나나 爺

디떠 子즈즈 孩해ᄒᆡ 兒올슬 ○뎌弟子孩兒과 說쉬쉉 甚슴졈 麽마마 閑헌현 話화ᅘᅪ

○므슴힘힘ᄒᆞᆫ말을니ᄅᆞᄂᆞᆫ다 要얀향 時스쓰 請칭칭 下햐ᅘᅣ 馬마마 來레래 看칸칸

○ᄒᆞ려거든청컨대ᄆᆞᆯᄂᆞ려보라 我오어 我오어 說쉬쉉 與유유 你니니 ○내너ᄃᆞ려니ᄅᆞ마 休

취휼 哄홍훙 弄롱룽 我오어 ○날을소기디말라 你니니 放방황 心신신 ○미敎心ᄒᆞ

라 小샾샿 人신인 不부붕 敢간간 ○小人이不敢ᄒᆞ여라 小샾샿 廝스ᄉᆞ 將장장 那

나나 廚츄쮸 裏리리 夾갸걍 板반반 來레래 ○아ᄒᆡ아뎌듀방에夾板을가져다가 解계계

與유유 官권권 人신인 高간갚 的디딍 ○官人을노ᄑᆞᆫ이ᄅᆞᆯ프러주라 這져뎌 段된뒨

子즈즈 多도더 小샾샿 賣매매 ○이비단올얼마에ᄑᆞᆯ려ᄒᆞᄂᆞᆫ다 鴉야야 青칭칭 四스ᄉᆞ

季기기 花화화 六리룽 兩량량 銀인인 子즈즈 一이잉 匹피핑 ○鴉青빗四季花문에

ᄂᆞᆫ 엿냥은에 ᄒᆞᆫ필이오 葱충충白삥버膝싱시欄란란四ᄉᆞ스兩량량銀인인子ᄌᆞᄌᆞ

一힝이匹핑피 ○ 葱白빗 膝欄에ᄂᆞᆫ 넉냥은에 ᄒᆞᆫ필이라 儞니니休힣휘胡후후討탈탄

價갸갸錢쪈쳔 ○ 네 간대로 갑ᄉᆞᆯ ᄢᅴ오디 말라 討탈탄的딩디是ᄉᆞ스虛휴휴還훤환

的딩디是ᄉᆞ스實싱시 ○ ᄢᅦ모ᄂᆞᆫ 거슨 이 거즛 거시오 갑ᄂᆞᆫ 거시아 이 실ᄒᆞ니라 官권권人

인신 儞니니與유유多더도少샿샤便뼌변了랼랴 ○ 官人아 네 언머ᄅᆞᆯ 주어야 편ᄒᆞ료

這져져箇거거段뒨된子ᄌᆞ즈中중중中중중的딩디 ○ 이 비단이 알마ᄌᆞ니 儞니니

再재재饋긔긔我어오絶쮜줘高갈간的딩디 ○ 네 ᄯᅩ 날을 ᄀᆞ장 노프니ᄅᆞᆯ 주고려 我

어오 再재제沒뭉무高갈간的딩디了랼랴 ○ 내게 ᄯᅩ 노프니 업ᄉᆞ니 官권권人인신

十씽시分분분休힣휘駁밯박彈딴탄 ○ 官人아 ᄆᆞ장 나므라디 말라 ○ 駁作包是事文蘇彔

云包彈者以包孝肅公多所抨彈故云耳今按包孝肅公名拯姓剛直不撓其所彈劾不避權勢故時人呼爲

包閻羅曰關節不到有閻羅包老 怕파파甚씸슴麼마마 ○ 므서시 저프료 駁밯박彈단탄

的 딩디 是 씃스 買 매매 主 쥬쥬 ○ 이나 사므 는라 님ㄴ 재니 라아 我 어오 老 랄랖 實 씅시

價 갸갸 錢 쪈천 ○ 호내 갑고 슨디 식 這 저져 鴉 댜야 青 칭칭 的 딩디 五 우우 兩 량량

銀 인인 子 즈즈 ○ 닷이 냥鴉 은青 이에 오ᄂᆞᆫ 葱 충충 白 뻐버 的 딩디 三 산산 兩 량량 銀

인인 子 즈즈 如 슈슈 何 허허 ○ 예葱 홈白 이에 엇ᄂᆞᆫ 더석 ᄒᆞ냥 노ᄂᆞᆫ 那 나나 般 번번 時 씃스

○ ᄒᆞ그 면러 爭 증쯩 着 잪죠 遠 원원 裏 리리 ○ 어쁨 다이 咱 잗자 這 저져 裏 리리 送

몽무 牙 야야 子 즈즈 省 승싱 些 셔셔 牙 야야 錢 쪈천 不 봉부 好 함핲 ○ 거우 즈럭 름어

떨어 림업 이스 교니 티져 아기 니즈 ᄒᆞ롬 나갑 시 罷 빠바 罷 빠바 ○ 두두 어어 將 쟝쟝 銀 인인

子 즈즈 來 래래 ○ 져은 오울 라가 小 샿샿 賣 매매 了 랼랴 五 우우 錢 쪈천 銀 신인 ○

귀닷 픈ᄃᆞᆫ 노은 라을 더 明 밍밍 日 싀이 來 래래 館 권권 迴 휘휘 換 환환 ○ 므닉 르일 믈와

리마 라ᄋᆞᆷ 알 不 봉부 妨 방방 事 씃스 ○ 아일 니에 ᄒᆞ해 니롬 더 館 권권 着 잪죠 來 래래

迴 휘휘 ○ 마와 옹므 알름 마을

哥거거你니니寫셔셔與유유我어오房빵방契키키○형아 네 날을 집글월 써 주고려

你니니撇번번那나나裏리리去큐큐○네 어ᄃᆡ 올마가ᄂᆞ다我어오羊양양市쓰스

裏리리前쪈쳔頭뚷투磚쥰쥰塔탕타衚후후衕뚱둥裏리리○내 양져제 앏 벽탑골

에賃넌넌一힝이所수소房빵방子쯔즈來래레○ᄒᆞᆫ 집을 세내엿더니嫌현현窄

쥥저○좁으믈 나므라今긴긴日싀이早잘잔起키키表뱧뱌褙븨븨衚후후衕뚱둥

裏리리○오ᄂᆞᆯ 아ᄎᆞᆷ에 ᄇᆡ뎝골에賃넌넌一힝이所수소房빵방子쯔즈○ᄒᆞᆫ곳 집올

세내엿노라這져져房빵방契키키寫셔셔了랼랴○이 집글월 ᄡᅥ다你니니聽팅팅

我어오念년년○네 드ᄅᆞ라 내 닐그마京깅강都두두在째재城쪙칭黃황황華화화

坊방방住쮸쥬人인인朱쥬쥬玉융유○셔울 셩안 黃華坊게셔 사ᄂᆞᆫ 사ᄅᆞᆷ 朱玉이隨뒤취

問문운到당도本본본坊방방住쮸쥬人인인沈신신元원원處츄츄○隨問ᄒᆞ여

本坊에 사ᄂᆞᆫ 사ᄅᆞᆷ 沈元의 손ᄃᆡ가賃넌넌到당도房빵방子쯔즈一힝이所수소○ᄒᆞᆫ집

곳을 세 내되 正장정 房빵방 幾기기 間견견 ○ 正房이 현간 西시시 房빵방 幾기기

間견견 ○ 西房이 현간 東둥둥 房빵방 幾기기 間견견 ○ 東房이 현간 煖눤눤 閣

거갈 幾기기 間견견 ○ 煖閣이 현간 花화화 房빵방 幾기기 間견견 ○ 花房이 현간

捲권권 蓬뿡풍 幾기기 間견견 ○ 무량각이 현간 ○ 音義云 비우 휫집이니 ᄋ르업슨 지블 널고

더 捲蓬 佛뽕보 堂떵당 一휭이 間견견 ○ 佛堂이 호간 ○ 漢人酷好 釋敎家設一堂或安金像

或掛畫佛焚香頂禮朝夕不懈 庫쿠쿠 房빵방 幾기기 間견견 ○ 庫房이 현간 馬마마 房

빵방 幾기기 間견견 ○ 馬房이 현간 廚쥬츄 房빵방 幾기기 間견견 ○ 廚房이 현간

中중중 門믄믄 一휭이 間견견 ○ 中門이 호간 客컹켜 位위위 幾기기 間견견 ○

客位ㅣ 현간이오 鋪푸푸 面면면 周쥐쥐 圍위위 幾기기 十씽시 間견견 ○ 鋪面周圍

ㅣ幾十間이오 ○ 漢人造屋於大街之間者向街周遭必設空屋聽令坐賈賃居爲市按月受直 門믄믄

窓촹창 炕캉캉 壁빙비 俱귀귀 全쵠쳔 ○ 門窓炕壁이 다ᄆ잣고 井징징 一휭이 眼

현연 ○ ᄒᆞ우 나믈 空 쿵쿵 地 띠디 幾 기기 畝 무무 ○ 畝空로地幾 兩 량량 言 연연 議

이어 定 명딩 ○ 定兩ᄒᆞ言야議 賃 닌닌 房 빵방 錢 쪈쳔 每 믜믜 月 웨워 銀 인인 二 ᅀᅵ을

兩 량량 ○ 다집 은세 두내 냥ᄂᆞᆫ 예갑 ᄒᆞ슬 여돌 마 按 한안 月 웨워 送 숭숭 納 낭나 ○ 올돌

納조 ᄒᆞ차 디送 如 유유 至 즈즈 日 ᅀᅵᆼ이 無 무우 錢 쪈쳔 送 숭숭 納 낭나 ○ 이만 다일 ᄃᆞ날

이라 업送 스納 면홀 돈 將 장쟝 賃 닌닌 房 빵방 人 인인 家 갸갸 內 뉘뉘 應 잉잉 有 잉와

直 찡지 錢 쪈쳔 物 몽우 件 견견 ○ 집세낸사ᄅᆞᆷ의집의 有ᄒᆞᆫ갑ᄉᆞᆫ物件을다가 應 准 쥰쥰 折

졈져 無 무우 詞 ᄊᆞ스 ○ 准折ᄒᆞ여도 말못ᄒᆞ리라 恐 쿵쿵 後 흫후 無 무우 憑 삥핑 ○ 에후

의빙홈이 업슬가 저허 故 구구 立 링리 此 ᄎᆞᄎᆞ 賃 닌닌 房 빵방 文 운운 字 ᄍᆞᄌᆞ 爲 위위

用 융융 ○ 집즛 이 집세 내는 글월 을 세워 ᄡᅳ게 ᄒᆞ노라 某 무무 年 년년 月 웨워 日 ᅀᅵᆼ시 ○

某年月日에 賃 닌닌 房 빵방 人 신신 某 무무 ○ 집세낸사ᄅᆞᆷ 아모 代 때대 保 밯보 人

신신 某 무무 ○ 代保人 아모 ○代保音義 云爲人保托受債之人 引 인인 進 진진 人 신신 某

우우 ○ 아리 오進 ㅣᄒᆞᆫ 라사 름

每 믜믜 日 싀시 下 햐햐 雨 유유 ○ 비每 와日 에 房 빵방 子 즈즈 都 두두 漏 릏루 ○

선집 다이 다 這 져져 的 딩디 有 잉우 些 서셔 法 봥바 度 두두 ○ ㅣ이 기ᄂᆞᆫ 시法 니度 房

빵방 上 썅샹 生 승승 出 츄츄 那 나나 草 찰찬 ○ 플집 이우 나희 뎌 養 양양 住 쮸쥬 那

나나 水 쉬쉬 ○ 머뎌 믈믈 뮈믈 好 핳핫 生 승승 流 릭릭 不 붕부 下 햐햐 來 래레 ○ 장ᄆᆞ

디훌 못려 ᄒᆞᄂᆞ 겨리 只 즈즈 越 웡워 漏 릏루 了 랼랴 ○ 옥그 서저 니뎌 你 니니 兩 량량 箇

거거 小 샿샤 厮 슷스 慢 만만 慢 만만 的 딩디 上 썅샹 去 큐큐 ○ 회녀 여두 올아 라히 가날

把 바바 那 나나 房 빵방 上 썅샹 草 찰찬 來 래레 ○ 플뎌 을집 다우 가회 一 힝이 根 근근

一 힝이 根 근근 家 가갸 扳 빤바 的 딩디 乾 간간 淨 찡징 着 쟣죠 ○ 혀ᄒᆞᆫ 乾낫 淨식 히ᄲᅡ

고ᄒᆞ 你 니니 看 간간 那 나나 尾 와와 有 잉우 破 퍼ᄑᆞ 的 딩디 時 ᄊᆞ스 ○ 뎌매 디보 새아

잇새 거여 든더 ᄂᆡ 換 훤훤 箇 거거 新 신신 的 딩디 ○ ᄉᆞ그새 고로 밧 你 니니 慢 만만 慢

만만 兒 슬올 走 줗주 ○ 도네 나날 라회 여 那 나나 尾 와와 水 쉬쉬 潤 슌슌 了 랼랴 無

우우 些 셔셔 氣 키키 力 링리 ○ 기더 힘다 이새 업믈 스비 니야 져 只 즈즈 怕 파파 蹶 채채

破 퍼포 了 랼랴 ○ 채그 蹶저 通볼 用와 後뼈 同럴 仐가 按저 舊페 本라 作○ 蹶音 韻義 書云 跐跐 音音

讀재 則又 俱즈 從蹶 채音 着새 並又 上시 聲兩 仐字 亦爲 從채 之音 字者 學韻 啓書 彖不 字妝 作而 踩俗 那

나나 尾 와와 有 잉우 破 퍼포 的 딍디 麽 마마 ○ 디뎌 니다 잇새 누새 나야 多 뎌도 有 잉우

破 퍼포 的 딍디 ○ 만새 히야 잇디 다니 我 어오 不 붕부 說 숴숴 來 래리 ○ 디내 아닐 니오

뱡ᄒᆞ 도 都 두두 是 씃스 伱 니니 兩 량량 箇 거거 小 샹샤 畜 츙추 生 승숭 的 딍디 勾

흥ᄒᆞ 當 당당 ○ 삐다 의더 일회 이무 라갸 히 每 믜믜 日 싱ᅀᅵ 家 갸갸 尋 씬신 空 쿵쿵 便

편번 拿 나나 雀 챧쟈 兒 슬올 ○ 어每 더日 새에 잡빈 노적 라올 把 바바 尾 와와 來 래리 都

두두 蹶 채채 破 퍼포 了 랼랴 ○ 볼다 와새 뼈롤 려다 시가 니다 把 바바 這 져저 生 승숭 分

뽄본 忤 우우 逆 잉이 呆 여여 種 중중 ○ 가이 ㅇ본 生티 分忤 謂逆 賊ᄒᆞ 反어 性린 分삐 也롤 忤다

亦難進也字音[illegible]音崔薩令事俗林之廣呼記皆[illegible]從音去翁聲易여見 殺 상사 了 랼랴 有 잏우 甚

심슴 麽 마아 多 더도 處 츄츄 ○ 오주 곳인 이들 이므 시슴 리갓 오가 儞 니니 來 래래 聽 팅팅

我 어오 說 숭숴 ○ 올이 드바 르내 라닐 옴 十 씽시 歲 쉬쉬 年 년년 紀 기기 了 랼랴 ○

十歲에 年 學 햫효 裏 리리 也 여여 不 블부 肯 큰큰 去 큐큐 ○ 가學 디에 아도 니즐 ᄒᆞ거

고 不 붕부 學 햫효 些 서셔 禮 리리 體 티티 ○ 호저 디기 아禮 니體 ᄒᆞ롤 니비 無 후우 些

서셔 兒 슬을 尊 쥰준 貴 귀귀 處 츄츄 ○ 곳저 이기 업尊 中貴 ᄒᆞᆫ 可 커커 知 징지 道 땋단

裏 리리 ○ 날그 럿리 ᄂᆞ어 니니 古 구구 人 인신 道 땋단 ○ 닐古 오人 덕이 家 갸갸 富 부부

小 샿샾 兒 슬을 嬌 걓갸 ○ 건집 양이 ᄒᆞᆫ가 다음 ᄒᆞ열 ᄂᆞ뎐 니아 라히 ᄒᆞ

我 어오 問 믄운 儞 니니 些 서셔 字 쯔ᄌᆞ 樣 양양 ○ 樣내 을너 무ᄃᆞ 로려 리져 라기 字 縫

뽕봉 衣 미이 裳 샹샹 的 딍디 縫 뽕봉 字 쯔ᄌᆞ 怎 즘즘 麽 마마 寫 셔셔 ○ 호衣 다裳 ᄒᆞ올

기ᄂᆞᆫ 쓰遊 ᄂᆞ字 노롤 거 那 나나 的 딍디 不 블부 容 융웅 易 이이 ○ 아그 니ᄂᆞᆫ ᄒᆞ쉽 니더 紐

능누絲ᄉᆞ스傍빵팡做주주逢뽕봉字쯔ᄌᆞ○실ᄉᆞ변게逢字ᄒᆞ여시니那나나箇거거

逢뽕봉字쯔ᄌᆞ○더逢字ᄂᆞᆫ夂귀귀字쯔ᄌᆞ底디디下햐하手싷식字쯔ᄌᆞ○夂字

아리手字ᄒᆞ고着쟣죠走증주之즈ᄌᆞ的딩디便뼌변是ᄉᆞ스○走字ᄒᆞ거시곳이라替

티티代때대的딩디代때대字쯔ᄌᆞ怎즘즘麽마마寫셔셔○替代ᄒᆞᄒᆞᄒᆞᆫ代字ᄅᆞᆯ어이

ᄡᆞ쓰ᄂᆞ代때대字쯔ᄌᆞ○代字ᄂᆞᆫ立링리人신신傍빵팡做주주弋잉이字쯔ᄌᆞ

便뼌변是ᄉᆞ스○立人변에弋字ᄒᆞᆫ거시곳이라忒터토字쯔ᄌᆞ怎즘즘的딩디寫셔셔

○忒字ᄅᆞᆯ어디쓰ᄂᆞ뇨才째채手싷식傍빵팡做주주人신신字쯔ᄌᆞ下햐하邊뎌뎌

字쯔ᄌᆞ便뼌변是ᄉᆞ스○才手변에人字아래也字ᄒᆞᆫ거시곳이라[illegible]짬참字쯔ᄌᆞ怎즘즘

的딩디寫셔셔○冰字ᄅᆞᆯ어이쓰ᄂᆞ뇨冰벙빙角걓교裏리리木뭏무字쯔ᄌᆞ○角裏木

안ᄒᆡ木字ᄒᆞ엿ᄂᆞ니라却캬캬字쯔ᄌᆞ怎즘즘麽마마寫셔셔○却字ᄅᆞᆯ어아쓰ᄂᆞ뇨去

큐큐字쯔ᄌᆞ傍빵팡着쟣죠反ᄒᆞᆫ반耳ᅀᅳᅀᅳᆯ的딩디便뼌변是ᄉᆞ스○去字ᄂᆞᆫ에뒨구

곳이 여호 라거 시 劉 릭루 字 쯔즈 怎 즘즘 的 딍디 寫 셔셔 ○ 이劉 쓰字 누로 됴어 文 문운
字 쯔즈 旁 빵팡 着 쟐죠 刀 담다 字 쯔즈 的 딍디 便 뼌변 是 쑤스 ○ 刀文 字字 혼변 거에
이시 라곳 錯 찰초 字 쯔즈 怎 즘즘 麽 마마 寫 셔셔 ○ 이錯 쓰字 누로 됴어 金 긴긴 旁 빵팡
做 주주 昔 싱시 字 쯔즈 便 뼌변 是 쑤스 ○ 혼金 거字 시변 곳에 이昔 라字 宋 숭숭 字 쯔즈
怎 즘즘 麽 마마 寫 셔셔 ○ 이宋 쓰字 누로 됴어 家 갸갸 頭 뜸투 下 햐햐 木 뭉무 字 쯔즈
便 뼌변 是 쑤스 ○ 혼갓 거어 시리 곳아 이리 라木 字 笠 링리 字 쯔즈 怎 즘즘 麽 마마 寫
셔셔 ○ 이笠 쓰字 누로 됴어 竹 즇주 頭 뜸투 下 햐햐 立 링리 字 쯔즈 ○ 됴대 字듀 ㅣ아 라리
滿 먼면 字 쯔즈 怎 즘즘 麽 마마 寫 셔셔 ○ 이滿 쓰字 누로 됴어 點 뎐뎐 水 쉬쉬 旁 빵팡
做 주주 草 찰찬 頭 뜸투 底 디디 下 햐햐 兩 유유 字 쯔즈 ○ 아點 리水 兩변 字에 호草 엿頭
라ᄂ 니 麽 마마 字 쯔즈 怎 즘즘 麽 마마 寫 셔셔 ○ 이麽 쓰字 누로 됴어 那 나나 的 딍디
不 봉부 容 융융 易 이어 ○ 아그 니는 호십 니다 二 슐울 字 쯔즈 下 햐햐 一 잉이 箇 거거

丿폄퍼○밧二그字ᄅᆞ아비리티ᄒᆞᆫ교곳裏리리頭듣투一흥이箇거거林린린字쯔즈
○字안ᄒᆞ히고ᄒᆞᆫ林做주주么황ᄆᆞ字쯔즈便변변是ᄉᆞ스○시么곳字이ᄒᆞᆫ라ᄂᆡ待
떼대字쯔즈怎즘즘的듸디寫셔셔○이待ᄊᆞ字ᄂᆞᄅᆞᆯ뇨어雙솽솽人신신傍빵팡做
주주甚ᄉᆞᆷ스字쯔즈便변변是ᄉᆞ스○ᄒᆞᆫ雙거人시변곳에이幸라字思ᄉᆞ스字쯔즈怎
즘즘麽마마寫셔셔○이思ᄊᆞ字ᄂᆞᄅᆞᆯ뇨어那나나思ᄉᆞ스字쯔즈○字더ᄂᆞᆫ思田뎐뎐
字쯔즈下햐하心신신字쯔즈便변변是ᄉᆞ스○ᄒᆞᆫ田거字시아곳리이心라字東둥둥
字쯔즈怎즘즘的듸디寫셔셔○이東ᄊᆞ字ᄂᆞᄅᆞᆯ뇨어一흥이畫황화下햐하曰워위
字쯔즈○日ᄒᆞᆫ字곳ᄒᆞ아고리一흥이箇거거直징지老랄랄條땰탼○곳ᄒᆞᆫᄒᆞ고고ᄃᆞᆫ
一흥이丿폄퍼一흥이乀붕부便변변是ᄉᆞ스○ᄒᆞᆫᄒᆞᆫ곳곳안밧ᄒᆞ그로로비비텬디거고
미시라곳
我어오要양얀你니니莊좡좡頭듣투裏리리去큐큐○가네고데져농ᄒᆞ장뒤에茶

봉부得뒁더工궁궁夫부부去큐큐不봉부得뒁더○여工가夫더를못엇ᄒᆞ더노못라ᄒᆞᆫ

徐니니每믜믜日싕시做주주甚씸슴麼마마○스네일ᄆᆡᄒᆞ일는에다므我어오每

믜괴日싕쉬才쨰채聽팅텅明밍밍鐘중즁一힝이聲싱싱響향햔○다내계날요아

리明룰鐘듯ᄒᆞ교소便뼌변上샹상馬마마跟근근官권권人신신○ᄉᆞ꼿을몰ᄯᆞᆯ타와官

直찡지到닿닫點뎐뎐燈등등時쓰스分뿐븐恰캬쟈下햐햐馬마마○홀잇헐夫

지여몰데게다노ᄃᆞᆺ리게니야幾기기時쓰스得뒁더些셔셔閑뻔현○한건가제홀져을겨

리어오드說숴숴的딍디是쓰스○올날타옴이徐니니一잉이般번번爭증증名

잉잉奪뽕도利리리的딍디官권권人신신○취녀ᄒᆞ효는가官짓人爭이名奪每믜믜

日싕이馬마마肚뚜두皮빼피塵찐친埋메매三산산尺칭치○빗미가길족에에믈

히못나글우기렷석교자靜즁증着쨔죠驢류류眼현연○쁘나듯귀ᄒᆞ눈코브르跟근근

着쨩죠假가갸使쓰스長장쟝○을假뚤使와長鑽쭨쥔在째재爭증쯩前쪈쳔立

링리 白的 딩디 ○ 기배 를뵈 도뎌 토랍 아셔 夾 갼갸 着 쟢죠 那 나나 屁 피피 眼 현연 ○ 잇뎌
시굼 고글 東 둥둥 走 즇주 西 시시 走 즇주 ○ 서동 로오 도로 라닫 고 不 봉부 得 듷더 撚
텬텬 指 즣즈 歇 혱혀 息 싱시 ○ 도소 언놉 다다 못드 ᄒᆞ을 고쉬 기 一 링이 望 왕왕 成 쪙칭
名 밍밍 ○ ᄒᆞ흔 기믈 를마 부티 라成 니名 那 나나 裏 리리 肯 큰큰 来 래레 我 어오 一 링이
般 번번 村 춘춘 莊 좡좡 人 신신 家 갸갸 ○ 村어 莊뒤 ㅅ줄 家겨 예우 오리 리마 오든 我 이오
在 쨰재 村 춘춘 裏 리리 ○ 이내 셔村 에 稻 닿닫 熟 숳수 鱭 쪠졔 肥 삐뵈 魚 유유 正
징징 義 믜의 ○ 기뻐 졍닉 히고 아게 롱술 다지 오고 매고 滿 면먼 山 산산 果 궈고 子 즈즈 以
이이 爲 위위 食 씌시 ○ 로산 뻬에 食ㄱ 을득 삼ᄒᆞ 고과 실 堂 땅탕 上 샹샹 掛 과과 佛 뿡붓
端 돤돤 然 연연 坐 쭤조 ○ 고堂 단上 졍네 히블 안샹 자믈 걸 亦 잉이 看 칸칸 樓 릏루 外
왜왜 滿 먼먼 池 찌치 荷 허허 花 화화 ○ ᄒᆞᆫ도 녀樓 곳外 출ㅅ 보못 노에 나ㄱ 둑 你 니니 自
쯩즈 說 쉉셔 村 춘춘 莊 좡좡 無 무우 人 신신 来 래레 訪 방방 ○ 오네 디스 村스 莊로 예날

ᄎᆞ즐 사ᄅᆞᆷ이 업다 ᄒᆞ거니와 我어오 每믜의 日싕이 臨린린 池ᄶᅳ치 樓릉루 上썅샹 ○

내 每日에 池樓우희 臨ᄒᆞ여 開캐캐 呈쪙칭 村춘츈 味위위 ○ 村味를 開呈ᄒᆞ고 對뒤뒤

客컹켜 飮긘인 酒직주 吟힌인 詩ᄉᆞᆼ스 句귀규 ○ 客를 對ᄒᆞ야 술을 먹고 詩句를 읇프여

着쟢죠 棊끼키 論룬룬 談딴탄 能능능 消샾샾 日싕이 ○ 바독 두며 論談ᄒᆞ야 능히 消日

ᄒᆞ고 月웡워 明밍밍 紗사사 窓촹촹 秋칙추 夜여여 半번번 ○ ᄃᆞᆯ이 紗窓에 ᄇᆞᆰ고 ᄀᆞ올 밤

이 반만 ᄒᆞ제 撫부부 琴낀킨 一이이 操찰차 解계계 千쳔쳔 愁쭝추 ○ 거믄고 ᄒᆞᆫ 곡됴

를 거른므저 千愁를 프ᄂᆞ니 ○ 操去聲曲名劉向別錄曰其道閉塞悲愁而作者其曲曰操言遇災害不失其

操也仍名曲爲操 若샵요 伱니니 也여여 到당단 我어오 樓릉루 上썅샹 ○ 만일 너도

내 樓上에 오면 一이이 發봘바 忘왕왕 棄키키 名밍밍 與유유 利리리 ○ ᄒᆞᆫᄢᅴ 名과 다뭇

利를 니저 ᄇᆞ리리라

這져져 客컹켜 位위위 收식식 拾씨시 的디디 好핲하 不부부 整징징 齊치치 ○

이客住收拾기ᄅᆞᆯ마 장 졍졔히못ᄒᆞ여시니 洒새새些셔셔水쉬쉬○져기믈 ᄲᅳ리고將쟝쟝

笤턒탸箒직작来래레掃삼산的딩디乾간간淨찡징着쟣죠○댓븨가져 다가ᄡᅳᆯ기

롤간졍히ᄒᆞ고○笤帚周禮銚荊鄭云荊笤帚也 笤葦華也令按笤乃夌菁花也笤帚之笤作芀是將쟝쟝

花화화氈젼젼來래레底디디下햐햐鋪푸푸一이이條턒탸○花氈가져 다가ᄯᅡ희

ᄒᆞᆫ불 ᄭᆞᆯ고炕캉캉上샹샹鋪푸푸着쟣죠青칭칭錦긴긴褥슣슈子즈즈○캉우 희쳥

금요 ᄭᆞᆯ고一이이周직직遭잘잘放방방幾기기張장쟝交걒갸椅이이○ᄒᆞᆫ도 림오

로여러당교 의롤노코將쟝쟝幾기기箇거거磨뭐모果궈고釘딩딩子즈즈来래레

○여러머리믓건못가져다가○磨果 即蘑蕈也표고釘形似之故曰名焉釘딩딩在째재這져져

壁븨비子즈즈上샹샹○이ᄇᆞᄅᆞᆷ우 희박고掛과과幾기기軸쥭쥬畫화화兒ᅀᅳᆯᅀᅳᆯ

○여러튝그 림을걸고那나나中중중柱쥬쥬上샹샹釘딩딩一이이箇거거釘딩딩

子즈즈○뎌가온뎃기동에 ᄒᆞᆫ낫못을박고掛과과十씸시八빠바學햫햐士ᄉᆞ스大

며다畫홰화○十八學士그린큰그림을걸고○唐太宗秦王時開學館延大學之士杜如晦房玄齡虞世
南褚遂良姚思廉李玄道蔡允恭薛元敬顏相時蘇勗于志寧蘇世長薛收李守素陸德明孔穎達蓋文達許
敬宗爲文學館學士分爲三番更日直宿奏王暇日至館中討論文籍使閻立本圖像褚亮爲贊得與其選者
世謂之登瀛洲將장장鏤루루金긴긴香향향爐루루來래래○鍍金香爐를가져다가
燒샹샤些셔셔餅빙빙子즈즈香향향○져기餅子香괴으고那나나書슈슈案안안
上샹샹的듸디各거거樣양양書슈슈冊쳐처○뎌셔안우희各樣書冊을堆뒤뒤的
듸디乾간간淨찡징着쟢죠○싸키를乾淨히ᄒ라這져져般번번收싀수拾씽시的
듸디整징징齊찌치時씃스不봉부好핳호那나나○이리收拾ᄒ기를졍졔히ᄒ면됴티
아니ᄒ랴來래래的듸디客킈커人신신們믄믄也여여道닿닫我어오精징징細
시시○오ᄂᆞᆫ客人들토날을精細타닐ᄋ리라古구구人신신道닿닫○古人이닐오디家
갸갸齊찌치而슬을後흫후國궝궈治찡지○집이ᄀᆞᄌᆞᆫ후에나라히다ᄉᆞ리ᄂᆞ니라

同뚱둥知징지哥거거○同知형아○都督同知從一品指揮同知從二品留守司同知各衛同知
俱從三品你니니的딍디月웽워日잃이滿먼만了랴랴不붕부曾쯩층○네月日이
찻ᄂᆞ냐못ᄒᆞ엿ᄂᆞ냐這져져五우우月웽워裏리리滿먼먼了랴랴○이五月에ᄎᆞᄂᆞ니라
却켱커早장잔滿먼먼三산산十씽시箇거거月웽워○볼셔三十月이찻도다替
디티的딍디官권권人싄신有잉우麼마마○톄티흘官人이잇ᄂᆞ냐有잉우了랴랴
○잇ᄂᆞ니라守싱식我어오半번번年년년來래레○날을딕희연디半年이니五우우
月웽워初추추頭틓투禮리리上썅샹了랴랴也여여○五月初生에출관ᄒᆞ리라解
계계由잉우得듸더了랴랴不붕부曾쯩층○解由를어덧ᄂᆞ냐못ᄒᆞ엿ᄂᆞ냐○吏學指南云
考滿職除曰解歷其殿最曰由質問云是當差的官人三年一替換滿日討了文書回家其文書方言謂之觧
由別뼝벼沒뭉무不붕부了랴랴的딍디事쑹스件껸견○각별이못다못ᄒᆞᆫ일이업
고又잉우沒뭉무過궈고犯빤반○또過犯이업ᄉᆞ니爲위위甚씸슴麼마마不

봉부 得 뒹더 ◯ 므서슬 위ᄒᆞ여 엇디 못ᄒᆞ리오 便 변변 是 쓰스 這 저저 般 번번 ◯ 곳이러ᄒᆞ

면 那 나나 幾 기기 日 싕이 ◯ 뎌즈음셰 你 니니 却 켱거 不 봉부 道 땅단 首 싱식 領

링링 官 권권 署 쓔슈 了 랼랴 卷 권권 聽 팅팅 上 썅샹 不 봉부 曾 쯩층 押 향야 裏 리리

◯ 네 또 首領官은 쳔계 일홈 두고 廳上이 일즙 슈려두더 아녓다니 롯다 아니ᄒᆞ던다 ○今宗人府經歷爲

首領官六部主事爲首領官之類然亦詳厥義但是各衙門有首領官如有司之任主出納一司公事 是 쓰스

大 따다 前 쪈쳔 日 싕이 箇 거거 ◯ 올ᄒᆞ니 곳그제 衙 야야 門 믄믄 令 링링 史 쓰스 們

믄믄 送 숭숭 的 뒹디 來 래레 了 랼랴 ◯ 아문령ᄉᆞ들히 보내여왓거늘 得 뒹더 也 여여 得

뒹더 了 랼랴 ◯ 어듬은 어덧노라 你 니니 常 쨩챵 選 쉰쉰 官 권권 ◯ 너는 샹샹 에 새이는

관원이라 只 즐즈 是 쓰스 一 힝이 步 뿌부 高 갈갈 如 슈유 一 힝이 步 뿌부 除 쮸츄 將

쟝쟝 去 큐큐 ◯ 그저 ᄒᆞᆫ 거룸에 ᄒᆞᆫ 거룸식 놉하 除ᄒᆞ여 가거니와 我 어오 一 힝이 般 번번 雜

짱자 職 징지 人 신인 家 가갸 ◯ 나 ᄒᆞᆫ 가짓 雜職 거사롬은 滿 먼먼 了 랼랴 一 힝이 任 신신

時쓰스 ○흔벼술이츤듣 急긓기 且처쳐 幾기기 時쓰스 又임우 得듸더 除쮸츄 ○

파거리언제또除홈을거드리오 休힝후 那나나 般번번 道댱단 ○뎌리닐ᄋᆞ다말라 你

니니 高갑과 官권권 裏리리 轉젼젼 除쮸츄 的듸디 有임우 愁쯯추 甚씸슴 麼마마

○너ᄂᆞᆫ노픈벼슬에쳔뎐ᄒᆞ여뎨슈홈이이질쎄시니므슴근심ᄒᆞ리오 常짱창 言연언 道댱단

○常言에날오뎌 命밍밍 來래리 鐵뎌텨 也여여 爭증층 光광광 ○命이오면쇠도비츨

ᄃᆞ토고 運윤윤 去큐큐 黃황황 金긴긴 失싱시 色싱서 ○運이가면黃金도비츨길ᄂᆞᆫ다

ᄒᆞᄂᆞ라

那나나 一힝이 日잉이 李리리 指즈즈 揮휘휘 家갸갸 裏리리 ○뎌ᄒᆞᆫ날李指揮집의

셔 打다다 雙상상 陸룽루 時쓰스 節졓져 ○쌍륙틸젹의 王왕왕 千쳔쳔 戶흫후

打다다 背븨븨 後흫후 來래래 ○王千戶ㅣ뒤호로셔와 扯쳐쳐 了량랸 我어오 一

힝이 把바바 刀당닾 兒ᅀᅳᆯ을 ○내ᄒᆞᆫ자ᄅᆞ갈을쎄히고 他타다 輪슈슈 了량랸 的딍디

猪쥬쥬頭뚜투也여여不부부肯큰큰買매매 ○ 졔진도틔머리도즐겨사디아니ᄒᆞ니

恨흔흔的디디他타타當당당不부부得듸디 ○ 뎌를믜워당티못ᄒᆞ여ᄒᆞ더니 昨쟙조

日싀이那나나厮스스我어오家갸갸裏리리來래레了랴랴 ○ 어제뎌놈이ᄂᆡ집의

왓거늘 我어오特뗭듸故구구裏리리把바바酒짇작灌권권的디디他타타襴

란란醉쮜쥐了랴랴 ○ 내부러술을다가뎌의게브으니爛醉ᄒᆞ거 眼현현花화화的디디

不부부辨변변東둥둥西시시 ○ 눈이밤븨여동셔를분변티못ᄒᆞ고 不부부省싱싱人

신신事ᄉᆞ스 ○ 인ᄉᆞ를아디못ᄒᆞ여 倒닿도在째재床좡창上썅샹打다다鼾한한睡

쒸쉬 ○ 상우회것구러뎌코고오고자거늘 把바바他타타的디디小샤샤刀닿다子즈즈

拔바바了랴랴 ○ 뎌의져근칼골다가쌔어고 又잉우將장장筆빙비來래래面면면

皮삐피上썅샹畫화화了랴랴 ○ 또붓을가져다가ᄂᆞ쳐그것더니 他타타酒짇작醒

싱싱了랴랴起기키來래레不부부覺갸교 ○ 뎌술이ᄭᆡ여니러나ᄭᆡ티디못ᄒᆞ고 只즈즈

那나나般번번去큐큐了랼랴 ○ 그저 그린재 가니 路루루上쌍샹必삥비定띵딩
喫칭치別뼝벼人신신笑샾샤話홰화 ○ 길히 딜령 놈외 우임을 니브리라 為귀귀頭
틀투兒ᅀᅳᆯ他타타瞞먼먼別뼝벼人신신來래래 ○ 처엄은 메 놈을 소것더니 臨린린
了랼랴他타타也여여着쨯죠我어오道땋닾兒ᅀᅳᆯ ○ 나종에 뎌도 내 꾀롤 닙어다
這져져的듸디便뼌변是ᄉᆞ스 ○ 이곳 올ᄒᆞ니 老랼랖實씽시常쨩샹在째재 ○
고디식ᄒᆞ니는 덛덛이 잇고 脫퉁토空쿵쿵常쨩샹敗빼배 ○ 섭섭ᄒᆞ이는 덛덛이 패ᄒᆞ다 ᄒᆞ
ᄂᆞ니다

這져져孩해해兒ᅀᅳᆯ幾기기箇거거月웨웨也여여 ○ 이 아ᄒᆡ 몃 ᄃᆞᆯ이나 ᄒᆞ뇨 九
깅구箇거거月웨웨了랼랴 ○ 아홉 ᄃᆞᆯ이라 不부부到닿단一힝이生승숭日ᅀᅵ
裏리리 ○ ᄒᆞᆫ 싱일이 다ᄃᆞᆺ디 못ᄒᆞ여셔 擤힝힝了랼랴他타타膿눙눙帶대대揩캐캐
的듸디乾간간淨찡징着쨯죠 ○ 제 고ᄅᆞᆯ 프러 ᄉᆞᆺ기ᄃᆞᆯ 간졍히 ᄒᆞᄂᆞ니라 會휘휘把빠바

麽마마 ○ 아긔ᄂᆞ기 나를 爬파파 得더더 ○ 니긔 라ᄂᆞ 這저저 奶내내 子즈즈 也여여
好화화 不부부 精징징 細시시 ○ 셰이 더젓 아어 니미 ᄒᆞ야 다작 졍 眼연연 瞎햐햐 兒얼
眼연연 角갸교 裏리리 流릭릭 下햐햐 來래래 ○ 예눈 홀쌀 러이 ᄂᆞ눈 리ᄆᆞ 되식 不
붕부 曾쯩층 揩캐캐 來래래 ○ 니일 ᄒᆞᆫ잡 여숫 시디 니아 我어오 饋귀귀 你니니 揩캐캐
的듸디 乾간간 淨찡징 着쟢죠 ○ 졍내 ᄒᆡ디 ᄒᆞ롤 여숫 주기 마롤 간 孩ᄒᆡᄒᆡ 兒슬을 腕
관완 捋날날 兒슬을 腕관완 捋날날 兒슬을 ○ 나아 완ᄒᆡ 나완 이나 절이 ᄒᆞ절 ᄂᆞᄒᆞ 나ᄂᆞ 把
바바 那나나 手실식 來래래 提미티 的듸디 高갓갓 着쟢죠 ○ 둘려 기손 를을 노다 퍼가
어ᄒᆞ 打다다 光광광 光광광 打다다 凹와와 凹와와 ○ 와광 이광 절리 ᄒᆞ절 ᄂᆞᄒᆞ 니여 라와
這저저 孩ᄒᆡᄒᆡ 兒슬을 亭띵팅 亭띵팅 的듸디 麽마마 ○ 이이 절아 ᄒᆞᄒᆡ ᄂᆞ당 나당 恰
캬캬 學햘효 立리리 的듸디 ○ 비지 호셔 지기 腰얀얀 兒슬을 軟원원 休힘휘 美룸룸
他타타 ○ 롤허 놓리 더으 말로 라니 더 不붕부 妨방방 事쏘스 ○ 아일 니에 ᄒᆞ해 니롬 더

我 어오 試 슿스 一 힝이 試 슿스 ○ ᄒᆞ내 자시 험 休 훟후 跌 뗘뎌 了 랼랴 孩 해해 兒
숧을 ○ 티아 디히 말를 라구 트 那 나나 一 힝이 日 싛시 喫 칭치 了 랼랴 一 힉기 跌 뗘뎌
○ 려뎌 딥ᄒᆞᆫ 올날 닙ᄒᆞᆫ 어번 구 額 둥여 頭 뜰투 上 썅샹 跌 뗘뎌 破 풔포 了 랼랴 ○ 마니
해히 야구 디러 니뎌 娘 냥냥 子 즈ᄌᆞ 見 견견 了 랼랴 時 쓰스 聒 궝고 譟 샇사 難 난난 聽
텅딩 ○ 니娘 돗子 기ㅣ 어보 렵고 뎌짓 라케 你 니니 說 숴쉬 的 딩디 是 쓰스 ○ 이미 올날 다음
你 니니 好 핳핲 生 승숭 用 융융 心 신신 看 칸칸 守 싛수 着 짭죠 ○ 심ᄃᆡ ᄒᆞ마 여장 간목
라슈 ᄒᆞ 不 붕부 用 융용 心 신신 收 싛수 拾 씽시 時 쓰스 怪 괘괘 你 니니 ○ ᄒᆞ용 여심
더슈 룰습 허디 을아 ᄒᆞ니 리ᄒᆞ 라면 過 궈고 了 랼랴 一 힝이 生 승승 日 싛이 時 쓰스 ○ 生ᄒᆞᆫ
나日 면이 디 便 뼌변 那 너노 的 딩디 步 뿌부 兒 숦을 ○ 롤곳 써논 시횔 니휘 거 我 어오
也 여여 做 주주 饋 긔긔 他 다타 一 힝이 對 뒤뒤 學 햫효 行 힝힝 的 딩디 綉 싷수 鞋
해혜 ○ 신나 을도 저ᄒᆞᆫ 어방 뎌거 를룽 주비 리호 라는 슈

姐저저姐저저来래레○가姐오姐라ㅣ咱잠자們믄믄下햐햐螢빙벼碁끼키○
子우園리如츄盤사身ᄋ上ᄒ盖자謂ㅇ之質籠問碁三碁我어오生승숭活홯호忙망망不
봉부悶헌헌耍솨솨○롤내결셩올녕티기못밧ᄒ바며놀라ㅣ你니니做주주甚씸슴麽
마마生승숭活홯호○녕네ᄒ모ᄂ승다셤我어오做주추絮갸갸絮사사裏리리○
인너ᄃ絮노絮라롤咱잠자們믄믄人인신今긴긴日이이死숫스的디디明밍밍日
이이死숫스的디디不부부理리리會휘휘的디디○죽우울리줄사ᄂ롬일이죽오술늘
줄못ᄒ아니디做주주些셔셔好한항因인인緣연연時숫스不부부好한항○저긔
표謂흔先인生연其올事저而으從견彼표生티也아緣니謂ᄒ素라有○其又分譯而名從義彼云起因也
又也云現前相緣助相成生緣也因㤙怪괘괘哉재재○괴ᄒ이다恰갸캉十시씽五우추歲
쉬쉬的디디女뉴뉴孩해히兒올숟○又女十孩五兒ㅣ歲옛쉬셜這저저般번번
作조작怪괘괘的디디言인연語유유○이울런날과ᄋ이ᄂ호고말나怎즘즘麽마마

這 져져 們 믄믄 說 숴숴 ○ 날엇 ᄋᆞ디 ᄂᆞ이 고리 死 ᄉᆞ스 不 불부 在 째재 老 랍랖 少 샬샾

○ 더죽 어기 니老 ᄒᆞ少 니에 다ᄉᆞᆺ 雖 쉬쉬 然 연연 這 져져 般 번번 ○ 러비 ᄒᆞ록 나이 你 니니

且 쳐쳐 來 래래 麼 마마 ○ 오네 라가 젹 咱 쟝자 們 믄믄 下 햐하 一 잉이 盤 빤판 ○

우 관 두리 쟝ᄒᆞᆫ 羅 뤄러 羅 뤄러 ○ 두두 어어 我 어오 忒 틔퇴 強 걍걍 時 씃스 也 여여 不

봉부 是 씃스 ○ 올내 터너 하모 니세 ᄒᆞ오 내연 你 니니 敢 간간 怪 괘괘 我 어오 的 듸디 摸

무무 擦 냥냥 ○ 듯내 홀날 냥을 이허 로믈 다홀 將 쟝쟝 過 귀고 碁 끼기 盤 빤판 來 래래 ○

져바 오두 라관 가 擺 배배 的 듸디 滿 먼먼 着 쟣죠 ○ 두버 이리 ᄒᆞ기 티롤 ᄀᆞ 咱 쟝자 你

흴휘 掠 련련 着 쟣죠 擺 배배 ○ 버우 리리 디ᄅᆞᆯ 말히 고어 只 즐즈 好 할한 生 승ᄉᆞᆼ 和 훠호

匀 윤균 着 쟣죠 ○ 롤그 고저 로ᄆᆞ 게장 ᄒᆞ석 여기 老 랍랖 實 씃시 擺 배배 着 쟣죠 下 햐햐

○ 리고 고디 두식 쟈이 버 是 씃스 我 어오 先 션션 擲 찡지 ○ 더이 디내 마몬 져 你 니니

怎 즘즘 麼 마마 先 션션 擲 찡지 ○ 져네 더ᄉᆞᆺ 덜디 ᄡᅡ온 咱 쟝자 比 비비 賽 새새 ○ 디우

징도림ᄒ자○此賽兩人下碁擲色兒有點多者先下碁小者後下碁 咱잘자賭두두甚씸숨麼
마마○술구더리ᄂ므료서不붕부要햫얀賭두두甚씸숨麼마마○더아ᄋ오디것말ᄂ
고我어오輸슈슈了랼랴時쓰스○면내지不붕부敢간간違위위了랼랴姐
저저姐저저的딩디言연연語슈유○너감거히고姐더姐달거고말을姐저저姐저저
你니니輸슈슈了랼랴時쓰스○네姐자姐면ㅣ也여여不붕부要햫햐違위위了
랼랴我어오的딩디言연연語슈유○거또고내더말미츨자어這저저般번번時쓰스
如슈유何허허○엇게더리ᄒᄒ료면不붕부要햫햐聒궈고譟상산違련련拗앙앙
擲찡지○밧짓비재더더디말다고怎즘즘那나나般번번道당다○널엇ᄋ디는뎌다리
賽쌔시說숴숴定띵딩了랼랴時쓰스不붕부要햫햐改개개○명실ᄒ로고날고러
더디자다先션션小샹샤人인인後ᄒ후君균균子즈즈○라몬도져후ᄂ에쇼논인균ᄋ
조시ᄒ니출라재

鄭(찡징)舍(셔셔)你(니니)來(래레) ○ 鄭舍ㅣ 아이바 咱(잠자)這(져저)草(참찬)地(디디)裏

(리리)學(햫효)摔(쐥쇄)跤(갸갸) ○ 우리 이 草地에 셔 시름ᄒ쟈 咳(해해)那(나나)矬(쭤초)漢

(한한)你(니니)那(나나)裏(리리)抵(디디)當(당당)的(딩디)我(어오) ○ 애 뎌 킈 져근 놈이 네 어ᄃᆡ

내게 뎌당ᄒ리오 休(힇후)問(문운)他(타타) ○ 뎌란 뭇디 말고 咱(잠자)兩(량량)箇(거거)交

(갸갸)手(싱식)時(쓰스)便(변변)見(견견) ○ 우리 둘히 交手ᄒ면 곳 보리라 誰(쒸쉬)喫(칭치)羅

(러로)蔔(뿡부)打(다다)噫(애개)哺(뽕보) ○ 뉘 무우 먹고 트림ᄒ엿ᄂ뇨 氣(키키)息(싱시)臭

(칭착)的(딩디)當(당당)不(붕부)的(딩디) ○ 내음이 더러워 당티 못ᄒ니 敢(간간)是(쓰스)這

(져저)矬(쭤초)漢(한한)喫(칭치)來(래레) ○ 이 킈 져근 놈이 먹은 듯ᄒ다 擺(배배)忙(망망)裏

(리리)說(숴쉬)甚(씸슴)麼(마마)閑(현현)話(화화)來(래레) ○ 밧븐 듸 므슴 힘힘ᄒ 말 닐ᄋ리오

咱(잠자)兩(량량)箇(거거)摔(쇄쇄) ○ 우리 둘히 시름호되 大(따다)家(갸갸)休(힇후)打(다다)

臉(련련) ○ 대되 빰티디 말고 好(할한)好(할한)的(딩디)摔(쇄쇄) ○ 됴히 됴히 시름ᄒ쟈 傍

빵팡邊변변看칸칸捽쇄쇄校걍갸的딩디人인인們믄믄道땋닾○시겨름티보셔
ᄂᆞᆫ사ᄅᆞᆷ들이날오되咳해해那나나矬쵸쵸金긴긴舍셔셔倒닿닾了랼랴也여여○
애뎌킈저근金舍ㅣ것구러디거다我어오不부부読위위来래레○아내닐어니디더?냐伱
니니那나나裏리리送숑뎌的딩디我어오○네어츠리디오내게常짱챵言연연
道땋닾○常言에날오듸矮해애子즈즈呵허허欠켠켠氣키기兒ᅀᅳᆯ不부부長
쨩챵○난장이의하회옴은긔윤이기디아니타ᄒᆞᄂᆞ니라
伱니니到닿닾那나나裏리리○네어듸가ᄂᆞᆫ다我어오只즈즈到닿닾這져져裏
리리来래레○내그저오노라雨유유住쮸쥬了랼랴麼마마○비그첫ᄂᆞ냐
유유晴찡칭了랼랴也여여○비개엿다街계계上썅샹有잉잉路루루麼마마○
거리예길히잇ᄂᆞ니더냐那나나裏리리見견견路루루○어듸길보리오흘一이이刻찬찬
浠히치泥니니曲쿵큐膝싱시蓋개개深신선○호글ᄀᆞ티즌흘이우롭도리로깁더라

那나나般번번時쓰ᄉᆞ〇더러면 你니니的디디靴훠훠子즈ᄌᆞ怎즘즘麽마마
乾간간〇네 휘의 엇디 믈랏ᄂᆞ뇨 我어오慢만만慢만만兒ᅀᅳᆯ沿연연着쟣죠人
신신家갸갸房빵방簷연연底디디下햐하〇내 날회여 人家 쳠하ᄅᆞᆯ 조차 揀견견路
루루兒ᅀᅳᆯ行힝힝来래레〇길ᄒᆞᆯ ᄀᆞᆯᄒᆡ여 오롸 騎끼지馬마마的디디官권권人
신신們ᄆᆞᆫ믄〇ᄆᆞᆯ톤 사ᄅᆞᆷ들히 一이이套탐토兒ᅀᅳᆯ衣이이裳썅샹都두두汚후우
了랴랴泥니니〇ᄒᆞᆰ블에 衣裳을 다 더러엿더라ᄌᆞᆫ 官권권人신신那나나裏리리去
큐큐〇뎌 官ᄉᆞ아 어ᄃᆡ 가ᄂᆞᆫ다 我어오別뼈벼處츄츄有잉우些셔셔緊긴긴勾구구當
당당去큐큐〇내 다ᄅᆞᆫ 고ᄃᆡ 져기 긴ᄒᆞᆫ 일이 이셔 가노라 將쟝쟝我어오木뭉무綿면면衣
이이撒사사来래레穿쳔쳔〇내 목면 이삭 닉녕 을 가져오라 닙쟈 馬마마套탐탓上썅샹
鞽피피頭뚬투〇믈ᄀᆞᆯ 레 셔 這져져裏리리將쟝쟝来래레鞴뻬븨鞍한안子즈ᄌᆞ
〇여긔 가져다가 기ᄅᆞ마 짓고 把바바那나나尾미이子즈ᄌᆞ挽왼완的디디牢랄랄

謇쟝쟢○뎌쯔리롤다가미기롤구디ᄒᆞ라

你니니今긴긴年년년怎즘즘麽마마京깅깅城쨩칭不붕부曾쯩층去큐귀○네올히엇디京城에금즙가디아니ᄒᆞ다

路루루上쌍샹盤뻔편纏쩐쳔艱견견難난난怎즘즘麽마마去큐큐○길히盤纏이간난ᄒᆞ니엇디가리오

你니니却컹거爲위위甚씸슴麽마마不붕부上쌍샹去큐큐○너는또므서슬위ᄒᆞ여올라가디아니ᄒᆞ다

我어오也여예沒뭉무甚씸슴麽마마幹간간的딍디勾긓구當당당○나도아므란ᄒᆞᆯ일이업고

又잍우少샿샤些셔셔盤뻔편纏쩐젼不붕부曾쯩층去큐큐的딍디○또져纏이업서일즙가盤가디못ᄒᆞ롸

年년년時씃스牢랑랖子즈즈們믄믄走쯯주的딍디你니니見견견來래레麽마마○젼년에牢子들히ᄃᆞ롬질을네본다

○牢獄名繫重囚之所牢子守獄之卒也南村輟耕錄云牢子走者元時每歲一試之名曰放走亦名貴由赤俗謂快行是也以脚力便捷者膺上賞故監役之官齊其名數而約之以繩使無後先參差之爭然後去繩放行在大都則自河西務起程若

上都則自泥河兒起程越三時走一百八十里直抵御前俯伏呼萬歲先至者賜銀一餅餘者賜段疋有差

我어오不봉부曾쯩층看칸칸來래레○내일즙보디못ᄒᆞ여시니在째재那나나裏

리리走즇주來래레○어디셔ᄃᆞᄅᆞ뇨六룩릭十씽시里리리店뎐뎬裏리리走즇주

○六十里店에셔ᄃᆞᄅᆞ니上샹샹位위위在째재西시시湖후후景깅깅涼량량殿

뎐뎐裏리리坐쭤조的디看칸칸○上位ㅣ西湖景涼殿에안자보시더라年년년時

ᄉᆞ스誰쒸쉬先션션走즇주來래레○뎐년에뉘몬져ᄃᆞᄅᆞ뇨一이箇거細시시

長쨩챵身신신子ᄌᆞ즈兒ᅀᆞᆯ올○혼킈 힐ᄒᆞ고小샹샾團뛴퇀欒뤈뤈面면면皮

피兒ᅀᆞᆯ올的디漢한한兒ᅀᆞᆯ올人인신○적이낫치두렷ᄒᆞᆫ漢人사ᄅᆞᆷ이러小샹샾名

밍밍喚훤환許휴휴瘦승수兒ᅀᆞᆯ올○小名을許瘦兒ㅣ라ᄒᆞ리他타타先션션走즇주

來래레○몬져ᄃᆞᄅᆞ니라是ᄉᆞ스誰쒸쉬家갸갸的디牢랖랖子ᄌᆞ즈○이뉘

ㅣ짓牢子리오跟근근張쟝쟝總중중兵빙빙使ᄉᆞ스的디牢랖랖子ᄌᆞ즈○張総

兵을ᄯᆞᆯ와브리리이 ᄂᆞᆫ卒子ㅣ러라리 上샹쌍位위위賞샹샹了럎랴一힁이百븨버錠딩딩

鈔촹챂兩량량表뱧뱦裏리리段뚠뒨子즈ᄌᆞ○上位ㅣ一百錠鈔와 두안밧비단을샹ᄒᆞ

시니라○質問云每一張鈔謂之一錠又云五貫鈔 爲一錠今按俗謂銀一餅亦謂之一錠元寶則五十兩

爲錠 一不봉부同똥퉁小샿샾可커커○젹디아니ᄒᆞ다萬완완千쳔쳔人인신裏

리리頭뜰투○萬千人게셔第띠디一힝이箇거거走쯯주○第一로듯고得더딓

偌ᅀᅧ여多더도賞샹샹賜ᅀᆞ스○만ᄒᆞᆫ賞賜롤것도다休힣후道땋도是ᄊᆞ스偌ᅀᅧ여

多더도鈔촹챂錠띵딩段뚠뒨子즈즈○이만ᄒᆞᆫ鈔錠과비단을니ᄅᆞ디말라皇황황帝

디디人인인家갸갸的디디一힝이條턒턒線션션也여여○皇帝ㅅ집ᄒᆞᆫ오리실인들

怎즘즘能능능勾굴구得더딓○엇디유여히어드리오可커커知징지道닿도裡

리리○그리어니날럿ᄂᆞ니福봉부不붕부至즈즈萬완완事ᄊᆞ스難난난○福이ᄂᆞ리

디아니면萬事ㅣ어렵다ᄒᆞᄂᆞ니라

今긴긴日ᅀᅵ이幾기기 ○ 오ᄂᆞᆯ이 몃츨고 今긴긴日ᅀᅵ이臘랴라月웨웨二ᅀᅳᆯ을十ᄉᆞ시五우우日ᅀᅵ이 ○ 오ᄂᆞᆯ이 臘月二十五日이라 ○ 臘無定日冬至後第二戊日是也夏日嘉平殷日清祀周日大蜡秦曰臘漢仍之臘者獵也曰獵取獸以祭先祖又臘者接也新故交接大祭以報功也

咳해해却켜켜早잘자年년년節져져下햐햐也여여 ○ 애ᄇᆞᆯ셔 年節이 다ᄃᆞ랏도다

却켜켜沒무무一이이件켠켠兒ᅀᅳᆯ을新신신衣이이裳샹샹怎즘즘麼마마好핳한 ○ ᄯᅩ ᄒᆞᆫ 불 새 衣裳이 업스니 엇디ᄒᆞ여야 됴ᄒᆞ료

將쟝쟝曆리리頭투투來래레我어오看칸칸 ○ 칙력 가져오라 버보자

這져져月워웨是ᄊᆞ스大따다盡찐진那나나小샹샤盡찐진 ○ 이ᄃᆞᆯ이 커진ᄒᆞᄂᆞ냐 젹어진ᄒᆞᄂᆞ냐

這져져的디디大따다盡찐진 ○ 이 커진ᄒᆞᄂᆞ니라

也여여有이우五우우箇거거日ᅀᅵ이頭투투裏리리 ○ ᄯᅩ 닷쇄 이시니

五우우六루루箇거거婦뿌부人인인們믄믄坐쭤조的디디縫뽕봉時ᄊᆞ스 ○ 다엿 겨집들이 안자 지으면

怎즘즘麼마마做주주不부부出츄츄一이이套탚탚衣

히이裳쌍상來래레○어엇베더더호못볼호衣리裳오을 저赶간간也여여赶간간上
쌍상做주주裡리리○저밋으츠라믄라미 처今긴긴日잉이是쏭스乙황이丑칭착
日잉이斗등두星싱싱日잉이○어오오놀캬은星이日乙이丑라日且쳐쳐慢만만着
짭죠我어오看칸칸○라아배직보날쟈회角강교安한안○호角고은安亢강강食
죵시○호亢고은 食氏디디房향방盃황이○盃氏호房고은斗등두羨의의○논콰
고羨 호牛봉나休힝후○호牛고눈 休虚휴휴得등더粮량량○粮虚호눈고得壁
봉비翼왕이獲횡휘財재쌔○財壁호翼고은 獲奎퀴퀴得똥더寳방밧○得奎寳눈
고호婁릉루增증증○호婁고눈 增軫진진久걱각○호軫고은 久鬼귀귀迎잉잉
祥샹샹○祥鬼호논너逆今긴긴日잉이好항한日잉이頭뜽투○혼오날날이이로도
다斗등두星상싱日잉이得뒁더飲린인食쓩시的딩디日잉이頭뜽투○물콰
듈日날은이飲너食 어好항한裁째재衣이시○됴옷흐므너로 기將샹장嵩흥슈那

나나段뒨뒨子즈ᆞ來래레裁ᄍᆡᄍᆡ○다뎌가비ᄋᆞ단ᄅᆞ가라져這져져明밍밍綠루루
通퉁퉁袖씽식膝시시欄란란綉싱식的디디做주주帖텨텨裏리리○綠이빗明
거쳐스通란袖털膝리襴짓슈고호這져져深신신肉슈우紅훙훙界계계地디디○穿쳔쳔
花화화鳳봉봉紵쥬쥬絲ᄉᆞ스做주주比비비甲갸갸○쳐이벽디드튼르肉에紅穿빗
란花比鳳甲ᄇᆞᆯ골ᄒᆞᆫ짓비고단ᄋᆞ這져져鷄기기冠권권紅훙훙綉싱식四ᄉᆞ스花화화
做주주搭다다護후후○ᄒᆞᆫ이거만스도란랑더이그빗레쳐짓四고花슈這져져鴉야야
青칭칭織지지金긴긴大따다蟒망망龍룽룽的디디做주주上썅샹蓋개개○
ᄒᆞᆫ이이鴉란青옷빗거체리大지蟒으龍라織金都두두裁ᄍᆡᄌᆡ了랴랴也여여○라다다로
如슈슈今긴긴使ᄲᅧᆫ변下햐햐手ᄉᆡᆼ식縫ᅘᅮᇰ훙○ᄒᆞᆫ이여제짓곳고下手一황이箇
거ᄒᆡ不봉부會휘휘針진진線션션的디디女뉴뉴兒ᅀᆞᆯ올○디ᄒᆞᆫ못바ᄒᆞᄂᆞᆫ질女아
ᄂᆞᆫ先着자죠他타타搓처초各거거色ᄉᆡ서線션션○실뎔올로ᄇᆡᆨᄒᆞ이어ᄭᅩ各色且

쳐쳐將쟝쟝那나나水쉬쉬線션션來래래都두두引인인了랴랴着쟢죠○아직

다려가스다슴스이츠실라가 져你니니來래래將쟝쟝那나나腰얗얀線션션包밮밮

兒을을來래래○밤이가바져더다실가감 기揀견견着쟢죠十씨시分분븐細시시

的듸디大다다紅훙훙腰얗얀線션션上샹샹○기마옛장처마롤ᄂ굴大히ㅗ라감紐

넘누子즈즈不부부要얗얀底듸디似ᄉ스大따다恰캬캬好향챺着쟢죠○마들

도기게를ᄒ너라모ㄷ크底게似말니고모마치大따다時스스着잔잔的듸디蠢츈츈全

쓴븐了랴랴○터크오면너보다기멀又익우一이이箇거거女뉴뉴兒을을纖걋걋

手싱식怕파파着쟢죠○帕또롤ᄒ여ᄂ모집로온되手纖걋걋的듸디細시시勻윤윤

着쟢죠○고아고모로로게기ᄒ돌라ᄆ늘三산산四스스十씨시箇거거手싱식帕

파파也여여這더더不부부勾구구○리설기마유온겨手려帕못ㅣᄒ라리도라드

咳해해今긴긴日싀싀熱여여氣키키蒸징징人신신裏리리○氣애사오롭눌물熱

朴通事諺解中 五十五

나셔 把바바 這저져 簾련련 子즈즈 都두두 捲권권 起키키 ○ 이 발올 다가 다 것고 把

바바 這저져 窓창챵 兒ᅀᆞᆯ을 都두두 支즈즈 起키키 着쟢죠 ○ 이 창올 다가 다 벗틔고라 怎

즘즘 麼마마 這저져 般번번 蠅잉잉 子즈즈 廣광광 ○ 엇디 이리 ᄑᆞ리 흔ᄒᆞ뇨 將

장장 蠅잉잉 拂부부 子즈즈 來래래 都두두 趕간간 了랴랴 ○ ᄑᆞ리채 가져다가 다 쏫고

將쟝장 一히이 把바바 扇션션 兒ᅀᆞᆯ을 來래래 與유유 我어오 ○ ᄒᆞᆫ ᄌᆞᄅᆞᆫ 부채 가져다

가 날올 주고려 熱영여 當당당 不붕부 的딩디 ○ 더워 ᄎᆞᆷ티 못ᄒᆞ겨라 這져저 房빵방 子

즈즈 水쉬쉬 芹낀킨 田뗜뎐 近낀긴 ○ 이 집이 미나리 밧티 갓가오니 水쉬쉬 蛙화과 叫

걓갸 的딩디 聒궈고 譟상산 ○ 머구리 울어 짓괸다 這져저 孩해해 兒ᅀᆞᆯ을 們믄믄 怎

즘즘 麼마마 這저져 般번번 定띵딩 害해해 我어오 ○ 이 아ᄒᆡᄃᆞᆯ이 엇디 이리 날올 보채ᄂᆞ

뇨 一힝이 壁빙비 廂샹샹 去큐큐 浪랑랑 蕩땅당 不붕부 的딩디 ○ ᄒᆞᆫ ᄇᆞᄅᆞᆷ 구석의

가 ᄀᆞᆯ래다 못ᄒᆞᆯ소나 好항한 歹대대 喫칭치 打다다 去큐큐 ○ 모로이 맛교 갈다 老랗랖

子즈즈伯븨버伯븨버阿하아○조아바바아你니니敢간간那나나○심네이싱
나我어오兒슬올你니니來래레○아我이兒비ㅣ好함할孩해해兒슬올好할할
孩해해兒슬올○어어던던아아히히아아你니니弟띠디兄훙흉兩량량箇거거리
인인的딩디那나나小샿샿廝슷스們믄믄○아녀히히들弟을兄드둘려히더背븨베
後흫후河허허裡리리洗시시澡쟣잣去큐큐○후뒷라내가해라목욕定띵딩僧
승승你니니來래레○이중바僧아咱쟘자河허허裏리리浪랑랑蕩땅당去큐큐
來래레○래우라리가내자히돌咱쟘자只즈즈這져져裏리리跳땊탸入슝유去
큐큐○뛰우어리드그려저가예자셔我어오先션션跳땊탸你니니看칸칸○져내볼뮨
내며보시라너跳땊탸冬둥둥瓜과과跳땊탸西시시瓜과과○라동슈과박뛰뛰옴옴흐
라ㅎ跳땊탸的딩디河허허裡리리仰양양不불부搽차차○려믈잣애바뛰좀어기드
자디아

朴通事諺解 下 三十六

我어오家갸갸裏리리老랄랖鼠슈슈好할핳生승승廣광광 ○내 집의 쥐 ᄀᆞ장 흔ᄒᆞ
니 怎즘즘的디딩好할핳 ○엇디ᄒᆞ여야 됴ᄒᆞ료 你니니家갸갸裏리리沒몽무猫
망맛兒슬을那나나 ○네 집의 괴 업스나 我어오家갸갸裏리리沒몽무 ○내 집의 엽
스니 庫쿠쿠房빵방櫃꿔귀子즈즈裏리리放방방的디딩米미미都두두喫칭치
了랼랴 ○곳집 궤예 둔 ᄡᆞᆯ을 다 먹고 我어오的디딩衣이이裳샹샹被삐피兒슬을包
밯밮袱뿡부也여여都두두齩얗얀了랼랴 ○내 衣裳과 니블 ᄡᆞᆫ 보홀 다 텨시니 恨흔흔
的디딩我어오沒몽무是ᄉᆞ스處츄츄 ○믭기 내 올흔 곳이 업세라 那나나的디딩不
븡부賣매매猫망맛兒슬을的디딩 ○뎨야니괴 ᄑᆞᄂᆞ니가 籃란란子즈즈裏리리盛
찡칭將장장去큐큐 ○ᄃᆞ라치에 담아 가니 是ᄉᆞ스賣매매猫망맛的디딩 ○이피
로 굴리다 將장장猫망맛兒슬을來래래 ○괴 가져오라 我어오買매매一힝이箇거거
○내 ᄒᆞ나 홀 사쟈 我어오要향얀這저저女뉴뉴花화화猫망맛兒슬을 ○암며 어이

려롱 ᄒᆞ과 노를 다사 女뉴뉴 的딍디 價갸갸 錢젼쳔 大따다 ○ 만암 ᄒᆞ은 내갑 라시 要양얀
多더도 少샿샾 賣매매 ○ 풀언 려머 ᄒᆞ를 ᄂᆞᆫ밧 다고 兒숲올 的딍디 五우우 十씽시 箇
거거 錢쪈쳔 ○ 돈수 이ᄂᆞᆫ 오쉰 낫 女뉴뉴 的딍디 一힝이 百븨버 箇거거 錢쪈쳔 賣
매매 與유유 伱니니 ○ 폰암 라은 텨一 롤百 주낫 마돈 예 賣매매 的믁디 價갸갸 錢쪈쳔
老랄랄 實씽시 說쒕쒸 ○ 식플 이갑 니슬 ᄅᆞ고 라디 又잉우 不붕부 是쏭스 大따다 買
여거 賣매매 ○ 이도 아큰 니흥 니졍 有잉우 甚씸승 麼마마 討댱탄 價갸갸 錢젼쳔 麼
츄츄 ○ 곳므 여슴 기강 시슬 리쐐 오올 一힝이 百븨버 箇거거 錢쪈쳔 短뒨뒨 一힝이 箇
거거 錢쪈쳔 也여여 不붕부 賣매매 ○ 서一 도百 곤낫 디돈 이예 니ᄒᆞᆫ ᄒᆞᆫ낫 리돈 라이 업 硬
잉잉 道땋또 是쏭스 這져져 們믄믄 ○ 리굿 나히 롤여 다이 一힝이 箇거거 猶가거 맘만 兒
숩올 怎즘즘 麼마마 直찡지 的딍디 一힝이 百븨버 箇거거 錢쪈쳔 ○ 잇ᄒᆞᆫ 디파 말며
박뵉 리낫 모돈 이 這져져 潑퍙포 禽낀킨 獸싛수 殺삼사 娘냥냥 賊쪙지 ○ 기이 라보

온즘싱殺娘 ᄒᆞᄂᆞᆫ도젹아 賣매매便뼌변賣매매不붕부賣매매便뼌변將쟝장的딩디

去큐큐○플거든곳플고곡디아 니커든곳가져가다 你니니也여여不붕부買매매便뼌변

罷빠바○여도사디아니 커든곳말라 錢쪈쳔是씃스你니니上쌍샹有잉우○

갑슨넉 계잇고 物웅우在째재我어오根근근底디디○物은베손 더이시니 你니니爲

위위甚씸슴麼마마罵마마人신인○네므슴아라사 ᄅᆞᆷ을ᄯᅮ짓ᄂᆞᆫ다 你니니爲위위甚

씸슴麼마마胡후후討탈토價갸갸錢쪈쳔○네므슴아라간대 로갑슬ᄭᅬ오ᄂᆞᆫ다 我키오

先션션惹여여你니니來래레○내몬져너를 집쟉ᄒᆞ야 愛해에錢쪈쳔買매매東

둥둥西시시○돈을앗기며자본 것사려ᄒᆞ거든 夾걍갸着쨯죠屁피피眼연연家갸갸

裡리리坐쭤조的딩디去큐큐○밋흘세고집의 안자시라가라 這져져弟떼디子즈즈

孩ᅘᆡ해兒ᅀᆞᆯ을○이弟子 孩兒야 你니니敢간간罵마마我어오○네싱심이 나날을ᄯᅮ

지즐 다 怎즘즘麼마마不붕부敢간간罵마마你니니○엇디감히너를 ᄯᅮ짓디못ᄒᆞ리

오 這져져 的디더 便벤변 是쓰스 仰양양 面면면 嚜머모 天텬텬 ○ 곳이 잣거 바시
듬하 이ᄂᆞᆯ 로해 다춤 바 常쨩챵 言연연 道땋닾 ○ 닐常 오言 ᄃᆡ에 風봉봉 不불부 來래레
樹쓔슈 不불부 搖얍야 ○ 기ᄇᆞ ᄒᆞᆫ람 드이 기부 더더 아아 니니 ᄒᆞ면 고남 雨유유 不불부 來
래레 河해허 不불부 漲쟝장 ○ 더비 아오 니더 ᄒᆞᆫ아 다니 ᄒᆞ면 ᄂᆞ믈 니이 라넘
蚊운운 子즈즈 咬얄야 的디더 當당당 不불부 的디더 ○ 티오 못괴 ᄒᆞ으 니려 당 孩
해해 兒ᅀᆞᆯ올 你니니 饋긔긔 我오어 買매매 將쟝쟝 草챂찬 布부부 蚊운운 帳쟝쟝
來래래 ○ 오아 피히 댱아 올네 사날 다울 바얼 주믄 고뫼 려로 ᄒᆞᆫ 打다다 着죠죠 睡쉬쉬 ○
자티 자고 裏리리 頭뚜투 床쫭촹 兒ᅀᆞᆯ올 不불부 穩운운 ○ 티안 아히 니상 ᄒᆞ이 니편 將
쟝쟝 碎쉬쉬 塼쥰쥰 塊쾌쾌 來래레 ○ 가즌 저벽 다텽 가이 甕면뎐 的디더 穩운운 着
쟢죠 ○ 허괴 ᄒᆞ와 고편 把바바 這져져 窓촹촹 孔쿵쿵 的디더 紙즈즈 都두두 扯처쳐
了랼랴 ○ ᄃᆞ이 가창 다꿈 의게 티종 고히 를 一잉이 發봐바 着쨯죠 草챂찬 布부부 翻

후햐 了랴량 ○ 혼번에 얼믠뵈로 ᄇᆞᄅᆞ라 那나나 般번번 却켜쿼 ○ 며면 러 蚊운몬 子

즈즘 怎즘즘 麼마마 得더득 入유슝 來레래 ○ 모긔엇디ᄃᆞ 러오리오 你니니 家갸갸

裏리리 不부봉 有위잉 菖창창 蒲푸뿌 來레래 ○ 네집의菖蒲ㅣ 잇디아니ᄒᆞ냐 有위잉

的디둥 是스ᄉᆞ 裏리리 ○ 잇거져ᄒᆞᆫ 거시이라 你니니 摘저징 饋괴귀 我오어 些셔셔

葉여영 兒ᅀᆞᆯ을 ○ 비날을져기닙 훌ᄠᆞ주고려 要얀햠 做주주 甚슴씸 麼마마 ○ ᄒᆞ여

므섯ᄒᆞ려 ᄒᆞᄂᆞ뇨 把바바 那나나 蒲푸뿌 葉여영 兒ᅀᆞᆯ을 來레래 做주주 席시씽 子

즈즈 ○ 뎌菖蒲닙흘다 가자리ᄆᆡᆼᄃᆞ라 鋪푸푸 着죠쨥 睡쉬쒸 時스ᄉᆞ ○ 셜고 자면 端됸됭

蠶잔짬 那나나 廝스ᄉᆞ 近긴낀 不부뿡 的디둥 ○ 벼록이란뎌놈기갓 가이못ᄒᆞᄂᆞ니라

最쥐쮜 好한향 最쥐쮜 好한향 ○ ᄀᆞ장됴타 ᄀᆞ장됴타 我오어 只즈즘 會휘휘 根근근

兒을ᅀᆞᆯ 解계계 酒주징 和호ᅘᅥ 做주주 醋추추 ○ 나는그저불회로解 酒ᄒᆞ고초빗는줄만

ᄅᆞ고 不부뿡 知지징 適단땅 葉여영 兒을ᅀᆞᆯ 用융융 處츄츄 ○ 닙쓰는곳은 아다못ᄒᆞ디

朴通事諺解

니因힌인你니니要햪얀蒲뿌푸葉예여○네蒲葉달라 흠골간ᄒᆞ여我어오也여여

學햫효了랼랴○나도 ᄇᆡ호과라

你니니那나나告갈간狀좡좡的디디勾귿귿當당당○네 려告狀 흔일을 說봘바

落랑로了랑랴不부부曾즁층○못ᄒᆞ엿ᄂᆞ냐 落ᄒᆞ엿ᄂᆞ냐 憑핑핑着죠죠理리리

時쓰스○理를 빙ᄒᆞ면 合허허斷둰둰與유유小샤샤人인인○결단ᄒᆞ여 사人의게

주엄즉ᄒᆞ매 堂탕탕上샹샹官권관人신인們믄믄○堂上官人들히 都두두商샹샹

量량량了랴랴○다혜아려 待대대到도도根근근前쳔쳔來래래○ᄒᆞ마 손ᄃᆡ 옷게

니더那나나冤원연家갸갸們믄믄打다다關권권節져져時쓰스○더 | 冤家 쇼쳔

ᄒᆞ니 ○吏學指南云下之所以通款曲於上者曰關節

又造請權要謂之關節漢曰關說宋包拯附直好開時節

人語曰關節不到有閻羅包ᄒᆞ다

光如本國俗語亽쳑ᄒᆞ다

官권권人인인○그 官人의게 두ᄂᆞᆫ 受쇼쇼他타타錢쳔쳔財째쳐當당당住쥬쥬

○밧뎌고의어錢믈財위를還환환不붕부肯큰큰發봥바落랑로○겨당發시落롱다줄

ᄒᆞ아고니該개개管관관的딩디外왜왜郞랑랑也여여受쩌쭈了랴랴些셔셔錢

젼뎐財째재○저마기옹錢아財는롤외밧郞고도把바바我서오的딩디文문운卷권권

來래레○을내다ᄒᆞᆫ가卷颩뎡부在째재櫃귀귀子즈즈閣갑거落탈란裡리리○

舊녯本子未석得에本드字리而티借고用○栲閣栳落二音字ᄀᆞ按락韻格書一栲隔栳深木奧名之笑處

栔笑韻鄕署器及並字音學잔落락家皆字上作聲旭與畬本音語ᄀᆞ字잔音此大二不字相乃同俗但之免

閣旬落揆兩諸字韵之書音所稍不為收彷今彿不今從亦用用唯之於然直閣解字小音學亦內卜字不作

諱合之讀者不붕부肯큰큰家갸갸啓키키稟빈빈○아즐너겨ᄒᆞ落니稟티知징디

他타타是씅스幾기기時씅스的딩디勾긓구當당당○언모제로일리인로디다可

커거知징지道땋닾不붕부肯큰큰用융융心신신○ᄉᆞᆫ그티리아어너너ᄒᆞ줄ᄂᆞ겨너用

沒뭉무油잉의水쉬쉬的딩디勾긓구當당당○ᄉᆞᆫ기일름을믈업那나나裏리리

肯큰큰用융융心신신裁봥바落랄로○여어 裁디 落줄 ᄒᆞ거 리用 오心 ᄒᆞ 我어오放

항방着짭조合허허理리리的디디事ᄉᆞ스○길내 을理 두에 고合 ᄒᆞᆫ 與유유他타타

甚씀슴麼마마東둥둥西시시○술더 주롤 리므 오스 거 怎즘즘麼마마這져저般

번번說숴숴○닐엇 ᄋᆞ디 는이 다리 如유유今긴긴是ᄉᆞ스財재재帛뻐버世시시界

계계○帛이 世제 界는 라이 財 你니니不부부與유유他타타一이이文운운錢젼쳔

○주비 더더 아로 니一 ᄒᆞ文 고錢 도 你니니道닾다是ᄉᆞ스合허허理리리的디디事

ᄉᆞ스○슴베 ᄒᆞᆫ닐 열오 어뎌 라이 ᄒᆞ理 니에 幾기기時ᄉᆞ스倒닾다的디디了량랴○제건

리츄 오나 你니니多더도與유유他타타些셔셔物뭉우○인네 졍만 올허 주뎌 교롤 好

항하好할하的디디說숴숴○뇰됴 ᄋᆞ히 라됴 히 這저저般번번時ᄉᆞ스○ᄒᆞ이 면리

口쿠쿠也여여順쓘슌○ᄒᆞ입 고도 슌 終즁즁久킹각是ᄉᆞ스有잉의理리리的디디

딕디勾끙구當당당○理終 ᄒᆞᆫ久 길ᄐᆞ 이록 라이 有 街계계上샹샹人인인道닾다的

뎡디 是쓩스 ○ 옴거 이릿 을사 호롬 니의 날 如슈슈 今긴긴 是쓩스 墻쨩챵 板반반 世
싱시 界계계 ○ 赦이 世지 界는 라墻 反반한 上썅샹 反반반 下햐햐 ○ 리도 락로 드혀 로올
호혀 다ㄴ 호리 니오 락 只즁즈 怕파팍 反반한 過궈고 來개례 ○ 두그 르저 티저 면건 대
也여여 不붕부 見견견 的딩디 ○ 호또 노일 라흘 싸 我허오 料럏랴 你니니 那나나
事쓩스 色싱서 ○ 혜내 아미 리뎌 니닐 을 這쟈져 般번번 兌뛰뒤 當당당 着쨯죠 幹
간간 時쓩스 ○ 일이 오리 면몸 여 好항화 的딩디 一힝이 般번번 ○ 가드 지흠 어이 니호
녀션 這쟈져 官권권 司쓰스 人신인 們믄믄 ○ 스이 들官 히司 緊긴긴 不붕부 的딩디
慢만만 不붕부 的딩디 ○ 慢緊 호ㅎ 여여 도도 아가 니니 호호 니고 不붕부 使쓰스 錢쪈쳔
幹간간 勾궁구 當당당 ○ 일돈 올을 일쓰 오디 려아 호니 면호 고 不붕부 濟지지 事쓰스
○ 못열 호을 ㄴ일 니오 디 常쨩챵 言연연 道땅단 ○ 날常 오言 뎌에 衙야야 門믄믄 處
츄츄 處츄츄 向향향 南난난 開캐캐 ○ 뎌衙 리門 시이 나곳 ○곳 南이 村南 錄골 新향 錄호 云뎌

凡衙門皆坐北南向者南方屬離卦離虛中則聰又南方火位火明則能破暗故表南面聰明爲民治愚暗之事臺門必北開者取南殺就陰之象有잉우理리리無무우錢쳔쳔休힝히入슝슈來래래

○理이셔도 돈이업거든 드러오디 말라 ᄒᆞᄂᆞ니라

朴팝팦通퉁퉁事ᄊᆞ스諺연연解개계中즁즁

[illegible]朴퍟팦通퉁퉁事쓰스諺연연解계계下햐햐

我어오差채채使스스出츄츄去큐큐了랼랴○내差使로나가매一이이夏햐햐

裡리리不부부曾쯩층好항한生승승收싱식拾씽시○ᄒᆞᆫ녀ᄅᆞᆷ을일즙ᄀᆞ장收拾디몯

ᄒᆞ야把바바我어오的딩디銀인인鼠슈슈皮삐피背븨빅子쯔즈○내銀鼠皮背子

와○銀鼠形如青鼠而差小色紗雪白出蓬子地價直甚高貂댱댜鼠슈슈皮삐피丟딛두袖

쓯수○貂鼠皮소매조차내브틘갓오ᄉᆞᆯ다가○丟袖音義云소매조처내브틘텬갓옷虫쭝충蛀쥬쥬

的딩디無무우一힝이根근근兒ᅀᅳᆯ올風훙붕毛맣마○좀이먹어ᄒᆞᆫ낫당티도업서시

니怎즘즘的딩디好항한○엇디ᄒᆞ여야됴ᄒᆞ료咳해해可커커惜싱시了랴랴○

애앗가올셔這져져的딩디是쓰스誰쉬쉬的딩디不붕부是쓰스○이거시이뉘올

더아니ᄒᆞᆫ뇨你니니臨린린去큐큐時쓰스節졍져○네갈빼예다ᄃᆞ라家갸갸裡

리리好항한生승승囑죵쥬付부부○집의ᄀᆞ장당부ᄒᆞ여着쨯죠薝창창蒲뿌푸末

도왕 兒올술 撒사상 的디딩 白윤윤 了랖랴 着죠잪 ○ 蓄蕭ᄀᆞ로로새리 기훌교로게ᄒᆞ고

每믜믜 日이ᅀᅵ 箇거거 日이ᅀᅵ 頭투뚤 裡리리 曬새새 ○ 每日에 벗 비비 티ᄈᆡ되 此

及기끼 晌샹샹 午우우 到초짱 正징징 熱여셜 時스ᄊᆞ 分분뿐 收시싱 拾시쓰 ○

녯사ᄅᆞᄆᆡ 이ᄅᆞ되 이경 拾허 ᄒᆞ여 ᄠᅢ 每믜믜 日이ᅀᅵ 這저져 般반 用융융 心신신 弄

룽룽 他타타 時스ᄊᆞ ○ 每日 ᄒᆞ여 예 이리 用心 ᄒᆞ면 蟲충쯍 子즈ᄌᆞ 怎즘즘 麼마마

蛀쥬쥬 的디딩 ○ 종이 ᄆᆞ 디오 리 這저져 的디딩 是스ᄊᆞ 㤞패쾌 不부불 的디딩

人신신 ○ 이거 도허 순 몰이 못사ᄒᆞ 둘고 也여여 㤞패쾌 不누불 的다딩 蟲충쭝 子즈ᄌᆞ

○ 도ᄉᆞ 못 종 홀도거 허시 믈니 你니니 的디딩 不부봉 是스ᄊᆞ ○ 내 ᄯᅴ 올 아 ᄂᆞ ᄒᆞ 다 羅바빠

羅바빠 ○ 두두 어어 休화휭 煩반빤 惱노낳 ○ 그러 말라 身신신 已기기 安안한

樂로랗 時스ᄊᆞ 有와윙 也여여 ○ 몸이 安樂ᄒᆞ면 이 시 라 古구구 人신인 道도똫 ○

古人이 ᄂᆞᆯ오되 休화휭 道도똫 黃황ᄬᆞᆼ 金긴긴 貴귀귀 ○ 黃金을 니ᄅᆞ디 말라 太 安안한

樂랄로直찡지錢쪈쳔多더도○安樂호미갑시만타ᄒᆞ니라
不붕부知징지道땋닿那나나裡리리躧쌔책死숭스了럏랴一힁이箇거거蚰
잉우蜒연연○아디못게라어ᄃᆡᄒᆞᆫ지차리블펴죽엇ᄂᆞ뇨我어오聞뭔운了럏랴臊상산
氣키키○내노린내ᄅᆞᆯ맛ᄐᆞ니惡홉어心신신上썅샹來래레○아ᄂᆞᆺ고오미올라冷
릉릉疾찡지發황바的딩디當당당不붕부的딩디○뉘웃춤이나당티못ᄒᆞ니拿나나
些셔셔水쉬쉬來래레我어오漱숭수口큳쿠○져기믈가져오라내양지질ᄒᆞ쟈疾
찡지忙망망將쟝쟝笤땋턒帚짛쥬來래레○셜리ᄂᆞᆺ븨가져다가綽챻챠的딩디乾
간간淨찡징着쨯죠○쁠기ᄅᆞᆯ乾淨히ᄒᆞ고將쟝쟝兩량량根근근香향향來래래燒
샿샤○두조ᄅᆞ향올가져다가퓌오라我어오如슈슈今긴긴不붕부喫칭치飯빤반○
내이제밥올먹디아녀等등둥一힁이會훼휘兒ᅀᆞᆯ올喫칭치○ᄒᆞᆫ디위기ᄃᆞ려먹을ᄡᅥ시
니且쳐쳐休힣후燒샿샤[illegible]쳔쳔子쯓주○아직젹을굽디말고熬앟아些셔셔茶

차쨔芽야야来레래我오어喫치침○져기茶芽를달혀오라내먹쟈

長쟝쟝老랖랗的디듸佛보봉像샹샹鑄쥬쥬了랖랗麽마마○長老ㅣ佛像을디아

뭣는다○僧有智德可尊者曰長老又道高臘長呼爲須菩提亦曰長老鑄쥬쥬了랖랗三산산尊

준준佛보봉○三尊佛을디엇○過去佛現在佛未來佛爲三尊佛也亦曰三世如來我오어待

대때要얀향上샹쌍金긴긴来레래○내ᄒᆞ마금을올리려ᄒᆞ더니前쳔젼日이싱三

산산更깅깅前쳔젼後후ᄒᆞᆼ賊지즹入유융来레래○그젓긔三更은ᄒᆞ여도적이드러와

○言前後者未能定稱的時而云然也把바바我오어二을ᅀᆞᆯ三산산年년년布부부施

스ᅀᆞ来레래的디듸金긴긴銀인힌鈔찬챵錠딩뎡○내二三年布施ᄒᆞ여온金銀鈔錠을

다가都두두偷투통將쟝쟝去큐큐了랖랗○다도적ᄒᆞ여가져가니沒무몽計기기

奈내내何허해○계폐엇디호여업서我오어如유유今긴긴又우잉往왕왕江강강

南난난地디따面면면裡리리布부부施스ᅀᆞ去큐큐○내이제또江南ᄯᅡ흘향ᄒᆞ여보

시ᄒᆞ라가려ᄒᆞ니 一 황이 來 래레 是 ᄊᆞ스 十 씽시 分 본븐 命 망밍 不 블부 快 쾌쾌 ○

一來ᄀᆞ장命이快티몯ᄒᆞ여라 告 갈간 諸 쥬쥬 佛 뽕보 菩 뿌푸 薩 상사 ○ 諸佛과菩薩씌숣ᄒᆞ

여 願 원원 滿 먼먼 之 즈즈 日 싱ᅀᅵ 死 ᄉᆞ스 時 ᄊᆞ스 也 여여 不 블부 愁 쯯추 ○ 願滿

ᄒᆞᆫ날이던죽어도근심티아니리라 罷 빠바 罷 빠바 師 ᄉᆞ스 傳 뿌부 善 쎤션 因 힌인 不 블부

滅 멸며 ○ 두어두어師傳ㅣ아善因은滅티아니ᄒᆞᄂᆞ니 你 니니 休 힣휘 生 승승 怠 때대 慢

만만 心 신신 ○ 네怠慢ᄒᆞᆫᄆᆞᄋᆞᆷ굴내디말고 沿 연연 路 루루 上 썅샹 用 융융 心 신신 好

핳한 去 큐큐 着 쟣죠 ○ 길흘조차用心ᄒᆞ여됴히가라 往 왕왕 常 쨩챵 唐 땅탕 三 산산 藏

쟝장 師 ᄉᆞ스 傳 뿌부 ○ 뎌적의唐ㅅ三藏師傳ㅣ○三藏俗姓陳名禕洛州緱氏縣人也號玄奘法師

貞觀三年奉勑往西域取經六百卷而來仍号爲三藏法師三藏經一藏律一藏論一藏曰脩多羅卽阿難聖

衆結集爲經曰毗奈耶一曰毗尼卽優波尊者結集爲律曰阿毗曇卽諸大菩薩衍而爲論藏卽包含攝持之

義非藏無以積錢財非藏無以藏文義謂攝一切所應知義無令分散故名爲藏也 西 시시 天 텬텬 取

츄츄經깅깅去큐큐時쓰스節졍져○西天외經이질라갈제○西遊記云昔釋迦牟尼佛在西
天靈山雷音寺撰成經律論三藏金經須送東土解度羣迷問諸菩薩往東土尋取經人來乃以西天去東土
十萬八千里之程妖怪又多諸衆不敢輕諾惟南海落迦山觀世音菩薩騰雲駕霧往東土去遙見長安京兆
府一道瑞氣衝天觀音代作老僧入城此時唐太宗聚天下僧尼設無遮大會衆僧舉一高僧為壇主說法
即玄奘法師也老僧見法師曰西天釋伽造經三藏以待取經之人法師曰既有程途須到蔣西天雖遠我
發大願當往取來老僧言訖騰空而去帝知觀音化身即勅法師往西天取經法師奉勅行六年東還十
쓩시萬환완八빵바千쳔쳔里리리途뚜투程찡칭○十萬八千里길히니正징정是
쓰스瘦쑹수禽낀긴也여여飛비픠不붕부到닿다○졍히瘦禽도ᄂ라가디못ᄒ고壯
짱장馬마마也여여實씽시勞랑랖蹄띠티○壯馬도진실로勞蹄ᄒ리니這져져般
번번遠원원田뎐뎐地띠디裏리리○이런먼따히經깅깅多더도少샾샨風봉붕
寒한한暑슈슈濕씽시○언머風寒과濕을더내며暑受쐄삭多더도少샾샨日씽시

朝鮮時代漢語教科書十種彙輯(三)

炙징지風봉봉吹취취○언머日炙風吹롤바드며過궈고多더도少샹샤惡햐어山

산산險현현水쉬쉬難난난路루루○언머惡山險水難路롤디내며見견견多더도少

샹샤怪괘괘物ᄋᆞ우妖향얀精정징侵친친他타타○언머怪物妖精이뎌롤침노홈올보

며撞쫭쫭多더도少샹샤猛믕뭉虎후후毒뚱두虫쭝충定띵딩害해해○언머

猛虎毒虫의보채눈거술만나며逢뽕봉多더도少샹샤惡햐어物ᄋᆞ우刁댱댠蹶퀘궤

○언머惡物의놉[?]올만나시리오○音義云刁難也蹶顚仆而不能行也今按法師往西天時初到師陀

國界遇猛虎毒蛇之害吹過黑熊精黃風怪地湧夫人蜘蛛精獅子怪多目怪紅孩兒怪幾死僅免又過棘鉤

洞火炎山薄屎洞女人國及諸惡山險水怪害惡苦不知其幾此所謂刁蹶也詳見西遊記正정징是

쓰스好할할人신신魔뭐모障장장多더도○정히됴흔사ᄅᆞᆷ은魔障이만흔디라○飜譯名

義云梵語魔此云障也能爲修道作障礙昔釋迦出世時魔王名波旬若如來供養恭敬魔王依於佛法得善

利不念報恩而反欲加毁故名波旬此言惡中惡行행힝六륙릭年년넌受쓯식多더도少

샹샹千쳔쳔辛신신萬완완苦쿠쿠○行者여久히예언머千辛萬苦를밧고到당도西

시시天텬텬取츄츄將쟝쟝經깅깅來래레○西天의가經ᄋᆞᆯ가져와度뚜두脫퉁토

衆중중生승승各갈거得듸더成쪙칭佛뽕보○衆生ᄋᆞᆯ度脫ᄒᆞ고각成佛ᄒᆞ엿ᄂᆞ니가

師숫스傳뿌부你니니也여여休힣히忙망망○師傅ㅣ아너도밧바말고慢만만慢

만만的딍디到당도江걍걍南난난沿연연門믄믄布부부施숫스○날호여江南의

가집마다보시ᄒᆞ여願원원滿먼먼成쪙칭就쭈직着쭣죠○願ᄋᆞᆯᄎᆡ와일오라久깋구

後핳후你니니也여여得듸디證징징果궈고金긴긴身신신○오란후에너도證果

金身ᄒᆞᆷᄋᆞᆯ어드리라○今按證應也得也果果報也金身者佛三十二相云身眞金色言果報者觀經疏云行

眞寶法感得勝報也又修善得善果作惡得惡報謂之果報又生將所作善惡謂之因他日報應謂之果謂證

果者如三藏法師取經東還化爲旃檀佛如來詳見下

咱쨩잔一힁이箇개거泥니니水쉬쉬匠쨩쟝和혀호兩량량箇거거坌뻔븐工

궁궁

來래려 ○ 효泥니匠쟝이와 두조 整징징 治찌치 這져져 炕캉강 壁벼비

○ 돌이 炕壁을 治ᄒᆞ쟈 你니니 有잉우 泥니니 鏝먼먼 泥니니 托톻토 麼마마 ○ 계비

흙손과 흙 받기 잇ᄂᆞ냐 沒무무 家갸갸 事ᄉᆞ스 時ᄉᆞ스 筭쉰쉰 甚씸슴 麼마마 泥니니

水쉬쉬 匠쟝쟝 ○ 兀연 匠장이 업스면 아므 라 혜아리료 ᄆᆞᆷ 都두두 有잉우 裏리리 ○ 이다

에 ᄒᆞ라 做주주 炕캉강 時ᄉᆞ스 ○ 돌 구ᄅᆞᆯ 면 ᄒᆞᆫ 死스스 火호호 炕캉강 燒샤샤 火

호 화 炕캉강 ○ 불 아니 븟ᄂᆞᆫ 구들을 ᄒᆞ라 都두두 不부부 要얀얀 ○ 말다

고 你니니 只즈즈 做주주 饋귀귀 我오오 煤믜믜 火호호 炕캉강 着죠죠 ○ 그네

겨 구들 날 올 면 이 ᄃᆞ라 前쳔쳔 面면면 做주주 一이이 箇거거 煤믜믜 爐

루루 ○ 돌 업 ᄒᆞᆫ 라 㙮파파 甎쥰쥰 都두두 有잉우 麼마마 ○ 벽이와 다과

나 잇ᄂᆞ 都두두 有잉우 ○ 다 잇ᄂᆞ니라 如슈슈 今긴긴 疾지지 忙망망 買매매 石

씽시 灰휘휘 麻마마 刀닫당 去큐큐 ○ 이제 밧비 石灰와 삼 거을 사라 가라 將쟝쟝 鹽

杴和钁來掘土 ○ 삽과 광이롤 가져다가 흙을 퍼여
這裏和泥 ○ 예셔 흙 니기라 且打將兩擔
水來 ○ 아직두에옹을 올가려다가 把那麻刀一
打裏和的勻着 ○ 뎌 삼써올 올다가 ᄒᆞᆫ번의 섯기를 고
로게 ᄒᆞ다 你把那繩子 ○ 네 뎌 노ᄒᆞ로 다가 在墻
上驗的正着 ○ 담우희 견조기 롤 바로ᄒᆞ라 這一
脫兒無處絟 ○ 이ᄒᆞᆫ 곳 틀릴 곳이 업세라 這高處
鑽些土 ○ 이 노ᄑᆞᆫ 곳의 흙을 뚤고 打一箇窟
子絟不的 ○ ᄒᆞᆫ 말뚝을 박고 미더 못ᄒᆞᆯ소냐 你只朝
南做門兒 ○ 네 그저 남향ᄒᆞ여 문을 ᄆᆡᆫ들고 那西邊
做一箇窟洞 ○ 뎌셔편의 ᄒᆞᆫ 굴을 ᄆᆡᆫ들라 ○窟洞音義云取灰之處

수굳 抹 俆니니 為위위 甚씸숨 麼마마 這져져 炕캉캉 面면면 上쌍샹 灰회휘 泥

니니 的딩디 不봉부 平삥핑 正징징 ○ 네므서슬위ᄒᆞ여이炕面 灰ᄇᆞᄅᆞ미平正티몯ᄒᆞ노 將

쟝쟝 泥니니 鏝먼먼 來래레 再재재 抹뫄마 的딩디 光광광 着쨯죠 ○ 쇠손가 져다가

다시스서번 번이ᄒᆞ라 枉황왕 可커커 惜싱시 了랼랴 飯빤반 ○ 속절업시밥 이앗갑다

一 이흥 般번번 動뚱둥 脚걓교 動뚱둥 手쉼싹 做주주 生승승 活홯호 ○ ᄒᆞᆫ가 지로

발손을놀려 ᄒᆞᆫ셩녕이 這져져 般번번 做주주 的딩디 不봉부 成찡칭 時쓰스 ○ 이 리

민들기를 셩이ᄒᆞ면 不봉부 可커커 惜싱시 了랼랴 工궁궁 錢쪈쳔 ○ 工錢이 앗갑디

아니 ᄒᆞ랴 咳ᄒᆡ해 我어오 到땋다 處츄츄 裏리리 做주주 生승승 活홯호 時쓰스 ○

에내간ᄃᆡ아다 셩녕을ᄒᆞ더 從쭝충 來래레 不봉부 曾쯩층 見견견 這져져 般번번 細

시시 詳썅샹 的딩디 官권권 人신신 ○ 본ᄃᆡ일즙이런細詳ᄒᆞᆫ官 人을보디몯ᄒᆞ엿노라 俆

니니 說쉬워 甚씸숨 麼마마 話화화 ○ 네므슴말 니ᄅᆞᄂᆞᆫ다 拙쮜줘 匠쨩쟝 人신신 巧

朴通事諺解 卷下 七

쟌량 主 쥬쥬 人 인인 ○ 拙호匠人이오 巧호夫人이니라

我 오어 害 해해 疥 계계 痒 양양 當 당당 不 부불 的 디듸 ○ 내옴알파ᄀ려옴을당티못ᄒ

니 你 니니 的 디듸 長 챵쟝 指 즈즈 甲 갸갸 饋 궤궤 我 오어 掐 갸캬 一 이힝 掐 갸캬

○ 네긴손톱으로날올덕여주고려 我 오어 不 부불 掐 갸캬 他 타타 ○ 내뎌룰디기디못홀

로다 滿 면먼 指 즈즈 甲 갸갸 疙 그긍 瀼 낭낭 和 호혀 膿 눙눙 水 쉬쉬 怎 즘즘 麼 마마

當 당당 ○ 손톱의ᄀ독흔더뎡이와고롬올엇디당ᄒ리오 我 오어 說 숴숴 與 유유 你 니니

○ 내너드려니르마 撓 난낭 時 스쓰 廝 스스 剌 라랑 疼 등뚱 ○ 글그면알히고 쁠 掐

갸캬 時 스쓰 甜 텬뗜 殺 사쌰 人 인인 ○ 딕이면ᄃ라사룸을죽게ᄒᄂ니라 你 니니 饋 궤궤

我 오어 掐 갸캬 一 이힝 遍 변변 兒 올을 ○ 비날올흔번덕여주고려 我 오어 那 나나 幾

기기 日 시싀 着 죠쨯 那 나나 小 샤샹 廝 스스 掐 갸캬 來 레래 ○ 내뎌적의뎌아히로ᄒ여

덕이더니 一 이힝 會 휘훼 兒 올을 打 다다 頓 둔둔 着 죠쨯 撓 난낭 破 포퍼 了 랴럏 ○

顏ᄒᆞ作ᄃᆡ豝위膝조寵ᄋᆞ欲다爲가之긔見려打ᄒᆡ豝여今ᄇᆞ俗려語놀조○으瓚다集我어오罵마마
他타타○저내조ᄃᆡ니를 서那나나廝ᄉᆞ스惶황황了랸랴○두ᄃᆡ려놈 이又ᄋᆢ우
蟒망망抓좌좌了랸랴一힝이邊변변○ᄒᆡ또티ᄒᆞ니번 을越웨웨疼둥둥的디디
當당당不부부的디디○리ᄃᆡ못옥ᄒᆞ알여프라믈 당伱니니去큐큐更깅깅鼓구구
樓루루北뵈버邊변변王왕왕舍셔셔家갸갸裏리리○王비舍更의鼓집樓의北가邊
買매매將쟝장一힝이兩량량疥계계藥양요來래래搽차차一힝이遍변변○
가ᄒᆞᄒᆞᄂᆞ번疥ᄇᆞ癩ᄅᆞ올면사 다便뼌변成칭칭疙그瘩재재都두두弔됴됴了랸랴
○곳떠터려더더텅리이라져 다我어오不부부知지지道닾도那나나家갸가有잉우
甚씸심麼마마慌황황字ᄍᆞᄌᆞ○내감아이다잇못누ᄒᆞ닌ᄃᆡ○수며집按의漢으俗합凡보出
責講物之家俱設擺帳之物置於門首以蓋酒家於門前挿靑帘
賻務如日張家出賣高麗布爲一如賣酒或掛招牌趁立
日之招牌家各至子靑帘
那나나家갸갸門믄믄前쳔쳔兀우우子ᄌᆞᄌᆞ上상상○

朴通事諺解 上 七

더집문앏노도우회 放 방방 着 잪쟣 一 이잏 箇 거거 三 산산 隻 지징 脚 교걒 鐵 뎌텽 蝦

허허 蟆 마마 兒 올슬 便 변뻔 是 스씃 ○ 흔세발가진쇠두텁이노흔거시곳이라○수按漢俗便

人作戲時手執三脚蝦蟆入優場作戲問之則曰仙家書養三脚蝦蟆三谷人聞氣者必死緣未詳源流書言

故事云月宮蟾蜍三之是爲羿妻所化 買 매매 將 쟝쟝 些 셔셔 箇 거거 來 래레 ○ 져기사가

져와 火 호훠 盆 픈뿐 裹 리리 弄 룽룽 些 셔셔 火 호훠 ○ 화로에블뀌오고 挑 보봉 破

포퍼 了 랴랼 疥 계계 瘡 챵창 搽 차짜 那 나나 藥 요얗 ○ 疥瘡을글거헐우고뎌약을블라

火 호훠 裹 리리 炙 지징 ○ 블에뙤라 這 져져 般 번번 時 스씃 便 변뼌 好 한햫 了 랴랼

○ 이리면곳됴ᄒᆞ리라 休 후휘 尋 신씬 海 해해 上 상쌍 方 방방 ○ 海上方올ᄎᆞᆺ다말라○唐

崔元亮著海上方即醫方也 自 ᄌᆞᄍᆞ 有 우잏 神 신씬 仙 션션 藥 요얗 ○ ᄌᆞ연히神仙藥이잇

ᄂᆞ니라

這 져져 七 치칭 月 워웡 十 시씽 五 우우 日 시잉 是 스씃 諸 쥬쥬 佛 보뿡 解 계계 夏

朴通事諺解

之日이라 ○七月十五日은 諸佛解夏ᄒᆞᄂᆞᆫ 날이라 ○道藏經云七月十五日謂之中元

官下論人間捻校世八戒別善惡上告天曹解夏剃 歲時記云天下僧尼共四月十五日結夏乃長養之節在外行則

門謂之結夏顏故亦九日結制安居不出至七月十五日

草太忠謂之結制者皆散去日安居不出至七月十五日

又寺掛搭僧尼詳見事林廣記解夏

為위 諸주 亡망 靈링 ○ 慶寺 慶 壽 寺서 모든 亡靈을 위ᄒᆞ야

南內有飛虹二橋石刻六大字云在天順 ... 有學士李晏碑文正統間重建勑賜

宗所書又有金 ... 僧 做주 盂유 蘭란 盆픈 齋재 ○ 盂蘭盆

陰寺 ... 大經云大目犍連尊者以母生餓鬼中不得食

大目犍連 ... 盂蘭盆至七月十五日具百味五果置盆

得食 ... 令作盂蘭盆 ... 佛

中供養 ... 方大德而後母乃得食

譯名義云十方 ... 言盂蘭 ... 言救倒懸也 我 ... 也 隨 喜

去 ... 來 ○ 十五 ... 那 ... 壇 ... 主 ... 是 ... 高 ... 麗

師 ... 傅 ○ ... 義云梵言漫荼羅此云壇謂主場 ... 八 ... 師傅 ... 라 ○ ... 譯

法者曰寶主 青칭칭旋쒄숸旋쒄숸圓쿼퀀頂딩딩○프른旋旋혼圓頂이오白뼈빙

淨쨩징淨쨩징顔연연面면면○힌淨淨혼顔面이오聰충충明밍밍智징지慧휘휘

過궈고人신신○聰明과智慧ᄂᆞᆫ사룸의게디나고唱챵챵念녀년聲싱싱音힌인歷

랴야衆중중○唱念ᄒᆞᄂᆞᆫ聲音은衆올歷ᄒᆞ고經깅깅律류류論룬룬皆계계通퉁퉁○

經律論을다通ᄒᆞ니○觧見三藏法師下真진진是쓰스一힝이箇거거有잉우德뎡더行

힝힝的딩디和훠호尙썅샹○진실로이ᄒᆞᆫ德行잇ᄂᆞᆫ和尙이러라說숑쉬目뭉무連련련

尊쥰쥰者저저教걍갸母무무經깅깅○目連尊者의救母經을니ᄅᆞ니○反譯名義云目連

婆羅門姓也名拘律陀又大經云目犍連即姓也因姓立名目連事林廣記云佛書所謂王舍衛城即賓童龍

國也國在西南海中隷占城占城選人作地主目連即此國人也入云目連舍墓至今猶存僧승승尼

ᄂᆡᄂᆡ道닿도俗쓯쑤善션션男난난信신신女뉴뉴○僧尼道俗과善男信女ㅣ○了義經

云善者順理也信者言是事如是也佛法大海信爲能入智爲能度人若無信不入佛法又善男善女釋見上

不봉부知징지其끼키數수수○不知其數히其人인인入신신盡진진盤뻔펀雙
솽솽是쯩주○자롬마다다두발을서리고箇거거箇거거擎낑킹拳퀀퀀合공거掌
쟝쟝○낫낫치擎拳合掌ᄒᆞ야○擎拳合掌翻譯名義云此方以拱手爲恭外國以合掌爲敬手本二邊수
合爲一表不散誕身主一心西域記云致敬之式其儀九等四曰合掌平拱側직저耳술굴聽띵팅
聲싱싱○귀롤기우려소리롤듯더니內뉘뉘中중중一이이箇거거達따다達따다
只즐즈管권권呵허허欠켠켠○그픔에혼達達이그저소리여하회옴ᄒᆞ다가衆중중人
인인看칸칸他타타的디디中중중間견견○오든사롬이며롤볼ᄉᆞ이예一잉이會
훠휘兒술올倚이이着쟢죠欄란란干간간頓둔둔睡쒸쉬○혼더위欄구울저혀조으
니더不붕부知징지怎즘증生숭승滾균균在재재底디디下햐하○아더못게라엇
디러喜아다티구미으셔喫칭치了랼랴一잉이跌뗭뎌○흔번구러더물닙어把바바鼻
삐비子즈즈跌뗘뎌破퍼포了랼랴○코롤다가구러뎌해여ㅂ리니那나나講강강主

朴通事卷上 九

9a

쥬쥬見견견那나나達다따達다따跌뎌뗘破포풔鼻비삐子즈즈○며講主ㅣ려達

達의구려더코매이물보고叫갈걀將장쟝根근근前쳔쪈來래래說숴쉬道닾땊○

불러앏피오라ᄒᆞ여닐오디你니니聽팅텅我오어說숴쉬與유유你니니○네드ᄅ라

내너ᄃ려니ᄅ마這져져佛보뽕法바빵最쥐쮜尊준쭌最쥐쮜貴귀귀不부뿡可

커커不부뿡信신신○이佛法이ᄀᆞ장尊ᄒᆞ고ᄀᆞ장貴ᄒᆞ니가히밋디아니타못ᄒᆞᆯ쌔시라因인인

你니니貪탄탄嗔천친癡치창三산산毒두뚱不부뿡離리리於유유身신신○

네貪嗔癡三毒이몸에ᄠᅥ나디아니믈인ᄒᆞ여○貪嗔癡卽三毒也又曰三業大智論云有利益我者生貪欲

有違逆我者生嗔恚不從智生從在癡生是名爲癡爲一切煩惱之根本心신신只즈즈在재째酒

작졍肉우숳氣키키色서슿○ᄆᆞᄋᆞᆷ이그저酒肉과氣色에이셔不부뿡信신신佛보뽕

法바빵不부뿡聽팅텅經깅깅論룬룬○佛法을밋디아니ᄒᆞ고經論을듯디아니ᄒᆞ니因

인힌此츠ᄎᆞᆼ上샹썅見현쎤世시싱報봐뽱○이런젼ᄎᆞ로見世예報ᄒᆞᄂᆞ니라入유슝

寺 슷스 敬 깅깅 三 산산 寶 밯봘 ○ 덜에드러는三寶ᄅᆞᆯ敬ᄒᆞ고○三寶佛法僧也功成妙智道登
圓覺佛也玄理幽微正教積識法也禁戒守真威儀出俗僧也皆是四生導首六趣舟航故曰寶又法數云十
號圓明萬行具足天龍戴仰稱無上尊即佛寶也一音演說音應羣機究竟清淨名離欲尊即法寶也脫塵異
俗圓頂方袍入聖超凡爲衆中尊即僧寶也 到 땋닿 家 갸갸 裏 리리 敬 깅깅 重 쯍즁 父 뿌부
母 무무 ○ 집의가ᄂᆞᆫ父母ᄅᆞᆯ敬重ᄒᆞᄂᆞ니 你 니니 如 슈슈 今 긴긴 誠 찡칭 心 신신 懺 찬찬
悔 회휘 ○ 네이제란識心으로懺悔ᄒᆞ여 改 개개 往 왕왕 修 싱식 來 래레 着 쨯죠 ○ 改往
修來ᄒᆞ라 道 땋닿 罷 빠바 ○ 니ᄅᆞ기ᄅᆞᆯᄆᆞᆺᄎᆞ매 那 나나 達 따다 達 따다 聽 팅팅 師 슷스
傳 뿌부 說 숴쉬 ○ 더達達이師傳의니ᄅᆞᆷ올ᄃᆞᆺ고 便 변변 喝 헝허 跳 턍탸 起 키키 來 래레
道 땋닿 ○ 곳허ᄎᆞ고ᄠᅱ여니러날소되 怎 즘즘 的 딍디 是 씃스 佛 뿡봉 法 황바 ○ 엇디
ᄒᆞᆯ순이佛法고 罵 마마 了 럏랴 走 쯓주 出 츓츄 去 큐큐 了 럏랴 ○ ᄭᅮ짓고ᄃᆞ라나니 師
슷스 傳 뿌부 道 땋닿 ○ 師傳이날오되 一 힗이 年 년년 一 힗이 日 ᅀᅵᆯ시 解 계계 說 숴쉬

戒계계法바밯時스씃○一年一日에戒法을解說ᄒᆞ되他타타也여여不부불肯큰큰
信신신向향향○리즐겨信向티아니ᄒᆞ니這저져的디듸無우무緣연면衆중중生
승승難난난化화화○이런인연업슨衆生은化키어려오니라
這져져幾기기日이잉我오어家갸갸裏리리有와잉人신신去큐큐○요ᄉᆞ이우
리집의사ᄅᆞᆷ가리아셔니先션션生승숭你니니寫셔셔與유유我오어書슈슈稍산삼
的디듸去큐큐○先生아비날을글써주어돈브텨보내쟈我오어寫셔셔了랖랑也여여
○내다써你니니聽팅팅我오어念년년○네드르라내念ᄒᆞ마愚유슈男난난山
산산童퉁뚱○愚男山童은頭둔둔首식실拜배배上상샹父부뿌親친친母무무
親친친尊준준侍스씃前쳔쳔○頭首ᄒᆞ고절ᄒᆞ여父親母親尊侍前에올리노니玉유욕
體티티安안한樂로랑好한항麼마마○玉體ㅣ安樂ᄒᆞ여됴ᄒᆞ신가孩해ᄒᆡ兒올슬
在재째都두두○孩兒ㅣ셔울이셔托토탕着죠쟣爺여여娘냥냥福부봉蔭인힌

裏리리 ○ 爺娘의 福蔭을 닙어 身신신 已기기 安한안 樂랑로 不봉부 須슈슈 憂잉우

念년년 ○ 몸이 安寧ᄒᆞ니 모로며 憂念티 마ᄅᆞ쇼셔 孩해해 兒ᅀᆞᆯ얼 自ᄍᆞᄌᆞ 拜배배 別볘뼈

之즈즈 後헿후 ○ 孩兒ㅣ 拜別ᄒᆞᆫ 後로브터 想샹샹 念년년 之즈즈 心신신 無무우 日

ᅀᅵᆯ이 有잉우 忘망왕 ○ ᄉᆡᆼ각ᄒᆞᄂᆞᆫ ᄆᆞᄋᆞᆷ이 니즐 ᄂᆞᆯ이 업서이다 前젼쳔 者져져 姐져져 夫

부부 去큐큐 時쓰스 ○ 前에 姐夫ㅣ 갈 제 稍샾산 一힝이 箇거거 水쉬쉬 褐헣허 段

뚠뒨 匹핑피 ○ ᄒᆞᆫ 슈헐빗치 비단올 브텨 與유유 父뿌부 親친친 用융용 來래레 之즈즈

後헿후 ○ 父親ᄭᅴ 쓰게 ᄒᆞ셔 밧ᄌᆞᆫ 후에 未위위 見견견 回휘휘 書슈슈 ○ 回書ᄅᆞᆯ 보디 못

ᄒᆞ니 不봉부 知징지 得듷더 否봉부 ○ 得ᄒᆞᆫ 줄 아디 못ᄒᆞ논디라 有임우 人신신 來레레

時쓰스 ○ 사ᄅᆞᆷ 오리 잇거든 望왕왕 稍샾산 書슈슈 來래레 着쟣죠 ○ ᄇᆞ라건대 글월을

브티쇼셔 보내 孩해해 兒ᅀᆞᆯ올 今긴긴 將쟝쟝 金긴긴 色싀서 茶짜차 褐헝허 段뒨뒨

子즈즈 一힝이 箇거거 ○ 孩兒ㅣ 이제 金色 차헐빗치 비단 ᄒᆞᆫ 필 파 藍란란 長쟝챵 綾링링

朴通事卷上 十一

一힝이箇거가○藍자긴綾ᄒᆞᆫ필을各갇거俱규규壹힝이裏리리○각각ᄒᆞᆫ안ᄒᆞᆯᄀᆞ

초와與유유兄흉흥弟떼디佛뿡보童뚱퉁將쟝쟝去큐큐○아ᄋᆞ佛童을주어가져가

너父뿌부親친친母무무親친친穿쳔쳔用융융○父親母親은닙으쇼셔

兒ᅀᅳᆯ올這져져裏리리所수소幹간간已이이成쪙칭完원원備삐비○孩兒ㅣ겨

귀ᄒᆞᄂᆞᆫ배임의備케되여시니完得뎡더了랗랴照쟣쟈會휘휘○照會룰엇노라○照會五

軍都督府照會六部六部照會承宣布政使司使司照會提刑按察司體式詳見求政錄待때대兩량량

箇거거月웨웨○두ᄃᆞᆯ올기ᄃᆞ리면衣히이錦긴긴還환환鄉향향○비단옷닙고고

향의도라가○項羽居咸陽與沛公分王又懷東歸曰富貴不歸故鄉如衣繡夜行遂東歸都彭城故後人仕

宦榮貴還鄉里者曰衣錦還鄉喜히히面면면相샹샹參찬찬○喜面으로서ᄅᆞ뵈면孝햠햫

順쓘슌父뿌부母무무○父母셔孝順ᄒᆞ여光광광顯현현門믄믄閭류류○門閭

에光顯ᄒᆞ리니只즐즈此츨츠已이이外왜왜○그저이밧긔ᄂᆞᆫ別뼝뼈無무우所수소

懷홰회 ○ 다ᄅᆞᆫ 兩懷ㅣ 업슨 ᄃᆞ라 如유유 書슈슈 到닿닿 日싀이 ○ 만일 글이 니ᄅᆞ는 날이
면 勝싱싱 如유유 見견견 面면면 ○ ᄂᆞᆺ촐 봄도곤 나으리이다 比비비 及끼기 孩ᄒᆡ해
兒ᅀᆞᆯ 相샹샹 會휘휘 ○ 孩兒ㅣ 서ᄅᆞ 모ᄃᆞᆯ을 미처 善쎤션 保봥밯 尊준준 顔연연 ○
尊顔을 善保ᄒᆞ쇼셔 不부부 宣션션 ○ 베프디 아니ᄒᆞ노이다 某무무 年년년 秋칭추 季
기기 月웨웨 十씨시 有왕와 五우우 日싀시 ○ 아므히 秋季月十五日에 愚유유 男난난
山산산 童뚱뚱 頓둔둔 首싱사 百빙비 拜배배 ○ 愚男山童은 頓首百拜ᄒᆞ노이다 涴
오워 饋귀귀 你니니 筆비비 ○ 먹므더ᄅᆞᆯ 붓을 주니 畫화화 箇거거 字즈즈 ○ 일홈
두라

我오어 要얀얗 蓋개개 一이이 座조조 書슈슈 房방방 ○ 내 一座書房을 짓고져 ᄒᆞ니
木무뭉 匠쟝쟝 你니니 來래래 咱자장 商샹샹 量량량 ○ 木匠아 이바 우리 혜아리쟈
相샹샹 公궁궁 支즈즈 分분분 怎즘즘 的디딩 蓋개개 ○ 相公이 긔걸ᄒᆞ쇼셔 엇디 지으

고리 잇 捲 권권 蓬 뿡풍 搽 양양 做 주주 ○ 지무 으랑 려각 흐양 노으 라로 木 몽무 植 씽시

都 두두 有 임우 麽 마마 ○ 남ᄀ 그ᄋᆞᆷ 로이 ᄇᆡᆫ다 병잇 호ᄂᆞ ᄀᆞ나 ᄋᆞᆷ○ 이木 너植 斜亦 見日 字木 解料

下料 字 櫟 린린 ○ 납 樑 량량 ○ ᄅᆞ모 椽 쮠촨 ○ 허 柱 쮸쥬 ○ 동기 短 된된 柱

쮸쥬 ○ 柱短 叉 차차 竪 쓔슈 ○ 슈쟉 門 믄믄 框 쾅쾅 ○ 굴門 얼 門 믄믄 扇 션션 ○

빡門 吊 댱댜 窗 촹촹 ○ 들창다 天 텬텬 窗 촹촹 ○ 리울 창어 雙 솽솽 扇 션션 ○ 더상 다

單 단단 扇 션션 ○ 더괴 다 窗 촹촹 欞 링링 ○ 로창 살 以 이이 至 즈즈 升 싱싱 斗

두둥 ○ 리베 와바 石 씽시 ○ 파돌 塼 좬좬 ○ 파벽 培 뼥피 尾 와와 ○ 나培 르尾 히에 都

두두 有 임와 ○ 셰다 라이 你 니니 只 즈즈 取 츄츄 將 장장 墨 믕머 斗 둥두 ○ 저네 먹그

와고 조 墨 믕머 簑 친친 ○ 꽈먹 갈 和 헤호 鎊 팡팡 ○ 와갓 끠 錛 븐븐 子 즈즈 ○

와향 끠 退 뒤튀 鉋 빵바 ○ 와되 패 鑿 짱조 子 즈즈 ○ 과둘 斧 봉부 子 즈즈 ○ 치도

와 銼 처초 子 즈즈 來 래레 做 주주 生 승승 活 황호 ○ 가쥴 셩울 병가 흐져 라다 我 어고

慢만만慢만만的딍디旋쉔쉔指즈즈分븐븐 ○ 내날호여굿 공거갈ᄒᆞ마 盖개개了

랏간這져져房빵방子즈즈 ○ 이집을 짓고 那나나西시시壁삥비廂샹샹打다다

一ᄒᆞᆫ이流릳릭兒ᅀᆞᆯᅀᆞᆯ短뒨돤墻쨩창 ○ 뎌西壁廂에ᄒᆞᆫ 쥴短墻을싸고 上썅샹面면면

畫황화六룩루鶴헣허舞무우琴킨킨 ○ 上面에六鶴舞琴을그리 고 ○ 六鶴舞琴史記師曠

援琴而鼓一奏之有玄鶴二八集于廊門再奏之延頸 而鳴舒翼而舞善惡報應錄云江夏郡辛氏沽酒爲業

有一先生入坐曰有好酒飲吾否辛飲以巨杯明日復 來如此半載謂辛曰多負酒債無錢酬汝遂取籃橘皮

於壁上畫鶴曰客來飲酒但令拍手歌之其鶴必舞將 此酬汝後客至如其言鶴果舞觀者沓至酬之以錢遂

致巨 富 前쳔쳔面면면壘뤼뤼一ᄒᆞᆫ이箇거거花화화臺태태兒ᅀᆞᆯᅀᆞᆯ ○ 前面 에ᄒᆞᆫ

花臺를 무ᄀᆞ고 栽재재些셔셔好핳한名밍밍花화화 ○ 져기됴흔名 花ᄅᆞᆯ시므고 臨린린

窓ᄎᆞᆼ창看칸칸書슈슈亦ᅌᅵ이看칸칸花화화 ○ 窓에臨ᄒᆞ여글을 보고ᄯᅩ곳출보자 相

샹샹公궁궁道땋닿的딍디正징징好핳한正징징好핳한 ○ 相公의닐오 미경히됴타

졍히됴타 別볘뼝 要얀햫 蓋개개 甚슴씸 麽마마 房방빵 子즈즈 ○ 다ᄅᆞᆫ 므슴 집을 지으
실고 不부봉 要얀햫 蓋개개 ○ 짓디 말고져 ᄒᆞ노라 儘진진 勾구긓 也여여 ○ 잇곳 유여
ᄒᆞ다 常창짱 言연연 道닾땋 ○ 常말에 닐오ᄃᆡ 能능능 蓋개개 萬완완 間견견 房방빵
○ 능히 萬間房을 지어도 夜여여 眠면면 一이힗 厦햐햐 間견견 ○ 밤의 一厦間에 잔다
ᄒᆞᄂᆞ니라
你니니 官권권 人인인 除츄쮸 做주주 那나나 裏리리 ○ 네 官人이 어듸 벼슬ᄒᆞ엿ᄂᆞ뇨
除츄쮸 做주주 光광광 祿루롱 寺스ᄼᆞ 卿깅깅 ○ 光祿寺卿을 除ᄒᆞ엿ᄂᆞ니라 咳해해
這져져 一이힗 除츄쮸 甚슴씸 麽마마 好한햠 ○ 애이ᄃᆞᆫ 벼슬이 므서시 됴ᄒᆞ뇨 除츄쮸
好한햠 清칭칭 高갈강 ○ 벼슬이 ᄀᆞ장 清高ᄒᆞ니라 做주주 了랼럎 第디띠 幾기기 位
위뒤 ○ 몃재 위를 ᄒᆞ엿ᄂᆞ뇨 第디띠 二을ᅀᆞᆶ 少샤샿 卿깅깅 ○ 第二少卿이라 這져져 衙
야야 門믄믄 更긍긍 是스ᄼᆞ 好한햠 湯탕탕 食시씽 ○ 이 衙門이 ᄯᅩ 湯食이 됴ᄒᆞ니라 可

커커 知 징지 每 믜믜 日 싀시 兩 량량 箇 거거 羊 양양 爲 위위 頭 틓투 兒 ᅀᆞᆯ ○ 그리
어니每日에두羊을웃듬으로ᄒᆞ고 軟 ᅀᅯᆫ원 肉 숭수 薄 ᄬᅩ보 餠 빙빙 喫 칭치 了 랼랴 ○ 軟肉
소녀흔薄餠을먹고 ○ 軟肉薄餠質問云以麥麵作成薄餠片而用燈軟肉捲而食之 又 잉우 喫 칭치
幾 기기 盞 잔잔 酒 징작 之 즈즈 後 흫후 ○ 또여러잔술먹은후에 喫 칭치 稍 샹샨 麥
뭉머 粉 분분 湯 탕탕 ○ 稍麥과스면먹고 ○ 質問云以麥麵作成薄片包肉蒸熟與湯食之方言謂之
稍麥麥亦作賣又云皮薄肉實切碎肉當頂撮細似線稍繫故曰稍麥又云以麵作皮以肉爲餡當頂作爲花
蕊方言謂之稍麥 却 컹거 喫 칭치 粸 끼기 子 즈즈 ○ 또粸子ᄯᅥᆨ을먹고 或 횡휘 是 ᄉᆞ스
淡 딴단 粥 쥭주 後 흫후 頭 듷투 ○ 或물근쥭을ᄒᆞᆫ후에 擺 배배 茶 짜차 飯 빤반 又 잉우
喫 칭치 一 힝이 會 휘휘 酒 징작 ○ 茶飯버리고또ᄒᆞᆫ디위술먹고 擡 때대 了 랼랴 卓 좡조
子 즈즈 ○ 상들면 纔 째채 只 즈즈 掾 연연 史 ᄉᆞ스 們 믄믄 將 장장 文 문운 卷 권권
來 래래 ○ ᄀᆞᆺ掾史들히文卷을가져와 ○ 今按五軍都督府有掾史而光祿寺吏無此名元制未詳 紫

죠즈羅러로書슈슈案한안上쌍샹展젼젼開캐캐○羅書案에 펴고啓키키稟

빈빈公궁궁事쓰스○公事들 稟ᄒᆞ면頭뚱투到닿다發봥바落랑로公궁궁事

쓰스○처엄으로 로發落ᄒᆞ여公事直찡지到닿다日싱시平삥핑西시시纔재재上

샹샹馬마마○잇곳날이平西ᄒᆞ매다 개야곳몰을트ᄂᆞ니라ᄃᆞᆺ那나나般번번散산산了

랑랴時쓰스○그리ᄒᆞ면 더더便뼌변到닿다家갸갸裏리리那나나怎즘즘的딩디

○곳집의가ᄂᆞ냐 엇더ᄒᆞᄂᆞ뇨時쓰스常쨩챵這져져般번번早짱잔聚쥬쥬晚뫈완

散산산麼마마○시샹에이리일모다 늣게야ᄒᆞᆺ터디ᄂᆞ냐但딴단早짠잔散산산時쓰스

實씽시不붕부見견견早짬잔回쮜훠家갸갸○다믄실ᄎᆞᆺ터더되실 로일즉이집의도라

오들보다 못ᄒᆞ니繞샹샵地띠디裏리리望왕왕官권권人인신○두로官ㅅ 을초자보

고直찡지是쓰스人신신定띵딩時쓰스分뿐분纔째채下햐햐馬마마○잇곳

ㅅ定때예곳몰 눌ᄂᆞ리ᄂᆞ니라那나나般번번時쓰스○그러면伱니니伴뻔번當당당

們믄믄其끼키實씽시受씽수苦쿠쿠 ○ 너희 伴當들히 실로 受苦ᄒᆞ놋다 罷빠바罷빠바 ○ 두어 두어

跟근근官권권人인인時쓰스休힣후撒쌍사懶란란 ○ 官人을 조출 작시면 게어리 말고

一힣이發황하用융용心신신上썅상緊긴긴着쟣죠 ○ ᄒᆞᆫ골ᄀᆞ티 用心ᄒᆞ기를 긴히 ᄒᆞ라

我어오也여여跟근근官권권人인인時쓰스節졍져 ○ 나도 官人을 조차 ᄃᆞᆫ닐 제

那나나裏리리問운운雨유유雪쉐쉬陰힌인晴찡칭 ○ 어듸 雨雪陰晴을 무로리오

忍인인多더도少샿샤飢기기 ○ 언머 주리믈 ᄎᆞᆷ으며 受쓍수多더도少샿샤渴컹커 ○ 언머 갈ᄒᆞᆯ 바다시리오

這저저般번번受씽수苦쿠쿠來래래 ○ 이리 ᄎᆞᆷᄒᆞ여 今긴긴日싱이箇거거日싱시頭뚷투 ○ 오늘날에

官권권人인인們믄믄的디디要향얀路루루裏리리到닿닾了랗랴也여여 ○ 官人들의 要路에다 ᄃᆞᄃᆞᆫ노라

古구구人신인道땋닾 ○ 古人이 닐오되 苦쿠쿠盡쩐진甘간간來래래 ○ 苦盡甘來라 ᄒᆞ니라

我어오家갸갸裏리리一힝이箇거거漢한한子즈즈○우리집의혼놈이城쩡칭
外왜왜種중중稻땅됴子즈즈來래레○셩밧긔벼시므라갓다가和해호一힝이箇
거거漢한한兒슬올人신신廝스스打다다來래레○혼漢ㅅ사롬과싸홧더니那나나
廝스스先션션告갈갸官권권○뎌놈이몬져구의예告ᄒᆞ야把바바我어오家갸갸
小샹샾廝스스拿나나將장장去큐큐監견견了랼랴貳슬올日싀이○우리집놈
을다가잡아가가도완다이틀이오又잉우一힝이箇거거小샹샾廝스스半번번夜여여
裏리리起키키來래레○또혼놈은半夜에니러煤믜믜場쨩챵裏리리推퉤퉤煤
믜믜去큐큐時쓰스節졍져○煤場에숫실라갈ᄣᅢ에○推用轆軸戴煤炭一人推運而來被
쀠븨巡쓘슌夜여여的딍디拿나나着쨯죠○巡夜의게잡힘을닙어冷릉릉鋪쭈푸
裏리리監견견禁긴긴着쨯죠○冷鋪에가던ᄂᆞ니라咳해해事쓰스不붕부過궈고
三산산日싀이○애말이사흘이디나더못ᄒᆞ여서却켜궈又잉우招쟝잔災재재○

또지화ᄅᆞᆯ브ᄅᆞ니 禍 훠호 不 붕부 單 단단 行 힝힝 真 진진 箇 거거 是 ᄊᆞ스 ○ 禍不單行

이진실로올타 種 중중 稻 ᄃᆞᇢ다 子 ᄌᆞ즈 那 나나 廝 ᄉᆞ스 因 힌인 何 허허 監 견견 着 쟣죠

○ 벼시므든뎌놈은므스일울인ᄒᆞ여갓뎐ᄂᆞ뇨 他 타타 一 힁이 家 갸갸 住 쮸쥬 的 딩디 漢

한한 兒 ᅀᆞᆯ올 人 ᅀᅵᆫ신 ○ 뎌ᄒᆞᆫ집의사논漢사ᄅᆞᆷ이 不 붕부 見 견견 了 랼랴 幾 기기 件 견견

衣 히이 裳 쌍상 ○ 여러볼ᄉᆞᆯ일ᄏᆞ오 却 켱커 說 숴쉬 我 어오 家 갸갸 漢 한한 子 ᄌᆞ즈

偷 틓투 了 랼랴 ○ 또닐오ᄃᆡ우리집곰이도적ᄒᆞ다ᄒᆞ니 那 나나 廝 ᄉᆞ스 急 깅기 性 싱싱

便 뼌변 合 헝거 口 큫쿠 廝 ᄉᆞ스 打 다다 ○ 뎌놈이셩이급ᄒᆞ여곳입힐훔ᄒᆞ여싸홧더니 那

나나 廝 ᄉᆞ스 告 갛가 官 권권 ○ 뎌 놈이 官ᄒᆞ여 告 把 바바 我 어오 小 샿샤 的 딩디 監

견견 了 랼랴 ○ 우리아ᄒᆡᄅᆞᆯ다가가도완ᄂᆞ니라 由 윻우 他 타타 ○ 뎌뎌두라 無 무우 贓

쟝쟝 時 ᄊᆞ스 有 잉우 甚 씀슴 麽 마마 事 ᄊᆞ스 ○ 쟝믈이업스면므스일이이시리오 律 률류

條 댱됴 裏 리리 明 밍밍 白 뼝버 有 잉우 ○ 律條에明白히이시나 妄 왕왕 告 갛가 官

朴通事諺解 下

라 這 져져 的 딍디 便 뺸변 是 쓿스 ○ 이곳올ᄒ니

權 권권 司 숭스 抵 디디 罪 쮜쥐 反 반반 坐 쭤조 ○ 망녕되이官司에고ᄒ면죄反坐에니르ᄂ니

坐 쭤조 ○ 문을닫고집의안자서도 禍 훠호 從 쭝충 天 텬텬 上 썅샹 来 래레 ○ 禍丨天上으로조차오ᄂ니라

我 워오 兩 량량 箇 거거 部 뿌부 前 쪈쳔 買 매매 文 운운 書 슈슈 去 큐큐 来 래레 ○ 우리둘히部앏픠쳑사라가쟈

買 매매 甚 씸슴 麼 마마 文 운운 書 슈슈 去 큐큐 ○ 므슴쳑올사라가료

買 매매 趙 짱잔 太 태태 祖 주주 飛 비뵈 龍 룽룽 記 기기 ○ 趙太祖의飛龍記와○宋太祖姓趙名匡胤母昭獻皇后夢日入懷而孕誕生之夕赤光滿室異香馥郁及長性沉厚有大度調遷爲殿前都點撿陳橋之變黃袍已加于身受周恭帝之禪即皇帝位易曰飛龍在天龍爲人君之象故緕即位曰飛龍

唐 땅탕 三 산산 藏 짱장 西 시시 遊 읨우 記 기기 去 큐큐 ○ 唐三藏의西遊記롤사라가쟈○西遊記三藏法師往西域取經六百卷而來記其往來始末爲書名曰西遊記詳見上

買 매매

時쓰스買매메四스스書슈슈六륙루經깅깅也여여好할할○살작시면四書와六
經을삼이또됴ᄒᆞ니既기기讀뚜두孔쿵쿵聖싱싱之즈즈書슈슈○이믜孔聖의書룰닑
어서면必빋비達따다周징직公궁궁之즈즈理리리○반ᄃᆞ시周公의理룰達ᄒᆞᆯ쩌시
니要향야怎즘즘麼마마那나나一힝이等등등平삥핑話화화○엇더며ᄒᆞᆫ등두
話롤要ᄒᆞ리오西시시遊잉우記기기熱셔셔鬧낭나○西遊記는위전조련ᄒᆞ나悶믄믄
時쓰스節졍져好할할看칸칸有잉우○답답ᄒᆞᆫ제보기됴ᄒᆞ니라唐땅탕三산산藏
짱장引인인孫순순行힝항者져저○唐三藏이孫行者롤ᄃᆞ리고○孫行者行者僧來經闢給
度牒者謂之僧行來日行者西遊記云西域有花果山山下有水簾洞洞前有鐵板橋橋下有萬丈澗澗邊有
萬箇小洞洞裏多猴有老猴精號齊天大聖神通廣大入天宮仙桃園偸蟠桃又偸老君靈丹藥又去王母宮
偸王母繡仙衣一套來設慶仙衣會老君王母具奏于玉帝傳宣李天王引領天兵十萬及諸神將至花果山
與大聖相戰失利廻山大力鬼上告天王擧灌州灌江口神曰小聖二郎可使拿獲天王遣太子木叉與大力

見往請二郎神領神兵圍花菓山衆猴出戰皆敗大聖被執當死觀音上請于玉帝免死令巨靈神押大聖前往下方去乃於花菓山石縫內納身下截畫如來押字封着使山神土地神鎮守飢食鐵丸渴飲銅汁待我往東土尋取經之人經過此山觀大聖肯隨往西天則此時可放其後唐太宗勅玄奘法師往西天取經路經此山見此猴精壓在石縫去其佛押出之以為徒弟賜法名吾空改號爲孫行者與沙和尚及黑猪精朱八戒偕往在路降妖去怪救師脫難皆是孫行者神通之力也法師到西天受經三藏東還法師證果栴檀佛如來孫行者證果大力王菩薩朱八戒證果香華會上淨壇使者

到닿단車쳐쳐遲찡치國궝귀○車遲國에가○在西域未詳所在

和혀호伯븨버眼연연大따다仙션션○伯眼大仙과鬪등두聖싱싱的딍디你니니知징지道땋닾麼마마○鬪聖ᄒᆞ든줄을네아는다

說쉐쉬我어오聽팅팅○네니ᄅᆞ라내듣자

唐땅탕僧승승往왕왕西시시天텬텬取츄츄經깅깅去큐큐時쓰스節졍져○唐僧이西天을향ᄒᆞ여經가질라갈제到닿단一힐이箇거거城쪙칭子즈즈○ᄒᆞᆫ셩에가니喚훤훤做주주車쳐쳐遲찡치國

궈궈 ○ 車遲國이라 브ᄅᆞ는디라 那나나 國궈궈 王왕왕 好핳한 善션션 ○ 뎌 國王이 善을
됴히 녀겨 恭궁궁 敬깅깅 佛뿡부 法밯바 ○ 佛法을 공경ᄒᆞ더니 國궈궈 中즁즁 有잏익
一잉이 箇거거 先션션 生승승 ○ 國中에 ᄒᆞᆫ 先生이 이시되 喚훤훤 伯뷔버 眼연연 ○
伯眼이라 브ᄅᆞ고 外왜왜 名밍밍 喚훤훤 燒샿샤 金긴긴 子즈즈 道땋단 人신신 ○
外名은 燒金子道人이라 브ᄅᆞᄂᆞ니 ○西遊記云 有一先生到車遲國 吹口氣 以磚瓦化爲金 驚動國王 拜
爲國師 誦伯眼大仙 見견견 國궈궈 王왕왕 敬깅깅 佛뿡부 法밯바 ○ 國王의 佛法 敬호믈
보고 便뼌변 使ᄉᆞ스 黑힇허 心신신 ○ 믄득 ᄀᆡ엄 ᄆᆞᄋᆞᆷ을 브려 要햫야 滅몋며 佛뿡부
教걓갸 ○ 佛教롤 滅코저ᄒᆞ며 但딴단 見견견 和훠호 尙샹샹 ○ 몰릿즁을 보면 便뼌변
拿나나 着쟣죠 曳이이 車처처 解걔계 鋸규규 ○ 곳 잡다 술위 ᄭᅳ이고 톱질시겨 起키키
蓋개개 三산산 清칭칭 大따다 殿뗜뎐 ○ 三清大殿을 지으니 ○三清道經云 無上大羅玉清
十二天聖境也 九聖所居 元始天尊所治 上清十二天真境也 九真所居 玉晨道君所治 太清十二天仙境也

九仙所居太上老君所治謂之三清如유유此ᄎᆞ츠定딩딩害해해三산산寶발발○이러
ᄒᆞ시三寶를보셰더라一이잉日시싀先션션生승승們믄믄○一日에先生들히做
주주羅러로天텬텬大다따醮쟐쟐○羅天大醮ᄅᆞᆯᄒᆞ더니○羅天道經云七寶之樹各生一方
弥覆一天八樹弥覆八天包羅衆天故云大羅此聖境
也謂覆蓋萬天羅絡三界極高無上故稱大羅三清五
境三十六天謂之大羅四方四梵三十二天謂之中羅
其欲色三界三十八天謂之小羅總謂之羅天三界○
大醮道經云醮祭名夜中於星辰之下陳設餅餌酒果
幣物祀礼天皇太乙地祇列宿又有消災度厄之法依
陰陽五行之數推人年命書爲章疏青詞奏達天神謂
之醮上元金籙齋帝王修奉設普天大醮中元玉籙齋
保佑六宮輔寧妃后設周天大醮下元黄
籙齋臣民通修普資家國設羅天大醮
唐당당僧숭숭師
스ᄉᆞ徒두뚜二을슬人신신○唐僧의師徒二人이正징징到닫달城칭찡裏리리智
치징海해해禪천쪈寺스ᄉᆞ挨투뚱宿수숭○졍히션단智海禪寺에가드러자다가聽
팅텅的디딩道단땅人신신們믄믄祭지지星싱싱○道人들의祭星홈을듯고孫순순

行행힝 者져져 ○ 孫行者ㅣ 師스스 傳부부 上샹샹 說숴숴 知지지 ○ 스승의게 ᄉᆞᆯ려

말개 ᄒᆞ고 到닿단 羅러로 天텬텬 大따다 醮쟐잘 壇딴단 場짱창 上샹샹 藏짱창 身

신신 ○ 羅天大醮ᄒᆞ는壇場 우희 가 몸을 곰초와 奪똥도 與츙처 了랼랴 祭지지 星싱싱 茶

짜차 果궈고 ○ 祭星ᄒᆞ는茶果 를 다 사먹고 却켜커 把바바 伯뻐버 眼련연 打다다 了

랼랴 一힝이 鐵텨텨 棒빵방 ○ 또伯眼을 ᄯᅩ가 ᄒᆞᆫ 쇠막대로 티니 小샤샤 先션션 生승승

到당단 前쪈쳔 面면면 教걀갸 點뎐뎐 燈등등 ○ 小先生이 [illegible] 와 블 혀이거늘 又윻우

打다다 了랼랴 一힝이 鐵텨텨 棒빵방 ○ 또 ᄒᆞᆫ 쇠막대로 티니 伯뻐버 眼련연 道똥닫

○ 伯眼이 닐오되 這져져 禿퉁투 廝스스 好향ᄒᆞᆫ 沒뭉무 道똥닫 理리리 ○ 이 머리 믠

놈이 ᄀᆞ장 道理 업다 ᄒᆞ고 便뻔변 焦쟣쟈 燥짱잘 起키키 來래레 ○ 곳노히 여니러 到당닫

國궈궈 王왕왕 前쪈쳔 面면면 告갛갓 奏위워 畢빙비 ○ 國王의 앏퓌 가 고ᄒᆞ기를 ᄆᆞᆺ디

뭇ᄒᆞ 여셔 唐땅탕 僧승승 也여여 引인인 徒뚜투 弟띠디 去큐큐 到당단 王왕왕 府

소수 ○ 唐僧이 ᄯᅩ 徒弟를 ᄃᆞ리고 王의 곳에 니ᄅᆞ니 王왕왕 請칭칭 唐탕땅 僧승승 上샹썅

殿뎐뗜 ○ 王이 唐僧을 請ᄒᆞ여 뎐에 올린대 見견견 大다따 仙션션 打다다 羅바빠 閗

운몬 訊신신 ○ 大仙을 보고 뭇기를 몯ᄎᆞ매 先션션 生승승 也여여 稽키키 首수슈 迴

휘휘 禮리리 ○ 先生도 稽首ᄒᆞ고 迴禮ᄒᆞ더라 先션션 生승승 對뒤뒤 唐탕땅 僧승승 道

도땋 ○ 先生이 唐僧을 對ᄒᆞ야 닐오ᄃᆡ 咱자짬 兩량량 箇거거 寃원원 讎착쨕 不부붕 小

샿샿 可커커 裏리리 ○ 우리 둘 寃讎ㅣ 젹디 아니ᄒᆞ니라 三산산 藏장짱 道도닿 ○ 三藏

이 닐오ᄃᆡ 貧빈삔 僧승승 是스쑤 東둥둥 土투투 人신신 ○ 貧僧은 이 東土 사ᄅᆞᆷ이라

不부붕 曾층쯩 認신신 的디딩 ○ 일즙 아디 몯ᄒᆞ니 你니니 有우읭 何허허 寃원훤

讎착쨤 ○ 네 므슴 寃讎ㅣ 잇다ᄒᆞᄂᆞ뇨 大다따 仙션션 靜징쯩 閑재재 雙상솽 眼연연

道도땋 ○ 大仙이 두 눈을 브룹ᄯᅳ고 닐오ᄃᆡ 你니니 教갸걍 徒투뚜 弟디띠 ○ 네 徒弟로

ᄒᆞ여 壞해홰 了랴럏 我오어 羅로러 天텬텬 大다따 醮잘쟢 ○ 우리 羅天大醮를 해여ᄇᆞ

리고 更긍긍打다다了랼랴我어오兩량량鐵텨더棒빵방 ○ 또우리를두번쇠막대로

티니 這져져的딩디不불부是쓰스大따다差쨔챠 ○ 이거시큰원쉬아니가 咱쟝자

兩량량箇거거對뒤뒤君균균王왕왕面면면前쪈쳔鬪등두聖싱싱 ○ 우리둘히

君王앏폴디ᄒᆞ여鬪聖ᄒᆞ아 那나나一흥이箇거거輸슈슈了랼랴時쓰스 ○ 아므나ᄒᆞᆫ

나히저거든 強걍걍的딩디上썅샹拜배배為위위師승스傅부부 ○ 나으니롤拜ᄒᆞ

야스승을삼자 唐땅당僧승승道똥도 ○ 唐僧이닐오ᄃᆡ 那나나般번번着쨯죠 ○ 그리

ᄒᆞ쟈 伯뻐버眼연연道똥도 ○ 伯眼이닐오ᄃᆡ 起키키頭뜰투坐쭤조靜쪙징 ○ 웃듬

은안시롤靜히ᄒᆞ고 第떠디二ᅀᅳᆯ을櫃귀귀中중중猜채채物웅우 ○ 둘째는櫃中엣거슬

알고 第떠디三산산滾균균油잉우洗시시澡짷잘 ○ 셋재는끌는기름에모욕ᄒᆞ고 第

四ᄉᆞ스割거거頭뚱투再재재接졓져 ○ 넷재는머리버혀다시낫기ᄒᆞ쟈 說숭숴罷

빠바 ○ 닐ᄋᆞ기를ᄆᆞ초매 打다다一흥이聲싱싱鐘중중響향향 ○ ᄒᆞᆫ소리울티고鐘

各갈거上샹상禪쪈쳔床쫭촹坐쭤조定띵딩○안각시각를禪定床호에고올라分
분분毫할할不봉부動뚱둥○티分마毫라도動但딴단動뚱둥的딩디便뼌변算
숸숸輪륜룬○곳므지릇니動로호혀논니이라롤大때다仙션션徒뚜투弟띠디名밍밍
鹿룽루皮삐피○훔大鹿仙皮외라被호等러원拔빠바下햐하一황여根근근頭뜰투
髮봥바○털훈을낫쌔며허리變변변做주주狗궁주蚕짱잔○록변이호되여여내벼
唐땅당僧승승耳슬올門믄믄後흫후咬얗얀○뒤唐흘僧으의러귀要향얀動뚱둥
禪쪈쳔○져禪호울거動눌코孫순순行힝힝者져져是씃스箇거거胡흐후孫순순
○전孫납行이者라논이見견견那나나狗긓구蚕짱잔○을뎌보개고벼록便뼌변
拿나나下햐하來래레磕컹커死슷스了랼랴○죽곳괴잡더아죽ᄂᆞ이리고와他카타
却컹커拔빵바下햐하一힝이根근근毛맘만衣히이○털뎌을또빠흔혀낫變변변
做주주假갸가行힝힝者져져○行변者ᄒᆞㅣ여되거여즛靠캏칸師슷스傳붛부立

링리 的 딍디 ○ 師傅의게 의지ᄒᆞ여 셰교 他 타타 走 즘주 到 당닾 金 긴긴 水 쉬쉬 河 허허
裏 리리 ○ 뎨金水河에 ᄃᆞ라가 和 훠호 將 쟝쟝 一 힝이 塊 쾌쾌 青 칭청 泥 니니 來 래래
○ ᄒᆞᆫ덩이프른홁을 녀여가져다가 大 따다 仙 션션 鼻 삐비 凹 와와 裏 리리 放 방방 了
략랴 ○ 大仙의곳굼 긔노ᄒᆞ니 變 변변 做 주주 青 칭칭 毋 무우 蝎 훵혀 ○ 변ᄒᆞ여 프른암
젼갈이 되여 脊 징지 背 븨븨 上 쌍샹 咬 얗얖 一 힝이 口 큳쿠 ○ 등을ᄒᆞᆫ 번므니 大 따다
仙 션션 叫 걒갸 一 힝이 聲 싱싱 ○ 大仙이ᄒᆞᆫ번 소리디ᄅᆞ고 跳 땽탸 下 햐하 床 쫭촹 來
래래 了 랼랴 ○ 床에ᄠᅱ여 ᄂᆞ려ᄃᆞ니 王 왕왕 道 땋닾 唐 땅탕 僧 승승 得 듷더 勝 싱싱 了
랼랴 ○ 王이닐오ᄃᆡ唐 僧이이긔어다 又 잉우 叫 걒갸 兩 량량 箇 거거 宮 궁궁 娥 어오 ○
또두宮娥 롤블러 擡 때대 過 궈고 一 힝이 箇 거거 紅 훙홍 漆 칭치 櫃 꿔귀 子 즈즈 來
래래 ○ ᄒᆞᆫ블근칠ᄒᆞᆫ櫃롤 드러오라ᄒᆞ여 前 쪈쳔 面 면면 放 방방 下 햐하 ○ 앏픠 노코 着
쨯죠 兩 량량 箇 거거 猜 채채 裏 리리 面 면면 有 잉우 甚 씸슴 麼 마마 ○ 둘ᄒᆞ로 ᄒᆞ여안

희므서시잇ᄂᆞᆫ고 말라ᄒᆞ니 皇황황后흫후瞎한안使ᄉᆞ스一힝이箇거거宮궁궁娥
어오 ○ 皇后ㅣ ᄀᆞ만이 ᄒᆞᆫ宮娥를 ᄇᆞ려 說숴쉬與유유先션션生승승櫃귀귀中즁즁有
잉우一힝이顆커코桃땋탄 ○ 先生ᄃᆞ려 궷가온대 ᄒᆞᆫ 낫 복셩홰 잇다 닐럿더니 孫순순行
ᄒᆡᆼ힝者져져變변변做주주箇거거焦쟣쟌苗먕먀虫쭝충兒ᅀᆞᆯ얼 ○ 孫行者ㅣ 변ᄒᆞ
여 ᄒᆞᆫ 닥졍버리 되여 飛비뵈入슈슈櫃귀귀中즁즁 ○ ᄂᆞ라 궷 가온대 드러가 把바바桃
땋탄肉숭우都두두喫칭치了랗랴 ○ 복셩화ᄉᆞᆯ흘 다가 다 먹고 只즈즈留릳루下햐하桃
땋탄核훵허出츄츄來래래 ○ 다만 복셩화ᄡᅵ만 머므러두고 나와 說숴쉬與유유師
ᄉᆞ스傅부부 ○ 師傅ᄃᆞ려 닐럿더니 王왕왕說숴쉬今긴긴番반한着쟣죠唐떵탕僧
승승先션션猜채채 ○ 王이 닐오ᄃᆡ 이번은 唐僧으로 몬져 알게 ᄒᆞ라 三산산藏짱장說숴쉬
是ᄉᆞ스一힝이箇거거桃땋탄核훵허 ○ 三藏이 닐오ᄃᆡ 이 ᄒᆞᆫ 복셩화ᄡᅵ로다 皇황황后
흫후大따다笑샿샤猜채채不봉부着쟣죠了랗랴 ○ 皇后ㅣ 크게 우ᅀᅳ며 아디 못ᄒᆞ여다

朴通事諺解 一 二十一

大따다仙션션説워숴是쓰스一이이顆쿼고桃땊탄○이大흔仙낫이복닐셩오홰디
로다着짶죠將쟝쟝軍균균開캐캐積꿔귀看칸칸○積將룰軍여으러로보ᄒᆞ니여去卩
쿵커是쓰스桃땊탄核뻥허○화또븨이라복셩先션션生승숭又잉우輪슌슌了
량략○디先거生다이ᄯᅩ鹿룽루皮삐피對뒤뒤大따다仙션션説워숴○ㅣ鹿大皮
여仙닐을오뒤뎌ᄒᆞ咱짬자如슈슈今긴긴燒샾샾起키키油읻우鍋궈고○이우제리
예기블로떳가고마入슝슈去큐큐洗시시澡잘잘○욕드곰러져쟈가모鹿룽루皮삐피
先션션脱퉈토下햐햐衣히이服뿌부○오鹿술皮벗ㅣ고몬져入슝슈鍋궈고裏
예리라○드가니마에王왕왕喝허허一이係채채的디디其끼키間견견○출王ᄉᆞ이이허
孫순순行힝힝者져져念년년一이聲싱싱唵한안字쯔즈○ㅣ孫ᄒᆞ行소者
숩리ᄒᆞ唵니字룰山산산神썬신土투투地띠디神썬신鬼귀귀都두두來래래了
량략○鬼山ㅣ神다과오土니地놀神行힝힝者져져教갼갼千쳔쳔里리리眼연연順

쓘슌 風 봉봉 耳 슬올 等 등등 兩 량량 箇 거거 鬼 귀귀 ○ 行者ㅣ千里眼과 順風耳等두鬼神

으로ᄒᆞ여○千里 眼順風耳兩鬼名 油 잉우 鍋 궈고 兩 량량 邊 변변 看 칸칸 着 쨯죠 ○ 기룸

가마두편 의셔보와 先 션션 生 승숭 待 때대 要 햫얗 出 츙츄 來 래레 ○ 先生이나 오고져ᄒᆞ

거든 拿 나나 着 쨯죠 肩 견견 膀 빵방 廝 딍두 在 째재 裏 리리 面 면면 ○ 엇게롤 잡아안

희드리티라 ᄒᆞ엿더니 鹿 룽루 皮 삐피 熱 셩셔 當 당당 不 붕부 的 딍디 ○ 鹿皮ㅣ 더오몰

당티 못 ᄒᆞ여 脚 걓교 踏 땅다 鍋 궈고 邊 변변 待 때대 要 햫얗 出 츙츄 來 래레 ○ 발 로

가맛ᄀᆞ을드듸고 나오고져ᄒᆞ다가 被 삐비 鬼 귀귀 們 믄믄 當 당당 住 쮸쥬 出 츙츄 不 붕부

來 래레 ○ 귀신ᄃᆞᆯ의막으믈넙 어나오더못ᄒᆞ여 就 쪙작 油 잉우 裏 리리 死 스스 了 랼랴

○ 기룸에셔 죽으니 王 왕왕 見 견견 多 더도 時 씃스 不 붕부 出 츙츄 時 씃스 ○ 王 이

오래나오디 아니믈보고 莫 맣모 不 붕부 死 스스 了 랼랴 麼 마마 ○ 아니죽은 가ᄒᆞ여 教

걍갸 將 장장 軍 균균 看 칸칸 ○ 將軍으로ᄒᆞ 여보라ᄒᆞ니 將 장장 軍 균균 使 스스 金 긴긴

鉤쿠쿵子즈ᄌᆞ○將箄이쇠갈고리로뼈搭다당出추츙箇거거爛란란骨구궁頭투뚱的디딩先션션生승승○ᄒᆞᆫ므르노가뼈만잇ᄂᆞᆫ先生올건뎌내니孫순순行힝힝者저져說숴쉏○孫行者ㅣ닐오ᄃᆡ我오어如슈슈今긴긴入슈슝去큐큐洗시시澡잔잠○내이제드러가모욕ᄒᆞ리라ᄒᆞ고脫토톻了랴량衣이히裳샹쌍○오ᄉᆞᆯ벗고打다따一이힝箇거거跟근근鬥투틍○ᄒᆞᆫ번跟鬥질ᄒᆞ여跳ᄐᆞᆼ띵入슈슝油우잉中중중○鑊여거름가온대드러가纔채째待대때洗시시澡잔짬○굿모욕ᄒᆞ고져ᄒᆞ더니却커컹早잔짱不부붕見견견了랴량○블셔보디못ᄒᆞᆯ러라王왕왕說숴쉏將장장軍균균㑊니니搭다당去큐큐○王이닐오ᄃᆡ將軍아네건뎌라가라行힝힝者저져敢간간死스ᄉᆞ了랴량也여여○行者ㅣ죽은듯ᄒᆞ다將장장軍균균用융융鉤쿠쿵子즈ᄌᆞ搭다당去큐큐○將軍이갈고리로뻐건디라가니行힝ᄒᆡᆼ者저져變변변做주주五우우寸춘츈来레래大다따的디딍胡후후孫순순○行者ㅣ변ᄒᆞ여五寸만치큰진

납이되여 左저조邊변변搭닥다右잉우邊변변趓더도 ○ 좌편으로건너려흔면우편으

로숨고 右잉우邊변변搭닥다左저조邊변변去큐큐 ○ 우편으로건너려흔면좌편으

로가매 百빅비般번번搭닥다不붕부着쟢죠 ○ 빅가지로호딕건디디못호니 將장장

軍균균奏증주道닿도 ○ 將軍이엿조와날오디 行힝힝者져져油잉우煎젼젼的

딩디肉슝수都두두沒뭉무了랼랴 ○ 行者ㅣ기름에지지여술히다업디이다 唐땅당僧

승숭見견견了랼랴啼띠티哭쿵쿠 ○ 唐僧이보고우더니 行힝힝者져져聽텅팅了

랼랴跳턍탸出츙츄來래래 ○ 行者ㅣ듯고뛰여나와 叫걓갸大따다王왕왕有잉우

肥뼝뵈囊좡장麽마마 ○ 大王을블러비노잇누나 與유유我워오洗시시頭뜰투 ○

날을주어머리금게흔라 衆중중人신인喝헌허倸채채佛뽕보家갸갸贏잉잉了랼랴

也여여 ○ 모든사름이혀太고佛家ㅣ이거어다흔더라 孫순순行힝힝者져져把바바他

타타的딕디頭뜰투 ○ 孫行者ㅣ제머리를다가 先션션割궈거下햐하來래래 ○ 져본

에헥ᄂᆞ리더나 血혀혀 瀝링리 瀝링리 的딩디 腔캉캉 子즈즈 立링리 地띠디 ○ 뜻띄

둔ᄂᆞᆫ몸ᄯᅩᆼ만 ᄲᅡ혀셔고 頭뚷투 落랗로 在째재 地띠디 上쌍상 ○ 머리뼈려텨 ᄲᅡ혀잇더니

行힝힝 者저저 用융융 手슐쉬 把바바 頭뚷투 提띠티 起키키 ○ 行者ㅣ손 으로ᄡᅥ머

리를다가 잡 아니ᄅᆞ혀 接졍져 在째재 額뿌보 項향향 上쌍상 依이이 舊뀨구 了랼랴

○ 목우희니ᄂᆞ니뎌 라온ᄃᆞᆺᄒᆞᆫ다라 伯벙버 眼년연 大따다 仙션션 也여여 割겋거 下

ᄒᆞ야 頭뚷투 來래래 ○ 伯眼大仙도어리 ᄅᆞᆯ버혀ᄂᆞ리과 待때대 要얗야 接졍져 ○ 닛고

져ᄒᆞ거ᄂᆞᆯ 行힝힝 者저저 念년넌 金긴긴 頭뚷투 揭

켜겨 地띠디 波붜보 羅러로 僧승승 揭켜겨 地띠디 之즈즈 後헿후 ○ 行者ㅣ金頭揭

地와銀頭揭地와波羅僧揭地를念ᄒᆞᆫ後에○西遊記云釋迦牟尼佛在靈山雷音寺演說三乘教法傍有侍

奉何難伽舍諸菩薩聖僧羅漢八金剛四揭地十代明王天仙地仙觀此則揭地神名然未詳何神 變변변

做주주 大따다 黑흐허 狗궇구 ○ 변ᄒᆞ여큰 믄개되여거 把바바 先션션 生승ᅌᅳᆼ 的

듸디 頭뚷투 拖터토 將쟝쟝 去큐큐 ○ 先生의머리ᄅᆞᆯ다가ᄆᆞ어가져가니 先션션 生승승

變변변 做주주 老랗랖 虎후후 趕간간 ○ 先生이변ᄒᆞ여老虎ㅣ되여바로거늘 行힝힝

者져져 直찡지 拖터토 的듸디 王왕왕 前쳔쳔 面면면 威딍뒤 了랼랖 ○ 行者ㅣ바

로ᄭᅳ어王의앏ᄑᆡ드리티니 不붕부 見견견 了랼랖 狗긓구 ○ 개도보디몯ᄒᆞ고 也여여

不붕부 見견견 了랼랖 虎후후 ○ ᄯᅩ범도보디몯ᄒᆞ고 只즇즈 落랗로 下햐햐 一힣이

箇거거 虎후후 頭뚷투 ○ 그저ᄒᆞᆫ범의머리만뼈려더시니 國귕귀 王왕왕 道땋닿 ○

國王이닐오ᄃᆡ 元원원 来래레 是씃스 一힣이 箇거거 虎후후 精징징 ○ 본ᄃᆡᄒᆞᆫ虎精이

이랏다 不붕부 是씃스 師숫스 傅후부 ○ 이師傅ㅣ아니면 怎즘즘 生승승 拿나나

出츙츄 他타타 本븐븐 像썅샹 ○ 엇디뎌本像을잡아내리오 說숴숴 罷빠바 ○ 니ᄅᆞ

기ᄅᆞᆯᄆᆞᄎᆞ매 越훠워 敬깅깅 佛뿡부 門믄믄 ○ 더옥佛門을敬ᄒᆞ여 賜숫스 唐땅당 僧

승승 金긴긴 錢쪈쳔 三산산 百븽버 貫권권 金긴긴 鉢붕보 盂유유 一힣이 箇거거

○唐僧을金돈三百貫과金에우아리ᄒᆞ나흘주고 賜숭스行행힝者저져金긴긴錢젼쳔
三산산百븽버貫권권打다다發봥바了량랴○行者를金돈三百貫을주어打發ᄒᆞ니
這저져孫순순行행힝者저져正징징是씅스了량랴的딩디○이孫行者는졍히을
탓다那나나伯븽버眼연연大따다仙션션○뎌伯眼大仙이那나나裏리리想샹샹
胡화후孫순순手싊수裏리리死숭스了량랴○어듸胡孫의손에죽을줄을ᄉᆡᆼ각ᄒᆞ랴오
古구구人신신道당도○古人이닐오ᄃᆡ殺상사人신신一힝이萬완완○사ᄅᆞᆷ一萬
을죽이면自쯔즈損순순三산산千천천○스스로三千을손ᄒᆞᆫ다ᄒᆞ니라
那나나賣매매珠쥬쥬兒ᅀᅳᆯᅀᆞᆯ的딩디你니니来래레○뎌구슬ᄑᆞᆯ리아이바燒샹샤
子ᄌᆞᆼ즈珠쥬쥬兒ᅀᅳᆯᅀᆞᆯ好항하的딩디有잉우麽마마○구은구슬됴흐니잇ᄂᆞ냐沒
몽무有잉우○업고青칭칭白삥버間견견串춴춴的딩디上샹샹等등등玉융유
珠쥬쥬兒ᅀᅳᆯᅀᆞᆯ有잉우幾기기串춴춴○青白섯거ᄢᅦᆫ샹등옥구슬여러ᄢᅦ옴이이셰라你

니니 將쟝쟝 来래레 ○ 비가저오라 我어오 看칸칸 便뼌변 知징지 道땋닿 ○ 내보

면곳알리라 這져져 不봉부 是씋스 烧샿샾 子즈즈 的딩디 甚씸슴 麼마마 ○ 이구

으니아니오므섯고 你니니 敢간간 要향얀 玉융유 價갸갸 錢쪈쳔 ○ 네감히옥갑솔밧고

져ᄒᆞ눈다 你니니 待때대 謾먼먼 過궈고 我어오 ○ 네ᄒᆞ마날을소길랏다 為워위 我

어오 命밍밍 不봉부 好항핲 ○ 내명이됴티아니믈위ᄒᆞ여 撞좡좡 着쫗죠 你니니 ○

너롤만나과라 除쮸츄 了랼랴 你니니 ○ 너롤덜면 别뼝벼 人신신 不봉부 理리리 會

홰휘 的딩디 ○ 다룬사롬은아디못ᄒᆞ리라 你니니 多더도 少샿샾 賣매매 ○ 네언머에

풀다 這져져 珠쥬쥬 兒슿을 討탕톼 時쏭스 討탕톼 三산산 兩량량 價갸갸 錢쪈쳔

○ 이구슬을ᄢᅵ오면석낭갑시ᄢᅵ오려니와 實씽시 要향얀 二슿을 兩량량 銀힌인 子즈즈

賣매매 與유유 你니니 ○ 실로두냥은을밧고네게풀마 這져져 賊쪅즤 養양양 漢한한

生승승 的딩디 小샿샾 驢류류 精징징 ○ 이도적화냥년의난나괴ᄶᅵ야 一힝이 發뽱바

做주주賊쪙즤時쓰스不붕부好핳할○홈셔 도적질호미 됴티 아니ᄒᆞ라 燒샿샾

子즈즈二ᅀᆞᆯ을兩량량家갸갸賣매매了럏랴幾기기串쳔쳔○구은이예 두냥식 엿ᄢᅦ옴

이나 ᄑᆞ란는다 村춘춘言연연村춘춘語유유的딩디休힁휴罵마마人신인○村言

村語로 사ᄅᆞᆷ ᄭᅮ짓디 말고 相상샹公궁궁知징지道땋닾時쓰스○相公이 알거든 但관단

與유유的딩디便삔변是쓰스價가갸錢쪈쳔○믈읫 주는 거시 곳 올혼 갑시니 我어오

不붕부敢간간言연연語유유○내 감히 말 못호리라 與유유你니니一힝이兩량량

銀힌인子즈즈賣매매麽마마○너롤 ᄒᆞᆫ 냥 은을 줄 써시니 ᄑᆞᆯ따 罷빠바罷빠바將쟝쟝

來래레○두어두어 가져오라 你니니說쉥쉬都두두是쓰스白뻥버銀힌인○네 닐

오ᄃᆡ 다 이 白銀이라 ᄒᆞ려니 這져져的딩디八빵바成찡칭銀힌인○이거손 八成銀이니

只즈즈與유유我어오二ᅀᆞᆯ을兩량량沒뭉무利리리錢쪈쳔○그저 날을 두냥을 주

어도 니쳔이 업ᄉᆞ니 虧퀴퀴死쓰스我어오也여여○셜위 굴을 죽게 ᄒᆞ는고나 你니니有

朴通事諺解 卷上 二十六

26a

임우 好 항한 珊 잔산 瑚 후후 麽 마다 ○ 네거됴흔珊瑚ㅣ잇ᄂᆞ나 有 임와 時 쓰스 有 임와

不 봉부 賣 매매 ○ 이시믄이시되ᄑᆞ디가니ᄒᆞ리라 徐 니니 不 봉부 賣 매매 將 쟝쟝 家

갸갸 去 큐큐 就 찡쥐 飯 빤반 喫 칭치 ○ 네ᄀᆞᆫ디아니ᄒᆞ고집의가져가밥ᄒᆞ여먹을ᄶᅡ 黃 황황

豆 뚜두 來 래러 大 따다 的 듸디 ○ 콩만치크고 血 훼혀 點 뎐뎬 也 여여 似 쓰스 ○

血點ᄀᆞᆺ고 好 항한 顔 연연 色 싕서 圓 원원 淨 쩡징 的 듸디 價 갸갸 錢 쪈쳔 大 따다 ○

빗됴코圓淨ᄒᆞ니눈갑시만호더라 徐 니너 要 향야 那 나나 ○ 네사고져ᄒᆞ논다 這 져져 沒

뭉우 觜 쥐쥐 臉 련련 小 샿샤 胡 후후 孫 순순 ○ 이얼굴업손져근진납이 好 항한 小 샿샤

看 칸칸 人 신인 ○ ᄀᆞ장사ᄅᆞᆷ업ᄉᆔ이녀긴다 我 어오 偏 편편 帶 대대 不 봉부 的 듸디 好

항한 珊 산산 瑚 후후 ○ 내라독별이됴흔珊瑚를ᄎᆞ디몯ᄒᆞ라 不 봉부 是 쓰스 這 져져 般

번번 說 워숴 ○ 이리닐은거시아니라 官 권권 人 신인 捨 셔셔 不 봉부 的 듸디 錢 쪈쳔

那 나나 裏 리리 買 매매 的 듸디 ○ 官人이쳔을앗기니어ᄃᆡ사리오 呆 여여 鬆 숭숭 徐

니니將쟝장來래레我어오看칸칸○어린셥셥ᄒᆞᆫ놈아네가져오라내보자心신신裏
리리想샹샹道땊닾○ᄆᆞᄋᆞᆷ에셩각ᄒᆞ니這져저珊산산瑚후후帶대대的디디過
궈고○이珊瑚ㅣᄎᆞ돈거시로다這져저二ᅀᆞᆯ을十씹시顆궈코珊산산瑚후후怎즘즘
的디디賣매매○이스므낫珊瑚ᄅᆞᆯ엇디풀려ᄒᆞᄂᆞ다老랄랖實씽시價갸갸錢쪈쳔一
횡이兩량량一횡이顆궈코家갸갸○고디식ᄒᆞᆫ갑ᄉᆞᆫᄒᆞᆫ냥에ᄒᆞᆫ낫식이라你니니看칸칸
那나나廝스스唧징지唧징지的디디喝헣허倸째채○네보라뎌놈이唧唧히혀ᄎᆞ는
고나你니니休히후自쯔즈誇콰콰我어오知징지道땊닾○네손ᅀᆞ쟈랑말라내아노
라這져저的디디甚씸슴麽마마東둥둥西시시○이거시므스것고咳해해一
횡이件껸견好핳호物웋우○애ᄒᆞᆫ볼됴ᄒᆞᆫ거ㅣ라我어오還환환與유유你니니價
갸갸錢쪈쳔○내네게갑ᄉᆞᆯ가프되八빵바錢쪈쳔一횡이顆궈코家갸갸買매매你
니니的디디○여ᄃᆞᆲ돈에ᄒᆞᆫ낫식ᄒᆞ여여시하ᄅᆞᆯ사쟈買메매不붕부的디디○사디못ᄒᆞ리라

罷바빠罷바빠○두어두어九가걸錢쳔젼一이지顆코쿼家갸갸○아홉돈에ᄒᆞ낫

식ᄒᆞ자看칸칸銀인인子즈ᄌᆞ買매매了랴랴儘진진勾구굳了랴랴○은을보라

사기ᄂᆞᆫ잇ᄃᆞ유여호터我오어買매매的디듸不부봉應잉힝心신신○내사기ᄆᆞᄋᆞᆷ애

맛당티못ᄒᆞ여라怕파파你니니錯초촹買매매時스ᄊᆞ○네그릇사ᄂᆞᆫ가저ᄠᅳ거든着

죠쟝別베뼤人신인看칸칸去큐큐○다ᄅᆞᆫ사ᄅᆞᆷ으로ᄒᆞ여뵈라가라寸춘춘心신신不

부봉昧믜믜○ᄒᆞᆫ心이어둡디아니ᄒᆞ면萬완완法바방皆계계明밍밍○萬法이다ᄇᆞᆰᄂᆞ

니라

請칭칭哥거거這저져茶차짜房방빵裏리리○청ᄒᆞ노니형아이차방에喫치칭些

셔셔茶차짜去큐큐來레래○져기차머그라가자坐조쭤的디듸哥거거○안조라형

아茶차짜博보방士스ᄉᆞ們문믄○茶博士들히○音義云進茶人之役者問운온客

커키官권관人신인們문믄喫치칭甚심씸麼마마茶차짜○客官人ᄃᆞ려무로ᄃᆡ므슴

차머글써 先션션 喫치칭 甜텬뎐 的디딩 金긴긴 橘규큐 蜜미밍 煎젼젼 銀인인 杏

힝행 煎젼젼 ○ 몬져ᄃᆞᆫ金橘蜜煎과銀杏煎을머거든 ○蜜煎 事林廣記云凡煎生果最要遂其本性酸

苦辛破隨性製之以半蜜半水煮十數沸乘熱控乾別撥新蜜入銀石器內用文武火煮取其色明透爲度入

新瓮盛貯緊密封窨勿令生虫須時復看視纔覺蜜酸急以新蜜煉熱易之 再재재 將쟝쟝 涼량량

酪로랄 來래래 ○ ᄯᅩᄎᆞᆫ타락을가져오라 賣매매 榛준준 子즈즈 的디듸 你니니 來

래래 ○ 개암ᄑᆞᄂᆞᆫ이아이바 我오어 和호허 你니니 拿나나 榛준준 子즈즈 ○ 내너다개

암더ᄂᆞ기ᄒᆞ쟈 一이힝 耍사상 兒ᅀᆞᆯᅀᆞᆯ 贏잉잉 了랼랼 二ᅀᆞᆯᅀᆞᆯ 升싱싱 多도더 榛준준

子즈즈 ○ 져근덧에두되나믄개암을이긔어다 乾간간 得더듸 那나나 些셔셔 榛준준

子즈즈 喫치칭 ○ 공히뎌개암을어더먹으니 倒닫닫 着쇼숑 錢쳔젼 ○ 도로혀돈을ᄆᆞ

티어다 賣매매 刷솨솨 子즈즈 的디듸 將쟝쟝 來래래 ○ 刷子ᄑᆞᄂᆞᆫ이아가져오라 這

져져 帽마맛 刷솨솨 靴훠훠 刷솨솨 各거갛 一이힝 箇거거 ○ 이帽刷靴刷각ᄒᆞ나와

刷솽솨牙야야兩량량箇거거○둘刷파牙掠랼랴頭뜰투兩량량箇거거怎즘즘

麼마마賣매매○홀키엇밋디빗꿀기싸돌這저저的뎌디有잉의甚씸숨麼마마商

상샹量량량處츄츄○곳이이아이므시숨리혀오아 릴將쟝쟝二술올百빙버箇거거

銅뚱퉁錢쪈쳔来래래○을二가百져낫오銅라錢哥거거我어오與유유你니니這

저저一힝이箇거거刷솽솨牙야야一힝이箇거거掠랑랴頭뜰투○더형룰아이내

빗효기刷롤牙줄와써호시키니밋將장쟝去큐큐使숳스休힐휘吊댱댜了럏랴○저가

티가디쓰말고라뼈 ᄅᆞ不봉부妨방방事숳스○아일니에ᄒᆞ해니롭 치我어오靴훠훠

靿햫야裏리리揣채채將쟝쟝去큐큐○가내져헛가돈리에라고 자李리리舍셔셔

哥거거好핳한生승승定띵딩害해해你니니○네李게솔녀형리아과ᄀ라장有잉의

甚씸숨麼마마定띵딩害해해處츄츄○이므이숨시너리린오곳心신신裏리리好

핳한着쟣죠○도므ᄒᆞᄅᆞᆷ면에明밍밍日싕싀再재재廝숳스見견견○시너서갈ᄅᆞ다

보ᄂᆞ니라

張쟝장大따다○張大ㅣ아你니니打따다鐼궈궈我어오一이이箇거거立리리

鼈뼈벼兒슬올○네날을ᄒᆞᆫ立鼈兒와一이이箇거거蝦햐햐蟆마마鼈뼈벼兒슬올

和훠ᄒᆞ蝎혀허虎후후盞잔잔兒슬올○ᄒᆞᆫ蝦蟆鼈兒와蝎虎盞을ᄆᆡᆼ드라주고려○蝎虎

蚖蜥蝪蝘蜓守宮一物而四名在壁曰守宮在草曰蜥蜴蝪守宮即蝎虎也褐色四足促伏壁間名蝘蜓亦曰守

宮五月五日擣其生者飼以朱砂期年端午擣之點人臂上經事則消否則終身不改故名曰守宮漢武帝

嘗試之果驗常捕全蠍食之故名蝎虎

如유유今긴긴銀인인子즈즈如유유何허허○

이제은이엇더ᄒᆞ뇨只즈즈是스스如유유常챵창○그저如常ᄒᆞ니라元원원寶봐바

我어오有위우半번번錠딩딩了랼랴○元寶ㅣ내게반뎡이이시니○南村輟耕錄云至元

十三年元兵平宋回至揚州丞相伯顏號令搜檢將士行李所得撒花銀子銷鑄作錠每五十兩為一錠歸朝

獻納世祖大會王子王孫駙馬國戚從而頒賜或用貨賣所以民間有此錠也錠上有字曰揚州元寶後朝廷

亦鈔又尤遼陽元寶至元二十三年在遼所行 錄子兩鑄者也撒花元語猶本國語曰土産也 再 재잿 添

뎐뎐 上 샹샹 三 산산 五 우우 兩 량량 銀 인인 子 즈즈 時 스스 勾 굳구 也 여여 ○ 三ᄯᅩ

뎐五 유兩 여銀 ᄒᆞ을 리더 나ᄉ 鼈 볌벼 兒 슬올 打 다다 的 등디 匾 변변 着 쟣죠 些 셔셔 箇

거거 ○ 기鼈 납兒 족민 이돌 ᄂᆞᆫ기 고롤 져 觜 쥐쥐 兒 슬올 把 바바 兒 슬올 且 쳐쳐 打 다다

下 햐햐 我 어오 看 칸칸 着 쟣죠 銲 한헌 ○ 두부 라리 내와 보줄 좌롤 돈아 빠지 라민 伱 니니

自 즈즈 這 져져 裏 리리 打 다다 爐 루루 子 즈즈 ○ 무비 룰손 민즈 돌겨 고긔 플 鐵 텨텨

鎚 쮜취 ○ 치마 鉗 켠켠 子 즈즈 ○ 게집 鐵 텽뎌 枕 진진 ⊛ 로모 鍋 궈고 兒 슬올 ○

관도 碎 쉬쉬 家 갸가 亭 ᄉᆞᆼ스 和 훠호 將 쟝장 瀝 링리 青 칭칭 來 래래 ○ 과존 瀝연 青장

刷글 ᄂᆞᆫ가 生저 솜다 翁가 洞ㅇ 油瀝 合青 熬家 爲禮 之儀 這 져져 裏 리리 做 주주 生 승승 活 훟호

○ 명계 ᄒᆞ셔 라셩 伱 니니 看 칸칸 我 어오 這 져져 帽 망만 頂 딩딩 子 즈즈 ○ 라비 내보

瑣이 ᄀᆞᆫ가 ㅣ싯 帳 쟝쟝 房 항방 門 믄믄 上 샹샹 磕 컹커 着 쟣죠 ○ 에당 다방 뎌문 搨 탕타

了럏랴半번반邊변변○반편이 뼈려디고 顏연연色싀서也여여都두두消샿샤

了럏랴○빗치다 업서시니 你니니就찧직饋귀귀我어오掠량랴飾싱치○네 임

의셔 날을 빗아사 주고려 我어오不붕부算쉰쉰工궁궁錢쪈쳔○내 공젼을 혜아리디 아니

ᄒᆞ고 多더도多더도的딩디賞샹샹你니니○만히 네게 샹ᄒᆞ리라

你니니那나나裏리리有잉우來래래○네 어ᄃᆡ 잇든다 今긴긴日싕시是쓰스聖

싱싱節졓져日싕시○오ᄂᆞᆯ은 이 聖節日이라 我어오在쨔재官권권裏리리前쪈쳔

面면면○내 향례ᄒᆞᆸ피이셔 百븽버官권권禮리리畢빙비後흫후○百官이 禮畢ᄒᆞᆫ

後에 看칸칸捽쭹쵀挍걒걔來래래○시롬ᄒᆞ는 양 보ᄃᆞ니라 穿춴춴着쟣죠花화화

袴쿠쿠皂쨯잔靴훠훠的딩디勇융융士쓰스○아롱 바디예 거믄 훠 신은 勇士ㅣ ○花袴

以襦連上衣為之者如倭奴上着纈文之衣 勇士華制以紅氊裁成勇字附於方帛之上拖長帶於四角攢負

於背侍衛則用之故曰勇士即本國甲士也 四숭스五우우對뒤뒤家갸갸簇충추簇충추

趲잔잔趲잔잔的딍디○무데둑다나숫아빵드식러무 독摔쐥쇄倒닿도拿나나法

빢바○拿시法름音ᄒ義기云를用법手저拿이緊잡要더之라處○看칸칸摔쐥쇄挍걓갸的

딍디官권권人인신們믄믄○官시人름들보히는有윙우甚씸슴麽마마數수수目

몽무○기언잇머더수뇨목官권권裏리리前쳔쳔面면면丞쩡칭相샹샹爲위위頭

뜽투兒을을○샹황위데두앏ᄒ퀴여승各거거衙야야門믄믄官권권人인인們믄믄

○人各들衙히門官一픙이品핀핀至즞즈九깅구品핀핀○品一계品니으ᄅ로히九

大따다小샹샤衆중중官권권○官大이小니衆知징지他타타是씃스多더도多

다도少샹샤少샹샤○언모에로런리다로 다便뼌변是씃스箇거거人인인城쩡칭

○城곳이이니ᄉ只즞즈是씃스孩개개孩개개滾군군滾군군的딍디○구그믈저

더구라믈 ᄒ大따다明밍밍殿뗜뎐前쳔쳔月웽워臺떄태上쌍샹○갊大月明臺殿

회우四숫스角걓교頭뜽투立링리地띠디的딍디四숫스箇거거將쟝쟝軍균균

○네모힌섯논대將軍이○四箇將軍募選身軀長大壯偉異於人者紅盔銀甲立於殿前月臺上四隅名鎮殿將軍亦曰紅盔將軍亦曰大漢將軍其請給衣糧曰大漢衣糧年過五十方許出官咳해해那나나

身션신材채째○材애여더身身션신長챵쨩六릭룩尺치칭○身長이六尺이오腰얀향闊쿼쾅三산산圍위위抱밮빵不부봉匝자쟝○허리너르기세아롬이나훈니안아두로디못훈고頭투뚤戴대대四스숭縫봉뽕盔퀴퀴○머리예四縫盔롤쓰고身션신披피피黃황횡金긴건鑠소쉬子즈즈甲갸걍○몸에黃金으로훈사솔갑올닙어시니曜양양日이ᅀᅵ連련련環환횐○히違環에비최고脚교걍穿쳔천着쵸쨯朝쟈쟝雲윤윤靴훠훼○발에朝雲靴롤신고各거걍自즈쯔腰얀향帶대대七치칭寶밮빵環환횐刀닫당○각각허리예七寶혼環刀롤ᄎᆞ고手슈싱持치찡畫화횡干간간方방방天텬텬戟기깅的디딩○손에畫干方天戟올잡으니와將쟝쟝鉞웨웽斧부부的디딩○鉞斧롤가지니와拿나나劍견견的디딩○劍을가지니와手슈싱挂쥬규

朴通事諺解上 三十一

搶창창的딩디○손에搶올딥혼이三산산尺칭치寬퀀퀀肩견견膀빵방○석자
나너론엇게오燈등등盞잔잔也여여似숭스兩량량使징지眼연연○등잔ᄀᆞ툰두눈
에直징지挺팅팅挺팅팅的딩디立링리地띠디○바로곳곳이써히셔시니山산산
也여여似숭스不붕부動뚱둥憚딴단○山ᄀᆞ트여動憚티아니ᄒᆞ니咳해해正징징
是숭스一잉이條턍탄好핳호漢한한○애졍히一條好漢이러라這저저的딩디擎
깅킹天텬텬白뷩버玉융유柱쮸쥬○이논하놀을바틴논白玉柱ㅣ오駕갸갸海해해
紫즈즈金긴긴梁량량○바다홀걸탄논紫金梁이로다天텬텬子즈즈百뷩버靈링링
咸현현助쭈주○天子논百靈이다돕고將쟝쟝軍균균八방바面면면威퀴위風
봉봉○將軍은八面威風이러라
咱짱자們믄믄食씽시店뎐뎐裏리리喫칭치些셔셔飯빤반去큐큐來래레○
우리밥뎜에밥먹으라가쟈○飯漢人凡稱餅麵酒食之類皆曰飯午우우門믄믄外왜왜前쪈쳔

好할한飯빤반店뎬뎐○午門밧기밥뎜이됴ᄒᆞ니那나나裏리리喫칭치去큐큐來
래레○뎌긔먹으라가자咱쟝자各갛거自쯔즈愛해애喫칭치甚씸슴麼마마飯
빤반○우리각각므슴밥올즐겨먹는고各갛거自쯔즈說숭쉬○각각니ᄅᆞ쟈過궈고
賣매매你니니來래레有왕우甚씸슴麼마마飯빤반○過賣아이바므슴밥이잇ᄂᆞ뇨
○過賣食店內執役供具之人如走干者也官권권人인인們믄믄各갛거自쯔즈說숭쉬
○官人들히각각니ᄅᆞ라喫칭치甚씸슴麼마마飯빤반○므슴밥을먹을싸羊양양
肉숭우餡현현饅먼먼頭뚜두○羊肉소녀ᄒᆞᆫ상화파○餡或肉或菜及諸料物拌勻爲胎納於
餠中者日餡酸餡素餡[食單]餡生餡熟餡供用合宜詳見事林廣記事文類聚居家必用等書劑法不一今不煩
註素수수酸숸숸餡현현稍샹샾麥뭉머○素酸소ᄒᆞᆫ稍麥파匾변변食씽시○
匾食과水쉬쉬精징징角걓교兒슬올○水精角兒과○飮饌正要云羊肉羊脂羊尾子生葱
陳皮生薑各細切入細料物盐醬拌勻爲餡用豆粉作皮包之水煮供食又居家必用云皮用白麪於滚湯攪

朴通事諺解下　三十二

作稠糊扐冷水浸以豆粉和搜作劑打作皮包餡上籠緊火蒸熟洒兩次水方可下窩臨供時再洒些水便供

麻마마**尼**니니**汁**지징**經**깅깅**卷**젼젼**兒**ᅀᆞᆯᅀᅳᆯ○ᄎᆞᆷᄭᅢ즙經卷兒와○飮饌正要云白麪一斤小油一斤小椒一兩炒去汗茴香一兩炒右件隔宿用酵子鹽減溫水一同和麪次日入麪接肥再和成麪每斤作二箇入籠蒸麻即脂麻也擂脂麻爲汁如稀泥然故曰麻尼汁尼作泥是

軟원원**肉**수숭**薄**보빵**餠**빙빙○연육소ᄒᆞᆫ박병과○見上

餠빙빙**餡**져져○餠餡와○質問云將菉豆粉摻和粘穀米着水浸濕用石磨磨細杓兒盛在鍋內一攪一攪煎熟而食

煎젼젼**餠**빙빙○煎餠과

水쉬쉬**滑**화ᅘᅪ**經**깅깅**帶**대대**麪**면면○제믈엣칼국슈와○質問云以麥麪扯成長條似包經帶子樣煮熟撤肉湯食之方言謂之水滑經帶麪事林廣記及居家必用以水滑經帶爲二物水滑麪用頭麪春夏秋用新汲水入油鹽先攪作拌麪羹攙漸漸入水和搜成劑用水拆開作小塊子再用油水洒和以拳搋二二百拳如此三四次微軟和餅劑就案上用拗棒拗百餘棒多揉數百拳至麪性行方可搓如指頭大新涼水內浸兩時許伺麪性行方下鍋潤細任意做冬月溫水浸經帶麪用頭白麪二斤減二兩鹽二兩研細新汲水

破開和攪比趕麪劑微軟漸以物捧搊百餘下停一時許委搊百餘下趕至極薄切如經帶撥滚湯下候熟入

凉水投計任意掛과과麪면면○므른국슈와○詳見老乞大集覽濕麪下象샹샹眼연연棋

기지子즈즈○象眼ᄀᆞᄐᆞᆫ棋子와○質問云以麥麪作成象眼樣大棋子行路便於食之方言謂之象眼

棋子然棋子形劑未詳但居家必用著來心棋子劑法云頭麪以凉水入鹽和成劑搊肆搊過趕至薄切作細

碁子洒乾以篩子篩過弄用刀切千百次再篩過麁者吾切細者有麼末却簸去皆要一揉搓細如米粒下鍋

煮熟連湯起在盆内用凉水寛投之三五次方得精細攪轉撈起控乾麼計加碎肉禽姜末醬瓜末黄瓜末香

菜等料點用供柳랴링葉여영棋키끼子즈즈○柳葉ᄀᆞᄐᆞᆫ棋子와○質問云以麥麪作成柳葉

樣棋子亦便於行路之食方言謂之柳葉棋子芝즈즈麻마마燒샤샹餅빙빙○ᄎᆞᆷᄭᆡ므틴쇼병

과黃황황燒샤샹餅빙빙○누른쇼병과○總龜云燒餅即古之胡餅也石勒諱胡改爲麻餅質

問云以麥麪作成餅子用芝麻粘洒烙熱食之事林廣記云每麪一斤入油一兩半炒鹽一錢冷水和搜得所

骨魯煉研開鏊上塼熟得硬糖火燒熟甚酥美酥석식ᄒᆞ다酥수수燒샤샹餅빙빙○酥油녀츤

朴通事諺解下 三十三

쇼병과○質問云以麥麪用酥油調和作成餅子烙熱最酥方言謂之酥燒餅硬잉힝麪면면燒샾샾
餅빙빙都두두有우잉○硬麪으로ᄒᆞᆫ쇼병이다잇다○質問云此不用油徒以冷水和麪烙熱
燒샾샾餅병빙餜키끼子즈ᄌᆞ你니니店뎐뎐裏리리有우잉麼마마○燒餅餜子
네뎜에잇ᄂᆞ나官권권人인인們믄믄要얀향時스ᄊᆞ○官人ᄃᆞᆯ히ᄒᆞ고져ᄒᆞ면這져져
間견견壁비빙磨오뭐房방빵裏리리取츄츄將쟝쟝來레래○이ᄉᆞ잇ᄇᆞ롬매ᄀᆞ눈
집의가져오쟈你니니來레래欲허휑汁지징熱서셩着죠쨯○이바마실즙을덥게ᄒᆞ고
○喝汁詳見老乞大集覽這湯下零링링碎쉬쉬和호ᄒᆡ生승승薑강걍料랴랼物우훙
蔥충충蒜숸숸醋추추鹽연연都두두將쟝쟝來레래○존것과싱간과교되와파와마
놀과초와소금을다가져오라咱자쟝各거걍自즈쯔儘진진飽반방○喫치칭○우리각각
잇긋비블리먹쟈過고궈賣며매你니니這져져飯반빤○過賣ᅵ다ᄂᆡ이밥올只즈즘
要얀향乾간간淨징찡休후힝着죠쨯冷릉릉了랴랼○그저간졍허ᄒᆞ고太게알라

官권권人신신們믄믄這져져的디디不봉부消샿샤說숳숴○일官란人솝둘절아
디업알시라닐으我어오管권권甚씸슴麼아마○옴내아므ᄂᆞ서뇨술ㄱ請칭칭也
여여請칭칭不봉부來래레○아쳥니ᄒᆞᄒᆞ여리도니오더我어오用융융心신신伏
뿍후侍쓰스官권권人신신們믄믄○돌내을용복섬시ᄒᆞᄒᆞ여리官라人常쨩창言연연
道땋닾○날常오言뒤에一ᄒᆞᆫ이箇거거去큐큐百븽버箇거거來래레○히ᄒᆞ가나
ᄒᆞ매ᄂᆞ빅니이라운다
咱장자們믄믄今긴긴日싱시打다다毬꺌캬兒슬을如유유何허허○오우놀리
毬당兒방即올如텀本이國엇당더방ᄒᆞ올뇨法○云수以按木質刷問圓畫成咱장자賭두두甚
씸슴麼마마○술우더리ᄂᆞ므료서咱잔자賭두두錢쪈쳔兒슬올○더우ᄂᆞ리ᄌᆞ돈을
那나나箇거거新신신來래레的디디崔취취舍셔셔○崔더개새아로온你니니
也여여打다다的디디麼마마○ᄒᆞ너논도다티기我어오怎즘즘麼마마打다다

不붕부的딍디◯내엇디티디못ᄒᆞ리오伱니니是쓰스新신신來래레的딍디莊

쟝쟝家갸갸◯너ᄂᆞᆫ이새로온향암이라那나나裏리리會휘회打다다◯어듸티기롤알

리오不붕부濟지지事쓰스◯속절업ᄉᆞ니伱니니休힣후問믄운他타타◯비뎌

롤못디말라我어오學햫효打다다這져져一힝이會휘회◯내이ᄒᆞᆫ디위비화티리라

將쟝쟝我어오那나나提띠티攬란란和허호皮삐피袋대대來래레◯내뎌간주

리와皮袋롤가져다가○提攬質問云如筐子上有圈圈用手提攜方言謂之提攬又云或竹或荊為之有本

手長圈提繫仝以質問之釋考之則攬字作籃為是然此兩釋似皆不合本意未詳是否拿나나出츄츄

毬꿍쿠棒빵방來래레◯당방올막대롤내여○毬棒質問云如入耍木毬耍木棒一上一下用有

栖木杓接毬相連不絕方言謂之毬棒又云此戲之一端也有毬門有窩兒中者為勝以下四者俱打毬之用

借져져與유유崔취취舍셔서打다다○崔가롤빌려주어티게ᄒᆞ라飛빅뵈棒빵방

杓쌍샾兒ᅀᅳ올◯飛棒杓兒와○質問畫成毬棒即本國武試毬教之形而下云蟯木靡栖其杓用水

牛皮為之以木為胎今按樺木黃桑木也廂柄者以黃蘗皮裹其柄也胎者以木為骨而以皮為外裹也滚

군군子즈즈○방올과鷹힝잉觜쥐쥐擊깅기起키키毬끟쿠兒ᅀᅳᆯᅀᆞᆯ○鷹觜擊과

起毬兒ᄅᆞᆯ○鷹觜質問云毬棒上所用之物擊起毬兒質問云如人將木圓毬兒打起老高便落於窩內方言

謂之擊起毬兒都두두借져져與유유伱니니○다 너ᄅᆞᆯ 빌려주마咱쟘자打다다那

나나一힝이箇거거窩워오兒ᅀᅳᆯᅀᆞᆯ○우리 어ᄂᆡ ᄒᆞᆫ 굼글 티료○窩兒質問云如人打毬兒先搖

一窩兒後將毬兒打入窩內方言謂之窩兒又一本質問畫毬門架子如本國拋毬樂架子而云木架子其高

一丈用五色綃結成彩門中有圓眼擊起毬兒入眼過落窩者勝咱쟘자且처쳐打다다毬끟쿠

門믄믄窩워오兒ᅀᅳᆯᅀᆞᆯ了럏랴○우리 아직 毬門 굼글 티고○毬門窩兒質問云如打毬兒先豎

一毬門上鑿毬窩然後將毬打上方言謂之毬門窩兒又云平地鑿窩成圓窩擊起毬兒落入窩者勝打다다

花화화臺때태窩워오兒ᅀᅳᆯᅀᆞᆯ○花臺ㅅ 굼글 티고○質問云以磚砌臺其上栽花藏窩將毬打

入窩內為勝却컁커打다다花화화房빵팡窩워오兒ᅀᅳᆯᅀᆞᆯ○ᄯᅩ 花房 굼글 티자○質問

云如打毬先立毬窩於花房之上然後用捧打入方言謂之花房窩兒凡數窩操毬名用各不同如此又云在馬
上舞毬捧一木有一尺五寸長上下俱窩兒今按上文自打毬兒以下質問各說似不綫合充說尤不合於本
節所云事意而又無義理後說似有可取而又有一疑毬捧杓兒之制一如本國武試毬杖之設即元時擊丸
之事毬門及三窩兒之設一如本國拋毬樂之制貿問所盡亦同此制詳見事林廣記但今漢俗未見兩毬而
惟見踢氣毬者即古之蹴踘也此節打毬兒又如上卷打毬兒名同事異但本國龍飛御天歌云擊毬之法或
數人或十餘人分左右以較勝負捧形如匙大如掌用水牛皮為之以厚竹合以為柄捧皮薄則毬高起厚則
毬不高起又有滾捧所擊之毬輪而不起隨其厚薄大小厥名各異毬用木為之或用瑪瑙大如鷄卵掘地如
椀名窩兒或隔殿閣而作窩或於階上作窩或於平地作窩毬行或騰起或斜起或輪轉各隨窩所在之宜一
擊入窩則得筭二一擊不入隨毬所止再三擊之而入則得筭一一擊而入則他毬不得再擊而死再擊而入
則他毬不得三擊而死此後同一擊之毬雖與他毬相緩而不死再擊之毬與他毬相觸則死此後亦同或立
而擊或跪而擊節目甚多又云擊鞠騎而以扶擊也黃帝習兵之勢或曰起於戰國所以鍊武士因嬉戲而講

蹴習鞠之之道戲打也毬非咱쟝자打다다不붕부上쌍샹的딩디○리우디리못뎌ᄒᆞ울
니看칸칸那나나一힝이箇거거毬꿍쿠兒슬올老랗랖時씋스○나어당니밯ᄒᆞ
니울롤티보기와니그着쨯죠先션션打다다○게몬ᄒᆞ저쟈티一힝이雲상사兒슬올
人신신開낳노起키키來래레○이ᄒᆞ짓디게위더사니ᄅᆞᆷ新신신來래레的딩디崔
취취舍셔셔○崔새개로온三산산迴휘휘連련련打다다上쌍샹了럏랖○번세
뎌울올뎐려ᄒᆞ다야別뼝뼈人신인道땋닿○이다날론오사되ᄅᆞᆷ夢믕믕着쨯죠了럏랖
也여여○로샹다이又잉우打다다一힝이會휘휘○티ᄯᅩ뎌ᄒᆞ니디위崔취취舍
셔셔又잉우打다다上쌍샹○올崔러개니ᄯᅩ뎌衆중중人신인喝헣허係쳬쳬道
땋닿○초모고ᄃᆞᆫ날사오ᄅᆞᆷ디이혀我어오不붕부想샹샹這져져新신신來래레的
딩디撞좡좡家갸갸快쾌쾌打다다○털내줄이올새셩로각온디향못암ᄒᆞ이콰잘這져져
的딩디喚훤훤做주주○니이ᄅᆞ러기모롤로人신신不붕부可커커貌맣마相샹샹

○사룸은가히얼굴로상티못ᄒᆞ고海해해不붕부可커커斗둘두量량량○바다흔가

히말로되디못ᄒᆞᆫ다ᄒᆞ니怎즘즘麽마마小샹샾看칸칸人신신○小看ᄒᆞ리오엇디사룸올

崔취취舍셔셔道땅닾○崔개닐오디哥거거你니니們믄믄○형아너희들이再

재재也여여敢간간和ᅘᅩ호我어오打다다毬킥킥麽마마○뇌여성심이나날과댱밮

올티기홀ᄊᆞ你니니十씽시分븐븐休힝후小샹샾看칸칸人신신○비ᄀᆞ장사ᄅᆞᆷ올

小看티말라常짱창言연연道땅닾○常言에닐오디寸츈츈鐵텽텨入슝슈木뭉무

九깅구牛닝누之즈즈力링리○ᄒᆞᆫ鐵이남게들매九牛의힘이라ᄒᆞᄂᆞ니라

老랄랖安한난因힌인甚씸슴麽마마事쓰스○老安이므슴일을인ᄒᆞ여監견견在

째재牢랄랖裏리리○옥에갓텬ᄂᆞ뇨你니니不붕부知직지道땅닾○네아디못ᄒᆞᄂᆞᆫ

다城찡칭外왜왜那나나劉릳릭村츈춘裏리리○城밧뎌劉村에管권권着쟐죠

他타타官권권人신신家갸갸莊좡좡土투투種즁즁田뗜텬來래레○뎌官ㅅ되

라놈 種소田올 호ᄀ 더옴 니아 到됴됴 秋칙착 他타타 種중중 來래레 的디디 ○ 이ᄀ 다올

의ᄃ 삼나 근뎌 稻땋닾 子즈즈 ○ 벼 蜀쓩슈 秫쓩슈 ○ 슈슈 黍슈슈 子즈즈 ○ 장기

大따다 麥믜머 ○ 리보 小샿샤 麥믜머 ○ 밀 蕎걓걒 麥믜머 ○ 밀모 黃황황 豆

뜰두 ○ 콩 小샿샤 豆뜰두 ○ 풋 菉룽루 豆뜰두 ○ 두녹 莞권권 豆뜰두 ○ 장광

이 黑흫허 豆뜰두 ○ 콩거 믄 芝즈즈 麻마마 ○ 깨참 蘇수수 子즈즈 ○ 깨듦 諸

쥬쥬 般번번 的딓디 都두두 納낭나 與유유 了랼랴 粗주주 稅쉬쉬 ○ 짓겨 거러 솔가

밧다 텨粗 교稅 예 另링링 除쮸츄 了랼랴 種중중 子즈즈 後쨯후 頭뜰투 ○ 뻐ᄄ 로로

후뎌 예호 三산산 停뗭텅 裡리리 ○ 에세 셔분 官권권 人신인 上썅샹 納낭나 與유유

二숤을 停뗭텅 外왜왜 ○ 을官 바ㅅ 티의 밧게 긔두 분 除쮸츄 了랼랴 一힁이 停뗭텅

兒숤올 ○ 뎨호 ᄒ분 여올 賣매매 的디디 賣매매 了랼랴 ○ 꿀풀 고리 落랄로 下햐햐

些셔셔 箇거거 ○ ᄅ져 뎌기 뼈 養양양 活황호 他타타 媳싀시 婦뿌부 孩해해 兒

올숨 ○ 뎌의媳婦와孩兒로養活ᄒᆞ여 這 져져 般 번번 過 고궈 當 당당 的 디딩 其 키기 間

견견 裡 리리 ○ 이리디낼ᄉᆞ이예 一 이힝 箇 거거 挾 갸걍 讎 취쯯 的 디딩 人 신신 ○

ᄒᆞᆫ挾讎ᄒᆞᆫ사ᄅᆞᆷ이 卻 커컁 點 뎐뎐 饋 귀긔 那 나나 官 권권 人 신신 ○ 또뎌官人의게뎌어

주니 這 져져 兩 량량 日 시ᅀᅵ 官 권권 司 스ᄉᆞ 裡 리리 告 간갚 了 랴럏 ○ 이두어날에官

司에告ᄒᆞ여 監 견견 下 하햐 老 랖랗 安 안한 要 얖향 追 쥐쥐 裡 리리 ○ 老安을가도고

물리고져ᄒᆞᄂᆞ니라 孩 해ᄒᆡ 兒 올ᅀᆞᆯ 使 스ᄉᆞ 爺 여여 娘 냥냥 的 디딩 ○ ᄌᆞ식은어버의거술

쓰고 奴 누누 婢 비삐 使 스ᄉᆞ 使 스ᄉᆞ 長 쟝쟝 的 디딩 ○ 죵은ᄂᆡ연의거술쓰ᄂᆞ니 管 권권

着 죠쟢 那 나나 莊 좡좡 土 투투 ○ 더농소ᄅᆞᆯᄀᆞ옴아다가 使 변뼌 不 부붕 使 스ᄉᆞ 些

셔셔 箇 거거 做 주주 甚 슴씸 麼 마마 ○ 곳져기쓰디아니코므슴ᄒᆞ리오 常 챵짱 言 연연

道 단땅 ○ 常言에닐오되 管 권권 山 산산 喫 치칭 山 산산 ○ 山올ᄀᆞ옴알면山엿거술먹고

管 권권 水 쉬쉬 喫 치칭 水 쉬쉬 ○ 믈올ᄀᆞ옴알면믈엣거술먹논다ᄒᆞ니라

你니니哥거거○네 형이 除쮸츄在째재那나나裡리리○어ᄃᆡ除ᄒᆞ엿ᄂᆞ뇨 除

쮸츄在째재南난난京깅깅應힝잉天텬텬府부부丞찡칭○南京應天府丞을除ᄒᆞ엿

ᄂᆞ니라○南京古金陵之地吳晉宋齊梁陳南唐建都大明太祖定鼎於此爲京師設應天府以燕京爲北平

布政司永樂中於北平肇建北京爲行在所正統中以北京爲京師設順天府以應天府爲南京府丞二負正四品

幾기기時씃스行힝힝○언제 가료 昨쪼조日ᅀᅵ이去큐큐了랼랴○어제 가니

라 鋪푸푸馬마마裏리리去큐큐也여여○鋪馬로 가나 長짱창行힝힝馬마마

去큐큐○長行馬로 가나 甚씸슴麽마마長짱창行힝힝馬마마○므슴 長行馬ㅣ리오

五우우箇거거鋪푸푸馬마마去큐큐了랼랴○다ᄉᆞᆺ 鋪馬로 가니라○鋪馬站馬也元制

達方之任官員一品五匹二品四匹三四品三匹五品以下二匹古者常称太守曰五馬按禮天子大馬左右

驂三公九卿駟馬左驂則漢制太守駟馬其加秩中二千石乃右驂故以五馬爲貴避禽閑覽云漢朝臣出使

爲太守增一馬故爲五馬 也여여不부부小샿샤可커커○ᄯᅩ 젹디 아니타 去큐큐時씃스

節졍져 ○계갈 써 有잉우甚씸슴麽마마氣키키像썅샹 ○이므 잇숨 더氣 되像 比

비비丞찡칭相상샹爭증쯩甚씸슴麽마마 ○쓰丞 리相 오에 ○氏 丞권 相에 元므 中서 書시

戰首 在有 右左 天右 子丞 平相 章任 萬宰 撒相 之 車귀쥬馬마마 ○외車 馬 茶짜차褐헝허

羅러로傘산산 ○浮차 暑할 頂빗 黑치 色羅 茶傘 褐마 羅○ 表羅 紅傘 綃即 裹丞 三用 簷傘 紅 銀

인인拷캉캎栳랑랖交걒갸椅히이 ○交銀 椅拷 와栳 銀인인盆뻔펀 ○파銀 盆 水

쉬쉬鑵권권 ○과水 鑵 金긴긴瓜꽈과 ○와金 瓜 古구구朶뒤도 ○알보 파리 金

긴긴鐙등등 ○파金 鐙 鉞월워斧부부 ○와鉞 斧 對뒤뒤對뒤뒤皂짱잗隷리리

○隷對 丨對 皂 擺배배着쟢죠四스스五우우里리리喝훵허道땋닾 ○里四 에五

道버 ᄒᆞ러 고喝 大따다小샿샤官권권員웬원 ○員大 과小 官 一힁이行헝힝部뿌부

이이從쭝중 ○從一 이行 部 那나나氣키키像썅샹是스스氣키키像썅샹 ○像더 이氣

이이 러氣 라像 你니니却켜키為위위甚씸슴麽마마不뿌부跟근근去큐큐 ○쏘네

으서술위ᄒᆞ여뻑 와가더아니ᄒᆞᆫ다 我어오 這져저 上썅샹 直찌지 着쨯죠 誰쒸쉬 當당당

着쨯죠 ○ 네이上直을눌로ᄒᆞ여당ᄒᆞ리오 你니니 的듸디 伴뻔빈 當당당 着쨯죠 一

잉이 箇거거 替티티 當당당 ○ 네伴當ᄒᆞ나ᄒᆞ로替當ᄒᆞ거나 更금근 不붕부 時씃스 ○

그리아니면 上썅샹 直찡지 官권권 人신신 前쪈쳔 告갑간 暇해하 ○ 上直官人의게

告暇ᄒᆞ고 送숭숭 到닿닿 那나나 裏리리 時씃스 也여여 有잉우 些서서 情찡칭 分

뿐븐 ○ 보내여뎌긔니ᄅᆞ면져기情分이이실랏다 你니니 送숭숭 那나나 裏리리 廻휭휘

來래래 ○ 네어듸가보내고도라온다 送숭숭 到닿닿 四쓰스 十씽시 里리리 地띠디

○ 보내여四十里짜희가 宿숭수 了랼랴 一잉이 宿숭수 ○ ᄒᆞᆫᄅᆞᆺ밤자고 辭쏘츠 了

랼랴 廻휭휘 來래래 ○ 하딕ᄒᆞ고도라오롸 接졍져 客컹커 不붕부 如유유 送숭숭 客

컹커 ○ 客올接호미客들送ᄒᆞᄂᆞᆫ이만곳디못ᄒᆞ니 送숭숭 到닿닿 三산산 四쓰스 日싱시

辭쏘츠 廻휭휘 來래래 ○ 보내여三四日에가하딕고도라오면 怕파파 甚씸숨 麼마마

○프므리서도시저 不붕부能능능勾끔구跟근근將쟝쟝去큐큐○바유라여가히

작디시못면홀 只즈즈管권권的딍디遠원원去큐큐怎즘즘麽마마○릭그야저얼소

흐리리가오므숨 古구구人신인道땅닾○니古르人되이送숭숭君균균千쳔쳔里

리리終즁즁有잉우一힝이別뼝벼○一送別君이千라里흐나니終라有

好할한畫화화匠쟝쟝那나나裏리리有잉우○인그이림어잘되그잇리는는노장 徐

니니知징지道땅닾麽마마○는네다아我어오知징지道땅닾○노내니아一힝이

箇거거有잉우名밍밍的딍디畫화화匠쟝쟝○畫흐匠有이名흐 天텬텬下햐하

沒뭉무雙솽솽○업天스下니에라雙이 在째재那나나裏리리住쮸쥬○이어서듸

뇨사는 他타타在째재樞츄츄密밍미院원원角걓교頭뜰투住쮸쥬裏리리○

때使樞知密院院同知모院롱簽이書에院이ᄂᆞ셔中사書ᄂᆞ院니爲라二○府元主制兵有政使副 他

타타是숭스那나나裏리리人신신氏숭스○人태氏이고어듸 是숭스真진진定

띵딩 人 신인 ○ 이真定사ᄅᆞᆷ이라○禹貢冀州之域周爲幷州地秦爲鉅鹿郡漢置恒山郡元爲真定路

今爲真定府直隷京師 你 니니 要 얗얀 畫 홯화 甚 씸슴 麽 마마 ○ 네므서슬그리고져ᄒᆞᄂᆞᆫ

다 要 얗얀 畫 홯화 我 어오 的 딩디 喜 히히 身 신신 裏 리리 ○ 내진켱을그리고져ᄒᆞ노

라 他 타타 別 쁳뼈 處 츄츄 畫 홯화 了 럏랴 一 힁이 箇 거거 官 권권 人 신인 的 딩디

影 힝잉 來 래래 ○ 뎌다른ᄃᆡᄒᆞᆫ官人의얼굴을그리니 一 힁이 似 씃스 那 나나 活 홯호 的

딩디 ○ 뎌샤니ᄀᆞᆺ고 只 즈즈 少 샿샤 一 힁이 口 큫쿠 氣 키키 ○ 그저ᄒᆞᆫ입긔운만업드라

他 타타 標 뱧뱌 致 짛지 ○ 뎌영노술가오니 是 씃스 我 어오 好 핳하 相 샹샹 識 싱시 ○

이내ᄀᆞ장서르아ᄂᆞᆫ이라 你 니니 請 칭칭 他 타타 這 져져 裏 리리 來 래래 麽 마마 ○

네뎌를청ᄒᆞ여여긔올ᄯᆞ 來 래래 不 붛부 的 딩디 ○ 오디아니ᄒᆞ랴 和 훠호 我 어오 兩

량량 箇 거거 至 즈즈 好 핳하 麽 마마 ○ 날과둘히ᄀᆞ장됴컨마ᄂᆞᆫ 他 타타 家 갸갸 裏 리리

事 씃스 多 더도 ○ 뎌집의일이만ᄒᆞ니 怎 즘즘 麽 마마 來 래래 的 딩디 ○ 엇디오리오

朴通事諺解下

那나나 般번번 時쓰스 ○ 그러면 咱쟈자 兩량량 箇거거 去큐큐 來래레 ○ 우리

돌가 히 咱쟈자 商샹샹 量략략 了랴랼 放방방 下햐하 定띵딩 錢쳰쳔 ○ 우혜 리아

을려 두定 자錢 他타타 不부부 曾층쯩 開캐캐 鋪푸푸 的디듸 ○ 데티 일아 즙니 開흔 鋪이

니 似스스 不부부 肯큰큰 家갸갸 畫화화 麼마마 ○ 즐아 거날 그듯 리흐 디고 也 여여

不부부 要얏얓 工궁궁 錢쳰쳔 ○ 또디 고마 錢니 도호 밧더 相샹샹 識시시 們믄믄 十

시쓰 分분분 央양앙 及기기 時쓰스 ○ 서히 르그 아잡 는밟 이면 들 沒무무 奈내내 何

허허 畫화화 ○ 엇서 디그 려려 교노 홈니 이라 업 難난난 道다담 不부부 要얏얓 工궁궁

錢쳔쳔 ○ 고라 錢니 을르 밧기 피어 아렵 니마 려 你니니 知지지 道다담 他타타 就작작

裡리리 麼마마 ○ 비을 며아 싀논 속다 常챵챵 言연연 道다담 ○ 常날 흠오 에되 畫화화

虎후후 畫화화 皮피피 難난난 畫화화 骨구구 ○ 범그 을러 그도 리새 매그 가리 족기 는어

렵고 知지지 人인인 知지지 面면면 不부부 知지지 心신신 ○ 사 람초 을아 알라 매도

ᄆᆞᄋᆞᆷ은 아디 몯ᄒᆞᆫ다 ᄒᆞᄂᆞ니라
曹짷찻大따다家갸갸裡리리 ○ 曹大ㅣ의 집의 人신신情찡칭来래레麽마마 ○
人情이 왓더냐 甚씸슴麽마마人신신情찡칭 ○ 므슴 人情고 却큥커不봉부沒몽무
了랼랴老랄랖曹짷찻来래레 ○ 또 老曹ㅣ 죽디 아니ᄒᆞ냐 我어오不봉부曾쯩층知
징지道땋닿来래레 ○ 내 일즙 아디 몯ᄒᆞ엿노라 出츙츄殯빈빈也여여麽마마 ○ 出殯
ᄒᆞ냐 今긴긴早쨯잪起키키出츙츄殯빈빈来래레 ○ 오ᄂᆞᆯ 새배 出殯ᄒᆞ니라 幾기기
歲쉬쉬了랼랴 ○ 나히 언메나 ᄒᆞ더뇨 今긴긴年년년纔ᄍᆡ채三산산十씅시七칭치
歲쉬쉬 ○ 올히 ᄀᆞᆺ 三十七歲라 咳해해年년년紀기기也여여小샿샤裡리리 ○ 나ᄒᆡ
도 졈엇다 留릳릭幾기기日ᅀᅵᆼ이来래레 ○ 몃츨을 머므로뇨 三산산来래레 ○ 사ᄒᆞᆯ
ᄋᆞᆯ ᄒᆞ니라 ○ 三字下恐有日字 陰힌인陽양양人신신是씋스誰쒸쉬 ○ 陰陽ᄒᆞᄂᆞᆫ 사ᄅᆞᆷ은 이
뉘러뇨 朱쥬쥬先션션生승승来래레 ○ 朱先生이 왓더라 殃향양榜방방橫훙홍

朴通事諺解 下 四十一

貼 뎡텨 在 째재 門 믄믄 上 쌍샹 ○ 殃榜을 문우희 빗기 브텃더니 ○漢俗凡遇人死則其家必斜

貼殃榜於門外 辟上榜文如本節所云 使生人臨喪知所避忌也 羅仙財後經云 生人所生之年與亡者所死

月節相犯則忌避 如四孟節內死者忌寅申巳亥生人 四仲月節內死者忌子午卯酉生人 四季月節內死者

忌辰戌丑未生人是也 你 니니 過 궈고 來 래레 時 쓰스 節 졍져 不 부부 曾 쯩층 見 견견

○ 네 디나온 제 일즙 보디 못ᄒᆞᆫ다 我 워오 不 부부 曾 쯩층 見 견견 ○ 내 일즙 보디 못ᄒᆞ여시니

寫 셔셔 着 쟣죠 甚 씸슴 麼 마마 裡 리리 ○ 므서시라 섯더뇨 寫 셔셔 着 쟣죠 壬 신신

辰 찐친 年 년년 二 ᅀᅳᆯ울 月 웨워 朔 솧소 丙 빙빙 午 우우 十 씽시 二 ᅀᅳᆯ을 日 ᅀᅵᆼ시 丁

딩딩 卯 맣맢 ○ 壬辰年二月朔丙午十二日丁卯에 丙 빙빙 辰 찐친 年 년년 生 승승 人 ᅀᅵᆫ신

三 산산 十 씽시 七 칭치 歲 쉬쉬 ○ 丙辰年에 난 사ᄅᆞᆷ 三十七歲ㅣ 艮 근근 時 쓰스 身 신신

故 구구 ○ 艮時예 身故ᄒᆞ여 二 ᅀᅳᆯ을 十 씽시 四 쓰스 日 ᅀᅵᆼ시 丁 딩딩 時 쓰스 殯 빈빈

出 츙츄 順 쓘쉰 城 쩡칭 門 믄믄 ○ 二十四日丁時예 殯이 順城門으로 나가니 巳 쓰스 午

우우 亥해해卯맛망生승승人신신忌기끼犯반빤裏리리○巳午亥卯에 난사ᄅᆞᄆᆞᆫ忌
犯ᄒᆞ라 섯더라 黑허흥夜여여道닿땋場창쨩裡리리你니니有우잉來레래麼마마
○밤의 道場에 네 잇든다○道場反譯名義云修道之場僧寺或名道場隋煬帝勅天下寺院皆名道場
我오어有우임來레래○내 잇더니라 為위위頭투뚷兒을ᅀᅳᆯ門문믄外왜왜前
쳔쪈放방방一이힝箇거거桌조좋兒을ᅀᅳᆯ○ᄌᆞᆺ등으로 문 밧긔 ᄒᆞᆫ 탁ᄌᆞᄅᆞᆯ 노코 上샹썅
頭투뚷放방방坐조쭤一이힝尊준쥰佛보뽕像샹썅○우ᄒᆡ 一尊佛像을 안치고○一
尊佛解見三尊佛下 明밍밍點뎐뎐燈등등燭주죵○燈燭을 ᄇᆞᆰ게 혀고 擺배배諸쥬쥬
般번번茶차짜果고궈等등등味위믜○여러 가짓 茶果等味ᄅᆞᆯ 버리고 請칭칭佛보뽕
入슈슝到닿닿殯빈빈前쳔쪈○佛ᄋᆞᆯ 請ᄒᆞ여 殯前에 드리매 吹취취螺로러打다다
鈸보뽕○고라 불고 바라 티고 擂뤼뤼鼓구구撞장쫭磬징깅○붑 티여 경 티고 念년년
經깅깅念년년佛보뽕○經을 념ᄒᆞ고 佛을 념ᄒᆞ야 直지찡念년년到닿당明밍밍○

잇곳念흠을붉그애다듯게ᄒᆞᆫ고 供궁궁 養양양 的디딩 是스씃 豆두뚱 子즈즈 粥쥬죵

○供養ᄒᆞ는거순이픗죽과 饑키끼 子즈즈 燒샤샿 餅빙빙 ○餜子燒餅과와 麪면면 茶

차짜 等등등 飯반반 ○麪茶等飯이오 臨린린 明밍밍 喫치칭 和호화 和호화 飯반빤

○붉음애남ᄒᆞ여온반을먹드라 多도더 早잔잘 晩완환 入슈슝 斂련련 來레래 ○어ᄂᆡ

ᄣᅢ예入斂ᄒᆞ뇨 丑착칭 時스씃 入슈슝 斂련련 ○丑時에入斂ᄒᆞ니라 仵우우 作조잘 家

가갸 ○仵作의집의○仵作吏學指南云中人也仵者偶也作者任事也爾雅曰偶者合也陰陽相合則成

偶謂得中也仵字從人從午萬物至午則中正又午位屬火也破仵諸鹵賄所以仵作名中人也 賃닌닌 傀

훈쿤 車처쳐 ○傀車와○傀車作小腰輿以黃絹結爲流蘇垂簾如本國結彩之施以貯寶帛爲前導

紙즈즈 車처쳐 ○紙車와○以金銀錢紙結造小空車爲前導 影잉잉 亭팅뎡 子즈즈 ○

影亭子와○影亭子畫死者之真容舁於小腰輿以爲前導 香향향 亭팅뎡 子즈즈 ○香亭子와

諸쥬쥬 般번번 彩채채 亭팅뎡 子즈즈 ○여러가지彩亭子로ᄭᅦ내고○彩亭子亦以彩絹結

作小輿為前導漢俗皆於白日送殯九結飾車輿幢旛傘蓋及紙造人馬為前導者達亘四五十步僧尼道士
及鼓樂鐘鈸填咽大路遠近大小親隣男女簇後導從者不知幾人後施夾障從之花화화果궈고酒
쟝쟉器기기家갸가事쑤스○花果家事와酒器家事를都두두裝좡좡在째재卓쫗조兒
ᅀᅳᆯ올上쌍샹擡때태着쨯죠○다탁조에담아들고又잉우是쑤스塊쾌쾌馬마마衣
이이帽망맢靴훠훠帶대대之즈즈類뤼뤼○ᄯᅩ魂馬와衣帽와靴帶人類와○魂馬ᄶ紙揑
鬌為馬者也十씨시餘유유對뒤뒤幢쫭촹旛한한寶밯박蓋개개螺러로鈸뽛보
鼓구구磬킹깅○열아믄빵幢旛과寶蓋와鑼鈸과鼓磬이러라咳해해那나나小샹샤孩
해해兒ᅀᅳᆯ올可커커憐련련見견견○애더어린아희에엿블샤穿췬춴着쨯죠斬잔잔
衰최최○新來롤닙엇더라誰쉬쉬碎쉬쉬盆쁜픈來래레○뉘소라롤ᄣᅧ리ᄃᆞ뇨○碎
盆來詳源流但本國送殯之晨在家者見靈輛登道即隨以瓦器拼碎於門外大聲作語曰持汝家具而去云
爾者蓋使亡人無留念家緣之術也曾쨩찻大따다就찡작門믄믄前쪈쳔碎쉬쉬盆쁜픈

朴通事諺解下 四十三

○曹大ㅣ운앏픠셔 소라롤ᄡᅳ리더라 送숭숭殯빈빈的딍디官권권人신인們믄믄○

送殯ᄒᆞᄂᆞᆫ 官人들히 有일우甚씸슴麼마마數수수目몽무○므슴數目이 이시리오都

두두繫기기着쟣죠孝햫햫帶대대○다孝帶롤 ᄯᅴ엿더라尸슈스首싛수實씽시葬

장장了랼랴那나나怎즘즘的딍디○尸首롤실로장ᄒᆞ 더나엇디ᄒᆞ뇨燒샹샤人신신

場쨩챵裡리리燒샹샤着쟣죠○燒人場에 셔ᄉᆞᆯ와寺ᄉᆞ스裏리리寄기기着쟣죠

裡리리○뎔에브 티니라咳해해苦쿠쿠哉재재苦쿠쿠哉재재○매셟다 셟다買

징지下쌰햐千쳔쳔百븽버口큳쿠○千百口롤 두어도臨린린死ᄉᆞ스獨똥두自

쯓즈當당당○죽으매님ᄒᆞ여 홀로당ᄒᆞ니三산산寸춘춘氣키키在쩨재千쳔쳔般

번번有잉우○三寸氣ㅣ이시대 쳔가지나잇다가一힁이日싱이無ᄝᅮ우常쨩챵萬완완

事ᄊᆞ스休힣후○一日에常이업ᄉᆞ면 萬事ㅣ休ᄒᆞᄂᆞ니라

咳해해春츈츈奴누누○애春奴 ㅣ아你니니看칸칸那나나飯환반○네더 밥을

라보 有 읭우 些 서셔 胡 후후 撒 봐보 氣 키키 ○ 내져 이기 시노 니린 這 져져 婆 뽀포 娘

냥냥 好 핳한 不 봉부 用 융융 意 히이 ○ 엿이 다변 ○이 婆ㅁ 娘장 慈用 詬意 之티 辞아 詳니 見훈

子上 下卷 娘 做 주주 的 딩디 生 승승 時 쏘스 也 여어 難 난난 喫 칭치 ○ 설짓 게기 ᄒᆞ롤

어연 덥먹 고기 忒 퉁틔 軟 원원 了 럏랴 也 여여 不 봉부 好 핳한 ○ 됴더 티모 아믈 니러 ᄒᆞ도

고 硬 힝잉 了 럏랴 也 여여 不 봉부 中 중중 喫 칭치 ○ 당세 티여 아도 니먹 ᄒᆞ기 니맛 淘

땅탄 的 딩디 米 미미 乾 간간 淨 찡징 着 쟣죠 ○ 淨빤 히읻 ᄒᆞ기 라롤 乾 早 쟣잣 起 키키

飯 빤한 裏 리리 咬 얗야 了 럏랴 一 힝이 塊 쾌쾌 沙 사사 子 쯔즈 ○ ᄒᆞᆫ아 덩츰 이밥 모에

러래 뎌롤 니므 牙 야야 疼 뜽틍 的 딩디 當 당당 不 봉부 的 딩디 ○ 못니 ᄒᆞ알 여파 라당 티

着 쟣죠 水 쉬쉬 停 띵팅 當 당당 着 쟣죠 ○ 마을 초두 ᄒᆞ기 고롤 不 봉부 要 햫얀 多 더도

也 여여 不 봉부 要 햫얀 少 샿샤 了 럏랴 ○ 적만 게히 도도 말말 아고 恰 캬캬 好 핳한 着

쟣죠 ○ 케앗 ᄒᆞ치 라됴 把 바바 那 나나 煤 믜믜 爐 루루 來 래레 ○ 가뎌 져煤 다炒 가롤 掠

朴通事諺解卷下 四十四

랑랴飭칭치的딍디好할핲着쟢죠○시닷기를잘ᄒᆞ라乾간간的딍디煤믜믜箇

견견兒슬을有잉우麽마마○ᄆᆞ른잇텅이잇ᄂᆞ냐○煤箇兒質問云如碎煤用黃泥水和成塊子

方言謂之煤箇兒沒뭉무了랑랴○업고只즈즈有잉우些셔셔和흭호的딍디濕

씽시煤믜믜○그저져기버므린濕煤ㅣ이시되○濕煤質問云如和煤末乾濕燒取其焰火方言謂之

濕煤今按石炭雜碎并黃土以水和作塊晒乾臨用麄碎納於炉中總謂之水和炭未乾者謂之濕煤已乾者

謂之煤箇兒亦曰煤塊子其燒過之土塊曰乏煤揀其土塊更和石炭用之黃황황土투투少샾샤些

셔셔箇거거○黃土ㅣ져기적에라揀견견着쟢죠那나나乏뺭바煤믜믜○뎌뜬디단

을골희여一홍이打다다裡리리和흭호着쟢죠乾간간不봉부的딍디○ᄒᆞᆫ되버므

려ᄆᆞᆯ릐디못ᄒᆞᆯ소나着쟢죠上썅샹些셔셔煤믜믜塊쾌쾌子즈즈○져기위탄뎡이ᄅᆞᆯ노

코美룽룽的딍디火훠호快쾌쾌時씃스○블퓌오기를ᄲᆞᆯ리ᄒᆞ면䁪잔잔眼연연

熟숭수了랼랴○눈ᄀᆞᆷ족읻ᄉᆞ이예니그리라煮쥬쥬一홍이脚갼교羊양양肉숭수

着죠쟢 ◯ ᄒᆞᆫ 다리 양의 고기를 솔므라 這저져飯반빤熟수쓯了랴럏 ◯ 이 밥이 닉거다
點뎐뎐將쟝쟝燈등등來래래喫치칭飯반빤 ◯ 등잔블 혀 가져오라 밥 먹쟈 盛칭졍
湯탕탕着죠쟢 ◯ 湯올 ᄯᅡ라 伯비븽喫치칭伯버븽飯반빤喫치칭些셔셔飯반빤 ◯ 伯伯아 져기 밥
먹으라 好한황生승승不부붕喫치칭飯반빤 ◯ ᄀᆞ장 밥 먹디 못ᄒᆞᆯ되 做주주的디딩
早잔쟝時스씃 ◯ 짓기를 일ᄒᆞ던들 喫치칭些셔셔箇거거好한황來래래 ◯ 져기
먹기 됴ᄒᆞᆯ러니 黑허헝夜여여不부붕敢간간喫치칭多도더 ◯ 밤이니 감히 먹기를 만히
못ᄒᆞᆯ로다 爲위위甚슴씸麽마마 ◯ 므서술 위ᄒᆞ여뇨 古구궁人신싄道도땋 ◯ 古人
이 닐오ᄃᆡ 夜여여飯반빤少샾샿一이잉口쿠킇 ◯ 夜飯은 ᄒᆞᆫ 입을 젹게 ᄒᆞ면 活호홯到
단당 九구깋十시씽九구깋 ◯ 살기를 九十九에 니르다 ᄒᆞ니라
宋숭숭舍셔셔着잔쟌打다다春츈츈去큐큐來래래 ◯ 宋개아 닙츈노롯 ᄒᆞ는 양 보라
가쟈 ◯ 打春 音義云 如今北京迎春時 唯牛芒而已 在前只有府縣官員率師生耆老引赴順天府迎春至之

時此節皆杭州所行非京都之事今按月令曰季冬出士牛以示農之早晚東京夢華錄云立春前五日造士牛耕夫犂具前一日須天府進農牛入禁中鞭春府縣官吏士庶春社具鼓樂出東郊迎春牛芒神至府前各安方位至日黎明官吏具香花燈燭為壇以祭先農至立春時官吏行禮畢各執綵杖環擊士牛者三以示勸農之意為牛者謂十二月建丑屬牛寒將極故為其像以送之且以升陽也

我오어不부붕去큐큐○내가디못ᄒᆞ리로다

其키끼實시씽怕파파看칸칸去큐큐○진실로보라가기저고니라

我오어從충쭝來레래不부붕曾층쯩看칸칸○내본디일즙보디아니ᄒᆞ엿노라

你니니休후흫強걍꺙不부붕要얀햪去큐큐○네세오디말고가디말라

你니니自즈쯩聽팅팅我오어說쉬쉉○네스스로내니ᄅᆞ믈드ᄅᆞ면

強걍꺙如슈슈親친친自즈쯩看칸칸○친히보니도곤나으리라

那나나牛누늏廠창챵裡리리○뎌牛廠에셔○

屋無壁爲廠卽塑牛處

塑수수一이잉箇거거象샹썅一이잉般번번大다따的디듸

春츈츈牛누늏○ᄒᆞᆫ象ᄀᆞᄐᆞᆫ큰春牛롤민ᄃᆞ라

粧좡좡點뎐뎐顔연연色서싱○빗출

구미고 ○ 牛色以立春日爲法日干爲頭角耳色日支爲身色納音爲蹄尾肚色日干甲乙木青色丙丁火紅色之類日支亥子水黑色寅卯木青色之類納音如甲子日立春納音屬金用白色之類餘倣此

一 힝이 托 탁토 来 래레 長 쨩챵 的 듸디 兩 량량 箇 거거 機 기기 角 걓고 ○ 흔발기리에두쓸이오 ○ 華人鄕語呼角曰㧚角

當 당당 間 견견 裏 리리 按 한안 一 힝이 箇 거거 木 무무 頭 듷투 做 주주 的 듸디 明 밍밍 珠 쥬쥬 ○ 가온디흔남그로 민든明珠롤박고 簸 뷔보 箕 기기

来 래레 大 따다 一 힝이 對 뒤뒤 耳 슬을 朶 터도 ○ 키만치크게흔 흔빵귓바회와 十 씽시

尺 칭치 来 래레 長 쨩챵 尾 위이 子 즈즈 ○ 열자길의 꼬리와 椽 쵠춴 子 즈즈 麁 추추

的 듸디 四 스스 條 땰됴 繩 씽싱 ○ 혓가래굴거녜 네오리노흐로 綰 완완 在 재재 牛 닏누

車 처쳐 上 쌍샹 ○ 쇼술위 예믜교 衆 중중 人 신인 拖 터토 牽 켠켠 ○ 모든사룸 이쓰으고

前 쳔쳔 面 면면 彩 채채 亭 텽팅 裏 리리 頭 듷투 ○ 前面彩 亭안희 一 힝이 箇 거거 塑

수수 的 듸디 小 샾샾 童 뚱퉁 子 즈즈 ○ 흔小童子 롤민드라 叫 걒갸 做 주주 芒 망망 兒

울숟 ○見보ᄅ골ᄉ ㅣ라ᄒ고 牌패上샹쌍寫셔셔着죠짭勾구긓芒망낭神신씬
○牌예勾芒神이라쓰고○春神之號太皡伏羲氏有子曰重主木為勾芒神 手슈심拿나나結
겨녕線션션鞭변변○손에結線鞭을잡고○鞭子用柳枝長二尺四寸按二十四氣上用結子立春
在孟日用麻仲日用苧日用綵用五彩色蘇漆 季 頭두뜩戴대대耳올슬掩연연或훠횡提
디띠在재쨰手슈싱裡리리○어리예耳掩을쓰며혹손에들고○芒神耳掩以立春時為法從卯
至戊八時掩耳用手提陽時左手提陰時右手提以八時見日溫和也寅時揭左邊亥時揭右邊而戴以寅亥
時為逶氣故揭一邊也子丑時全戴為嚴凝也 立리립地디띠赶간간午냐냥○샤히셔셔쇼믈
몰면○芒神閑忙立春在正旦前後各五日內者是忙芒神與牛齊立在正旦前五辰外者是農早忙芒神在
牛前立正旦後五辰外者是農晚閑芒神在牛後立子寅辰午申戌陽年在左邊立丑卯巳未酉亥陰年在右
邊立順슌슌天텬텬府부부官권권○順天府官ㅣ、司스亽天텬텬臺대대官권권
衆즁중官권권人신신們믄믄○司天臺官모든官人들히○元舊以司曆占今改為欽天監又

設司天監於朝陽門城上街계게上쌍샹兩량량行항항擺배배着좡죠行힝힝○거리
예두줄로버러가며前쳔쳔面면면動뚱둥細시시樂양요大따다樂양요吹취취角
갈교○앏픠細樂大樂을動ᄒᆞ며角을불고第띠디二ᅀᅳᆯ을一이이箇거거十씽시分븐분
可커커喜히히的딩디衚향항衕퉁퉁○第二ᄂᆞᆫᄒᆞᆫ마장고ᄅᆞᆫ터기와粧좡좡二ᅀᅳᆯ을
郎랑랑爺여여爺여여○二郎爺爺를ᄀᆞ여○二郎神名爺爺尊敬之稱今遼東城內有二郎神廟
按西遊記西域花菓山洞有老猴精號齊天大聖神變叅閙閙亂天宮玉帝命李天王領神兵往捕相戰失利
灌州灌江口立廟有神曰小聖二郎又第二郎賢聖天王請二郎捕獲大聖即此廟額曰昭惠靈顯真君之廟
然未知何神打春之日取此塑像蓋亦未詳又見孫行者設下宣和遣事云宣和七年十二月有神降坤寧殿
賫神促親神保觀者乃二郎神也都人素畏之身신신穿쳔쳔黃황황袍퐁포○몸에黃袍를닙
고腰향양繫기기白뻥버玉유유帶대대○허리예白玉帶를띄고頭뚜투戴대대
幞부부頭두두○머리예幞頭ᄅᆞᆫ쓰고脚걀교穿쳔쳔朝쟝쟌雲윤윤靴훼훼○발에

朝雲靴롤신고手싱수拿나나結경겨線션션鞭변변○손에結線鞭을잡고騎끼키坐

쭤조白뻥버馬마마珠쥬쥬鞍한안○白馬珠鞍을ᄐᆞ고一힝이箇거거小샹샤鬼

귀귀拿나나着쨯죠大따다紅훙훙羅러로傘산산○ᄒᆞᆫ小鬼ㅣ大紅羅傘을잡고馬

마마前쪈쳔馬마마後흫후跟근근着쨯죠的딍디大따다小샹샤鬼귀귀卒죵주

○馬前馬後에ᄯᅡ로는大小鬼卒이不봉부知징지其끼키數수수○그수를아디못ᄒᆞ고

前쪈쳔面면면一힝이箇거거鬼귀귀○앏픠ᄒᆞᆫ귀졸이拿나나着쨥죠三산산丈

쨩챵来래래高강갸的딍디大따다旗끼키號향하上쌍샹寫셔셔着쨥죠明밍밍

現현현真진진君균균○三丈노픠큰긔예明現真君이라쓴거슬잡고後흫후頭둫투又

잉우是쓿스箇거거茶짜차博밯보士쓿스們믄믄○뒤희ᄯᅩ이茶博士들히提디티

湯탕탕罐권권的딍디○湯罐든이며拿나나茶짜차椀뤈원把바바盞잔잔的

딍디跟근근着쨯죠○茶椀가지며잔잡은이ᄯᆞᆯ와這져져般번번擺배배隊뛰뒤行

행힝 ○ 버이러리가孩를 到 당닫 皷 구구 樓 릉루 前 쪈쳔 面 면면 ○ 니皷ㄹ樓러앏히

朝 쟐챠 東 둥둥 放 방방 着 쟣죠 土 투투 牛 븧누 ○ 土東牛을롤향노ᄒᆞ코며 芒 망앙 兒

숳올 立 링리 在 째재 牛 븧누 背 븨븨 後 흫ᄒᆞ ○ 뒤쪼희兒셔ㅣ셔쇠 甚 씸슴 時 ᄾᆞ스 幾

기기 刻 킈킈 立 링리 春 츈츈 ○ ᄒᆞ아春ᄆᆞ혼배다현ᄒᆞ刻면에 司 ᄾᆞ스 天 텬텬 臺 때태 家

갸갸 ○ 家司ㅣ天臺 這 져져 般 번번 揀 견견 定 띵딩 時 ᄾᆞ스 辰 찐친 ○ 롤이골리희때

ᄒᆞ여 고定 相 샹샹 着 쟣죠 地 띠디 脉 믜머 ○ 相地ᄒᆞ脉야을 放 방방 一 힝이 堆 뒤뒤 灰

휘휘 ○ 以ᄒᆞᆫ葭무莩둑灰지実를律노之ᄒᆞ端면氣ㅇ至立則春灰之飛日 具 뀨귀 服 뿡부 的 딩디

官 권권 人 인신 們 믄믄 ○ 人具들服히ᄒᆞ 官 燒 샹샤 香 향향 等 등등 候 훃후 的 딩디

其 끼키 間 견견 ○ ᄃᆞ燒릴香ᄉᆞᄒᆞ이고에기 地 띠디 氣 키키 正 징징 旺 왕왕 上 썅샹 的

딩디 時 ᄾᆞ스 節 졍져 ○ 上地ᄒᆞᆯ氣때正에旺 旺 那 나나 灰 휘휘 忽 홓후 然 연연 飛 비븨

將 샹샹 起 키키 來 래레 後 흫후 頭 뜸투 ○ 나旺러지난急ᄒᆞ然에히아ᄂᆞ라 纔 째채 只

좃즈 那나나 箇거거 太태태 師스스 家갸갸 的딩디 ○그제야아ᄆᆞ太師ㅅ집 太태태
保박반 家갸갸 的딩디 ○太保ㅅ집○太以太保元以太師太傅太保為三師師太尉司徒司空為
三公漢唐旧制也三師ㄷ範一人儀刑四海三公論道經邦變理陰陽 丞찍칭 相샹상 家갸갸 的
딩디 ○丞相집 公궁궁 侯흥후 家갸갸 的딩디 ○公侯ㅅ집이 各갛거 自쯔즈 一
횽이 火휘호 家갸갸 ○各各ᄒᆞᆫ무리식 静증증 着쨯죠 眼연연 ○눈을ᄇᆞ르ᄠᅳ고 捨셔셔
着쨯죠 姓싱싱 命딘밍 ○姓命을벼력 各갛기 拿나나 棍군군 棒빵방 ○各各막대
를가지며 又ᅌᅵᇢ우 是쓰스 擔단단 杖쨩쟝 廝쓰스 打다다 着쨯죠 ○또막대를메고서ᄅᆞ
싸화 爭증쯩 那나나 明밍밍 珠쥬쥬 ○뎌明珠를돗토와 其끼키 中쥰중 那나나 一
횽이 火휘호 兒ᅀᅳᆯ올 強꺙캉 的딩디 ○그듕에아모ᄒᆞᆫ무리나은기 把바바 別뼈벼 的
딩디 打다다 的딩디 四쓰스 分뿐븐 五우우 落랗로 裡리리 ○다른이를다가터四分五
落ᄒᆞ야 東둥둥 走즘주 西시시 散산산 ○東走西散ᄒᆞᆫ 這져저 般번번 赶간간 退

뒤뒤了랼랴○이리ᄠᅥ차믈리티고忽훙후跳ᄩᅸ탸上썅샹牛닏뉴去큐큐○믄득쇠게

ᄠᅱ여올라撮촣초下쨔햐那나나明밍밍珠쥬쥬○뎌明珠롤ᄲᅢ혀各갛거飯빤반店

뎐뎐酒짛직肆숭스裡리리繞샿샤着쟣죠走즇주○各飯店과酒肆예두로ᄃᆞᄅᆞ니這

져져般번번閙낳낫起키키來래레○이리요란ᄒᆞ여打다다的딯디打다다躧

채채的딯디躧채채○티리티고블피리블피니這져져般번빈戰젼젼場쨩챵裡리리○

이런戰場에乾간간無후우來래레由윻유做주주甚씸슴麽마마去큐큐○쇽졀

업시므슴ᄒᆞ라가리오常쨩챵言연연道땋닾○常言에날오되好핳한兒ᅀᅳᆯ을不봉부

看칸칸春츈츈○好兒는看春아니ᄒᆞ고好핳한女뉴뉴不봉부看칸칸燈등등○

好女ᄂᆞᆫ看燈아니ᄒᆞᆫ다ᄒᆞᄂᆞ니라○容齋隨筆云漢家祠太乙以昏時祠到明今人正月望夜夜遊觀月是其

遺事唐韋述兩京記曰正月十五日夜勅金吾弛禁前後各一日以觀燈其寺觀街巷燈明若晝士女夜遊車

馬塞路有足不躡地浮行數十步者許陌梁橫城闉不禁五陵年少遊路行歌萬戶千門笙簧未撤涅槃經云

上元如來闍維訖收舍利置金床上天人散花奏樂繞城步步燃燈十二里宣和遺事云天官好樂地官好人水官好燈道經云正月十五日謂之上元天官下降人間考究罪福是夜張燈士女鼓樂遊街今漢俗上元夜行過三橋則一年度厄謂之過橋傾城士女夜遊徹明頗有纖聲

北븍버京깅깅外왜왜羅러로城찡칭○北京外羅城에有잉우九깁구座쭤조門믄믄○九座門이이시니南난난有잉우正징징陽양양門믄믄宣숸션武우우門믄믄崇쭝충文믄운門믄믄○南에正陽門宣武門崇文門이잇고東둥둥有잉우朝쟐잔陽양양門믄믄東둥둥直찡지門믄믄○東에朝陽門東直門이잇고北븍버有잉우安한안定띵딩門믄믄德듸더勝싱싱門믄믄○北에安定門德勝門이잇고西시시有잉우阜뿌부城찡칭門믄믄西시시直찡지門믄믄○西에阜城門西直門이이시니這져져門믄믄裡리리頭뚜투○이門ᄉ듕에舊깅구名밍밍○녜일홈이正징징陽양양是쑤스午우우門믄믄○正陽은이午門이오宣숸션武우우是쑤스順쓘슌

城찡칭門믄믄○宣武는이順城門이오崇쯍츙文운운是쓰스合헝허達따다門
믄믄○崇文은이合達門이오朝잘잔陽양양是쓰스齊찌치華화화門믄믄○朝陽
은이齊華門이오阜뿡부城찡칭是쓰스平삥핑則즹저門믄믄○阜城은이平則門이
니라
秀싱슈才째체哥거거○秀才형아咱짬자們믄믄打다다魚유유兒ᅀᅳᆯ올去큐큐
來래레○우리고기잡으라가쟈我어오不봉부去큐큐○내가디못ᄒᆞ리로다如유유
何혀허不봉부去큐큐○엇디가디아니ᄒᆞ는다你니니這져져般번번金긴긴榜
방방掛과과名밍밍的듸디書슈슈生승승○너ᄂᆞᆫ이런金榜에掛名ᄒᆞᆫ書生이니○唐崔昭
緯暴卒復甦云見冥間列榜書人姓名將相金榜次銀榜州縣小官鐵榜故今之科第綴名之榜謂之金榜那
나나裏리리想샹샹我어오這져져漁유유翁웅옹之즈조味미위○어듸우리이漁
翁의마ᄉᆞᆯᄉᆡᆼ각ᄒᆞ리오我어오棄키키了랼랴這져져名밍밍利리리家갸갸戀련련

○是내기名利家올보리고將장잔一힝이葉영여小샹샨漁유유艇팅팅○一葉小漁

歸올가지고裝쫭좡載재재這져져酒징작琴끈킨漁유유網왕광○이酒琴漁網을

싣고彈딴탄一힝이曲츄큐流릳리水쉬쉬高깝갓山산산○一曲流水高山을타며○

列子伯牙善鼓琴鍾子期善聽伯牙鼓琴志在高山子期曰善哉巍巍乎志在高山哉而志在流水子期曰善

哉洋洋乎志在流水子期死伯牙以為世無知音終身不復鼓琴孔子曰仁者樂山智者樂水子期嘆伯牙仁

智熹修挽환완我워오這져져錦긴긴心신신繡싱슈腹붕부○내이錦心繡腹을고

드고潛쳔천入슈유這져져水쉬쉬國궈귀魚유유邦방방○이水國魚邦에潛入ᄒᆞ여

披피피着쟢죠這져져箬얍쇼笠링리蓑서소衣히이○이箬笠蓑衣를납고一힝이

任신신交걀갸斜셔셔風봉봉細시시雨유유○斜風細雨를一任ᄒᆞ여交ᄒᆞ我어오

援현현琴낀긴一힝이張쟝쟝酒징직一힝이壺후후○내琴一張酒壺를가지고一

自쯔즈飲인인自쯔즈歌기거○自飲自歌ᄒᆞ야對뒤뒤着쟢죠這져져水쉬쉬聲

싣싱山산산色싀서淡단단烟연연○이水聲山色淡烟을對ᄒᆞ고閑현현居규규兩
랑랑岸안안靑칭칭蒲뿌푸紅훙홍蓼랼랸灘탄탄邊변변○兩岸靑蒲紅蓼灘邊에纜
야존ᄒᆞ纜란란船쳔춴下햐햐網왕왕○비미고그믈티고或훠취撑층층開캐캐
入슈슈這져져荷허허國궈궈花화화城칭칭○혹비혀이荷國花城에드러가忽
흫후生승승得더더淸칭칭歌거거細시시舞무우之즈즈心신신○문득淸歌細舞
흘ᄆᆞᄋᆞᆷ을내여尋씬신着쟢죠這져져蘆루루葦웨위密밍미處츄츄巖연연頭뚷투
石씌시崖애애○이蘆葦密處巖頭石崖를ᄎᆞ자慢만만慢만만的딩디將쟝쟝鉤궇구
兒ᅀᆞᆯ올垂쮜취下햐햐水쉬쉬裡리리去큐큐時쓰스○날호여낙시를다가믈에드리
오면銀인인絲스스鉤궇쿠破퍼포波붜보紋운운○銀絲낙시波紋을헤티고暫잔잔
眼옌연釣댶댜出츄츄箇거거老랖랖大따다的딩디金긴긴色싀서鯉리리漁
슈유○暫眼훌ᄉᆞ기에ᄒᆞᆫᄀᆞ장큰금빗치鯉魚를낫가내니漁유유翁웅웅之즈즈味위위萬

관만無우무迭뎨뎔○漁翁의마순만가지도迭ᄒᆞᆫ거시업ᄉᆞ니라也여여不부붕想샹상

李리리白버빙摸무무月워월○또李白의摸月을싱각디아니ᄒᆞ고○李白唐玄宗朝詩人遊

采石江見月影爲水以手撲月身翻而死也여여不부붕學효햑屈큐쿨原원원投투ᄯᅮ江

강걍○또屈原의投江을비호디아니ᄒᆞ니○屈原楚之大夫也諫懷王不聽投汨羅水而死便변변

是스씃小샤샹太태태公궁궁○곳小太公이라○太公姓呂名尚釣於渭水周文王出獵遇

於渭水之陽與語大悅曰自吾先君太公曰當有聖人適周周以興子豈是耶吾太公望子久矣故號之曰太

公望載與俱歸立爲師也여여不부붕願권원遇유유文운문王왕광○또文王만나몯

願티아니ᄒᆞ고我오어待대때學효햑范반빤蠡리리歸귀귀湖후호○내范蠡의歸湖

ᄅᆞᆯ비호고져ᄒᆞ노라○范蠡越之大夫也相越王勾踐敗吳曰越王爲人長頸鳥喙可與圖患難不可與共安

透遂從扁舟載西施遊五湖不返

申신신竊쳐쳥盜단담狀좡좡○竊盜狀을申ᄒᆞ노니○申音義云下司達於上司之謂猶言呈

志今兵直隸府申六府在外府州申都司應天府申五軍都督皆名曰申狀某府爲某事云云合行申覆狀申乞
照驗施行須至申者右申某申某慶承宣布政使司年月府官姓名以此觀之則非所志也乃官行文移也詳見求
政錄某무무村춘츈住쥬쥬某무무人인인○사아논모아촌되에年년년幾기기無
목구病병빙○병나업히쇼현이이라오右왹우某무무伏뿡부爲위위於유유今긴긴
月웨위某무무日싀시某무무時쓰스已이이來래래○月右아某또논날伏아爲오수
리백本본본家갸갸人인인口쿵쿠驟쒸쉬臥워오○이본차집더사나룸不붕부覺
광교有잎익賊쮱즤人인인入유來래래本본본家갸갸東둥內우뉘
○드賊러人오야몰이시서돗本디家못東ᄒ屋여안히偷틍투盜뚷도去큐ᄀ부一
핑이百붕버匹핑피○젹布ᄒ一어百가匹니을도即징지時쓰스某무무聲싱싱言
연연○聲即言時ᄒ某여ㅣ呌걓갸到땋다隣린린人신신幷빙빙巡쓘슌宿숙수總
쭝중甲갸갸人신신等등등○도隣로人블과러巡○宿總ᄒ甲논軍總制甲編人成等排을甲아

朴通事諺解 卷下 三十二

每一小甲管軍人一十名總甲管軍五十名每百戶該管一百一十二名又里甲每里一百戶五家爲一大十

家爲一甲每十戶甲首一名 追 쥐쥐 赶 간간 賊 쪅적 人 싄신 ○ 賊人을 발와 約 걓요 至

즈즘 其 무무 處 츄츄 ○ 거의아므곳에가되 偸 틓투 盜 땋또 前 쪈쳔 項 향항 物 숳우 色

싀서 ○ 도적ᄒᆞᆫ前項物色을 不 봉부 知 징지 去 큐큐 向 향향 ○ 去向을아디못ᄒᆞ더니 某

무무 與 유유 隣 린린 人 신인 等 등등 ○ 某ㅣ隣人等으로더브러 辨 뼌변 驗 연연 得 득더

賊 쯕직 人 싄신 蹤 중중 跡 징지 ○ 辨驗ᄒᆞ여賊人의蹤跡을어드니 約 햫요 賊 쯕직 幾

기기 人 싄신 ○ 거의도적현사ᄅᆞᆷ이 於 휴유 本 본본 家 갸갸 那 나나 邊 변변 跳 턓토 墻

쨩챵 入 읗유 來 래레 家 갸갸 內 뉘뉘 ○ 본집뎌편담올넘어안히드러와 於 휴유 東 둥둥

屋 훙우 那 나나 邊 변변 剜 원원 窟 쿵쿠 ○ 동녁집뎌편에굼글ᄠᅮᆯ고 一 잏이 箇 거거 入

읗유 來 래레 屋 훙우 內 뉘뉘 ○ ᄒᆞ나히집안히드러와 偸 틓투 盜 땋또 前 쪈쳔 項 향항

布 부부 匹 핑피 ○ 前項布匹올도적ᄒᆞ니 却 궇키 跳 턓토 墻 쨩챵 出 춯츄 去 큐큐 ○

또깁을뼈여나가시니 令 긴긴 具 뀨규 狀 쫭좡 申 신신 告 갈간 某 무무 官 권권 ○ 제이
狀을ᄀᆞ초와某官끠申告ᄒᆞ노니 伏 뽕부 乞 킹키 詳 썅상 狀 쫭좡 ○ 伏乞詳狀ᄒᆞ여 檢 견견
驗 연연 是 쓰스 實 씽시 ○ 檢驗ᄒᆞ야이실커든 着 쨯죠 當 당당 該 개개 地 띠디 分 뿐분
弓 궁궁 手 싱수 人 신신 等 등둥 ○ 當該地分弓手人等으로ᄒᆞ여 ○弓手文獻通考曰弓手兵号
如弩手槍手之類令裝軍制編成排甲每一百戶銃校 手十名刀牌手二十名弓箭手三十名鎗手四十名
싱수 提 퍙조 上 썅상 件 껸견 賊 쩡지 人 신인 ○ 上件賊人을거두어잡아 赴 부부 官 권권
施 싀스 行 헝힝 ○ 官에보내여施行ᄒᆞ쇼서 執 징지 結 경겨 是 쓰스 實 씽시 ○ 執結이이
실ᄒᆞ니○執結音義云亦稱云所志今招凡供狀內皆 云執結是實謂令所供報之詞皆實非虛如[illegible]
云之意非徒謂 所志詞語也 伏 뽕부 取 츄츄 處 츄츄 分 뿐분 ○ 업디여處分을 取ᄒᆞ노이다
某 무무 年 년년 月 웡워 日 싱시 ○ 某年月 日에 告 갈간 狀 쫭좡 人 신신 某 무무 ○
告狀ᄒᆞᆫ사ᄅᆞᆷ아뫼라

朴通事諺解 下 五十三

一二一一

陸룽루書슈슈吏리리 ○ 陸書吏아 你니니饋긔긔我어오寫셔셔一힝이箇거거

狀쫭쫭子즈즈 ○ 비날을ᄒᆞᆫ고장을써주고려 ○狀子猶本國所志吏學指南云狀貌也以貌寫情於

紙墨也亦曰告狀謂述其情告訴於上也 甚씸슴麽마마狀쫭쫭子즈즈 ○ 므슴고장고 有

잉익一힝이箇거거沒뭉무理리리的딍디村춘춘牛닝누 ○ ᄒᆞᆫ무리ᄒᆞᆫ村牛ㅣ이셔

打다다我어오來래레 ○ 날올려세라 這져져般번번着쟢죠 ○ 이러면 那나나

廝숭스多더도少샹샤年년년紀기기 ○ 뎌놈이나희언메나ᄒᆞ더뇨 那나나廝숭스

不봉부到닾닾六릭릭十씽시的딍디模무무樣양양 ○ 뎌놈이六十이다ᄃᆞᆺ디몯ᄒᆞᆫ模

樣이라 那나나般번번時슿스 ○ 그러면 正징징是슿스實칭치打다다的딍디

裁째채兒슬을 ○ 졈히마졸ᄀᆞ옴이로다○裁兒裁作材是謂軀幹也 官권권法방바內뉘뉘

七칭치十씽시已이이上썅샹十씽시五우우已이이下햐하 ○ 官法內에七十已上

十五已下는 不불부合헝허加갸갸刑힝힝 ○ 형벌을더으미맛당티아니ᄒᆞ엿ᄂᆞ니 你

니니聽팅텅我워오念녠년○내미念드호ᄅ마라告갈갇狀쫭좡人신인李리리萬
환완見견견○李告萬狀見ᄒ이사ᄅ年년년幾기기歲쉬쉬無무우病빙빙○히나
업헌순이이오病係ᄒᆡ히本본본府부부本본본縣현현附뿌부籍쪄지人신인户
쭈후○非本主府着本户縣而에以피他여鄉附之籍人ᄒ来人寓户居ㅣ者○也附籍狀짱장告
락고○ᄒ狀노을니음伏뿌부為위위於휴유今긴간月웡워某무무日싱이某무무
時숭스已이이来래레○날伏아為모이ᄣᅢ돌예아모前쪈쳔去큐큐街계계上쌍샹
勾ᄀᆞᆼ주當당당○로거가리드에니일到당닾某무무處츄츄○에아가모곳逢뽕봉
着짷죠本본본府부부張장장千쳔쳔帶대대酒짇작○취本ᄒ府믈張만千나이술
即징지時숭스趓뎌도避삐비○避즉ᄒ제니趓張장장千쪈쳔前쪈쳔來래레赶
간간上쌍샹○아張와千ᄯᅡᆯ이와나将장장某무무衣히이領링링扯처처住쮸쥬言
연년道땋닿○갑某고의날옷ᄉ기되술你니니那나나裡리리去큐큐○가네는어다듸

ᄒᆞ여ᄂᆞᆯ 是 ᄉᆞ스 某 무무 田 훼휘 言 연연 道 ᄃᆞᇢ닷 ○ 이某ㅣ田言ᄒᆞ여 닐오되 你 니니 醉

쮜쥐 家 갸갸 去 큐큐 ○ 네 醉ᄒᆞ여시니 집의 가라 張 쟝쟝 千 쳔쳔 言 연연 說 숴숴 ○ 張千

이 닐오되 你 니니 買 매매 與 유유 我 어오 喫 칭치 来 래레 ○ 비날을사주어 어긴다ᄒᆞ고

便 뼌변 行 힝힝 作 쟝조 惡 ᅌᅡᇰ어 ○ 곳 사오나 옹을 지어 於 휴유 某 무무 面 면면 上 썅샹

用 융융 拳 퀀퀀 打 다다 破 퍼포 ○ 某의 ᄂᆞᆺ촐 주어괴 로 터하야ᄇᆞ리되 某 무무 並 뼝빙 不

붕부 曾 쯩층 抵 디디 敵 뗭디 ○ 某ㅣ 다ᄆᆞ기 일즙 抵 敵디 아니ᄒᆞ엿ᄂᆞ니 當 당당 有 잉우 某

무무 縣 쪈현 某 무무 村 춘춘 住 쮸쥬 人 신신 王 왕왕 大 따다 戶 ᅘᅮ후 為 위위 證 징징

○ 곳 아모고올 아모촌에 사ᄂᆞᆫ 사ᄅᆞᆷ 王大戶ㅣ 이셔 證ᄒᆞ엿ᄂᆞ니이다 ○ 當有猶言卽有也 一曰猶言上項

之辭 有 잉우 此 ᄎᆞ츠 情 찡칭 理 리리 難 난난 甘 간간 ○ 이련 情理 難甘홈이 이셔 今 긴긴

不 붕부 免 면면 具 쥬쥬 狀 쫭좡 ○ 이제 마디 못ᄒᆞ여 具狀ᄒᆞ여 上 썅샹 告 ᄀᆞᇢ갚 某 무무

官 권권 ○ 某官ᄭᅴ 上告ᄒᆞ노니 伏 뿡부 乞 깅키 詳 썅샹 狀 쫭좡 施 ᄉᆞ스 行 힝힝 ○ 伏乞

ᄒᆞ노니 狀을 許ᄒᆞ여 施行ᄒᆞ쇼셔 其무무年년년月웨웨日ᅀᅵ싀 ○ 其年月日에 告강간

狀좡좡人신신李리리萬완완見견견 ○ 告狀ᄒᆞᆫ 사ᄅᆞᆷ 李萬見이라 狀좡좡不부부過

궈고 三산산日ᅀᅵ싀便변변告강간時ᄊᆞ스好핳한 ○ 狀은 三日이 디나 아녀셔 곳 告ᄒᆞᆷ

이 됴커니와 徐니니更긍긍有잉우傷샹샹有잉우何허허愁쯯추 ○ 너ᄂᆞᆫ 또 傷ᄒᆞᆫ ᄃᆡ

이시니 므슴 근심이 이시리오 常쨩챵言연연道땋닾 ○ 常言에 닐오ᄃᆡ 捉좧조賊쩍적見

견견贓장장 ○ 도ᄌᆞᆨ 잡기ᄂᆞᆫ 장믈을 보고 廝ᄉᆞ스打다다驗현연傷샹샹 ○ 서ᄅᆞ 싸혼 ᄃᆡᄂᆞᆫ

傷處를 驗ᄒᆞᆯ 다ᄒᆞᄂᆞ니라

今긴견日ᅀᅵ싀早장잔起키키 ○ 오ᄂᆞᆯ 일쪽에 我어오別뼝벼處츄츄望망왕相

識싱시去큐큐來래래 ○ 내 다ᄅᆞᆫ 고ᄃᆡ 아ᄂᆞᆫ 이ᄅᆞᆯ 보라 가 門믄믄前쪈쳔絟솬산着쟢죠

帶대대鞍한안的딩디白뻥ᄇᆡ馬마마來래래 ○ 門앏픠 기ᄅᆞ마 지온 白馬ᄅᆞᆯ 미엿더니

不붕부知징지怎즘즘生승ᄉᆞᆼ走쯓주了럏랴 ○ 아디 못게라 엇디 ᄃᆞᆯ아난디 不붕부

知징지去큐큐向향향○더간못티ᄒᆞ돌니다你니니寫셔셔與유유我어오告강간

子즈즈○올비써날주올라방各걍거處츄츄橋걍갸上샹샹角걍교頭퉁투們믄믄

貼뎡뎌去큐큐○이各들處헤ㅌ브리티모교롱又잉와雇구구一칭이箇거개小샹샤

廝숭스○또롤ᄒᆞ셰아내히여與유유他타타二숭올兩량량告강간子즈즈錢젼쳔

○二더兩를告두子냥錢告鈔子之錢兩을數주也고○着짱죠他타타沿연연街계계[illegible]

걍갸○조뎔차로워ᄒᆞ려여ᄒᆞ거노리라롤這져져告강간子즈즈寫셔셔了랴랴也여여

○써이다방을幾기기年년년月웨웨日싀이○月아日모에희走주주夫숭시了

랴랴甚숨숨色싀서馬마마○라아나모일빗허첫시몰되를ㄷ牙야야幾기기歲쉬쉬

○이나오히현有잉우甚숨숨賭한안記기기沒봉무印인인○만아ᄒᆞ오보란람ᄀ

은이업잇ᄂᆞ고니인報밯밮信신신的딩디三산산兩량량○ᄂᆞ家셕信냥ᄒᆞ이ᄂᆞ오니收

실삭討탕탚的딩디六륙륙兩량량○눈거엿두낭어을어ᄒᆞ드여나着짱죠他타타將

장쟝 的 딩디 去 큐큐 ○ 져믈 가로 게ᄒᆞ ᄒᆞ여 고가 得 듬더 了 랼랴 馬 마마 時 씃스 ○ 을몰
든어 더 與 유유 他 타타 一 흥이 半 번번 兒 ᅀᆞᆯ 錢 쪈쳔 贖 쓩슈 將 장쟝 來 래레 ○
물터 려를 가一 져半 오갑 리술 라주 고 尋 씬신 將 장쟝 馬 마마 來 래레 時 씃스 ○ 어몰 터을
면오 請 칭칭 的 딩디 哥 거거 來 래레 把 바바 一 흥이 盞 잔잔 ○ 와형 ᄒᆞᆫ울 盞請 을ᄒᆞ 자여
마브 不 부부 敢 간간 ○ 여不 라敢 ᄒᆞ 我 어오 且 쳐쳐 問 문운 你 니니 ○ 너내 드아 려직
니못 노 怎 즘즘 的 딩디 是 씃스 一 흥이 半 번번 兒 ᅀᆞᆯ 錢 쪈쳔 贖 쓩슈 ○ ᄒᆞᆯ엇 손디
고이 므一 르半 기갑 고술 주 你 니니 看 칸칸 這 져져 告 갈갇 子 즈즈 ○ 올네 보이 라방 半
번번 張 쟝쟝 紙 즈즈 上 썅샹 寫 셔셔 着 쟣죠 裏 리리 ○ 예半 썻張 는죠 니희 一 흥이 張
쟝쟝 裏 리리 寫 셔셔 時 씃스 全 쪈쳔 饋 귀귀 他 타타 ○ 오直 로張 더에 롤써 주시 고면 半
번번 張 쟝쟝 裏 리리 寫 셔셔 時 씃스 與 유유 一 흥이 半 번번 錢 쪈쳔 贖 쓩슈 ○ 張半
주에 고써 므시 르연 이一 니半 라갑 술

朴通事諺解下 五十六

如유슈何해허先션션生승숭數수수日싀이不불부見견견◯엇디先生올두어날
보디뭇홀소니聽팅팅我어오說숴쉬◯내닐옴을드르라小샿샤子즈즈近낀긴日
싀이聽팅팅得듸더◯小子ㅣ요ᄉ이드르니有잎우高강갚麗리리來래레的딩디
秀식슈才째채◯高麗로셔온秀才잇다ᄒ여놀尋씬신他타타講걍강論룬룬些셔셔
文운운書슈슈來래레◯뎌를ᄎ자글을講論ᄒ노라回힌인此ᄎᄎ不불부得듸더
工궁궁夫부부闕퀴쥐拜배배望망왕◯이런젼ᄎ로工夫를엇디몯ᄒ여拜望을闕ᄒ니
得듸더罪쮜쥐得듸더罪쮜쥐◯得罪得罪ᄒ여라先션션生승숭有잎우何해허
新신신聞문운◯先生이므슴新聞이잇ᄂ뇨沒몽무甚씸슴新신신聞문운◯아므
란新聞이업서只즈즈聽팅팅的딩디高강갚麗리리新신신事ᄉ스來래레◯그저
高麗ㅅ新事를드런노라先션션生승숭你니니說숴쉬一이이說숴쉬◯先生아네니ᄅ
라要걍얀說숴쉬甚씸슴麼마마◯므서슬니ᄅ과뎌ᄒᄂ뇨如유슈今긴긴和훠호

小샤샤人인신望왕왕他다타去큐큐便뼌변了랼랴 ○ 이제쇼인과뎌 됴보라가면곳 ᄒᆞ라리

咳해해後흫우頭뚤투口큫쿠却켱겨怎즘즘的딍디好핳하 ○ 애즘 승이

엄소니엇디 ᄒᆞ역됴ᄒᆞ료 且쳐쳐住쮸쥬 ○ 아직어 물라 你니니來래레街계계坊방방

有잏우賃닌닌的딍디驢류류麽마마 ○ 이바거리에세 낼나귀잇ᄂᆞ냐 有잏우錢쪈쳔

時씋스那나나裡리리沒뭏무賃닌닌的딍디驢류류 ○ 돈이시면어디 세낼나귀업스

리오 將쟝쟝一힣이百뵉버箇거거錢쪈쳔去큐큐 ○ 一百낫돈 을가저가 疾찧지快쾌

쾌쾌賃닌닌的딍디來래레 ○ 섈리세내 여오라 牽켠켠將쟝쟝來래레鞴뻬비了

랼랴也여여 ○ 잇그려와기 ᄅᆞ마지어다 先션션生승ᄉᆞᆼ恰캬캬說숳쉬的딍디秀싷수

才쨔채在째재那나나裡리리下햐햐着잪죠裡리리 ○ 先生이엇니르 든秀才어디브

리 ᄂᆞ뇨원 崇쭝충文운운門믄문裡리리頭뚤투 ○ 崇文門안 大따다街계계街계계

東둥동 ○ 큰거리 동녁리거 張쟝쟝編변변修싱식家갸갸裡리리下햐햐着잪죠

朴通事諺解 上 五十七

○ 브張 리編 권修 ᄂᆞ 니집 라의 那 나나 般 번번 時 숨스 更 근긍 好 한화 ○ 샤그 됴려 타편
張 걍쟝 編 변변 修 심식 是 숨스 小 샾샤 人 인인 的 딍디 同 뚱퉁 年 년년 ○ 修張 노編
同이 年小 이人 니의 就 찍쥐 望 왕왕 他 타타 去 큐큐 時 숨스 也 여여 不 붕부 多 더도 ○
면이 샤의 多셔 티뎌 가도 니보 ᄒᆞ라 라가 二 숨을 人 인인 到 당도 那 나나 門 믄믄 首 싣식 款
걍장 門 믄믄 道 닾도 ○ 문두 ᄒᆞᆯ사 두룸 드이 려뎌 널은 오갊 뒤희 가 編 변변 修 싱식 相 샹샹
公 궁궁 有 잎우 麼 아마 ○ 이編 잇修 ᄂᆞ相 ᄂᆞ公 小 샾샤 麼 숨스 道 땊도 ○ ᄅᆞ아 되희 니
我 어오 相 샹샹 公 궁궁 不 붕부 在 재재 家 갸갸 ○ 잇우 더리 아相 니公 ᄒᆞ이 다집 의 高
강갓 麗 리리 來 래레 的 딍디 秀 싱식 才 재재 有 잎우 麼 아마 ○ 秀高 才麗 잇로 ᄂᆞ셔 ᄂᆞ온
書 슈슈 房 빵방 裡 리리 坐 쩌조 的 딍디 看 칸간 文 운운 書 슈슈 裡 리리 ○ 에書 간房
ᄂᆞ자 너글 라보 你 니니 入 슝유 去 큐큐 說 숴쉬 一 이이 說 숴쉬 ○ 니비 ᄅᆞ드 라더 가 去
의의 常 쨩창 來 래레 的 딍디 ○ 오미 노양 沈 신신 進 진진 中 쭝중 和 훠호 萬 완거 敬

긩깅 之 즈즈 教 걓갸 授 씋식 兩 량량 箇 거거 ○ 沈進中파蕭敎之教授둘히 揬 탄탄 先

션션 生 승승 来 래레 裡 리리 ○ 先生을보라왓다ᄒᆞ라 相 샹샹 公 궁궁 ○ 相公아 沈

신신 先 션션 生 승승 在 쩨재 門 믄믄 前 쪈쳔 裡 리리 ○ 沈先生이문앏 젹깃ᄂᆞ이다 請

칭칭 麽 마마 沈 신신 先 션션 生 승승 ○ 청ᄒᆞ노니沈先生아 小 샿샤 人 신신 門 믄믄 前

쳔쳔 有 잉우 客 킹커 是 쑹스 誰 쒸쉬 ○ 小人의문앏픠客 이이셔나이뉸고 舊 궁거 教 걓갸

投 씋식 揬 탄탄 先 션션 生 승승 来 래레 裡 리리 ○ 舊教授ㅣ라ᄒᆞ리先 生을보라왓ᄂᆞ니라

咳 ᄒᆡ해 惶 황황 恐 쿵쿵 惶 황황 恐 쿵쿵 ○ 개惶恐惶恐ᄒᆞ여라 請 칭칭 麽 마마 先 션션

生 승승 ○ 청ᄒᆞ노니先生아 不 붛부 敢 간간 ○ 不敢ᄒᆞ여라 何 허허 必 빙비 如 유유

此 츠츠 ○ 엇더반ᄃᆞ시이러톳ᄒᆞᄂᆞ뇨 主 쥬쥬 人 신신 先 션션 行 힝힝 客 킹커 從 쭝충

之 즈즈 ○ 主人이몬져힝ᄒᆞ거든客이조ᄎᆞ리라 請 칭칭 坐 쭤조 ○ 쳥ᄒᆞ노니안조라 先

션션 生 승승 貴 귀귀 姓 싱싱 ○ 先生의貴姓이여 在 쩨재 下 햐햐 姓 싱싱 韓 한한 ○

在下ㅣ姓은韓이라 袁밧받德더덕何허허似스스 ○ 袁德은그섯고 在재재下햐햐年

년년幼유유 ○ 在下ㅣ年幼ᄒᆞ니 無우무德더덕可커커表뱌밤 ○ 德이可히表ᄒᆞᆯ거시

업고 在재재下햐햐名밍밍是스스彬빈빈字즈즈文운운中즁즁 ○ 在下ㅣ名은이

彬이오字는文中이라 春츈츈秋추칭何허허似스스 ○ 春秋ㅣ언어나ᄒᆞᆫ뇨 三산산句

슌슌有우잉二ᄉᆞᆯ슬 ○ 三句이오또二라 賢현현尊쥰쥰令링링堂당당有우잉麽

아아 ○ 賢尊令堂이잇ᄂᆞ냐 在재재下햐햐具규규慶깅깅 ○ 在下ㅣ具慶ᄒᆞ여라 你니니

這져져東둥둥國궈궈歷리리代대대幾기기年년년 ○ 네이東國歷代엿희나ᄒᆞ며

當당당初추추怎즘즘生승승建견견國궈궈來래래 ○ 當初에엇디國을建ᄒᆞ뇨 咱

자쟝本븐븐國궈궈是스스太태태祖주주姓싱싱王왕왕諱휘휘建견견袁밧받

德더덕若요얄天텬텬 ○ 우리本國이太祖의姓은王이오諱는建이오字는若天이니ㅁ 太祖松

岳郡人幼而聰明龍顏日角年二十始仕弓裔拜波珍 裴其時洪儒等四人詣建第請擧義兵公固拒不從夫

人柳氏曰妾聞諸公之言尚有感奮況大丈夫乎提甲領以被之諸將扶擁而出令人呼曰王公已擧義旗國
人奔起者不可勝計先至宮門鼓譟以待者亦萬餘人弓裔微服逃至斧壤爲民所害太祖即位國號高麗

年녠년二ᅀᅳᆯ을十씽시歲쉬쉬時쓰스分븐븐○나히스믈인제唐땅당昭쟣샤宗
중종乾껸건寧닝닝三산산年년년○唐昭宗乾寧三年에○唐昭宗姓李名曄僖宗第七子爲
逆臣朱全忠所弑上샹샹泰태태封봉봉王왕왕弓궁궁裔이이手싛식下햐하○
泰封王弓裔手下에올라○弓裔新羅憲安王之庶子以五月五日生屋上有素光屬天如虹日官奏曰此兒
以重午日生生而有齒且光焰異常恐將不利於國家宜勿擧之王勅中使殺之乳婢竊奉而逃祝髮爲僧一日
持鉢赴齋有烏啣牙籤落鉢中視之有王字遂叛據鐵圓郡爲都即今鐵原府也國號摩震改元武泰後改國
號泰封做주주了랼랴鐵텨텨原원원京깅깅太태태守싛식○鐵原京太守ㅣ되것
더니每믜믜番봔한有잉大따다功궁궁勞랗랖○每每에큰功勞ㅣ이서陞싱싱
做주주水쉬쉬軍균균將쟝쟝軍균균波붜보珍진진餐찬찬侍쓰스中중중○

陛ᄒᆞ여水軍將軍被珍鑾侍中을ᄒᆞ엿더니다 恰컁캬說숽숴的딩디是ᄉᆞ스甚씸슴麽마마

官권권職짛지○ᄀᆞᆺ니ᄅᆞᄂᆞᆫ거시이므슴벼슬고 侍ᄉᆞ스中즁즁是ᄉᆞ스這져저裡리리

丞징칭相샹샹一잏이般번번○侍中은이여ᄀᆡ相과ᄒᆞᆫ가지라 丞 那나나時ᄉᆞ스節

졉져○그時節에 弓궁궁裔이이無무무道닾다○弓裔ㅣ無道ᄒᆞ여 靡믜긔所수소

不붏부爲위위○ᄒᆞ디아닐배업므니 梁량량貞징정明밍밍四ᄉᆞ스年년년三산산

月웨웨裡리리○梁貞明四年三月에○梁貞明梁閔爵郞五代朱梁也貞明均王年號均王名瑱太

祖朱溫之第四子也朱溫事唐僖宗賜名全忠拜宣武軍節度使封梁王尋受唐禪即位六年爲第二子郢王

友珪所弒均王誅友珪而立十一年唐人取鄆州帝慮其臣皇甫麟所弒是爲末帝 將장장軍균균裴

쀠쀠玄휜현慶킹킹洪훙훙儒유유卜붕부智징지謙켠켠申신션崇즁충謙켠켠

等등등四ᄉᆞ스箇거거人인신○將軍裴玄慶洪儒卜智謙申崇謙等네사ᄅᆞᆷ이 到닾다太

태태祖주주宅쥥저裡리리商샹샹量량량道닾다○太祖宅에가헤아려닐오듸 弓

궁궁王왕왕如유유此츠츠無우우道담단○ᄅᆞ王이 이러ᄐᆞ시 無道ᄒᆞ니 怎즘즘愛

씽싀他타타苦쿠쿠○엇뎌의 보채몰 바드리오 咱쟈장衆중중人인인們믄믄特

듸딕来래레告갈간報밯반○우리 모든 사ᄅᆞᆷ들히 특별이 와 告報ᄒᆞ노니 願원원主주쥬

公궁궁用융융心신신教갸갸百뷩버姓싱싱受씽싀苦쿠쿠○願컨대 主公온 用心

ᄒᆞ야 百姓의 受苦 호올 救ᄒᆞ쇼셔 太태태祖주주不부부惟쥰쥰的디디其키키間견견

○太祖ㅣ 허뎌 마님ᄉᆞ이예 娘냥냥子즈즈柳릭릭氏스스出츄츄来래래說쉬쉬道

담단○娘子柳氏ㅣ 나와 닐오ᄃᆡ ○柳氏貞州柳天弓女 也高麗太祖初為弓裔將軍領兵過貞州憩古柳

下見川上有一女子甚義問誰女對曰天弓之女太祖 到其家天弓饗之甚款以女薦枕既去絶不往來女守

義為尼太祖聞之迎以為妃後裴玄慶申崇謙等推戴 太祖為后贊成之既即位策為后為元妃覓語神惠貞州今

豐德昇天浦古 城北二里是也 憑핑빙着죠죠大따다體티티例리리○大體例를 의빙ᄒᆞ면

征징징伐바바無우우道담단○無道를 征伐ᄒᆞ미 自즈즈古구구有잉위之즈즈

○깃테ᄂᆞ브니터咱쟝자婦뿌부人인인家갸갸也여여聽팅팅的딍디這져져衆
중중人인인之즈즈言연연○ᄉᆞ우의리말婦올人드도ᄅᆞ이니衆心신신裡리리疼뜽등
殺상사○셥므거음든에更긍긍是쓰스男난난子즈즈漢한한家갸갸怕파파甚
씸슴麼마마○서또솔이저男퍼子ᄒᆞ漢리이오므道땅닫罷빠바○므니太ᄅᆞ매기 물擡
때대出츄츄金긴긴甲갸갸来래레○려金내甲겨을와드穿현쳔與유유太태대祖
주주身신신上썅샹○에太님祖피의니몸衆중중將쟝쟝軍균균們믄믄扶뿌부侍
쏭스上썅샹馬마마○드모러든몰將티軍오들고히 븟着짶죠一힝이箇거거人인인
前쳔천行행힌○앏호픽사行룽ᄒᆞ으여로曉향햐論유유衆중중百븽버姓싱싱們
믄믄道땅닾○曉오諭든ᄒᆞ百여姓널들오의되게王왕왕公궁궁已이이擧규규義이이
兵빙빙了량랴也여여○울王드公렷이ᄂᆞ볼니셔라義 兵百븽버姓싱싱們믄믄聽
텅딩的딍디歡훤훤喜히히無우우盡찐진○흠百호姓이들無이盡드ᄒᆞᄅᆞ야매 歡擂

뤼뤼鼓구구打다다鑼로러○붑티고바라티고先션션到닾닿宮궁궁門믄믄前
쳔젼等둥둥的디딍萬완완千쳔쳔人신신○몬져宮門앏희가기ᄃᆞ리리萬千人이나ᄒᆞ나
弓궁궁王왕왕攬랸랑撒사상了랴랑○弓조이씌텨穿쳔쳔着조쟣下햐햐次
츠츙人인신的디듸衣이이服부뽕○下次人의오ᄉᆞᆯ닙고逃닾땋走주증在재쟤山
산산裏리리○도망ᄒᆞ야山의잇더나後후흫頭투뜰打다다圍위위的디듸人신신
們믄믄○後에산영ᄒᆞᄂᆞᆫ사ᄅᆞᆷ들히撞좡좡着죠쟣射시씽殺사상○만나쏘아죽기니
便변뼌那나나一이징日시싱即지징位위위布부부政징징殿뎐뗜○곳그날에
布政殿에即位ᄒᆞ고國궈귕號할향高갈갛麗리리○國號ᄅᆞᆯ高麗ㅣ라ᄒᆞ고第디뎨二
을숭年년년○第二年에移이이都두두松숭숭岳요얄郡균균○松岳郡에移都ᄒᆞ니
○松岳郡今開城府高麗太祖之先有康忠者居五冠山摩訶岬時新羅監干八元善風水到扶蘇郡見扶蘇
山形勝而童告康忠日若移郡山南植松使不露岩石則統合三韓者出矣於是康忠与郡人徙居山南栽松

朴通事諺解上 六十一

過名松嶽岳吠便뼌변是씃스如유슈今긴긴王왕왕京깅깅城찡칭子즈즈○이뭇

城제이五라京咳해해義믜믜哉재재○답에다아름張장장編변변修싞슈有일우

此춫츠好핳핳文운운官권권○文張官編을修두ㅣ엇이다됴호古구구人신신道

뿅호○놀古오人뎌이君균균子즈즈不붕부出츛츄戶훟후而슬을知짛지天텬텬

下햐하○엉君여子天는下ㅅ돌예안나다디호아니니호信신신然연연○도信다然호

安관관置징지韓한한先션션生승승○韓됴先히生이아시라咱장자去큐큐也

여더○노우라리가何허허須슈슈謙견견讓샹샹○덤것양디호모누로뇨미不붕부

當당당家갸갸○호당여티라못喫칭치些서서淡딴단茶짜차去큐큐不붕부妨

방방미져헉기롭淡거茶아를니먹호고니가先션션生승승且쳐쳐坐쭤조一힝이坐

쭤조○직先잔生조은라아保밭반童뚱퉁○아保童疾찡지快쾌쾌將장장茶짜차

來래래○가섈져리오茶라를小샾샾子즈즈沒뭉무甚씸슴麼마마鄉향향產찬찬

與유유先션션生승승○小子ㅣ 아므 관稱産을 先生ㅅ긔 줄 거시 업스니 這저저的듸디高
강간麗리리筆빙비墨믜머和훠호二싀을十씨시張쟝쟝大따다紙즈즈將쟝쟝
去큐큐○이 高麗ㅅ 筆墨과 스므 댱 큰 죠히를 가뎌가 人인인事ᄉᆞ스與유유相샹샹識
싀시弟띠디兄휭흉○人事로 서르 아는 弟兄을 주라 多더도謝쎼셔○多謝ᄒᆞ여라 正
징징是쓰스難난난得드더之즈즈物웋우○졍히 엇기 어려온 거시로다 咱잫자秀
싱식才째채家갸가○우리 秀才ㅅ 집이 正징징是쓰스所수소用융용之즈즈物
웋우○졍히 뻠즉ᄒᆞᆫ 거시로다 這저저的듸디便뼌변是쓰스○이 곳 올ᄒᆞ니 古구구
人인인有잏우言연연○古人이 말을 두되 賣매매劍견견賣매매與유유烈려려
士쓰스○劍을 플예 烈士의게 풀고 臙현연粉븐븐贈쯩증與유유佳갸가人인인○
臙粉은 佳人의게 준다 ᄒᆞᄂᆞ니라

老朴集覽考

李丙疇 編校

諺解
凡例

老乞大
朴通事

一諺音及字旁之點皆從鄉語鄉音詳見反譯凡例

一單字累字之解只取老乞大朴通事中所載者爲解

一凡俗用言語諸字有於本義之外別借爲義者今除本義只舉俗用之義爲解

一凡常用言語之義難以文字形容者爲用諺文說解使人易曉庶不失真

一音義者即原本所著音義也所釋或與譯語指南不同今從音義之釋音義有誤者今亦正之

一質問者入中朝質問而來者也兩書皆元朝言語其沿舊未改者今難曉解前後質問亦有抵捂姑并收以袪初學之碍間有未及質問大有疑碍者不敢強解以竢更質

一凡漢人用字或取音同或取省文以書兩存多有誤字今皆去僞從眞以便初學之

舊

一 兩書諺解簡帙重大故朴通事分爲上中下老乞大分爲上下以便繙閱

單字解

喫 正音기 俗音치 喫也 喫飯 喫酒 又被也 喫打 맛다 字解入聲 而俗讀去聲 或呼如上聲 俗[illegible] 省文作吃

休 禁止之辭 休[illegible] [illegible]다 말라

等 候待也 等[illegible] 又[illegible] 기다리다 又[illegible] 語用此爲等輩[illegible] 上聲 [illegible] 意又等閑 釋見下

每 箇[illegible] 平聲[illegible] 我[illegible] 俺每 우리 [illegible] 你每 너희 今俗喜用們字

待 擬要也 [illegible] 긔ᄒ다라 又欲也 待[illegible]

[illegible]賈幾個馬 [illegible] 풀으저ᄒ야 [illegible]

恰 適當之辭 恰便[illegible] 대 文 方纔之辭[illegible]

긋 只 止此之辭 [illegible] 오직 韻書[illegible]上聲[illegible] 俗讀去聲[illegible] 註云 今俗讀[illegible]

這 猶這裏 俗呼[illegible] 夜切 [illegible] 之石切 지 俗從지音者多

還 猶尚[illegible] 有多少[illegible] 언매나 앗[illegible] 要多少 다[illegible] 還有[illegible] 還[illegible]要[illegible] 或[illegible]

…音之語…同…有其字…也又償也還錢갑주다 **和** 平聲調也 又去聲…

及也我和你參與也…合와 與 맛저 와 直… **銅** **但** 但凡也但是 믄 **安** 安…

叶件中又安下사다 語要掉사ᄅᆞᆷ한정ᄒᆞᆫ 마자리블다 개ᄒᆞᆫ다 又 **料** 亢犬料 馬或用

小黑豆或用蜀黍雜飼之故亢稱飼馬穀豆曰料 又該用物色雜物料造屋材木曰木料

入畫彩色曰顔料 又量也又理也 **彈** 平聲鼓爪曰彈又料也 去聲丸也俗呼雞子曰彈

雜彈通 作鳴 **剛** 僅也剛坐 다纔 剛 ᄀᆞᆺ **沒** 無也沒 有업다 **殁** 通…

撒 散之也撒打헤티다 又放也撒放非人조심ᄒᆞ야 又覺也 撒了 노하…

慢 緩也慢慢的날회 여慢着날회라 **稍** 守也稍稍將來 여가쳐오라 **底** 下也

아래 又本也底薄 믿 根底 又손바닥 又 글월 又語助 的字通用 **借** 假也 貸也 **批** 裂也

正字作攞又摞兼消卜花汁息裏肉函裏摘內裏
挪又撓又扯又損也又閧內亦函裏
又內裏又落裏裏里居也五家鄰
又語助去裏有裏裏通作里俚哩里五鄰為里又路
蹙以手奉六十俚語辭亦作哩又言語有
步為一里又語助리音為語助者皆用裏俚
哩等滾煮不使謂曰滾滾花水글흘읍又輪轉
字曰滾滾了구으라字作輥又通
曰累滾滾意믄ᄒᆞ며且姑也안직急且과그五
라又滾滾字방울이亦曰且節俗罕用嗄音
象韻為盍切氣也今哼驚訝之聲咳五音集韻
口嗄借用為字也考韻書作欬是口咳
兒笑也兒切咳嗽逆氣也今呼驚嘆之阿俗
聲曰咳哼語借為字也考韻書作咲是阿音
喝哼也又語助辭有阿胡亂也
發語之辭亦聲也皆又語助之辭語有
乾者干乾然之辭금直用強務
遂全及맛다乾히文숨절어시辭字

븓좃 通俗輿 捱 正作捱 倚限有待之意 [illegible]

通俗捱 推捱到十年 [illegible]

事之意 俗語挨次 謂循次歷番 無擬 [illegible]

意 太上 言 又 謂 挨究 挨捱 [illegible] 之 [illegible]

通 交 又 請 交 白 [illegible] 之意 怕 [illegible] 和 知道

交 [illegible] 使交付也 [illegible] 懼 [illegible] 辭 伯 [illegible]

信言 [illegible] 設若 [illegible] 與 你 多少

交 [illegible] 與 又 給 [illegible] 又 講 [illegible]

爲 去聲 也 在 [illegible] 之 [illegible] 又也 地 好 [illegible] 之 [illegible] 地 是 在

聲 [illegible] 也 [illegible] 語 [illegible] 者 [illegible] 上 [illegible] 下 之 辭 [illegible] 也

[illegible] 語助 廝 見 [illegible] 稱 道 廝 [illegible] 又 [illegible]

[illegible] 者 語助 見 [illegible] 又 [illegible] 指 [illegible] 自 [illegible]

[illegible] 廝 另 音零 去聲 別也 零也 另 的 方

小 廝 [illegible] 又 語 另 倚 [illegible] 纔 [illegible]

[illegible] 之 [illegible] 纔 自 又 赶 音 [illegible] 上 聲 亦 [illegible]

[illegible] 纔 [illegible] 纔 [illegible] 趕 上 [illegible] 又 [illegible]

赶 [illegible] 特 [illegible] 徐 [illegible]

[illegible] 也 [illegible] 又 [illegible] 남 [illegible]

說文信也從言[illegible]從[illegible]嫌[illegible]之[illegible]也[illegible]族之 側[illegible]聲[illegible]

[illegible]也[illegible]馬[illegible]

[illegible]音[illegible]文[illegible]聲[illegible]作[illegible]

[illegible]文 遍[illegible]也[illegible] 着 他[illegible]之[illegible]為 也 着[illegible]着[illegible]

[illegible]中[illegible]也 着了[illegible]又[illegible]

合[illegible]所[illegible]之[illegible]方[illegible]着[illegible]叶 太[illegible]

[illegible]音[illegible]又 了 一語 助 去了 文[illegible]

語[illegible]也[illegible]意 了 不[illegible] 又[illegible]

頻[illegible]也 咱 五音集韻[illegible]葛切 俗[illegible]咱[illegible]

[illegible]雜字 音 子[illegible]書 皆[illegible]

聲[illegible]聲 鄉[illegible]們[illegible]聲 連 咱[illegible]讀

之[illegible]咱[illegible]似 合 口[illegible]咱[illegible]口

[illegible]常 誤 矣 又 着 於 箇 一 枚 也[illegible]枚

詞[illegible]語 助 令[illegible]

又[illegible]大 單[illegible]守[illegible]為[illegible]

[illegible]又 語 助[illegible]

箇 [illegible] 平聲 推稱也 那一箇 [illegible]
[illegible] 不用 [illegible] 未定 [illegible] 何也 那裏 [illegible]
[illegible] 又 [illegible] 那一箇 [illegible] 那裏 [illegible]
那 [illegible] 語 [illegible] 又 [illegible]
指物之辭 俗 的 [illegible] 好的 [illegible] 又 [illegible] 的
[illegible] 又 [illegible] 實 [illegible] 也 [illegible] 的
虛 的 [illegible] 土也 田地 土地 地方 地面 又指當處土地
[illegible] 曰 土地 又 [illegible] 地
猶 [illegible] 們 [illegible] 韻 [illegible] 字 皆 [illegible] 們 [illegible] 滿 見 今 俗 猶 用 爲
此也 等 [illegible] 之 [illegible] 字 而 [illegible] 我們 咱們 你們 們 日
[illegible] 或 [illegible] 造 做 韻會 還 韻 作 字 註 [illegible] 造
們。 引 那 們 더 리 [illegible] 也 俗 作 做 [illegible] 字
註云 爲 造 造也 起也 俗 作 做 非 做 音 直 信 切 [illegible]
按 [illegible] 做甚麼 므 合 [illegible] 作 [illegible] 作 [illegible]
本去聲 不去 作 [illegible] 아니 [illegible] 音 [illegible] 入聲 [illegible]
此 讀之 則 做 從 [illegible] 聲 作 互 呼 [illegible] 字
俗 不用 直 平聲 曲 [illegible] 語 [illegible]
信 切之用 音 勾 [illegible] 地 名 [illegible] 語 [illegible]

朴通事諺解

又에우다又能勾어루又유어히又更語勾取
자피다又句欄公事공公로블리다又勾喚블
리다又去聲勾當幹當打擊也着實打又打三
也又事也當亦去聲 **打** 又□□也打滅來숨
사요라又□打將來아오라打聽듣보라打
水믈긷다不打緊又打□ **裏去打疊收拾遠去** 消投
向從往□意俗用打字似不合本意者後□持
而實有取意亦猶其用甚麼語不盡緣□故 **將**
將來가져오라將着가지라將持把持執捏也一
咱們우리를다가又將咲장太 **把** 把흔줌又□□
去들把我們우리를다가把來그를다가與將
字ㄱ同小異又元時語有把許之語□者與檔
也今來來往又語助你來야毋夜來어제有來
不用 **來** 엇더라又來來가다又數物而有餘數未
的知쟈十來箇이라一百十來 **怎** 何也怎麽
地엇디ᄒᆞ리오又十來日열흘이라블남짓音
本合口聲或有不能合呼者而讀之差□□前曰
麽呼如指字俗音故或書作只字故□作前字

者消之又有呼怎的的字則怎字音不[illegible]
士者成之人凡呼合口韻諸字或從本音頭也

麽 本音모俗用爲語助辭音마古人皆呼爲莫故或通作莫怎麽엇디來麽오·라又[illegible]
乎字之意者訓曰去麽갈·다有麽잇ᄂ니克語麽道니르ᄂ·다麽音모今不用

甚 ·슴俗語甚麽모合猶何也又消呼신音者古文語辭
有什麽之語音·시:모以甚爲什殊無義爲甚字

用終聲連呼麽字則難於作音語不圓熟故甚字用終聲之音今俗亦呼爲씸마

討 求也探也討찻얻·라·다討債去받ᄌ·니바ᄒ·라
가·다討價錢빋받·다又本國將習之解ᄒ·야받오·다亦通

索 求也索價錢·갑받·다又鄉習傳解曰받죄·오·다亦通又須也又索今以筭用

都 同都又總也ㅣ

便 去聲和也便行즉재가·니·라便去즉재ᄒ리·라又즉재ᄀ·다又則也
便有甚엇·다便安편안ᄒ·니·라又便也罷便又安ᄒ·便當又宜於行事便:됴·ᄒ·양·ᄒ·다不

方便다히마지셥사ᄒᆞ야니타 又猶則也俗去 便就有了너옷가면이시리라 又平聲穩便온

당ᄒᆞ다 吏語[illegible]益 **隨** 從也 隨你너ᄃᆞ스모로 隨喜구경 ᄯᅡ齊從조ᄎᆞ니 吏語根隨좃다

該 備也 載也 當也 蜀也 [illegible]也 [illegible]也 攝也 有 此數意而俗[illegible]該備於一處者存之 **兒** 嬰孩

也孩[illegible]又呼初名必用兒字[illegible]語之辭杏兒 李兒凡[illegible]名稱呼兒字只從總用其音而不

至太ㅣ **却** 또又却來却不來ᄒᆞ니야 나ᄒᆡ[illegible] **早** 早裏일엇 다[illegible]早블

서 **些** 少也 些兒 些些 些時 猶則也 古本用呵字 少[illegible] 又語助 [illegible] 本皆長用[illegible]

用便[illegible] **往** 向也 往那裏去 [illegible] 三[illegible]宮 字 가다 [illegible] 又 昔也 [illegible] **你** [illegible] 又 語助

恁 [illegible]也 亦作 [illegible] 又 [illegible] 他[illegible]言如[illegible]也 **快** [illegible]也 走的快 [illegible] 又樂 [illegible]快活[illegible] 又[illegible]手[illegible]

叵[illegible]又呼 **剩** [illegible] 又 [illegible] **盛** [illegible] 剩[illegible] **鮮** 又[illegible]

在也儘過得개다닥ᄒᆞ라儘濃더ᄒᆞ又ᄒᆞ
令也儘教是타又儘ᄒᆞ라儘지긋ᄒᆞ야又儘盤
ᄌᆞᆼ則ᄀ**朝**音潮南朝問ᄒᆞᆫ**家**上指一數之稱一箇家ᄒᆞᆫ
낫식幾年家현ᄒᆞᆫ식又宋ᄒᆞ大家又要姓
呼人之稱李家張家家又呼皇帝曰官家又諸
殺有다**忒**太過ᄒᆞ忒大**越**尤甚也越好ᄀᆞ장됴ᄒᆞ다
엳다너므크다더越細詳더욱ᄌᆞ세
ᄒᆞᆫ**敢**忍爲也你敢那ᄆᆡ구되여그리ᄒᆞᆫ가ᄆᆞ也
다又疑詞也敢說道아는듯ᄒᆞ다殺說辭
來ᄌᆞ재저오라說了說了又說
嬰睡了ᄒᆞ재ᄌᆞ다語便ᄆᆞᆫ又說行ᄃᆞ니여서ᄒᆞᆫ
다**虧**損也少也虧你多少네게메나ᄒᆞᆫ
ᄉ虧音ᄒᆞ我내게ᄂᆞᆫ배라又父也吏語虧殺
수다에ᄀᆡ**哏**極也哏好ᄀᆞ장ᄒᆞ다**丟**撇也亦作颩
ᄉᆡ다ᄋᆞᆫ今ᄒᆞ之ᄒᆞᆫ수ᄒᆞ之ᄒᆞ니丟音두
頓一次也一頓飯又吃也頓坐擎上聲也
잔ᄯᅢ又拜ᄒᆞ다地頭頓首拜**彼**役也彼的

使[illegible]又[illegible]又[illegible]了姿[illegible]
[illegible]使[illegible]聲使[illegible]差使又[illegible]
又洁뎌又[illegible]生ᄀ장歹[illegible]不好歹[illegible]殺
又[illegible]聲[illegible]情丁[illegible]歹[illegible]解殺我[illegible]
[illegible]뭬라[illegible]以此而句[illegible]寇[illegible]殺殺
[illegible]장곤심ᄒᆞ야[illegible]기[illegible]다[illegible]殺ㅆ
空[illegible]也[illegible]儧下也[illegible]多[illegible]ᄒᆞᆫ[illegible]다
[illegible]下通[illegible]攢[illegible]又許[illegible]하나
又[illegible]也[illegible]多池삼십리나믄[illegible]吏[illegible]多
[illegible]又[illegible]處[illegible]ᄀ너믄고[illegible]
[illegible]오又重[illegible]又[illegible]少[illegible]又[illegible]也少甚少麽
기온고[illegible]이[illegible]오[illegible]少[illegible]ᄉ거[illegible]스[illegible]少
挨나[illegible]들[illegible]우잇다又饒債[illegible]
[illegible]少[illegible]양시기그치디따[illegible]債지[illegible]
[illegible]시물오드러이서[illegible]시리又[illegible]
[illegible]事[illegible]債라고와[illegible]살[illegible]
[illegible]시典[illegible]人或[illegible]少[illegible]粮或[illegible]用[illegible]物
라[illegible]所直立限賞與人爲[illegible]而求[illegible]

朴通事諺解

贖償還其直取物而還也律條贖識五分以償易法照原價取贖曰贖　償[illegible]錢[illegible]

者重物納質于富家賒錢取用至限則[illegible]本[illegible]將價還錢主方得退回已之重物而來則也[illegible]

人之物質與賃字意同而賃字只用於物[illegible]　雇　雇守人物通用律條雖[illegible]

[illegible]商家[illegible]　喫　音흐[illegible]也亦作噴　[illegible]言[illegible]也辨[illegible]

又[illegible]　又以繩縛物曰[illegible]又自[illegible]　又物自彫落[illegible]

衍[illegible]卷宗曰帀取曰帀卷　短　不長也缺也　趲　使走也又[illegible]

[illegible]通作攢又縮之也　會[illegible]　[illegible]諸[illegible]日[illegible]

趲[illegible]些[illegible]　今俗本皆述元時之語故多有　幾　數問多少

兩[illegible]本[illegible]新本易[illegible]　幾之[illegible]

[illegible]　擺　開也擺[illegible]又排而振[illegible]　會[illegible]

[illegible]之也又搖[illegible]動也[illegible]也[illegible]

也又經也嘗也又증曾孫又姓遭一次謂之一遭又周遭言周圍也又遭是마디遭遭般

名數也諸般여러가짓又等也一般又多也頭音투東頭西頭동녁그젓녁

내到頭나종애通作投又上頭又頭盤첫판頭館첫관頭難첫[illegible]太[illegible]到頭[illegible]종旋也也

又疾也又성녕마조다[illegible]做到音도又極也又辭도ᄅ허通作[illegible]饋本遺[illegible]群

母音俗讀習從見母上聲有從本母讀者而什有一二閭銓音권字亦作栓[illegible]

指之辭又語助猜測疑也儹多也훙要要[illegible]之事[illegible]

寔曰要笑又行弱亦曰要[illegible]連及也并也又一連又[illegible]亦[illegible]

又作[illegible]甚也借大니모[illegible]다又하나[illegible]借[illegible]熱扮修飾也扮[illegible]

미[illegible]音班[illegible]聲[illegible]傸音[illegible]傺音[illegible]

本條믄하다 養成甘云다[illegible]
[illegible]又訴撒孫[illegible]孩兒交撒又[illegible]
淫[illegible]濃的趲遶趲趲著趲走에[illegible]
犇[illegible]又借用爲趲遶之趲走行[illegible]
快走잘ᄃᆞ다又透漏也走閑[illegible]
諾又洩也走了氣긴나다[illegible]
罷閑了替閑了又遊息曰閑喜[illegible]
遊閑又練熟又[illegible]馬熟閑又[illegible]
[illegible]又吉하미又[illegible]閑早업[illegible]害[illegible]
忙[illegible]다趕的忙忙連去忙趲忙物[illegible]細[illegible]
[illegible]語委也也坐又甚也[illegible]
下다又[illegible]語[illegible]發[illegible]一[illegible]見 絡[illegible]

下떠디우다又數落了罪過죄목혜다又吏語下落간곤又發落공ᄉᆞ쳐내다 **管** 攝也又只

管照管見下 **假** 上聲大也借也去聲休告也 **爭** 鬪爭也又ᄉᆞ시ᄡᅳ다又不爭므던하

너기다 **媳** 音息子之婦曰媳婦又古語泛稱婦人曰媳婦次妻亦曰媳婦

累字解

着落 使之爲也吏語亦曰着令詳見上 **委的** 委係也信也的語助辭 **委實**

委亦實也 **一剗** 미오로ᄉᆞ亦曰剗地 **剗新** 새로이 **嶄新** 同上 **生受** 艱苦

也又貪之也 **茶飯** 總稱食品之謂 **下飯** 以酒食爲主而以物爲酒食之助者則曰

下飯 **按酒** 飲酒時其所以過按下之物曰按酒數言饈饌 **收拾** 간슈ᄒᆞ다又설엇다

又거두다 **大哥** 哥兄也人有數兄則呼長曰大哥次曰二哥三曰三哥雖非同胞而見儕

輩미推敬者則亦呼爲哥或加大字或加老字推敬之重也只呼弟曰兄弟並擧兄及弟曰弟兄

一面 호ᄋᆞᆫ·자 又 ᄒᆞᆫ녀 ·고·로 又 ᄒᆞᆫ·번

央及 請乞也字之取義未詳吏語亦只稱央字

可知 그·러 아·니·려 又 그·러 커·나 ᄯᅥ·나 本國傳寫之釋曰·새로 될·서

罷罷 ·두·위 두·위 亦曰也罷

一就 이·믜·셔 又 ᄒᆞᆷ·ᄢᅴ

一發 ᄒᆞᆷ·ᄢᅴ 又 이·믜·셔 又 ·ᄎᆡ·여

宿 ᄒᆞᆫ:숨 又 ᄒᆞᄅᆞᆺ·밤

早晚 這早晚·이 늣·도·록 又問何時曰多早晚 어·느·ᄢᅴ

由他 ·더·뎌·두·라 又 ·제 ᄆᆞᅀᆞᆷ·대·로 ᄒᆞ·게 ᄒᆞ·라

定害 너·리과·라 又 :해 ·자ᄒᆞ·이·과·라

由你 네 ᄆᆞᅀᆞ·모로 ᄒᆞ·락

強如 더으·다

不揀 가ᄀᆞ·라 나·마·나 俗語不揀甚麽

相識 俗稱相識滿天下知心能幾人謂朋友也

則管 則音ᄌᆞ去聲或作只含·이 ·이 亦曰演成演亦作偃

利害 ᄆᆞ·ᅀᅵ엽·다

東西 指物之辭未定其稱而曰東西猶曰或東或西未定方向之意

將就

猶容忍扶護之意 空便 空隙順便之時조각竝去聲 標致 聰俊敏慧之稱俱美

其人心貌之辭標字本在竝母則宜從俗呼爲去聲而今俗呼標致之標爲上聲則字宜作表

字讀是 打發 禮待應俗之稱·보솖·피·디·홈ᄒᆞ·다 照管 ·보솖피·다 照覷 同上 怎

生 怎何也生語辭詳見上 倘或 ·혹·시 如是 ·ᄒᆞ·다 假如 猶言假使之意 根

前 앏·피 根底 앏피亦根前稍卑之稱 底似 그·장드ᄉᆞ又너不用 哏似 同上

今不用 上頭 전·ᄎᆞ로今不用 理會 ·아·다又ᄎᆞ리·다 省會 알·위·다 知會

上同吏語 知道 아다 知得 同上 說 知닐·어알知·리·다 知他 모·ᄅᆞ·리로·다

照依 마·초·와그·대·로ᄒᆞ·다 自在 모ᄉᆞᆷ편안·히잇·다 自由 제ᄆᆞᄉᆞ·모·로ᄒᆞ·다

幾曾 어·느제 不曾 몯ᄒᆞ다 分付 맛·디·다又당부ᄒᆞ·다 丁囑 당·부ᄒᆞ·다

囑咐同上剋減剋亦減也剋落同上疾快ᄲᆞᆯ리疾忙同上連忙
同上生活셩녕活計셩계火計동모快活즐기다這般猶言如此
這們同上那們猶言如彼那般同上分外十者數之終十分爲數之極而
甚言其太過則曰分外無賴힘히미又무질업시特地부·러又특·벼·리又ᄀᆞ장
幾會어·ᄂᆡᄌᆞᅀᆞᆷ一回ᄒᆞᆫ슌幾回몃슌看成[illegible]ᄉᆞᆲ피·다又기[illegible]·다又삼·가
啓悔자븐이[illegible]므르다啓字意未詳疑作返[illegible]爲是悔交ᄒᆞᆼ졍므르다亦曰倒䉶
悔親ᄒᆞᆫ인므르다亦曰退親並不曾젼혀아니타一霎兒ᄒᆞᆫ주ᅀᆞᆷᄉᆞ
시一會兒同上看一看보·다難於單字之[illegible]故重言爲句也一看助辭因
此上猶言上頭特故裏부러不妨事므던ᄒᆞ다猶言不妨礙於事不

碍事上同 碍甚事 므合이리방애ᄒᆞ다 므슴猶言므던ᄒᆞ다 碍甚麽事上同

濟甚事 므合이리일료 猶言쓸졀업다 濟甚麽事上同 乾乾淨淨 ᄭᆡ 조타 又 조히ᄒᆞ다 其乾淨也凡疊字爲說者倣此 重言之者甚言

打聽一打聽 듣보다 註舉打聽二字可說而疊言之者比漢人好事者之說也今亦罕用

字解終

老乞大集覽上

火伴古者從軍十人爲一火調度器具共之火長一人主炊爨故曰火伴花押事物紀原云古者書名改眞從草取其便於書記難於模倣也復有不取其名多出於機巧者此押字之始也花者巧其体也漢兒人有元時語必於言終用有字如語助而實非語助今俗不用溫克詩傳云克勝也謂溫恭自持以勝也年時俗呼過去前年曰年時曰上年曰年裏通稱已去之年曰往年曰舊年山東古青兗二州地今置布政使司濟寧在兗州城西六十里古徐州之域元陞爲濟寧路今爲州東昌禹貢兗州之域元爲東昌路今爲府高唐在東昌府城東北一百二十里本春秋時齊之高唐邑元改爲州今仍之牙稅錢牙見朴通事集覽稅錢事物紀原云晉宋齊梁時凡貨牛馬田宅有文券者率輸四百入官賣主三百買主一百後世因之蓋漢武帝筭商緡遺制繳凡事之歸結皆

曰繳上司移下司之文必立限曰某日迴繳下司迴報曰繳報**加五**十分爲本取息五分則十分之外加得五分也又有加一加二之語**直沽**在武昌縣東南偏河白河丁字沽合流于此入于海貿問云海口也離京南去四五日程天津衛地方南來河水北去河水俱東入海**姑舅哥哥**俗呼父之姊妹曰姑母之兄弟曰舅姑舅之出稱謂曰姑舅哥哥**房親**音義云吾母與若母同宗伯叔所生今按吾母之父與若母之父爲同生吾母與若母爲四寸吾與若也爲六寸兄弟漢人無稱寸之呼又貿問云同姓伯叔兄弟之子女**左近平人**左近音義云鄰近的今按左近蓋謂左右鄰近之人若文爲左近也平人謂無過責之人一說謂證左在近平人也漢書左驗註類師古曰左證左也言當時在其左右見其事也**弓兵**諸司職掌云凡天下衝要去處設巡檢司專一盤詰往來奸細及販賣私鹽犯人逃軍逃囚無引面生可疑之人於丁粮相應人戶內僉點弓兵應役**襲**凡師有鐘鼓曰

伐無鐘鼓曰襲謂潛蹤掩襲也**轆轤**亦作樚櫨井上機轉汲水諸其制於井上植兩長柱

並穿其頭爲孔用短大橫納於兩長柱之孔以長繩懸一捶桶於橫大腹上之釘捶櫪三四枚

於橫木兩頭如船上矴猫之車汲水則下其桶於井中汲舉轉其橫木則繩自纏繞於橫木之

腹桶亦隨之而上人取其桶傾水於石槽及大桶之中以飲驢馬以叉其直捶首孤以篾束物

皆曰捶桶本國以竹爲帶而束桶也**洒子**汲水之器以柳枝編成者呼曰柳罐元語謂帖

落洒音外上聲**東厠**厠本音厺俗音厶凡尊者必居東屋其居之北必有厠尊者在厠稱

爲上東因呼爲東厠總稱曰厠屋曰茅厠畢少於尊前呼厠曰後路凡人自稱諳厠曰出後於

尊處稱曰出恭**行李**事文類聚云行李之李字人姓之外更無別義左傳云行李之往來

杜氏不究意理註云行李使人也今遠行結束次第謂之行李而不悟是行使耳按舊文使字

作李傳寫誤作李通作理**張社長**社長見朴通事社神下張即社長之姓也**夏店**

驛名隷三河縣**車房**藏車輛以避雨雪處也**排門粉壁**有所拘劉人犯令減內編戶於外門壁上塗粉寫云本戶元無隱藏人犯**閣北**遼東泮宮有尊經閣泮宮在城內東南隅**酒館**酒店也**街坊**謂同街同坊猶言同里閈也**文引**如本國行狀漢志云引信也蓋取信之文也今俗亦曰路引**走出來**走逃也**盤問**吏學指南云再三窮詰也**纏張**音義云纏去聲纏張猶言雜談舊本書作戰張**老娘娘**甲少呼尊敬老婦之稱**院子**庭院也有垣墻內庭謂之院亦曰院落**參兒高**參星名冬至十一月節三更參中立冬十月節四更參中寒露九月節五更參中今指參高而半夜則此必九十月也**明星**啓明星以其先日而出故謂之啓明人言一星而夕為長庚誤也俗亦曰曉星**馳馱**馳以馬負荷也馱指負載之物**卸**說文舍車解馬也增韻脫衣解甲曰卸舟人出載亦曰卸**濕麵**以麵條晒乾臨用於熱湯泡食者謂之掛麵未乾者

謂之爊麵**這湯**湯即粉羹也凡人買燒餅饅頭而食者必有湯并飲之用以解渴亦曰飲汁如本國所云床花羹**爐裏**即鏊也烙燒餅之器以黑鐵爲之有蓋有底而蓋亦如底置燒餅於內加火於蓋上使之自熟俗呼爲爐鏊音傲**細絲兒**見朴通事集覽**鍋竈**所以安鍋之具或以鐵爲之又湯鍋處呼爲酒竈

老乞大集覽上

老乞大集覽下

喜鵲兒 語云乾鵲噪而行人至漢陸賈曰喜鵲噪行人至蛛蜘集百事喜

疹子 直指方云小兒在胎食母五臟血穢生則其毒當出名曰瘡疹證五臟有異名肝臟水泡淚出如水小而色青肺臟膿泡其涕稠濁色白而大心臟發斑血泡色赤而小脾臟發疹色黃微赤又小於斑瘡腎臟則變而黑焉青紫乾陷斑亦作癍一名痘瘡

劣馬 劣作踣是蹶踣跳踉貌漢人謂不馴難御之馬曰劣馬舊本作乖騎馬亦謂不循軌度也

濟南府 禹貢青州之域春秋時齊國宋陞為濟南府元改為濟南路今改為濟南府

癩馬 南村輟耕云凡六畜勞傷則鼻中常流膿水馬之有是病者謂之癩馬

要約 周禮司約註云約言語之約束

涿州 直隸順天府秦為上谷郡魏晉為范陽郡元陞為涿州路今仍之

羝羊 音義云好鬭的質問云公羊見人抵觸方言謂之羝羊又云乃有角之騷也

臊胡羊

質問云有角公羊未割腎子方言謂之羖胡羊譯語指南云羖羊수양質問又云羖羊未割腎羊也胡羊山羊也又云今有角大山羊有鬍子又云山羊毛與羖不同的羊其毛作不得毡另一種也

羖䍽譯語指南云양·염흘·위나흐질質問於羖䍽羔兒註云初生公羊方言謂之羖䍽羔兒

母羖䍽質問云初生牝羊方言謂之母羖䍽又羖䍽羔兒母羖䍽二名下云此二者俱羖嫩小羊也

綿羊音義云텨리·긴양一說養衣羊今按綿羊卽養衣羊今婚禮多用之且漢人呼羊與本國不同本國所呼羊卽漢呼胡羊也本國所呼염쇼卽漢呼山羊也諸司職掌稽禮北羊二牽山羊二牽云則此二羊之分也飮膳正要著羊又著羖䍽別爲一種則是羖䍽爲本國所呼염쇼也亦呼爲羖予亦呼大羖䍽韻書亦有胡羊夏羊之分以此觀之則胡羊北羊或單稱羊者卽本國所呼양也羖䍽山羊卽염쇼也總稱牡曰公羊牝曰母羊未割腎者曰公羖曰羖羊去腎者曰羯羊然未詳是否

蘇州禹貢揚州之域周秦

伯仲雍始居爲吳國隋改爲蘇州元爲平江路今爲蘇州府直隷應天府杭州禹貢揚州之域戰國時屬楚秦爲會稽郡東漢屬吳晉爲吳興陳置錢塘郡隋爲杭州五代時爲吳越國宋高宗南渡都杭元爲杭州路至本朝爲府嘉興禹貢揚州之域春秋時檇李地本吳越境界越敗吳之地三國吳爲嘉興元爲嘉興路今爲嘉興府質問云嘉興綾闊長易州在保定府西北一百二十里秦爲上谷郡漢爲涿郡隋置易州金爲中都路元屬大都路後改屬保定府今仍之湖州禹貢揚州之域春秋時屬吳後屬越漢初屬荆國三國吳爲吳興郡隋置湖州元爲路今爲府花拘絲質問云花紬絁名利家音義云不會買賣的會買賣的便叫杭亦今按利家亦是市行之人杭作行是漢俗呼市廛曰鋪行曰行市行音杭細褶譯語指南云細摺丁三甚卒吾今按褶作摺是細摺爲襞積也閘口音義云馬頭一說水嚼環今按水嚼環即閘口俗呼爲馬嚼子或云嚼子亦曰水環水路吏學

指南云宋分各道爲十八路元以大郡爲之今分爲十三布政使司

替子 音義云汗替皮替之總名今按本文既歷舉汗替皮替言之則不必更舉總名之替也盖汗替即如本國別造單替加於馬背以防汗者也皮替即如本國以皮爲之加諸厚替之上爲飾者也替子即菁毡絮爲裏表而作厚替者也又有指甲替者即鞦兩翅板下襯着爲飾此元制也今俗只用厚替汗替而不用皮替指甲替之類故今罕稱之汗作鞊替作屜是

鈚子 質問云箭鏃極寬大且長

虎爪 質問云箭鏃上有鉤如虎爪

艾葉 質問云箭鏃寬長有鋸齒如艾葉樣

柳葉 質問云箭名細尖而長如柳葉樣

迷針 質問云箭名細尖而長如針馬迷針樣

什物 師行二五爲什食器之數必共之故謂之什物什具今人通謂生生之具爲什物

紅漆匙 達于女直用匙而用鐵用角爲之或黑或紅黑漆行路亦帶之漢俗不用匙

外甥 音義云女生的又姊妹生的

妗子 母之兄弟之妻亦曰妗母又曰舅母

嬸母 父之弟妻亦曰嬸娘又曰嬸子又曰嬸嬸按宋張文潛明道雜志云經傳中無嬸妗二字嬸乃世母二字合呼妗乃舅母二字合呼也二合如眞言中合兩字音爲一之類

外甥女壻 女壻之女壻

車釧 用鐵爲環以冒轂空外端者合윗굴모

車鐧 車轂空內用鐵條縱貼之以防軸之磨損

[illegible]車 達子無定居車上施氈帳[illegible]室逐水草以居今此庫車蓋收藏物料之車如庫藏者也元俗猶然質問云其形似箱櫃

驢騾大車 一車駕驢騾五六頭者平地任載大車也

遠垜子 射埒也或壘磚爲之或束蒿藁以秸爲標的射之

三棚 詩抑釋棚忌註矢筩蓋[illegible][illegible]矢則擧棚以開筩流用則納矢筒中者下棚以獲箭因此凡[illegible]六箭曰棚[illegible]開云一根箭方言謂之一棚九根箭謂之一棚兒

團攛湯 質問云細切肉爲丸又切薄肉片着於湯肉食之方言謂之團攛湯又云以乾粉做成粉皮兒用[illegible]肉絲兒豬肺豬肚假切成絲兒合成包兒做湯脉[illegible]

浮沉 人稟天地

五行之氣以生手三陽三陰足三陽三陰合爲十二經以環絡一身往來流通其脈溢於兩手三部焉夫脈者血也息者氣也脈不自動氣實使之故有九候之法氣血盛則脈盛氣血衰則脈衰血熱則脈數血寒則脈遲血微則脈弱氣血平則脈緩難經云浮者爲表爲陽外得之病也有力主風無力主氣沉者爲裏爲陰內受之病也有力主積無力主氣詳見脈訣

剋化的 剋勝也化消也

幫閑的 人有依附於人無正身者役之苦者也一說裝扮雜劇人

腦套換套 套頂之稱事物紀原云凡首飾曰頂衣服曰套言逐日脫巳着之服而換着別件衣也

綉銀條紗 紗之白而無紋者只以白絨線織成胷背而已

鬧裝 用金石雜寶裝成爲帶者

剛叉帽 質問云將軍勇士侍衛所冠今按其制如本國騣小帽子此釋與反譯之釋不同者以本文類擧大帽而中有頂子則剛叉爲大帽明矣故反譯釋爲大帽也盖以元制今制鬆華不同未可詳也

倒提雲 盖謂作雲形以頭向下以

尾向上綴著靴頭爲飾者也鴈爪音義云靴엣고一說靴纓今按靴纓即鴈爪音義稱

一說誤矣醒酒湯質問云人爲酒困倦不醒作酸湯食之方言謂之醒酒湯又云用肉

汁作湯細切精肉下[illegible][illegible]加椒醋葱菜酸而且美足以醒酒點心南村輟耕錄云今以

早飯前及飯後午後晡前小食爲點心今俗謂小饅頭曰點心包兒白煮凡水煮而不雜

他味者絃子樂器名亦曰三絃其項細而長腹圓且短施三絃彈之如月琴形粧

狐質問云假粧官人也爲貴摸樣又云如人好又云假粧作做大摸樣花使音義云與

胡使同今按討亂也花巧也偢倸音義云理也如國俗所云聽理之謂耽閣音義

云遲滯之意謂耽悞廢閣之意青絲見朴通事集覽帖音義云十箇爲一帖繫帶

以黑段爲大帶儒家好帶亦有織成者大運五行精紀云運行[illegible]一辰十歲折除乃之

日爲年註云夫運者人生之[illegible]舍考覈運氣以定平生之吉凶陽男陰女以生日後未來御氣

日時爲數順而行之陰男陽女以生日前得去節氣日時爲數逆而行之詳見五行精紀

喜神方 便民圖纂云甲己寅卯喜乙庚辰戌強丙辛申酉上戊癸巳亥良丁壬午未好此是喜神方

火帳 火伴中用度記數文簿

燒埰 音義云구은구合一說消子孫兒今按燒字審母消字心母其音相似而深淺不同消作燒爲是

老乞大集覽下

音義云舊本内説的呵字亦是常談如今秀才和朝官是有説的那箇俺字是山西人説的恁字也是官話不是常談都塗吊了改寫的這們助語的那也了呵等字都輕輕兒微微的説順帶過去了麼若緊説了時不好聽南方人是蠻子山西人是豹子北京人是咱子入聲的字音是都説的不同

朴通事集覽上

筵席 凡宴會常話曰筵席文話曰筵會吏語曰筵宴蓋取肆筵設席之意 張三 三或族次或朋友行輩之次或有官者以職次相呼或稱爲定名者有之李四王五亦同 果子 果實也又呼油蜜果亦曰果子曰蜜果子制形如秦 拖爐 音義云麵作小餅者質問云以麥麵和油蜜印成花餅烙熟食之 隨食 音義云與拖爐相似質問云以麥麪和油作小餅喫茶時食之取其香酥也原本用隨字故反譯亦用隨字俗音쉬今更質之字作⿰食隨宜從쉬音讀今俗亦曰⿰食隨餅 糟房 釀酒出賣之家官收其稅 光祿寺 在東長安門內其屬有大官珍羞良醞掌醢四署掌供辦內府諸品膳羞酒醴段管待使客之事 蜜林檎燒酒 質問云初蒸熱燒酒用蜜蒲萄相參浸久而食之方言謂之蜜林檎燒酒又云以麵爲麴還用蘗料以燒酒爲蘗下入熟麥內待熟釀之其味甚甜又云如蒸的熱燒酒將蜜與林

檎果參和麯入瓶內封裹久而食之最妙**長春酒**質問云春分日所造之酒永久不變其味方言謂之長春酒又云以春分日蒸糜下酒三日後封閉了瓷待夏後方榨**苦酒**質問云酒有苦味少甜味又云麯多米少之酒其味最苦**豆酒**音義云菉豆做的質問云菉豆造爲細麯作酒取其有味又云以菉豆作麯用粘米作酒其味殊長**桶**質問云大者容三十瓶小者容十五瓶**內府**猶言闕內也**館夫**應當館驛接待使客之役質問云府州縣百姓擇撥無差役者做館夫答應使客待三年更替**外郎**之稱各衙門吏典之號俗嫌其同於員外郎之號呼外字爲上聲大小衙門吏典名稱各異**勘合**吏學指南云勘合即古之符契也質問云官府設簿冊二扇凡事用印鈐記上寫外字幾號發行云者曰外號上寫內字幾號留在官府者曰內號**署官**良醞署即光祿寺屬官也有署正署丞監事等官**竹葉清酒**質問云其酒甚清色如竹葉**䐉兒酒**質問云做酒用

麯麴藥料為藥久封不動其色紅而味最純厚又云以糯米為之酒之帶糟者又云好麴好米作酒成熟粘稠看味不甜參和

龍眼 一名圓眼樹如荔支但枝葉稍小其子形如彈丸核如木槵肉白漿甘如蜜五六十顆作穗荔支熟後龍眼熟號荔支奴木槵即本國모관쥬槵音患

核桃 張騫使西域得胡桃回種于中國後五胡亂時避胡字改名核桃

荔子 子作支荔支生巴峽間形狀團如帷蓋葉如冬青花如橘春榮實如丹夏熟如葡萄核如枇杷殼如紅繒膜如紫綃瓤肉潔白如冰霜漿液甘如醴酪如離本枝一日色變二日香變三日味變四五日外色香味盡變

蘋婆果 似林檎而大者飜譯名義云梵言頻婆果此云相思果色丹且潤質問云形如沙果其大如梨

虎刺賓 質問云如李長大半青半紅色食之可口又云如赤李長而大者

象生纏糖 音義纏字註云用白糖白芝麻相和以火煎熬傾入木印內須臾凉後與果實相似糖字註云白糖化後用木印洗成亦與果實相似今按纏糖即

一物之名諸司職掌婚禮定親及納徵皆用造麻纏糖二合茶纏糖二合則纏與糖非二物矣冗音義內解義相同則是亦明爲一物矣象生者像生物之形而爲之也象作像木印以木刻成物形糖模範者也糖即沙糖也煎甘蔗莖爲之

獅仙糖 以糖印做獅獅仙人之形也亦有爲發觀僧像之形者也

煠 音義音잡誤以油煎也

川炒 音義云믄므긘炒흔猪肉今按川炒鹽水炒也

燌鴿子彈 質問云鴿子彈摻於滾肉湯食之又云剁肉湯在鍋再加椒料葉葱花燒火至滾沸方下鴿子卵盛之於碗以獻賓客

⿰火朋牛肉 音義⿰火朋者븜平聲質問云牛肉細切用椒鹽⿰火朋食又云以水和醬成湯放入鍋內燒至滾沸方下細切的牛肉再加椒醋葱花盛供故曰⿰火朋

炮炒 用醬和水炒之質問云如猪肚生切置於鍋中用緊火炒熟方言謂炮炒

席面 音義云옷첫술

教坊司 掌雅俗樂之司隸禮部有奉鑾韶舞司樂等官一名麗春院即元俗所呼勾欄司

院本 南村輟耕錄云唐有

傳奇宋有戲曲唱諢詞說金有雜劇諸宮調院本雜劇其實一也國朝院本雜劇始釐而二之院本則五人一曰副淨古謂之參軍一曰副末古謂之蒼鶻鶻能擊禽鳥末可打副淨古云一曰引戲一曰末泥一曰孤裝又謂之五花爨弄或曰宋徽宗見爨國人來朝衣裝鞵履巾裹傳粉墨舉動如此使優人效之以爲戲其間副淨有散說有道念有筋斗有科範盖古教坊色長有魏武劉三人而魏長於念誦武長於筋斗劉長於科範至今樂人皆宗之賀開云院本有曰外或粧先生採訪使考試官老人達達之類皆是外扮曰淨有男淨有女淨亦做麗態專一弄言取人歡笑曰末粧扮不一初則開場白說或粧家人祗候或扮從臣之類曰丑狂言戲弄或粧醉漢太醫賣貨媒婆之類今按諢音混優人戲弄之言也 **雜劇** 劇戲也南村輟耕錄曰稗官廢而傳奇作傳奇作而戲曲繼金季國初樂府猶宋詞之流傳奇猶宋戲曲之變世傳謂之雜劇 **擡卓兒** 擡舉也進案撒案皆曰擡謂人所桌也卓即本國所謂高足床也

蒸捲 質問云麥麪作成五寸長䊖蒸熟食之 又云以麪爲之長疊四折用籠蒸熟 金

銀豆腐湯 質問云豆腐用油煎熟其色黃如金 白如銀細切作湯食之又云用雞鴨

清同鴨黃相制爲之 今按鴨即雞子也 鮮筍燈籠湯 質問云鮮筍 以筍雕琢玲

瓏花樣空其內搡肉作羹食之又云以竹 芽切成寸段鷄子煮熟去黃裝肉做湯 三鮮

湯 質問云魚蛤鰒三味合爲一羹或鷄鴨鵞三 味合爲羹方言俱謂之三鮮湯又云以羊腸

豆粉做假蓮蓬假荷花假合吞魚謂之三鮮 今按合吞魚恐是河豚魚之誤然亦未詳 五

軟三下鍋 質問云五般無骨精肉碎切爲片 先用盐煎次用醋煮交葱花以食 雞

脆芙蓉湯 質問云將雞腰子作芙蓉花樣湯食 之又云以鷄子清做成芙蓉花[illegible]碗

三朶 今按上文五樣 湯名之釋恐或失真 細料物 事林廣記食饌類 細料物官桂良薑

蓽撥草豆蔲陳皮縮砂仁八角茴香各一兩川 椒二兩杏仁五兩甘草一兩半白檀末半兩右

共爲細末用之如欲出路停久用之者以水浸
蒸餅爲丸如彈子大臨時湯泡用之今按漢俗
謂탕숫고是曰細料物

院判

太醫院有院使一員院判一員

都堂

唐制尚書省曰
都堂元時亦有尚書省今按華制都察院有左
右都御史副都御史僉都御史在外十三布政
司及都司皆有御史一員都御史所在
謂之都堂監察御史所在謂之察院

總兵官

各都司各有鎮守總
兵官一員以管兵政

永平

一統誌云禹貢冀州
之域虞分冀北爲營
州此即其地商爲孤竹國元爲永平路洪武二
年改永平府屬北平布政司北平即燕都永樂
都燕京以此
直隸京師

六驛

遼誌云在遼東城北滿水之
南漢爲新安縣唐置營州遼
號大定府金改北京
元改大寧路今廢

遼陽

遼誌云舜分冀東北
爲幽州即今廣寧以
西之地青東北爲營州即今廣寧以東之地周
武王封箕子於朝鮮是其地也即古肅慎氏地
遼置遼陽路元改爲東京路尋復
遼陽路今置遼東都指揮使司

開元

遼誌云
本肅慎

氏地虞舜時高麗有其地周時爲荒服元設開元路元末歸納哈出今設三萬衛又設遼海衛

永樂年間設安樂自在二州俱隸遼東都司識東陸路舊有驛站至三叉口分通朝鮮後門管

轄外夷往來朝貢之路四面皆古設站之地

瀋陽 遼誌云舊名瀋州禹貢營州之域遼

爲中鎭屬遼東道遼亡歸金元爲瀋陽路去遼東城數舍今設瀋陽中衛地方廣衍東連高麗

北抵建州去衛治東北八十里有州曰貴德或謂玄菟郡

金剛山 山一名皆骨山即白頭

山南條也南至淮陽縣之東高城郡之西爲金剛山凡一萬二千峯

禪院 **松廣** 兩剎

名俱在金剛山

剳付 音義云禮部知會都堂總兵官文書內有事件体式詳見求政錄

闗字 音義云支應馬匹并廩給者体式詳見求政錄

蘆溝橋 蘆溝本桑乾河俗曰

渾河亦曰小黃河上自保安州界歷山南流入宛平縣境至都城四十里分爲二流其一東流

經金口河引注都城之濠其一東南流入于蘆溝又東入于東安縣界去都城三十里有石橋

跨于河廣二百餘步其上兩旁皆石欄雕刻石獅形狀奇巧成於金明昌三年旅之路西通關陝南達江淮兩旁多旅舍以其密邇京都行人使客絡繹不絕 **堵** 五板爲堵 **板** 六尺爲板

天赦日 春戊寅夏甲午秋戊申冬甲子謂天道生育萬物而宥其罪也甲戌爲陽干之德子午爲陰陽之成寅申爲陰陽之立以干德配之爲赦也可修造起工 **角頭** 音義云東南西北往來人煙湊集之處今按角頭即通達達通要會之衢傭力求直之人坌集之所然漢俗呼市廛亦曰角頭謂歸市者必指角頭而去故云介 **坌工** 分工用力之人 **挑脚** 舊本作赶脚的謂赶脚者賃驢取直之人謂挑脚者負擔運物求直之人也 **月俸** 中朝官祿每月支給今此一月四石之俸以元制考之乃從九品也米豆曰祿鈔錢絹曰俸 **擔** 所負曰擔俗作担今按開八擔則是八石也前漢蒯通傳守甔石之祿應劭注擔受二斛揚雄傳家無甔石之儲注一石爲石斛石爲擔以此觀之則擔爲二石也然今俗皆稱一石爲擔謂

任力所勝而負擔之也字俗作担音但 **郎中** 六部郎中正五品職支米十六石歲該一

百九十石今此月支四石則米實郎中乃斯須假號推敬之稱 **平則門** 燕京禹貢冀州

之域唐曰幽都虞爲幽州武王封召公奭於燕即此元初爲燕京路後稱大都路洪武初改爲

北平布政司 太宗皇帝龍潛於此及承大統遂爲北京遷都 爲永樂十九年營建宮室立門

九南曰正陽又曰千門元則曰麗正南之右曰宣武元則曰順承南之左曰文明元則曰崇文

又曰哈噠北之東曰安定北之西曰德勝元則曰健德東之北曰崇仁一名東直元名同東之

南曰朝陽元則曰齊華西之北曰西直西之南曰阜城元則曰平則元設十一門而今減其二

廣豐倉 質問云在京師收天下米糧處也 **斗子** 執斗槩量穀之人 **監納**

質問云收米糧官名 **米貼** 月俸之貼質問云收米放米計數之票也又云是文武官員關

支月米將各該衙門出給印信貼兒 **籌** 音義云出倉之計算質問云以木爲之此收放米計

數之籌每米一石對籌一根 **碎貼兒** 音義云出門驗放之貼 **小車** 一輪車也

即轉軸 **五爪蟒龍** 蟒大蛇也蟒龍謂無角龍也兒制五爪二角龍爲紋者止供御

用不許下人穿用 **張黑子** 張姓黑子痣也張之面有痣因以爲號人號爲張黑子

鑌鐵 總龜云出西番面上自有旋螺花者有芝麻花者凡刀劍器打磨光淨價直過於銀鐵中最利者也

張舍 王公大人之家必有舍人即家臣也如本國伴倘之類爲權勢倚任之人貪賊之所羨慕者也故街巷呼親識爲張舍李舍乃一時推敬之稱又質問云武職官下閑人謂之舍

空中 音義云用蘆木旋圓內用刀剜空以繩曳之在地轉動有聲質問云頑童將胡蘆用木釘串之傍作一眼以繩繫扯旋轉有聲亦謂之空中

社神 立春後第五戊爲春社立秋後第五戊爲秋社孝經緯曰社土地之主也土地闊不可盡祭故封土爲社以報功也春祭社祈穀之生秋祭社報穀之成左傳共工氏有子曰勾龍氏卜水土故立以爲

社元制五十戸爲一社今制每一鄉村之間或十五戸或二十戸隨其所[?]合爲一社擇其鄉里之民有義行者一人爲社長擇其殷實者一人爲副立社倉收掌錢穀借貸應急

鶴兒 即紙鳶今漢俗呼爲風箏亦曰風禽又號爲紙鴿兒質問云風旗也乃小兒三月放爲風箏八月放爲紙鳶也

打毬 音義云杭州小兒之戲也用小圓木長三四寸各持堀毬彼此相擊出限者爲輸

建子 아ᄒᆡ 차ᄂᆞᆫ 뎌기 建兒蹴雜韻內字作毽音健俗自撰也

打毬兒 質問云作成木圓毬二介用木杓一上一下連接不絶方言謂之打毬兒質問所釋疑即本國優人所弄杓鈴之戲與此節小兒之戲恐或不同詳見下卷集覽

博錢 質問云兩人賭錢將八文錢捏在手指擲之於地有八背謂之八八有七字謂之七七此是爲勝無八八七七此是爲輸

拏錢 即猜拳也 솽블쥐기 質問云此二人以錢相賭之戲跌過兩背相同爲贏質問之釋若本國뎌ᄇᆡ기

拘欄 書言故事云鈎欄俳優棚也風俗通云漢文帝廟設

抱老鉤欄注云亦鉤屈曲如鉤以防人墜質問云麗春院樂人撒演戲文雜劇之處也又云麗春院即教坊司也教坊司見上今按北京有東拘欄西拘欄俗謂宿娼者曰院裏走質問云是京師樂工住處

三台 三台星名在天為六塵名天階亦曰泰階太上升降之道也事文類聚云上階為天子中階為諸侯公卿大夫下階為士庶人三階平則陰陽和風雨時天下大安周禮疏上台司命為太尉中台司中為司徒下台司祿為司空三公之象

南斗 南極老人星名曰天府曰天相曰天梁曰天同曰天樞曰天機六星棻爵秩祿俸之籍能解本命之厄晉書天文志六星天廟丞相太宰之位主薦賢進士稟授爵祿

北斗左輔右弼 九九星曰樞宮貪狼曰璇宮巨門曰璣宮祿存曰權宮文曲曰衡宮廉貞曰闓陽宮武曲曰瑤光宮破軍曰洞明宮左輔曰隱元宮右弼左輔連附北斗第六星右弼連附北斗第二星在內俱在紫微垣七現二隱世人惟見七星不見輔弼二星蓋九星宰生死是非之籍能解

切尼晉書天文志云七星在太微北七政之樞機陰陽之元本七星明其國昌輔星明則臣強

印子鋪音義云是典儅錢物濟急之所質問云有錢之人開鋪那些錢之人拿文狀或器皿儅借銅錢或銀子使用每十分加利一分亦與有印號帖兒以為執照

八珠環귀엿골회以珍珠大者四顆連綴爲一隻一雙共八珠

釧事物紀原云黃帝時西王母獻白環舜時亦獻通俗文云環臂謂之釧漢顯帝時有功者賜金釧亦曰環釧

圈眼音義云龍眼的外名釋見上

耳墜兒事文類聚云莊子曰天子之侍御不叉楠不穿耳則穿耳自古有之今俗亦曰耳環即八珠環也

窟嵌戒指事物紀原云古者后妃羣妾御于君所當御者以銀環進之娠則以金環退之進者著右手退者著左手今有指環即遺制也今按窟嵌者指環之背剜空爲穴用珠填穴爲飾總龜云亦名手記所飾玉石呼爲戒指面舊本作指堅兒音義窟音왕窟是空字之誤窟音쿵空音콩

共有二百

兩銀今與將與之物只得七十兩而云二百兩銀者盖舊本云有二百錠鈔今本改鈔爲銀仍存鈔之舊數而不改也宅子俗總稱家舍曰房舍自稱曰寒家文士呼曰寒居自稱室内曰屋裏人稱王公大人之家曰宅子傾銀質問云將碎銀子與銀匠化了傾成整錠白臉質問云將好銀子與銀匠化了傾成細絲雪白錠兒又有光色好看即才成銀也頭口汎指馬牛猪羊之稱數猪以頭數牛亦曰頭數羊以口數猪亦曰口故泛稱畜口曰頭口牛馬亦曰頭疋翫月會東京録云中秋夜貴家結飾臺榭民間爭占酒樓翫月絲簧鼎沸近内庭居民夜深遥聞笙竽之聲宛若雲外天樂閭里兒童連宵嬉戲夜市駢闐至於通曉官司凡干詞訟累禍之事皆謂之官司如鄉語구의죵司字恐是事字之誤午門見上平則門下操練習也謂軍士上番亦曰上操舍人見上舍下張麂大麞也麞鹿之大者譯語指南謂北鹿曰麞鹿質問云大曰麖小曰麂其皮可作靴滿刺

嬌 質問云以蓮花蘋葉鵝鴛鴦蜂蝶之屬或用五色絨綉或用彩色畫於段帛上謂之滿池嬌今按刺新舊原本皆作池今詳文義作刺是池與刺音相近而訛

刺通袖膝欄 元時好者此衣前後具胷背又連肩而通袖之脊至袖口爲紋當膝周圍亦爲紋如欄干然織成段匹爲衣者有之或皮或帛用綵線周遭回曲爲緣如花樣刺爲草樹禽獸山川宮殿之文於其內備極奇巧皆用圈領者之其直甚高達達之俗今亦猶然뷔윤:실·로·치·질ᄒᆞ니를呼爲刺亦曰納音扣

鉤子 用金銀銅鐵玉角等物刻成龜龍獅虎之頭繫於條之一端人若帶之則以其條之一端屈曲爲環納於鉤獸頭之空以爲固使不解落如條環之制然

抹絨

胷背 凡於紗羅段帛之上以綵絨織成胷背之紋裁成衣服者也凡絲之練熟未合者曰絨已合爲綸者曰線

比甲 衣之無袖對襟爲襞積者曰比甲即本國旨지텰릭婦女亦依此制爲短襖者之亦曰比甲通稱搭護

搭護 事物紀原云隋內官多服半臂餘皆長袖

唐高祖減其袖謂之半臂今[illegible]
或曰綽子庶人競服之今俗呼爲褡護[illegible]
江西 古揚州地今置
承宣布政使司 結椶帽 椶木名高[illegible]文
葉如車輪旁無枝
皆萃於木杪其下有皮重疊裹之每皮一匝[illegible]
一節花黃白色結實作房如魚子狀其皮皆是
絲而經緯如織有細縷交相連綴[illegible]敵取其
絲理之以結成大帽又剝其皮一匝編爲蓑衣
亦可
避雨 油心 紅質問云朱紅一云如心之紅[illegible]袖
加油於紅漆之上也又云油乃牛
字非油也其
色紅如牛心 納綉 以未合之綵滿綉紗面不冷
紗之本質外見者呼爲納綉
綉亦
作繡 骨朶 南村輟耕錄云國朝有四法辭中有
云都赤三日一次輪流入直負骨朶
於背余究骨朶字義嘗記宋景文筆記云關中
人以腹大爲胍肫音孤都俗謂杖頭大者亦曰
胍肫後訛爲骨朶朶平聲事文類聚云宋景文
筆錄謂俗以檛爲骨朶古無稽據國朝既名衛
士執檛[illegible]從者爲骨朶子班今按字書[illegible]檛背
音竹爪切通作撾又音徒果切撾之譌爲骨朶

雖不雅馴其來久矣今俗音子王皆上聲紫鴉忽璣也由回番西番性堅滑有紅碧紫

璣亦有淡者色明瑩有大如指面者儘大儘貴古語云璣重一錢十萬可稍璣音날舊本作刺

元語作刺兒猠皮質問云羊皮去毛熟軟有蔡眼作鄉好看今按猠字韻書不收字義

未詳店停物貨賣之舍客商往來者多寓之官所營建收稅者曰官店細絲官銀

銀十品曰十成曰足色曰成色曰細絲曰手絲足曰吹螺曰白銀九品曰九成曰青絲八品曰

八成總稱元寶元寶釋見下和尚萬里相和曰和外道桐尚曰尚又和者太和也尚者

高尚也又和尚外國語此云近誦以弟子年少不離於師常逐相近受經而誦者漢子

泛稱男兒曰漢又指婦女之夫曰漢子事物紀原云一代以降有國號者至多獨以漢為名者

取兩漢之盛漢武帝征討四夷專事匈奴由此有漢胡之斥至晉末五胡亂華胡人罵華人曰

漢兒華人罵胡人曰胡虜此稱漢之始也今按元時胡漢相雜故兩書稱漢者居多佛梵云

俗呼瘆馬者曰馬戳醫骨眼質問云馬害肚疼打滚剳眼內肉方言謂之草眼音姑狗有濺草之恩晉太和中楊生養狗甚愛之後生飲酒醉行至大澤草中眠時值冬月野火起風又猛狗呼嘆生不覺前有坑水狗便走往水中還以身洒生左右草沾水·得着地火尋過去生醒而去馬有垂繮之報漢高祖與項王會鴻門舞劍事急謀脫匹馬南行道傍有一智井馬到井邊不肯行漢王恐追者至下馬入井項王追至井傍見馬跡至井而止謂漢王在井令人下井搜求見井口有蜘蛛罥網鵓鴿一雙出井飛去謂無人在中項王還壁翌日其馬到井垂繮漢王執之而出剃頭漢俗凡梳頭者必剃去腦後頂上鬉際細毛故曰剃頭挑針用牛角作廣篦篦一端作刷子者多鬉者鬉厚難梳故先梳之鬉以此篦挑置上頭更梳下鬉今俗猶然斡運也俗音呼〈와〉字作空是消息以禽鳥毳翎安於竹針頭用以取耳聹者俗呼為消息舊本作蕭槮翎兒耳朶朶作垜是

朴　上 11—1①

① 原书缺少10—1,10—2部分。

俗去聲讀令曰做筵席舊本作開口筵席古所謂言定令俗云求親娘子

子謂母曰娘字作孃又少女之稱字作娘孃娘亦通用南村輟耕云世謂穩婆曰老娘女巫曰

師娘習婦曰花娘達人又曰草娘苗人謂妻曰夫娘南方謂婦人無行者曰夫娘謂婦人之卑

賤者曰某娘曰幾娘鄙之曰婆娘今俗稱公主宮女下至庶人妻皆曰娘子下多少

財錢亦云下財家禮會通云婚有六禮納采問名納吉納徵請期親迎今制納采問名納

吉總一次行禮以從簡便謂之定禮亦謂之定親亦曰下紅定亦送幣物又涓吉送婚書行納

徵禮亦曰納幣俗云下財亦曰送禮俗總稱曰羊酒花紅又一次有禮曰請期謂之催妝亦具

禮物五品以下無請期之禮八珠環兒見上金廂寶石寶石即上節紫

鴉忽之類以金爲斗供而納石於其中綴著於女冠之上以爲飾也音義云寶石에[illegible]라

우민頭面珠鳳冠音義云珠子結成鳳的冠今按用珍珠串結作成鳳形而至於鈿毛

則皆用絲線及翠羽為飾十羊十酒羊十牽酒十瓶也制禮亦隨貴賤異秩聘送禮

也詳見諺司聽掌生的天生容範觀音菩薩以耳根圓通以聞聲作觀故謂

之觀世音菩者普也薩者濟也謂普濟衆生也紅定晉武帝多簡良家女以充內職而自

擇美者入選則以絳紗繫臂鎮軍將軍胡奮女入選亦以絳紗繫臂故俗謂定婚曰紅定圓

飯筵席圓作完是謂齊足之意今按漢人娶妻親迎而女至男家以宿則女家送女食

于男家三日而止止食之日女家必具酒饌送男家設宴謂之完飯筵席質問同舊本曰餑餑

筵席邵氏聞見錄宋景文公納子婦其婦家饋食音云以食物餽女公曰錯用字從食從而從

大其子退撿僖雅饒字注云女家三日餉食為饒女也圓飯即遺制也拜門質問云女

婿九日公婆使兒子女兒注丈人家拜丈人丈母或兄嫂們方言謂之拜門媒人也

有福兩次送禮之日媒人各有表裏二賞體例謂客私通行格例曰体禮姐姐

漢俗呼姊曰姐姐雖非弟妹如遇婦女可展斯須之敬者亦曰姐姐是尊之之謂

砌山子音義云귀여수類엣것今按山亍即귀여수砌即結成之意俗呼築成曰砌城謂疊石而築成之也

皮金未詳質問云以羣紙上貼金女人細之用又云將金捶打如紙張之薄

方言謂之皮金

白清水絹무·리픗·기·업·시·다ᄃᆞ·마ᄃᆞᆷ호코·미·ᄅᆞᆫ:ᄀᆞᆷ·아·나·光滑緻硬如本國搗砧者也中不用糨粉而鍊生綃以石碾者

人事土産俗토·산舊本作撒花

唱喏揖也詞曲曰一箇唱一箇喏謂一人呼唱於上衆人應諾於下如將帥在營幕下軍卒設謁於前者列立於庭將帥發一令語則衆下齊聲以應凡里巷子弟拜謁父兄亦然因謂揖曰唱喏未詳是否但家禮集註說云揖者拱手著胷也恐非所謂唱喏也今中朝俗以鞠躬拱手爲唱喏

戒方音義云學習에ᄯᅵᄂᆞᆫ것質問云讀書小兒送入學堂館傳教寫字不用心寫好字師傅拿二尺長寸半寬半寸厚的木板條打手教使後日寫好字免打手掌謂之戒方

老官人漢人呼尊長必加老字於姓字之上尊之之辭娃娃娃娃指孩兒之稱字作哇音와是小兒啼聲毛施布此即本國人呼苧麻布之稱漢人皆呼曰苧麻布亦曰麻布曰木綿布或書作沒絲布又曰漂白布又曰白布今言毛施布卽沒絲之訛也而漢人因麗人之稱見麗布則直稱此名而呼之記書者則其相稱而遂以爲名也混堂人家諺溫湯浴室處燕都多有之乃爇水爲湯非溫泉也或稱湯堂子舊本作湯子莊家村治農之人曰莊家莊謂不達時務之人錢鈔鈔者金帛之名古曰泉後鑄而曰錢古者天降災戾於是乎量資幣權輕重以救民困代各鑄錢輕重不一鈔楮幣也始於蜀之交子唐之飛錢至元明自中統元寶交鈔通行寶鈔之名盤纏길헤여·러가지로쓰는것質問云盤費纏繳供給之物如供給服食應用金銀財帛之類今按盤纏二字取義源流未詳愁殺謂人有愁之甚而可至入於死甚言其愁之極也包指音義云헐기피濟機音義

云뿔로밍ᄀ론활가피ᄀ론只今按漢人或牛角或鹿角爲之形如環着於拇指亦所以鉤弦

開弓

滿月 質言云分娩未滿月恣食生冷粘硬果菜肥膩魚肉之物當時雖未覺大損滿月之後即成蓐勞質問云産婦一箇月不出門不生理只補養身一月之後出門又吃喜酒

今按喜酒者賀生兒之宴

老娘 音義云伏侍産婦的婦人今按俗呼穩婆

褯子 音義云襁褓接替汚穢之物今按襁即繃子褓即褯子音義混而一之誤矣但譯語指南亦呼繃子褯混稱爲襁褓未詳是否褯子깃

繃子 보로기即襁也廣韻束兒衣也闊八寸長一尺用約小兒而負之行者

百歲日 子生一七日謂之一臘一歲謂之百晬質問云初生孩兒以百日爲百歲日六親皆以禮賀之主人設席館待

堂子 即混堂釋見上

氣力 音義云弓強弱之力重十二斤曰一箇氣力今按舊本以斗石爲重續綱目所石弓註三十斤爲鈞四鈞爲石重百二十斤也

椶殿 作殿閣用棧木皮苫蓋以爲遊御之所舊本作棕毛殿椶

通作棕**官裏**呼皇帝爲官家亦曰官裏五帝官天下三王家天下故云耳**剳柳**質問云端午節日赴教場內將三枝柳揷之三處走馬射之歲時樂事記云武士軍校揷柳于毬場令按諸字書剳音而剳字韻書不著雅免馳騎射內音卞毋敗奔突字音竟同總龜云端午日武士射柳爲鬪力之戲各以強弱相敵**整**無零數之謂**一面**亙은자詳見字解

牙家事文類聚云今人云駔儈爲牙本謂之互郎主互市事也唐人書互作互似牙字因轉爲牙今漢俗亦曰牙子即古之牙儈**腿跨不開**音義지·벼딘몯**前失**音義云거티는듣譯語指南云語거·티·는몬**轡頭**音義云잘뎐는무뎔걸몬轡頭今按轡頭即馬勒也今俗謂·믁디·됴흔므를呼爲好轡頭音義亦書弁好字爲釋可也凡漢俗以草爲之有銜者曰轡頭以索爲之無銜者曰籠頭今呼轡之轡音·비好轡頭之轡音·비此轡字則者其字而今不得也恐當作披字爲是謂以勒披馬踏引之也**撒蹄**音義云我·굽므리오

리예ᄀᆞ리ᄂᆞᆫ말譯語指南云말ᄀᆞ리ᄂᆞᆫ말**文淵閣**一名玉堂有大學士正五品官**八**

舍音義云行次第八之人**伴當**質問云軍職官跟隨撥從人謂之伴當三日一換當

去聲**千戶**軍士五千六百名爲一衛二千二百名爲一千戶所一百一十名爲一百戶所

每百戶內設總旗二名小旗二名**八里庄**地名凡鄉井之制在內曰街坊關廂在外

曰店鎭鄉莊畓保屯務寨峪灣窩蓋因俗呼得名皆指人所聚居之處也**手帕**即手巾也

羊腔子韻會云骨體曰腔音義云羊無首之名羊有首則人厭看今按漢俗屠羊出賣

去聲　去其首**拜節**歲時纂事記云元日士庶自早互相慶賀車馬交馳衣服華燦雜遝

街市三四日乃止**寒食**荊楚記云去冬節一百五日有疾風甚雨謂之寒食又謂之百

五節秦人呼爲熟食日言其不動煙火預辦熟食過節也晉文公焚山求子推因燒死遂禁火

以報之東京錄云唐明皇詔寒食上墓近代相承皆用此日拜掃丘墓都人傾城出郊四野如

芳市樹之下圍圍之間羅列杯盤抵暮而歸**揮使**音義云指揮之職稱令發指揮使官名都督府都指揮使正二山各衛指揮使正三品**西湖**在玉泉山下泉水瀦而為湖流入宮中西苑為太液池出都城為玉河東南流注于大通河環湖十餘里荷蒲菱芡與夫沙禽水鳥出沒隱映於天光雲影中實佳境也**玉泉**在苑平縣西北三十里玉泉山下山有石洞三一在山之西南其下有泉深淺莫測一在山之陽泉出石罅間鑿石為螭頭泉從螭口噴出鳴若雜佩色如素練泓澄百頃一在山之根有泉湧出洞門刻玉泉二字有竅音閤又南有石巖號呂公洞其上有金時芙蓉殿廢址相傳以為章宗避暑處宣德年間建玉泉亭于其上以備臨幸**碧漢**天河也河精上為天漢爾雅析木謂之津津在箕斗間自坤抵艮為地紀亦名雲漢曰天漢曰銀河曰銀漢曰河漢**瑤池**列仙傳崐崘閬苑有玉樓十二玄室九層左瑤池右翠水環以弱水九重非飆車羽輪不可到也註瑤池玉母所居**兜率**梵語兜率

法云妙足又云知足於五欲知止足故佛地論云名喜足謂後身菩薩於中教化多修喜足故
時欲界六天之一也兜率天人間四百世為一日**串香褐**串香者合和諸香以為串
者也凡織染色之少文采者曰褐串香褐，麝香褐鷹背褐蜜褐茶褐即黄黑雜色也玉褐艾褐
木褐銀褐即白黑雜色也藕褐即紫黑雜色也深淺異色各取其像**陝西**古雍州地漢所
都長安之地唐置京兆道宋置陝西路元置陝西行中書省今置陝西布政使司**南城**
大元以燕京為大都俗號南城以開平府為上都俗號北城開平府在陰山之南自燕京至上
都地勢一步高一步四時多雨雪**法名**剃髮披緇歸依佛法別立外號是謂法名**步
虛**俗姓洪氏高麗洪州人法名普愚初名普虛號太古和尚有求法於天下之志至正丙戌
春入燕都聞南朝有臨濟正脉不斷可往印可蓋指臨濟直下雪嵒嫡孫石屋和尚清珙也遂
往湖州霞霧山天湖庵謁和尚嗣法傳衣還大都時適丁太子令辰十一月二十四日奉傳聖

旨住持永寧禪寺開堂演法戊子東還掛錫于三角山重興寺尋住龍門山結小庵額曰小雪戊午冬示寂放舍利玄陵賜謚圓證國師樹塔于重興寺之東以藏舍利玄陵即恭愍王陵也

石屋法名清珙號石屋和尚臨濟十八世之嫡孫也普虛謁石屋石屋見之云老僧今日既已放下三百斤擔子遞你擔了且展脚睡矣乃微笑云佛法東矣遂以袈裟表信曰衣雖今日法自靈山流傳至今今附於汝汝善護持毋令斷絶事文類聚云釋氏五宗之教傳至法眼爲雪峯眞覺禪師之道至永明其道傳于高麗國此即普虛之傳也**作與頌字迴光返照大發明得悟**音義云石屋和尚作偈頌與步虛其佛光迴還返照於步虛之身其於生死輪迴之說靡不通曉**傳衣鉢**書言故事云傳授佛法謂之傳衣鉢衣即袈裟三事衣也鉢應供器也詳見上釋迦佛生年十九出家住世四十九年傳衣鉢于迦葉初祖達摩達摩傳衣鉢于二祖二祖傳于三祖至於六祖至三十二祖弘忍蓋以此爲

傳道之器也

善男善女 金剛經疏曰向善之男女也又見下

善知識 善知識者指高僧之稱知亦作智反譯名義云菩薩羅漢是善知識六波羅蜜三十七品是善知識法性實際是善知識

朴通事集覽上

朴通事集覽中

构欄上見 弄簪盖 凡優人以造化鳥爲戲時一人擎一彩帛條盖先入優場以告戲雀之由次有一人捧一雀以入作戲如本節所云造化鳥종다리雛曰銅觜雌曰鐵觜

碾 研石也形如磨磑一隻之半輔其外闊以張綃則即同砧擣者

擻兒 染家有薄冊一本有人求染綃帛者必於薄上記其物數及染色并其染直以當契約者謂之擻兒

站家擂鼓 館驛門上皆設更鼓之樓凡使客入門必擊其鼓招集人衆應辦事務

分例支應 正官曰廪給從人曰口粮通謂之分例元制正官一員一日宿頓該支米一升麵一斤羊肉一斤酒一升柴一束經過減半從人一名止支米一升經過減半今制正官一員一日經過米三升宿頓五升從人一名經過二升宿頓三升漢俗今云行三坐五

大使 有館大驛使一員或正九品或從九品有副使一員從九品亦有未入流大使副使詳見諸司職掌

米

酒 舊本作一瓶半酒新本作米酒今造酒用粳米糯米黃米凡支待使客皆用此等酒也不必舉米酒者說恐是新本仍存半字而誤印爲米也今從半字讀恐或爲是 **廚子** 光祿寺有廚子即供應大小筵宴及館待使客執爨之役者也 **禿禿麼思** 一名手撇麪即本國呼역져비禿字音투上聲讀麼思二合爲音맛急呼則用思字曰투투맛慢言之則用食字曰투투마시元時語如此劑法如水滑麪和回少彈齊冷水浸手掌按作小薄餅兒下鍋煮熟以盤盛用酥油炒片羊肉加鹽炒至焦以酸甜湯拌和澆末得所別研蒜泥調酪任便加減使竹簽簽食之 **金字圓牌** 至正條格云元時中書省奏諸王駙馬各投下有軍情緊急重事許令懸帶原降銀字圓牌應付鋪馬騎坐其餘差使人員有緊急軍情重事許令懸帶金字圓牌方付鋪馬其他泛常勾當只許論時領受給降聖旨方許給馬 **䜌頭散與** 女直達子朝貢時到驛應付馬匹騎坐者各出䜌頭散與馬太馬夫受乞套馬令各䜌主認䜌

占馬使無爭占之擾牌子凡馬驛設置馬匹不等其中管馬各應者謂之馬牌管驛者謂

之驛牌總稱牌子令史在京六部及三品衙門在外各衛及都布按三司俱有令史驛

吏則無令史之稱充制未詳甘結吏學指南云所甘曰甘合從曰結今按如保狀人材

者必寫稱所舉之人並無喪過及干娼優子嗣委的賢能如虛甘伏重罪云云舉此爲許以成

文狀與彼收執或呈報上司以憑後考謂之不致狀同重甘結狀應付貟問云應者答

應也付者與也如還使客到驛將口粮馬驢谷應與他方言謂之應付賓主一面音義

云猶言賓主自身又一面詳見字解郊天天子設圜丘於南郊以祭天天神地祇日月星辰

山川嶽瀆以太祖配享古制冬至祭天今制正月十五日以裏祭天俗謂之拜郊木料

凡造一件物而該用之物皆曰料木料나모브ᄐᆞᆺᄀᆞᅀᆞᆷ詳見字解料字下梯子音義云車

前괴오ᄂᆞᆫ나모撑頭音義云車後괴오ᄂᆞᆫ나모擦床音義云用木小板長尺餘橫穿

爲空二三十穴各用薄鐵爲刃廂其中以羅篩等物按磨於鐵刃之上其絲從穴下墜勝於刃切今按即本國訓갈**細車**鄉習以細字作室字讀謂車上設屋可卧者也然漢人凡稱物之善者皆曰細如云茶之好者曰細茶今此細車亦謂設帳房於車上爲屋乃車之善者也故謂之細車連呼帳房細車讀亦通質問云如婦人所乘車周圍雖刻花搆油飾花須方言謂之細車又云女人所乘有楇長盖之車**千餘同**音義云十疋爲同**遷民鎮**鎮安也凡民聚爲市者曰鎮遷民鎮在遼西瑞州之境金所置屬大寧路**抽分**音義云十分而取一分以利官用今按中朝設抽分竹木局如遇客商攅販竹木柴炭等項照例抽分粗貨十五分中抽二分細貨十分中抽二分竹木柴三炭或三十分取二或十分取二或三分取一**河縣**在順天府東七十里以地近七渡鮑丘臨泃三水故名直隷通州**通州**在順天府東四十五里即古潞州金陞爲通州取漕運通濟之義今仍之直隷順天府**奪腦**

寮字未詳㴬習傳解曰되고리·些앏ㅍ·ㅓ叅音ᄃ去聲讀**尺脉較沉**人手有寸關尺三部脉尺脉主腎命門屬水而沉脾屬土凡人飮食傷脾土則土不克水而見沉脉較差也脉沉又見老乞大覽**少卿**太常寺大理寺光祿寺太僕寺有卿少卿俱三品**妳妳**汎稱尊長妻室曰妳妳**大娘**音義云안해님이라ᄒᆞᄃᆞᆫ날今按汎稱尊長妻室曰大娘又稱人之正妻曰大娘妾曰小娘**婆婆**汎稱老媼之謂或呼尊屬老婦之稱又祖母曰婆婆**刯劃**排擯開割之意刯韻書不收免疑韻略音百凡陌韻陌字類諸字皆呼如泰韻之音故百字呼如擺字而鄉習傳呼刯字音배亦從上聲讀則字作擺亦通**看上**猶言見取之意**攪撒**攪作覺是覺字雖入聲而凡入聲清聲則呼如上聲者多矣如角字亦或呼如上聲記書者以覺撒之覺呼爲上聲而謂覺字爲入聲不可呼如上聲故書用攪字耳撒猶知也俗語亦曰关撒了今以撒爲知覺之義者亦未詳故之撒用爲知覺之義者亦未詳**推出後**漢人指則

爲後路詳見老乞大集覽東廁下又大便小便亦曰大後小後

狐帽匠 音義云티럭장今按以有毛皮作大帽小帽者皆謂之胡帽匠称字作胡是猶本國毛衣匠之類

東安州 在東安縣西北金以前皆爲一縣元陞爲州今避水患移今治在順天府南一百里故城遂廢洪武初改爲縣

下馬莊 地名

稈草 稈禾莖也即稭之和皮者也中國北方土地高燥宜粟不宜稻故治田好種粟收粟者截穗取實留其稭以飼馬因名其稭曰稈草亦曰穀草稭音戞稭稭曰稭草

樓草 樓採聚也收禾登場截穗取實乞撒禾稭在場仍而樓聚者曰樓草

西山 在順天府西三十里太行山首迨于河內北至幽州強形鉅勢爭奇擁翠雲縈星拱于皇都之右每大雪初霽千峯萬壑積素凝華若圖畫然爲京師八景之一曰西山霽雪今見北京西城外有山一座即是

南海普陀落伽山 山在寧波府定海縣古昌國縣海中佛寺所謂海岸高迥處普陀落伽山世傳觀音現像于此上有普陀寺普

陁落伽唐言小白花即山礬花也山多小白花故仍名住持高麗新羅日本諸國皆由此取道以候風汛譯名義云補陁落迦此云海島又云小白花參禮也觀理圓四德理者圓常道之至也圓全備也四德曰常曰樂曰我曰淨無二生死爲常不受二邊爲樂具八自在爲我三業清淨爲淨又我者即是佛義常者即是法身義淨者即是法義樂者即是涅槃義大抵梵語經文釋義不一令不煩解智滿十身本覺爲知始覺爲智滿備也十身有調御十身曰無著曰弘願曰業報曰住持曰涅槃曰淨法曰眞心曰三昧曰道性曰如意有内十身曰菩提曰願曰化曰力持曰莊嚴曰威勢曰意生曰福德曰法曰智有外十身曰自曰衆生曰國土曰業報曰聲聞曰圓覺曰菩薩曰智曰法曰虛空悲雨慈風佛發大慈悲廣濟衆生猶灑雨發風然無遠不被故曰風雨佛有四無量心慈悲喜捨刹土梵語刹此云竿即幡柱也沙門於此法中勤苦得一法者便當竪幡以告四遠曰今有少欲人也云法苑

云阿育王取金華金幡懸諸剎上瓔珞經云剎土乃聖賢所居之處又剎土猶言法界也又號伽藍曰梵剎者以柱爲表也

座飾芙蓉 飜譯名義云大論問諸林可坐何必蓮華答曰林爲世間白衣坐法又以蓮華軟淨欲現神力能坐其上令不壞故又以莊嚴衆妙法故又以此華華臺嚴淨香妙可坐故

湛 没也潛也

瓔珞 頸飾也普門品經云無盡意菩薩解頸下衆寶瓔珞而以與之一說珠在頸曰瓔在身曰珞

童男童女 觀音現三十二應曰佛身曰辟支曰國覺曰聲聞曰梵王曰帝釋曰自在天曰大自在天曰天大將軍曰四天王曰四天太子曰人王曰長者曰居士曰宰官曰婆羅門曰比丘曰比丘尼曰優婆塞曰優婆夷曰女主曰童男曰童女曰天身曰龍身曰藥叉曰乾達婆曰阿脩羅曰緊那羅曰摩睺羅曰樂人曰非人應作種種身或在天上在人間隨其所樂皆令見衆生形相各不同行業音聲亦無量

梵王帝釋 有欲界色界無色界爲三界欲界有四洲四惡趣六欲天帝釋爲欲界主

色界有四禪十八梵天梵王爲色界主無色界有四空天居士宰官隱居之士宰輔
之官佛書云應以居士得道者必在居士應以宰官得道者必現宰官禮記王藻曰居士錦帶
注道藝處上也翻譯名義云愛談名言清淨自居又多積財貨居業豐盈皆謂之居士以
聲察聲聞其聲而察其苦樂之狀六道人道天道阿脩羅道餓鬼道畜生道地獄
道亦名六趣加仙道名曰七趣阿脩羅有大力神人容共天鬬立大海中其高半天隨相
現相隨其衆生之類自爲其相而往救翻譯名義云[illegible]昔爲帝釋持遣飢歲疾疫流行
醫療無功道殣相望帝釋悲愍思所救濟乃變其形爲大蟒身殭屍川谷空中遍告聞者感慶
相率奔赴隨割隨生療飢療疾三塗餓鬼塗畜生塗地獄塗起浮屠於泗
水之間浮屠即塔也唐言高顯也神僧傳云僧伽大士西域人姓何氏唐龍朔初於泗
州臨淮縣信義坊將建伽藍掘得古香積寺銘記并金像一軀上有普照王佛字遂建寺爲中

宗說名遺使迎師居鷲福寺頂上有一穴以絮窒之夜則去絮香從頂穴中出非常芬馥及曉香還頂中又以絮窒之景龍四年端坐而終中宗令於寺起塔俄而大風欻起臭氣滿長安中宗問諸近臣近臣奏僧伽大師化身在臨淮恐欲歸耶中宗心許其臭頓息奇香馥烈五月送至臨淮起塔供養即今泗上僧伽塔是也中宗問萬迴和尚曰僧伽是何人迴曰觀音化身

結草廬於香山之上翻譯名義云西域記云阿耨達水名在香山之南觀此則香山亦西域山也而未詳所在結廬事亦未詳執楊柳於掌內拂病體於輕安佛圖澄天竺人也妙通玄術善誦呪能役使鬼神石勒聞其名召試其術澄取鉢盛水燒香呪之須臾鉢中生青蓮花勒愛子暴病死澄又取楊枝沾水洒而呪之遂蘇自後凡謝僧醫病曰辱沾楊枝之水傾甘露於瓶中濟險途於飢渴翻譯名義云梵言軍持此云瓶軍持有二若甆瓦者是淨用若銅鐵者是觸用洒域記云軍持

澡缾也尼畜軍持僧畜澡缾佛經云佛洒甘露水又云開甘露門又云手執青楊枝徧洒甘露
之水然甘露源流未詳面圓璧月璧天生瑤玉盈尺餘形圓者已佛八十種好云
面圓淨如滿月身瑩瓊瓌瑩玉色潔也瓊瓌石次玉者也瓌音刊平聲佛八十種好
云身有光明又云身清淨又云色潤澤如瑠璃齒排珂雪謂齒如雪堆枝柯之上淨
白頓整之形似人所編排然佛三十二相有四十齒相有齒白淨相有齒齊密相眉秀
垂楊佛十相有眉細垂揚相尋聲救苦應念除災史記昔盧景裕
繫晉陽獄至心念觀世音菩薩枷鏁自脫又有人當死志心誦觀世音菩薩普門品經千百遍
臨刑刀折因以救之懺悔見上衆生一切衆衆合集而生故曰衆生又衆緣和合名
曰衆生衆平聲一切一以普及爲言切以盡除爲語罪障猶言業障罪業萬劫
儒曰世釋曰劫道曰塵一說儒家曰數道家曰劫佛家曰世道經云天地一成一敗謂之劫上

天開化建五劫紹運曰龍漢曰赤明曰上皇曰延康曰開皇五劫既開復從其始又六十年一

甲子一百年爲一劫一千年爲一中劫三中劫爲一大劫佛家初劫爲釋迦牟尼佛二劫爲

寶髻佛三劫爲燃燈佛漢武帝鑿昆明池其底有灰帝問東方朔對曰此劫灰也

使長猶言君長也元語部行音上巳

大帽如李晸笠子之制南村輟耕錄云胡石塘先生嘗應

聘入京世皇召見於便殿越進不覺笠子欹側上問曰秀才何學對曰脩身齊家治國平天下

之學上咲曰自家笠子尚不端正又能平天下耶此元時笠也今俗唯出外行者及新壻猾

郎無職者親迎之夕必戴大帽

雲南[illegible]雲南古梁州南境爲徼外夷也漢置益州郡元

置路令改爲布政司州縣俱出氈細密爲天下最

解儅庫王莽令市官收賤賣貴謂

如貸[illegible]與民一百箇每月收利錢三箇錄一兩則每月取利三分之類後主量其貨物而抽分

遺下亦收[illegible]百三後人所以劫之今之解庫是其遺意元時或稱印子鋪或稱把解人以重物

來當取錢而去在後償還本利還取其物而去此即解償庫也 **一百七** 南村輟耕錄云凡七下至五十七下用笞六十七下至一百七下用杖而數用七者建元以前皆用成數大德中刑部尚書王約上言國朝用刑寬恕笞杖十減其三故笞一下減爲七今之杖一百者宜止九十七而不當反加十也議者憚於變更其事遂寢 **木椿** 其制於刑人法揚植一大柱縛者罪人於上剮于尸法刀剮其肉以喂狗而只留其骨極其慘酷方施大辟辟古之冎刑也剮于獄史刑罪人者也 **稀粥也熬着** 北人好獵不力於農獵者行者多齎粆米且其食性好粥尤好生肉湩酪故兩書皆元時所記多言稀粥及酪粆音抄即本國米實也 **粧腰大模樣** 質問云如人大氣像迓來接又粧妖氣又作大模大樣不禮待人方言謂氣像大迓來時粧妖大模樣一說粧腰猶脩飾也一說腰大猶言大氣像也 **乞留曲律藤** 乞留曲律謂屈曲縈纏之意漢人凡蒲草木行蔓必曰藤非別有一物也 **揷**

葫 質問云如葫蘆長一二尺者方言謂之榑箣 取燈兒 南村輟耕錄云杭人削松木爲小片其薄如紙鎔硫黄塗木片頂分許名曰發燭又曰焠兒宋陶學士清異錄云夜有急苦於作燈之緩批杉木條染硫黄一與火遇得餤必速呼爲引光奴今之取燈兒其遺制也今按舊本作吹燈兒焠音취 則舊本吹燈之名恐或爲是 褒彈 褒作包是事文類聚云包彈者以包孝肅公多所抨彈云耳今按包孝肅公名拯性剛直不撓其所彈劾不避權勢故時人呼爲包閻羅曰關節不到有閻羅包老 捲鏠 音義云비우흣지비니ᄆᆞᄅᆞ업슨지블빌오뎌捲逢 佛堂 漢人酷好釋教之設一堂或安金像或掛畫佛焚香頂禮朝夕不解 鋪面周圍 漢人造屋於大街之間未向街周遭必設空屋聽令坐賈賃居爲市按月受直 代保 音義云爲人保托受債之人 躧 音義云跐音채躧通用後同今按舊本作躧韻書跐音재又ᄎᆞ躧音새又시兩字爲채音者韻書不收而俗讀則俱從채音並上聲今亦

從之字學𣝣蒙字作蹀生分忤逆生分謂誠受性分也忤亦逆也呆[illegible]臺、[illegible]
廣韻呆音爺易見雜字呆音崖今俗之呼皆從去聲여操去聲曲名劉向别録曰其道閉
塞悲愁而作者其曲曰操言遇災害不失其操也仍名曲爲操茗蔕周禮桃茢鄭云茢苕
蔕也苕蔕華也今按苕乃凌霄花也苕帚之苕作芀是磨果釘子磨果卽香蕐也
丑丁釘形似之故因名焉十八學士唐太宗秦王時開館延文學之士杜如晦房玄
齡虞世南褚遂良姚思廉李玄道蔡允恭薛元敬顔相時蘇勖于志寧蘇世長薛收李守素陸
德明孔穎達蓋文達許敬宗爲文學館學士分爲三番更日直宿秦王暇日至館中討論文籍
役閻立本圖像褚亮爲贊稱與其名號者世謂之登瀛洲同知都督同知從一品指揮同
知從二品留守司同知各衛同知僉從三品知解由吏學指南云考滿職除曰解歷其殿
最曰由貫附云是儹差的官人三年一替換首滿日討了文書回家其文書方言謂之解由

領官今宗人府經歷爲首領官六部主事爲首領官之類然未詳取義但各衙門有首領
官如有司之任主出納一司公事**因緣**譯名義云因謂先無其事而從彼生也緣謂
素有其分而從彼起也又云前緣相生因也現相助成緣也**齷碁**質問云碁子圓如
身上蓋謂之齷碁**比賽**兩人下碁鄉色兒有點多者先下碁小者後下碁**牢子**
牢獄名繫重因之所牢子守獄之卒也南村輟耕錄云牢子走者元時每歲一試之名曰
走放走亦名貴由赤俗謂快行走也以脚力便捷者膺上賞故監役之官齊其名數而約之以繩
使無後先參差之爭然後去繩放行在大都則自河西務起程若上都則自泥河兒起程越三
時走一百八十里直抵御前俯伏呼萬歲先至者賜銀一餅餘者賜段匹有差**錠**質問云每
一張鈔謂之一錠又云五貫寶鈔爲一錠今按俗謂銀一餅亦謂之一錠元寶兩五十兩爲一
錠**臘**無定日冬至後第二戌日是也夏曰嘉平殷曰清祀周曰大蜡秦曰臘漢仍之臘者

臘也丢獵取獸以祭先祖又臘者接也新故交接大祭以報功也

打關節 吏學指南云下之所以通欲曲於上者曰關節又造請權要謂之關節漢曰關說宋包拯剛直好毅時人語曰關節不到有閻羅包老如本國俗語쇼청ᄒᆞ다

閣落 音ᄀ、락指一隅深奥之處猶本未得本字而借用栲栳二字按韻書栲栳木名筭笆栁器並音과롸皆上聲此本語字亦大不相同但免疑韻略及字學啓蒙字作加笛音ᄀ、과此二字乃俗之自撰諸韻字所不收今不務習惟於直解小學內字作閣落兩字之音稍為仿佛今亦用之然閣字音亦少又合讀者詳之

衙門處處向南開 南村輟耕錄云凡衙門皆坐北南向背南方爲離卦離虛中則聰又南方火位火明而能破暗故衣南面聰明爲民治慮皆之意後門必北開者取肅殺就陰之象

朴通事集覽中

朴通事集覽下

丢袖 音義云ᄉᆞ미조처ᄲᅥ브틴갓옷

銀鼠 形如青鼠而差小色純雪白出達子地價直甚高

長老 僧有智德可尊者曰長老又道高臘長呼爲須菩提亦曰長老

三尊佛 過去佛現在佛未來佛爲三尊佛也亦曰三世如來

三叚前後 言前後者未能定穪的時而云然也

唐三藏法師 俗姓陳名偉洛州緱氏縣人也號玄奘法師貞觀三年奉勑往西域取經六百卷而來仍呼爲三藏法師三藏經一藏律一藏論一藏曰修多羅即阿難聖衆結集爲經曰毗奈耶一曰毗尼即優波尊者結集爲律曰阿毗曇即諸大菩薩衍而爲論藏即包含攝持之義非藏無以積錢財非藏無以藴文義詮攝一切所應知義無令分散故名爲藏也

西天取經去 西遊記云昔釋迦牟尼佛在西天靈山雷音寺撰成經律論三藏金經須送東土解度群迷問諸菩薩往東土尋取經人來乃以西天去東土

十萬八千里之程妖怪又多諸般不敢輕諾雖
南海落伽山觀世音菩薩騰雲駕霧往東土去
遥見長安京兆府一道瑞氣衝天觀音化作老
僧入城此時唐太宗聚天下僧尼設無遮大會
因東僧舉一高僧爲壇主說法即玄奘法師也
老僧見玄師曰西天我[illegible][illegible]經三藏以待取經
之人法師曰既有程途須有到時西天雖遠我
發大願當往取來老僧言訖騰空而去帝知觀
音化身即勑法師往西天取
經法師奉勑行六年東還
刀蹶
音義云刀雖
也蹶顛仆[illegible]
不能行也今按法師往西天時[illegible]到師陀國界
遇猛虎毒蛇之害次遇黑熊精黃風怪地涌夫
人蜘蛛精獅子怪多目怪紅孩兒怪幾死僅免
又遇棘[illegible]洞火炎山薄屎洞女人國及諸惡山
險水怪害患苦不知其幾此
所謂刀蹶也詳見西遊記
魔障
飜譯名義云
梵語魔此云
障也能爲修道作障礙昔釋迦出世時魔王名
波旬若人來供爲恭敬魔王依於佛法得善利
不念報恩而反[illegible]加毀諸
波名波旬[illegible]
果金身
今按證[illegible]也
[illegible]也界果界

主金身者佛三十二相云身眞金色言果報者觀經疏云行眞實法感得勝報也又修善得善果作惡得惡報謂之果報又生時所作善惡謂之因他日報應謂之果謂證果者如三藏法師取經東還化爲栴檀佛如來詳見下龕洞音義云取灰之處今按邑㡛字今按漢俗凡出賣諸物之家俱設標識之物置於門口或於門前起立牌榜如曰張家出賣高麗布扇一如賣酒家標植靑帘之類俗呼靑帘曰酒家望子三隻脚鐵蝦蟆今按漢俗優人作戲時手執三脚蝦蟆入優場作戲間之則曰唯仙家蓄養三脚蝦蟆俗人聞氣者必死然未詳源流書言故事云月宮蟾蜍三足是爲羿妻所化海上方唐崔元亮著海上方即醫方也七月十五日道藏經云七月十五日謂之中元地官下降人間檢校世人甄別善惡上告天曹解夏荆楚歲時記云天下僧尼於四月十五日就禪刹掛搭不出門謂之結夏亦曰結制盖夏乃長養之節在外行則恐傷草木虫類故九十日安居不出至

七月十五日應禪寺掛搭僧尼盡皆散云謂之解夏又謂解制掛搭詳見事林廣記**慶壽寺**一統志云在順天府西南内有飛虹飛渡二橋石刻六大字極適勁相傳金章宗所書又有金學士李晏碑文正統間重建賜額大興隆寺僧録司在焉**盂蘭盆齋**大藏經云大目揵連尊者以母生餓鬼中不得食佛令作盂蘭盆至七月十五日具百味五果置盆中供養十方大德而後母乃得食飜譯名義云梵言盂蘭華言救倒懸也**壇主**飜譯名義云梵言曼荼羅此云壇謂主場説法者曰壇主**經律論**解見三藏法師下**目連尊者**反譯名義云目連婆羅門姓也名拘律陀又大經云目揵連即姓也因姓立名目連亦林廣記云佛書所説王舍衛城即賓童龍國也國在西南海中隸占城占城遣人作地主目連即此國人也人云目連舍基至今猶存**善男信女**了義經云善者順理也信者言是事如是也佛法大海信爲能入智爲能度人若無信不入佛法又善男善女釋見上**孳孳**

合掌 飜譯名義云此方以拱手爲恭外國以合掌爲敬手本二邊今合爲一表不敢誕專主一心西域記云致敬之式其儀九等四曰合掌平拱 貪嗔癡 即三毒也又曰三業 大智論云有利益我者生貪欲有違逆我者生嗔恚不從智生從狂惑生是名爲癡爲一切煩惱之根本 三寶 佛法僧也功成妙智道登圓覺佛也玄理幽微正教精誠法也禁戒守眞威儀出俗僧也皆是四生導首六趣舟航故曰寶又法數云十號圓明萬行具足天龍歸仰稱無上尊即佛寶也一音演說普應群機究竟清淨名離欲尊即法寶也脫塵異俗圓頂方袍入聖超凡爲衆中尊即僧寶也 照會 五軍都督府照會六部六部照會承宣布政使司使司照會提刑按察司体式詳見求政錄 衣錦還鄉 項羽屠咸陽與沛公分王又懷東歸曰富貴不歸故鄉如衣繡夜行遂東歸都彭城故後人仕宦榮貴還鄉里者曰衣錦還鄉 木植 亦曰木料남고로:뎡녕ᄒᆞᆫᄀ수·미니詳見字解料字下 六鶴舞琴 史記

師曠援琴而鼓一奏之有玄鶴二八集于廊門
再奏之延頸而鳴舒翼而舞音器報應鏗云江
夏君辛氏沽酒爲業有一先生入坐曰有好酒
飲吾否辛飲以巨杯明日復來如此半載謂辛
曰多負酒債無錢酬汝遂取藍橘皮於壁上畫
鶴曰客來飲酒但令拍手歌之其鶴必舞將此
酬汝後客至如其言鶴果舞觀
者沓至酬之以錢遂致鉅富
稍麥 質問云以麥麵作成
薄片包肉蒸熟與湯食之方言謂之稍麥麥亦
作賣又云皮薄肉實切碎肉當頂撮細似線稍
繫故曰稍麥又云以麵作皮以肉爲
餡當頂作爲花蕊方言謂之稍麥
掾史 今按五軍
都督府有掾史而光祿
寺吏無此名元制未詳
推 四轆軸載煤炭一人推運而去
趙大
祖飛龍記 宋太祖姓趙名匡胤母昭獻皇后夢
日入懷而孕誕生之夕赤光滿室異
香馥郁及長性沉厚有大度調遷爲殿前都點
檢陳橋之變黃袍已加于身受周恭帝之禪即
皇帝位易曰飛龍在天龍爲
人君之象故稱即位曰飛龍
暹國 在[illegible]域未詳所[illegible]

燒金子道人 西遊記云有一先生到車遲國吹口氣以磚瓦皆化爲金驚動國王拜爲國師號伯眼大仙號 **西遊記** 三藏法師往西域取經六百卷而來記其往來始末爲書名曰西遊記詳見上 **孫行者** 行者僧未經闕給度牒者謂之僧行亦曰行者西遊記云西域有花果山山下有水簾洞洞前有鐵板橋橋下有萬丈澗澗邊有萬箇小洞洞裏多猴有老猴精號齊天大聖神通廣大入天宮仙桃園偷蟠桃又偷老君靈丹藥又去王母宮偷王母綉仙衣一套來設慶仙衣會老君王母俱奏于玉帝傳宣李天王引領天兵十萬及諸神將至花菓山與大聖相戰失利巡山大力鬼上告天王擧灌州灌江口神曰小聖二郎可使拿獲天王遣太子木叉與大力鬼往請二郎神領神兵圍花菓山衆猴出戰皆敗大聖被執當死觀音上請于玉帝免死令巨靈神押大聖前往下方去乃於花菓山石縫內納身下截畫如來押字封着使山神土地神鎭守飢食鐵丸渴飮銅汁特我往東土尋取經之人經過此山觀大

聖背隨往西天則出時可放其後唐太宗勑玄奘法師往西天取經路經此山見此猴精壓在石縫去其佛押出之以爲徒弟賜法名吾空改号爲孫行者與沙和尙及黑猪精朱八戒偕往在路降妖去恠救師脫難皆是孫行者神通之力也法師到西天受經三藏東還法師證果栴檀佛如來孫行者證果大力王菩薩朱八戒證果香華會上淨壇使者

三淸 道經云無上大羅天玉淸十二天聖境也九聖所居元始天尊所治上淸十二天眞境也九眞所居玉晨道君所治太淸十二天仙境也九仙所居太上老君所治謂之三淸

羅天 道經云七寶之樹各生一方弥覆一天八樹弥覆八天包羅衆天故云大羅此聖境也謂覆盖萬天羅絡三界極高無上故稱大羅玉淸五境三十六天謂之大羅四方四梵三十二天謂之中羅其欲色三界三十八天謂之小羅總謂之羅天三界

大醮 道經云醮祭名夜中於星辰之下陳設餠餌酒果幣物桯花天皇太乙地祇列宿又有消災度厄之法依陰陽五行之數推人年命書爲

章疏青詞奏達天神謂之醮上元金籙齋帝王送奉設普天大醮中元玉籙齋保佑六宮輔寧
妃后設周天大醮下元黃籙齋臣民通修普資家國設羅天大醮千里眼順風
耳兩鬼名金頭揭地銀頭揭地波羅僧揭地西遊記云
釋迦牟尼佛在靈山雷音寺演說三乘教法傍有侍奉何難伽舍諸菩薩聖僧羅漢八金剛四
揭地十代明王天仙地仙觀此則揭地神名然未詳何神茶博士音義云進茶人之假
稱蜜煎事林廣記云凡煎生果最要遂其本性酸苦辛澀隨性製之以半蜜半水煮十
數沸乘熱控乾別換新蜜入銀石器內用文武火煮取其色明透爲度入新缸盛貯緊密封窨
勿令生虫須時復看視纔覺蜜酸急以新蜜煉熟易之蠍虎蠑蚖蜥蜴蝘蜓守宮一物
而四名在壁曰守宮在草曰蜥蜴守宮即蠍虎也褐色四足偃伏壁間名蝘蜓亦曰守宮五月
五日捕其生者飼以朱砂明年端午擣之點宮人臂上經事則滅否則雖死不改故名曰守宮

漢武帝嘗試之果驗常捕全獸食之故名獸虎

元寶 南村輟耕録云至元十三年元兵平宋回至揚州丞相伯顔號令搜撿將士行李所得撒花銀子銷鑄作錠每五十兩爲一錠歸朝獻納世祖大會王子王孫駙馬國戚從而頒賜或用貨賣所以民間有此錠也錠上有字曰揚州元寶後朝廷亦鑄又有遼陽元寶至元二十三年征遼所得銀子而鑄者也撒花元語猶本國語曰土産也

瀝青 家禮儀制云生蛤粉桐油合熬爲之

花袴 以裙連上衣爲之者如倭奴上著顯文之衣

勇士 今制以紅毡裁成勇字綴於方帛之上施長帶於四角繫負於背侍衛則用之故曰勇士即本國甲士也

拿法 音義云用手拿緊要之處

四箇將軍 募選身軀長大壯偉異於人者紅盔銀甲立於殿前月臺上四隅名鎭殿將軍亦曰紅盔將軍亦曰大漢將軍其請給衣糧曰大漢衣糧年過五十方許出官

飯 漢人凡稱餅麪酒食之類皆曰飯

過賣 食店内執役供具之人如雇工者也

餚 或肉或菜及餚

料物拌勻爲餡納於餅中者曰餡餕餡素餡葷餡生餡熟餡供用合宜詳見事林廣記事文類聚居家必用等書剩法不一今不煩註

水精角兒 飲饌正要云羊肉羊脂羊尾子生葱陳皮生薑各細切入細料物塩醬拌勻爲餡用豆粉作皮包之水煮供食又居家必用云皮用白麪於滾湯攪作稠糊於冷水浸以豆粉和搜作劑打作皮包餡上籠緊火蒸熟洒兩次水方可下竈蒸供時再洒些水便供

麻尼汁經卷兒 飲膳正要云白麪一斤小油一斤小椒一兩炒去汗茴香一兩炒右件隨宿用酵子塩鹻温水一同和麪次日入麪接肥再和成麪每斤作二箇入籠蒸麻即脂麻巾搗脂麻爲汁如稀泥然故曰麻尼汁尼作泥是

軟肉薄餅 質問云以麥麪作成薄餅斤而用盤軟肉捲而食之

餅餚 質問云將菉豆粉摻和粘穀米着水浸濕用石磨磨細杓兒盛在鍋內一撮一撮煎熟而食

水滑經帶麪 質問云以麥麪扯成長條似包經帶子操煮熟椒肉湯食之方言謂之水

滑經帶麵事林廣記及居家必用以水滑經帶爲二物水滑麵用頭麵春夏秋月新汲水入油鹽先攪作拌麪羹樣漸漸入水和搜成劑一[illegible]水折開作小塊子再用油水洒和以拳搖一二百拳如此三四次微軟和餅劑就案上用拗捧拗百餘捧多揉數百拳至麵性行方可搓如指頭大新涼水內浸兩時許伺麵性行方下鍋闊細任意做冬月温水浸經帶麵用頭白麵二斤鹹二兩鹽二兩研細新汲水破開和搜比趕麪劑微軟漸漸以拗捧拗百餘下停一時許再拗百餘下趕至極薄切如經帶樣滾湯下旋熟入涼水搜汁任意

掛麵 詳見老乞大集覽濕麵下

象眼棋子 質問云以麪和作成象眼樣大棋子行路便於食之方言謂之象眼棋子然棋子形劑未詳但居家必用著米心棋子劑法云頭麵以涼水入鹽和成劑拗捧拗過趕至薄切作細條子曬乾以趕子隔過再用刀切千百次再隔過磨着再切細者有麤末却篩去皆要一樣極細如米粒下鍋煮熟連湯起在盆內用涼水寬搜之三五次方得精細撈乾撈起控

乾麻汁加碎肉糟薑米醬瓜米黃瓜米香菜等拄點兩供**柳葉餜子**質問云以麥麪作成柳葉樣餜子亦便於行路之食方言謂之柳葉餜子**黃燒餅**總龜云燒餅則古之胡餅也石勒諱胡改爲麻餅質問云以麥麪作成餅子用芝麻粘洒烙熟食之事林廣記云每麪一斤入油一兩半炒塩一錢冷水和搜得所骨魯槌研開鏊上煿熟得硬煻火燒熟甚酥美酥걱걱ᄒᆞ다**酥燒餅**質問云以麥麪用酥油調和作成餅子烙熟最酥方言謂之酥燒餅**硬麪燒餅**質問云此不用油徒以冷水和麪烙熟**欽汁**詳見老乞大集覽這湯下**打毬兒**今按質問畫成毬兒即如本國:당방울注云以木刷圓**提攬**質問云如筐子上有圓圈用手提挈方言謂之提攬又云或竹或荊爲之有本等長圓提繫今以質問之釋考之則攬字作籃爲是然此兩釋似皆不合本意未詳是否**毬棒**質問云如人要木毬要木棒一上一下用有柄木杓接毬相連不絶方言謂之毬棒又云此戲之一端也

有毬門有窩兒中者爲勝以十四者俱打毬之用

飛棒杓兒 質問畫成毬棒即本國武試毬杖之形而下云燧木廂柄其杓用水牛皮爲之以木爲胎今按燧木黄蘗木也廂柄者以黄蘗皮裹其柄也胎者以木爲骨而以皮爲外裹也

鷹觜 質問云毬棒上所用之物

擊起毬兒 質問云如人將木圓毬兒打起老高便落於窩內方言謂之擊起毬兒

窩兒 質問云如人打毬兒先掘一窩兒後將毬兒打入窩內方言謂之窩兒又一本質問畫毬門架子如本國抛毬樂架子而云木架子其高一丈用五色綃結成彩門中有圓眼擊起毬兒入眼過落窩者勝

毬門窩兒 質問云如打毬兒先豎一毬門上繫毬窩然後將毬打上方言謂之毬門窩兒又云平地窟成圓窩擊起毬兒落入窩者勝

花臺窩兒 質問云以磚砌臺其上栽花藏窩將毬打入窩內爲勝

花房窩兒 質問云如打毬先立毬窩於花房之上然後用棒打入方言謂之花房窩兒凡數樣毬名用各不同如此

又云在馬上彝毬棒一木有一尺五寸長上下俱窩兒今按上文自打毬兒以下質問各說似不穩合先説尤不合於本節所云事意而又無實理後說似有可取而又有一種毬棒杓兒之制一如本國武試毬杖之設即元時擊九之事毬門及三窩兒之設一如本國拋毬樂之制質問所畫亦同此制詳見事林廣記但今漢俗未見兩毬而惟見踢氣毬者即古之蹴踘也此節打毬兒又與上卷打毬兒名同事異但本國龍飛御天歌云擊毬之法或數人或十餘人分左右以較勝負棒形如匙大如掌用水牛皮爲之以厚竹合而爲柄棒皮薄則毬高起厚則毬不高起又有滚棒所擊之毬輪而不起隨其厚薄大小及名各異毬用木爲之或用瑪瑙大如雞卵掘地如椀名窩兒或隔殿閣而作窩或於階上作窩或於平地作窩毬行或騰起或斜起或輪轉各隨窩所在之宜一擊入窩則得筭二一擊不入隨毬所止再三擊之而入則得筭一一擊而入則他毬不得再擊而死再擊而入則他毬不得三擊而死此後同一擊之毬雖與他

毬相鬪而不死再擊之毬與他毬相鬪則死此後亦同或立而擊或跪而擊節目甚多又云擊鞠騎而以杖擊也黃帝習兵之勢或曰起於戰國所以練武士因嬉戲而講習之猶打毬非蹴鞠之戲也

南京應天府丞

南京古金陵之地吳晉宋齊梁陳南唐建都大明太祖定鼎於此爲京師設應天府以燕京爲北平布政司永樂中於北平肇建北京爲行在所正統中以北京爲京師設順天府以應天府爲南京府丞二員正四品

五箇鋪馬

鋪馬站馬也元制遠方之任官員一品五疋二品四疋三四品三疋五品以下疋古者常稱太守曰五馬按禮天子六馬左右驂三公九卿駟馬左驂則漢制太守駟馬其加秩中二千石乃右驂故以五馬爲貴遯齋閑覽云漢朝臣出使爲太守增一馬故爲五馬

丞相

元中書省有左右丞相任宰相之職左右天子平章萬機

羅傘

丞用傘紅浮屠頂黑色茶褐羅表紅絹裏三簷

樞密院

元制有使副僉知院同知院簽書院與中書號爲二府主兵政

眞定 禹貢冀州之域周爲幷州地秦爲鉅鹿郡漢置恒山郡元爲眞定路今爲眞定府直隷京師

殃榜 漢俗凡遇人死則其家必斜貼殃榜於門外壁上榜文如本節所云使生人臨喪知所避忌也臘仙肘後經云生人所生之年與亡者所死月節相犯則忌避如四孟節內死者忌寅申巳亥生人四仲月節內死者忌子午卯酉生人四季月節內者忌辰戌丑未生人是也

道場 反譯名義云修道之場俗寺或名道場隋煬帝勑天下寺院皆名道場

三來 三下恐有日字

一尊佛 解見上尊佛下

仵作 吏學指南云中人亦仵者偶也作者任事也爾雅曰偶者合也陰陽相合則成偶謂得中也仵字從人從午萬物至午則中正又午位屬火破諸幽暗所以仵作名中人也

魂車 作小腰輿以貸綃結爲流蘇垂飾如本國結彩之施以貯魂帛爲前導

紙車 以金銀錢紙結造小空車爲前導

影亭子 畫死者眞容掛於小腰輿爲前導

彩亭子 亦以彩綃結作小輿爲前導漢

俗皆於白日送殯凡結飾車輿幢幡傘盖及紙造人馬爲前導者連亘四五十步僧尼道士及

鼓樂鐃鈸塡咽大路遠近大小親鄰男女前後導從者不知幾人後施夾障從之**魂馬**以紙捏塑爲馬者也

碎盆未詳源流但本國送殯之最在家者見靈輀登道即臨以瓦器擲碎於門外大聲作語曰持汝家具而去云爾者蓋使亡人無留念家緣之術也

婆娘怒詬之辭詳見上卷娘子下

煤簡兒質問云如碎煤用黃泥水和成塊子方言謂之煤簡兒

濕煤質問云如和煤末乾濕燒取其餘火方言謂之濕煤今按石炭搥碎幷黃土以水和作塊晒乾臨用鎚碎納於爐中總謂之煤和炭末乾者謂之濕煤已乾者謂之煤簡兒亦曰煤塊子其燒過土塊曰乏煤掠其土塊更和石炭用之

打春音義云如今北京迎春時唯牛芒而已在前只有府縣官員弁師生耆老引赴順天府候春至之時此節皆抗州所行非京都之事今按月令曰季冬出土牛以示農之早晚東京夢華錄云立春前五日造土牛

耕夫犂具前一日順天府進農牛入禁中鞭春府縣官吏士庶耆社具鼓樂出東郊迎春牛芒官至府前各安方位至日黎明官吏具香花燈燭爲壇以祭先農至立春時官吏行禮畢各執綵杖環擊土牛者三以示勸農之意焉牛者謂牛二月建丑屬牛寒將極故爲其像以送之且以丑陽也**牛廠**屋無壁爲廠即塑牛處**粧點顏色**牛色以立春日爲法日干爲頭角耳色日支爲身色納音爲蹄尾肚色日干甲乙木青色丙丁火紅色之類日支亥子水黑色寅卯木青色之類納音如甲子日立春納音屬金用白色之類餘倣此**機角**華人鄉語呼角曰犄角**勾芒神**春神之號太皞伏羲氏有子曰重主木爲勾芒神**手拿結線鞭**鞭子用柳枝長二尺四寸按二十四氣上用結子立春在孟日用麻仲日用苧季日用絲用五彩色蘸染**頭戴耳掩或提在手裏**芒神耳掩以立春時爲法從卯至戌八時掩耳用手提陽時左手提陰時右手提以八時見日溫和也寅時揭

左邊亥時揭起右邊而戴以寅亥時為適氣故揭一邊也于丑時全戴為嚴凝也 **立地赶**

牛 芒神閑忙立春在正旦前後各五日內者是忙芒神與牛齊立在正旦前五辰外者是農早閑芒神在牛前立正旦後五辰外者是農晚閑芒神在牛後立于寅辰午申戌陽年在左邊立丑卯巳未酉亥陰年在右邊立

司天臺 元置以司曆占今改為欽天監又設司天監於朝陽門城上

二郎爺爺 二郎神名爺爺尊敬之稱今遼東城內有二郎神廟按西遊記西域花菓山洞有老猴精號齊天大聖神變無測鬧乱天宮玉帝命李天王領神兵往捕猶戰失利灌州灌江口立廟神曰小聖二郎又號二郎賢聖天王請二郎捕獲大聖即此廟額曰昭惠靈顯真君之廟然未知何神打春之日取此塑像亦未詳又見孫行者註下宣和遺事云宣和七年十二月有神降坤寧殿修神保觀神保觀者乃二郎神也都人素畏之

放一堆灰 立春之日以葭莩灰實律之端氣至則灰飛

太師太保

元以太師太傅太保爲三師以太尉司徒司空爲三公漢唐舊制也三師師範一人儀刑四海三公論道經邦燮理陰陽

好女不看燈容齋隨筆云漢家祠太乙以昏時祠到明今人正月望夜夜遊觀月是其遺事唐韋述兩京記曰正月十五日夜勅金吾弛禁前後各一日以觀燈其寺觀街巷燈明若晝士女夜遊車馬塞路有足不躡地浮行數十步者阡陌縱橫城闉不禁五陵年少滿路行歌萬戶千門笙簧未徹涅槃經云上元如來闍維訖收舍利置金床上天人散花奏樂繞城步步燃燈十二里宣和遺事云天官好樂地官好人水官好燈道經云正月十五日謂之上元天官下降人間考定罪福是夜張燈士女鼓樂遊街今漢俗上元夜行過三橋則一年度厄謂之過橋傾城士女夜遊徹明頗有譏聲

金榜唐崔昭暴卒復甦云見冥閭列榜書人姓名將相金榜次銀榜州縣小官鐵榜故今之科第綴名之榜謂之金榜

流水高山列子伯牙善鼓琴鍾子期善聽伯牙鼓琴志在高山子期曰善哉峩峩

巍乎志在高山峩而志在流水乎期曰善哉洋洋乎在流水乎期死伯牙以為世無知音終

身不復鼓琴孔子曰仁者樂山智者樂水子期嘆伯牙仁智兼備**李白撈月**李白

唐玄宗朝詩人也泛采石江見月影滿水以手弄月身飜而死**屈原投江**屈原楚之

大夫也諫懷王不聽投汨羅水而死**太公**姓呂名尚釣於渭水周文王出獵遇於渭水之

陽與語大悅曰自吾先君太公曰當有聖人適周周以興子豈是耶吾太公望子久矣故號之

曰太公望載與俱歸立為師**范蠡歸湖**范蠡越之大夫也相越王勾踐敗吳曰越

王為人長頸鳥喙可與共患難不可與共安逸遂泛扁舟載西施遊五湖不返**申**音義云下

司達於上司之謂猶言所志今按正隸府中六部衙外府州中都司應天府中五軍都督皆名

曰申狀某府為某事云云合行申覆伏乞照驗施行須至申者右申某處承宣布政使司年月

齎官銜名以此觀之則非所志也乃官行文移也詳見求政錄**總甲**軍制編成排甲每一

小甲管軍人一十名總甲管軍五十名每百戶該管一百一十二名又里制每里一百戶五家爲一火十家爲一甲每十戶甲首一名**弓手**文獻通考曰弓手兵号如弩手槍手之類今按軍制編成排甲每一百戶銃手十名刀牌手二十名弓箭手三十名槍手四十名**執結**音義云亦猶云所志今按凡供狀內皆云執結是實謂今所供報之詞皆實非虛如虛甘罪云云之意非徒謂所志詞語也**狀子**猶本國所志吏學指南云狀貌也以貌寫情於紙墨也亦曰告狀謂述其情寄訴於上也**裁兒**裁作材是謂軀幹也**附籍**非土着戶而以他鄉之人來寓居者也**當有**猶言即有也一曰猶言上項之辞**二兩告子錢**鈔之兩數也**太祖**姓王氏諱建字若天松岳郡人幼而聰明龍顏日角年二十始仕弓裔拜波珍飡其時洪儒等四人詣第講擧義兵公固拒不從夫人柳氏曰妾聞諸公之向有感奮況大丈夫乎提甲領以披之諸將扶擁而出令人呼曰王公已擧義旗國人

來赴者不可勝計先至宮門鼓噪以待者亦萬餘人〻裔微服遯至斧壤為民所害太祖即位
國號高麗**唐昭宗**姓李名曄僖宗第七子為逆臣朱全忠所弑**弓裔**新羅憲安
王之庶子以五月五日生屋上有素光屬天如虹日官奏曰此兒以重午日生生而有齒且光
焰異常恐將不利於國家宜勿舉王勅中使殺之乳婢竊奉而遯視餘為僧一日持鉢赴齋有
烏啣牙籖落鉢中視之有王字遂叛據鉄圓郡為都即今鐵原府也國號摩震改元武泰後改
國號泰封**梁貞明**梁國號即五代朱梁也貞明均王年號均王名瑱太祖朱温之第四
子也朱温事唐僖宗賜名全忠拜宣武軍節度使封梁王尋受唐禪即位六年為第二子郢王
友珪所弑均王誅友珪而立十一年唐人叔曹州帝為其臣皇甫麟所弑是為末帝**娘子**
柳氏貞州柳天弓女也高麗太祖初為弓裔將軍領兵過貞州憩古柳下見川上有一女
守甚美問誰女對曰天弓之女太祖到其家天弓饗之甚欸以女薦寢既去絕不往來女守節

爲尼太祖聞之迎以爲妃後裴玄慶申崇謙等推戴太祖后贊成之既即位策后爲元妃謚神惠貞州今豐德界天湫古城北二里是也

都松岳郡今開城府高麗太祖之先

有康忠者居五冠山摩訶岬時新羅監干八元善風水到扶蘇郡見扶蘇山形勝而童告康忠曰若移郡山南植松使不露巖石則統合三韓者出矣於是康忠與郡人徙居山南栽松遍嶽改名松岳

朴通事集覽下終

朴通事新釋諺解（影印本）

朴解單

朴팍팦通퉁퉁事쓰스新신신釋싱시諺연연解개계卷권쥰一이이

當당당今김긴皇황황上쌍샹洪훙훙福부부齊쳬치天텬텬○皇上이

洪福이齊風봉봉調턒댶雨유위順쓘슌○順風調雨ᄒᆞ고國궈귀泰태태

天ᄒᆞ여民민민安안안○安國泰民ᄒᆞ니真진진是씨시好할한年년년景깅깅○진짓

景이됴흔年這져져春츈츈二싕을三삼산月웨워○봄이二三月이又일우

正징징是씨시好할한時씌스節졔져○됴흔時節이니咱자자們믄문

不부부可커커虛휴히度두두過궈고了랼랴○우리可히헛도이지내지못ᄒᆞ리라

人신인生싱승一힝이世씽시草찰찬生싱승一힝이秋칙취○世人이一生이오

草ㅣ一秋ㅣ라咱자자想샹샹○우리ᄉᆡᆼ각ᄒᆞ니不부부如유유結계요幾계지箇

거거好할한弟뎨니兄휭흉們믄믄○여러됴흔형뎨들을約ᄒᆞ여到닫당那나나

有잉읻 名밍밍 的디디 花화화 園원원 裏리리 去큐취 ○ 有名ᄒᆞᆫ 花園에 가

반빤 幾지계 桌조죡 賞샹상 花화화 筵연연 席시씽 ○ 여러 筵席을 賞花ᄒᆞ려 ᄒᆞᆫ다

다때 家쟈가 且쳐쳐 消샤셩 愁추쯍 解계개 悶믄문 如유유 何허헤 ○ 대되 消

愁解悶ᄒᆞᆯ만ᄒᆞᆫ 것이 업ᄉᆞ니 ᄒᆞᆫ가지 第찬찬 來래레 咱자잠 好핲핱 弟디뗴 兄휭흉

문믄 ○ 됴혜ᄒᆞ 아리 弟兄들 우리 約얗요 有잉우 三산삼 十시씽 多도더 箇거거

○ 이 셜흔나믄 ᄒᆞᆫ 뜻이 니 每믜뮈 人인신 出츄츙 錢쳔쪈 一이힝 吊댶뎧 五우우

百빅빙 文운문 ○ 每 五人이 百돈을 내면 ᄒᆞᆫ다 共궁곱 湊추츟 錢쳔쪈 四스ᄉᆞ 十시

시성 五우우 六릭롱 吊단뎧 ○ 대되 돈 모든 四十五六 吊에 ᄂᆞ니 다 儘진진 勾구ᄀᆞᆼ

使시싱 用융융 了랸럏 ○ 이윗 ᄡᆞ기에 넉넉ᄒᆞ리라 可거커 教쟌갛 張장쟝 三산삼 去

큐취 ○ 張三으로 ᄒᆞ여가 買매매 一이힝 隻지짛 羊양양 要얖얗 肥빅빙 的디딯

◯혼 빡 羊을 사되 술진 거슬 ᄒᆞ라 若 쇼 샹 買 매 매 瘦 수 승 的 디 딩 ◯만일 여윈 거슬 사면

便 변 삔 有 우 잉 羶 션 연 氣 치 켸 難 난 난 吃 치 킹 ◯곳 노린내 이셔 먹기 어려오니라

再 제 제 買 매 매 一 이 힝 隻 지 징 牛 누 닝 猪 쥬 쥬 肉 류 슝 五 우 우 十 시 씽 斤 긴 긴

◯또 ᄒᆞᆫ 빡 쇼와 猪肉 五十斤을 사면 都 두 두 勾 구 긍 了 랴 령 ◯다 넉넉ᄒᆞ리라 却 커 캬

教 쟈 걍 李 리 례 四 스 ᄉᆞ 去 취 큐 ◯또 李四로 ᄒᆞ여 가 買 매 매 些 셔 셔 乾 간 건 果

궈 고 水 쉬 쉬 果 고 궈 ◯져기 乾果와 水果를 사 做 주 주 酒 직 징 楪 뎌 뎡 子 즈 즈 ◯

酒楪子를 삼잔 京 징 깅 城 칭 찡 街 개 개 市 시 씽 上 샹 쌍 槽 찬 짱 房 빵 빵 鋪 쉬 쉬 多

도 디 ◯京城 져제에 술집이 비록 만ᄒᆞ나 打 다 다 來 레 래 的 디 딩 酒 쥐 징 揔 중 중 平

핑 삥 常 창 쨩 ◯가져온 술이 다 平常ᄒᆞ니 不 부 붕 如 슈 슈 問 운 문 那 나 너 光 광 관 祿

루 룽 寺 스 ᄊᆞ ◯뎌 光祿寺에 무러 討 토 탕 幾 지 계 瓶 핑 삥 蜜 미 믱 淋 린 림 檎 킨 낌

朴通事諺解 一　二

甕훙웅頭뜰투春츈츈木뭉무瓜과과露루루苦쿠쿠菉룽루豆뜰두酒짇주

○여러 甁 蜜林檎과 甕頭春과 木瓜露와 븐 菉豆酒를 어들만ᄒᆞ지 못ᄒᆞ니 這뎌뎌幾게지樣

양양都두두是씽시南남난方방방來래레的등디有윌우名밍밍的등디[illegible]

황화酒짇주○이 여러 가지ᄂᆞᆫ 다 南方셔 온 有名ᄒᆞᆫ 됴ᄒᆞᆫ 술이라 倘탕탕不봉부勾궁구

吃킹치○만일 넉넉이 먹지 못ᄒᆞᆫ 량이면 再재재向향향內눼늬府부부管권권酒

짇주的딘디官권관員원원們문믄說숴쉬○또 內府 술ᄆᆞᄋᆞᆷ아ᄂᆞᆫ 官員들의게 날려

造짬잔的딩디本분븐京깅징好항화酒짇직討탕토幾계지甁빙핑來래레

○비존 本京 됴흔 술을 여러 甁 어더다가 添뎜뎐着쨯져吃킹치如슈슈何허허○

보ᄐᆡ여 먹음이 엇더ᄒᆞ뇨 咱쨩자們문믄商샹상量량량定띵딩了렬랴○우리 혜아

여려 디定ᄒᆞ 如슈슈今김긴先션편着쨯쟈誰쒸쉬去큐취討탕토酒짇주[illegible]

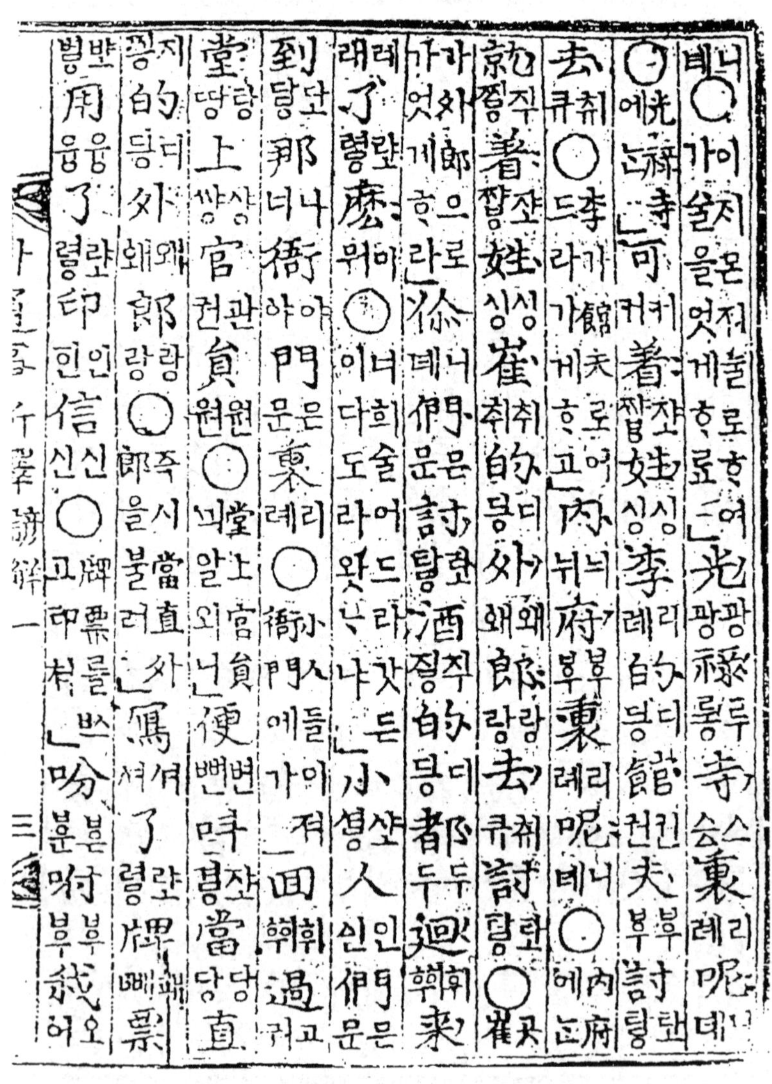

ᄇ니 ○ 이지몯져흘로ᄒ여 가살을엇게ᄒ료 光광광 祿룽루 寺ᄉᆞ스 裏레리 呢녀니
○ 光祿寺에는 可커커 着잡쟌 姓싱싱 李레리 的뎡디 館권관 夫부부 討탕톼
去큐취 ○ 李가館夫로ᄒ여 드라가게ᄒ고 內뉘늬 府부부 裏레리 呢녜니 ○ 內府에는
就찡직 着잡쟌 姓싱싱 崔취취 的딍디 外왜왜 郞랑랑 去큐취 討탕톼 ○ 崔外
郞으로 가엇게ᄒ라 你녜니 們문믄 討탕톼 酒찡직 的딍디 都두두 迴휘휘 來
래레 了령랴 麼뭐마 ○ 너희 술 어드라 갓든 이 다 도라 왓ᄂᆞ나 小셩샾 人신인 們문믄
到당닾 那너나 衙아야 門문믄 裏레리 ○ 小人들이 衙門에 가져 一 回휘휘 過귀고
堂땅당 上썅샹 官권관 員원원 ○ 堂上官員ᄭᅴ 알외니 便뻔변 將쟝쟝 當당당 直
찡지 的딍디 外왜왜 郞랑랑 ○ 즉시 當直外郞을 불러 寫셔셔 了령랴 牌빼배 票
뱧뱦 用융융 了령랴 印힌인 信신신 ○ 牌票를ᄡᅳ고 印치 吩분분 咐부부 我어오

帶대대 回훼휘 來래레 給긔지 老랄랖 爺여여 們믄믄 看칸칸 驗옌연 過궈고
了럎랴 ○우리게 ᄋᆡᆨ附ᄒᆞ여 가져와 老爺네씌 뵈야 驗過ᄒᆞ고 就찡쥐 去큐취 取츄츄 酒
징쥐 ○즉시 가 술을 가져가라 ᄒᆞ더이다 你녜니 取츄츄 票뱦뱦 來래레 截져오 着
권관 ○네 票를 가져오라 내 보쟈 這져져 牌빼패 票뱦뱦 上썅샹 寫셔셔 得더더 明
밍밍 白빼배 ○이 牌票에 쓴 거시 明白ᄒᆞ니 可커커 拿나나 去큐취 吩분분 付부부
管권권 酒징쥐 的디디 人신인 ○가져가 술 ᄆᆞ음아ᄂᆞᆫ 사ᄅᆞᆷ의게 吩咐ᄒᆞ여 這져져 票
뱦뱦 上썅샹 開캐캐 載재재 的디디 各거거 樣양양 好할화 酒징쥐 ○이 票에 쓰
인 各樣 됴흔 술을 照쟢쟢 觔긴긴 數수수 取츄츄 來래레 ○觔數대로 가져오라 這
져져 酒징쥐 怎즘즘 麽뭐마 少샾샾 了럎랴 ○이 술이 엇지 ᄒᆞ여 져그뇨 想샹샹 是
씨시 管권권 酒징쥐 的디디 人신인 們믄믄 克컥커 減갼견 了럎랴 ○싱각건대

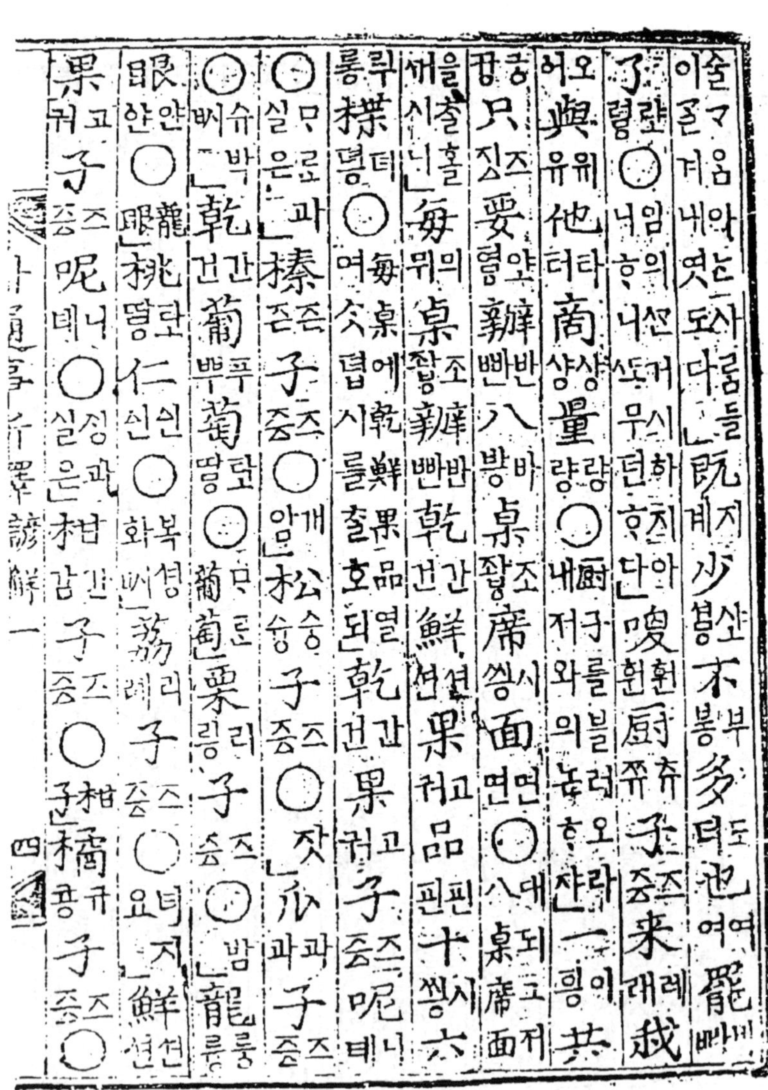
술 ᄆᆞ음 거ᄉᆞ 내야 엿ᄂᆞᆫ 도ᄉᆞ 다롬 들이 旣 지계 少 샤샾 不 부불 多 도더 也 여여 罷 바빠
了 랴럎 ○ 님의 ᄒᆞᆫ 신 거ᄉᆞ 무시 하 ᄃᆞᆫ 치 아 ᄒᆞᆫ 단 嗖 훤훤 廚 추쥬 子 즈ᄌᆞ 來 래레 哉
오 어 與 위유 他 타더 商 샹샹 量 량량 ○ 내 廚子를 블러 오라 ᄒᆞ야 一 이흥 共
궁공 只 즈징 要 얀얍 辦 반빤 八 바빵 桌 조좝 席 시씽 面 면면 ○ 八 대 桌 되 席 그 面 지
을 셰 츌 시 니 每 미뮈 桌 조좝 辦 반빤 乾 간건 鮮 션션 果 고궈 品 핀핀 十 시씽 六
루 룽 碟 뎨뎡 ○ 每桌에 여ᄉᆞᆺ 뎝시 乾鮮果品을 ᄎᆞᆯ호되 乾 간건 果 고궈 子 즈ᄌᆞ 呢 니뎌
○ 므로 실은 과 榛 즌즌 子 즈ᄌᆞ ○ 개암 松 숭숭 子 즈ᄌᆞ ○ 잣 瓜 과과 子 즈ᄌᆞ
○ 슈박 ᄡᅵ 乾 간건 葡 푸뿌 萄 토ᄯᅩᆼ ○ 므로 葡萄 栗 리링 子 즈ᄌᆞ ○ 밤 龍 룽룽
眼 얀안 ○ 龍眼 桃 토ᄯᅩᆼ 仁 인신 ○ 복셩화 ᄡᅵ 荔 리례 子 즈ᄌᆞ ○ 녀지 鮮 션션
果 고궈 子 즈ᄌᆞ 呢 니뎌 ○ 징과 실은 柑 간감 子 즈ᄌᆞ ○ 柑子 橘 규귱 子 즈ᄌᆞ ○

朴通事新釋諺解 一　四

즐石씨시榴릭루○榴石香향향水쉬쉬梨례리○비물한櫻힝잉桃토
○桃櫻杏힝힝子즈즈○고술頻삔핀果궈고○남굵금은王욍위黃횡황李
례리子즈즈○맛유시황오외每뮈믜桌좡조飯빤번菜채채呢녜니○에每반桌
은채只징즈用융융干씽시二싱을樣양양勾끙구了럏랴○가그지저를열버두
ᄒᆞ화리부라부四ᄉᆞ스大대다九긴구寸춘춘盤뻔판○ᄒᆞ네盤은에九用융융燒
봉샾割꺼거的딩디○거구슬어쓰빼되흔燒샾샾鵝어어○거구유은燒샾샾鴨
향야○올구희은燒샾샾牛읽부肉숑류○교구기은燒샾샾羊양양肉승류
○교구기온니半의這져저四ᄉᆞ스樣양양先션션上썅샹○를이몬너져가올지
고리然연안後흫후再재재上썅샹四ᄉᆞ스大대다碗훤완四ᄉᆞ스中즁중碗
천완○과그네린中후碗에을또올네리大되碗都두두要염야學햫효那너나

去 방방 做 주주 法 황방 繞 쨰채 好 함한 吃 킹치 哩 레리 ○ 먼다 두되 는南 번 디
먹로 기ᄒᆞ 됴여 ᄒᆞ야 리맛 라치 四 ᄉᆞ스 大 떼다 碗 원완 肉 뉘닉 呢 네니 ○ 에베 논큰 碗
是 씌시 海 히해 蔘 ᄉᆞᆷᄉᆞᆫ 頓 둔둔 鴨 향야 子 즈즈 ○ 른海 올蔘 허너 와허 술 魚 유위
翅 측츠 炒 촹찬 肉 ᅀᅲᆼ류 ○ 허물 죠고 ᄒᆞᆫ기 고진 기에 와너 鰒 빨바 魚 유위 頓 둔둔 肉
용류 ○ 믄뎌 고복 기너 외허 술 大 훠호 腿 뒤튀 炃 참찬 魚 유위 ○ 에뎌 물린 고고 기기
시석 오근 거 四 ᄉᆞ스 中 즁즁 碗 원완 肉 뉘닉 呢 네니 ○ 에네 는中 梳 頓 둔둔 燉
란란 肘 징쥐 子 즈즈 ○ 믄무 녑르 팔녹 지게 와술 栗 링리 子 즈즈 炒 촹찬 鷄 게지 ○
ᄒᆞᆫ밥 ᄃᆞ녀 리파허 죠 螃 빵팡 蟹 해해 羹 깅긍 ○ 과게 탕 膾 귀귀 三 삼산 鮮 션션 ○
회세 니가 지 共 꿍궁 十 씽시 二 ᅀᅵᆯ을 盤 뻔판 碗 원완 ○ 盤대 桃되 이열 란두 還 환환
要 양약 上 썅샹 三 삼산 道 담닷 粉 분븐 湯 탕탕 ○ 湯당 을시 올롱 일세 가가 시지 요粉

饅뭔만頭뜸투 ○와饅頭 蒸징징食씽시 ○과蒸食 小셯샾餑뽕보餑뽕보

○이즌너벽 這져져也여여就찡주勾긓구了렬랖 ○녁이녁도ᄒᆞ이다믜 녀再

재재問문운教걒쟌坊방방司슸스 ○에또무教러坊司 叫켱쟌他터타着짷쟌

幾계지箇거거樂얗요工궁궁來래레伺슸ᄎᆞ候흫후 ○러뎌樂로工ᄒᆞ을여시여

候겨ᄒᆞ왜고伺弄삥빙着짷쟌他터타叫켱쟌些서셔歌거거唱챵챵的듸디諸

쥬쥬樣양양雜짜자耍솨솨的듸디來레레 ○래아부모르로고뎌어로리ᄒᆞ가여지노

이집롤노불곳러ᄒᆞ와ᄂᆞᆫ咱쟝자們믄믄大때다家갸쟈消셯샾遣켠켠何헤허如

유유 ○흠우이리엇대더되ᄒᆞ消遣 這져져些서셔酒쥐주席씨시都두두已이이

辦빤빤停띵띵妥터토完환완備삐비了렬랖 ○장이민酒ᄒᆞ席어을停다妥이完되

이備다ᄒᆞᆫ小셯샾廝ᄾᆞ스們믄믄 ○들아안희你네니們믄믄到답닾大때다廳

팅딩上쌍샹去큐취㊁廳너에희간大先션션把바바椅히이桌짷조分븐븐開

개개擺배배定띵딩了럏랖㊀을몬는져화교버의티와고상待때대各갛거位위우

老랗랖爺여여們믄믄來래레即징지忙망망通퉁퉁報빙반○爺各미位옴老

시울통기ᄒᆞ두라려즉各갛거位위위老랗랖爺여여都두두到닿도齊쪠치了

럏랖○다各왓位ᄂᆞ老이爺단ㅣ列렿려位위위弟뗴디兄흥흉既계지都두두齊

쪠지集찡지了럏랖○믜列다位오爺다兄시이넌이咱장사們믄믄今김긴日잏이

俱귀귀要햫얀開캐캐懷홰홰暢챵챵飮힌인㊁懷우暢리飮오ᄒᆞ놀여다開不

봉부可커커辜구구負뿌부了럏랖好할하風붕봉光광팡○블됴젹흔니風리光

자지ᄃ마ᄆᆞᄏ경장小셩샤斷숭스們믄믄先션션擺배배上썅샹果거고碟뎧뎌

子중즈○과아실희뎝들서을ᄅᆞᆯ블버러리모고져每위미人신인先션션痛퉁퉁飮

힘요 幾게지 盃뷔븨 如슈유 何혀허 ○每人이 痛飮호기 몯ᄒᆞ여 잇더니 ᄒᆞ려노잔 你녜니

這쳐저 樂얍요 工궁궁 們문믄 ○너회樂工들이 彈뗜탄 的딍디 只짓즈 管권권

彈뗜탄 ○ᄐᆞ리 그저 ᄐᆞ고 吹취취 的딍디 只짓즈 管권권 吹취취 ○불리 그저 불고

唱챵창 的딍디 只짓즈 管권권 唱챵창 ○노래 브르리 그저 노래 불러 助쭈주 助

쭈주 老랑란 爺여여 們문믄 酒쥥직 興힝힝 ○老爺들의 酒興을 도아 好합한 受

떠도 飮힘인 幾게지 盃뵈븨 ○ᄆᆞ장 여러 잔 먹고 然연얀 後흫후 再재재 上썅상

飯빤반 菜채채 ○그린 후에 ᄯᅩ 반찬 올리고 [illegible]븡잔 雜짜자 耍솨솨 的딍디 來래레

○잡노롯ᄒᆞᄂᆞᆫ 이들 불러와 看킨칸 他터타 耍솨쇠 些셔셔 技끼기 藝이이 罷빠바

○뎌 지조 놀리ᄂᆞᆫ 것 보자 弟뎨디 兄휭흉 們문믄 今김긴 日싕시 都두두 要얗야

吃깅치 得등더 酩밍밍 酊딩딩 大때다 醉쥐쥐 纔째채 妙뮹먀 哩례리 ○

듸이오ᄂᆞᆯ다먹어酩酊醉ᄒᆞ미맛치妙ᄒᆞ리라」 大 弟뗴디 兄휭훙 們문믄 酒짇쥐 旣긔지

勾긓구 了럏랖 用융용 飯빤반 罷빠바 ○ 弟兄들아술이이믜넉넉ᄒᆞ니밥을먹음이무

던ᄒᆞ다」 飯빤반 後흫후 每뮈믜 人신인 須슈슈 要향얀 再재재 吃킹치 三삼산

盞진잔 上쌍상 馬마마 盃뷔븨 ○ 밥후에每人이다시三盞上馬盃롤먹고 方방방 許

휴쉬 散산신 哩례리 ○ 보아ᄒᆞ로ᄒᆞ터지믈許ᄒᆞ자」 你니니 們믄믄 這져져 些셔셔

伺ᄉᆞ츠 候흫후 的딩디 人신인 ○ 너희伺候ᄒᆞᄂᆞᆫ사ᄅᆞᆷ들이」 都두두 到닿닷 外왜왜

廂샹샹 吃킹치 飯빤반 去큐취 ○ 다밧셰셔밥먹으라가」 老랗랖 爺여여 們믄믄

要향얀 散산산 了럏랖 ○ 老爺들이흣터지려ᄒᆞ단」 衆즁즁 弟뗴디 兄휭훙 們믄믄

○ 모든弟兄들이」 如슈슈 今김긴 酒짇쥐 也여여 醉쥐쥐 了럏랖 飯빤반 也여여

飽봫봐 了럏랖 ○ 이제술도醉ᄒᆞ고밥도비부르다」 古규구 人신인 道담닷 ○ 古ᄉ

이니ᄅᆞ되 有잉우 酒징직 有잉우 花화화 以이이 為위위 眼얀얀 前쳔쳔 之징즈 樂랍러 ○ 술을두고곳츨두어眼前에즐기믈삼ᄂᆞᆫ다ᄒᆞ고 又잉우 道땅도 人신인 生싱승 行형힝 樂랍러 耳싱얼 ○ 또니ᄅᆞ되人生이行樂ᄒᆞᆯ지라 須슈슈 富부부 貴귀귀 何허허 時씽스 ○ 富貴ᄅᆞᆯ어ᄂᆡ새예기ᄃᆞ리리오ᄒᆞᄂᆞᆫ 我어오 等등등 今김긴 日싱이 之징즈 會회휘 ○ 우리오ᄂᆞᆯ모ᄃᆞ미 可커거 謂위위 及끼기 時씽스 行형힝 樂랍러 ○ 可謂及時行樂이ᄂᆞᆫ 暢챵창 快쾌쾌 之징즈 極끼기 矣이이 ○ 暢快의極ᄒᆞᆷ이로다 又잉우 道땅도 天텬텬 下햐햐 無무우 不부부 散산산 之징즈 筵연연 席씽시 ○ 또니ᄅᆞ되天下에흐터지지아니ᄂᆞᆫ잔치업다ᄒᆞ니 看컨칸 天텬텬 氣키치 已이이 晚완완 了령랴 ○ 보매하ᄂᆞᆯ이이미늣저시니 大대다 家갸자 別뼈벼 了령랴 罷빠바 ○ 대되니별ᄒᆞ자 各겅거 位위위 請칭칭 了령랴 ○ 各位ㅣ아請ᄒᆞ노라

院원원判퐌판哥거거○院判형아你네니到담됴那너나裏례리去큐취○네어듸가는다
小셯샤家쟈댜到담됴禮례리部뿌부去큐취○小家ㅣ禮部에가노
라你네니去큐취有임우甚씸셔麽뭐미勾궁구當딩당○네가므슴일이잇
ᄂᆞ뇨小셯샤家쟈댜近낀긴來래레奉봉봉上샹샹司숭스勾군군令링링○
小家ㅣ요ᄉᆞ이上司勾ᄉᆞ올맛드닏有임우件견견差채채使싱시着잪쟈減혀오去
큐취辦빤반○ᄒᆞᆫ差使ㅣ이셔날로ᄒᆞ여가ᄒᆞ라ᄒᆞ매ᄂᆞᆫ所수소以이이到담됴部뿌부
裏례리去큐취打다다聽팅팅消샿샤息싱시○이러모로部에가消息을듣보려ᄒᆞ
노라甚씸셔麽뭐마差채채使싱시呢뎨니○므슴差使ㅣ뇨爲위위須반반諂
졍잔去큐취○須詔ᄒᆞ라ᄀᆞᄂᆞ거라甚씸셔麽뭐마諮쩡잔派패패往왕왕那너나
一힁이路루루須반반去큐취呢녜니○므合部書ㅣ여이듸롤그어반조ᄒᆞ라가ᄂᆞ뇨

派패패小썇샨弟떼디是씅시往왕왕永윙융平삥핑大때다寧닝닝遼럏랴

陽양양開캐키元원원瀋침신陽양잉寺찡스處츄츄○거小는弟ᄃ롤求그平은

ᄒ大處寧예遼가陽ᄂ開니元라瀋ᄂ陽去강키還뢴한有읟우甚씸셔麼뭐마地떼디

方방방○地또方당이시잇롱ᄂ므논숨朝졍챠鮮션션國궈궈也여여該ᄀ개有

읭우語쪙쟌可커커曾쯩층派패패徐네니去큐취麼뭐마○도朝語解書國ㅣ에

쿨이시졈겨죡가ᄒ게니ᄒ또엳일ᄂ죡난니我어오如유슈今김긴也어여派개피往

왕왕金김긴剛깡강山산산松숭숭廣광광等둥등處츄츄去큐취降강강香

향향○에내그이미져여또가金降剛香ᄒ松리廣ᄂ處老랗랖哥거거徐네니幾

비지時씅스起케치身신진○지노(?)날이다내ᄂ언大떼더約향요這져져月

원위二싱을十씽시邊변변頭링링了료라語쪙잔書유슈答짜자付부부就

징직 要얃얗 起치켸 身신신 ○ 대개 이 ᄃᆞᆯ 스므날 긔 諂諮와 付를 드면 즉시 셔더 나고 付ᄒᆞ고

라」 我오어 是시씨 愚위유 蠢츈츈 之즈지 人인신 ○ 나ᄂᆞᆫ 이 愚蠢ᄒᆞᆫ 사ᄅᆞᆷ이오」 又

우읗 從충쭝 不부붕 曾층쯩 到도땋 過고궈 外왜쇄 邦방방 ○ ᄯᅩ 본ᄃᆡ 일즉 외국에 ᄃᆞᆫ니디 못ᄒᆞ여시니」 焉연연 能능늉 曉햐향 得더듸 他타타 那나너 裏리레 的디듸

規귀귀 矩귀큐 ○ 엇지 能히 거긔 規矩를 알리오」 相샹샹 懇큰큰 你니녜 揀견갼 定

딩띵 了랴럏 起치켸 程칭찡 日시싱 子즈즈 ○ 네게 쳥ᄒᆞᄂᆞ니 起程ᄒᆞᆯ 날을 ᄀᆞᆯᄒᆡ여 뎡ᄒᆞ

면」 我오어 竟깅깅 與위유 你니녜 同퉁뚱 去취큐 ○ 내 ᄆᆞᄎᆞᆷ내 너와 ᄒᆞᆫ가지로 갈 거

시니」 到도닿 那나너 朝챠쟣 鮮션션 地디듸 方방방 ○ 뎌 朝鮮 ᄯᅡ희 간」 諸주쥬 事

스쓰 好화핳 仰앙양 仗쟝쨩 你니녜 ○ 범ᄉᆞ를 ᄆᆞ장 너를 밋으리니」 教쟢걒 道단ᄯᅡᆫ

我오어 照잔쟝 着칸건 我오어 ○ 나를 ᄀᆞᄅᆞ치고 나를 보ᄉᆞᆯ피면 便변번 感간감 激

킈궁不부붕盡진찐了랴럏○곳感激호믈다못호리라

今긴김年년년雨위유水쉬쉬狠흔흔大다때○올ᄒᆡ雨水ㅣᄀᆞ장만ᄒᆞ여直지찡

淹연염過고궈蘆루루溝구긓橋챠꺟上샹썅獅스씃子즈즜頭투틓了랴럏

○바로蘆溝橋우희獅子머리롤ᄌᆞᆷ가넘어把바바那나너城칭찡門믄문都두두衝

충츙坍탄탄了랴럏○뎌城門을다가디칠러문희치고那나너一이힝帶대대地

디뎨方방빵的디딩田텬뎐禾호훠都두두淹연염沒무뭉了랴럏○뎌一帶地

方에田禾ㅣ다ᄌᆞᆷ겨못치엿고村춘춘庄좡장人인ᅀᅵᆫ家쟈갸的디딩房방빵屋우훙

墻챵쨩壁비빙太태테半반붠都두두被비ᄈᆡ水쉬쉬衝충츙了랴럏○村庄

ᄉᆞ家에房屋墻壁이太半다믈에질리엿ᄂᆞ니라你니니家쟈갸的디딩墻챵쨩垣원원

如슈슈何허허○네집墻垣은엇더ᄒᆞ엿ᄂᆞ뇨我오어家쟈갸的디딩墻챵쨩也

여여 倒닿닾了럎랖幾계지堵두두 ○ 우리 집 담이 므허디여 져시니 [illegible] 지즈

好핳핲等덩든到닿닾秋칰칙来래레再재재修싣식理례리罷빠바 ○ 을가

理을흠기 [illegible] 修 [illegible] 眼얀얀前쳔쳔就찍쥐收싣식拾싱시伯파파甚

섬셔麽무마呢녜니 ○ 무서 방즉 시 젼 收拾 ᄒᆞ오리 프 ᄒᆞ면 土투투王왕왕用융융

事씃ᄉᆞ之즈즈日싱이不부부可커커動둥둥工궁궁 ○ 土王用事日에 動工치 몯ᄒᆞ

ᄂᆞ니 把바바憲현현書슈슈看칸칸一이이看칸칸 ○ 보 척 력을 揀

箇거거黄황황道닿닾吉기긷日싱이 ○ 黄道吉日을 [illegible] 就찍쥐好항핳興

향향工궁궁了럎랖 ○ 곳 역ᄉᆞ 시작ᄒᆞ 這져져般번번說숴쉬 ○ 이

면 待대대我오오擇쩌저定띵딩了럎랖日싱이期기기 ○ 내 날 ᄒᆞ여

기 ᄃᆞ려 ᄂᆞ 叫쟌쟌幾지지箇거거打다다土투투墻창창的디디匠쟝쟝工궁궁

來래레 ○ 여러토담ᄊᆞᆺ는 쟝인을블러완 與유위 他더타 商샹샹 量량량 ○ 뎌와商量

ᄒᆞ쟌 匠쨩쟝 作졸조 師싀스 傅부부 ○ 匠作편 슈ㅣ안 你녜니 向향향 來래래 打

다다 土투투 墻쨩챵 是씨시 多더도 少샾샹 一이이 板빈반 ○ 네뎌적의 토담쏠제

언머에ᄒᆞᆫ틀 을ᄒᆞ더뇨 說숴쉬 定띵딩 了럎랴 工궁궁 價갸가 然연ᅀᅡᆫ 後ᅘᅮᇢ후 好

핳화 煩빤반 你녜니 做주주 活ᅘᅯ호 ○ 공젼을명ᄒᆞ후에널로 ᄒᆞ여ᄇᆡᆼ녕홈이됴다 俗

쑤쉬 語유위 說숴쉬 ○ 俗語에 니ᄅᆞ된 前쪈쳔 不부부 斷둰둰 後ᅘᅮᇢ후 要얗야 亂

뤈뤈 ○ 몬져결단키이니면 ᄒᆞ에어즈럽디ᄒᆞ난 你녜니 只짖즈 說숴쉬 老랓랖 實씽시

價갸가 錢쪈쳔 ○ 네그져고치식 ᄒᆞᆫ갑슬닐러야 我어오 好핳화 還환환 價갸가 ○

우리공젼주져 기됴ᄒᆞ리란 這져져 般붠번 說숴쉬 ○ 이리니 ᄅᆞ면 我어오 們문믄 自

쯔즈 吃칭치 飯빤반 呢녜니 二ᅀᅵ얼 錢쪈쳔 半붠반 一이이 板빈반 ○ 우리 이되

밥먹으면 두돈 반에 ᄒᆞᆫ 들이오 若吃你家的飯[illegible]二錢一板 ○ 만일 네 집 밥을 먹으면 두 돈에 ᄒᆞᆫ 들을 ᄒᆞ리라 據你要的價錢却也不甚多 ○ 네 달라 ᄂᆞᆫ 갑대로 ᄒᆞ여도 또 ᄆᆞ장 만치 아니커니와 但于今柴米山(?)菜件件俱貴 ○ 다만 이제 나모와 ᄡᆞᆯ과 ᄂᆞ믈이 가지가지 다 귀ᄒᆞ니 若吃減的飯食 ○ 만일 우리 밥을 먹으면 給你一錢五分一板罷 ○ 너를 ᄒᆞᆫ 돈 오 푼을 ᄒᆞᆫ ᄃᆞᆯ에 주미 무던ᄒᆞ다 你太爺想 ○ 너 太爺ㅣ 싱각ᄒᆞ연 不要單愛惜你家這幾頓茶飯 ○ 맛치 네 집 여러 ᄭᅵ 茶飯만 앗기지 말라 若是吃

쳐쥐 伱 니녜 家 쟈갸 的 디딩 飯 핤빤 ○ 만일 네 집 밥을 먹을 양이면 我 오어 對 뒤뒹

衆 중즁 火 호훠 計 지계 說 쉬숴 ○ 내 여러 동모 ᄃᆞ려 닐러 齊 치졔 心 신심 用 융융

力 리링 多 도더 使 시싱 些 셔셔 工 궁궁 夫 후부 ○ 齊心用力ᄒᆞ여 만히 工夫 드려 把

바바 大 다대 夯 향향 多 도더 舂 슝슝 幾 지계 十 시싱 下 하햐 ○ 큰 달고로 만히 여러

번 다ᄋᆞ면 自 즈ᄌᆞ 然 얀연 堅 견견 固 구구 的 디딩 ○ 自然 堅固ᄒᆞ리니 伱 니녜 若

쇼샹 依 이히 了 랸령 我 오어 的 디딩 價 갸갸 錢 쳔쪈 ○ 네 만일 내 갑대로 ᄒᆞ면 保

봐밯 管 권권 伱 니녜 站 잔잠 十 시씽 年 년녠 不 부붇 倒 단당 ○ 네게 十年을 셔셔도

므허지디 아니 믈맛들 거시니 假 가갸 如 슈슈 三 산삼 兩 량량 年 년년 內 뉘뉘 倒 단닿

了 랸령 ○ 만일 두세ᄒᆡ 안히 믄허지기든 我 오어 們 믄몬 就 쥐쭉 不 부붇 要 얖양 工

궁궁 錢 쳔쪈 ○ 우리 工錢을 밧지 아니코 替 터테 伱 니녜 白 베뻭 效 햐햪 勞 랖랖

四

新[신신]打[다다]箏[즁주]何[허허]如[유유] ○ 새로 ᄆᆡᆼ근 다ᄉᆞ 공히 ᄆᆡ 엇더ᄒᆞ뇨 徐[니니]既[기지]要[얀요]立[리리]箇[거거]保[반뵈]管[권관]不[불부]倒[단도]的[디디]字[즈즈]兒[ᅀᅵᆯ을] ○ 네 ᄒᆞ마 ᄇᆞ라믈 세워 ... 依[이이]着[죠져]徐[니니]的[디디]價[갸가]錢[쪈쳔]做[주주]罷[바바] ○ 네 ... 대로 ᄒᆞ홈 ᄃᆞᆯ가 那[나나]抵[ᄐᆞᆯ]脚[교교]的[디디]漢[한한]子[즈즈] ○ 뎌 삭 ... 놈아 今[긴긴]日[ᅀᅵ] 可[커커]開[캐캐]倉[창창]麼[마마] ○ ᄒᆞ오ᄂᆞᆯ 開倉ᄒᆞᄂᆞ냐 徐[니니]開[캐캐]他[타타] 怎[즘즘]麼[마마] ○ 므슴 ᄒᆞ려 ... 무러 ᄂᆞᆫ다 今[긴긴]日[ᅀᅵ]却[캬커]是[시시]開[캐캐] 倉[창창]關[관관]米[미미]的[디디]日[ᅀᅵ]期[기기] ○ 오ᄂᆞᆯ 이 ... ᄂᆞᆫ 날 開倉ᄒᆞᄂᆞᆫ 이라 這[져져]麼[마마]甚[신신]湊[추추]巧[코코] ○ 이러면 심히 공교ᄒᆞ다 我[오오]有[이]

兩량량箇거거月웨위俸뽕봉米메미要햪얀關관관 ○ 내게 두ᄃᆞᆯ 녹ᄡᆞᆯ이 의셔 ᄐᆞ

려ᄒᆞ노라 該개개關관관幾계지擔담단呢녜니 ○ 맛당이 몃 짐을 ᄐᆞ료 這뎌뎡例

례리只징즈該개개關관관八바바擔담단 ○ 定例에 그져 여ᄃᆞᆲ짐을 ᄐᆞ리란 我어오

如유유今긴긴把바바騎끼치的디디馬마마就찍주寄계기在째재這져져

雜짜자貨훠호鋪푸푸裏례리 ○ 내 이제 ᄆᆞᆯ을 다가 곳 이 雜貨舖에 부텨두고 到닾다

倉창창上쌍샹去큐취 ○ 倉에 가 待때대關관관出츄츄米메미來래레 ○

ᄡᆞᆯ 내기ᄅᆞᆯ 기ᄃᆞ려 再재재到닾닾這져져裏례리取츄츄罵마마 ○ 다시 와 ᄆᆞᆯ을 메

ᄎᆞ고 給긔지一이이二ᅀᅵᆯ을升싱싱米메미謝셔셔他타타何허허如유유 ○

ᄒᆞᆫ두되 ᄡᆞᆯ을 주어 뎌의게 샤례ᄒᆞᆷ이 엇더ᄒᆞ뇨 咱잠자們믄믄且쳐쳐商샹샹量량량 ○

우리 量ᄒᆞ쟈 商 每뮈믜擔담단脚갸교錢젼쳔你녜니要햪얀多더도少썀샾

○ᄆᆡ짐 삭갑슬 네 언머롤 말라 ᄒᆞᄂᆞᆫ다 老太爺你在那
裏住 ○老太爺ㅣ야 네 어ᄃᆡ셔 사ᄂᆞᆫ다 我在平則門
外住 ○내 平則門 밧긔셔 사노라 既是這麼 ○
이믜 이러면 你該給多少脚錢一擔
罷 ○네 언머식 갑슬 ᄒᆞᆫ 짐에 주려 ᄒᆞᄂᆞᆫ다 每擔給你五
十大錢罷 ○ᄆᆡ 짐에 너롤 五十 대쳔을 주미 무던ᄒᆞ다
呀老太爺忒給少了 ○아 老太爺ㅣ
야 너무 젹게 주려 ᄒᆞᆫ다 平則門離這廣豊倉
着二十里地 ○平則門이 廣豊倉에 ᄯᅳᆷ이 二十里 ᄯᅡ히니
五十文一擔却不太少些

서뷔 廒 뫄마 ○ 너쉰 무낫 적돈 지에 이혼 니짐 ᄒᆞ이 난도 廣 광광 豐 봉봉 倉 창창 到 닾도

平 뼝평 則 즹지 門 문믄 ○ 辛廣 則豐 門倉 가에 긴셔 那 너나 裏 례리 有 잉우 二 싱을

十 씽시 里 례리 地 띠디 呢 녜니 ○ 셔어 히되 잇二 ᄂᆞ十 뇨里 徐 녜니 若 샾쇼 不 봉부

背 킹큰 去 큐취 我 어오 再 재재 催 구구 別 뼝벼 箇 거거 去 큐취 ○ 즐네 겨만 가일

르지 이아 롤니 삭면 내내 여다 가시 잔다 既 계지 如 슈유 此 충츠 說 쉏숴 ○ 리이 니믜 롤이

면양 이 便 뼌변 給 긩지 我 어오 五 우우 十 씽시 文 문운 一 힝이 擔 담단 也 여여

羅 빠바 了 럏랴 ○ 에곳 주나 미롤 뇨쉰 무낫 텬돈 ᄒᆞ을 다ᄒᆞᆫ 짐 徐 녜니 如 슈유 今 [illegible]

到 당닾 倉 창참 裏 례리 去 큐취 ○ 倉네 에이 간제 給 깅지 他 터타 量 량량 斗 듷두

的 듸디 人 인윈 一 힝이 百 빙빅 錢 쪈쳔 ○ 일뎌 빅일 돈되 을ᄂᆞᆫ 주사 고름 을 糶 디뒤

他 더타 說 쉏숴 明 밍밍 ○ 롤뎌 붉ᄃᆞ 히려 ᄒᆞ너 여ᄅᆞ 기 斗 듷두 斛 흫후 都 드두 要 [illegible]

얀향 量 량량 足 주죵 ○ 말과 휘롤 다 됴히 되게 ᄒᆞ라 若 쇼샵 不 부붕 是 시씨 ○ 만일

그리 아니면 回 휘훼 到 도당 你 니녜 家 쟈갸 再 재쟤 量 량량 便 변뼌 不 부붕 勾

주긍 了 랴령 ○ 네 집의 도라가 다시 되면 곳 모ᄌᆞ라리라 還 환훤 要 얀영 把 바바 領 링링

子 ᄌᆞᄌᆞᆼ 到 도당 該 개개 圈 권권 書 슈슈 辦 반뺜 處 츄츄 換 환훤 過 고궈 小 샾셯

票 퍞뺭 ○ 당시롱ᄐᆞᄂᆞᆫ 뎨롤 가져 마옴 아ᄂᆞᆫ 뎌 반의게 가져 근 票롤 밧고고 然 안연 後 후흥

到 도당 關 관관 籌 칙찡 的 디딩 所 소수 在 재째 領 링링 過 고궈 籌 칙찡 來 래래

○ 그린 후에 사ᄉᆞᆯ ᄐᆞᄂᆞᆫ 곳에 가 사술을 타와야 方 방빙 好 화황 到 도당 倉 창창 裏 리레

關 관관 米 미몌 ○ 보야흐로 倉에 가 ᄡᆞᆯ ᄐᆞ기 됴ᄒᆞ니라 又 우잉 要 얀영 給 지긩 那 나녀

扛 강강 口 쿠큫 袋 대때 人 인신 的 디딩 小 샾셯 脚 교걒 錢 쳔쪈 ○ 또 뎌 자 ᄐᆞ 메ᄂᆞᆫ

사ᄅᆞᆷ의 젹근 삭갑슬 ᄌᆞ새 시ᄂᆞᆫ 這 져져 者 ᄌᆞ 두두 是 시씨 斷 됀된 不 부붕 能 능능 少 샾셯

華音啓蒙諺解 十四

的디딩 ○ 이거시 업지 못ᄒᆞᆯ 배시니 이 결단ᄒᆞ고 這져져麽마머的디딩 ○ 이러면 ᄂᆞ려

你니니且처쳐進진진倉창창去취큐 ○ 네 倉에 간 先션션換환환票뱦뱦頭

령령籌쯔ᄎᆞ何허허如유유 ○ 술을 져 票 트로 미 밧엇 고 더 ᄒᆞ고 사 나 你니니這져져

布부부係데데是시시破포포的디딩不부부漏루루麽마머 ○ 이 잘 여

你니니還ᄒᆞᆫ가지 아니 這저저是시시新신신布부부係데데那나나裏리리破포포

那나나裏리리怕파파漏루루呢니네 ○ 이 지 세 여 잘 어 되 라 기 어 로 되 해 져 이 펴

ᄒᆞᆫ리 오 如유유今긴김米미미都두두關관관出츄충來레래了랴럏 ○ 이제

발로 대 닥 여 ᄃᆞ 아 다 ᄂᆞᆫ 叫쟌결四스숭箇거거了산셩車쳐쳐子즈즈載재지了랴럏

出츄충去취큐罷바바 ○ 네 져 근 술 위 에 시 러 가 다 미 무 덕 ᄒᆞᆫ 단 不부부用융융

車쳐쳐 ○ 져 근 술 위 로 ᄡᅳ 지 말 고 ᄂᆞᆫ 只즈즈僱구구大다대馬마마車쳐쳐 ᄀᆞᆺ

五

이 輛 량량 ○ 그저 큰 물에 온술 위ᄒ나흘 삭내연 把 바바 又 ᄂ 받 비 口 큰 依 이 때 대 些
메비 都 두두 裝 장좡 上 샹샹 ○ 여듧 자ᄅ 시 를 다 面 ㅣ 에 면 쓸 豈 키치 不 부 붑 省 싱승
事 스씅 麽 마뭐 ○ 엇디 일을 더러 니 ᄒ 다 說 쉬 훠 的 디 딩 是 시 씅 ○ 니 돌 다 루 이
你 니 늬 那 나 나 腮 새 새 頰 겨 경 上 샹 샹 長 쟝 쟝 的 디 딩 甚 써 씸 麽 마 뭐 瘡 촹 창
○ 네 시 므 ᄉ 저 ᄋ 와 빰 에 난 거 瘡 고 ᄂ 不 부 붑 知 지 짐 甚 씸 麽 마 뭐 瘡 촹 창 ○ 모 로 리 로
다 인 ᄆ 승 단 瘡 從 충 쭝 幾 지 계 時 스 씅 生 승 싱 出 츄 츙 來 래 래 的 디 딩 ○ 언 제 부 터
낫 ᄂ 교 ㅗ 從 충 쭝 前 쳔 쪈 日 이 잉 這 저 져 腮 새 새 頰 겨 경 上 샹 샹 瘡 촹 창 的 디 딩
受 수 씽 不 부 붑 得 더 딍 ○ 그 위 제 려 부 더 지 뫗 ᄒ 놋 이 ᄀ 려 니 誰 쉬 위 知 지 징 道 도
됴 ᄅ 就 쥐 쥘 長 쟝 쟝 起 치 키 這 져 져 瘡 촹 창 來 래 래 了 랴 료 ○ 뉘 므 득 이 瘡 ᄃ 랄
줄 을 알 리 오 這 져 져 麽 마 뭐 不 부 붑 怕 파 파 事 스 씅 ○ 이 는 두 려 지 아 니 닌 일 이 라 容

융융 易이이 醫히이 治찌치 的딩디 ○ 고치기 쉬오니 不붕부 須슈슈 貼텨톄 膏
간간 藥얍요 ○ 모로미 膏藥을 부치디 말라 有임우 箇거거 最쥐쥐 容융융 易이이
的딩디 法빵바 子즈즈 說숴쉬 與유위 你녜니 ○ 훈 ᄀᆞ장 쉬온 法이 이시니 너ᄃᆞ려 니
ᄅᆞᆯ 거시니 試싱스 一힁이 試싱스 便빤변 好항한 了럎랸 ○ 시험ᄒᆞ면 곳 됴ᄒᆞ리라
這져져 麼뭐마 望왕왕 太태태 醫이이 老랗랖 爺여여 ○ 이러면 ᄇᆞ라건대 太醫 노
랑은 就찡쥐 教걓챂 我어오 這져져 箇거거 好활할 法빵바 兒싈을 ○ 이의셔 나
ᄅᆞᆯ 이 됴흔 法을 ᄀᆞᄅᆞ치관 你녜니 回훼휘 去큐취 今김긴 夜여여 到닾닾 五우우 更
굉깅 時씽스 候흫후 ○ 네 도라가 오ᄂᆞᆯ 밤 五更 디ᄃᆞᆺ도록 把바바 指징즈 頭뜽두 在
째재 口쿻쿠 內뉘니 沾졉젼 着쨯잔 唾터토 沫뭥모 ○ 손가락을다가 입에 너허 춤을
무텨 在째재 那너나 瘡칭촹 口쿻쿠 上썽샹 不붕부 住쮸쥬 的딩디 搽짜차 抹

모뢈 ○ 뎌瘡부리에머므ᄂᆞᆫ지말고ᄇᆞᄅᆞ고ᄂᆞᆫ 便변뼨 是시씌 白배뻥 日시싕 裏리례 也

여여 不부봉 住쥬쮸 的디딍 採치째 ○ 곳낫도머므지믄ᄭᅩ부ᄅᆞ리ᄂᆞ 如유슈 此츠ᄎᆞ

○ 이ᄒᆞ리면 多도더 不부봉 過고궈 兩량랑 三산삼 日시싕 ○ 三日반하에도지 兩

ᄒᆞ나여지 못ᄒᆞᄂᆞᆫ 這져쳐 瘡창촹 毒두뚱 氣치계 散산산 去취큐 便변뼨 暗안함 消

샨뱡 了랸량 ○ 이瘡에毒氣ᄒᆞ더저곳쳘로ᄉᆞ러지리란 真진쥔 箇거거 好한핳 法바빵

兒을싕 ○ 진실로됴흔法이로다ᄂᆞᆫ 老랖랖 哥거거 不부봉 說쉬쉬 我오어 都

怎즘즘 麼마뭐 知지징 道닾땋 呢니녜 ○ 노형이니ᄅᆞ지아니면네엇디알리오 常

창쨩 言연연 道닾땋 ○ 常言에니ᄅᆞ되 話화화 不부봉 說쉬쉬 不부봉 明밍밍 不

부봉 鑽좐쥰 不부봉 透투퉁 ○ 말을니ᄅᆞ디아니면븕디못ᄒᆞ고남글ᄯᅮᆲ디아니면

ᄉᆞᄆᆞᆺ디못ᄒᆞᄂᆞ니라

老 랗랖 哥 거거 拜 배베 揖 잉이 了 럏랴 那 너나 裏 레리 去 큐츄 來 래래 ○ 노형아 揖ᄒᆞ노라 어듸 갓더뇨

大 대다 街 걔개 上 썅샹 買 매메 段 돤돤 子 즈즈 去 큐츄 來 래레 ○ 큰 거리에 비단 사라 갓더니라

你 녜니 買 매매 來 래레 的 디디 段 돤돤 子 즈즈 借 져져 與 유위 我 어오 看 칸칸 ○ 네 사온 비단을 나를 빌려 보게 ᄒᆞ라

這 져져 是 씌시 幾 계지 丈 쨩쟝 一 힝이 疋 핑피 呢 녀니 ○ 이 몃 발 ᄒᆞᆫ 疋고

這 져져 段 돤돤 子 즈즈 一 힝이 疋 핑피 做 쭝주 勾 긓구 袍 뽤팦 料 럏랖 二 싱을 件 껸견 ○ 이 비단 ᄒᆞᆫ 疋이 큰 옷ᄆᆞ옴 두 볼이 벅벅ᄒᆞ니

你 녜니 猜 채체 是 씡시 甚 씸셔 麼 뭐미 價 갸갸 錢 쪈쳔 ○ 네 이 므슴 갑신고 짐작ᄒᆞ라

我 어오 猜 채채 ○ 내 짐작ᄒᆞ니

這 져져 大 대다 紅 훙훙 段 돤돤 真 진진 是 씌시 南 난난 紅 훙훙 顔 얀연 色 싀서 經 깅깅 緯 위위 匀 윤윤 淨 찡징 ○ 이 다홍 비단이 진짓 이연다홍 빗치오 ᄡᆡ놀이 고로고 조ᄒᆞ니

[illegible] 쉬쉬 比 비비

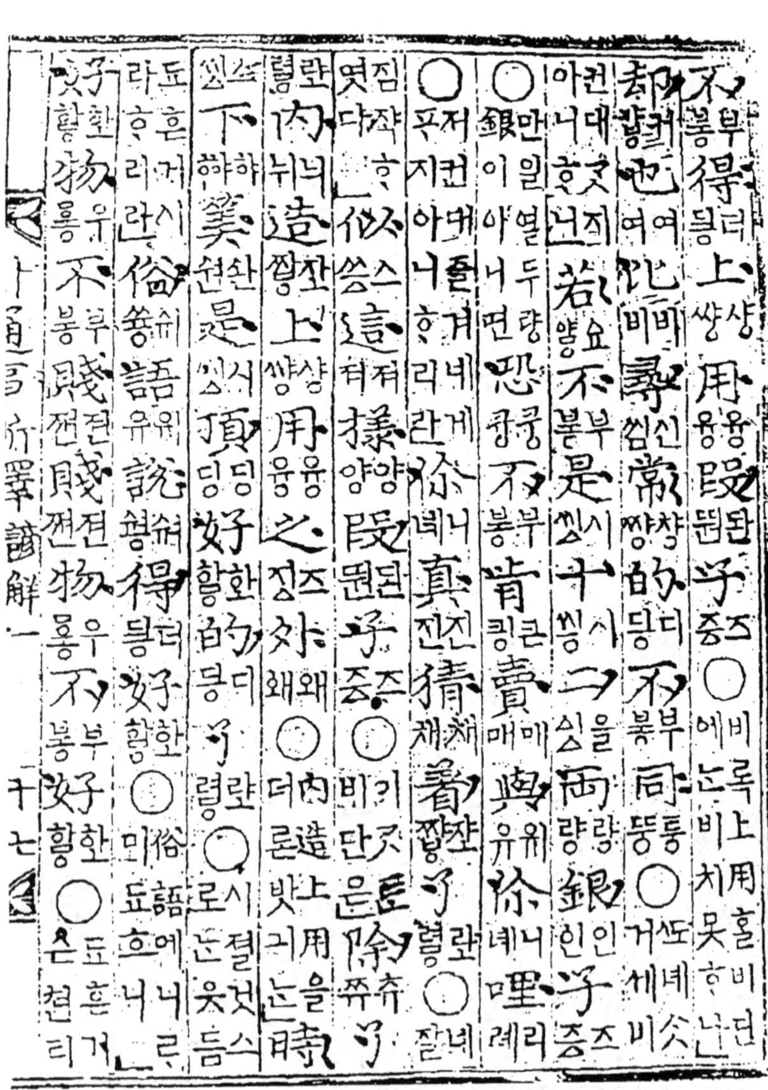

不得上用段子 ○ 비록上用홀비단에눈비치못ᄒ난

都也比尋常的不同 ○ 또녜ᄉ거세비ᄉ

若不是十二兩銀子

○ 恐不肯賣與你哩

○ 這箇你真猜着了

咱一似這様段子 ○ 비기단은 除了

内造上用之外 ○ 内造上用을밧긔눈時

下美是須好的了 ○ 시절웃듯로눈

俗語說得好 ○ 俗語에니ᄅ

好物不賤賤物不好 ○ 됴흔거ᄉ쳔티

朴通事新釋諺解一 二十七

아니ᄒᆞ고 쳔ᄒᆞᆫ 거슨 됴ᄒᆡ 아니ᄒᆞ다 ᄒᆞ니라

京깅징 城찡칭 裏례리 刀당단 子ᄌᆞᆼ즈 鋪푸푸 狠흔흔 多더도 ○ 셔울 칼푸ᄌᆞㅣ

ᄀᆞ장 만ᄒᆞ되 不붕부 知짖지 那너나 一힁이 家갸쟈 打다다 的디디 刀당단 子ᄌᆞᆼ즈

最쥐쮜 好할화 ○ 아지 못게라 어ᄂᆡ 집의 ᄆᆡᆼ든 칼이 ᄀᆞ장 됴ᄒᆞ뇨 我어오 要양얀

打다다 幾계지 副부부 刀당단 子ᄌᆞᆼ즈 ○ 내 여러 불 칼을 ᄆᆡᆼ들려 ᄒᆞ노라 你ᄂᆡ니 [illegible]

문운 那너나 有읭우 名밍밍 的디디 刀당단 子ᄌᆞᆼ즈 鋪푸푸 麽머마 ○ 네 뎌 有名

ᄒᆞᆫ 칼푸ᄌᆞ를 뭇ᄂᆞ냐 大ᄯᅢ다 街개개 上썅상 四ᄉᆞᄉᆞ 牌빼패 樓릉루 東둥둥 ○ 큰 거

리 동편에 四牌樓 有읭우 張쟝쟝 黑흥희 子ᄌᆞᆼ즈 打다다 的디디 刀당단 最쥐쮜

好할화 ○ 張黑子ㅣ ᄆᆡᆼ든 갈이 ᄀᆞ장 됴ᄒᆞ니 裝징쟝 修슬수 飾싱시 樣양양 都

두두 好할화 ○ 인ᄂᆞᆫ 것과 ᄭᅮ민 모양이 다 됴ᄒᆞ니라 這쳐저 般번번 我어오 教걍쟈 他타

터타 打 다다 了 럏랴 刀 닾되 ○ 여이 칼러 을면 치내 이며 되로 ᄒᆞ 再 재재 把 바바 裁

장쟝 修 싱식 飾 싫시 樣 양양 說 쉮쉬 與 유위 他 터타 ○ 사타 믈시 모민 앙들 을기 저와

날드 려려 刀 닾되 鞘 셜샤 要 ᅙᅧᆼ얀 起 케치 線 션션 花 화화 梨 례리 木 뭄무 ○ 집칼

末흔 으실 로도 ᄒᆞ친 고 花梨 鹿 룽루 角 갚교 廂 샹샹 口 쿻쿠 的 딍디 ○ 로鹿 이角 궁으

메이 오에 고뎐 底 뎨디 要 ᅙᅧᆼ얀 駝 떠토 骨 궁구 廂 샹샹 的 딍디 ○ 새밋 로흔 젼약 메대

고오 刀 닾되 把 바바 要 ᅙᅧᆼ얀 紫 즈즈 檀 딴탄 ○ 檀갈 으조 로트 ᄒᆞ눈 고 紫 象 썅샹 牙

야야 廂 샹샹 頂 딍딩 也 여여 要 ᅙᅧᆼ얀 起 케치 線 션션 的 딍디 ○ 리象 에牙 뎐로 메머

고오 져되 ᄒᆞᆫ또 ᄒᆞ실 라도 ᄒᆞ치 刀 닾되 頭 뜽투 要 ᅙᅧᆼ얀 甚 씸서 麽 뭐마 鐵 톙뎌 打 다다

呢 녜니 ○ 치칼 이놀 려을 ᄒᆞ므 ᄂᆞ슴 뇨쇠 로 不 붕부 要 ᅙᅧᆼ얀 别 뼝벼 樣 양양 鐵 톙뎌

○ 논다 말른 고쇠 必 빙비 得 딍더 鑌 빈빈 鐵 톙뎌 打 다다 方 방방 好 핳할 ○ 든반

아시 ᄒᆞ鎭 로鐵 됴로 흘치 세입 시여 니야 보 也 여여 不 붕부 要 뎡얀 打 다다 得 ᄃᆡ더 的

틍티 厚 흫후 了 렴랸 ○ 두도 더치 이기 말롤 고더 무 脊 징지 背 뷔븨 只 지즈 要 렴얀

平 삥핑 正 징징 爲 위위 妙 먚먀 ○ ᄒᆞ등 며을 ᄒᆞ그 妙저 ᄒᆞ平 니교 라이 除 녜너 要 렴얀

打 다다 幾 계지 件 변견 呢 네니 ○ 이네 려벗 ᄒᆞ볼 논을 다치 大 대다 刀 돠돠 子 즈즈

一 힝이 把 바바 ○ ᄌᆞ큰 ᄅᆞ칼 ᄒᆞᆫ 鏟 셩샨 刀 당닾 子 즈즈 一 힝이 把 바바 ○ 근저

ᄌᆞ칼 ᄅᆞᆫᄒᆞᆫ 叉 차차 兒 싕을 一 힝이 箇 거거 ○ ᄒᆞᆫ쳠 난ᄌᆞ 錐 쥐쥐 子 즈즈 一 힝이 箇

거거 ○ ᄒᆞᆫ송 간곳 刃 셤샨 鋸 규귀 子 즈즈 一 힝이 箇 거거 ○ 나져 흘근 호톱 되ᄒᆞ 都

두두 要 렴얀 好 ᄒᆞᆼ한 飾 심시 樣 양양 的 디디 ○ 켸디 ᄒᆞᆫ수 고민 져모 ᄒᆞᆫ양 노을 라됴 除

녜너 要 렴얀 打 다다 這 져져 五 우우 件 변견 刀 돠닾 ○ 켈너 을이 치다 이것 되볼 鐵

텽텨 要 렴얀 好 ᄒᆞᆼ한 裝 장좡 修 심식 要 렴얀 乾 건간 淨 징징 ○ 쇠 미도 기됴 ᄅᆞᆯ고

乾淨이ᄒᆞ려ᄒᆞ면 」太 ᄐᆡ다 繫 개계 須 슈슈 得 듸더 五 우우 錢 젼쳔 價 갸가 銀 인인

一 잉이 件 견견 ○ 太緊모로미닷돈은에ᄒᆞᆫ불을어드리란 」你 네니 估 구구 量 량량 不

봉부 差 차차 ○ 네짐작ᄒᆞ여혜아리미그르지아니ᄒᆞ다 」我 어오 且 처쳐 同 둥퉁 你 네니

到 당다 張 쟝쟝 黑 흥희 子 즈즈 家 갸쟈 去 큐츄 ○ 내또너와ᄒᆞᆫ가지로張黑子의집의

가쟈 」張 쟝쟝 哥 거거 在 째재 家 갸쟈 麼 뭐마 ○ 張哥ㅣ아집의잇ᄂᆞ냐 」這 저져 位

위위 官 권관 人 신인 要 향얀 打 다다 幾 계지 副 부부 刀 당다 子 즈즈 ○ 이분官人

이여러볼갈을치이려ᄒᆞ니 」你 네니 比 빙비 須 슈슈 加 가가 工 궁궁 打 다다 這 졍쟈

○ 네모롬이공부드려민들라 」這 저져 箇 거거 不 봉부 須 슈슈 太 태태 爺 여여 們

문믄 囑 쥬쥬 咐 붕부 ○ 이ᄂᆞᆫ모롬이太爺들이당부말라 」好 항한 與 유유 不 봉부 好

항한 都 두두 是 씨시 小 샿샤 舖 푸푸 的 딩디 門 문믄 面 면면 ○ 됴ᄒᆞ며됴치아니미

뎌 이 小鋪의 門面이라 旣계지承찡칭有잉우心심신照쟣쟢顧구구 ○ 이믜 有心

照顧홈을 닙브니 敢감간不붕부盡찐진心심신細셰시做주주麼뭐마 ○ 敢히

盡心ᄒᆞ여 ᄌᆞ셰히 ᄆᆡᆫᄃᆞ지 아니ᄒᆞ랴 請칭칭裏례리坐쭤조好핳한講걍쟝 ○ 請컨대 안

ᄒᆡ 안자 의논ᄒᆞ쟈 每뮈믜把바바價가갸銀힌인五우우錢쪈쳔 ○ 每ᄌᆞᄅᆞ 갑시 銀

닷돈이니 說쉬숴明밍밍了럏랴放방방下햐하定띵딩銀힌인 ○ 닐러 ᄇᆞᆰ히고 定

ᄒᆞᆫ 銀을 두고 遲찌치日ᅀᅵᆼ이來래레斷뒨된不붕부有잉우悮후우的딍디 ○

날을 지연ᄒᆞ여 오라 결ᄃᆞᆫ코 그ᄅᆞ미 잇지 아니ᄒᆞ리라 旣계지如유슈此층츠說숴쉬 ○

이믜 이리 니ᄅᆞ면 便뼨변依이이着쨔져你녜니的딍디價가갸錢쪈쳔 ○ 네 ᄭᅳᆺ

갑대로 ᄒᆞ되 但딴단是씨시刀당도頭뜽투與유위裝장좡修싱식飾싱시樣

양양 我어오說숴쉬與유위你녜니 ○ 다만 갈ᄂᆞᆯ과 ᄆᆡᆫᄃᆞᆯ기와 ᄭᅮ밀 모양을 내 너ᄃᆞ려 니ᄅᆞ

새ᄂᆡ식」用융융心신심照쟌쟣揚양양做주주罷비빠○用心ᄒᆞ여양ᄌᆞ대로민들

라」定딩띵銀인인也여여給지긔你니녜○定ᄒᆞᆫ銀도너ᄅᆞᆯ주ᄂᆞ니」我오어們

믄문隔겨긍幾지게日이싀再재재來래레取츄츄罷바빠了랴럏○우리여러

날즈음ᄒᆞ여다시와가져가미우던ᄒᆞ다

你니녜看칸컨這저져人인신家자갸小샾셩孩해해子즈즈○네보라이人家

의아히와」與위유那나너街개개上샹썅小샹셩廝스승們믄문○뎌거리아히들

이마」逢풍뽕時스씽及기긩節지졍好화핳會휘훼頑완완耍솨솨裡리례○

대ᄅᆞᆯ만나고절을맛처ᄀᆞ장놀줄을아더라」新신신正징징月워웡裏리례呢니녜○

正月에는」也여여有우잉放방빵空쿵쿵中중중的디디○박핑이치리도이시며」

也여여有우잉踢티틍毬쿠낑的디디○당방올ᄎᆞ리도이사며」也여여有우잉

朴通事新釋諺解 一　二十

跳턒됴 百배븽 索소삼 的디딍 ○줄너므리도 잇고」 到닾당 二ᅀᅵᆯ잉 月웨웡 淸

청청 明밍밍 時스씅 候후흫 便변뺸 放방방 風붕붕 箏즁징 了랖령 ○二月淸明

에다ᄃᆞᄅᆞ면 곳 연 놀리기ᄒᆞᄂᆞ니」 這져쳐 市시씽 上상쌍 所소수 賣매매 的디딍 風

붕붕 箏즁징 色서싱 樣양양 狠흔흔 多도더 ○져지에 ᄑᆞᄂᆞᆫ 연이 色樣이 ᄀᆞ장 만ᄒᆞᆫ」 有

우잉 八바방 角교갿 的디딍 六릭룽 角교갿 的디딍 四스승 方방방 的디딍 ○

여ᄃᆞᆲ모것과 여ᄉᆞᆺ모것과 네모것도 이시며」 有위잉 像상썅 仙선션 鶴허헣 的디딍 鮎

변볌 魚위유 的디딍 ○仙鶴과 머유기ᄀᆞᆺᄒᆞᆫ 것도 이시며」 有위잉 像상썅 蝴후흫 蝶

뎌뎡 螳당땅 螂랑랑 的디딍 ○나비와 ᄆᆞᆯᄯᆞᆼ구으리ᄀᆞᆺᄒᆞᆫ 것도 이시며」 有위잉 像상썅

仙선션 女뉴뉴 的디딍 ○仙女ᄀᆞᆺᄒᆞᆫ 것도 이시며」 有위잉 像상썅 壽ᄊᆛ씽 星싱싱

的디딍 ○壽星ᄀᆞᆺᄒᆞᆫ 것도 이시며」 有위잉 像상썅 花화화 草찰챂 的디딍 ○花草

도ᄯᅩ 이흔 셔것 各 갸거 樣 양양 不 불부 同 뚱퉁 ○ 아여 니리 ᄒᆞ가 디지 라ᄀᆞᆺ _디 咳 ᄒᆡ해

耍 좌조 們 문믄 買 매매 去 큐취 放 방방 得 듸더 滿 뭔만 天 텬텬 ○ 이아 사희 가들

ᄆᆞ놀 독려 ᄒᆞ하 니ᄂᆞᆯ _에 也 여여 覺 갸쟌 得 듸더 有 왿익 趣 츄취 哩 례리 ○ 아ᄉᆞ도 심맛

몰귿 려ᄉᆡ 라ᄃᆞ _란 到 당도 了 럏랴 七 칭치 八 방바 月 웨위 裏 례리 便 뼌변 鬪 듷두 促

충추 織 징지 ○ 뵈七 ᄧᅡᆼ八 이月 ᄢᅵ에 훔다 부ᄃᆞ 치ᄅᆞ 고면 _곳 九 깅구 月 웨위 十 씽시 月

웨위 裏 례리 便 뼌변 鬪 듷두 鵪 함안 鶉 쓘춘 ○ 라九 기月 ᄢᅡ十 홈月 부에 치곳 고뫼 _초

到 당도 冬 둥둥 寒 현한 臘 랑라 月 웨위 裏 례리 ○ 다冬 ᄃᆞ寒 ᄅᆞ臘 면月 _에 不 블부

是 씽시 顛 뎐뎐 錢 쪈쳔 便 뼌변 是 씽시 踢 팅티 建 뎐견 耍 좌조 ○ 기도 아더 니다

기면 ᄒᆞ곳 ᄂᆞ져 니이 _ᄎᆞ 咳 ᄒᆡ해 這 저저 些 셔셔 小 샿샤 厮 ᄉᆞᄉᆞ 們 문믄 ○ 아애 히이

이들 _인 無 무우 識 싱시 無 무우 知 징지 無 무우 憂 흫우 無 무우 慮 류뤼 ○ 無無 知識

ᄒᆞ며 無慮ᄒᆞ며 無慮 沒비비 我어오 們문믄 老랄랖 人신인 家갸쟈 沒괘쾌 治ᅘᅘᅩ

得듷더 多더도 哩례리 ○ 우리 들늘 근의게 此 킨 대졸기 옴이 하디라

徐녜니 那너나 條댱탸 金김긴 帶대대 是씽시 誰쒸쉬 廂샹샹 的듸디 ○ 더네

金띄돌 뉘뎐 메웟ᄂᆞ뇨 是씽시 拘큥구 攔란란 衚후후 衕뚱둥 裏례리 帶대대 匠[illegible]

쨩샹 夏햐햐 五우우 廂샹샹 的듸디 ○ 이五 拘攔 뎐매 골웟 댁ᄂᆞ 장니 어란 夏[illegible] 팅딩

帶대대 武띃티 長쨩챵 了럏랴 ○ 바탕이 무기다 너」 廂샹샹 的듸디 金김긴 子

좋즈 多더도 少솧산 分분븐 兩량량 ○ 언뎐 머메 分오 兩金 고이 是씽시 五우우 兩

량량 金김긴 子좋즈 廂샹샹 的듸디 ○ 이뎐 닷메 냥웟 金ᄂᆞ 으니 로라 那너나 三삼산

台태태 板반반 却캏거 做주주 得듷더 好항화 ○ 뎨기 三롤 삼잘 돈ᄒᆞ 은엿 민고 돌」

南난남 斗덕두 六룽루 星싱싱 板반반 却캏거 做주주 得듷더 武띃티 [illegible]

21b

了랸럏些셔셔○南캬六星돈은민든 거시너무두렷ᄒᆞ고左조저輔부뿌右위임弼
비삥板반반和허훠那나너兩랑량箇거거束수숭兒을싈○左輔右弼 돈과누못
ᄂᆞᆫ 금쇠 却커캏欠켠켬端둰돤正징징些셔셔○端正 이업고後후흫面면면
[illegible]버빙斗두듷七치칭星싱싱板반빈也여여做주주得더듷好한핳○後面
北斗七星돈은민 들기롤잘ᄒᆞ엿고那나너雀쵸쟣舌셔쎵做주주得더듷牢랖랗壯
죵장也여여好호항○뎌쇠ᄂᆞᆫ민들기롤우 쳔히ᄒᆞ야시니ᄯᅩ됴탄他다터做주주這
져져帶대대要얀욯多도더少샤샿工궁궁錢쳔쪈○뎌이ᄃᆡ롤민들 매연머工錢을
달라ᄒᆞ 뎌뇨 言연연定딩뎡一이힝兩량량銀인인子즈즈○ᄒᆞᆫ냥銀에 닐러定ᄒᆞ
엿도 다 似스쑿你니녜這져져帶대대廂상샹得더듷好한황○네이띄 긋치던
메오기칠 ᄒᆞᆫ람이면工궁궁價가가也여여不부붕算쏸숸多도더○工錢도 만다못

흘너시넌 你니녀明밍밍日ᅀᅵᅀᅵᆼ領링링我오어去취큐○네 닉일 나를 ᄃᆞ려 간 教

쟢걒 他타터替티톄我오어做주주一이힝條턒텽銀인인廂샹샹花화회帶

ᄃᆡᄃᆡ 何허혀如ᅀᅲᅀᅲ○뎌로 ᄒᆞ여 ᄂᆞ롤 ᄀᆞᄅᆞ차 ᄒᆞᆫ 오리 銀뎐 메온 섭사긴 ᄯᅴ롤 민돌미 엇더ᄒᆞ뇨

我오어知디지道닾닾了랖럏○내 아랏노라 明밍밍日ᅀᅵᅀᅵᆼ就직찍領링링

你니녀去취큐○닉일 곳 너롤 ᄃᆞ려 가리라

你니녀今긴김日ᅀᅵᅀᅵᆼ那나너裏리례去취큐○네 오ᄂᆞᆯ 어듸 가ᄂᆞᆫ다 我오어今

긴김 日ᅀᅵᅀᅵᆼ到닾당當당당舖푸푸裏리례當당당錢쳔쪈去취큐○내 오ᄂᆞᆯ 當

舖에 돈 뎐당ᄒᆞ라 가노라 把바비甚셔씸麽마뭐去취큐當당당○무서슬 가져가 뎐다

ᄒᆞ려 ᄒᆞ논다 一이힝是시씽一이힝對뒤뒤珍진진珠쥬쥬耳을ᅀᅵᆼ環환환一이힝對

뒤뒤 金긴김手식싑鐲조좝○이 ᄒᆞᆫ 빵 珍珠 귀엿골회오 ᄒᆞᆫ 빵 금풀쇠라 那나너珠쥬쥬

子즈ᄌᆞ有우잉多도더少샾ᄉᆞᇢ大대따○터진쥬ㅣ언미나크뇌有우잉黃황ᅘᆞᆼ
豆두뜰大다때又우잉圓원원淨징찡有우잉寶보밥色서싀○공만치크고또
回淨ᄒᆞ고이잇ᄂᆞ니라實色要얀얗當당당多도더少샾ᄉᆞᇢ錢쳔쪈○언머에돈뎐당
ᄒᆞ려ᄒᆞᄂᆞ다當당당二을싈十시씽兩량량銀인인子조즈○스므냥은에뎐당ᄒᆞ
려ᄒᆞ노라當당당這져져許쉬휴多도더銀인인子즈ᄌᆞ做주주甚셔씸麼마머
○이만ᄒᆞᆫ은을뎐당ᄒᆞᄂᆞ다여므슴ᄒᆞ려ᄒᆞᄂᆞᆫ다多도더當당당多도더贖쉬쑤少샾ᄉᆞᇢ當당
○만히뎐당ᄒᆞ면만히무르고젹게뎐당ᄒᆞ면젹게무르ᄂᆞ니當당당
당당少샾ᄉᆞᇢ贖쉬쑤○多도더了랴럎後후ᄒᆞᇢ來래래銀인인子즈ᄌᆞ不부봉湊추층手슈쉭就직쭝
贖쉬쑤了랴럎○뎐당을만히ᄒᆞ엿다가후에은이손에모히지못ᄒᆞ면곳무르기어
려오니라你니네不부봉知지징道도ᄯᆞᇢ我오어的디딍事스씅○네내일을아니지

못ᄒᆞ다」便뼌변 當당당 二싱을 十씽시 兩량량 也여여 還환환 不부부 勾긓구

用융융 理리리 ○ 곳 스므 냥을 뎐당ᄒᆞ여도 당시 롱 ᄡᅳ기에 넉넉지 못ᄒᆞ여라」 我어오 要

얗얀 典뎐뎐 一힝이 所수소 房빵방 子ᄌᆞᄌᆞ ○ 내 ᄒᆞᆫ 곳 집을 네내려 ᄒᆞ노」 須슈슈 得

듷더 銀인인 二싱을 百빙버 兩량량 ○ 모롬이 銀二百 兩을 어드기라」 我어오 如슈슈

今김긴 先션션 當당당 了럏랴 這뎌져 兩량링 種즁중 ○ 내 이제 몬져 이 두 가지를

뎐당ᄒᆞ 고도」 還환환 要얗얀 把바바 一힝이 副부부 頭뚷투 面면면 去큐취 當

당당 哩리리 ○ 도 ᄒᆞᆫ 볼 頭面을 가져 가 뎐당ᄒᆞ려 ᄒᆞᄂ니 四ᄉᆞ스 對뒤뒤 珠쥬쥬 簪잠잔

○ 네 빵 진쥬 박 은 빈혀와」 九깋구 枝징지 金김긴 鳳뽕봉 ○ 아홉 가지 金鳳과」 兩

량량 對뒤뒤 寶밯반 石씽시 廂샹상 嵌캄켠 的당디 鬢빈빈 簪잠잔 ○ 두 빵 寶石

에 뎐 메워 날 박은 鬢簪 관」 一힝이 對뒤뒤 猫맣맏 睛씽을 眼얀안 廂샹상 嵌캄켠 的

朴通事新釋諺解 一三八九

디딩 金긴김 戒게개 指즈징 ○ ᄒᆞᆫ빵야팡쥬뎐에 위박은金가락지 把바바 這저저 [illegible]

지계 件견견 去취큐 ○ 이여러가지 롤가져가 再제재 當당당 一이힝 百버빙 七

치칭 八바방 十시씽 兩량량 銀인힌 子즈즣 ○ 또一百七十兩 은을뎐당ᄒᆞ여 共

궁궁 湊추츻 二을싕 百버빙 兩량량 之즈징 數수수 ○ 대되二百兩數 롤모도아야

纔채째 勾구긓 典뎐뎐 那나너 宅쥐쪙 子즈즈 哩리례 ○ 겨요뎌집을 셰내기넉넉

ᄒᆞ리 라

小샾셯 廝스ᄉᆞ 們믄문 你니녜 拉라랑 馬마마 ○ 아ᄒᆡ들이네 ᄆᆞᆯ을잇그러 到단당

背븨뷔 後후흫 河허혀 裏리례 洗시셰 去취큐 ○ 뒤내에싯 기라가 洗시셰 過

고궈 了랼령 就작찍 拴산쏸 在재째 陰인힘 涼량량 處츄츄 ○ 싯거즉시 서늘ᄒᆞᆫ디

미ᄆᆡ 把바바 他라더 渾훈훈 身신신 毛만맘 片편편 刮과광 箇거거 乾간건 淨

찡징 ○ 긔뎌 빗왼 겨몸 乾에 淨덜 히늘 ᄒᆞ다 고가 等 딍등 一 힝이 會 휘휘 再 재재 把 바바

些 셔셔 草 챵찬 喂 위위 他 터타 ○ 믈흔 을지 다위 가기 뎌ᄃᆞ 롤려 먹다 이시 라여 你 녜니

若 샵슈 每 뮈믜 日 싕이 把 바바 他 터타 刷 솽솨 洗 셰시 ○ 에네 뎌만 롤일 다每 가日

기빗 고겨 心 싯 夜 여어 裏 례리 又 읻우 用 융융 心 심신 喂 위위 他 터타 ○ ㅅ도밤 用에

먹心 의ᄒᆞ 띤여 這 져저 麽 마마 自 쯔즈 然 션얀 是 씽시 會 휘휘 肥 뼹뵈 的 딍디 ○

술이 지몰 리이 라절 로 若 샵슈 像 썅샹 你 녜니 這 져저 懶 란란 小 셜샨 厮 숳스

몬믄 ○ 어만 른일 아너 히ᄀᆞᆺ 들치 이이 게 只 징즈 是 씽시 一 힝이 味 미위 貪 탐탄

환완 ○ 기다 만만 貪권 ᄒᆞ니 여놀 日 싕이 裏 례리 不 봉부 肯 킹큰 刷 솽솨 不 봉부 着

권권 喂 휘위 ○ 이나 기지 롤즐 ᄀᆞ겨 음빗 아기 지지 아아 니니 ᄒᆞᄒᆞ 고며 먹 夜 여여 裏 례리

又 읻우 死 숳스 睡 쒸쉬 不 봉부 肯 킹큰 起 키치 來 래 添 뎜텬 草 챵찬 ○ 에박

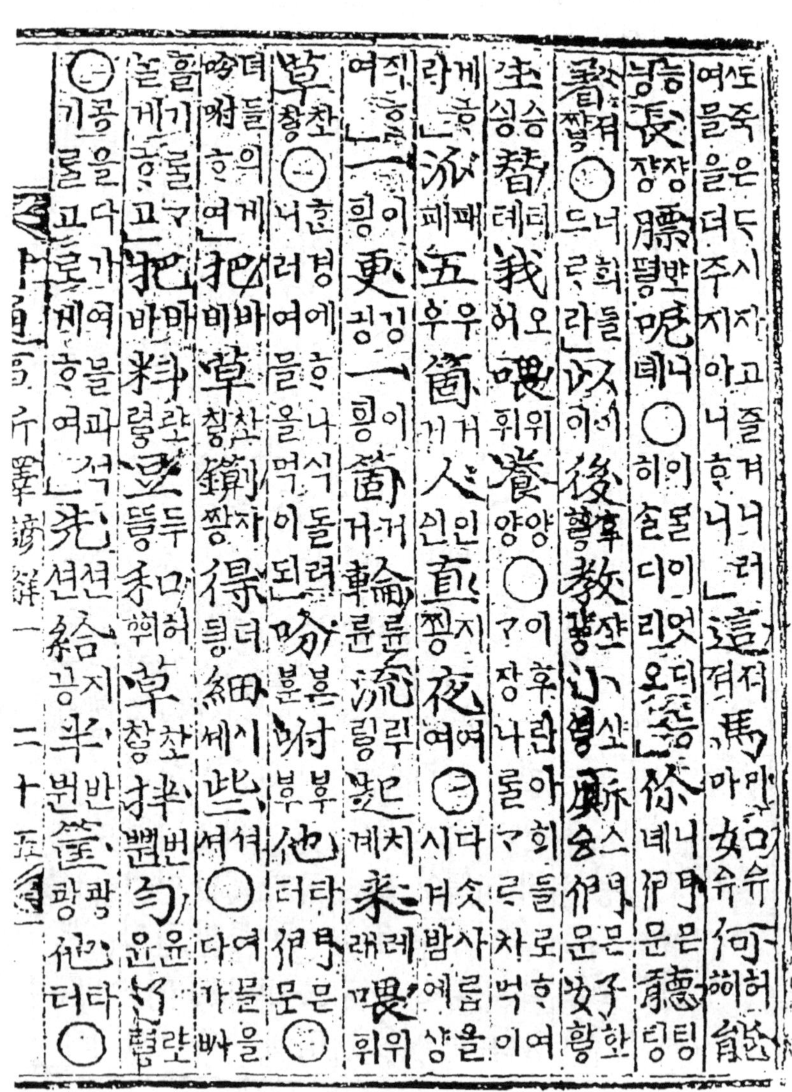

25a

리뢴 롤着 주반 고광 조 看 견칸 他 터타 吃 칭치 到 담닫 再 재재 添 텸텬 ○ 어찌 가력

다는 시거 더슬 주보 라아 夜 여여 夜 여여 如 슈슈 此 츠츠 喂 휘위 法 방바 ○ 다밤 먹미

주이 치런 ᄒᆞ法 고을 이 日 싱싀 裏 레리 又 잉우 勤 낀킨 刷 솽솨 勤 낀킨 喂 훠위 ○

고다 부지 즈셔 러부 나주 먹러 이님 면빗 기 瘦 승수 的 딩디 馮 마마 就 찡직 便 뼌변 [illegible]

뼤희 了 렬랖 ○ 셔여 곳윈 슬믈 지도 리이 리미 俗 쑹쉬 語 유위 說 훵쉬 ○ 나俗 ᄅᆞ語 뇌에

人 진인 不 붕부 得 득더 横 훵훙 財 째채 不 붕부 富 부부 ○ 로사 엿롬 디이 못横 ᄒᆞ財

디면 못가 ᄒᆞ옴 고여 馮 마마 不 붕부 得 듬더 夜 여어 草 찰칠 不 붕부 肥 뼁뻬 ○ 이몰

슬夜 지草 다를 못엇 ᄒᆞ디 다못 ᄒᆞᄒᆞ 난면 這 져져 話 화화 是 씃시 不 붕부 差 차차 白 딍디

○ 아이 니말 ᄒᆞ이 니그 라르 지

今 김긴 日 싱시 下 햐하 雨 유위 天 텬텬 ○ ᄂᆞᆫ오 날ᄂᆞᆯ 이비 너오 ᄂᆞᆫ 正 징징 好 할할 下

햐하 碁 끼치 哩 례리 ○ 두칭 기희 됴비 탄독 ㅁ咱 짱자 們 믄믄 下 햐하 一 힝이 局 큐귀

賭 두두 箇 거거 輸 슈슈 贏 잉잉 如 슈슈 何 허허 ○ 며우 이리 긔ᄒᆞᆫ 믈판 더두 느어 미지

ᄒᆞᆫ엇 뇨너 你 녜니 那 너나 能 능능 贏 잉잉 得 듸더 我 어오 ○ 나네 롤엇 이디 긔능 리히

오 要 뎧얀 賭 두두 甚 씸셔 麼 뭐마 呢 녜니 ○ 쟈므 ᄒᆞ서 ᄂᆞ슬 뇨더 느 你 녜니 不

봉부 要 뎧얀 誇 콰콰 口 큭쿠 ○ 말녀 라쟈 랑 眼 얀얀 下 햐하 交 걒갸 手 싱수 便

뻔변 見 견견 輸 슈슈 贏 잉잉 ○ 지眼 뎌下 이에 긔交 믈手 보ᄒᆞ 리면 라곳 如 슈슈 你 녜니

不 봉부 過 궈고 是 씨시 淺 쳔쳔 見 견견 薄 밯보 識 씽시 之 지즈 人 인인 ○ 곳너

薄ᄒᆞᆫ 識기 엣ᄂᆞᆫ 사不 ᄅᆞᆷ過 이이 라淺 見 那 너나 裏 례리 敢 감간 與 유위 我 워오 對 뒤뒤

敵 띵디 呢 녜니 ○ 對어 敵되 ᄒᆞ감 리히 오날 과 賭 두두 甚 씸셔 麼 뭐마 ○ 슬무 더허

됴느 ㅁ咱 짱자 與 유위 你 녜니 賭 두두 一 힝이 箇 거거 羊 양양 吃 킈치 ○ 너우 와리

朴通事諺解 一 二十六

너ᄒᆞᆫ 먹[illegible] 자을 더 便 뼌변 依 이이 你 니니 說 숴쉬 ○ 로곳 ᄒᆞ네 자말 대 饒 얗샾 你

녜니 四 숭스 子 즁즈 纔 째채 好 할하 下 햐하 裡 리里 례리 ○ 야녀 마롤 치네 두홀 가겹 됴어

라ᄒᆞ 티 你 녜니 說 숴쉬 甚 씸시 麼 뭐마 大 때다 話 화화 ○ 니네 ᄅᆞ므 는슴 다큰 말

我 어오 饒 얗샾 你 녜니 四 숭스 子 즁즈 罷 빠바 ○ 홀내 졉너 쟈롤 네 咱 짬자 們

문믄 不 붕부 須 슈슈 爭 징즁 論 룬른 ○ 두우 토리 지모 말로 고미 且 쳐쳐 下 햐하 一

힝이 盤 뻔판 試 싀스 着 건칸 如 슈슈 何 허허 ○ ᄒᆞ아 여직 보ᄒᆞᆫ 미판 엇두 ᄃᆡ어 ᄒᆞ시 됴험

但 딴단 講 걍쟝 明 밍밍 了 럎랴 ○ 여다 볼만 게강 ᄒᆞ뎡 고ᄒᆞ 掂 뎜뎐 了 즁즈 爲 귀위

定 띵딩 不 붕부 許 휴쉬 更 깅긍 改 개기 的 딍디 ○ 치몰 믈자 허바 치뎡 마ᄒᆞ 쟈고 고

這 져쳐 一 힝이 着 쟢쟌 果 궈고 然 션얀 好 할학 利 례리 害 해해 ○ ᄀᆞ이 롤ᄒᆞᆫ 然슈

코ᄆᆞ 납장 고사 這 져쳐 一 힝이 刼 겹겨 又 읟우 算 쉰솬 錯 챵초 了 럎랴 ○ 때이 [illegible]ᄒᆞᆫ

一三九五

그르다 ᄒᆞ리란」到다닿底디뎨是시씽沒무뭉眼얀얀的디딩○나ᄂᆞᆫ 눈 업슨 내 거이

다시로「看간컨來레래是시씽我오어輸슈슈了랴럏○보내여 ᄒᆞ니 도젓다이」

你니녜說쉬쒕饒샆쓩我오어四스ᄉᆞ子즈ᄌᆞ○네 니ᄅᆞ되 나를 ᄌᆞ 넉 졉 ᄒᆞ여 두라」

你니녜

予유위今긴김我오어却켜캵贏잉잉了랴럏呢니녜○이 이 긔지 여내 ᄯᅩ 이긔여시니」快

快쾌쾌去취큐買매매羊양양罷바빠○살 리 羊 을 사라」老랖랖兄훙훵呀야하

○老 兄 아常참쨩言연연道단땅○常 言에 니ᄅᆞ되高갇갚碁치끼輸슈슈頭

투뜽盤판뽠○놉흔 바독 판을 쳐 진 다ᄒᆞ고 」又익읭道단땅勝싱싱敗배배乃내내

兵빙빙家쟈갸之즈징常챵짱○ᄯᅩ 니ᄅᆞ되 勝敗ᄂᆞᆫ 兵家의 常이라 ᄒᆞ니」兵ᄒᆞ니」莫뭔뫈我

오어輸슈슈給지긩你니녜一이힝使지징羊양양○내 ᄒᆞᆫ 羊을 지게 ᄒᆞ여 주리라 네 羊을 혜으로

고「且쳐쳐再재재下햐햐一이힝盤판뽠何허허如유유○ᄯᅩ 다시 ᄒᆞᆫ 판 두미 엇더ᄒᆞ뇨

老乞大新釋諺解　一　二十七

十三

더ᄒᆞ뇨

咱장자幾계지箇거거好함한朋뼝픙友잉우們문믄 ○ 우리 여러 됴ᄒᆞᆫ 벗들이

這져져八빵바月웡워十씽시五우우日싱시中즁중秋칭추節졍져 ○ 이 八

月十五日中秋節에 大때다家갸쟈斂렴련些셔셔錢쪈쳔 ○ 대되 져기 돈 거두어 做

주쥬箇거거賞샹샹月웡워會훼휘何허히如유유 ○ ᄒᆞᆫ 賞月會ᄒᆞᆷ이 엇더ᄒᆞ뇨

且쳐쳐就찍직那너나一잉이日싱시拈념년香향향頭틓투發밣바重즁즁

誓씽시 ○ 또 그날 香을 ᄭᅩᆺ고 듕ᄒᆞᆫ 맹셰ᄒᆞ여 結경겨為위위生싱승死ᄉᆞ스好핳하

弟뗴디兄흉흉罷빠바 ○ 死生에 됴ᄒᆞᆫ 弟兄을 ᄆᆡᄌᆞ미 무던ᄒᆞ다 好핳하意이이思

스ᄉᆞ ○ 됴ᄒᆞᆫ 意思ㅣ로다 拿나나紙징즈筆빙비來래레 ○ 紙筆을 가져오라 把

비바衆즁중朋뼝픙友잉우名밍밍字쯔즈都두두寫셔셔出츄추來레

모든벗의일홈을다빼내여 好핲핳去취큐約요얗會회휘他타터們믄문○가뎌

들을언약ᄒᆞ여못게ᄒᆞ쟈 這져져位위위劉류륟某무무人인인○이위劉아뫼ㅣ린사

롬인 他타터向향향來레래面면면前쳔쪈背븨뷔後후흫○뎌본ᄃᆡ面前背後ᄒᆞ

여 到닾당處츄츄破포퍼敗배배別베뼝人인인誇과콰張쟝쟝自즈쯔己

기계○간곳마다다룬사ᄅᆞᆷ을허ᄇᆞ리고自己를쟈랑ᄒᆞ고 又우읭慣관관會회휘論

촨쳠 倰낭냥○ᄯᅩ論倰ᄒᆞ기에닉으니 不부붕是시씽箇거거有우읭義이이氣

치계 之즈ᄌᆞ人인인○이義氣잇ᄂᆞᆫ사ᄅᆞᆷ이이니니 却거컇做주주不부붕得더듷

我오어等등둥的디딩結겨경義이이弟디뗴兄흉흉○ᄯᅩ우리結義弟兄이되지

못ᄒᆞᆯ거시니 不부붕如유유去취큐了랸럏他타터罷바배○뎌롤업시ᄒᆞᆯ만ᄀᆞᆺ디

못ᄒᆞ다 咱자쟝衆중즁弟디뗴兄흉흉們믄문自즈쯔結겨경拜배배之즈징

朴通事新釋

後후 ○ 우리모도 弟兄들이 結拜ᄒᆞᆫ 後로부터 이 那나 一이 家갸 有우 喜

히시 事ᄉᆞ ○ 아모 집의 喜事ㅣ 잇거든 便뼌 都두 要얍 去큐 慶킹 賀

허 的디 ○ 곳가 賀ᄒᆞ고 慶 有우 官관 司스 灾재 難난 ○ 官司

잇灾 難이 잇든 便뼌 都두 要얍 儘진 力리 去큐 幫방 助주 的디

다딩 ○ 곳가 다 儘力ᄒᆞ여 幫助ᄒᆞ자 是시 這져 樣양 關관 切쳐 ○ 이리

ᄒᆞ트 여시 아閼 切 方방 見견 得더 有우 弟디 兄흉 之즈 義이

裏리 ○ 보야 義이시 ᄒᆞ로 믈로 보리라 弟兄의 라의 衆중 朋퐁 友우 們믄 ○ 도든

번 들은 以이 我오 之즈 言연 為위 何허 如유 ○ 내 말을 엇디 너기ᄂᆞ뇨

ᄒᆞ뇨 大대 哥거 說워 得더 狠흔 是시 ○ 큰 형의 말이 ᄀᆞ장 올ᄒᆞ니라

旣지 盟밍 之즈 後후 ○ 이미 盟誓ᄒᆞᆫ 후에 誰쉬 敢간 ...

十四

이아 規 귀귀 矩 규귀 罰 빵방 約 약요 呢 녜니 ○ 대뉘 로敢 아히 니規 ᄒᆞ矩 리罰 오約 ᄒᆞᄀ

구구 語 유유 道 뚬닾 ○ 러볏 시말 되에 닐 君 균균 子 즈즈 一 힁이 言 연연 快 쾌쾌

馬 마마 一 힁이 鞭 변변 ○ ᄂᆞ君 一子 鞭ᄂᆞ 이一 라言 ᄒᆞ이 니오 리快 馬

昨 짭조 日 ᅀᅵᆼᅀᅵ 在 째재 衙 우우 門 문믄 外 왜왜 ○ 밧허 긔지 셔午 門 看 컨칸 見

견견 兩 량량 箇 거거 舍 셔셔 人 신인 調 댱댜 馬 마마 耍 솨솨 子 즈즈 ○ ᄉ두 이舍

ᄂᆞ調 양馬 을노 보리 너ᄒᆞ 真 진진 是 씽시 有 잉우 福 봉부 氣 키치 的 딍디 好 황하 男

남난 兒 ᅀᅳᆯ을 哩 레리 ○ 흔진 ᄉᆞ덧 나有 히福 러ᄒᆞ 라됴 一 힁이 箇 거거 舍 셔셔 人 신인

打 다다 扮 반반 ○ 비ᄒᆞ 온솜 거ᄉᆞ 손의 是 씽시 頭 뚷투 戴 대대 玄 훤현 狐 후후 帽

맣모 ○ 帽마 로리 쓰에 고玄 狐 上 썅샹 面 면면 綰 완완 着 쟣져 孔 쿵쿵 雀 쟣쵸 翎

링링 ○ 翎우 도희 랏孔 고雀 身 신신 穿 춴춴 立 링리 水 쉬쉬 貂 댱댜 皮 삐피 蟒 망망

…諺解 一 二十九

袍포빵 ○ 몸에슈결읻는貂 皮、蟒袍를닙고 腰얀얗 繫기계 着져쨯 漢한헌 府부부

帶대대 ○ 허리에漢府 帶를씌고 兩량량 邊번변 掛과과 着져쨯 珍진진 珠쥬쥬

結겨경 成칭찡 花화화 樣양양 的디딩 對뒤뒤 子즈즇 荷허헣 包반밯 ○ 두 편

에珍珠로花樣겨론 훈빵주머니를ᄎ고 白배뻥 綾링링 飄퍞펑 帶대대 ○ 白綾飄 帶!오

象샹썅 牙야햐 粧장장 鞘샤샹 刀도당 ○ 象牙로가플삭 민져근칼이오 脚

교걍 穿쳔춴 麂기계 皮피삐 嵌컨캄 金긴김 線션션 靴훠훠 子즈즇 ○ 발에 지ᄌ

피金線가품 진훠룰신고 白배뻥 絨숭숭 氈잔쩐 襪와왕 上샹썅 ○ 힌보드라 온담쳥예

繫기계 着져쨯 鴉야야 青칭칭 緞돤돤 子즈즇 繡식싱 花화화 護후후 膝시싱

○ 야쳥비단에繡노 흔슬갑을미고 騎치끼 着져쨯 一이힝 匹피핑 墨미믱 丁딩딩

也여여 似스쓰 黑히흥 的디딩 肥뷔빙 馬마마 ○ 혼필먹당ᄀᆞᆺ치검 고술진물을트[illegible]

鞍헌안坐쭤조子즈즈是씌시烏후우犀셰시角갸교玳때대瑁뮈믜廂샹샹
嵌캄켠的딩디○기르마가지는이烏犀角에玳瑁로뎐메워박은거시오馬마마韂쳠쳔
是씌시羊양양肝건간漆칭치的딩디○ᄃᆞ래는이羊肝빗ᄎᆞ로漆ᄒᆞᆫ거시오馮마마
鐙등등是씌시獅씃스子즈즈頭뜽투嵌캄켠銀인인絲쑹스的딩디○등ᄌᆞ
ᄂᆞᆫ이獅子머리에銀絲로박은거시오」鞦칭치皮베피事씃스件견견都두두是씌시
嵌캄켠金긴긴與유위那너나珊산산瑚후후廂샹샹嵌캄켠的딩디○채질
와事件은다이금입ᄉᆞ와珊瑚로뎐메워박은거시오」又잉우一힝이箇거거舍셔셔人
신인打다다扮반반○도ᄒᆞᆫ솜ᄉᆞ의비오기ᄂᆞᆫ」是씌시頭뜽투戴대대紫즈즈貂
덩닾帽망맏○마리에紫貂帽로배시난」也여여繫계기孔쿵쿵雀쟝쵸翎링링○
ᄯᅩ孔雀翎을ᄃᆞ랏고」身신신穿쳔쳔烏후우雲윤윤豹밤반皮베피袍빵팦○에몸

거믄구룸ᄀᆞᆺ흔貂皮袍ᄅᆞᆯ닙고 銀인인針짐진海해해龍룽룽皮삐피馬마마褂과과

○銀針ᄀᆞᆺ흔海龍皮로ᄒᆞᆫ자ᄅᆞᆫ옷시오 腰향얀繫계기內뉘닉造짱잔織징지金긱긴

帶대대 ○허리에內造織金帶ᄅᆞᆯᄯᅴ고 羊양양脂즈즈玉융위帶대대鉤긍구 ○

羊脂玉ᄯᅴ갈고리오 兩량량邊변변插솽샤刀닿닾荷헝허包발밮手싱식巾긴긴

○두편에져근칼과주머니手巾이 都두두是씨시內뉘닉造짱잔飾싱시樣양양

○다이內造飾樣이오 脚걒교穿춴쳔粉분분底뎨디尖졈젼頭뜽투靴훠훠 ○

발에지ᄌᆞ에분칠ᄒᆞᆫ고부리ᄲᅮᆫ훠ᄅᆞᆯ신고 騎끼치着잪져一잉이匹핑피十씽시分분분

膘퍙뱌鐵톙텨青칭칭玉융위面면면馬마미 ○ᄒᆞᆫ필ᄆᆞ장실진鐵青총이玉面馬ᄅᆞᆯ

ᄐᆞ고 鞍헌안子즈ᄌᆞ鞍헌안坐쭤조褥숭수鞦칭추皮삐피轡비피頭뜽투馬

마마韂쳠쳔 ○기ᄅᆞ마의이답개와질채와구레와ᄃᆞ래 件견견件견견俱규귀是씨시

十五

肉뉘닉造짷잪色싀서樣양양○가지가지다이肉造色樣이라⌊這져져兩량량箇

舍셔셔人신인○이두舍人은⌊這真진진是씽시打다다扮반빈的딍디風

퐁풍流릳루好황한看컨간○진실로비온거시風流로와보기됴터라⌊想샹샹來래레

這져져都두두是씽시前쳔쳔世싱시修싱식來래레的딍디○ᄉᆡᆼ각건대다이

⌊前世에닷가온거시라⌊易잉이經깅깅上썅상說숴쉬○易經에닐러시되⌊積징지

善쎤션之즈즈家갸쟈必삥비有읻우餘유위慶킹킹○積善ᄒᆞᆫ집에반ᄃᆞ시餘慶이

이잇다ᄒᆞ고⌊佛뿡보經깅깅上썅상說숴쉬○佛經에닐러시되⌊要얗얀知짓지

前쳔쳔世싱시因힌인○前世에因果를알려ᄒᆞᆯ진대ᄂᆞᆫ⌊今김긴生싱승受씩수者

저져是씽시○今生에밧ᄂᆞᆫ거시이라ᄒᆞᄂᆞ니라

大때다哥거거那너나裏레리去큐취○큰형아뎌ᄃᆡ가ᄂᆞᆫ다⌊店뎜뎬裏레리買

미매 獤뎐뎐 皮삐피 去큐츄 ○ 店에 獤皮사 리가노라 那너나 箇거거 店뎜뎐 裏

례리 去큐츄 ○ 어늬店에 가는다 山산산 西시세 店뎜뎐 裏례리 去큐츄 ○ 山西

店에 가노라 買매매 這져져 獤뎐뎐 皮삐피 做주주 甚씸시 麽뭐마 ○ 이獤 皮사

무엇 홀따 做주주 坐쭤조 褥숭우 皮삐피 搭당다 連련련 的당디 ○ 아답개 와가죡

대련지을 거시라 這져져 兩량량 件견견 東둥둥 西시세 要향얀 做주주 ○ 이 두

가지ᄉ거슬 지으려ᄒᆞ면 買매매 六롱루 箇거거 獤뎐뎐 皮삐피 纔째채 勾긍구 使

씽시 裡례리 ○ 여슷獤皮를사야거 요넉넉이ᄡᅳ리라 正징징 是씽시 ○ 뎡히 올타 我

오히 問뚱둥 大때다 哥거거 去큐츄 揀간견 着짷지 買미매 好항한 麽뭐마 ○

내큰형과ᄒᆞᆫ가지로 가ᄀᆞᆯ희여사미됴타 賣매메 獤뎐뎐 皮삐피 的딩디 ○ 獤皮폴 리이

你녜니 有임우 上썅샹 好항한 的딩디 獤뎐뎐 皮삐피 麽뭐마 ○ 네게웃 듬됴ᄒᆞᆫ

撿皮잇ᄂᆞ나 我어오 這져져 店뎜뎐 裏레리 的딩디 皮삐피 張쟝쟝 都두두 是

씃시 好할한 的딩디 ○ 우리 이 店에 가죡이 다 됴흔 거시라 你녜니 要얗얀 買미매 幾

계지 張쟝쟝 ○ 네 몃 쟝을 사려 ᄒᆞᄂᆞᆫ다 我어오 要얗얀 買매매 六륙릭 箇거거 ○

내 여ᄉᆞᆺ슬 사려 ᄒᆞ노라 就징쥐 這져져 六륙릭 箇거거 你녜니 要얗얀 多도도 少

샾샨 價갸갸 錢쳔쳔 ○ 이 여ᄉᆞᆺ세 비 언머 갑슬 바드려 ᄒᆞᄂᆞᆫ다 你녜니 說숼쉬 都두두

是씃시 好할한 的딩디 ○ 네 니ᄅᆞ되 다 됴흔 거시라 ᄒᆞ더니 我어오 看컨칸 都두두

甚씸신 平삥핑 常쨩챵 ○ 내 보기에ᄂᆞᆫ 다 심히 평常ᄒᆞ여 一잉이 箇거거 也여여 不

봉부 中즁즁 使씃시 哩례리 ○ ᄒᆞ나로 ᄡᅳ기에 맛ᄀᆞᆺ지 아니ᄒᆞ다 你녜니 說숼쉬 那

너나 裏레리 話화화 來래레 ○ 네 어딋 말 니ᄅᆞᄂᆞᆫ다 十씹시 箇거거 指지즈 頭뜰투

也여여 有잉우 長쨩챵 短뒨된 的딩디 ○ 열 손가락도 긴이 뎌ᄅᆞᆫ이 잇ᄂᆞ니 有잉우

……諺解 一　三十二

的딩디是씽시獨뚜두皮삐피○이잇獨가皮져나흔恁임인你녜니自쯔즈揀

갼견何허허如슈슈○희네미디엇로더손ᄒᆞ조뇨골就쭝주似쏘스這져져一힝이

等등등花화화兒싈을大때다些셔셔的딩디怎즘즘麼뭐마賣매매○ᄒᆞᆫ이

거등슨ᄌᆞᆺ엇치지소플홈ᄯᅡᆫ큰這져져六룽류箇기거花화화大때다的딩디○여이

큰ᄌᆞᆺ거소손홈每뭐믜張장장只징즈要얗야五우우錢쪈쳔銀인인子쯔즈○

은每을張바에ᄃᆞ그려져ᄒᆞ닷ᄂᆞᆫ돈這져져是씽시老랗랖實씽시價갸가錢쪈쳔○

ᄒᆞᆫ이갑고시지라식你녜니來래레○번이我어오說쉐숴與유위你녜니○니내

ᄅᆞ두마려ᄂᆞᆫ너大때다[illegible]쑹샤是씽시買매매賣매매○이크홍나덩져이그란나不

븡부要얗야胡후후討탕탄價갸가錢쪈쳔○쇠간오대지로밀갑린ᄉᆞᆯ給공지你

데니一힝이張장장三산산錢쪈쳔罷빠바○돈니식를주ᄒᆞᆫ리장라에ᄂᆞᆫ서ᄆᆞᆯᄉᆞᆷ세지

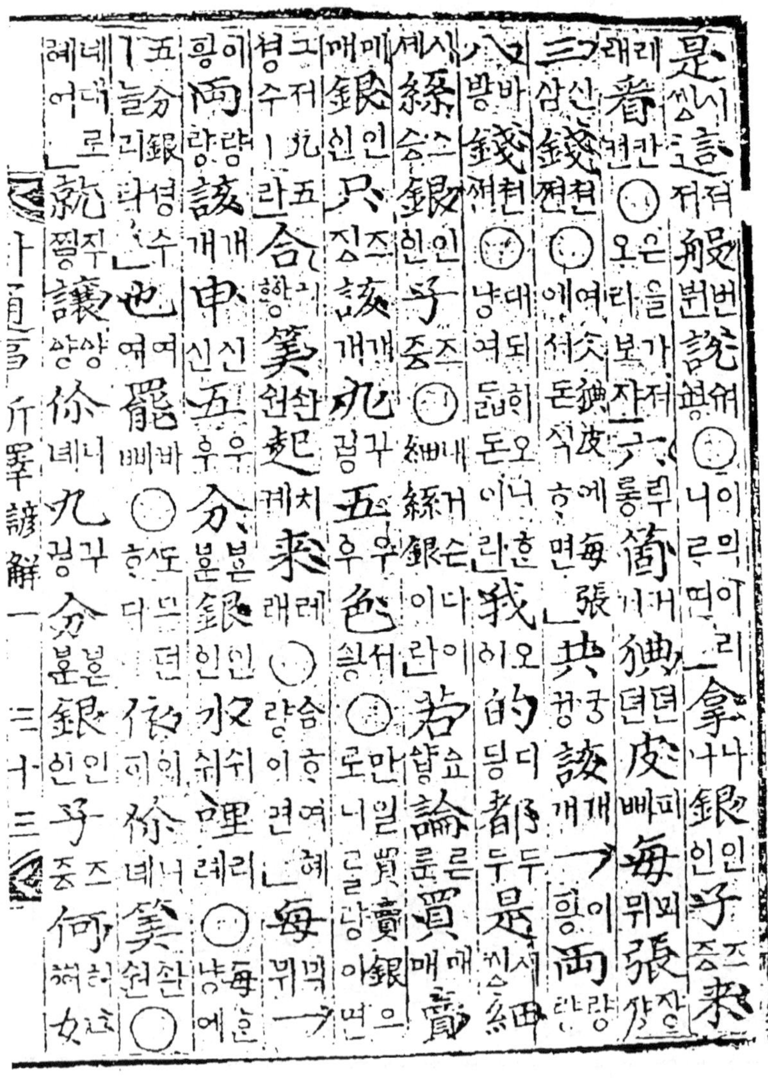

是씃시這져져般번번說숴숴○이리 니르면拿나나銀인인子즈즈來
래래看칸칸○은을 가져오라 보자這져져六릭루箇거거猠뎐뎐皮삐피每뮈믜張쟝장
三삼산錢쳔쳔○여슷 猠皮에 每張에 세 돈식 ᄒᆞ면共궁궁該개개一이이兩량량
八바바錢쳔쳔○대되 ᄒᆞᆫ 냥 여듧 돈이니라我오오的디디都두두是씃시細
세시絲승스銀인인子즈즈○내 거슨 다 細絲銀이라若샵쇼論룬룬買매매賣
매매銀인인只징즈該개개九구구五우우色싀서○만일 買賣銀으로 니ᄅᆞᆯ 양이면
그저 九五ㅣ라合향거算쏸쏸起키치來래레○合ᄒᆞ여 혜 량이면每뮈믜一
이이兩량량該개개申신신五우우分분분銀인인水쉬쉬哩리리○每 ᄒᆞᆫ 냥에
五分銀 녕수 ᄀᆞᆯ리라也여여罷빠바○또 므던ᄒᆞ다依이이你니니算쏸쏸○
네 대로 혜어就찍주讓샹샹你녀니九구구分분분銀인인子즈즈何허허如

(유유) ○ 네게 九分銀을 讓홈이 엇더ᄒᆞ뇨

李(리례)小(샨셩)兒(을ᅀᅵᆯ)那(나너)廝(스ᄉᆞ) ○ 李小兒ㅣ란 뎌 놈을 這(져져)幾(지계)日

(이ᅀᅵ)我(오어)總(중즁)不(부붐)見(견견)他(타터) ○ 이 여러 날을 내 아조 뎌를 보지 못홀다

徐(니녜)見(견견)來(래레)麽(마뭐) ○ 네 보아 논다 我(오어)不(부붕)曾(층쯩)見(견견)

他(타터) ○ 내 일즉 뎌를 보지 못ᄒᆞ여시니 想(샹샹)那(나너)廝(스ᄉᆞ)做(주주)牙(야야)子

(ᄌᆞ즈)去(취큐)了(랴럏) ○ 싱각건대 뎌 놈이 주름질ᄒᆞ라 갓도다 那(나너)狗(구긓)骨(구궁)

頭(투틓)不(부붕)知(지짛)分(분뿐)量(량랑) ○ 뎌 개의 ᄲᅧ 分量을 아지 못ᄒᆞ고 慣(관관)會

(휘훼)謊(황황)騙(편편)人(인ᅀᅵᆫ)家(쟈갸)東(둥둥)西(시셰) ○ ᄂᆞᆷ의 것 소겨 ᄒᆞ리기 녀계ᄒᆞᄂᆞᆫ

니 他(타터)少(샨셩)我(오어)五(우우)兩(량링)銀(인힌)子(ᄌᆞ즈)哩(리례) ○ 뎌 내게 닷

냥 은을 젓ᄂᆞ니라 別(베뼝)人(인ᅀᅵᆫ)借(져져)一(이잉)兩(량랑)便(변뼌)要(얀얗)一(이잉)

朴通事新釋諺解

兩량량的뎡디利례리錢쪈쳔○면디곳론ᄒᆞᆫ시냥론利은錢ᄒᆞᆫ을당밧을ᄂᆞ삭ᄂᆞᆫ이他
다대在째재京깅징東례리臨림린起켜치身신신時씽스節졍졔○울제셔셔
ᄒᆞᆫ날너대에短돤돤少샹샨盤뽠펀纏쪈쳔○모盤ᄌᆞ纏라이那너나般뷘번
磕캉커頭뜽투禮례리拜배배央향양及끙기我어오○조뎌아리禮마拜리ᄒᆞ쿨
비고러내게說셩쉬定띵딩一힝이年년년之징즈內뉘늬本븐븐利례리都
두두還훤환淸칭칭我어오○글닐디러내령게ᄒᆞ갑여히ᄒᆞᆫ몰힛키ᄂᆡ마에ᄒᆞ本여과利
現현현有읭의借졔져票뱧뱦在째재我어오手싱수裏례리○눈시보방랍삭
잇이ᄂᆞ내니손에誰쉬쉬想샹샹到됴닾今김긴年년년已이이是씽시一힝이
年년년半뷘반了럏랸○이뉘믜올一하年다半ᄂᆞ년라只징즈還훤환我어오本
분븐錢쪈쳔○錢그만저갑네고게本利례리錢쪈쳔一힝이分분븐也여여否

봉부 肯 킁큰 還 횐환 ○ 닐利 줄錢 을은 싱ᄒᆞᆫ 각픈 ᄒᆞ도 여즐 시겨 리갑 오지 ᄂ이 因 힌인 這

져져 箇 거거 緣 연연 故 구구 ○ 로이 뎐런 ᄒᆞ연 연고 我 어오 每 뮈미 每 뮈미 半 번반

夜 여여 三 삼산 更 강깅 到 당닾 他 터타 家 갸자 門 믄믄 上 쌍샹 尋 씸신 他 터타

○ 집내 문미 예양 기半 뎌夜 롤三 ᄎᆞ更 자에 ᄂ체 我 어오 便 뼌변 發 빟바 很 ᄒᆞᆫ흔 叫 [illegible]

喚 훤훤 要 햫얀 銀 힌인 子 즈즈 ○ 뎌내 은只 을닝 딜내 리여 ᄒᆞ부 되르 ᄂ지 他 터타 覓

깅깅 係 졔재 也 여여 不 붕부 係 채채 ○ 긔뎨 수ᄃᆞ 치츰 야내 나긔 ᄒᆞ수 교흘 ᄂᄃᆞ 還 횐환

可 커커 恨 ᄒᆞᆫ흔 那 너나 驢 류리 養 양야 的 딩디 ○ 거도 손로 뎌쳐 나根 커호 쎈은 尸

ᄉᆞ즈 是 씽시 躱 더도 着 쨯져 我 어오 走 죻주 ○ 수그 머저 든나 녀롤 到 답닾 今 긴긴

討 탕탄 了 렬랖 半 번반 年 년년 總 중중 不 붕부 肯 킁큰 還 횐환 我 어오 ○ 수到

거半 믜와 게을 갑달 지라 아호 니되 ᄒᆞ가 너조 ᄂ즐 倒 딩닾 累 뤼리 我 어오 的 딩디 ᄒᆞ新 ᄂ신

靴훠훠子즈즈都두두走주즘破포풔了랴랼 ○ 도로혀 내 새 靴조 차 다 ᄃᆞᆫ녀 해아 ᄇᆞ

려다 那나너養양양漢한헌老랖랗婆포뿨的디딩嘴취쥐 ○ 뎌 養漢ᄒᆞ ᄂᆞᆫ 계집의

부리 只즈즈是시씨甜텬뗨言연연蜜미밍語위유的디딩 ○ 그저 甜言 蜜語로ㄴ

今긴김日이ᅀᅵ推튀튀明밍밍日이ᅀᅵ明밍밍日이ᅀᅵ推튀튀後후흫日이ᅀᅵ

○ 오ᄂᆞᆯ은 ᄂᆡ일 미뤼고 ᄂᆡ일은 모리 미뤼ᄂᆞᆫ 不부붕知지징他타텨那나너一이힝日이

ᅀᅵ 纔채째肯큰킹還환횐 ○ 아지 못게라 뎌 어ᄂᆡ 날 마치 즐겨 갑ᄒᆞ리오ㄴ 眞진진箇

거거 氣치키殺새새人인인 ○ 진실로 사ᄅᆞᆷ을 애ᄈᆡᄂᆞᆫ단 常창짱言연연道단닾 ○

常言에 니ᄅᆞ되 人인ᅀᅵᆫ貧핀삔只즈즈為위위慳컨캰少샾셤債재채摜관관說

쉬쉉謊황황 ○ 사ᄅᆞᆷ이 가난ᄒᆞ면 그지 다랍고 빗지 면 거즛말 니ᄅᆞ기 잘ᄒᆞᆫ다 ᄒᆞ니라

一이힝箇거거和허훠尚샹쌍偷투틓別벼뼝人인ᅀᅵᆫ家자갸的디딩媳시싱

婦부뿌 ○ ᄒᆞᆫ듕이놈의계집을도적ᄒᆞ연 方방방 要얀햫 偷투틓 情칭찡 的디딍 時

스씽 節졔졍 ○ 보야호로偷情홀세에ᄂᆞᆫ 恰캬캬 撞좡쫭 見견견 他타터 的디딍 漢

한헌 子즈즈 ○ 마치뎌의ᄉᆞ나희를마조치니 便변뼌 拿나나 住쥬쮸 那나너 和허훠

尚상썅 打다다 的디딍 半반뻔 死스ᄉᆞ 半반뻔 活호황 ○ 곳뎌듕을자바텨半死半

活ᄒᆞ니」 那나너 傍방빵 邊변변 看칸컨 的디딍 衆즁즁 人인인 說셔숴 ○ 뎌겨

틔셔보든衆人이니ᄅᆞ되 你니녜 是시씌 佛보뽕 家자갸 弟디뗴 子즈ᄌᆞ ○ 너ᄂᆞᆫ이佛

家弟子ㅣ라」 穿쳔쳔 着져짭 衲나낭 襖오황 捧봉붕 着져쨩 鉢보뽕 盂위유 ○

누비옷닙고에유아리가지고」 撩련갼 那나너 清칭칭 淨징찡 寺스ᄉᆞ 院원훤 裡리례

○ 뎌淸淨ᄒᆞᆫ뎔을ᄀᆞᆯ희여」 安안언 禪쳔쪈 悟우우 法바황 看칸컨 經깅깅 念냔념

佛보뽕 却커갸 不부뿡 好화함 麼마머 ○ 安禪悟法ᄒᆞ고看經念佛홈이ᄯᅩ됴티아니ᄒᆞ

ᄂᆞ니라 你네니 今김긴 没몽무 來래레 由잉우 ○ 네이제쇽절업시ᄂᆞᆫ 偏편편 要얗얀

偸틓투 別뼝볘 人신인 的딩디 媳싱시 婦뿧부 ○ 독별이ᄃᆞᄅᆞᆫ사ᄅᆞᆷ의계집을도적ᄒᆞ

ᄂᆞ니 是씽시 甚씸심 麼뭐마 道땋도 理례리 呢녜니 ○ 이므슴道理오 這뎌저 一

잏이 頓둔둔 打디다 却걓거 也여여 是씽시 該개개 的딩디 ○ 이ᄒᆞᆫ디위티미ᄯᅩ이

맛당ᄒᆞ도다ᄂᆞᆫ 想샹샹 是씽시 你녜니 平삥핑 日싕이 布부부 施싱시 人신인 家

갸쟈 齋재재 飯빤반 錢쪈쳔 ○ ᄉᆡᆼ각건대네平日에布施ᄒᆞᆫ人家齋飯錢을ᄂᆞᆫ 無무우 處

츄츄 出츙츄 脫퉁토 ○ 지쳐홀곳이업서ᄂᆞᆫ 要얗얀 養양양 老랄랖 婆뽀포 取츄추

樂랄러 了령랖 ○ 게집혀즐기려ᄒᆞᄂᆞᆫ 做쑹스 你네니 這져저 一힝이 等등등 和

훠허 尚썅샹 不봉부 打다다 還환환 打다다 誰쉬쉬 呢녜니 ○ 너ᄀᆞᄐᆞᆫ이런듕을티

지아니코도로혀누를티리오ᄂᆞᆫ 衆즁중 人신인 再재재 問문운 那너나 和훠허 尚썅샹

朴通事諺解一 三十六

○來등 人드 이려 다구 시르 더되 日 이싱 後 후흫 還 환환 敢 간감 偷 투듷 老 랃랄 婆

포뿌 麽 마뭐 ○ 日계 後집 에을 다도 시적 敢홀 히단 那 나너 和 허훠 尙 상썅 說 쉬횡 ○

려니 둥르 이되 們 산썽 僧 승싱 拜 재계 過 여어 不 부봉 敢 간감 了 랴렬 ○ 小이 僧뇌

여심 란이 항난 從 충쭝 今 긴긴 日 이싱 准 쥰준 備 비비 箬 쇼앎 笠 리릉 尾 와와 鉢

보뽕 ○ 오유 놀아 브리 더를 싯准 갓備 과호 에여 往 왕왕 深 신심 山 산산 居 귀규 住 쥬쥬

修 수싱 心 신심 懺 찬찬 悔 회휘 去 취큐 了 랴렬 ○ 修深 心山 懺에 悔가 머호 므라 려가

려노 호라 常 창쨩 言 연연 道 다땅 ○ 常니 言르 에되 一 이힁 年 년년 經 깅깅 蛇 셔뗘

렛호 줄다 도호 지니 퍼라

咬 야양 三 산삼 年 년년 怕 파파 井 징징 繩 싱씽 ○ 一디 年내 을면 비三 얌年 물을 려드

咳 히해 貴 귀귀 人 인신 難 난난 見 견견 面 면면 ○ 애보 貴기 人어 을렵 얼다 굴 今

긘긴 日잉이 從쭝충 那너나 裏례리 來래레 ○ 오ᄂᆞᆯ 어듸로셔 온다 好항한 幾계지

日잉이 不봉부 見견견 了럏랴 ○ ᄆᆞ장 여러 날을 보지 못ᄒᆞ노다 你녜니 近낀긘 來

래레 怎즘즘 麼뭐마 這져져 般번빈 黃황황 瘦승수 ○ 네 요ᄉᆞ이 엇디 이리 黃瘦ᄒᆞ엿

ᄃᆞ다 我어오 這져져 幾계지 日잉이 害해해 痢례리 疾찍지 ○ 내 이 여러 날 痢疾 알

하 不봉부 好항한 出출츄 門문믄 騎끼치 馬마마 ○ 門에 나 ᄆᆞᆯ ᄐᆞ기 됴치 아니ᄒᆞ더

니라 咳해헤 我어오 實싱시 不봉부 知짓지 道땋단 ○ 게 내 실로 아지 못ᄒᆞ여 不

봉부 曾쯩층 探탐탄 望망왕 你녜니 休흫후 怪괘괘 ○ 일즉 探望치 못ᄒᆞ여 기니 비허

믈 말라 老랗랖 長쟝징 兄휭흥 稱찡칭 你녜니 掛과과 念념넌 ○ 老長兄 아비 掛

念ᄒᆞ을 닙우니 小썋샤 弟뗴디 實씽시 不봉부 敢감간 當당당 ○ 小弟 실로 敢히 當치

못ᄒᆞ여라 你녜니 如슈유 今김긴 病병빙 都두두 好항한 了럏랴 不봉부 曾쯩층

○ 네이 지병이 다 됴핫 는가 못ᄒᆞ엿ᄂᆞᆫ가 有 익우 一 힝이 箇 거거 太 태태 醫 이이 來

래레 看 컨칸 我 어오 的 등디 病 빙빙 ○ ᄒᆞᆫ太醫 이셔 와 내 병을 보고 ᄂᆞᆫ 把 바바 [illegible] 셩샨

肚 두두 皮 삐피 上 쌍샹 使 싀시 一 힝이 針 짐진 ○ 가져 ᄒᆞᆫ 번 비 針 주고 우희 다 腳

갸교 踝 화괘 上 쌍샹 灸 깋꾸 了 럏랴 三 삼산 艾 애애 ○ 발 희 안 쇠 위 장 머 븍 리 으 우 로

ᄯᅳ스 如 ᅀᅲ유 今 긴긴 飯 빤반 也 여여 吃 칭치 得 듣더 些 셔셔 却 캬거 無 무우 事

씌스 了 럏랴 ○ 이제 밥도 져기 먹 고ᄯᅩ 無事ᄒᆞ여라 那 너나 太 태태 醫 이이 把 바바 艾

에애 怎 즘즘 麽 뭐마 灸 깋꾸 法 ᄫᅡᆼ바 呢 녀니 ○ 대 太醫 ᄃᆡ 복 으 로 다 기 엇 ᄯᅳ 더 뇨 ㄴ 他

터타 把 바바 乾 건간 艾 애에 揉 싴싀 碎 쉬쉬 了 럏랴 ○ 더 모 른 ᄇᆡᆨ 을 디 가 부 븨 여 放

방ᄫᅡᆼ 在 ᄶᅢ재 脚 갸교 踝 화교 尖 졈젼 骨 ᄀᆞ구 頭 ᄐᆞ투 上 쌍샹 ○ 발 안 ᄶᅩᆨ 귀 ᄆᆡ 리 ᄲᅧ 조 ᄒᆞᆫ

노ᄫᅥ 우 희 ᄀᆞ 把 바바 火 훠호 將 쟝장 艾 애애 點 뎜뎐 着 쟌잔 了 럏랴 ○ 불로 ᄲᅮᆨ 네

다가 부쳐 直지찡 燒샾샿 到닾당 艾애애 都두두 成칭찡 了랴럏 灰후휘 ㊁ 잇굿

라박이다 지되니 這저져 艾애에 氣치켜 都두두 入슈싕 到닾닿 肚두두 裏리레

去취큐 了랴럏 ㊀ 이艾氣다비 에드러가 氣치켜 脈머믱 得더듷 以이이 通퉁퉁

行힝힝 ○ 氣脈이시러 곰通行ᄒᆞ연 所소수 以이이 便변뼌 好핲활 了랴럏 ○ 그 러

모로곳 됴ᄒᆞ되 但단딴 如ᅀᅲᅀᅲ 今긴깅 腿퉤퉤 上샹썅 還환환 是시씽 十시씽 分

븐봄 無우무 氣치켜 力리링 哩리레 ○ 다만어제다리에오히 려ᄀᆞ장氣力이업세라 你

니녜 且쳐쳐 寬퀀퀀 耐내내 幾지계 時스씽 ○ 네아직여러 ᄣᅢ롤견듸연 只즈짛 用

융융 把바바 好핲항 飲인잉 食시씽 ㊀ 그저됴흔飲 食으로다간 慢만만 慢만만 的

디딩 調댶땽 理리례 將장장 養양양 ㊀ 날호여調理 將養ᄒᆞ면 自즈쯔 然ᅀᅡᆫᅀᅧᆫ 就

주즇 健견뼌 旺왕왕 起치켜 來레래 了랴럏 ㊀ 自然히健旺 ᄒᆞ여가리라 小샾샹 家

十九

뎨디 另링링日싀이再재재到닿도府부부上샹샹問문운候흫후罷빠바 ○ 小弟다른날다시府上에가問候ᄒᆞ리라

我어오說쉐숴幾기지箇거거謎미미子ᄌᆞ즈你니니猜채채 ○ 내여러슈지롤니롤거시니네알라

你녜니說쉐숴來래레我어오猜채세 ○ 네니ᄅᆞ라내알마라 大

따다哥거거山산산上샹샹擂뤼릐鼓구구 ○ 큰형은山에셔북티고 二싀을哥

거거來래레來래레去큐취去큐취 ○ 둘재형은오락가락ᄒᆞ고 三삼산哥거기待

데대要양얀分분븐開캐개 ○ 셋재형은ᄂᆞ호고져ᄒᆞ고 四ᄉᆞ스哥거거待데대要

양얀一이이處츄츄 ○ 넷재형은ᄒᆞᆫ되모호고뎌ᄒᆞ는거시여ᄂᆞᆯ 我어오猜채채 ○ 내아노라

大따다哥거거是씨시捧빵방搥쮜취 ○ 큰형은이발츄ㅣ오 二싀을哥거거

是씨시熨윤윤斗등두 ○ 둘재형은이다리우리오 三삼산哥거기是씨시剪젼쟌

子즈즈 ○ 이 셋재 형은 가위오 四스스 哥거거 是씨시 針진짐 線션션 ○ 형는

이이 로바 다놀 一실 絲니니 再재재 說숴쉬 幾계지 箇거거 我어오 猜채채 ○ 다네

시여 라러 내흘 알니 만 當당당 路루루 一이 훙 科쿼고 麻마마 ○ 길에 호 當 퍽이 삼흔

이 下햐하 雨유위 開캐개 花화화 괴광 風붕붕 結겨결 子즈즈 ○ 비오면 못

릐름 고어 브는 람거 블지 면여 어 這저저 是씨시 傘산산 ○ 이는 산이 우로 다 一이 훙

箇거거 長챵쨩 大다때 漢한헌 撒사삼 太다대 鞋혜해 ○ 흔 큰 키 큰 놈이 고

白배뺑 日싀잉 去취규 黑희흥 夜여여 來래래 ○ 나 오 조 는 가 거 시 고 밤 여 은 這

져져 是씨시 燈등둥 臺태때 ○ 이 등 로 다 이 燈 皷그긍 皺주즘 皷 그 긍 皺주즘 襢(?)찬견 皷그긍

皺주즘 被븨쁴 ○ 벵 긴 당 니 블 에 벵 皺주즘 皺주증 娘냥냥 娘냥냥 裏리례

頭투뚱 髻쉬슈 ○ 벵 긴 뎌 계 자 집 는 이 거 안 시 히 여 這져저 是씨시 核(?) 諳(?) 잉

○도이 ᅵ논 로이 다호 金김긴 甕훙웅 兒싈을 銀힌인 甕훙웅 兒싈을 表병뱦 裏

레리 無무우 縫뿡봉 兒싈을 ○솨金 솔독 업銀 손독 거이 시안 연팟 這져져 是씽시 鷄

비지 蛋단단 ○알이 이는 로이 다듥 의 鐵텽뎌 人인인 鐵텽뎌 馬마마 不붕부 着

짱잔 鐵텽뎌 鞭변변 不붕부 下햐하 馬마마 ○로쇠 치사 자롬 아쇠 니몰 면긔 몰쇠 누채

논리 거지 시아 여나 ᄒ 這져져 是씽시 鐵텽뎌 鎖숴소 ○믈이 쇠는 로이 단ᄌ 墻쨩챵

上썅샹 一힝이 塊쾌쾌 土투투 吊뎧댜 下햐하 來래레 禮레리 拜빼배 ○우덤

려희 와호 禮뎡 拜이 ᄒ흙 논이 거뎌 시러 여뎌 ᄂ 這져져 是씽시 雀쟢쵸 兒싈을 ○논이

로이 다새 一힝이 箇거거 老랖랖 子즈즈 當당당 路루루 睡쒸쉬 ○이호 길늙 희은

자當 거ᄒ 든여 過궈고 去큐취 的딩디 過궈고 來레레 的딩디 弄룽룽 我어오 的

둥디 ○리디 나나 를가 夭며 ᄒ디 되나 오 不붕부 知짓지 道땊댶 我어오 的딩디 麼

秋추추和훠허細셰시 ○ 나의굴금파ᄆᆞ놀을 아지못ᄒᆞᄂᆞᆫ거시연 這저저是시시[illegible]

子즈즈 ○ 이ᄂᆞᆫ이 메로다 墻쟝챵上썅샹一흥이箇거거琵삐피琶빠파仁심인

誰쒸쉬不봉부敢감가拿나나他터타 ○ 담우희ᄒᆞᆫ琵琶롤아모 도敢히뎌롤잡지못ᄒᆞ

ᄂᆞᆫ거 시여 這져져是씽시蝎헣허子즈즈 ○ 이ᄂᆞᆫ이뎐 갈이로다 家갸쟈後흫후一

흥이羣큔균羊양양箇거거箇거거尾미이子즈즈長쟝챵 ○ 답뒤희ᄒᆞᆫ 무리羊이

낫낫치꼬리 긘거시여 這져져是씽시櫻힝잉桃땋탄 ○ 이ᄂᆞᆫ이櫻 桃ㅣ로다 一흥이

間간갼房빵방子즈즈裏례리五우우箇거거人신인剛강강坐쬐조的듸디

○ ᄒᆞᆫ간방에다ᄉᆞᆺ사롬 이겨요안ᄂᆞᆫ거시연 這져져是씽시靴휘휘子즈즈 ○ 이ᄂᆞᆫ 이휘

ᄋᆞㅣ 로단 金김긴鑵권관兒ᅀᅵᆯ을鐵텽텨柄빙빙兒ᅀᅵᆯ을裏려리頭뜰투盛찡칭

着잪져白쁑배沙사사蜜밍미 ○ 金탕관쇠ᄌᆞᄅᆞ에속에 白沙蜜담은거시여 這져져

是시씨 梨리레 兒을ᅀᅵᆯ ○ 이는 이비로다 一이ᅙᅵᆼ 箇거거 長챵쨩 甕웅훙 兒을ᅀᅵᆯ

窄재쩡 窄재쩡 白쿠큥 棗리레 頭투뜽 盛칭찡 着져쨥 糯노너 米미메 酒쥐쟝

○ 흔 긴 독 조본 부리 안히 츱뽈 술 담은 거시여 這져쪄 是시씨 姊내네 子즈ᄌᆞ ○ 이는

이여로다 一이 滿만먼 天텬텬 星싱싱 宿식심 一이ᅙᅵᆼ 箇거거 月웨웡 三산삼 條

톼뗭 繩싱씽 子즈ᄌᆞ 由우잉 孫니녜 兒이ᅀᅵ ○ 하놀에 ᄀᆞ득흔 星宿에 흔 돌을 세오리노

흐로 제대로 셔 으는 거지여 這져져 是시씨 秤칭칭 ○ 이는 이저울이로다 兩량량 箇

거거 先선션 生싱승 合허헝 賣매대 藥요양 一이ᅙᅵᆼ 箇거거 坐조쥐 一이ᅙᅵᆼ 箇

거거 挑탸뗭 ○ 두 先生이 모다 藥 푸노라 ᄒᆞ나흔 안잣고 ᄒᆞ나흔 뛰노는 거시여 這저져 是

시씨 鍘자쨩 藥요얗 刀도닾 ○ 이는 이 藥 ᄲᆞ흐는 협도ㅣ로다 弟디뎨 兄흉훵 三산삼

四스ᄉᆞ 箇거거 守식심 着져짭 停팅띵 柱쥬쮸 坐조쮜 ○ 弟兄 서히 기동을 디킈

二十

여안짓ᄂᆞᆫ거시여 這져져是시씌大다때蒜숸숸 ○이ᄂᆞᆫ이마 놉이도단 鑽쥔쥔天

텬뎐錐쥐쥐下햐햐大다때水쉬쉬 ○하놀ᄯᆞᄂᆞᆫ솟只 아리큰물이연 這져져是시씌

寶봔밮塔타탕 ○塔이ᄂᆞᆫ 에로이단 寶咳해해徐니녜都두두猜채채着쟢쟢了

럏럏 ○애비다아 ᄂᆞᆫ고나 真진진箇거거是시씌聰충충明밍밍靈링링巧캰캳

人신인 ○진실로이聰明靈 巧ᄒᆞᆫ사ᄅᆞᆷ이로다

大다때哥거거借져져問운문一이ᅙᆞᆼ聲싱싱 ○큰형이비러 ᄒᆞᆫ소리묻쟌 這져져

裏리례有우읗箇거거做주주數수숭醫이히的디듸人신인家쟈갸麼마뭐

○여긔數醫노ᄅᆞᆺᄒᆞᆫ ᄂᆞᆫ사ᄅᆞᆷ이잇ᄂᆞ냐 那나너紅홍훙橋챠꺙邊변변有우읗一이ᅙᆞᆼ

箇거거張쟝쟝數수슿醫이히住쥬쥬着져쟢 ○뎌紅橋마에ᄒᆞᆫ張 數醫이사니ᄂᆞ라

他타더慣관콴醫이히頭두둫口쿠콯 ○뎨즘싱고치기 나이ᄒᆞᄂᆞ니라 我오어有

잉잇箇거거赤칭치馬마마害해히骨군구眼얀얀○이내이게허흔눈털에서치믈

한알不봉부住쥬쥬的붕디臥어오倒닿도打다다滾군군○니머흐구고지누아

러우구⌐繫계치夜여여不봉부吃칭치草촹찬○먹여지러아밤니을호여니를을

徐네니滯대대我어오拉랑라到닿도他터타那너나裏레리治찌치去큐츼

○녀네저나긔를고드처리라고가잇⌐그把바바蹄뎨티子즈즈放방방了럏랴些

셔셔血훠혀○제굽히에잔피他터타要햪얀多더도少샿샨錢쪈쳔纔째채醫

히이呢녀니○야뎌맛언치머고끔치젹리을오빗⌐가不봉부拘귀귀多더도少봉샨

錢쪈쳔○걸아리오끼만지뭉말젼고을給깅지他터타些셔셔便뻔변受쉼식了

렁랴○뭇뎌바롤들져거기시주오면也여여不봉부爭쥥정論룬른的듸디○드또

아로니ᄂ라니ᄒᆞᄆᆞ슈유此츠츠說셔쉬○르이멷리⌐니只징즈要햪얀他터타治

찌치得등더馬가마好황화○그티뎨몰을고쳐됴흘양이면錢쪈쳔之징즈多더도

少섚셔倒둫닫不봉부打다다緊긴긴○돈多少는도로혀다긴치아니ᄒᆞ다張장창

大때다哥거거你녀니替톄티我어오醫이이這뎌져馬마마骨구구眼얀안

○張가큰형아네나롤ᄒᆞ야차이골눈에치고치고ᄃᆞ也여여就직주把바바蹄뎨디子

즈즈上샹샹放방방些셔서血혜혀罷빠바○또이미여곱에피빠히라等덩등我

어오醫이이過귀고了럏랴慢만만慢만만的딩디牽켠견去큐큐○내치믈고

여기잇ᄃᆞ그려날호려간호揀간견箇거거淸칭칭淨찡징去큐큐處츄츄陰힘인涼

량량樹슈슈底뎨디下햐하拴솬솬住쥬쥬○淸淨ᄒᆞᆫ곳서늘ᄒᆞᆫ나모이리로홀희여미

고好황화好황화的딩디喂위위他터타○잘더롤먹이라你네니想샹샹○

네ᄉᆡᆼ각ᄒᆞ라咱쟈자們믄믄男남난子즈즈漢한한出츄츄遠원원門믄믄○

二十一

위리ᄉᆞ나희먼ᄃᆡ나가ᄂᆞᆫ沒몰무有잉익馬마마騎끼치○ᄐᆞᆯᄆᆞᆯ이업스면到당단那

녀나走즘주不봉부動뚱둥的뎡디時ᄊᆞᆼ스候ᅘᆖ후却캏거怎즘즘麽머미過

궈고呢녜니○더ᄃᆞᆫ니지몯ᄒᆞᆯ제예다ᄃᆞ라ᄯᅩ엇디지내리오可커커知징지道땅단馬

마마是씽시第뗴디一힝이件껸견寶밤바貝뷔븨○그리어나ᄆᆞᆯ은미第一寶貝린

況황향且쳐쳐常쨩챵言연연說ᄋᆑ숴得듷더好ᅘᆞᇢ화○ᄒᆞ믈며ᄯᅩ常言에니ᄅᆞᄃᆡ

시도ᄒᆞᄂᆞᆫ狗긓구有잉우濺쪈젼草챻챠之즈즈恩ᅙᅳᆫ은○개ᄂᆞᆫ濺草ᄒᆞᆫ恩이잇고

馬마마有잉우垂쮜취韁걍걍之즈즈報빵반○ᄆᆞᆯ은垂韁ᄒᆞᆫ報ㅣ잇다ᄒᆞ니라

咱쨩쟌那녀나剃톄티頭뜽투的뎡디來래레○더미리새ᄂᆞᆫ이ᄅᆞᆯ불러오라ᄂᆞᆫ你

녜니刀닿닾子즈즈是씽시快쾌쾌的뎡디還환환是씽시鈍뚠둔的뎡디呢

녜니○네칼이이ᄃᆞᄂᆞᆫ거시나이무된거시나ᄂᆞᆫ我어오剃톄티頭뜽투的뎡디所ᄉᆞ소

朴通事新釋諺解

管권권甚씸셔麼뭐마來래레 ○ 우리마리시는이 管이므셔시완디 所背뷔븨
융옹鈍뚠둔刀닿닫子즈즈呢녜니 ○ 즐겨무된칼 올쓰리오 你녜니剃톄디的듸디
당디乾건간淨찡징便뼌변是씽시了렬랼 ○ 네짝기롤乾淨히 홈이곳올ᄒᆞ니린 不
부봉要얍只징즈管권권的듸디刮광괘 ○ 그저스로여그 빗기지말라 刮광과
多더도了렬랼頭뚤투疼떵텅 ○ 큰빗기롤만히ᄒᆞ 면마리알표니라 剃톄디完
훤완了렬랼 ○ 깍가못 차다 梳수수頭뚤투髮황바的듸디時씽스候흫후 ○
마리털을 빗길새에 先션션把바바稀히히篦삐비子즈즈篦삐피了렬랼 ○ 몬져
성긘ᄎᆞᆷ빗스로 다가빗가고 再재재把바바挑텽턒針짐진挑텽턒起퀴치來래레
○ 도것고지가쥐 다ᄉ가뭇곳고 然선얀後흫후用융융那너나密믱미篦뻬비子
즈즈再재재篦삐피 ○ 그린후에더빈ᄎᆞᆷ빗 스로다가다시빗겨 將쟝쟝風봉붕屑셩셔

二十二

去 큐취 乾 건간 淨 찡징 了 럎랖 ○ ᄒᆞ비 여듬 乾을 淨다 히가 ᄒᆞ업 고시 綰 환완 起 키치

頭 ᄠᅟᅮ투 髮 봥바 來 래레 ○ 족마 지리 고털 把 바버 鉸 걍갸 刀 댱닾 鉸 걍갸 了 럎랖

鼻 삐비 孔 쿵쿵 毫 황화 毛 뫔맢 ○ 코鉸 굼刀 게롤 털가 올져 ᄲᅩᆸ다 고가 把 바바 揝 셤삼

篦 싱시 掏 ᄩᆞᆼ닾 一 힝이 掏 ᄠᆞᆼ닾 耳 ᅀᅵᆼ을 朶 더도 ○ 킷짓 바믜 회로 ᄲᅡᆯ다 ᄯᅥᆫ가 這 져져

就 찡쥐 篹 쉰쇤 剔 톄티 完 훤완 了 럎랖 ○ 챗이 다곳 ᄒᆞ삭 리가 란뭇 與 유위 你 녜니

十 씽시 箇 거거 大 대다 錢 쪈쳔 ○ 쳔너 울롤 주열 마낫 디

聽 팅팅 得 듬더 那 너나 人 신인 家 가쟈 有 잉우 一 힁이 箇 거거 官 권관 人 신인

○ ᄒᆞ드 ᄒᆞ르 ㅅ니 이뎌 이ㅅ 녀家 ㄴ에 娶 츄츄 了 럎랖 娘 냥냥 子 즈즈 來 래려 家 갸쟈

了 럎랖 ○ 의娘 됫子 다롤 ᄒᆞ娶 더ᄒᆞ 라여 ㄴ집 是 씽시 女 뉴뉴 孩 해해 兒 싱올 呢 녜니

還 환환 是 씽시 那 너나 後 흫후 婚 훈훈 呢 녜니 ○ 시미 론세 덕각 니시 룬리 리니 기ᄃᆞᆫ

生 今긴깁 年년년 纔채째 十시씽 六루룩 歲수쉬 ○ 올히 ᄀᆞᆺ 十 歲니 自ᄌᆞ쯔

然안연 是시씨 女뉴뉴 孩해ᄒᆡ 兒ᄋᆞᆯ싱 子랴령 ○ 自然이 시 라 下하햐 多

沙샤ᄉᆞᆼ 財ᄎᆡ째 禮리례 呢니네 ○ 언드 머리 財禮 더 ᄂᆞᆫ 下하햐 了랴령 一

百비비ᄋᆡ 兩량량 銀인인 子즈ᄌᆞ ○ 一 百兩 은 ᄀᆞᄋᆞᆯ 드리고 又우잉 是시씨 干시씨

表반볌 十시씽 東리례 ○ 또 이 열 것 안팟 八바방 對뒤뒤 珠쥬쥬 環회환 ○

滿만만 頭투뚷 珠쥬쥬 翠취취 ○ 마리예 珠翠와 ᄀᆞᄃᆞᆨ 金

廂상상 寶보방 石시씽 頭투뚷 面면면 ○ 金으로 寶石 頭面에 珠쥬쥬

鳳봉봉 冠권권 ○ 珠冠과 鳳 十시씽 羊양양 十시씽 酒지쟝 ○ 酒十 羊十 과 ᄂᆞᆫ

好희황 不부봉 體디톄 面면면 哩리례 ○ ᄀᆞ장 體面 이러라 那나너 女뉴뉴 孩

兒을ᄉᆡᆼ 又우잉 生승싱 的디딩 十시씽 分본분 羨의위 貌마망 ○ ᄉᆡ각 더

또 삼긴거시 ᄀᆞ장 고은 얼굴이니 眞 진진 是 씨시 觀 권권 音 인인 菩 푸푸 薩 사사 一
이 般 번번 ◯ 진짓 觀音菩薩 ᄒᆞᆫ가지오 針 진진 線 션션 生 ᄉᆞᆼ승 活 ᄒᆞᆯ호 又 일우
好 ᄒᆞᆫ하 ◯ 바ᄂᆞ질ᄒᆡᆼ녀기 또 됴코 百 븨븨 能 ᄂᆞᆼ능 百 븨배 巧 걍캎 的 듸디 ◯ 百能百
巧ᄒᆞᆫ더라 幾 계지 時 씨스 過 궈고 門 믄믄 的 듸디 呢 니니 ◯ 언제 過門ᄒᆞᆯ고
這 져져 月 웨웨 初 추추 十 씨시 邊 변변 通 퉁퉁 信 신신 ◯ 이 ᄃᆞᆯ 초열흘ᄭᅴ 通信ᄒᆞ엿더니
月 웨웨 半 반반 頭 투투 辦 반반 花 화화 燭 주주 成 칭칭 親 친친 的 듸디 ◯ 보롬
ᄭᅴ 花燭을 당ᄒᆞ여 成親ᄒᆞ고 三 산산 日 시 會 휘휘 新 신신 親 친친 ◯ 三第
日에 새 돈보 호고 第 디데 九 구구 日 시 回 휘휘 門 믄믄 ◯ 第九日에 ᄀᆞᆫ가
장 장 近 긴긴 滿 만만 月 웨웨 ◯ 장ᄎᆞᆺ ᄃᆞᆯ이 ᄎᆞᆯ 적에 또 又 요 要 회 回 휘휘 家
往 對 뒤뒤 月 웨웨 了 랴랴 ◯ 또 본집의 도라와 ᄒᆞ니 버금 니라 那

나 官관관 人신인 今긴긴 年넌년 纔재채 十씽시 九갇구 歲쉬쉬 ○ 官人이

올히 ᄀᆞᆺ 九歲오 不부부 但딴단 文문운 章쟝장 做주주 得더더 好항호 ○ 글 짓기

롤 잘ᄒᆞᆯ 뿐 아니라 諸쥬쥬 般붠번 技끼기 藝이이 都두두 會휘휘 的디디 ○ 여러

가지 技藝롤 다 아ᄂᆞ니 這져져 媒뮈믜 人신인 也여여 算쇤솬 是씽시 有임우 福봉부

的디디 ○ 이 媒人이 도 有福ᄒᆞ리로다 做주주 了럎랴 這져져 媒뮈믜 ○ 이 媒 되여

便뻔변 得더더 謝써셔 媒뮈믜 錢쪈쳔 十씽시 兩량량 ○ 十兩 謝媒錢을 어드니

豈키치 不봉부 是씽시 他타타 的디디 財째채 運윤운 好항호 麽뭐마 ○ 엇지 뎌의

財運이 됴티 아니리오 那나나 兩량량 口큳쿠 兒싈을 做주주 了럎랴 少샾샤오

年넌년 夫부부 妻치치 ○ 뎌 둘히 少年夫妻ㅣ 되엿고 喜히시 的디디 又임우

是씽시 郎랑랑 才째채 女뉴뉴 貌몽만 真진진 箇거거 是씽시 世씽시 上샹샹

一十三

少샾샤有잉우的디디◯깃븐 거슨 도이 郎才와 女貌ㅣ 진실로 世上에 드므니那너나
等딍등歡훤훤娛유위快쾌쾌樂랼러不붕부必빙비說숴쉬了럏랴◯뎌런
歡娛快樂호믈 굿ᄒ여 니ᄅ지 못ᄒ리로다常쨩창言연연道땅단◯常言에 니ᄅ되一
힝이夜여여夫부부妻쳬치百븽버夜여여恩흔은◯一夜夫妻ㅣ 百夜恩이라 ᄒ니
라
我어오這져져幾계지日싀이有잉우差채체使싀시出츄츄去큐취◯내요
ᄉ이 差使ㅣ 이셔 나가ᄂ好할한姐져져姐져져◯ᄆᆞ옴 됴흔 각시아你녀니替톄티
我어오做주주一힝이副부부護후후膝싀시與유위我어오◯네 나ᄅᆞᆯ ᄀᆞᄅᆞ차
ᄒᆞᆫ 볼 슬갑을 민그라 주고려我어오沒뭉무有잉우現현현成찡칭裁재채料럏랴
◯내게 現成ᄒᆞᆫ ᄀᆞ옴이 업세라這져져箇기거不붕부難난난◯이ᄂᆞᆫ 어렵디 아니ᄒᆞ

你니니不부부要얗얀慮류뤼○네 념려 말라 我어오有잉우現현현成
칭칭氷쉬쉬縷룽루絲ᄉᆞᆼ스紬찡칙○네기現成ᄒᆞᆫ求 縷縷紬ㅣ잇다 護후후膝싱시
上썅샹還훤환該개기要얗얀用융윤的딩디裁째채料럏랸○슬갑에 또 범즉
ᄒᆞᆫ ᄀᆞ음을 都두두說숴쉬與유유我어오○다 날ᄃᆞ려 닐러 好핳하到닿다舖푸푸
裏례리買매매去큐취○푸ᄌᆞ에 가 사게 ᄒᆞ라 我어오對뒤뒤你니니說숴쉬
○내 너ᄃᆞ려 니ᄅᆞ마 你니니買매매諸쥬쥬般뷘번絨ᄉᆞᆼ숭線션션○네 여러 가
지 보ᄃᆞ라 옥실과 麤추추白뼁배球쥬쥬兒ᄉᆞᆯ을線션션○굵고 흰 구슬 돌실을 사고
羊양양皮삐피金김긴不붕부要얗얀紙짓즈的딩디○羊皮金올ᄒᆞ 고지금으란
말고 內뉘뉘造짷잘素수수緞뒨돤子ᄌᆞ즈一힝이尺칭치○內造ᄆᆡᆫ비단 ᄒᆞᆫ 자와
白뼁배淸칭칭水쉬쉬絹귄권三삼산尺칭치○흰 졔믈엣 깁 석 자ᄂᆞᆫ 做주주帶

때대子즈즈和훠히裏례리兒싱을的딩디○ᄯᅵ와안흘믿돈거시니除쮸츄了

랸뤙氈젼잔子즈즈騾뎌도毛뫙만之징즈外왜왜○담과약대털을더론밧긔其

미키餘유위的딩디你니니都두두買매매去큐취○그남은거슨네다사라가라

做주주一힝이對뒤뒤護후후膝싱시○혼빵슬갑을지으려ᄒᆞ면不붕부算숸솬

功궁궁錢쪈쳔○功錢을혜디아녀도沒뭉무有잉우五우우六룽루錢쪈쳔銀

인인子즈즈○다엿돈은이업스면却갸거結켱겨果궈교不붕부出츙츄來래레

的딩디○또빗ᄭᅮ며내다못ᄒᆞ려라姐져져姐져져不붕부要양얀說쉬숴我어오

也여여知즤지道땅닾○각시아니ᄅᆞ지말리나도와노리你녜니用융융心심신

做주주與유위我어오○네用心ᄒᆞ여민드라나를주고려慢만만慢만만的딍ㅣ

我어오與유위你ㅣ니把비바盞잔잔○날호여내네게盞지브마我어오還환환

二十四

要얍얀央향양及끵기儞녜니㊁비네ᄂ도내네ㄴ게做주주一ᇰ이對뒤뒤小

셯샨荷해허包봘바送숭숭我어오如유유何해허○니호롤빵믠져ᄃ근라주나머

더룰ᄒ주뇨미ㄴ엇那녀나箇거거容융융易이이儞녜니放방방心심신○논그

放쉬心오ᄒ니라네ㄴ我어오自쯔즈然연안做추주了럏랴送숭숭儞녜니○自내

너然롤인주ᄃ어라ㄴ就찡직美쉰완是씽시與유위儞녜니送숭숭行힝힝罷빠바

了럏랴○양이으뫼로셔호네미게무送던行ᄒᄒ다논ㄴ多더도謝셔셔姐져져姐져져

○라多각謝시ᄒ안여ㄴ我어오廻휘휘來래레時씽스候혹후○을내섀도에라ㄴ多

더도多더도的등디帶대대些셔셔人인인事씽스與유위儞녜니還환환禮

레리罷빠바㊂네한게히還人禮事ᄒ롤마가져

儞녜니今김긴日싕이怎즘즘麼뭐마不봉부上썅샹學햫햐去큐취呢녜니

… 諺解 一　四十七

◯네오ᄂᆞᆯ엇디글비호라가지아니ᄒᆞᄂᆞ뇨」我오어今긴깁日이잉向향향先션션生
승싱告간강了랴럏假햐햐來레래◯내오ᄂᆞᆯ先生ᄭᅴ告假ᄒᆞ고왓노라」你니녜學
효향堂탕땅中중즁共궁궁有우잉幾지계箇거거學효향生승싱◯네學堂에
대되몃學生이잇ᄂᆞ뇨」除츄쮸了랴럏學효향長쟝쟝共궁궁有우잉四스승十
시씽五우우箇거거學효향生승싱◯學長을덜고대되마흔다ᄉᆞᆺ學生이잇ᄂᆞ니라」每
믜뮈月웨웽多도더少샾쌍學효향錢쳔쪈一이잉箇거거呢니녜◯每月에ᄒᆞᆫ
나희게언머學錢고」多도더少샾쌍不부붕等등딍◯多少ㅣᄀᆞᆺ지아니ᄒᆞ여」也여여
有우잉三산삼錢쳔쪈的디딍五우우錢쳔쪈的디딍◯서돈ᄒᆞᄂᆞ니도잇고닷돈
ᄒᆞᄂᆞ니도이시니」人인신家쟈갸有우잉貧핀삔富부부不부붕同퉁뚱◯人家
貧富ㅣᄀᆞᆺ지아니ᄒᆞ미이셔」隨쉬쒸各거걱人인신送숭쑹罷바빠咧려례◯各人

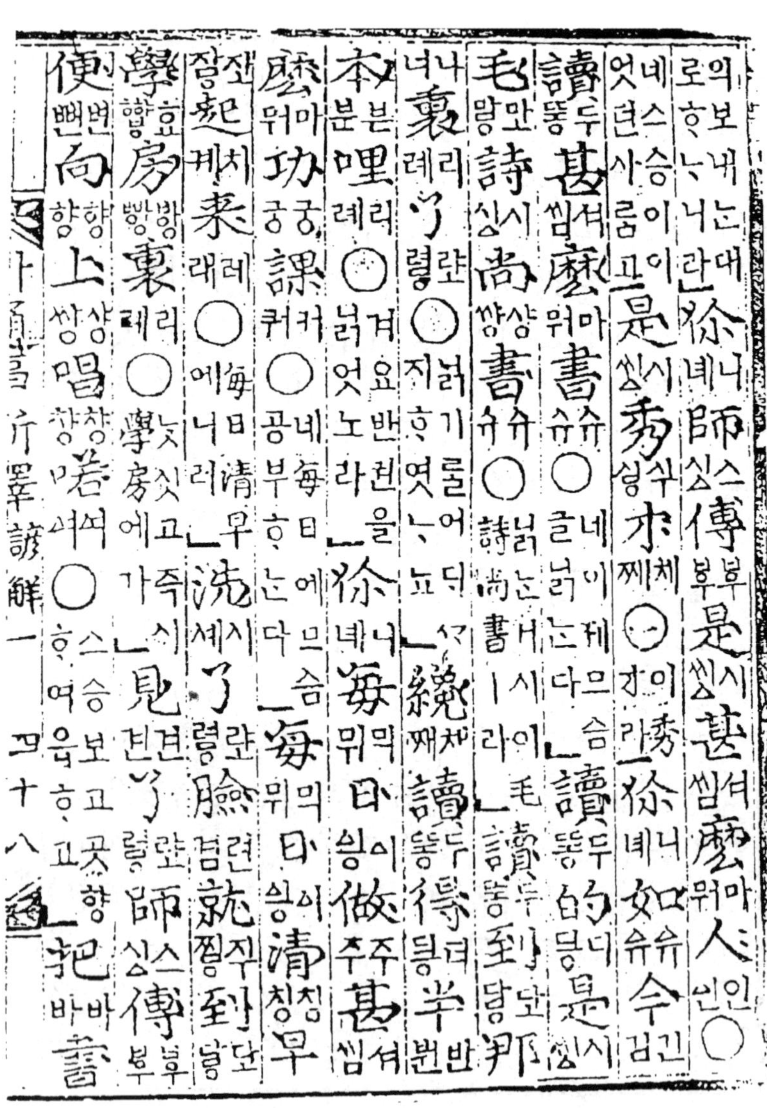

의보내는대로ᄒᆞᄂᆞ니라 你니녜 師스ᄉᆞ 傳부부 是시씨 甚셔씸 麼마뭐 人인인 ○ 네스승이엇던사ᄅᆞᆷ이고 是시씨 秀식쉬 才채쩨 ○ 이秀才라 你니녜 如슈슈 今긴김 讀두뚜 甚셔씸 麼마뭐 書슈슈 ○ 네이제므슴글닑ᄂᆞ다 讀두뚜 的디딩 是시씨 毛맏맘 詩시씨 尙샹썅 書슈슈 ○ 毛詩尙書ㅣ라닑ᄂᆞ니 讀두뚜 到닾담 那나너 裏리레 了랴령 ○ 닑기ᄅᆞᆯ어ᄃᆡ지ᄒᆞ엿ᄂᆞ뇨 纔채째 讀두뚜 得더딍 半반번 本븐분 哩리레 ○ 겨요반권을닑엇노라 你니녜 每머뮈 日이싱 做주주 甚셔씸 麼마뭐 功궁궁 課커쿼 ○ 네每日에므슴공부ᄒᆞᄂᆞ다 每머뮈 日이싱 清칭칭 早잘잠 起치키 來래레 ○ 每日清早에니러 洗시세 了랴령 臉련련 就직찍 到닾담 學효햫 房방빵 裏리레 ○ 낯싯고즉시學房에가 見견견 了랴령 師스ᄉᆞ 傳부부 便변뼌 向향향 上상쌍 唱창챵 喏여셔 ○ 스승보고곰향ᄒᆞ여읍ᄒᆞ고 把바바 書

朴通事新釋諺解 一 四十八

슈슈念냔념熟수쓕背븨뷔了랴럏○글을다가닐어닉거든외오고迴휘훼家쟈갸

吃치칭了랴럏飯반빤○집의도라가밥먹고迴휘훼到단당學햫房빙빵裏

리례○學에가就직찍上샹샹生승싱書슈슈念냔념一이힝會휘휘○미

녀새글비화ᄒ디위닐고做주주七치칭言연연詩시시四스ᄉ句규귀○詩七言四

句로짓고到닷당晌샹샹午우우寫셔셔做방빙○나지다ᄃ라ᄃᆞᆷ쓰기호되若

把바바字즈쯔寫셔셔差차치了랴럏的디딩○만일글字를그릇쓰기

ᄒ니手슈싷心신심上샹썅就쥐찍打다다三산삼戒계개方방빵○손바

당을세번젼반치곳ᄂ니리로這져져等등ᄃ說숴쉉○이리니르면你니녀

好호호好호회的디딩用융융心신심讀두뚱書슈슈學효햫習시씽○네

장用心ᄒ여讀書學習ᄒ여休휘휘要얀얗懶란란惰도더○懶惰치말고街개

上썅샹休힝휘要얗얖遊윙우蕩땅당 ○ 거리에遊蕩치말라 如슈슈今긴긴國
궈궈家갸갸開캐캐科쿼코取츄츄士씃스 ○ 이제國家ㅣ과거롤어러션비롤取ᄒᆞ연
重쭝중的딍디是씃시詩씃시書슈슈 ○ 重히너기눈거순이詩書ㅣ라 你니니若
얍요學햫효的딍디成찡칭材쩨채長쟝쟝大따다起키치來래레 ○ 네만일ᄇᆡ
화成材ᄒᆞ며長大ᄒᆞ여ᄂᆞᆫ 應힝잉科쿼코擧규귀得듸더做주주官권관 ○ 科擧를應
ᄒᆞ여벼슬홈을어던 輔뿌부國궈궈忠쭝중君균균光광광顯현현門믄믄閭류뤼
○ 輔國忠君ᄒᆞ고光顯門閭ᄒᆞ면 何허허等등등榮융용耀얖얀哩례리 ○ 엇던영화
와빗남이리오 可커커見견견世씽시上썅샹的딍디忠쭝중臣쪈천孝햫햪子
즈즈 ○ 世上에忠臣孝子ㅣ 多둬도半번반是씃시讀둥두書슈슈人신인做주주
的딍디 ○ 半나마이글닑은사ᄅᆞᆷ이ᄒᆞᄂᆞᆫ줄을알러라

你 니니 幾 지지 時 씃스 來 래레 的 디디 ○ 온네 다언 ㄴ제 大 대다 前 쳔쳔 日 싀시

來 래레 的 디디 ○ 왓ᄎ 노그 라저 我 어오 家 갸쟈 有 잉우 書 슈슈 信 신신 帶 대대

來 래레 麼 뭐마 ○ 녀내 과집 텨의 왓書 ᄒ信 나히 ㄴ이 有 잉우 書 슈슈 稍 샾산 來 래레

○ 텨편 왓지 ᄂ이 니셔 란브 我 어오 父 뿌부 母 무무 在 째재 家 갸쟈 都 두두 安 헌안

樂 랖러 麼 뭐마 ○ 녀우 다리 安父 樂母 ᄒᆞㅣ 더집 나의 ㄴ이 你 녜니 家 갸쟈 老 랖랖 官

관 人 신인 ○ 官네 ㅅ집 과老 大 대다 小 [illegible] 家 갸쟈 眷 쥰쥰 小 셩샨 娃 화와 娃

학와 ○ 근大 아小 희家 들眷 로파 ㄴ뎌 以 이이 至 짓즈 下 햐햐 人 인인 們 문므 ○ 下버

너ᄉ 르들 힌에 都 두두 是 씽시 平 뻥핑 安 헌안 的 딩디 ○ ᄒᆞ다 더平 란安 你 녜니 家

가쟈 宅 찡저 上 썅샹 還 환환 把 랑토 我 어오 ○ 내네 게집 맛의 져셔 ㄴ또 稍 샾산 得

등더 十 씽시 疋 핑피 白 뻥배 布 부부 五 우우 疋 삥피 藍 람란 布 부부 五 우우 疋

핑피 青칭칭布부부來래레與유위你녜니的딍디 ○ 열 필 白布오 닷 필 藍布와 닷 필

青布롤 부쳐와 너롤 주더라 多더도謝셔셔你녜니稍샹쇼得더더這져져些셔셔

布부부疋핑피來래레 ○ 네 이 布疋을 부쳐 오믈 多謝ᄒᆞᄂᆞ라 今김긴年년년這져져

地뎨디方방방馬마마價갸가如슈슈何허허 ○ 올ᄒᆡ 여긔 ᄆᆞᆯ 갑시 엇더ᄒᆞ뇨 今

김긴年년년此츠츠處츄츄馬마마價갸가比비비往왕왕年년년賤젼젼些

셔셔 ○ 올ᄒᆡ 여긔 ᄆᆞᆯ 갑시 往年에 ᄃᆡ건대 져기 賤ᄒᆞ니라 你녜니且쳐쳐喂위위養양양

幾계지日ᅀᅵᆼᅀᅵ ○ 네 아직 여러 날 喂養ᄒᆞ연 等딍등些셔셔時씃스再재재賣매매

○ 져기 기ᄃᆞ려 다시 ᄑᆞᆯ라 若샹쇼就찧주拉랑라去큐취賣매매 ○ 만일 즉시 잇그

러 가 ᄑᆞᆯ면 恐쿵쿵市씅시上샹샹出츙츄不붕부上샹샹價갸가錢쪈쳔裏리리

○ 져재셔 갑시 나지 아닐가 ᄒᆞ노라

那너나 孫순순 家갸쟈 混훈훈 堂당당 裏리리 洗셰시 澡장잔 去큐취 罷빠바
○ 에더 목孫 욕가 ᄒᆞᆫㅣ 라야 가混 차堂 我어오 是씽시 新신신 來래레 的디디 莊장장
家갸쟈 ○ 온나 향신 암의 이새 란로 不봉부 曉햫햐 的딩디 多더도 少샹샾 錢쳔쳔
洗셰시 一이 箇거거 澡잘잔 ○ 에아 혼지 번못 목게 욕라 ᄒᆞ언 료머 돈 我어오 說숴
洗浴 舒유위 你녜니 ○ 니내 ᄅᆞ녀 미ᄃᆞ 려 浴용위 錢젼쳔 是씽시 五우우 箇거거
○ 다목 ᄉᆞ욕 낫ᄒᆞ 돈논 이갑 오손 擦창차 背뷔븨 錢젼쳔 是씽시 兩량량 箇거거 ○
손등 두믄 낫지 돈로 이는 오갑 梳수수 頭뜽두 錢젼쳔 是씽시 五우우 箇거거 ○ 리마
ᄎᆞᆺ빗 낫ᄒᆞᆫ 돈갑 이손 오다 剃티티 頭뜽두 錢젼쳔 是씽시 十씽시 箇거거 ○ 색마 노리
돈갑 이손 오열 낫 修싱식 脚갸교 錢젼쳔 是씽시 六륭락 箇거거 ○ 듬발 논톱 ᄂᆞ다
돈손 이여 나섯 낫 算숸숸 來래레 做주주 一이이 箇거거 全쳔취 套탄 ○ 아홉

리권대훈全촌 돌흔려흔여도 也여여 不부불 過고궈 使시싱 三싼 十시씽 八바방

九가깋 箇기거 錢쳔쪈 ○ 스믈여돕아홉낫돈을쓰 매지나지아다흐리라 我오어 替

리뎨 徐니녜 管권권 着쟈쨩 浴유용 錢쳔쪈 ○ 네녀를ᄆᆞᄅᆞ차목 훌돈을ᄆᆞ옴알거시

ᄃᆡ 徐니녜 且쳐쳐 洗시세 去취큐 ○ 네또ᄲᅵ스 라가자ᄂᆞ 衣이이 裳상쌍 帽맏마

子즈즈 靴훠훼 子즈즈 ○ 옷과갓 파靴롤 都두두 放방방 在재쨰 這져져 櫃귀귀

裏리례 頭투뜰 ○ 다이櫃ᄉ속 에너히두라 自즈쯔 有우읻 管권권 混훈흔 堂탕땅

的디딩 看칸컨 守슈싣 ○ 그이混堂ᄀᆞ움아ᄂᆞᆫ 이이녀者守ᄒᆞ리라 到단담 浴유융 池

치찌 洗시셰 了랴령 一이잏 會휘휘 ○ 浴池에가흔 지위빗고ㄴ 歇혀혀 一이황 歇

혀형 再재재 洗시세 ○ 쉬여다 시씻던 洗시세 勾구궁 了랴령 却커캉 到닾당 客

커킁 位위위 裏리례 歇혀형 一이잉 會휘휘 ○ 빗기룰잇굿흐고또 客位에가흔져위쉬

二十七

여

然연얀後흫후剃톄티頭틓투修싛쉭脚갸교 ○ 그린후에마리삭고발톱다듬

고

待대대身신신子즈즈涼량랑快쾌쾌些셔셔 ○ 몸이涼快ᄒᆞ기롤기다려穿

쳔쵠了럎랴衣이이服뿌부到닿닫那너나裏례리去큐취 ○ 옷닙고져기간 買

매매幾계지杯븨비避삐비風붕봉酒쥐주吃칭치 ○ 여러잔避風酒롤사먹으면

精징징神씬신自쯔즈然연얀爽상상快쾌쾌了럎랸 ○ 精神이自然히爽快ᄒᆞ리

라

大대다哥거꺼你녜니曾쯩층打다다聽팅텅得듸더麼뭐마 ○ 큰형아네일즉

듯보앗ᄂᆞ냐 京깅징都두두聖싱싱駕갸갸幾계지時씃스起치켸行힝헝呢

녜니 ○ 京都에聖駕ㅣ어늬새에起行ᄒᆞᆯᄂᆞ뇨 沒무몽有우읨日이싕期기키還환환

早잔짬哩리래 ○ 日期업스니당시롱일럿나 [illegible] 到당닫民민민間간갼 [illegible]

禾호 都두두 收슈싀 割거겅 了랴려 ○ 民間에 田禾를 다 거두리라

八바 月워웡 初추추 頭뜨투 纔채재 起치키 程칭칭 哩리리 ○ 八月 초성에 ᄀᆞ장 起程

ᄒᆞ리라 今긴김 年년년 年년년 成칭칭 平핑삥 常챵쨩 銀인인 錢쳔쪈 艱

간견 難난난 ○ 올히 年成이 平常ᄒᆞ여 銀錢이 艱難ᄒᆞ고 京깅징 都두두 也여여 沒무몽

甚씸셔 麽마뭐 買매매 賣매매 ○ 買賣 업도다 這잔 是씨시 我

我오어 不부 去큐 ○ 往왕왕 還환환 路루루 程칭칭 約

有이우 二싀 千쳔쳔 多도더 里리례 ○ 往還路程이 二千里 나마 잇고 到닾

那나너 裏리례 住쥬쥬 兩량량 三삼산 箇거거 月워웡 ○ 뎌긔 두어 ᄃᆞᆯ을 머믈 거시니

買매매 賣매매 也여여 沒무몽 有이우 利리례 息시싱 ○ 買賣도 利息이 업스

房방빵 錢쳔쪈 又우이 空쿵쿵 費븨비 了랴럎 ○ 房錢을 ᄯᅩ 속졀업시 허비ᄒᆞᆯ 거

시니 如유유 何허허 使싀시 得더득 呢니녀 ○ 엇디 ᄒᆞ오리 你니녀 說쉬숴 的디디

뎌 등 是시씌 ○ 네 미 나 올 ᄅᆞ 리 단 不부붕 去취큐 的디딍 倒닾담 好할홯 ○ 가지 아니

홈 도 이 흐 도 너 로 라 혀 省승싱 了랴렿 多도더 少샾썋 盤판뻔 纏쳔쪈 ○ 盤纏이 언머

을 와 므 됴 ᄃᆡ 萬완환 一이힝 到닾당 那나너 裏리레 沒무뭉 有우읭 錢쳔쪈 使

시 식 用융융 ○ 萬一 거시 업스면 가도 ᄡᅳᆯ 去취큐 得더득 來래래 不부붕 得더등

○ 가 ᄒᆞᆯ 고 거 오 시 지 너 못 ᄒᆞ 如유유 何허허 是시씡 好할황 呢니녀 ○ 엇디 ᄒᆞ리오

오 ᄂᆞ 俗쉬쑹 語위유 說숴쉬 ○ 俗語에 니ᄅᆞ되 家쟈갸 貧핀삔 不부붕 是시씐

貧핀삔 路루두 貧핀삔 愁추쯓 殺새세 人인신 ○ 家貧은 貧이 아니오 路貧이 貧ᄒᆞ야 사

름을 근심케 ᄒᆞᆫ다 ᄒᆞ니라

自자ᄍᆞ 得더등 은 다 ᄂᆞ 到닾당 教쟢걓 場챵짱 裏리례 射셔셔 箭쟌졘 去취큐 罷바배

○ 활우 쏘리 라教 가場 쟌에 這뎌뎌 般붠번 倒닿닫 也여여 好핳한 ○도 로려 허

됴다 咱짬자 們믄믄 幾계지 箇거거 就찍주 同뚱퉁 去큐취 ○ 몯우 ᄒ리 가며 지처

료로 ᆫ가 咱짬자 約햪요 會휘휘 了럎랖 弟뗴뎌 兄흉흥 十씽시 數수수 人신인

公궁구 了렿랖 ○ 을우 모리 ᄒ弟 면兄 녁여 녁라 ᄒ은 리사 라룸 一힝이 邊변변 五우우

箇거거 分뽄분 開캐캐 着쨯져 射써셔 ○ 식ᄒ 눈편 화에 쏘다 쟌숫 咱짬자 們믄믄

賭두두 甚씸셔 麽워마 來래레 ○ 슬우 더리 녀믈 료서 賭두두 一힝이 桌쟢조 子

筵연연 席씽시 罷빠바 ○ 롤ᄒ 더상 너이 쟈바 ᆫ지 那나 般번번 ○ ᄒ그 쟌리 說숴쉬

定띵딩 了럎랖 ○ 여ᄂᆞᆯ 시러 너定 ᆫᄒ 輸슈슈 了럎랖 的디디 就찍주 去큐취 辨

빤반 ○ 가지 쟝ᄂ 만니 ᄒ즉 고시 不붑부 許흐쉬 賴래래 的디디 ○ 치소 마기 자믈 ᆫ어

這져져 箇거거 自쯔즈 然션ᅀᆞᆫ ○ ᄒ이 리는 니그 ᆫ러 只짖즈 要얖요 咱갑거 自

쯩즈用융융心심신身씨시去큐취○ᄒᆞ그여텨보각라각가用찬心輪유유了럏랴

的딍디是씽시自쯩즈已계기武우우藝이이平삥핑常짱창○ᄂᆞ지이ᄂᆞ自나

常ᄂ ᄒᆞᆯ武이藝라ㅣ平豈계치容융용他터타賴래래呢녜니○소엇기더믈녀욤의

리납오ᄒᆞ大때다哥거거你녜니放방방心심신○放큰心형ᄒᆞ아라네我어오獨

왕왕常짱창獨뚱두自쯩즈一잉이箇거거來래레身씨시○자내와건뿔ᄂᆡ젼혼

箭젼잔箭젼잔都두두身씨시着쨯쟈把바바子즈즈上썅샹的딍디紅훙훙

心심신○관살올하마다치다ᄂᆞ관더혁에수김긴巳잉ㅅ豈계치有윙우不붕부

贏잉잉之징즈理례리呢녜니○못오ᄒᆞᆯ놀理엇이디시이리긔온지這져져話화화

美難난난說숴숴○기이어말렵을다니ᄂᆞ르你녜니不붕부要향야誇화과口큭쿠

○말네라자ᄂᆞ랑你녜니說숴숴甚씸서麼뭐마話화화○니네ᄅᆞ므논슴다말白

죠조 古 구구 道 땋닿 ○ 녜부러닐러시되└ 張 장장 弓 궁궁 有 잉우 別 뼝벼 力 링릭

飲 잉인 酒 짇주 有 잉우 別 뼝벼 腸 쨩챵 ○ 張弓에 別力이 잇고 飲酒에 別腸이 잇다 ᄒ니

라

姐 져져 姐 져져 你 녜니 纔 째채 做 주주 了 럏랴 月 웨웨 子 즈즈 ○ 각시아 네ᄀᆞᆺ히

산ᄒ다 ᄒᆞ나└ 養 양양 的 딩디 是 씽시 小 샿샤 廝 ᄉᆞ스 呢 녜니 還 훤환 是 씽시 安

뉴뉴 孩 ᅘᅢ해 兒 ᅀᅵᆼ을 呢 녜니 ○ 나흔거시이ᄉ나히 가이계집아히가└ 好 ᅘᅶ한 一 ᅙᅵᆯ이

箇 겨거 俊 쥰쥰 小 샿샤 廝 ᄉᆞ스 ○ ᄆᆞ장ᄒᆞᆫ쥰슈 ᄒᆞᆫᄉᆞ나희└ 後 흫후 來 래레 必 빙비

定 띵딩 是 씽시 有 잉우 福 봉부 氣 키치 的 딩디 ○ 후에반드시福 氣이시리라└ 姐

져져 姐 져져 你 녜니 如 ᅀᅲ유 今 김긴 在 째재 產 찬찬 後 흫후 ○ 각시아네 이재產後

에이 시니└ 好 ᅘᅶ한 生 싱승 調 뗠됴 養 양양 ○ ᄆᆞ장調 養ᄒ라└ 最 쥐쥐 怕 파파 的 딩디

是싀시感감간冒맣마風봉붕寒현한○寒ᄀ에장感거冒ᄒ흠거이슨니이ᄂ隨
수쉬常쨩챵飮힘인食씌시休힐히吃킈치酸숸숸甜뎜뎐腥싱싱辣랑라等
등등物웅우○것샹이시온음것식들에을쉰먹거지든말것고비린且처쳐吃킈치些
셔셔稀히히粥쥼주爛란란飯빤반○무아른직밥믉을은먹죽고과待때대滿먼만
了럎랴月웨워便뼌변吃킈치生싱승冷릉릉東둥둥西셰시○롤돌기초ᄃ기
거려술곳먹生으冷면엣不봉부妨방방事씌스了럎랴○아일니에ᄒ해리흡라지외가
뭉뭐三삼산朝쨯챠請칭칭老랖랖娘냥냥來래레○老사娘홀을에請다ᄒ드여라
와ᄂ把바바孩해해子즈즈放방방在째재冰쉬쉬盆뿐픈裏례리洗세시○
라이에히너롤허다씻가기물면소親친친戚칭치們문믄都두두來래레看컨칸○
다親외戚보들고이把비바金김긴珠쥬쥬銀인인錢쪈천等등등類뤼뤼○錁金

銀錢等類롤다가 各갇거 自쯔즈 丢릳부 在째재 氷쀠쉬 盆뿐뚠 裏레리 ○ 거

믈스소라에 드리치ᄂᆞ니 這져져 謂위위 之징즈 洗셰시 三삼산 ○ 이를 洗三이라 니르

ᄂᆞ니라 到당닾 滿뭔만 月웡웨 ○ 돌이 ᄎᆞ매 다ᄃᆞ르면 把바바 孩해해 子즈즈 剃

테티 了럎랴 頭뚷투 ○ 아히를다가 마리롤삭고 買매미 了럎랴 搖영얀 車쳐처 來

래레 ○ 搖車를 사와 把바바 褥숭수 子즈즈 氈쟌잔 子즈즈 多더도 多더도 的

디당 鋪푸푸 上썅샹 ○ 요와 담을다가 만히 ᄭᆞᆯ고 把바바 孩해해 兒ᅀᅵ을 睡쒸쉬 在째

재 裏레리 頭뚷투 ○ 아히를다가 안히누이고 上썅샹 邊변변 把바바 小셩산 被

뻬비 蓋개개 着쨮져 ○ 우희 져근니블을 다가 덥허 見견견 孩해해 兒ᅀᅵ을 啼뗴티

哭콩쿠 時씽스 ○ 아희울을 보면 把바바 搖영얀 車쳐처 搖영얀 一힝이 搖영얀

便뻔번 住쮸쥬 了럎랴 ○ 搖車를다가 흔들면 곳곳치ᄂᆞ니라 至당닾 了럎랴 百뷩버

朴通事新釋諺解

日、싕이 又、잉우 做주주 筵연연 席씽시 ○ 百日에다드라 ᄯᅩ이바지ᄒᆞ면 親친친 戚

칭치 們믄믄 又잉우 來래래 慶킹킹 賀헤허 ○ 親戚들이ᄯᅩ와 慶賀ᄒᆞᄂᆞ니라 如ᅀᅲᅀᅲ

今김긴 姐져져 姐져져 把바바 孩해해 子즈즈 自쯔즈 嬭내내 呢녀니 ○ 이제

각시ㅣ아히를손 초졋먹이ᄂᆞ나 還환환 尋씬신 嬭내내 子즈즈 呢녀니 ○ 어ᄯᅥ 미졋

룰어덧 ᄂᆞ냐ᄂᆞᆫ 要얗양 尋씬신 一이이 箇거거 好핳한 婦뿌부 人신인 做주주 嬭

내내 子즈즈 哩례리 ○ ᄒᆞᆫ됴흔계집을어더 어미를삼고져ᄒᆞᄂᆞ니 每믜믜 一이이 箇

거거 月웨웨 給긩지 二잉을 兩량량 嬭내내 子즈즈 錢쳔쳔 ○ 每ᄒᆞᆫᄃᆞᆯ에 두냥젼갑

슬주 고 按헌안 四ᄉᆞ스 時씽스 與유위 他더다 衣이이 服뽕부 穿춴천 ○ 四時

롤按ᄒᆞ여더ᄅᆞᆯ衣服 을주어닙힐거시니 想샹샹 起키치 來래레 ○ ᄉᆡᆼ각건대 養양양 孩

해해 兒ᅀᅵᆯ을 好핳한 不부부 難난난 哩례리 ○ 아히를기르기 ᄆᆞ장어려오니 在재재

一四五三

肚두두裏례리呢녜니懷홰홰躭담단十씽시月웽웨○비에이셔는열돌을비고

生싱승下햐햐來래래呢녜니乳유유哺뿌부三삼산年년년○나하는三年을

你니녀吃칭치盡찐진千천쳔辛신신萬완완苦쿠쿠○千辛萬苦를먹어다ᄒᆞ여

方방방能능능勾긓구養양양大때다成찡칭人인인○보야흐로養大成人ᄒᆞᄂᆞ

니ᄂᆞᆫ古구구人신인道땋단○古人이니ᄅᆞ되養양양子ᄌᆞᄌᆞ方방방知지지父

뿌부母무무恩흔은○ᄌᆞ식을길러아보야흐로父母은혜를안다ᄒᆞ니라

阿어아哥거거在째재那녀나裏례리下햐햐着쨯져呢녜니○형아어ᄃᆡ이셔

부리웟ᄂᆞᆫ다小샬샤人신인在째재街개개東동동堂땅탕子ᄌᆞᄌᆞ間갼간壁

비방下햐햐着쨯져哩례리○小人이거리동녁堂子ㅅ부람을ᄉᆞ이ᄒᆞ여부리웟노라甚

셔씸麽뭐마門문믄有잉우甚씸셔麽뭐마記계지認신인没뭉무有잉우○

朴通事新釋諺解 一 五十六

믜ᄉᆞᆷ門이며므ᄉᆞᆷ보람아잇ᄂᆞ나업ᄂᆞ나 朝짶챂 南남난 開캐캐 着쟣져 一힝이 箇거거
小셩샹 墻쨩챵 門믄믄 便뼨변 是씃시 ○ 南을향ᄒᆞ여ᄒᆞᆫ小墻門을내거시곳이라 我
허오 不봉부 知징지 道닿단 你니니 的딩디 下햐하 處츄츄 ○ 내네下處를아지못
ᄒᆞ여 所수소 以이이 不봉부 曾쯩층 得듷더 去큐취 奉뽕봉 望왕왕 ○ 이러모로
일즉가보지못ᄒᆞ여시니 大때다 哥거거 休힝후 怪괘괘 ○ 큰형아허믈말라 小셩샹
弟뎨디 昨쭣조 日ᅀᅵᆼᅀᅵ 曾쯩층 到당단 貴귀귀 宅쪄저 奉뽕봉 拜배배 ○ 小弟
어제일즉貴宅에가奉拜ᄒᆞ려ᄒᆞ연 留릏루 下햐하 名밍밍 帖텽뎌 可커거 曾쯩층 見
견견 麼뭐마 ○ 名帖을머므럿더니일즉보신가 小셩샹 弟뎨디 見견견 來래레 ○
小弟보앗노라 但딴단 因힌인 連련련 日ᅀᅵᆼᅀᅵ 有잉우 事씃스 不봉부 在째재 家
갸쟈 ○ 다만連日ᄒᆞ여일이이시믈因ᄒᆞ여집의잇지못ᄒᆞᆷ으로 有잉우 失싱시 迎잉잉 接

朴通事新釋諺解

一四五五

뎌쪙了랴령 ○ 迎接홈을 힐히시니 改개개日이싀回휘훼望왕황去취큐 ○ ᄃᆞᄐᆞᆫ

날에회 ᄒᆞ라가자 再재재慢만만慢만만的디딍聚쥐쮜話화홰罷바빠 ○ 다시

날호여모 다말ᄒᆞ쟈

醜칙칭廝스ᄉᆞᆼ伱니녜来레래 ○ 더러온놈 아이바 咱잔쫑那나너斜셔쎠眼

안한的디딍弓궁궁匠쟝쨩王왕왕五우우来레래 ○ 뎌 눈흘빈 ᄀᆞ匠 王五를 불러오

라 相샹샹公궁궁王왕왕五우우来레래了랴령 ○ 相公아 王五ㅣ 왓ᄂᆞ이다 我

오어有우잉一이힝事ᄉᆞᄊᆞ煩반빤伱니녜 ○ 내 ᄒᆞᆫ 일이 이셔 네게 청ᄒᆞ노라 相샹샹

公궁궁有우잉甚시씸麼마뭐事ᄉᆞᄊᆞ說쉬쒕與위유小샤썅人인인知지징

道도땅 ○ 相公이 므ᄉᆞᆷ 일이 잇ᄂᆞ뇨 小人ᄃᆞ려 닐러 알게 ᄒᆞ라 伱니녜代대때我오어做

주쥬兩량량張쟝쟝弓궁궁如유유何허해 ○ 네 날을 ᄀᆞᄅᆞ차 두 장 활을 민ᄃᆞ미 엇뎌ᄒᆞ

朴通事新釋諺解一　五十七

上要얀욘做주주幾지계箇거거氣치켸力리링的디딍弓궁궁○언머힘에활을민돌고져ᄒᆞᄂᆞ다

上要얀욘做주주十시씽箇거거氣치켸力리링的디딍一이잉張장쟝○십분힘에치ᄒᆞᆫ장과

上七치칭八바밯箇거거氣치켸力리링的디딍一이힝張장쟝○칠팔분힘에치ᄒᆞᆫ장올민돌고져ᄒᆞ노라

這저져弓궁궁面면면上상샹鋪푸푸的디딍筋긴긴○이활면에신힘을

上與유위我어오看컨칸過궈고之즈짓後후흫○나ᄅᆞᆯ뵌후에

上樺화화一이잉樺화화○봇닙히라

上你네니若쇼샿用융융心신심做주주的디딍好한함○네민일用心ᄒᆞ여민돌기를잘ᄒᆞ면

上我오어多도더與유위你니네些셔셔賞상샹錢쳔쪈○네만히너를賞錢을주나

上小샤셩人인신豈치켸敢간감望왕왕賞상샹○小人이엇디敢히賞을ᄇᆞ라리리오

上應잉힝該개기效햘햫勞로랗的디딍○응담效勞ᄒᆞᆯ거시니이다

秀才哥 ○ 秀才 형아

煩你代我寫一紙借票 ○ 네게 청ᄒᆞ노니 나를 ᄀᆞᄅᆞ차 ᄒᆞᆫ 쟝 빗내ᄂᆞᆫ 보람을 쓰라

拿紙墨筆硯來 ○ 紙墨筆硯을 가져오라

我寫與你 ○ 내 써 너를 주마

寫完了我念給你聽 ○ 써 못차시니 내 닑어 너게 들리마

京都城內積慶坊住民人趙寶兒 ○ 京都 잣안 積慶坊에셔 사ᄂᆞᆫ 民人 趙寶兒ㅣ

今因乏錢使用 ○ 이제 돈 쓸 것 업ᄉᆞᆷ을 因ᄒᆞ여

情愿憑中借到某人名下紋銀五十兩整 ○ 情愿으로 즁인을 의빙ᄒᆞ여 某人 名下에 紋銀 五十兩 덩이를 ᄭᅮ되

每兩每

朴通事新釋諺解

月웡웨三삼산分분분起켜치利례리 ○每兩每月에 곤식起利ᄒ여 연셔 按헌안月웡웨

送숭숭納낭나不붕부致징지短돤된少샹샾拖터토欠켬켠 ○ 조돌 찬을

送納호되 그으매너르베밀고 其끼키銀인인約햠요至즈즈下햐햐

년년幾기지月웡웨內늬뉘歸귀귀還환환 ○ 니그 예은 나을 르니 러년 갑아 ᄒ호 믈돌

언 약 여 不붕부致징지遲치치誤우우 ○ 에더 니듸 르여 지어 말그 고릇 츰 如유유

過귀고期끼키不붕부還환환 ○ 지만 아일 니호 ᄒ야 거지 든나 삽 得쟝쟝家쟈쟈

中중중所수소有위우直지지錢쳔쳔物우우件젼젼 ○ 家中物에 잇는 갑 物件을

다만照장잔依이이時스스價갸갸准쥰쥰折져져 ○ 時價대로准折ᄒ고 如유유

無우우物우우可커커准쥰쥰 ○ 만일 거물시 업거 거아 든쥰 절 中중중保밤바

人인인一이이面면면承칭칭管권권代대대還환환 ○ 中保人이 맛다

一四五九

ᄆᆞᄅᆞ사 갑ᄒᆞ리라 恐쿵콩後ᅘᆗ흐無우무憑핑삥立리릐此ᄎᆞᄎᆞ存쭌춘照잘쟐

○이후에 의빙홈이 업슬가 저허 이ᄅᆞᆯ 셰워 存照케 ᄒᆞ노라 某무무年년년月웨워日이ᅀᅵ

借져져錢쪈쳔人신인趙짶잘寶밮바兒싀을 ○ 빋내ᄂᆞᆫ 사ᄅᆞᆷ 趙寶兒와 돈

中중중保밮바人신인某무무某무무 ○ 中保ᄉᆞ이 모 모아 모 都두두打다다了

花화화押향야 ○ 다 일홈 두고 空쿵쿵處츄추寫셔셔信신신行항향二

字쯔즈 ○ 흰 곳에 信行 二字ᄅᆞᆯ 쓰리라 我어오寫셔셔的디디錯초합不부봉錯초합

○ 내 쓴거시 그르디 아니ᄒᆞ니라

朴팍팦通퉁퉁事ᄊᆞᄉᆞ新신신釋시싱諺연연解계개卷젼권一이ᅙᅵ終즁즁

朴通事新釋諺解一　五十九

朴鮮 …

朴팍팍通퉁퉁事씃스新신신釋싱시諺연연解개계卷권권二싱을

那너나裏례리有잉우賣매매的딩디好항호馬마마㊀몰어이듸잇풀누고뇨흔

大대다街개개東둥둥市씽시上썅샹牙야야子즈즈家갸쟈有잉우

㊁즈큰릉거의리집동이녁잇져ᄂᆞᆫ제니에란몰你녜니代때대我어오打다다聽팅팅

一잉이打다다聽팅팅㊂차네듯나보를라ㄱ므로你녜니要햘얀買매매甚씸셔

麼뭐마馬마마○고네져므ᄒᆞ슴논몰다을사我어오要향얀打다다圍위위去

騎끼치坐쭤조㊀드내끄산져영ᄒᆞ갈닌제須슈슈要향얀走죵주快괘괘的

둥디㊀거모술롬ᄒᆞ이고드져룸ᄒᆞ이노브라른你녜니用융융多더도少샹샾銀인인

子즈즈買매매呢니니㊁사비려연ᄒᆞ머논은더에我어오情찡칭愿원원賽

三삼산十씽시兩량량價갸갸銀인인㊂내銀을情허愿비으ᄒᆞ로려三ᄒᆞ兩노라

一四六三

有 읭우 一 힝이 箇 거거 生 두두 黃 횅황 馬 마마 毛 망만 片 편편 好 할한 ○ 고혼
빗타 치몰 됴이 흐이 되서 털 只 징즈 是 씽시 腿 뒤뒤 跨 쿠쿠 走 즘주 不 붕부 開 캐캐
○ 피다 지만 지구 못불 ᄒ이 고흘 러 一 힝이 箇 거거 黑 흥희 鬃 중중 青 칭칭 馬 마마
却 갛거 走 즘주 得 득더 快 쾌쾌 ○ 이호 ᄃ가 룸리 이온 색총 ᄅ이 되몰 又 잉우 只 징즈
是 씽시 要 열얀 打 다다 前 쩐천 失 싱시 ○ 거ㅅ도 치다 고만 앏 一 힝이 箇 거거 赤
창치 色 싱서 馬 미마 騅 쉬쉬 生 싱승 的 딩디 十 씽시 分 분분 可 커커 愛 해애 ○
흔호 져절 시사 ᄀ몰 장이 고비 으록 난심 却 갛거 没 뭉무 本 분본 事 씅스 ○ 업또 스지 난죄
你 녜니 如 유슈 今 깅긴 且 쳐쳐 到 닿도 馬 마마 市 씽시 裏 례리 自 쯔즈 己 계기
揀 간견 着 쟣져 買 매매 去 큐취 ○ 조네 몰이 히제 여또 사몰 라저 가제 라손 你 녜니 看
컨칸 這 져져 一 힝이 箇 거거 栗 링리 色 싱서 白 뻥배 臉 렴련 馬 마마 ○ 라네 어보

ᄒᆞᆫ구령빗헤간쟈ᄆᆞᆯ이 有잉익 九깅구 分분분 膘뱡뱦 繼비피 頭뚷투 好항할 ○
九分이나술이잇고혁메도ᄒᆞ되ᄂᆞᆫ 只짖즈 是씋시 小셩샤 行형힝 上썅샹 遲찌치 些
셔셔 ○ 다만ᄌᆞᆫ거룸이ᄯᅳ닌 且쳐쳐 將쟝쟝 就쪋직 買매매 了럏랖 去큐취 罷빠바
○ 아직두어라ᄒᆞ여사가미무던ᄒᆞ다
你늬니 怎즘즘 麼뭐마 纔째채 來래레 ○ 네엇지ᄀᆞᆺ온다 早잠잔 起켸치 家갸쟈
下햐하 有잉익 客켕커 來래레 ○ 아ᄎᆞᆷ에집의나그내왓거ᄂᆞᆯ 打다다 發봥바 他
타더 去큐취 了럏랴 纔째채 來래레 ○ 뎌롤打發ᄒᆞ여보내고ᄀᆞᆺ오ᄂᆞᆫ 所수소 以이이
來래레 得듷더 遲찧치 了럏랴 ○ 이러모로오미더듸여라 咱쟝쟈 老랗랖 爺여여
在째재 那너나 裏례리 ○ 우리老爺ㅣ어듸잇ᄂᆞ뇨 老랗랖 爺여여 在째재 文문운
淵원원 閣강거 辦빤반 事씋스 ○ 老爺ㅣ文淵閣에이셔일ᄒᆞᄂᆞ니 一힁이 會휘휘 兒

싱슉 就 찡직 出 츙츄 來 래레 上 쌍샹 馮 마마 ○ ᄒᆞᆫ지위만ᄒᆞ면곳나와ᄆᆞᆯ을ᄐᆞ리라 └ 上

쌍샹 馮 마마 往 왕왕 那 너나 裏 례리 去 큐취 ○ ᄆᆞᆯ을ᄐᆞ면어듸를향ᄒᆞ여갈려뇨 └ 今

김긴 日 잉이 還 횐환 要 햪얍 早 장잔 早 장잔 回 훼휘 家 갸쟈 上 쌍샹 墳 뿐븐 去

큐취 ○ 오ᄂᆞᆯ일즉이집의도라와上墳ᄒᆞ라가려ᄒᆞᄂᆞ니라 └ 上 쌍샹 了 럏랴 墳 뿐븐 回 훼휘

來 래레 還 횐환 有 잉우 甚 씸션 麼 뭐마 事 씽스 呢 녀니 ○ 上墳ᄒᆞ고도라와당시롱

므슴일이이실러뇨 └ 今 김긴 日 잉이 到 당도 黃 황황 村 춘춘 宿 숭수 ○ 오ᄂᆞᆯ黃村에가

자고 └ 明 밍밍 日 잉이 就 찡직 那 너나 裏 례리 上 쌍샹 了 럏랴 墳 뿐븐 ○ ᄂᆡ일임의

셔게셔上墳ᄒᆞ고 └ 吃 킹치 了 럏랴 飯 빤반 回 휘휘 來 래레 ○ 밥먹고도라와 └ 傍 빵팡

晩 환완 進 진진 城 쪙칭 ○ 늣게야城에드러오고 └ 後 흫후 日 잉이 又 잉우 要 햪얍

請 칭칭 衙 야야 門 문믄 中 즁중 同 뚱퉁 寅 인인 老 랗랖 爺 여여 們 문믄 吃 킹치

酒직장 ○ 모리ᄉᆞ도衙門에同寅老爺들ᄋᆞᆯ 청ᄒᆞ여 술 먹으려 ᄒᆞ여」今긴김 日ᅀᅵ잉 都두두

預위유 先션션 約요햑 定딩띵 了랴렿 ○ 오ᄂᆞᆯ 다 미리 언약ᄒᆞ여 졍ᄒᆞ엿ᄂᆞ니라」李

리례 老랖랑 大다때 徐니녜 那나너 裏리례 去취큐 ○ 李老大ㅣ아 네 어듸 가ᄂᆞᆫ다」

我오어 往왕왕 家쟈갸 裏리례 去취큐 取츄츄 氈쟌젼 衫산삼 雨위유 帽맢망

○ 내 집의 가 담유삼과 갓모를 가져오려 ᄒᆞ노라」徐니녜 若쇼얗 有우잉 兩량향 箇거거

油우잉 紙즈짓 帽맢망 ○ 네게 만일 두 油紙帽ㅣ 잇거든」且쳐쳐 借저저 與위유 我

오어 一이잉 箇거거 ○ 아직 내게 ᄒᆞ나ᄒᆞᆯ 빌리면」我오어 便변뼌 不부봉 回휘훼 去

취큐 取츄츄 了랴렿 ○ 내 꼿 도라가 가져오지 아니ᄒᆞ리라」我오어 只즈짓 有우잉 一

이잉 箇거거 油우잉 絹현권 帽맢망 ○ 내게 다만 ᄒᆞᆫ 油絹帽ㅣ 잇고」那나너 金긴김

老랖랑 二을ᅀᅵᆼ 有우잉 兩량량 箇거거 油우잉 紙즈짓 帽맢망 ○ 뎌 金老二의게

朴通事新釋

두油紙帽ㅣ이시니 你니녜 問운문 他타터 借져져 一이히 箇거거 罷바빠 ○ 네 뎌

ᄃᆞ려 무러 ᄒᆞ나흘 빌미 무던ᄒᆞ다 那나너 廝스ᄉᆞ 那나너 裏리례 肯큰킁 借져져 ○

뎌놈이 어ᄃᆡ 즐겨 빌리리오 不부붕 通퉁퉁 人인ᅀᅵᆫ 情칭찡 不부붕 達다따 時스씌

務우무 的디딩 東동둥 西시셰 ◎ 人情을 通치 못ᄒᆞ고 時務롤 아지 못ᄒᆞᄂᆞᆫ 거시라 誰

쉬쒸 肯큰킁 向향향 他타터 開캐캐 口쿠킁 ○ 뉘 즐겨 뎌를 향ᄒᆞ여 입을 열리오 他

타터 怎즘즘 麽마뭐 不부붕 肯큰킁 借져져 與위유 你니녜 ○ 뎌ㅣ 엇지 즐겨 너를 빌

리지 아니ᄒᆞ리오 又우잉 不부붕 吃치칭 了랴럏 他타터 的디딩 ◎ 또 제거 술 먹지

아니ᄒᆞ리라 還환ᅘᆞᆫ 是시씌 你니녜 不부붕 肯큰킁 下하ᅘᅡ 氣키켸 問운문 他

타터 借져져 ○ 도로혀 네 즐겨 긔운을 ᄂᆞᄌᆞ기ᄒᆞ여 뎌ᄃᆞ려 무러 비지 아니홈이니 你니녜 也

여여 忒틔틍 傲아암 氣키켸 了랴럏 ○ 너도 너모 거만ᄒᆞ다

昨짬조日싱시是씽시張장샹千쳔쳔總중중的딩디生싱승日싱시○지어
의는生이日張이千니總你녜니何허허故구구不붕부去큐취○고네로모가슴지연
호아다니小썅샾弟뗴디其끼키實씽시不붕부知징지道땅단○실小로弟아진
호치와못在째재那너나裏례리做주주生싱승日싱시來래레○生어日뎌을셔
노흐在째재지배里례리庄장짱梁량량家갸쟈花화화園원원裏례리做
주주的딩디○園八의里셔庄흐梁너家라花我어오也여여那너나一흥이日싱시
去큐취拜배배壽싱식了럏랴○拜나壽도흐그고날가吃칭치了럏랴幾계지
杯뷔븨酒징쥐過귀고了럏랸兩량량道땅단湯탕탕○고여兩러道잔湯술을먹
고지내便삔변上쌍샹馮마마出츄츄來래레了럏랴○고곳나몰올을와드吆
해해我어오眞진진箇거거失싱시禮례리了럏랴○失애禮내흐진여실다로明

明밍밍日ᅀᅵ이到닾도羊양양市씨시上썅샹○제ᄂᆡ일가羊져賣ᄆᆡᄆᆡ五우우

六륙루錢쪈쳔銀인인買매매一이이箇거거羊양양腔쟝캉子즈즈○엿돈

은돈羊銀의을몸허동비을ᄒᆞ여산送숭숭去큐취與유위他타타補부부做주주生

싱승日ᅀᅵ싀罷바바○다보ᄂᆞ내림여홈더이몰주무어던生ᄒᆞ日다을常쨩챵言연연

道닾도○니常ᄅᆞ言되에有읻우心심신拜배배節졍져寒한한食씨시不부부

遲찌치○라節에더拜드홀지므아옴니이타이ᄒᆞ시ᄂᆞ면니寒라食

李리리爺예여你니니可커커曾쯩층到닾도過궈고西시시湖후후○李爺

西湖아에네돈일녀즉看칸칸見견견那나나裏리리的디디景깅깅致지지麽

마○보져앗긔는景가致를我오오不부부曾쯩층到닾도過궈고○내일즉돈

여기시지니못ᄒᆞ你니니說숴쉐那나나裏리리的디디景깅깅致지지如유유

何헣허○네 더긔 景致를 니ᄅᆞ미 엇더ᄒᆞ뇨 你니니且쳐쳐聽팅팅着쟣져○네 이
직 드ᄅᆞ라 西셰시湖후후是씽시從쭝충玉융위泉쮄쳔山산산流릳루下햐하
來래래的딩디○西湖ᄂᆞᆫ 이 玉泉山으로 조차 흘러 ᄂᆞ린 거시니 湖후후心심신中중중
有잏우座쭤조琉릳루璃례리閣공거○물 가온ᄃᆡ ᄒᆞᆫ 琉璃閣이 이시니 遠원원望
망왕去큐취如유유在째재青칭칭雲윤윤裏례리一힝이般붠번○멀리 ᄇᆞ라
매 푸른 구름 속에 잇ᄂᆞᆫ ᄃᆞᆺᄒᆞ고 上쌍샹面면면蓋개개的딩디瓦와와如유유鋪푸푸
翠취취○우희 년 디새ᄂᆞᆫ 비취롤 산 ᄃᆞᆺᄒᆞ고 地띠디下햐하幔뭔만的딩디是씽시
如유유白뻥배玉융위○석회 션 돌은 白玉 ᄀᆞᆺ고 四숭ᄉᆞ面면면綠룽루水쉬쉬
相샹샹映잉잉着쟣져○四面에 프른 믈이 서르 빗최엿고 這져져畫홰화棟둥둥
雕댜됴樑량량朱쥬쥬欄란란碧븽비檻햠헌○더 畫棟 雕樑과 朱欄 碧檻이 又

우임 都두두 如슈유 在재째 鏡징깅 子즈ᄌᆞ 裏리레 一이힝 般번붠 ◯ ᄯᅩ다거울

속에이심ᄒᆞᆫ가지오 北븨븡 岸안언 上샹썅 又우임 有우임 一이힝 座조쭤 大다때

寺스ᄉᆞ 相샹샹 對뒤뒤 着져짷 ◯ 북편언덕우희ᄯᅩᄒᆞᆫ좌큰절이이셔서르되ᄒᆞ엿고 這

저셔 裏리례 頭투틓 鐘중즁 鼓구구 樓루릏 佛보뿧 殿뎐뗜 ◯ 이안희鐘鼓樓와佛

殿과 禪쳔쪈 堂탕땅 齋재재 室시싱 ◯ 禪堂과齋室과 遊우임 廊랑랑 曲취큐 徑

깅깅 且쳐쳐 不부붕 必비빙 說쉬쉼 ◯ 遊廊과曲徑은아직니ᄅᆞ지말고 就직찡 是

시씨 那나녀 蒼창창 松송숭 翠취취 竹주쥭 ◯ 곳이蒼松翠竹과 與위유 那나녀

名밍밍 花화화 奇기끼 樹슈쓔 也여여 不부붕 知지징 其기끼 數수수 ◯ 다못

더名花奇樹ᄂᆞᆫ그수ᄅᆞᆯ아지못ᄒᆞ니 一이힝 望왕망 去취큐 又우임 是시씌 蓬풍뿡

萊래래 仙션션 島도닿 一이힝 般번뷘 ◯ ᄇᆞ라매ᄯᅩ이蓬萊仙島와ᄒᆞᆫ가지오 再재재

看칸칸那너나閣거거前쪈쳔冰씽싱面면면上쌍샹○다시閣앏물우흘보니

飛빙븨來래레飛빙븨去큐취的딩디是씽시鴛줜원鴦향양○ᄂᆞ라오며ᄂᆞ라

가ᄂᆞᆫ거슨이鴛鴦이오睡쒸쉬着쨯져站잠잔着쨯져的딩디是씽시鷗흫우鷺

루루○자며셧ᄂᆞᆫ거슨이鷗鷺ㅣ오穿쳔쳔波붜보逐쭇주浪랑랑的딩디是씽시

魚유위兒ᅀᅵᆯᅀᅳᆯ○ᄠᅥ波逐浪ᄒᆞᄂᆞᆫ거슨이고기오撒상사網망왕垂쮜취鉤긓구的

딩디是씽시大때다小셯샾漁유위船쥰촨○그믈을티고낙시를드리온거슨이大小

漁船이오青칭칭的딩디綠룽루的딩디是씽시浮뿧부萍삥핑水쉬쉬草찰찬

○青ᄒᆞ며綠ᄒᆞᆫ거슨이浮萍水草ㅣ오紅훙훙的딩디白뻬배的딩디是씽시遠원원

近낀긴荷허허花화화○紅ᄒᆞ고白ᄒᆞᆫ거슨이遠近荷花ㅣ오還환환有잉우那너나

男남난男남난女뉴뉴女뉴뉴○당시롱뎌男男女女ㅣ이셔辨뼌반了럏랴遊

연연 席시씨 散잔산 了랴럏 鼓구구 樂요얗 ○ 잔치를 츠호고 鼓樂을 불러 坐조쭤

在재째 船쳔쮠 裏리례 不부붕 住쥬쮸 的디딩 往왕왕 來레래 遊우읳 玩완원

○ 비에 안자 머무다 아니ᄒᆞ고 往來遊玩ᄒᆞ니 眞진진 箇거거 是시씽 畫화홰 也여여

畫화홰 不부붕 成칭찡 的디딩 好한항 景깅깅 致지징 ○ 진짓 이 그리려 ᄒᆞ여도 그

려내지 못홀 됴흔 景致오 描먀명 也여여 描먀명 不부붕 盡진찐 的디닝 好한항 風

봉봉 光광광 ○ 모ᄒᆞ려 ᄒᆞ여도 모ᄒᆞ여 나치 못홀 됴흔 風光이니 且쳐쳐 不부붕 必비삥

誇과콰 天텬텬 上샹쌍 瑤얖염 池치찡 ○ 또 반ᄃᆞ시 天上瑤池를 쟈랑치 말라 只즈짛

此츠츠 人인신 間간간 少샾셩 有우일 的디딩 了랴럏 ○ 그처이 人間애 드믄 거시

니라

咱자짱 們믄문 相샹샹 好한항 多도더 年년년 ○ 우리 서로 됴한지 여러 ᄒᆡ라 好

항할 哥 거거 兒 싈올 弟 뗴디 兄 휭훙 們 믄믄 從 쭝충 來 래레 不 붕부 分 뿐븐 彼

삐비 此 츠츠 ○ ᄆᆞᄋᆞᆷ도흔형아ᄋᆞ들이본ᄃᆡ 彼此를혀기지아니ᄒᆞᄂᆞ니 咱 장자 今 김긴 日

싱시 有 일우 句 규귀 知 징지 心 심신 話 화화 對 뒤뒤 你 니니 說 숴숴 ○ 우리ᄒᆞᆫ句ㅣ심복아ᄂᆞᆫ말이 오ᄂᆞᆯ이셔너ᄃᆞ려니ᄅᆞ쟈

咱 장자 有 일우 一 힝이 件 견견 東 둥둥 西

세시 要 향얀 與 유위 你 니니 對 뒤뒤 換 훤환 如 슈슈 何 허허 ○ 우리ᄒᆞᆫ가셔녀와밧고고져 져새시이ᄒᆞ니엇더ᄒᆞ뇨

你 니니 要 향얀 對 뒤뒤 換 훤환 甚 씸서 麼 뭐마 東

둥둥 西 세시 ○ 네므스기슬밧 고고져ᄒᆞᄂᆞᆫ다 我 어오 有 일우 沉 찜친 香 향향 繡 심식

袖 씽식 袍 빵판 一 힝이 件 견견 ○ 내게침향빗체ᄉᆞ매예슈 노ᄒᆞᆫ큰옷ᄒᆞᆫ벌이이셔 要

햫야 換 훤환 你 녜니 的 듸디 大 대다 紅 훙훙 織 징지 金 김긴 胸 흉흉 背 뷔븨 ○

네다홍빗체금ᄉᆞ로ᄇᆞᆨ고흉 背ᄒᆞᆫ것과밧고고져ᄒᆞ노라 我 어오 的 듸디 胸 흉흉 背 뷔븨 怎

朴通事新釋諺解 二 七

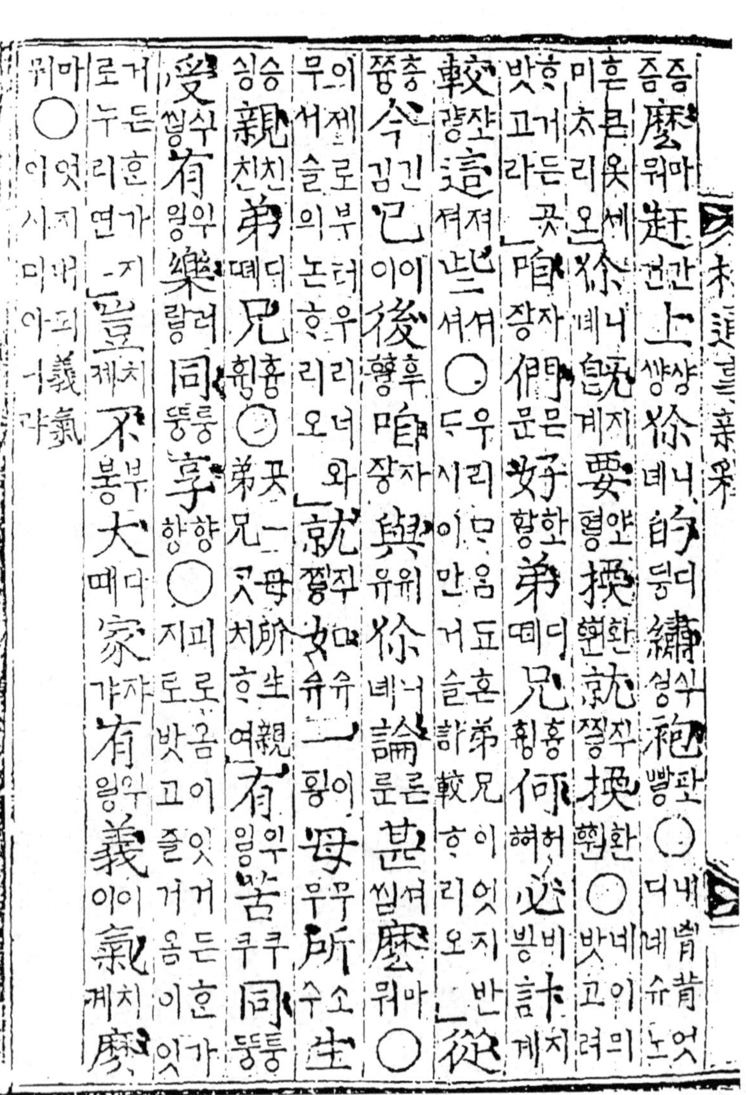

朴通事新釋

즘즘 麽 뭐마 趕 껀간 上 썅샹 徐 녜니 的 딍디 繡 싱식 袍 빵팦 ○ 다네 녜背 슈背 노엇

미흔 太君 리옷 오세 徐 녜니 旣 계지 要 뺭얖 換 환환 就 짱직 換 환환 ○ 밧네 고이 려미

밧흐 고거 라든 곳 咱 장자 們 문믄 好 항한 弟 뗴디 兄 휭홍 何 헤허 必 삥비 計 계지

較 걍쟌 這 져져 些 서셔 ○ 두우 시리 이므 만음 거됴 슬흔 計弟 較兄 흐이 리잇 오지 반 從

쭝충 今 깁긴 已 이이 後 향후 咱 장자 與 유위 徐 녜니 論 룬론 甚 씸셔 麽 뭐마 ○

무의 서제 슬로 의부 논더 흐우 리리 오너 와 就 짱쥐 如 유유 一 황이 毋 무무 所 수소 生

싱승 親 친친 弟 뗴디 兄 휭홍 ○ 弟곳 兄一 곳母 치所 흐生 여親 有 잉읶 苦 쿠쿠 同 뚱퉁

受 씽수 有 잉우 樂 랍러 同 뚱퉁 享 향향 ○ 지피 토로 밧곰 고이 즐잇 거거 옴든 이흐 잇가

로거 누든 리흐 면가 一지 豈 제치 不 뿡부 大 때다 家 갸쟈 有 잉우 義 이이 氣 계치 麽

뮈마 ○ 이엇 시지 미내 아되 니義 라氣

掌장쟝櫃귀뀌的디딍老랖랑哥거거 ○ 掌櫃ᄀ옴아이는 늙은 형아 「你니녜拿나나

好한항緞돤뒨子즈즈來레래我오어看칸컨 ○ 네 됴흔 비단을 가져오라 내 보자 「

這저져是시씽南난남京징깅來레래的디딍眞진진正징징八바방絲스슨

好한항緞돤뒨子즈즈 ○ 이 南京셔 온 진짓 八絲 됴흔 비단이라 「太태태爺여여是

시씽識시싱貨호훠的디딍請칭칭看칸컨 ○ 太爺는 이 물화 아는 이라 청컨대 보라 「

你니녜不부붕要야얖小샾셯看칸컨我오어 ○ 네 나를 업슈이 녀기지 말라 「我

오어不부붕是시씽那나녀口쿠쿻外왜왜的디딍達다땅子즈즈回휘훠回

휘훠 ○ 나는 뎌 口外엣 達子回回 아니라 「就직찍是시씽那나녀達다땅子즈즈回

휘훠回휘훠 ○ 임의셔 뎌 達子回回라도 「如유유今긴긴也여여都두두識시싱貨

호훠了랴럏 ○ 이제 다 물화를 아ᄂᆞ니 「你니녜怎즘즘麼마뭐小샾셯看칸컨起

朴通事新釋

치쟤 的디딍 我오어 朝찬ᄎᆞᇢ 鮮션션 人인ᅀᅵᆫ 呢니녜 ○ 네 엇지 우리 朝鮮 사ᄅᆞᆷ을 업슈

이 너기ᄂᆞᆫ다 不부부ᇢ 是ᄉᆞ씨 這져져 等등딍 說쉬숴ᇢ ○ 이리 니ᄅᆞᆯ 거시 아니라 你

니니 [illegible] 不부뿡 信신신 服부뽕 ○ 네 만일 밋지 아니ᄒᆞ거든 再제재 拿나나 去

[illegible] 別벼뼝 人인ᅀᅵᆫ 看칸권 便변뺸 見견견 真진진 假갸갸 了랴럏 ○

다시 가져가 다ᄅᆞᆫ 사ᄅᆞᆷ ᄒᆞ여 뵈면 곳 真假ᄅᆞᆯ 알리라 罷바빠 了랴럏 ○ 무던ᄒᆞ다 你니녜 說

숴쉬 賣매ᄆᆡ 的디딍 價가갸 錢쳔쪈 罷바빠 ○ 네 ᄑᆞᆯ 갑슬 니ᄅᆞ라 這져져 緞돤뚠

子즈즈ᇰ 每미뮈 尺치칭 紋운훈 銀인힌 五우우 錢쳔쪈 ○ 이 비단을 ᄆᆡ자히 紋銀 닷

돈식 ᄒᆞᆯ 거시니 這져져 是시씽 要얀얗 的디딍 老랖랗 實시씽 價가갸 ○ 이 [illegible] 들 [illegible]

지식ᄒᆞᆫ 갑시라 你니녜 來레래 ○ 이바 你니녜 這져져 暗안함 花화화 緞돤뚠 子

즈즈ᇰ 要얀얗 多도더 少샾샹 一이잉 疋피핑 ○ 네 이 스믠 문비단을 언어、에 ᄒᆞᆫ 필을 ᄒᆞ려

ᄒᆞᄂᆞ뇨 講쟝걍 定딩띵 了랴럏 一이ᅙᅵᆼ 拚빙삥 買매매 你니녀 的디딩 ○ 날러

뎡ᄒᆞ고ᄒᆞᆫ변에네거슬사쟈 這저져 一이ᅙᅵᆼ 疋피핑 暗안함 花화화 緞돤뒨 是시씃

兩량량 件견견 袍팦뽱 料랴럏 ○ 이ᄒᆞᆫ필ᄉᆞ믄비단은이두벌큰옷ᄀᆞ옴이니 實시씽

價가갸 十시씽 二ᅀᆞᆯᅀᅵᆼ 兩량량 ○ 실갑시열두냥기리 這저져 般번뷘 說숴숴 ○

이리니ᄅᆞ면 便변뼌 都두두 依이이 了랴럏 你니녜 的디딩 要얀얗 價가갸 罷

바빠 ○ 못다너ᄃᆞᆯ라ᄂᆞᆫ갑새로ᄒᆞ쟈 太태대 爺여여 甚셔씸 麽마뭐 銀인힌 子즈즈

○ 太爺ㅣ야므ᄉᆞᆷ은고 是시씃 細세시 絲스ᄉᆞ 銀인힌 子즈즈 ○ 이細絲銀이라 這

저져 麽마뭐 就직찍 請칭칭 兌뒤뛰 銀인힌 罷바빠 ○ 이러면ᄭᅩᆺ청건대은을ᄃᆞᆯ라

小샤셜 鋪푸푸 賤젼쪈 賣매매 了랴럏 ○ 小鋪에셔賤히ᄑᆞᄂᆞ 你니녜 太태태 爺

여여 下햐햐 次ᄎᆞ츠 好한함 再재재 來레래 照쟈쨯 顧구구 ○ 너太爺ㅣᄒᆞᆫ번에다

시와돌보미됴타

咱자잠們믄문到닾닿南난남城칭칭永융윙寧닝닝寺스쓰裏리리⊙우리

南城永寧寺에가聽팅팅說쉬숴佛보부法바밯去취츄罷바빠⊙佛法니르는양

드르라가쟈聞운문說쉬숴有우잉一이힝箇거거得더덩道닾닿的디딩朝

챤쟝鮮션션和허훠尙샹썅⊙드르니ᄒᆞᆫ得道朝鮮즁이이셔ᄒᆞᆫ法바방名밍밍叫

쟌뎡做주주步부뿌虛쉬휴⊙法名을步虛ㅣ라부르린他타터曾층쯩到닾닿江

장강南난남地디뎨方방방受식씩過고궈名밍밍師스싀⊙뎌일즉南셔희

일홈난스승의게비호니他타터師스싀傅부부法바밯名밍밍石시씌屋우웅⊙

뎌스승의法名은石屋이라傳쳔쭨與위유他타터衣이이鉢보봉⊙뎌의게衣鉢을

젼ᄒᆞ여주니善션쎤能능닝參찬참禪쳔쪈打다다坐조쭤⊙參禪打坐ᄒᆞ기를잘

ᄒᆞ더리 如슈슈今긴김來레래到닾당這져져永융윙寧닝닝寺스ᄾᆞ裏리례
坐조쬐了랴럏方방방丈장쨩○이제永寧寺에와方丈에안잣더니新신신近
긴낀奉봉뽕皇황횅帝디뎨聖싱싱旨즈즹○요ᄉᆞ이皇帝聖旨를밧드러着쟏쨯
他타타講쟝강經깅깅說숴쉉法방봥○뎌로ᄒᆞ여講經說法ᄒᆞᄂᆞ니라他타타說
숴쉉幾지계箇거거日시ᅀᅵᆼ子즈ᄌᆞ呢니녀○뎨니ᄅᆞ기ᄅᆞᆯ몃날을ᄒᆞᆯᄂᆞ뇨聽팅팅
說숴쉉只즈즹得더듷三산삼日시ᅀᅵᆼ三산삼夜여여就직징圓원원滿만먼
了랴럏○드ᄅᆞ니그저三日三夜ᄅᆞᆯᄒᆞ여야곳圓滿ᄒᆞ니從쭝쭝今긴김日시ᅀᅵᆼ起치켸
後후훟日시ᅀᅵᆼ止즈즹○오ᄂᆞᆯ브터시작ᄒᆞ여모ᄅᆡ고치ᄂᆞ니到닾당處츄츄人인인
民민민一이잉切쳐쳥善션쎤男난남信신신女뉴뉴○到處人民과一切善男信
女都두두往왕왕那나너裏리례聽팅팅去취큐○다뎌긔드ᄅᆞ라가ᄂᆞ這져져

朴通事新釋諺解 二 十

朴通事新釋

的 딩디 眞 진진 是 씌시 善 쎤션 知 징지 識 싱시 了 럏랴 ○ 아진짓善知識이라 邪

나나 裏 례리 尋 씸신 去 큐취 ○ 드러가 리오 어 咱 짜자 們 믄믄 今 김긴 日 싱시

就 찍직 同 뚱퉁 去 큐취 聽 팅팅 一 이 聽 팅팅 罷 빠바 ○ 우리 오늘 가셔 호지

도로 잔가 你 니니 且 쳐쳐 停 뗭팅 一 이 停 뗭팅 ○ 네 아직 머믈라 我 어오 到 닿닷

衙 야야 門 믄믄 去 큐취 投 뚝투 了 럏랴 文 문운 書 슈슈 就 찍직 回 휘휘 來 래레

○ 내 衙門에 가 文書를 드리고 즉시 올거시니 咱 짜자 兩 량량 箇 거거 拿 나나 些 셔셔

布 부부 施 시시 和 훠허 香 향향 蠟 라라 去 큐취 禮 례리 拜 배배 他 타타 ○ 우리

둘이 가져 布施와 香과 蠟을 가져가 禮拜하고 好 핳화 聽 팅팅 他 타타 說 쉬쉬 些

셔셔 因 인인 果 궈고 何 허허 如 슈슈 ○ 더의 因果 니르는 거슬 드르미 엇더하뇨

咱 짜자 們 믄믄 到 닿닷 拘 규구 欄 란란 院 원원 裏 례리 看 칸칸 雜 짜자 技 기기

去취큐罷바빠 ○ 우리 拘欄院에 雜技 보라 가쟈 怎즘즘麼마워得더듸進진진去
취큐呢니녜 ○ 엇디 드러가리오 這저져箇거거不부붕難난난 ○ 이 어렵지 아니
ᄒᆞ다 一이힝箇거거人인신與위유他타터五우응箇거거錢쳔쪈 ○ ᄒᆞᆫ 사ᄅᆞᆷ이
뎌ᄅᆞᆯ 다ᄉᆞᆺ 낫 돈을 주면 便변뼌放방방我오어們문문進진진去취큐了랴령 ○
ᄆᆞᆺ 우리ᄅᆞᆯ 노하 드러가게 ᄒᆞ리라 裏리례頭투뚤也여여有우잉諸쥬쥬般번번唱
챵챵文운운詞스ᄊᆞ的디딩 ○ 안희 여러 가지 文詞 부ᄅᆞᄂᆞᆫ 이도 이시며 也여여有우잉
舞우무鎗챵챵弄룽룽棒방빵的디딩 ○ ᄯᅩ 鎗을 춤추며 막대 노ᄅᆞᆺᄒᆞᄂᆞᆫ 이도 이시니
還환ᅘᆑᆫ有우잉把바바一이힝箇거거高간강桌조좡兒을ᅀᅵᆼ放방방定딩띵
○ 당시롱 ᄒᆞᆫ 노ᄑᆞᆫ 탁조ᄅᆞᆯ 다가 노코 脫토퉁下하ᅘᅣ衣이히裳샹쨩 ○ 옷 벗고 赤
치칭條탿뗭條탿뗭的디딩仰양양面면면臥오워在재째桌조좡上샹쌍 ○

벌거케올올이 ᄌᆞ우희갓바누어 拿 나나 一 힝이 箇 거거 一 힝이 托 탛토 長 쨩챵 碗

원완 口 큳쿠 大 때다 的 딍디 紅 ᅘᅮᆼ훙 油 잉우 畫 ᅘᅪ화 金 김긴 棒 빵방 子 즈즈 ○

ᄒᆞ나ᄒᆞᆫ발맛치길고사발맛치큰불 근칠ᄒᆞ고금으로그린마대롤ᄀᆞ져 放 방방 在 째재 他 터타

脚 걓교 心 심신 上 썅샹 轉 줜줜 ○ 더발ᄲᅡ당에 하구을리고 ᄂᆞ」 脚 걓교 背 뷔븨 上

썅샹 轉 줜줜 脚 걓교 指 징즈 頭 뚷투 上 썅샹 轉 줜줜 ○ 발등우희구을 리고발가락우

희구을 리다가 吊 뎡댠 下 햐하 來 래레 踢 틩티 上 썅샹 去 큐취 ○ ᄂᆞ려오거 든차올려

弄 룽룽 的 딍디 人 신인 眼 얀얀 都 두두 看 컨칸 花 화화 了 럏랴 ○ 놀려사 ᄅᆞᆷ의눈

이다보아 밤의엿고 還 횐환 有 잉우 那 너나 弄 룽룽 寶 밯반 盖 개개 的 딍디 ○ ᄯᅩ 寶

盖농ᄒᆞᄂᆞᆫ이 도이시나」 把 바바 一 힝이 箇 거거 蠟 랑라 嘴 쮜쥐 帶 때대 着 쨯져 鬼

귀귀 臉 렴련 兒 싈올 ○ ᄒᆞᆫ암종다리로다 가광대빅오고」 兩 량량 翅 츠츠 飛 비븨 舞

우무 ○ 두놀개로 춤추이고 他다터 的디딍 主쥬쥬 兒을싱 一이힝 箇거거 手싀싱
拿나나 着져쟣 五우우 色서승 小샨셩 旗치끼 ○ 뎌붐재ᄒᆞᆫ손에五色져근旗를가지
고」叫쟌경 那나너 蠟라랑 嘴쥐쥐 啣현햠 着져쟣 ○ 뎌암죵다리로ᄒᆞ여무러」飛
회비 到닾당 那나너 邊변변 遞디뎨 與위유 他타터 ○ ᄂᆞ라뎌편에가 뎌를주ᄂᆞ니」
那나너 箇거거 主쥬쥬 兒을싱 又우읭 叫쟌경 做주주 頑완완 雀쵸쟣 兒을싱
的디딍 ○ 뎌님자를또새놀리ᄂᆞᆫ이라부르ᄂᆞᆫ이라」還환환 有우잉 那나너 諸쥬쥬 般
번뷘 做주주 把바바 戲히히 的디딍 演연연 戲히히 法바팡 的디딍 ○ 또여러가
지노롯ᄒᆞ며한술넉이ᄂᆞᆫ이도이션」好한항 看칸권 得더듷 狠흔ᄒᆞᆫ 裡리례 ○ 보기ᄀᆞ장
됴터라」這져쳐 般번뷘 ○ 이러ᄒᆞ면」我오어 沒무뭉 有우잉 零링링 錢쳔쪈 帶
대대 去취큐 使시싱 用용융 ○ 내ᄃᆞ래돈가져가ᄡᅳᆯ거시업스니」怎즘즘 麼마무 好

朴通事新釋諺解 二 十二

한할 呢(니녜) ○ 엇지ᄒᆞ여야 됴ᄒᆞ리오 」不(부불) 妨(방빙) 事(스씅) ○ 일에 방해 롭지 아니

ᄒᆞ다 」我(오어) 有(우잉) 零(링링) 錢(쳔쪈) ○ 내게 드래 돈 이 이시니 」你(니녜) 要(양양) 使(시싱)

只(즈징) 管(권권) 問(운운) 我(오어) 討(토탕) 不(부불) 拘(귀규) 多(도더) 少(샾샹) ○

네 쓰고져 ᄒᆞ거든 그처 ᄉᆞ괴여 날ᄃᆞ 려 달라 ᄒᆞ여 多少를 거리셰지 말고 」回(휘휘) 來(래래) 還(환환)

我(오어) ○ 도라와 내 베 갑ᄒᆞ리라

夜(여여) 來(레래) 叫(쟢걍) 李(리례) 三(산삼) ○ 어제李三 으로ᄒᆞ여 」到(단담) 木(무뭉) 匠(장쨩)

家(쟈갸) 做(주주) 一(이힝) 口(쿠쿵) 櫃(귀귀) 子(즈즁) ○ 木匠의 집의 가 ᄒᆞᆫ 櫃를 민돌리

되 」說(쉬쉉) 定(딩띵) 與(위유) 他(타터) 二(을싱) 兩(랑량) 銀(인인) 子(즈즁) ○ 날려 정ᄒᆞ

고 더블어 두 냥 은 을 주엇더니 」誰(쉬쒸) 知(지징) 道(닾땅) 做(주주) 得(더뒁) 狠(흔쁜) 不(부불)

如(슈유) 式(시싱) ○ 뉘 아더나 민드롬이 장법 갓지 아니ᄒᆞ고 」油(우잉) 漆(치칭) 也(여여)

不봉부好할한板반반子즈즈又잉우薄빵보 ○ 칠도됴치아니ᄒᆞ고널도ᄯᅩ엷고

槓꿩귀子즈즈上쌍샹銅뚱퉁事쓰스件껸견都두두平삥핑常짱챵 ○ 槓에

퉁으로ᄒᆞᆫ소견이다平常ᄒᆞ고兩량량箇거거鐀큥귀鎖숑슈一힝이箇거거釕럏랸

鐵텰텨都두두不봉부厚흫후實씽시 ○ 두비목ᄀᆞᄒᆞᆫ결새다두텁지못ᄒᆞ니怎즘즘

麽뭐마能능능彀긍구堅견견固구구牢랄랖壯장좡呢녜니 ○ 엇지능히堅固

牢壯ᄒᆞ리오 這져져生승승活휑호看컨칸了럏랸 ○ 이셩녕을보매眞진진令

링링人신인可커커恨흔흔可커커惱낲낲 ○ 진실로사ᄅᆞᆷ으로ᄒᆞ여곰恨홉고노홉게

ᄒᆞ니 那너나廝ᄉᆞ스眞진진不봉부是씽시人신인 ○ 뎌놈이진실로사ᄅᆞᆷ이아니

로다 這져져槓꿩귀子즈즈多더도不봉부過귀고直찡지得듸더一힝이兩량량

량량銀인인 ○ 이槓만ᄒᆞ야不過ᄒᆞᆫ냥은이ᄡᆞ너ᄅᆞ必빙비定띵딩是씽시那너나廝

숩스 落랍로 了럏랖 我어오 一힝이 兩량랑 銀인인 子중즈 了럏랖 ○ 더일 놈녕
을이 倆내 혓호 도놓 다은 我어오 定띵딩 要양얖 打다다 這쳐저 狗궇구 才채채 了
힝이 頭둗두 ○ 울내 호일 지덩 위이 치개 리ㄱ 라톤 놈 相샹샹 公궁궁 饒얀얀 了럏랖
他터타 罷빠바 ○ 샤相 호公 쇼은 셔더 를 自쯔즈 古구구 道땋닾 ○ 나네 릇뮤 되터
大대다 人인인 不붕부 見견견 小셛샾 人신인 過궈교 ○ 의太 허스 믈온 을쓰 보시
마지 호이 너나 라호
我어오 到돨닾 染염연 房빵방 裏레리 染염연 東둥둥 西세시 去큐취 ○ 울내
드집 리의 라잡 가은 자첫 물 染염연 家가쟈 你네니 來래레 看컨칸 生승승 活훵호
○ 바물 명드 녕리 엣는 것이 보아 라이 這쳐저 杭항항 州질주 綾링링 子중즈 每위미
疋필피 有임우 七칭치 托탕토 長쨩챵 ○ 에이 닐杭 곱州 발ㅅ 기綾 리이 잇每 疋疋 兩

랑량頭등투有잉우記긔지號향할○두머리에 보람이 이시니」要럏얀染염연柳

릭리黃황황色싀서的디디○柳黃빗출 드리고져 ᄒᆞ고」這져져被쁴븨面면면要

럏얀染염연大따다紅훙훙的디디○이 니블거족은 올 드리고져 ᄒᆞ고 ᄯᅩ 훙」被쁴븨

當당당頭등투要럏얀染염연氷싱싱綠룽루的디디○니블기슨 水綠을 드리고

져ᄒᆞ고」這져져十씹시疋핑피絹견견○이 열필 깁에셔」五우우疋핑피要럏얀

染염연南난난紅훙훙○닷필은 연다홍을 드리고져 ᄒᆞ고」五우우疋핑피染염연

氷쉬쉬紅훙훙○닷필은 분홍을 드리고」這져져綿면면紬칙치要럏얀染염연

鴉야야青칭칭色싀시○이 綿紬란 야쳥빗 드리고」這져져魚유위白배바紬칙치

原원원是씌시婦부부人신인家갸쟈大다다襖와와裏리리子즈즈○이 옥

식綿紬ᄂᆞᆫ 본ᄃᆡ 婦人의 큰옷 안히러니」要럏얀改개개染염연做주주桃담탄紅훙훙顏

연면 한 色 싀서 ○ 리고 고려 져桃 ᄒ紅 노빗ᄎ 라출 드 這 져저 些 셔서 東 둥둥 西 셰시 徐

녜니 共 궁궁 要 향얀 多 더도 少 셜샾 染 염연 錢 쪈쳔 呢 녜니 ○ 세이 네여 더러 되거

드언 려미 ᄒ물 는갑 다술 바 這 져저 疋 핑피 杭 항항 綾 링링 染 염연 錢 쪈쳔 五 우우

錢 쪈쳔 半 뷘반 ○ 물이 갑ᄒ 시필 닷杭 돈州 반ᄉ 이綾 오에 는 五 우우 箇 거거 南 남난

紅 훙훙 絹 견권 海 믜믜 一 힝이 疋 핑피 染 염연 錢 쪈쳔 四 ᄉᆞ스 錢 쪈쳔 ○ 필닷

에연 뭃다 갑홍 시깁 너은 돈미 이ᄒ 오필 五 우우 箇 거거 氷 쉬쉬 紅 훙훙 絹 견권 海 믜믜

疋 핑피 染 염연 錢 쪈쳔 三 삼산 錢 쪈쳔 ○ 에다 물ᄉ 갑분 시홍 서깁 돈은 이미 오필 這

[illegible] 鴉 햐야 青 칭칭 綿 면면 紬 쯍추 染 염연 錢 쪈쳔 六 룽릭 錢 쪈쳔 ○ 쳥이 綿야

엿紬 돈는 이울 오갑 시 被 븨비 面 면면 被 븨비 當 당당 頭 뜽후 染 염연 錢 쪈쳔 八

방바 錢 쪈쳔 ○ 물너 갑불 시거 여족 ᄃ과 돈니 이불 니깃 슨 共 궁궁 該 개개 染 염연 錢

쪈쳔五우우兩량량四쓰스錢쪈쳔半뷘반銀인인子즈즈○니대물되갑히시오
銀닷이냥로너다돈만徐녜니把바바現현현成찡칭樣양양子즈즈來래레我
어오看권칸○가네져現오成라호내樣보子쟈를假갸갸如유유徐녜니染염연的
등디不붕부如유슈這져져樣양양兒싱을上썅상的등디顏얀연色승서○
子만옛일빗네파드고린지거아시니이면樣徐녜니便뻔변替톄티我어오再재재染
염션○다네시곳드나리를리ㄱ라릉차如유유今김긴染염연錢쪈쳔都두두依
이이徐녜니○대이로제호물려감니슨와다네徐녜니說숴쉬幾계지時씨스染
염연完훤완○물네드날려으므라츠연료제我어오好함한拿나나銀인인子즈즈
來래레取츄츄○와내太銀즈을리가라지고外왜왜後훟후日싀시來래레取
츄츄罷빠바○초글즈픠라와准쥰쥰的등디麼뭐마○훌일다뎡히徐녜니放

방방 心 심신 斷 뒨뒨 不 부부 有 잉우 誤 우우 的 딩듸 ○ 네放心ᄒᆞ라결단고그름이잇
지아니ᄒᆞ리라
驛 잉이 站 잠잔 人 신인 役 융이 們 믄믄 在 째재 那 너나 裏 례리 ○ 驛站에人役들
어어듸잇ᄂᆞ뇨「怎 즘즘 麼 뭐마 沒 뭉무 有 잉우 一 힝이 箇 거거 聽 팅팅 事 씽스 的
딩디 ○ 엇지ᄒᆞ나聽事ᄒᆞ리업ᄂᆞ뇨」驛 잉이 丞 찡칭 都 두두 到 닾닾 那 너나 裏 례리
去 큐취 了 랼랴 ○ 驛丞이다어ᄃᆡ갓ᄂᆞ나「小 샿샤 的 딩디 們 믄믄 都 두두 在 째재
這 저저 裏 례리 ○ 小人들이다여긔잇노라「聽 팅팅 我 어오 吩 분분 咐 부부 ○ 내分
付를드르라「一 힝이 兩 량량 日 ᅀᅵᆼ이 內 뉘늬 使 싱시 臣 찐친 就 찍직 到 닾닾 的 딩디 ○
一兩日內에使臣이곳올거시니「這 저저 牌 빼패 上 썅샹 開 캐캐 載 재재 的 딩디 ○
이牌에버리ᄡᅳ인「正 징징 副 부부 使 싱시 三 삼산 員 원원 從 쭝중 人 신인 六 룽루

名밍밍○正副使三員과從人六名에一잉이應힝잉供궁궁給김지伺ᄉᆞ스候
흫후人싄인役융이却캏커都두두預유위備삐븨麽뭐마○一應供給과伺候人
役을다預備ᄒᆞ엿ᄂᆞ냐官권관三삼산員원원○관원員에三應힝잉給긩지米
메미三삼산升싱싱○應給ᄒᆞᄂᆞᆫ거시ᄡᆞᆯ서되와麪면면三삼산斤긴긴○ᄀᆞᄅᆞ서근
과猪쥬쥬肉숳류三삼산斤긴긴○猪肉서근과雞계지三삼산隻징지○ᄃᆞᆰ
세마리와鴨햫야三삼산隻징지○올히세마리와酒징직兩량량瓶빙핑○술두
병과油잏우鹽연얀醬쟝쟝醋추추茶짜차各걓거一힝이斤긴긴○기ᄅᆞᆷ
과소곰과醬과醋와茶ㅣ各ᄒᆞᆫ근이오從쭝중人싄인六륳릭名밍밍○從人六名에
應힝잉給김지米메미三삼산升싱싱○應給ᄒᆞᄂᆞᆫ거시ᄡᆞᆯ서되와麪면면三삼산
斤긴긴○ᄀᆞᄅᆞ서근과羊양양肉숳류三삼산斤긴긴○羊肉서근과酒징직

16a

一瓶 ○ 술ᄒᆞᆫ병과 酪一錠 ○ 타락ᄒᆞᆫ대야와 鹽醃菜各一斤 ○ 소곰ᄯᅡ菜各ᄒᆞᆫ근이나 這些食物都要鮮明不可缺少纔是 ○ 이여러食物을다鮮明히ᄒᆞ고조라지아니케ᄒᆞ미올흐니라 廚子你來 ○ 廚子ㅣ아 快與我做飯 ○ ᄲᆞᆯ리나를밥지어주고려 老爺做甚麼飯 ○ 老爺ㅣ야므슴밥을지으료 做乾飯呢還是水飯 ○ 乾飯을지으랴水飯을ᄒᆞ랴 熬些稀粥罷 ○ 져기근쥭을ᄭᅳ리라 你把那白麵來 ○ 네뎌白麵을가져다가 再揑些匾食預備我吃罷 ○

도저기 번사를 비저 내ᄉᆞ 먹기를 預備ᄒᆞ리라 喚훤훤驛잉이裏리리的디디經깅깅丞찡칭

來래래 ○ 驛에 經丞을 불러오라 驛잉이馬마마怎즘즘麽마뭐還환환不부부

見견견來래래呢니녀 ○ 驛馬ㅣ 엇지 당시롱 옴을 보지 못ᄒᆞᆯ소뇨 來래래了랴료 ○

오ᄂᆞ다 請칭칭老랖랖爺여여驗연염馬마마 ○ 請컨대 老爺ᄂᆞᆫ 몰을 보라 這져져

馬마마都두두不부봉中중중用융융 ○ 이 몰이 다 ᄡᅥᆷ즉지 아니ᄒᆞ다 明밍밍日

싀잉 三산산位위위老랖랖爺여여騎키치坐조줘的디디 ⊕ 니일 三位 老爺ㅣ ᄐᆞᆯ

거ᄉᆞᆫ 要얀얍三산산匹피핑十시씽分분분壯장장健견견馬마마 ○ 세 필 ᄀᆞ장

壯健ᄒᆞᆫ 몰을 ᄒᆞ고 六루뤼名밍밍跟근근役이윙騎키치的디디 ○ 六名 跟役이 ᄐᆞᆯ

거ᄉᆞᆫ 便변뼌略랴략次츠츤些셔셔也여여罷바빠了랴료 ○ 곳 져기 버금 거슬 ᄒᆞ

여도 무던ᄒᆞ거니와 我오어騎키치的디디却캬캬要얀얍十시씽分분분快쾌쾌

朴通事新釋

馮마마 ○ 젼내 몸믈 몰거 구슨 ᄒᆞ또 노ᄀᆞ 난장 我어오 好핳할 赶건간 進진진 京깅징

先션신 報밯반 去큐취 ○ 져내 報셔 ᄒᆞ울 라올 가미 기처 됴나 ᄒᆞ아 리가 란온 使싀시 臣

진친 明밍밍 日싕시 到닿닾 這져져 站잠잔 ○ 站使 에臣 다이 다녀 라일 이 未뮈위

必빙비 住쥬쥬 宿숑수 ○ 닷머 지므 아러 니자 ᄒᆞ기 니반 快쾌쾌 預유위 備삐븨 好

핳할 馮마마 ○ 올섈 預리 備됴 ᄒᆞ혼 란몰 若얗요 遲찌치 悞우우 了랼랴 ○ 遲만 悞일

ᄅᆞᆫᄒᆞ 거 拿나나 這져져 管권권 馮마마 的뎌디 弔뎡됴 起키치 來래레 打다다

○ 롤이 잡몰 아ᄀᆞ 뫼옴 고아 치ᄂᆞᆫ 라이 這져져 使싀시 臣친친 往왕왕 來래레 限현혠

期ᄀᆡ기 緊긴긴 急깅지 ○ ᄒᆞ이 이使 緊臣 急이 ᄒᆞ往 여來 그 一 흥이 日싕시 三삼산

站잠잔 五우우 站잠잔 的딍디 躦잔잔 路루루 ○ 식ᄒᆞ 길ᄅᆞ 을세 죄站 오다 ᄂᆞᆺ 니站

你녜니 怎즘즘 麼뭐마 不봉부 肯킁큰 備빙비 好핳할 馮마마 伺ᄉᆞᄎᆞ 候흫후

○ 네 엇지 즐겨 됴흔 ᄆᆞᆯ을 예비ᄒᆞ여 伺候치 아니ᄒᆞᄂᆞ다 你 니니 們 믄믄 打 다다 的 디딩
輕 칭킹 ○ 너희들이티기를 輕히ᄒᆞ기로 這 저져 厮 스ᄉᆞ 所 소수 以 이이 不 부부 怕 파
파 ○ 이 놈이 이러모로 저허 아니ᄒᆞᄂᆞ니 他 타타 若 요샿 再 재재 不 부부 倸 채채 好
한황 生 승싱 重 중쭝 重 중쭝 的 디딩 打 다디 ○ 녜 만일 다시 긔수치 아니ᄒᆞ거든 ᄀᆞ장 듕
히 티라 明 밍깅 日 시싱 雞 지계 鳴 밍밍 我 오어 便 변뼌 就 작쭉 要 얖얗 起 치케
程 칭찡 了 랸럏 ○ ᄂᆡ일 ᄃᆞᆰ이 울면 내 곳 즉 시 起程ᄒᆞ려 ᄒᆞᄂᆞ니 吩 분뿐 咐 부부 廚 추쭈
子 즈즈 ○ 廚子의게 吩咐ᄒᆞ여 茶 차짜 飯 반빤 也 여여 須 슈슈 早 잘잘 些 셔셔 辦 반빤
반빤 備 븨뻬 ○ 茶飯도 모로미 일즉 이 辦備ᄒᆞ게 ᄒᆞ라 當 당당 直 지찡 的 디딩 點 뎐뎜
燈 등등 來 레래 ○ 當直ᄒᆞᄂᆞ이 등잔블 혀오라 我 오어 且 쳐쳐 安 안헌 息 시싱 ○
내 아직 쉬쟈 老 랖랖 爺 여여 雞 지계 鳴 밍밍 了 랸럏 請 칭칭 起 치케 來 레래 罷

朴通事新釋

빼깨 ○ 老 爺ㅣ 아 돈이 우리 너 셩권 대니러나라 시 馮 마마 都 두두 來 래레 了 럏랖 沒

무몽 有 읻유 ○ 몰이 다 잇ᄂᆞ 빠업ᄂᆞ냐 快 쾌쾌 背 븨뷔 鞍 안언 子 즈즈 ○ 셜리 안장

짓끄 一 이잉 面 면면 叫 쟌걍 廚 츄쮸 子 즈즈 送 숭숭 飯 반빤 ○ 一面으로 廚子로 ᄒᆞ

여 밥을 보내고 小 샾셯 厮 스숭 們 믄문 也 여여 一 이횡 面 면면 打 다다 疊 뎌뎡 背

븨뷔 包 받팔 上 샹썅 馮 마마 ○ 아ᄒᆡ 놈들도 一面으로 짐을 가혀 몰을 ᄐᆞ라

我 오어 本 븐분 待 대대 要 얖ᅘᅧᆼ 請 칭칭 你 니녜 去 취큐 ○ 내 본ᄃᆡ 너를 쳥ᄒᆞ마 ᄒᆞ라

가려 ᄒᆞ더니 你 니녜 却 커걒 來 레래 了 랖렬 ○ 네 또 오ᄂᆞ다 我 오어 今 긴김 日

이잉 買 매매 得 더듷 一 이힝 箇 거거 小 샾셯 厮 스숭 ○ 내 오ᄂᆞᆯ 아ᄒᆡ 놈을 사니 是

시싱 他 타더 的 디딍 爺 여여 娘 냥냥 立 리링 的 디딍 文 운븐 契 키계 ○ 이 뎌의 爺

娘의 세온 문서ㅣ라 你 니녜 與 위유 我 오어 看 칸권 一 이힝 看 칸권 錯 초찰 也 여여

不부붕錯초찹○네나를보와주고려그른가그르지아닌가取츄츄來레래我오어
看칸컨○가져오라내보자某무무村춘춘住쥬쥬民민민人인인錢쳔쳔小
샾셩馬마마○某村에사ᄂᆞᆫ民人錢小馬ㅣ今긴김因인힌貧핀삔乏바빵無우무
以이이養양양贍션셤○이제貧乏ᄒᆞ여ᄡᅧ養贍홈이업ᄉᆞ믈因ᄒᆞ여情칭찡願원원
將장장親친친生승싱之즈즈子즈즈小샾셩名밍밍神신씬女누누現현현
年년년五우우歲쉬쉬○情願으로親生ᄒᆞᆫ아ᄃᆞᆯ小名은神奴ㅣ오시방나히五歲엣거ᄉᆞᆯ中
가賣매매與위유某무무大다때官관권人인신宅저쩌下하햐養양양活
호훟○아모大官人의집의ᄑᆞ라주어養活ᄒᆞ게ᄒᆞ되當당당日시싀憑핑삥中중즁言
연연定딩띵身신신價갸갸銀인인五우수兩량량○當日에듕인을의빙ᄒᆞ여身價
銀닷냥을널리定ᄒᆞ여自즈쯔賣매매之즈징後후흫○ᄑᆞᆫ후로부터養양양大

朴通事新釋諺解 二 十九

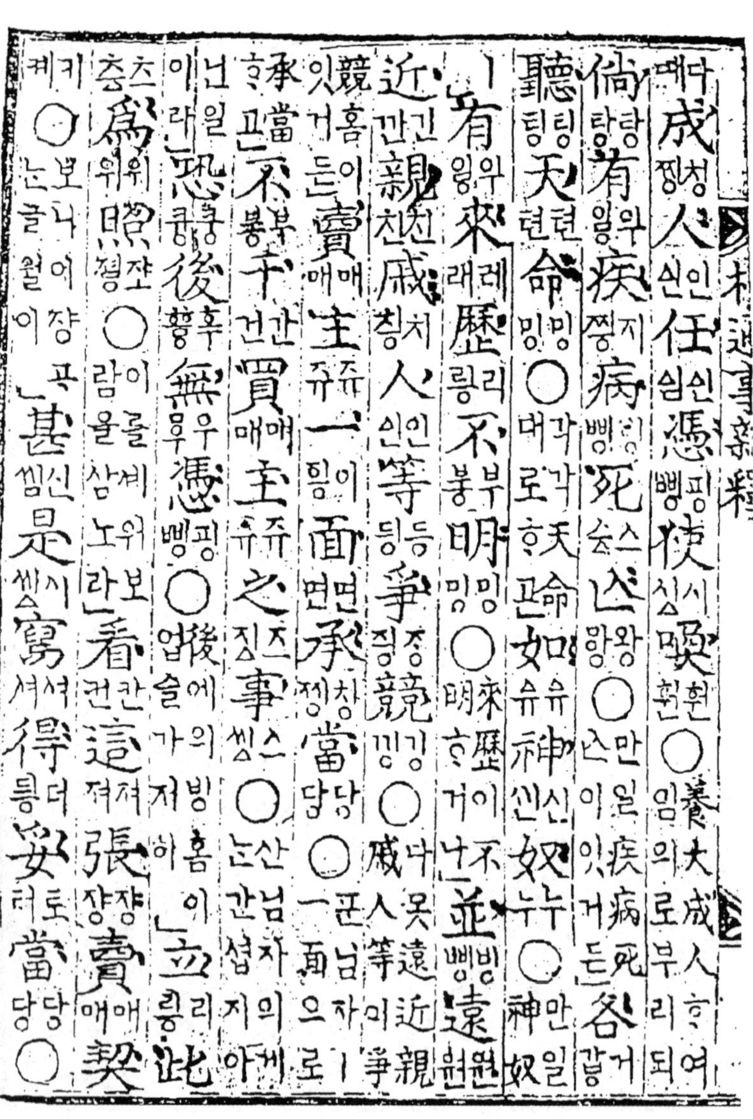

대다成징칭人신인任싐신憑삥핑使싀시喚환환○養大成人ᄒ여임의로부리되
倘탕탕有읻우疾찡지病삥빙死쓰스亡망왕○만일疾病死亡이잇거든各갑거
聽팅팅天텬텬命밍밍○각각天命대로ᄒ고如유유神씬신奴누누○만일神奴
丨有읻우來래레歷릭리不부부明밍밍○來歷이不明ᄒ거니並삥빙遠원원
近낀긴親친친戚칭치人신인等등등爭징증競낑깅○다못遠近親戚人等이爭
競ᄒ이잇거든賣매매主쥬쥬一일이面면면承칭칭當당당○곧님자ㅣ一面으로
承當ᄒ고不봉부干건간買매매主쥬쥬之지즈事씃스○산님자의게ᄂᆞᆫ간섭지아
닐일이라恐콩쿵後ᅘᅳᇢ후無무우憑삥핑○後에의빙홀이업술가저하立릭리此
츠츠爲위위照쟝잔○이를셔위보람을삼노라看칸칸這져져張쟝쟝賣매매契
귀키○보니어장곡ᄂᆞᆫ글월이甚씸신是씃시寫셔셔得듸더妥터토當당당○

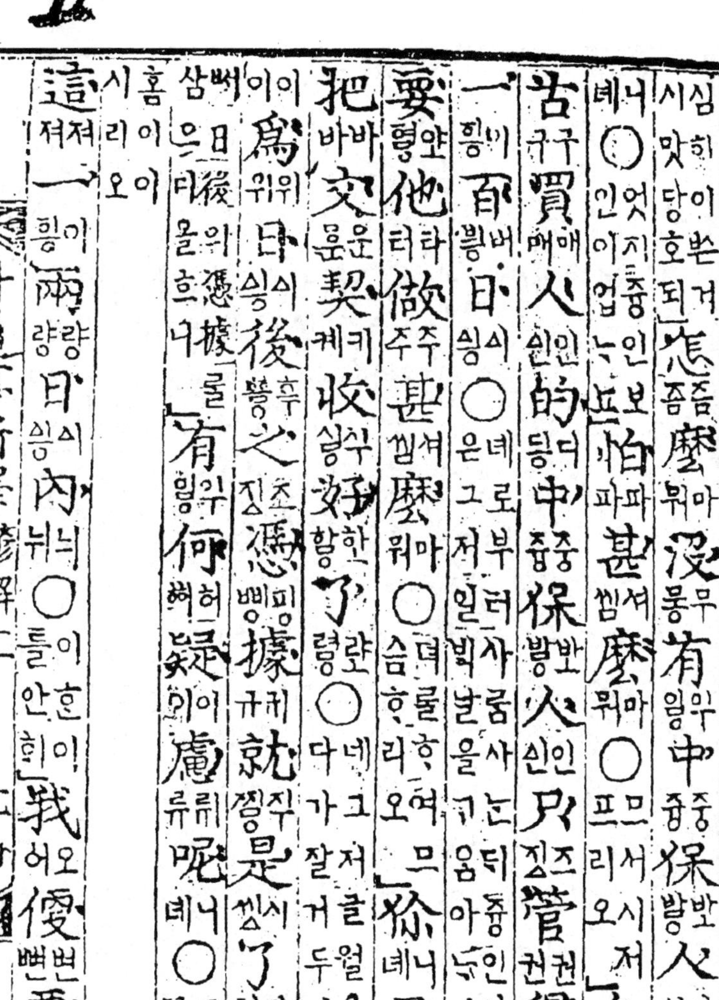

심히 이받거시 맛당호되 怎즘즘麼뭐마沒뭉무有임우中즁중保밯밧人신인呢

녜니 ○ 엇지 즁인 보인이 업ᄂ뇨 怕파파甚씸셔麼뭐마 ○ 므서시 저프리오 自쯔즈

古구구買매매人신인的딩디中즁중保밯밧人신인只징즈管권권得듣더

一힝이百뷩버日싀시 ○ 녜로부터 사롬 사는 듸 즁인 보인은 그저 일빅 날을 ᄀ음아ᄂ니

要얍얀他터타做주주甚씸셔麼뭐마 ○ 뎌롤 ᄒ여 므슴ᄒ리오 你녜니只징즈

把바바文문운契케키收식식好항한了럎랴 ○ 네 그 져 글월을 다가 잘 거두어 以

이이爲위위日싀시後흫후之즈즈憑빙핑據귀귀就직직是씨시了럎랴 ○

뻐 日後에 憑據롤 삼으미 올ᄒ니 有임위何허허疑이이慮류리呢녜니 ○ 므슴 疑慮

홈이 이시리오

這져저一힝이兩량량日싀시內뉘늬 ○ 이 ᄒᆞᆫ 이틀 안희 我어오便뻔변要얍얀

朴通事新釋諺解 二　二十

隨쒸쉬駕갸갸起키치身신신去큐취○내 뭇 隨駕ᄒᆞ여 起身ᄒᆞ여 가려 ᄒᆞ니怎즘즘
麼뭐마這져저車쳐처輛량량還환환不부부曾쯩층收싷슈拾씽시○엇지
이 車輛을 당시롱 일즉 收拾지 아니ᄒᆞ엿ᄂᆞ뇨快쾌쾌咱잠잔那너나木뭉무匠쟝쟝來
래래○셜리 뎌 木匠을 블러와就찧직買매매他터타些셔셔木뭉무料럎랴席
씽시子즈즈○이 뫼셔 뎌 木料와 삿글 사整징징理례리起키치來래레○整理ᄒᆞ라
車쳐처輛량량都두두做주주妥터토當당당了럎랴麼뭐마○車輛을 다 민들
기롤 妥當이 ᄒᆞ엿ᄂᆞ냐還환환少셤샾套톻토繩씽싱○당시롱 멸줄파撒삸사繩
씽징○쓰을 줄과籠룽룽頭듷투○바구레와脚걓교索솧소○지달솔 바와鞍
헌안子즈즈○기르마와肚두두帶데대等둥등類뤼뤼裡례리○오랑等類ㅣ 업
세라這져저麼뭐마我어오給긩지你녜니銀힌인子즈즈就찧직買매매去

취큐 ○ 이러면내너롤銀을줄거시니곳사라가라 」還한환有우잉鑼로러鍋고궈 ○
ᄯᅩ노고와 」柳릭링箱샹샹 ○ 섥과 」籭사사子즈즈 ○ 도레와 」碗완원碟뎌뎡 ○
사발접시와 」匙츠씽筯쥬쮸 ○ 수져와 」馬마마杓샾쌍 ○ 나모쥬게와 」笊잔짱
籬리례 ○ 됴리와 」炊취취箒작짱 ○ 솔과 」擦차창床촹짱兒올싈 ○ 숙치갈과 」
篦보뷔箕기계 ○ 키와 」篩스싀子즈즈 ○ 얼밍이와 」馬마마尾이미羅로러 ○
ᄆᆞᆯ총체와 」桌조좝子즈즈 ○ 상과 」盤판펀子즈즈 ○ 盤과 」茶차쨔盤판펀 ○ 찻반
과 」燈등등臺태때 ○ 燈臺와 」酒직징鍾중쭝 ○ 잔과 」酒직징鼈벼볃 ○ 쥬벼
ᄋᆞ와 」銅퉁뚱杓샾쌍 ○ 놋쥬게이시니 」這져져些셔셔都두두收식싱拾시씽全
촨쭨備븨비着져쨩 ○ 이것들을다收拾ᄒᆞ여全備케ᄒᆞ고 」還환환有우잉帳장쟝房
방빵馬마마槽찬짱都두두牢랖랑壯좡장麽마뭐 ○ 또帳房과ᄆᆞᆯ구유ㅣ다牢壯ᄒᆞ

엿ᄂᆞ나 你니녀都두두收삭싛拾시씽了랴럏 ○ 네 다 收拾ᄒᆞ여 先션션打나다

頭투틓站잔잠去취큐 ○ 몬져 션참ᄒᆞ여 가 到닾닿那나너裏리례谷거겋自

즈쯩 省승싱睡쉬쮜些셔셔 ○ 테가각좀 을덜자고 黑희흫夜여여好화핳生

승싱 用융윤心신심照잪쨯看칸칸 ○ 밤에 ᄀᆞ장 用心ᄒᆞ여 보숣피라 我오어隨쉬쒸

後후흫慢만만慢만만的디딩跟근근駕갸갸去취큐 ○ 나ᄂᆞᆫ 隨後ᄒᆞ여 날회여 駕

를ᄯᅩᆯ와 가마

趙쟢쨯爺여여你니녀幾지계時스씋來레래的디딩 ○ 趙爺ㅣ아 네 언제 온다

昨죠쭇日싀싱來레래的디딩 ○ 어제 왓노라 你니녀是시씽水쉬쉬路루루

來레래還환환是시씽旱한현路루루來레래 ○ 네 이 믈길로 온다 ᄯᅩ 이 뭇길로 온다

船촨쫜上샹쌍來레래的디딩 ○ ᄇᆡ로 왓노라 今긴김年년년田텬뎐禾호훠

如슈유何혀허 ○올희田禾ㅣ엇더ᄒᆞ더뇨 田뎐텬禾호ᄒᆔ好할핰 ○田禾ㅣ됴핫더
라 謝셔셔天텬텬地디띠只즈즈願원원好할핰收식싁成칭칭就직직勾
구긍了랴럏 ○天地ᄭᅴ謝ᄒᆞᄂᆞ니다만원컨대收成ᄒᆞ면곳넉넉ᄒᆞ리로다 聽팅팅的디딩
今긴김年년년氷쉬쉬賊직찍多도더 ○드ᄅᆞ니올희水賊이만타ᄒᆞ니 此츠츠話
화화眞진진不부부眞진진呢니녀 ○이말이진덕ᄒᆞ냐진덕지아니ᄒᆞ냐 我오어來
래레的디딩時ᄉᆞ씃節져졍 ○내올제에 看칸컨見견견五우우六루륙箇거거
賊직찍船찬쳔 ○보니다엿賊船이 圍위위着쟌쨘一이힝箇거거西시셰京
징깅來레래的디딩豆두뚜船찬쳔 ○ᄒᆞᆫ西京으로셔오ᄂᆞᆫ콩시른ᄇᆡ를에워고 又우잉
把바바朝찬챨鮮션션地디뗴方방방來레래的디딩一이힝隻지징船찬쳔
○ᄯᅩ朝鮮ᄯᅡ흐로셔오ᄂᆞᆫᄒᆞᆫᄇᆡ를다가 都두두搶챵챵奪도됭去큐킈了랴럏 ○

朴通事新釋諺解 三

다아사 가고 後후훟 頭투뜰 又우임 聽팅팅 得더듸 ○ 후에샹 도르넌 把바바 那

나 너 船촨쭨 上샹쌍 的디듸 人인신 打다다 死스쑤 了랴럎 幾지게 箇거거 ○

더비에사름을다가여 러흘쳐죽엿다ᄒ더라 那나너 丁딩딩 爺여여 你니녀 幾지게 時

스 씽 來래래 ○ 더丁爺ㅣ아오 비언제온다 我오어 趕간건 着져쨔 一이이 百버븨 匹

피 핑 馬마마 ○ 내一百匹 몰을모라 大다대 前쳔쪈 日이싀 纔채째 到닫당 的디듸

○ 굿그제곳 왓노라 馬마마 都두두 好핲항 麼마뭐 ○ 몰이다 됴ᄒ냐 我오어 來

레 래 時스씽 節져졍 到닫당 山산산 海해해 關관관 上샹쌍 ○ 내올새에 山海關에

드 다라 被비빈 他타더 抽추칭 分분분 了랴럎 幾지게 箇거거 去취큐 ○ 의뎌

게여러흘쌔 허가믈넙고 到닫당 三산삼 河허해 縣현현 ○ 三河縣ㄴ이 다드라 又우임

抽추칭 分분봄 了랴럎 幾지게 箇거거 去취큐 ○ 도여러흘 쌔혀가고 渡수숭 倒

당댜 的디딩 倒댜당 了랴량 ○ 여위여것구러지 리것구러치곤 又우잉 不부붕 見

견견 了랴량 三산삼 箇거거 ○ ᄯᅩ세흘 일코ㄴ 只즈징 有우잉 五우후 六루룽 十

시씽 箇거거 馬마마 ○ 다만五六十 몰이잇더니ㄴ 來레래 到댜당 通퉁퉁 州작징 賣

매매 了랴량 多도더 一이힝 半반번 ○ 通州ㅣ와반 남아풀고ㄴ 來레래 到댜당 這

져져 城칭징 裏리례 都두두 賣매매 了랴량 ○ 이잣안희와 다ᄑᆞ랏노라ㄴ 我오어 不

부붕 會휘휘 講쟝강 漢한한 話화화 ○ 내漢말니롤줄 올아지못ᄒᆞ고ㄴ 又우잉 不부붕

會휘휘 做주주 飯반뻔 ○ ᄯᅩ밥지을줄올 아지못ᄒᆞ기로ㄴ 全촨쮠 仗쟝쨩 着져쨩 這

져져 吳우우 爺여여 一이힝 路루루 服부뽕 事스씽 我오어 來레래 ○ 젼혀 이吳

爺ㅣ一路에나롤服 享홈을미덧노라ㄴ 眞진진 是시씽 遠원원 行힝힝 知지징 馬마마

力리링 日이잉 久구깅 見견견 人인인 心신심 ○ 진실로이덜리가 매몰힘을알고날

Ⓡ 朝

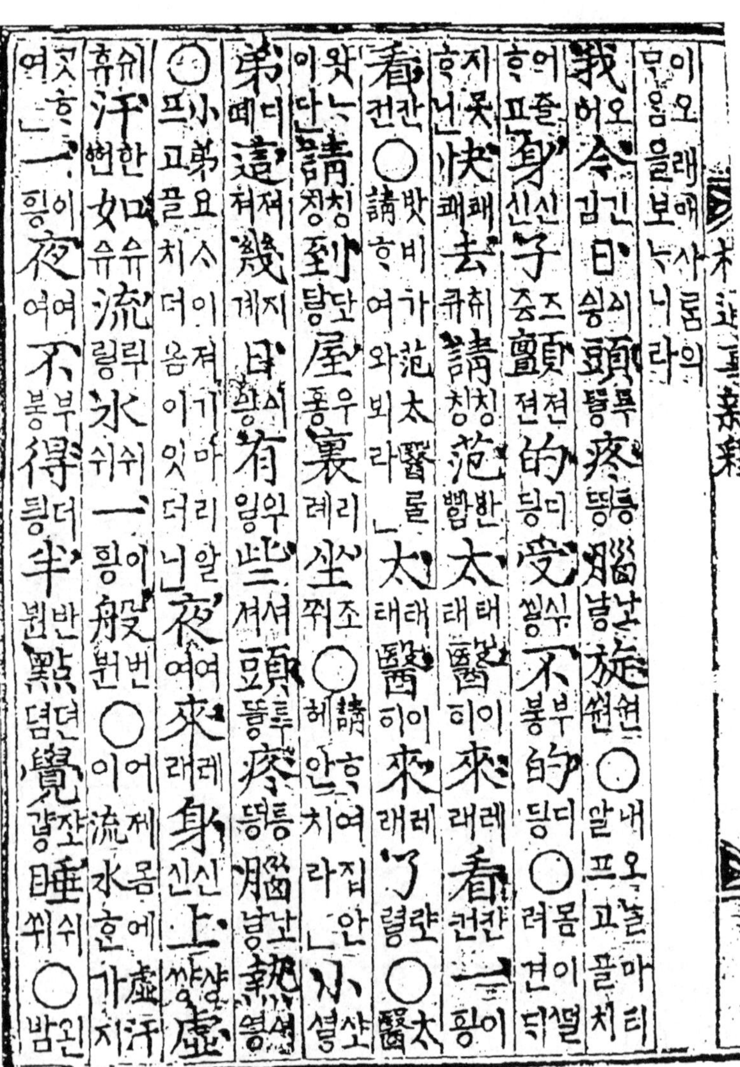

이 오래매 사ᄅᆞᆷ의 ᄆᆞᄋᆞᆷ을 보ᄂᆞ니라

我今日頭疼腦旋 ○내 오ᄂᆞᆯ 마리 알프고 골치 어즐ᄒᆞ여

身子顫的受不的 ○몸이 ᄯᅥᆯ려 견ᄃᆡ지 못ᄒᆞᆫ다

快去請范太醫來看一看 ○밧비 가 范太醫ᄅᆞᆯ 請ᄒᆞ여 와 뵈라 太醫來了 ○太醫 왓ᄂᆞ이다

請到屋裏坐 ○請ᄒᆞ여 집 안헤 안치라 你說

弟這幾日有些頭疼腦熱

○小弟요ᄉᆞ이 져기 마리 알ᄑᆞ고 골치 더옴이 잇더니 夜來身上虛

汗如流水一般 ○어제 몸에 虛汗이 流水ᄒᆞᆫ가지

ᄀᆞᆺᄒᆞ여 一夜不得半點覺睡 ○밤의

을 半點도 엿디 못ᄒᆞ니 與위유 我오어 把바바 脉머뭐 息시싀 看칸컨 二이왕 看

권컨 ㊀ 아나 주고 重 脉 련보 咳해해 相상상 公궁궁 脉머뭐 息시싀 ○ 에뫼 相公 脉이 인

尺칠치 脉머믁 較걀잘 沉친찜 ㊁ 尺 기 脉이 沉ᄒᆞ니 재 傷샹샹 着져쟢 冷링릉 物

우롱 起치체 的디 白뒤 撲맵망 子ᄌᆞ조 ○ 冷物에 傷ᄒᆞ여 바 撲이 나니 遠져져 是씨시 感

관감 冒맙맙 風봉붕 寒한헌 了 的즈지 症징찡 ○ 風寒에 感冒ᄒᆞ 症이 모다 冒 是씨시

小샾셜 弟디떼 昨조쭤 日시싀 往재재 張쟝쟝 少샾셜 卿킹킹 家쟈갸 慶킹킹

賀허훠 筵연연 席시씨 上샹썅 ○ 올흔 卿의 집 慶賀筵席에 小弟 어제 張少 被비베

好한항 弟디떼 兄흉흥 們믄믄 勸권쿼 我오어 ○ 무의 됴흔 弟兄들의 勸홈을 닙어

多도더 飲인임 了랴렬 些셔셔 燒샤섀 酒주 黃황황 酒주짐 ○ 燒酒와 黃酒를

만히 먹고 生승싱 果고궈 子즈ᄌᆞ 也여여 多도더 吃치킹 了랴령 些서셔 ○ 生파

朴通事新釋諺解 二 二十四

朴通事新釋

실도만히먹고來래래到닫달家쟈갸裏리례就직찡害해해熱셔셩○집의와곳

터원把바바一이힝身신신衣이이服부뿡都두두脫토퉝了랴럏○왼몸에옷

슬다가다벗고着쟢짱丫야햐頭투뜰們믄문打다다扇샨션○마히들로ᄒᆞ여부체

질ᄒᆞ노라那나너般번뻔不부뿡小샤셯心신심所소수以이이就직찍扳

반빰了랴럏這저져症징징候후ᅘᅮᇢ○더리조심치아니ᄒᆞ여시매그리모로이症候를扳

ᄒᆞ엿다我오어如유슈今긴깁先션션與위유你니녜發바뱡散산산○내이

제몬져너롤發散게홀셰시니以이이用융융香향향蘇수수飲인힘○맛당이香蘇飮

을쓸지라你니녜且처쳐熬와함兩량량服부뿡吃치킹○네아직두복을달혀먹고

熱셔셩炕캉캉上샹쌍熰후흫着져쨯出츄츟些셔셔汗한현○더온炕에덥게

ᄒᆞ여져기ᄯᆞᆷ내고然안선後후ᅘᅮᇢ再재재用융융藿호횡香향향正징징氣치키

散산산 ○그린후에ᄯᅩ藿香正氣散을써 吃치킹 一이힝 兩량량 劑지졔 便변뼌 無

우무 事스씌 了랴럏 ○ᄒᆞᆫ두劑먹으면곳無事ᄒᆞ리라 藥요얗 方방방 上샹썅 寫셔셔

得더딍 明밍밍 白배뼁 ○藥방문에ᄡᅳ기를明白히ᄒᆞ여시니 水쉬쉬 用융융 二을ᅀᅵ

盞잔잔 半반번 ○물은두잔반을ᄡᅳ고 引인인 用융융 生승싱 薑쟝걍 三산삼 片

편편 棗잔짱 二을ᅀᅵ 枚믜뮈 ○引은生薑三片棗二枚를ᄡᅳᆯ거시니 煎젼젼 至즈짛 七

치칭 分분뿐 去취큐 滓재재 溫운운 服부뽕 ○달혀七分에니르거든滓를ᄇᆞ리고더온

이로먹으라 如유슈 此츠츳 調됴턓 治치찡 ○이러ᄐᆞ시調治ᄒᆞ면 貴귀귀 體티톄

自즈쯔 然안션 漸젼졈 漸젼졈 的디딩 健견뎐 旺왕왕 了랴럏 ○貴體自然히漸

漸健旺ᄒᆞ리라

我오어 嬭내내 嬭내내 使시싀 喚훤훤 我오어 來레래 ○우리嬭嬭나를부려와ᄂᆞᆫ

問운문大다대娘냥냥好핳할○大娘의 평안홈을 뭇고ᄂᆞᆫ這져져海해해菜채채
乾간건魚위유肉루ᅀᅮ脯부부○이 메육과 乾魚와 肉脯ᄂᆞᆫ都두두是시씨我오어
家쟈갸太태태爺여여從충쭝朝챠챻鮮션션帶대대來레래的디듸○이다
우리 집 太爺ㅣ 朝鮮으로셔 가져오신 거시매特터뗑送숭숭與위유老랖랖太태태太
태태些셔셔箇거거○특별이 老太太의게 져기 보내니ᄂᆞᆫ不부불要얖얗嫌현혐少
샾셯○져금을 혐의치 말라ᄒᆞ더이다女뉴뉴兒을싀○女兒ㅣ 안你니녜回휘훼去
취큐說쉬숴多도더謝셔셔你니녜妳내내妳내내費븨빙心신심了랖럏○
네 도라가 니르라 네 妳妳ㅣ 費心ᄒᆞ믈 多謝ᄒᆞ여라這져져般번번稀히히罕한헌東둥둥
西시셰○이리 稀罕ᄒᆞᆫ 거슬特터뗑爲위위我오어送숭숭來레래難난난得
더듕○특별이 나를 위ᄒᆞ여 보내니 엇기 어렵다 엇기 어렵다再재재有

一 이잉 件 젼견 ○ ᄯᅩ ᄒᆞᆫ 가지는 好 호항 淸 칭칭 醬 쟝쟝 今 긴긴 年 년년 竟
깅깅 沒 무뭄 處 츄츄 尋 신씬 ○ 됴흔 고댱을 올히 ᄆᆞᄎᆞᆷ내 어들 ᄃᆡ 업더니 一 이잉 發 바방
送 송숭 些 셔셔 來 래레 更 깅긍 好 호항 ○ ᄒᆞᆫᄭᅴ 보내여 오니 더옥 됴타 這 져져 淸
칭칭 醬 쟝쟝 有 우익 甚 시셤 麽 마뭐 稀 히히 罕 한헌 呢 니녀 ○ 이 고댱이 므슴 稀罕ᄒᆞᆫ고
ᄒᆞ리오 咳 해해 孩 ᄒᆡᄒᆡ 兒 을얼 你 니녀 不 부부 曉 햐향 得 더더 ○ 애 兒ㅣ 女
아 네 아지 못ᄒᆞᄂᆞᆫ다 常 챵장 言 연연 道 닾닾 ○ 常言에 니ᄅᆞ되 人 인신 離 리례 鄕 향향
賤 젼젼 物 우뭉 離 리례 鄕 향향 貴 귀귀 ○ 사ᄅᆞᆷ이 離鄕ᄒᆞ면 賤ᄒᆞ고 物이 離鄕ᄒᆞ면 貴ᄒᆞ다
ᄒᆞᄂᆞᆫ 况 황황 那 나너 朝 챺쟢 鮮 션션 淸 칭칭 醬 쟝쟝 最 쥐쥐 是 시씨 有 우익 名
잉밍 的 디더 哩 리례 ○ ᄒᆞ믈며 더 朝鮮 고댱은 ᄀᆞ장 有名ᄒᆞᆫ 거시라
姐 져져 姐 져져 我 오어 自 즈ᄌᆞ 從 충쭝 看 칸컨 上 샹썅 了 랴랼 你 니녀 ○ 각시

아내 너를 블름으로부터」飯반뽠也여여好할할生승싱吃치킹不부붕下하햐 ○
밥도 ᄀᆞ장 먹지 못ᄒᆞ노라」常창쌍言연연道단땀 ○ 常言에 니ᄅᆞ되」男난남兒을싄無
우무婦부뿌財재째無우무主쥬쥬 ○ ᄉᆞ나희 지어미 업스면 지물이 님재 업고 婦부뿌
人인신無우무夫부부身신신無우무主쥬쥬 ○ 겨집이 지아비 업스면 몸이 님재 업
다 ᄒᆞᄂᆞ니」怎즘즘能능넝勾구긓成칭칭就직찡了랴럏這져져因인힌緣연연
○ 엇지 능히 이 因緣을 일올이오」咳해해你니니說숴숳甚셔씸麽마뭐話화홰 ○
애 네 므슴 말 니ᄅᆞᄂᆞᆫ다」我오어夫부부主쥬쥬若요얗知지즤道단땀却커캎了
랴럏不부붕得더듷 ○ 우리 지아비만 일알면 ᄯᅩ 에워 나지 못ᄒᆞ리라」你니니再재재來
래레休히힝說숴숳這져져般번붠不부붕曉햐햫事스씃的디딍話화홰 ○
네 뇌여란 이런 일모로ᄂᆞᆫ 말 니ᄅᆞ지 말라」咳해해姐져져姐져져我오어不부붕想샹샹

你니녜 這져져 般번번 無우무 情칭찡 ○애가시아내네이리無情ᄒᆞᆯ줄을ᄉᆡᆼ각지못ᄒᆞ
엿노라 你니녜 須슈슈 念냔념 我오어 這져져 秋칙칭 月워웡 紗사사 窓창칭
一이힝 片편편 心신심 ○네모로미내이秋月紗窓一片心을ᄉᆡᆼ각ᄒᆞ연 只즈징 滅며명
了랴령 我오어 這져져 心신심 頭투뚱 火호훠 ○그저내이心頭火를ᄭᅳ면 便변뼌
強쟝걍 如슈유 靈링깅 丹단단 妙먀뱡 藥요얍 ○곳靈丹妙藥에셔나아 我오어
的디딩 心신심 病빙뼝 自ᄌᆞ쯔 然얀연 都두두 消샾셜 化화화 了랴령 ○내心
病이自然다술아디리라 怕파파 沒무뭉 有우잎 滅며몡 你니녜 的디딩 心신심 火
호훠 治치찡 你니녜 的디딩 心신심 病빙뼝 之즈징 時스씽 麼마뭐 ○네心火를
ᄭᅳ고네心病을고칠새업ᄉᆞᆯ가저프라 這져져 麼마뭐 說쉬숴 ○이리니ᄅᆞ면 多도더
謝셔셔 姐져져 姐져져 的디딩 美믜믜 意이히 了랴령 ○각시의아름다온ᄯᅳᆺ을多

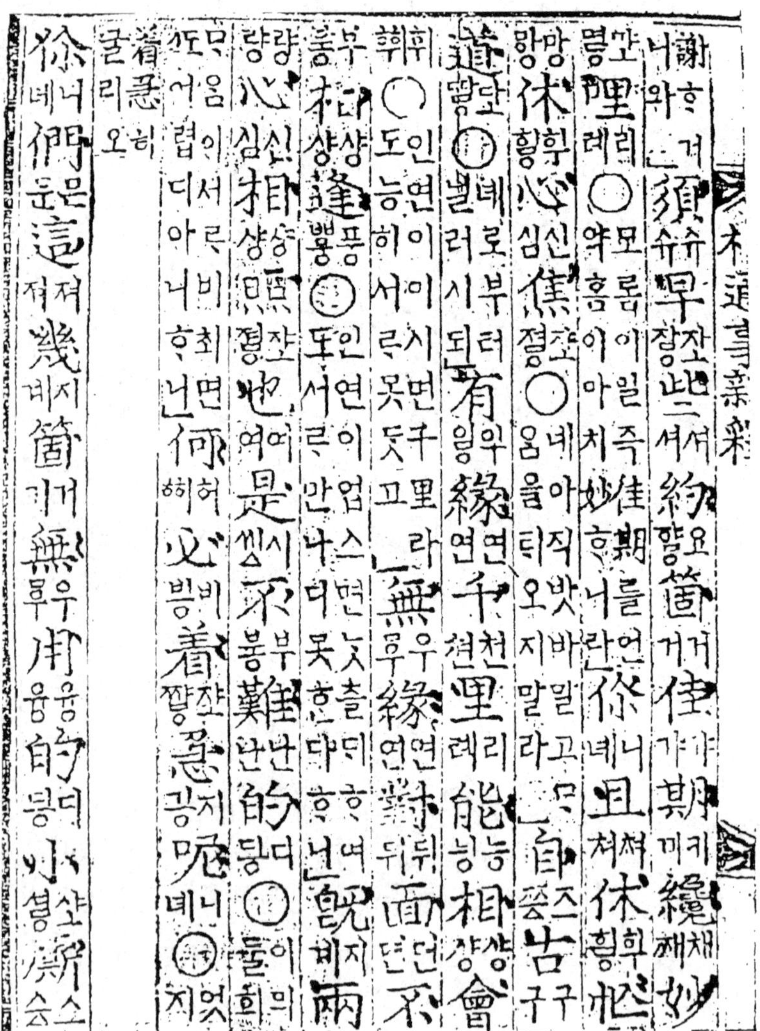

朴通事新釋

謝ᄒᆞ거니와 ○須슈슈早잪잔些셔셔約향요箇거거佳갸갸期키키纔채채妙

먚먚理리리 ○모로미 일즉 佳期를 언약ᄒᆞ미 마치 妙ᄒᆞ니라 你니니且쳐쳐休힉후枉

망망休힉휘心신신焦쟐쟢 ○네 아직 ᄆᆞ음을 밧바 티오지 말라 ᄒᆞ고 自ᄌᆞ즈苦구구

遠단단道답닫 ○네로부터 멀러 시되 有잉우緣연연千쳔쳔里리리能능능相샹샹會

휘휘 ○인연이 이시면 千里라도 능히 서ᄅᆞ 못ᄂᆞ고 無무우緣연연對뒤뒤面면면不

부부相샹샹逢뽕풍 ○인연이 업스면 ᄂᆞᆺ츨 디ᄒᆞ여도 서ᄅᆞ 만나디 못ᄒᆞᆫ다 ᄒᆞ니 既

량량心신신相샹샹照쟌쟢也여여是씨시不부부難난난的디디 ○두 ᄆᆞ음이

○ 서ᄅᆞ 비최면 ᄒᆞᆫ 디 어렵디 아니ᄒᆞ니 何허혀必비비着쟢쟢急지지呢니니 ○엇디

굳이 着急ᄒᆞ리오

徐 你니니們믄믄這져져幾지지箇거거無우우用융융的디디小쌰쇼廝스스

○ 너희 이 여러 발뎌 업손 아ᄒᆡ놈들인 一힝이 日ᅀᅵᆼᅀᅵ 吃킹치 了럏랖 三삼산 頓둔둔

飯빤반 ○ ᄒᆞᄅᆞ 세ᄢᅦ 밥 먹고 只짛즈 知징지 道땋닾 閑햔현 遊읻우 浪랑랑 蕩

땅당 ○ 그저 힘힘이 놀고 ᄀᆞ랠 줄만 아니 要햫얀 你녜니 們문믄 做주주 甚씸서 麼

뭐마 ○ 너희들 ᄒᆞ여 므슴 ᄒᆞ리오 一힝이 箇거거 到닿닾 那너나 靴훼훼 鋪푸푸 裏

례리 去큐취 學햫효 生싱승 活훻호 ○ ᄒᆞ나흔 뎌 靴푸ᄌᆞ에 가 셩녕 비호고 一힝이 箇

거거 到닿닾 帽맣맢 鋪푸푸 裏례리 去큐취 學햫효 做주주 買매매 賣매매 ○

ᄒᆞ나흔 帽鋪에 가 買賣ᄒᆞ기 비호고 那너나 兩량량 箇거기 漢헌한 子ᄌᆞᆼᄌᆞ 把바바 那

너나 驢류뤼 騾러로 喂휘위 好핳핲 了럏랖 ○ 뎌 두 놈은 나귀와 노새를 다가 먹이기를

잘ᄒᆞ여 帶대디 十씽시 兩량량 銀인인 子ᄌᆞᆼᄌᆞ 到닿닾 東둥둥 安헌안 州ᄶᅳᆼᄌᆞ

去큐취 放빙방 黑흥희 豆뚷두 ○ 열 냥 은을 가지고 東安州에 가 거믄 콩에 노하 卽징지

便번뼌收식싛拾시씹車처쳐輛량량先션션載재재一이힝車처쳐去취큐

○곳車輛을收拾ᄒᆞ여몯져 ᄒᆞᆫ술위를시르라가고 這저쳐兩량량箇거거小샤셩廝스ᄉᆞ

○이두놈은 一이힝箇거거帶대내五우우兩량량銀인힌子즈ᄌᆞ到닾됴

馮마마家쟈갸庄좡장去취큐放방방糨간건草찬찹○ᄒᆞᆫ나ᄒᆞᆫ맛낭 은올가자고

馬家庄에가 조뎜헤노코 一이힝箇거거帶내대三산삼兩량량銀인힌子즈ᄌᆞ到닾됴

西시셰山산산去취큐收식싛乾간건草찬찹○ᄒᆞᆫ나ᄒᆞᆫ두낭은 올가지고西山

에가ᄆᆞ른답 흘거두되 你니늬們믄믄都두두依이히着져졍我오어幹간건辦반빤

去취큐罷바빠○너희들이다내말 대로츌호라가라

咱자장貸대대些셔셔盤판뻔纏쳔쳔○우리져기盤 纏을ᄡᅮ어 到닾됴那나너

南난남海해해普푸푸陀토뎌落로롷伽캬꺄山산산去취큐○南海 普陀落

伽加山에가간 參참찬 拜배배 觀권권 世싱시 音힘인 菩뿌푸 薩상사 眞진진 像샹샹

○ 觀世音菩薩眞像에 參拜ᄒᆞ쟈 這져져 菩뿌푸 薩상사 眞진진 乃내내 有임우 靈링링

有임우 聖싱싱 ○ 이 菩薩의 진짓 靈有聖ᄒᆞ니라 有 座죄조 飾싈시 芙뿌부 蓉

융융 湛찜친 南남남 海해해 澄쩡칭 清칭칭 之즈즈 氷쉬쉬 ○ 안존ᄃᆞᄂᆞᆫ 芙蓉므로

ᄉᆞᆨ며 치디 南海澄 清ᄒᆞᆫ 물에 ᄌᆞᆷ겻고 身신신 嚴염연 瓔힝잉 珞랑로 居규귀 普푸푸 陁

터토 空쿵쿵 翠췌취 之즈즈 山산산 ○ 몸에 瓔珞으로 장엄ᄒᆞ며 시ᄆᆡ 普陁空翠외 山에 居

ᄒᆞ엿도다 或훵훠 作좡조 童뚱퉁 男난남 或훵훠 化화화 童뚱퉁 女뉴뉴 ○ 或童

男이 되고 或 童女ㅣ 되면 或훵훠 現현현 質징칭 于유위 梵빰반 王왕왕 帝디디 釋

시싱 ○ 或梵王帝釋에 顯質ᄒᆞ고 或훵훠 分븐븐 身신신 于유위 居규귀 士쓰스 宰

재재 官관관 ○ 或居士宰官에 分身ᄒᆞ면 以이이 聲싱싱 察찰차 聲징싱 拯징징 愍

慈悲於六道○소리로[illegible]소리를[illegible]고慈悲를六道에펀다

隨相現相救苦難於三途○相을조차相을뵈야苦難을三途에救ᄒᆞᄂᆞᆫ또다

起浮屠於泗水之間○浮屠를泗水ㅅᄀᆞ애이에니르혀고

結草廬於香山之上○草廬를香山우희지엇ᄯᅩ다

執楊柳於掌內拂病體於輕安○楊柳를손에잡아病體를輕安ᄒᆞᆫ뎌떨치고

傾甘露於瓶中○甘露를瓶中에기우려

濟險途於飢渴○險途를飢渴에구제ᄒᆞᄂᆞᆫ또다

面圓璧月身瑩瓊瑰○ᄂᆞᆺ츤璧月ᄀᆞ치두렷ᄒᆞ고몸은瓊瑰ㅣᄀᆞ치ᄆᆞᆰ그며

齒排珂

雪쉬쉐眉믜뮈秀식싱垂취쮜楊양양 ○ 눈 柯雪이 버렷ᄂᆞᆫ 듯ᄒᆞ고 눈섭은 垂楊이 셰듯

ᄒᆞ여 난 듯ᄒᆞ도다 由우잉是시씽威위귀神신씬莫모맣測처측聖싱싱德더등難

난난量량량 ○ 일로 말ᄆᆡ암아 威神을 측냥치 못ᄒᆞᆫ 故구구로 聖德을 혜아리기 어려온지라

得더등人인인天텬텬之즈징喜시히鬼귀귀神신씬之즈징歡훤훤 ○ 이러

모로 ᄉᆞ天의 깃거홈과 鬼神의 즐김을 어더 萬완완民민민無우무擾산상擾약염之

즈징憂우힝百버빙姓싱싱有우잉安안헌祥상샹之즈징慶경킹 ○ 萬民이 擾

擾ᄒᆞᄂᆞᆫ 근심이 업고 百姓이 安祥ᄒᆞᆫ 慶이 잇도다 若쇼샿人인싄有우잉難난난口

念년념菩푸뿌薩사상之즈징名밍밍 ○ 만일 사ᄅᆞᆷ이 어려온 이 잇거든 입에 菩薩의 일

홈을 念ᄒᆞ면 卽지징救ᄀᆛ깋拔바빵衆츙즁生승싱之즈징難난난 ○ 곳 衆生의

難을 救ᄒᆞᄂᆞ니 似스쓰這저져等등등菩푸뿌薩사상不부봉可키커不부봉去

取(취/츄)參(찬/참)拜(배/배)哩(리/례) ○ 이런 菩薩을 可히 參拜치 아니치 못홀 거시라 」這(저/져)

麽(마/뭐)咱(자/쟝)們(믄/문)一(이/힝)生(승/싱)作(조/잫)事(스/씃)豈(치/키)無(우/부)罪(쥐/쮜)

孽(여/녕) ○ 이리면 우리 一生에 일올홈애 엇지 罪孽이 업스리오 」也(여/어)該(개/기)一(이/힝)

同(퉁/뚱)到(닾/땋)那(나/너)南(난/남)海(해/해)去(취/큐) ○ 또 맛당이 훈가지로 뎌 南海에 가 」

燒(샾/샿)香(향/향)懺(찬/참)悔(휘/휘)纔(채/채)是(시/씃) ○ 燒香懺悔홈이 마치 올타 」爲(위/위)

人(인/신)若(요/샿)不(부/붖)及(기/끼)早(잪/잫)修(식/싷)行(힝/힝)善(션/쎤)果(고/궈) ○ 사롬

이 되여 만일 일즉이 修行善果치 아니ᄒᆞ면 」便(변/뼌)同(퉁/뚱)禽(킨/낌)獸(식/싣)之(즈/짓)類(리/뤼)

了(랖/럏) ○ 곳 禽獸의 類와 ᄀᆞᆺᄐᆞ리라 」自(즈/쪼)古(구/구)道(닾/땋) ○ 녜로부터 닐러시되 」

一(이/힝)針(진/짐)投(투/뚷)海(해/해)底(디/뎨)尙(샹/썅)有(우/잎)可(커/커)撈(랖/랗)日(시/싱)

○ 一針을 海底에 드리치매 오히려 可히 건질 날이 이시려니와 」一(이/힝)失(시/싱)人(인/신)身

신신後흫후萬완완劫겅지再재제逢뽕풍難난난○ᄒᆞᆫ번 人身을 일흔 後ㅣ면 萬劫이라도 다시 만나기 어렵다 ᄒᆞ니라

今김긴日잉ᅀᅵ到당단衙야야門문믄上쌍샹直찡지去큐취○오ᄂᆞᆯ 衙門에 上直ᄒᆞ가너라

「今김긴晩완완你녜니把바바我어오的딩디鋪푸푸蓋개개送숭숭去큐취○오ᄂᆞᆯ 져녁의 네 니부자리ᄅᆞᆯ 다가 보내고

「還환환要얗얀把바바那너나箭젼잔帒때대裏레리插창차十씽시根근근箭젼잔○ᄯᅩ ᄃᆡ살동개에다가 열낫 살 ᄭᅩᆺ고

「弓궁궁帒때대裏레리插창차一횡이張쟝쟝弓궁궁○활동개에 ᄒᆞᆫ 장 활 ᄭᅩᆺ고

「盔퀴퀴甲갸가一횡이副부부腰얗얀刀당단一횡이口쿵쿠○투구와 갑옷ᄒᆞᆫ 볼 환도ᄒᆞ나ᄒᆞᆯ 都두두一횡이一횡이打다다點뎜뎐全쮠촨備비븨○다 一一히 打點ᄒᆞ여 ᄀᆞᆺ초와 直房에

送순숭到당단直찡지房빵방裏레리去큐취○

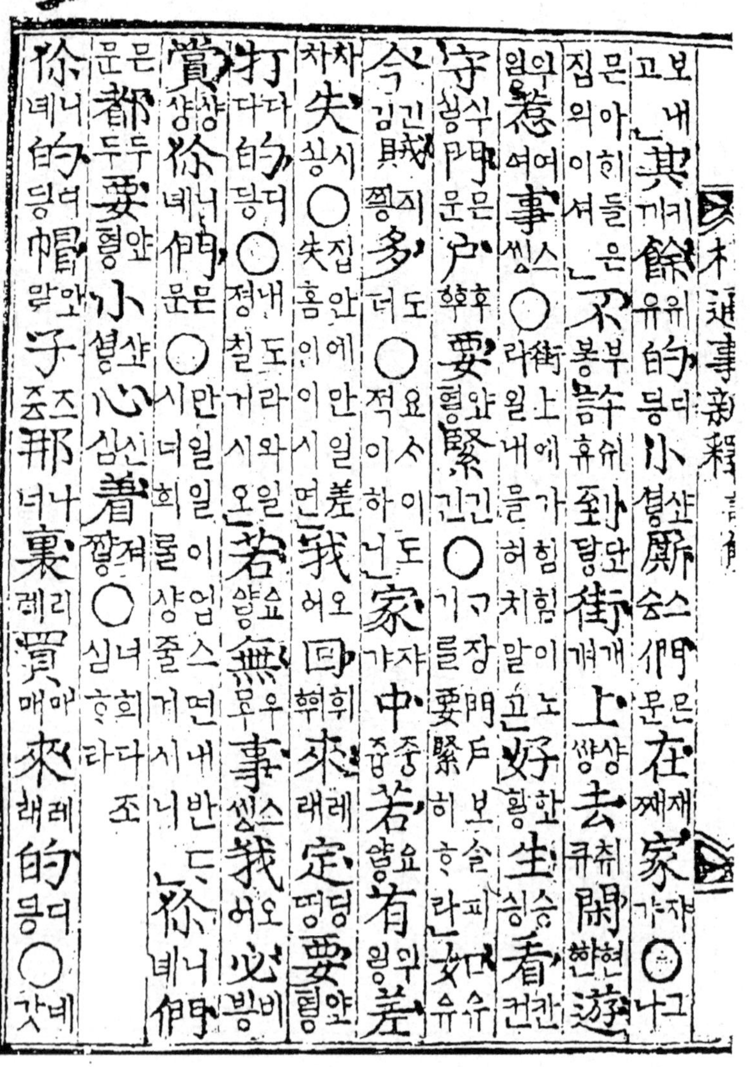

朴通事新釋諺解

보내고 其기키餘유위的딩디小셯샾厮亽스們문믄在째재家가쟈 ○ 나그

믄아히들은 집의이셔 不봉부許휴쉬到닿단街걔개上썅샹去큐취閑햔현遊

의임 惹여여事씽스 ○ 街上에가힘힘이노 라월내믈허치말고 好황한生싱승看컨칸

守싱식門문믄戶햑후要햘얀緊긴긴 ○ ᄀ장門戶보숣피 기를要緊히ᄒ라 如유슈

今김긴賊쩡지多더도 ○ 요ᄉ이도 적이하니 家갸쟈中즁중若샵요有윙우差

차차失싱시 ○ 집안에만일差 失흠이이시면 我어오回훼휘來래레定뎡딩要얄얀

打다다的딩디 ○ 내도라와일 졍칠거시오 若샵쇼無무우事씽스我어오必빙비

賞샹샹你녜니們문믄 ○ 만일일이업스면내반드 시너희롤샹줄거시니 你녜니們

믄문 都두두要햘얀小셯샾心심신着쨯져 ○ 너희다조 심ᄒ다

你녜니的딩디帽맢맢子즈즈那너나裏레리買매마來래레的딩디 ○ 네갓

시어듸셔사온것고 是씽시 徐쓔쉬 五우우 家갸쟈 做주주 的딩디 ○ 이徐五의집의
셔민든거시라 這져져 帽망맏 樣양양 做주주 得듸더 平삥핑 常쨩챵 ○ 이갓모양
이민들기를平常이ᄒᆞ엿다 帽망맏 頂딩딩 太태태 尖졈젼 了령랸 些서셔 ○ 딕우
ㅣ디모셔고 氈젼쟌 子즈ᄌᆞ 也여여 麤추추 又위우 做주주 的딩디 鬆숭숭 ○
담도굵고ᄯᅩ민들기롤섭섭이ᄒᆞ여시ㄴ 若샬쇼 着짭잡 了령랸 幾계지 遍변변 雨유위
定띵딩 然션얀 要향얀 走증주 樣양양 了령랸 ○ 만일여러번비로마조면일뎡모양
이흘긔리로다 徐쓔쉬 五우우 的딩디 徒뚜투 弟떼디 李례리 大때다 ○ 徐五의제
시ᄌᆞ李大ㅣ 如슈슈 今김긴 搬뻔반 在째재 法빵바 藏짱장 寺ᄊᆞ스 西세시 邊변변 ○ 이제法藏寺西邊混堂ᄉᆞ
混훈혼 堂땅당 間갼간 壁빙비 住쮸쥬 去큐취 了령량 ○
이ᄇᆞ람데올마가사ᄂᆞ니라 那너나 廝ᄉᆞ스 十씽시 分뽄본 做주주 的딩디 好핳한

朴通事新釋諺解二 三十二

○뎌놈이ᄀᆞ장ᄆᆡᆫ들기를잘ᄒᆞᄂᆞ니「徐녜니的딩디帽망모子즈즈當당당初추추
何혀히不봉부咱짬잔他터타做주주呢녜니○네갓슬當初에엇지뎌로ᄒᆞ여ᄆᆡᆫ드
지아니ᄒᆞᆫ다「我어오如유유今김긴與유위徐녜니二싈을兩량량銀인인子즈즈
즈즈○내이제너롤두냥은올줄거시니「拿나나去큐취咱짬잔李례리大때다做
주주兩량량頂딩딩帽망모子즈즈○가져가李大ㅣ로ᄒᆞ여두갓슬ᄆᆡᆫ드ᄂᆞ되「一잉이
頂딩딩要햫야雲윤윤南남난氈젼쟌大때다帽망모○ᄒᆞ나ᄒᆞᆫ雲南氈큰갓슬ᄒᆞ
고「一잉이頂딩딩要햫야陜셤션西셰시赶긴간來래레的딩디白뻥배駝
퉈토氈젼쟌大때다帽망모○ᄒᆞ나ᄒᆞᆫ陜西셔미러온白駝氈큰갓슬ᄒᆞ되「款권권式
싱시要햫야時씃스樣양양氈젼쟌子즈즈要햫야勻윤윤細세시就찍직是
씽시了럎랴○款式은時樣으로ᄒᆞ고담은ᄀᆞ로고ᄅᆞ게홈이곳올흐니라「李례리大때다

的디딩帽맏망樣양양 ○李大ㅣ의갓모양이向향향來래레做주주得더듷好

핳황不부봉會휘훼走주츻作조잡 ○向來에믿들기를잘ᄒᆞ여홀긔지아니ᄒᆞ고又

우잉不부붕怕파파雨위유淋린림的디딍 ○또비에젓기를저퍼아니ᄒᆞᄂᆞᆫ那나너

厮스솣做주주的디딍生승싱活호훟 ○뎌놈의민든셩녕인比비비他타텅師

스싀傅부부高갈갑強챵걍十시씽倍븨쀄哩리례 ○제스승에비기면十倍나나으

니라

一이힝箇거거放방방債재재財채째主쥬쥬 ○ᄒᆞᆫ빗주기ᄒᆞᄂᆞᆫ財主ㅣ混훈훈

名밍밍喚훤환做주주李리례夜여여叉차차 ○混名을李夜叉ㅣ라부ᄅᆞ리開

캐캐着져쟣一이힝座조쭤當당당鋪푸푸 ○一座當鋪를열고有우잉直지쬥

錢천쪈的디딍物우뭉件견껸來레래當당당 ○갑ᄡᆞᆫ物件을와젼당ᄒᆞ리이시면

朴通事新釋諺解 二 三十三

便뼌변奪뚱도了럎랴那너나物웋우打다다死숭스那너나人신인○그 믈건을 앗고 그 사롬을 쳐 죽여 正징징房빵방背뷔븨後헣후掘귀쥐一이이箇거거

老랖랖大때다深심신坑킹큥○正房 뒤희 훈 ㄱ장 깁흔 지함을 픽고 便뼌변丟딓두在째재那너나裏례리頭뚷투○곳 뎌 속에 드리치더니 有잏우一이이日싱시

一이이箇거거賣매매絹견견的딍디打다다他타타門믄믄口큳쿠過궈고去큐취○호론 훈 깁 풀리 이셔 제 門을 지나가리니 他타다就찍직誆쾅광到닿도家갸

裏례리去큐취○제 집의 가 꼬소겨 把바바那너나絹견견都두두奪똫도了럎랴○뎌 깁을 앗고 다 也여여打다다死숭스了럎랴撇폏퍼在째재坑킹큥

裏례리○또 쳐 죽여 다가 함에 드러치니 有잏우一이이日싱시一이이箇거거婦뿌부人신인○호른 훈 계집이 拿나나珍진진珠쥬쥬一이이百빙비顆

쿠키 來레래 當당당 ○ 珍珠一百낫츨 가져와 뎐당ᄒᆞ니 又우일 奪도뒹 了랴렬 也

여여 謀무믕 死스ᄉᆞ 他타터 ○ 또 왓고 또 뎌를 꾀ᄒᆞ여 죽여 撇펴평 在재째 那나녀

坑큉킹 裏리례 ○ 그 디함에 드리치고 用융융 板반반 蓋개개 在재째 上샹샹 頭

루듬 ○ 널로 우희 덥고 屢뤼류 屢뤼류 的디딩 如유유 此츠ᄎᆞ 行힝힝 凶훙훙 作

조잡 惡어함 ○ ᄌᆞ조 이리 行凶 作惡ᄒᆞ더라 他타터 有우일 兩량량 箇거거 渾훈훈

家쟈갸 ○ 뎨두 계집이 잇더니 小샤셩 老랖랗 婆포뽀 與위유 大다때 老랖랗 婆

포뽀 商샹샹 量량량 說쉬숴 ○ 져근 계집이 큰 계집과 의논ᄒᆞ여 니ᄅᆞ되 我오어 男난남

兒을ᅀᅵᆯ 做주주 這져져 般번번 迷미몌 天텬텬 大다때 罪쥐쮜 的디딍 事스씃

○ 우리 ᄉᆞ나희 이런 迷天大罪엣 일을 ᄒᆞ니 假갸갸 如유슈 明밍밍 日ᅀᅵᅀᅵᆼ 事스씃 發

바방 起치키 來레래 ○ 만일 니일 일이 니러나면 帶대대 累릐뤼 一이힝 家쟈가 人

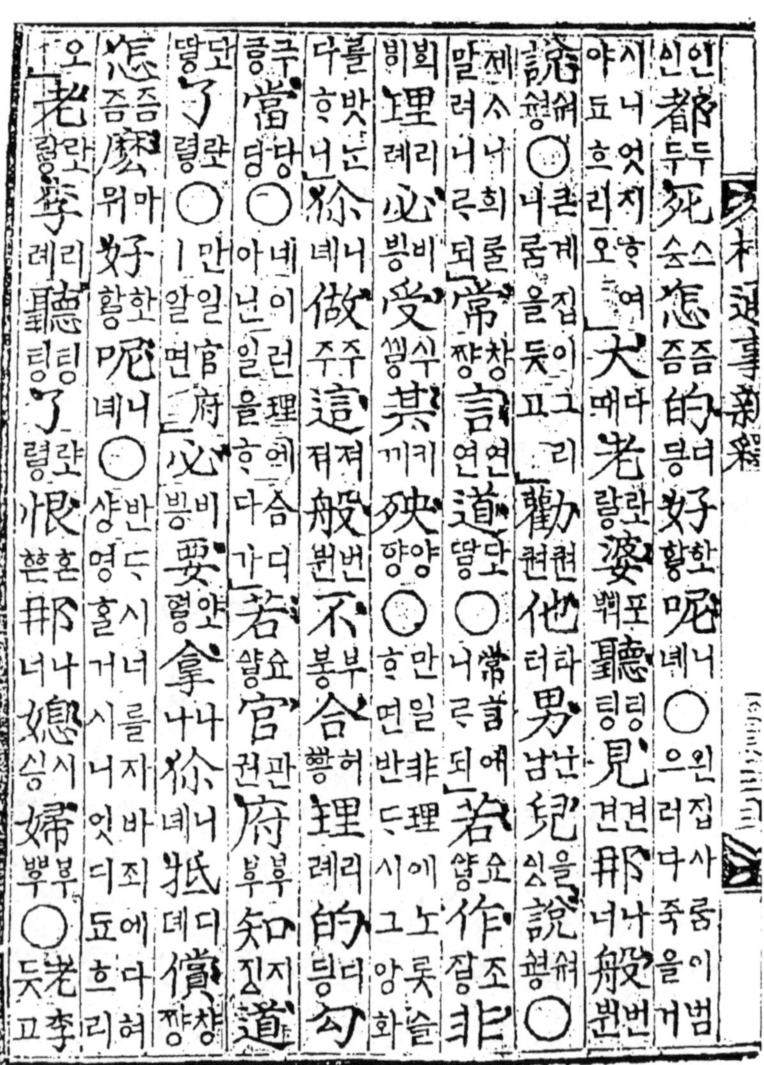

朴通事新釋

인신 都두두死亽슾怎즘즘的디딩好한항呢니녀 ○ 왼집사ᄅᆞᆷ이범으러다죽을거

시니엇지ᄒᆞ여야됴ᄒᆞ리오 大다때老랖랗婆포뻐聽링팅見견견那나너般번뻔

說쉬숴 ○ 큰계집이그리네ᄅᆞᆷ을듯고 勸권권他타터男난남兒ᅀᅳᆯ싀說쉬숴 ○

제소나희롤말려니ᄅᆞ되 常창쨩言연연道닾땀 ○ 常言에니ᄅᆞ되 若쇼얗作조잡非

뷔비 理리례必비빙受싀씽其키끼殃양양 ○ 만일非理에노ᄅᆞᆺ슬ᄒᆞ면반ᄃᆞ시그앙화

롤밧ᄂᆞᆫ다ᄒᆞ니 你니녀做주주這져저般번뻔不부붕合허헝理리례的디딩勾

구긍 當당당 ○ 네이런理예合디아닌일을ᄒᆞ다가 若요샹官관권府부부知지징道

도땅 了랖럏 ○ 만일官府ㅣ알면 必비빙要얀염拿나나你니녀抵디뎨償샹쨩

怎즘즘麽마뭐好한항呢니녀 ○ 반ᄃᆞ시너ᄅᆞᆯ자바죄에다혀샹명ᄒᆞᆯ거시니엇디됴ᄒᆞ리

오 老랖랗李리례聽링팅了랖럏恨흔흔那나너媳시싀婦부뿌 ○ 老李듯고

그계집을믜여ᄒᆞ연也여여要얀얗謀무믕死스ᄉᆞ他타다○ᄯᅩ뎌롤씌ᄒᆞ여죽이려ᄒᆞ
」나挪나너婦부뿌人인신便변뻔走주즇到닫당衙야야門믄문裏리례告
갚강了랖럏一이힝狀좡쫭○뎌계집이곳衙門에가호狀을告ᄒᆞ니」立리링刻킈킝
差채챼幾지계箇거거皂잔짱隸리례○즉시여러皂隸를시겨」把바바老랖럏
李리례鎖소숴着져쨯○老李를다가목을ᄌᆞᆷ가」到닫당他타터家쟈갸後후흫
坑쿵킁裏리례○제집뒤ᄃᆡ함에가」搜수승出츄츟幾지계箇거거血혀혫瀝
리링瀝리링的디딩尸ᄉᆞ싀首식싷來래레○여러피ᄲᅳᆷᄂᆞᆫ尸首를뒤어내고」又
우잏在재째積귀끼箱샹샹裏리례○ᄯᅩ積와샹ᄌᆞ속에셔」搜수승出츄츟珠쥬쥬
子즈ᄌᆞ絹견견疋피핑來래레○진쥬와絹疋을뒤어내고」就직찍把바바老랖럏
李리례帶대데到닫당衙야야門믄문○즉시老李를다가衙門에잡아가」嚴연염

朴通事新釋諺解 二 三十五

刑힝힝拷캎캎打다다問운운成칭칭死스스罪쥐쥐○嚴刑ᄒᆞ여져주어무러死

罪를일워立리링時스씅處츄츄斬잔잠○즉시處斬ᄒᆞ니라有우잉一이힝箇

거거官관권人인신○ᄒᆞᆫ官人이이션就직찍娶츄츄了랴럏他타터的디듸大

다대小샤셯老랖랗婆포뽕○곳뎌의大小계집올娶ᄒᆞ고把바바那나너偌여셔

大다대的디딍家쟈갸財채쨍盡진찐行힝헝帶대대去취큐○뎌만흔家財를

다가다가뎌가與위유他타터人인신享향향用융융○다룬사ᄅᆞᆷ을주어享用ᄒᆞ게ᄒᆞ니

這져져正징징是시씅善션쎤惡어향到다당頭투뚷終쭝쭁有우잉報반밯

○졍히이善과惡이ᄀᆞᆺ히다ᄃᆞᆺ라맛춤내갑흠이이시되只즈징爭증징來레래早잔쟝

與위유來레래遲치찡○다만오미일음과다뭇오미더듸믈ᄃᆞ토ᄂᆞᆫ이라

咳해해今긴김日이싱天텬텬氣치계冷릉링殺사상人인신○애오ᄂᆞᆯ하ᄂᆞᆯ긔

운이 차 사ᄅᆞᆷ을 죽게 ᄒᆞᄂᆞᆫ 腮새새頰겨경凍둥둥的디딩剌라랑剌라랑的디딩疼

퉁텅哩리레 ○ 밤이ᄃᆞ라발알힌다 街개갸上상쌍泥니녜凍둥둥的디딩都두두

似스씃狠랑랑呀야야一이잉般번붠 ○ 거리에흙언거시다일희니곳ᄐᆞ니 牲

승싕口쿠킄怎즘즘麼마뭐當당당的디딩 ○ 즘싱이엇지當ᄒᆞ리오 到댇됴鐵

텨텽匠쟝쨩鋪푸푸裏리레去취큐 ○ 鐵匠의푸ᄌᆞ에가 打다다一이잉副부부

馬마마釘딩딩子ᄌᆞᄌᆞ來레래釘딩딩上샹쌍 ○ ᄒᆞᆫ부몰다갈쳐다가박안 明밍밍

日시싕好할항往왕왕通퉁퉁州쥐쥥接져졍官관권去취큐 ○ 내일通州ㅣ가

관원마ᄌᆞ라가기됴케ᄒᆞ라 請칭칭官관권人인신吃치킹飯반빤 ○ 청권ᄒᆡ官人은

밥을먹으라 今긴김日시싕做주주的디딩甚셔씸麼마뭐飯반빤 ○ 오ᄂᆞᆯ므슴

밥을지엇ᄂᆞ뇨 乾간건飯반빤做주주成칭찡了랴럎 ○ 된밥도지엇ᄂᆞ뇨 稀히히粥

朴通事新釋諺解 二 三十六

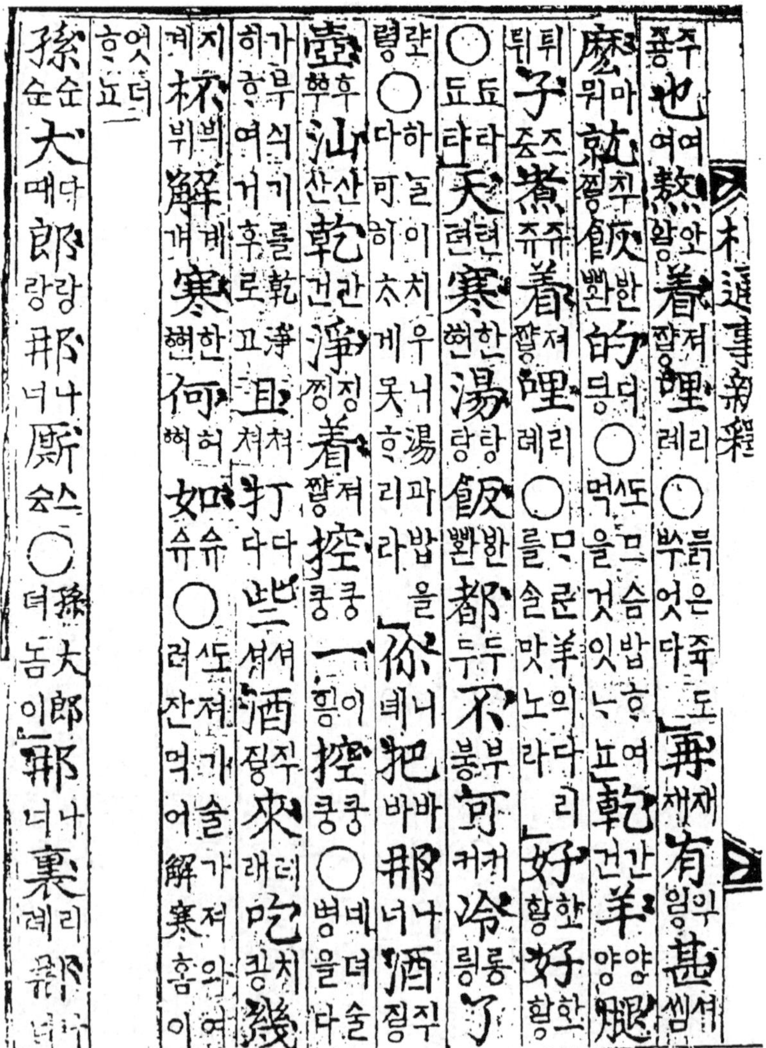

朴通事新釋

粥也熱着哩 ○ ᄃᆞᆰ은 죽도 박엇다

再有甚麼就飯的 ○ 또 므슴 밥ᄒᆞ여 먹을 것 잇ᄂᆞ뇨

乾羊腿子煮着哩 ○ 므론 羊의 다리를 ᄉᆞᆯ맛노라

好好 ○ 天寒湯飯都不可冷了 ○ 하ᄂᆞᆯ이 치우니 湯과 밥을 다 可히 ᄎᆞ게 못ᄒᆞ리라

你把那酒壺汕乾淨着控一控 ○ 네 뎌 술병을 다 가ᄇᆡ싀기를 乾淨히 ᄒᆞ여 거후로고

且打些酒來吃幾杯解寒何如 ○ 또 져기 술 가져와 여러 잔 먹어 解寒홈이 엇더ᄒᆞ뇨

孫大郞那廝 ○ 孫大郞 뎌 놈이 那裏那

般번번好항한衣이이服뿌부好항한鞍헌안馮마마◯어디뎌런됴흔衣服과됴
흔鞍馬로擺배배樣양양子즈즈與유위人인인看컨칸呢네니◯모양을지어사
ᄅᆞᆷ의게뵈ᄂᆞᆫ고聽텅팅得더더那너나謊황황精징징◯드르니뎌거즛말ᄒᆞᄂᆞᆫ삐近
낀긴來래레在째재一힝이箇거거財째채生쥬쥬人인인家갸쟈招쟣쟌做
주주了럏랴女뉴뉴婿셰시◯요ᄉᆞ이ᄒᆞᆫ財主人家에셔사회를삼으니他더타如유유
今김긴吃킈치的딩디穿춴춴的딩디◯뎌이제먹ᄂᆞᆫ것과닙ᄂᆞᆫ거시都두두是
씌시他터타丈쨩장人신인家갸쟈的딩디◯다이뎌의丈人의집거시라大때다
哥거거你네니看컨칸◯큰형아네보라他터타如유유今김긴氣계치像썅샹
大때다比비비不붕부當당당先션션了럏랴◯뎌이제氣像이커當先에比치못ᄒᆞ
니粧장좡模무무做주주樣양양◯粧模做樣ᄒᆞ여把바바我어오這져져舊

朴通事新釋

작ᄆᆡᆼ 弟띠디 兄휭훙 們믄믄 都두두 不부부 睬채채 了랴랴 ○우리 弟兄들이 올녓

다가 다 뉘 수치 아니ᄒᆞ더리」 他더다 既계지 變변변 了랴랴 面면면 目몽무 誰쉬쉬

還환환 睬채채 他더다 ○데 임의 面目을 變ᄒᆞ면 뉘 도로허 뎌룰 긔수ᄒᆞ리오」 他더다 敬

깅깅 我어오 五우우 分분본 我어오 便뻔변 敬깅깅 他더다 十씨시 分분본 ○

데 날을 五分을 공경ᄒᆞ면 내 곳 뎌룰 十分올 공경ᄒᆞ고」 他더다 敬깅깅 我어오 一이이 分

본본 我어오 只즈지 敬깅깅 他더다 五우우 分분본 ○데 나를 一分을 공경ᄒᆞ면 내 그

저 뎌를 五分을 공경ᄒᆞ려니와」 如유유 今긴긴 他더다 不부부 理리리 我어오 ○이제

데 나를 긔수치 아니ᄒᆞ니」 我어오 又잉우 理리리 他더다 做주주 甚씸셔 麼뭐마 ○

내 ᄯᅩ 뎌를 긔수ᄒᆞ여 므슴ᄒᆞ리오」

咱자장 好한항 悶믄믄 當당당 不부부 的디디 ○우리 ᄀᆞ장 힘힘ᄒᆞ여 당치 못ᄒᆞ니

大 때다 家 갸쟈 商 샹샹 量 량량 遊 잉우 山 산산 翫 왼완 景 깅깅 去 큐취 罷 빠바

○대되 의논ᄒᆞ여 遊山翫景ᄒᆞ라 가쟈 好 핳할 好 핳할 ○됴타 됴타 我 어오 也 여여 這

져져 般 번번 想 샹샹 着 쟣져 ○나도 이리 ᄉᆡᆼ각ᄒᆞ엿노라 如 유유 今 긴긴 正 징징 是

씽시 秋 칙칙 涼 량량 天 텬텬 氣 키치 滿 먼만 山 산산 紅 훙훙 葉 여여 正 징징 好

황할 哩 례리 ○이제 正히 秋涼天氣니 滿山紅葉이 正히 됴타 這 져져 離 례리 城 칭칭

三 삼산 十 씽시 里 례리 地 디디 ○이 城에셔 三十里 ᄯᅡ희 有 잉우 箇 거거 山

산산 名 밍밍 爲 위위 田 텬텬 盤 뻔판 山 산산 ○ᄒᆞᆫ 山이 이시되 일홈을 田盤山이라 ᄒᆞᄂᆞ니

眞 친진 箇 거거 奇 끼키 妙 먚먀 ○진실로 奇妙ᄒᆞ더라 那 너나 山 산산 有 잉우 上

샹샹 盤 뻔판 中 즁즁 盤 뻔판 下 햐하 盤 뻔판 ○뎌 山에 上盤 中盤 下盤이 이시매 又

잉우 名 밍밍 三 삼산 盤 뻔판 山 산산 ○ᄯᅩ 일홈을 三盤山이라 ᄒᆞᄂᆞ니 有 잉우 奇 끼키

奇 끼키 怪 꽤괘 怪 꽤괘 之 즤즈 石 씽시 ○ 奇奇怪怪ᄒᆞᆫ 돌도 이시며 有 잉우 高 강갚
高 강갚 下 햐햐 下 햐하 之 즤즈 坡 퍼포 ○ 高高下下ᄒᆞᆫ 언덕도 이시며 有 잉우 重
重 쭝충 疊 뎡뎌 疊 뎡뎌 之 즤즈 奇 끼키 峯 봉봉 ○ 重重疊疊ᄒᆞᆫ 奇峯도 이시며
有 잉우 灣 환완 灣 환완 曲 큥취 曲 큥취 之 즤즈 澗 간간 水 쉬쉬 ㊂ 灣灣曲曲ᄒᆞᆫ 澗
水도 잇고 也 여여 有 잉우 村 춘춘 庄 장좡 廟 명먀 宇 유위 ㊀ ᄯᅩ 村庄廟宇도 이시며
也 여여 有 잉우 山 산산 禽 낀친 野 여여 獸 싱쉬 ○ ᄯᅩ 山禽野獸도 이시며 也 여여
有 잉우 蒼 창창 松 숭숭 翠 취취 栢 븽버 ○ ᄯᅩ 蒼松翠栢도 이시되 只 즤즈 是 씽시
崖 애애 高 강갚 路 루루 窄 쥉재 ㊀ 다만 이 언덕이 놉고 길히 좁으니 往 왕왕 來 래레
遊 잉우 人 신인 難 난난 走 증주 些 셔셔 ○ 往來ᄒᆞᄂᆞᆫ 遊人이 ᄃᆞᆫ니기 어렵더라 山 산산
頂 딩딩 上 썅상 有 잉우 一 잉이 小 썋샾 池 찟치 ㊁ 山頂우희 ᄒᆞᆫ 저근 못이 이시니 滿

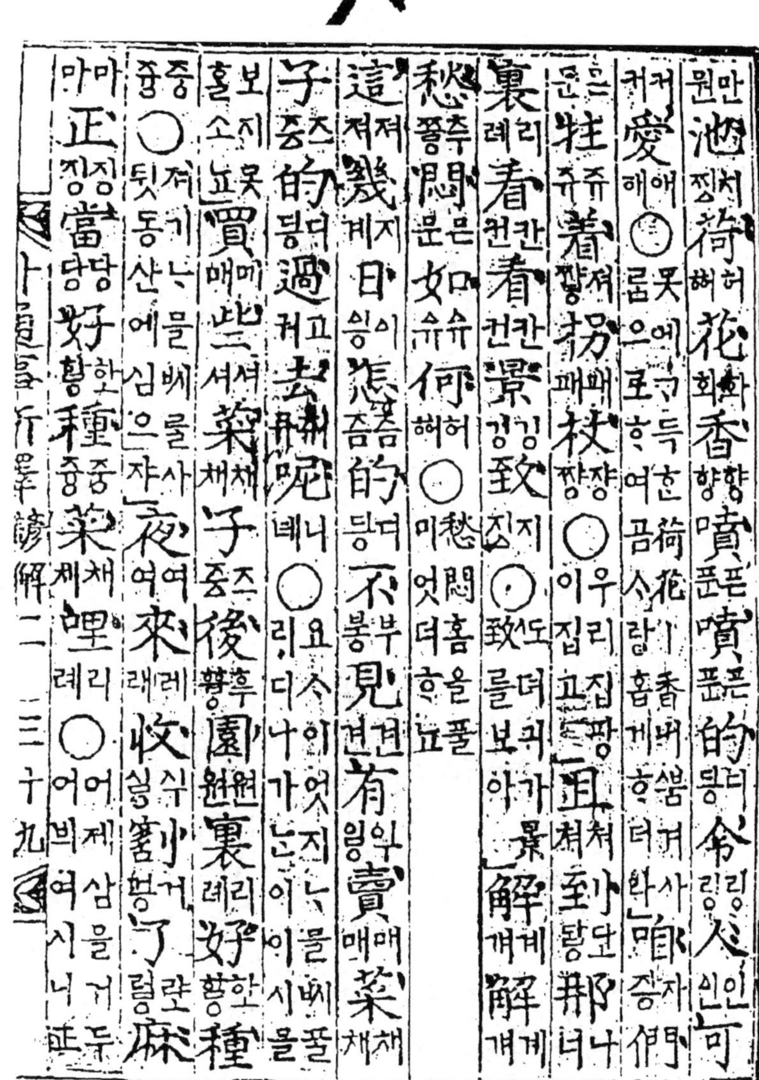

池荷花香噴噴的令人可愛○못에 荷花ㅣ 香내 ᄲᅮᆷ겨 사ᄅᆞᆷ으로 ᄒᆞ여곰 ᄉᆞ랑홉게 ᄒᆞ더라 咱們拄着拐杖○우리 집팡이 집고 且到那裏看看景致○또 뎌긔 가 景致를 보아 解解愁悶如何○愁悶을 플미 엇더ᄒᆞ뇨

這幾日怎的不見有賣菜子的過去呢○요ᄉᆞ이 엇지 ᄂᆞ믈ᄡᅵ ᄑᆞᆯ리 디나가ᄂᆞ니를 보지 못ᄒᆞ소뇨 買些菜子後園裏好種○져기 ᄂᆞ믈ᄡᅵ를 사 뒷동산에 심어쟈 夜來收割了麻正當好種菜哩○어제 삼을 거두어 븨여시니 正

朴通事新釋諺解二 三十九

히갓당이느믈 시믐이도라 種중중 甚셔심 麼아뭐 菜채채 好한헝 呢니녜 ○므슴

느믈믈심거 야도흐리오 蘿로러 蔔부붕 ○댓ᄉ무우 蔓먼원 菁징징 ○쉿무우 蒿

오부 위로 萵귀뀌 ○부로 葵키뀌 菜채채 ○아혹 白배뻥 菜채채 ○비치 赤치칭 根

근근 菜채채 ○시치 芫원원 荽쉬쉬 ○고싀 葱충충 ○파 蒜쉔숸 ○마눈

薤혜해 菜채채 ○부치 荊징깅 芥계개 ○형개 薄박밥 荷허해 ○박하 茼뚱둥

蒿한할 ○믈쑥 水쉬쉬 蘿로러 蔔부붕 ○믈무우 한댓 胡후후 蘿로러 蔔부붕

○노론댓 무우 芋위유 頭투뜰 ○토란 紫즈즈 蘇수수 都두두 好한황 種중중

的디딩 ○紫蘇룰다치 믐이됴ㅎ 紫즈즈 蘇수수 這져져 廝스소 最쥐쥐 有익잉

用융융 ○紫蘇란이러시ᄆ 장ᄯᅳ이시니ᄅ 把바바 那나나 葉여염 兒을싈 摘제징

了럇령 ○더ᄆ흘 다 拉 把바바 針진신 綫션선 串쵠쵠 了랴령 吊댜댱 在재재

一힝이壁빙비廂썅샹 ○ 하ᄂᆞᆫ실로셰여부 림구석에두라 一힝이冬둥둥好항할

煎젼젼湯탕당吃킹치 ○ ᄒᆞᆫ겨을을달혀 먹기됴ᄒᆞ니 最쮜쥐能능능發방바散

산산風봉봉寒헌한的딩디 ○ ᄀᆞ장능히風寒을 發散ᄒᆞᄂᆞ니라 水쉬쉬芹긘킨菜

채채也여여好항할吃킹치了럎랴 ○ 미나리도먹 기됴흐니 咋졈잔Y야아頭

뜰루去큐취拔빠바些셔셔來레레 ○ Y頭로ᄒᆞ여가 져기ᄲᅡ혀오라 我어오們

믄믄好항할嘗쨩챵新신신 ○ 우리새거슬 맛봄이됴타 再재재咋졈잔小샾샾廝ᄉᆞᄉᆞ

們믄믄到닾닾西시시園원원裏리리去큐취 ○ 도아희들로ᄒᆞ여 셧녁동산에가

種즁중些셔셔冬둥둥瓜과과 ○ 져기동 화와 西시시瓜과과 ○ 슈박 과 甜

떰텬瓜과과 ○ ᄎᆞᆷ외 와 插창차葫후후 ○ 조ᄅᆞ 박과 稍샾샾瓜과과 ○ 슈셰 외와

黃황황瓜과과 ○ 외 와 茄개겨子즈즈等등등類릐릐 ○ 가지들을 심으라 家

卒九

朴通事新釋諺解

下햐햐吃칭치不붕부了랼랴還환환好할한賣매매裏레리 ○ 집의

먹지못ᄒᆞ거든도로혀풀미묘ᄒᆞ니라 你니네們은믄把바바菜채채園원원都두두

收실식拾씽시好할화着쨯져 ○ 너희들이菜園을다收拾ᄒᆞ기를잘ᄒᆞ고 不붕부

要얗야懶란란惰터도 ○ 게얼리말라 古구구人신인道땋도 ○ 古人이니ᄅᆞ되

無우우功궁궁食씽시祿룽루寢칭친食씽시不붕부安안안 ○ 功이업시祿을

먹으면寢食이편안치아니타ᄒᆞ니라

如슈슈今긴김怎즘즘麽마뭐那나너般번번賊지찡多도더 ○ 이제엇지뎌리

도적이만ᄒᆞ뇨 今긴김年넌년天텬텬旱한헌田텬뎐禾호훠不붕부收싷식 ○

올희하ᄂᆞᆯ이ᄀᆞᄆᆞ라田禾를거두지못ᄒᆞ여시매 因인인此ᄎᆞᄎᆞ上샹썅賊지찡多도더

了랼랴 ○ 이런젼ᄎᆞ로도적이만ᄒᆞ니라 使시시鉤구궇子즈즈的디듸賊지찡們믄

문믄 耍 광궁 多 더도 ○ 갈고리쓰는도적들이더옥만하흔 拿 나나 着 짱져 取 츄츄 燈

딍등 兒 싱을 ○ 取燈을가지고 剳 당다 那 너나 人 신인 家 갸쟈 裏 례리 ○ 아모人家

에가 把 바바 舌 쎵셔 尖 졈젼 濕 씽시 破 퓌포 窓 창창 戶 핟후 ○ 혀끗흐로다가窓戶

를적셔뚧고 把 바바 取 츄츄 燈 등둥 點 뎜뎐 上 썅샹 火 훠호 往 왕왕 裏 례리 照

쳥잔 ○ 取燈에다가불을혀안을향ᄒᆞ여비최여 看 컨칸 有 잍우 東 둥둥 西 셰시 在 째재

那 너나 裏 례리 ○ 잡은거시아모되잇ᄂᆞᆫ줄을보아 不 붕부 論 룬론 笇 건간 子 즈즈

上 썅샹 的 딍디 櫃 꾀귀 子 즈즈 上 썅샹 的 딍디 物 뭉우 件 견견 ○ 화엣거시나궤

엣物件을혜지아니ᄒᆞ고 便 뼌변 把 바바 鉤 긓구 子 즈즈 鉤 긓구 出 츙츄 來 래레 拿

나나 去 큐취 ○ 곳갈고리로그러내여가져가ᄂᆞ니라 這 져져 廝 ᄉᆞ스 們 문믄 只 징즈

是 씽시 小 셯샾 毛 맣맢 賊 쮱지 ○ 이놈들은그저이고모도적이니 不 붕부 比 비비

得더듸強챵걍盜단담○強盜에比치못홀거시라還환환有익잉法바방兒을싱
容융융易이이隄디뎨防방빵的디듸○당시롱법이이셔提防ᄒᆞ기쉬오니라把
바바那나너綿면면布부부簾련렴子즈즁在지째窗창창戶후후裏리례面
면면幔만먼上샹썅○綿布발올다가窗안ᄒᆡ치고把바바釘딩딩子즈즁釘딩딩
住쥬쮸○못스로박고把바바門믄문上샹썅釘了랖렴鈟닾뎧扣쿠킇上샹썅
了랖렴○門에걸새를다가걸고把바바指즈징頭투틓大다때的디듸長챵쨩
鐵텨텽釘딩딩○손가락굴긔에간쇠못스로다가插차창在지째門믄문拴솬숸
孔쿵쿵裏리례○門빗장굼게ᄭᅩᄌᆞ라這저져般번뷘隄디뎨防방빵的디듸緊
긴긴愼신씬○이리隄防ᄒᆞ기롤緊愼이ᄒᆞ면他타더怎즘즘麼마뭐得더듸能능능
勾구궇偸투틓了랖렴東둥둥西시셰去취큐呢니녜○뎌엇지시러곰능히잡은

거슬 도적ᄒᆞ여 가리오

你니녜那나너裏리례去츄큐 ○ 네 어ᄃᆡ 가ᄂᆞᆫ다 店뎐뎜裏리례買매매緞돤뒨子즈즈去츄큐 ○ 店에 비단 사라 가니 咱자쟘兩량량箇거거一이ᄒᆞᆼ同퉁뚱去츄큐 ○ 우리 둘히 ᄒᆞᆫ가지로 가쟈 掌쟝쟝櫃귀귀的디ᄃᆡ你니녜這져져鋪푸푸裏리례有우잉四스ᄉᆞ季기계花화화的디ᄃᆡ緞돤뒨子즈즈麽마뭐 ○ 櫃ᄀᆞ음아ᄂᆞᆫ 이아 네 이 푸조에 四季花 문ᄒᆞᆫ 비단이 잇ᄂᆞ냐 你니녜要얀얌甚시씸麽마뭐顏연한色서싀的디ᄃᆡ ○ 네 므슴 빗체 치믈 ᄒᆞ려 ᄒᆞᄂᆞᆫ다 要얀얌南난남京징깅來래래的디ᄃᆡ鴉야야青칭칭色서싀月웨웨白배뵈色서싀這져져兩량량樣양양緞돤뒨子즈즈 ○ 南京으로셔 온 야청빗과 남빗 이 두 가지 비단을 ᄒᆞ려 ᄒᆞ노라 要야야子즈즈說쉬워都두두有우잉 ○ 즈름이 니ᄅᆞ되 다 이셰라 干간건你니녜甚시씸麽마뭐

事스씃 ○ 네게 므슴 일이 간셥ᄒᆞ뇨 沒무뭉有우잉你니녜怕파파買매매不부붕
成칭찡麽마뭐 ○ 네 업다 사지 못홀가 저프라 你니녜們믄문不부붕要얀향說
숴쉉閑현햔話화확 ○ 너희들은 힘힘ᄒᆞᆫ 말을 니ᄅᆞ지 말고 要얀향買매매緞돤된子
즈ᄌᆞ就작찍請칭칭下햐쌰馬마마來레래看칸컨 ○ 비단을 사려ᄒᆞ거든 곳 쳥컨대
ᄆᆞᆯ ᄂᆞ려 오와 보라 我오어說숴쉉與위유你니녜不부붕要얀향哄훙흥弄룽룽我
오어 ○ 내 너ᄃᆞ려 니ᄅᆞᄂᆞ니 나를 소기지 말라 你니녜放방방心신심 ○ 네 放心ᄒᆞ라
小샾셯鋪푸푸從충쭝不부붕敢간감哄훙흥人인신的디딩 ○ 小鋪ㅣ 본ᄃᆡ 敢
히 사ᄅᆞᆷ을 소기지 못ᄒᆞ노라 伙호훠計지계們믄문把바바那나너廚츄쮸開개개
了랴령 ○ 동모들아 뎌 장을 열고 揀견간高간강的디딩與위유官관권人인신
看칸컨 ○ 놉흔이ᄅᆞᆯ ᄀᆞᆯᄒᆡ야 官人을 주어 보게ᄒᆞ라 這져저緞돤된子즈ᄌᆞ多도더少

샨셩 價(갸가)錢(쪈쳔) ○ 이비단이갑시 엇마나ᄒᆞ뇨 鴉(야야)靑(칭칭)色(싀서)四(ᄉᆞ스)

季(계기)花(화화)的(디디)六(루륙)兩(량량)銀(인인)子(즈즈)一(이히)疋(핑피) ○ 야쳥

빗四季花문에는엿 냥은에ᄒᆞᆫ필이오 月(웨워)白(ᄈᆡ배)色(싀서)的(디디)四(ᄉᆞ스)兩(량량)

銀(인인)子(즈즈)一(이히)疋(핑피) ○ 납빗체는넉냥 은에ᄒᆞᆫ필이라 你(니니)休(힝휘)胡

흐후 討(탈토)價(갸가)錢(쪈쳔) ○ 네간대로갑슬 ᄢᅵ오지말라 討(탈토)的(디디)是(씨시)

虛(휴쉬)價(갸가)還(환환)的(디디)是(씨시)實(싀시)價(갸가) ○ ᄢᅵ오는거슨 이거즛갑시

오갑ᄂᆞᆫ거시아 이실ᄒᆞᆫ갑시니 相(샹샹)公(궁궁)你(니니)與(유유)多(더도)少(샾샤) ○ 公相

아네엿머 로줄ᄯᅡ 這(져져)箇(거거)緞(돤돤)子(즈즈)中(중중)中(중중)的(디디) ○ 이비

단이중품 에ᄡᅧ시니 你(니니)再(재재)揀(간견)頂(딩딩)高(갈간)的(디디)我(어오)看(컨칸)

○ 네다시웃쏨노픈거 슬골히여나롤뵈라 小(샤샾)鋪(푸푸)沒(뭉무)有(읻우)再(재재)高

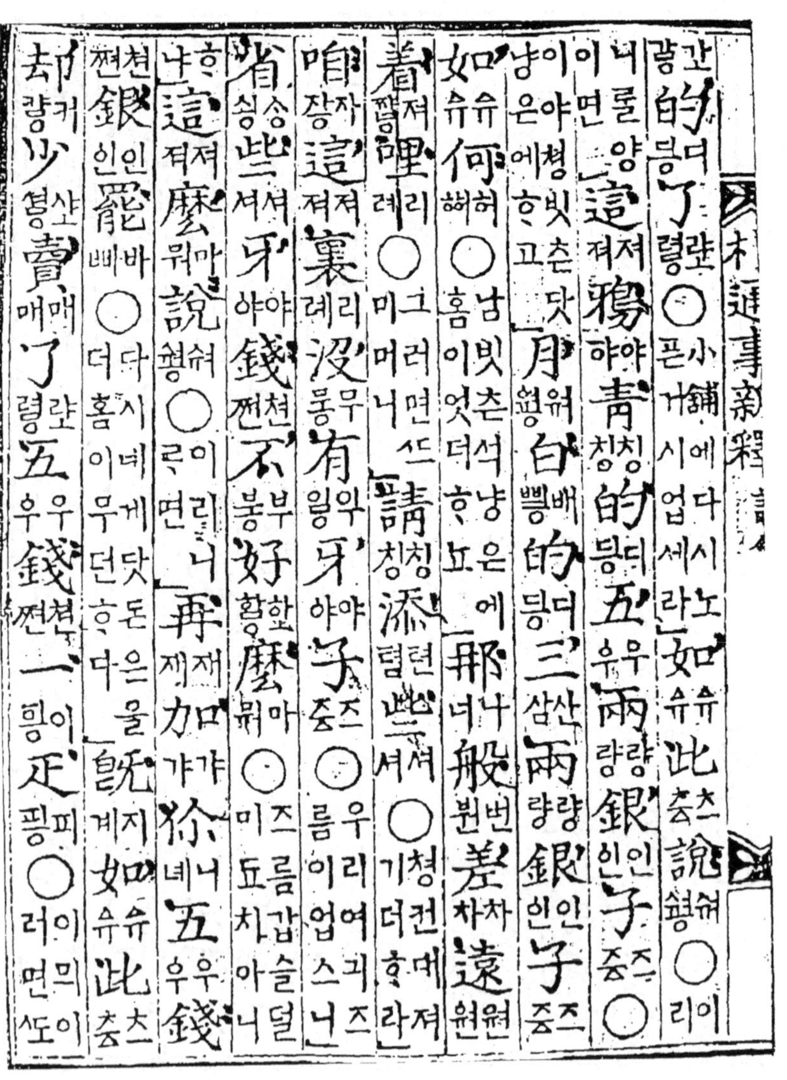

朴通事新釋諺解

간갈 的디딩 了랴럏 〇 小舖에 다시 노픈 거시 업세라 如슈슈 此츠ᄎᆞ 說숴쉉 〇 이리

니ᄅᆞᆯ 양이면 這져져 鴉야야 青칭칭 的디딩 五우우 兩랑량 銀인인 子즈ᄌᆞ 〇

이 야쳥빗츤 닷 냥은에 ᄒᆞ고 月웨웽 白배뼹 的디딩 三산삼 兩량량 銀인인 子즈ᄌᆞ

如슈슈 何허혀 〇 남빗츤 석냥은에 홈이 엇더ᄒᆞ뇨 那나너 般번뻔 差차차 遠원원

着져쨮 哩리례 〇 그러면 ᄯᅩ 미머니 請칭칭 添텬뎜 些셔셔 〇 청컨대 져기 더ᄒᆞ라

咱자쟘 這져져 裏리례 沒무뭉 有약잉 牙야야 子즈ᄌᆞ 〇 우리 여긔 즈름이 업스니

省송싱 些셔셔 牙야야 錢쳔쪈 不부붕 好핲황 麼마뭐 〇 즈름갑슬 덜미료치 아니

ᄒᆞ나 這져져 麼마뭐 說숴쉉 〇 이리 니ᄅᆞ면 再재재 加갸갸 你니녀 五우우 錢

쳔쪈 銀인인 罷바빠 〇 다시 네게 닷돈을 더홈이 무던ᄒᆞ다 旣지계 如슈슈 此츠ᄎᆞ

却커캬 少샤샹 賣매매 了랴럏 五우우 錢쳔쪈 一이힝 疋피핑 〇 이미 이러면 ᄯᅩ

닷돈올흔필에지위픅니 只짇즈 圖뚜투 箇거거 下햐햐 次츠츠 主쥬쥬 顧구구 罷빠바 ○ 다만후에단플홈을구흐노라

大때다 哥거거 煩빤반 你녜니 代때대 我어오 寫셔셔 一힝이 張장쟝 租주주 房빵방 契계키 ○ 큰형아네게비느니나를구르차흔장집셰내는글월을쓰고려 你녜니

如슈슈 今김긴 要햘얀 搬뷘반 到담닫 那너나 裏례리 去큐취 ○ 네이제올마어뎌가고져흐는다 我어오 往왕왕 羊양양 市씽시 前쪈쳔 頭뜽투 轉쥰줜 搭탕타

衚후후 衕뚱둥 去큐취 ○ 내羊져지갑벽탑플에가 賃님넌 一힝이 所수소 房빵방 子즈즈 ○ 흔집을셰내여 今김긴 日싕시 早잠잔 起키치 纔째채 收심식 拾씽시

完훤완 了럏랴 ○ 오늘아츰에굿收拾흐여못차시니 明밍밍 日싕시 就찧직 搬뷘반 ○ 니일곳올무리라 這져져 租주주 房빵방 契계키 寫셔셔 了럏랴 ○ 이집셰내

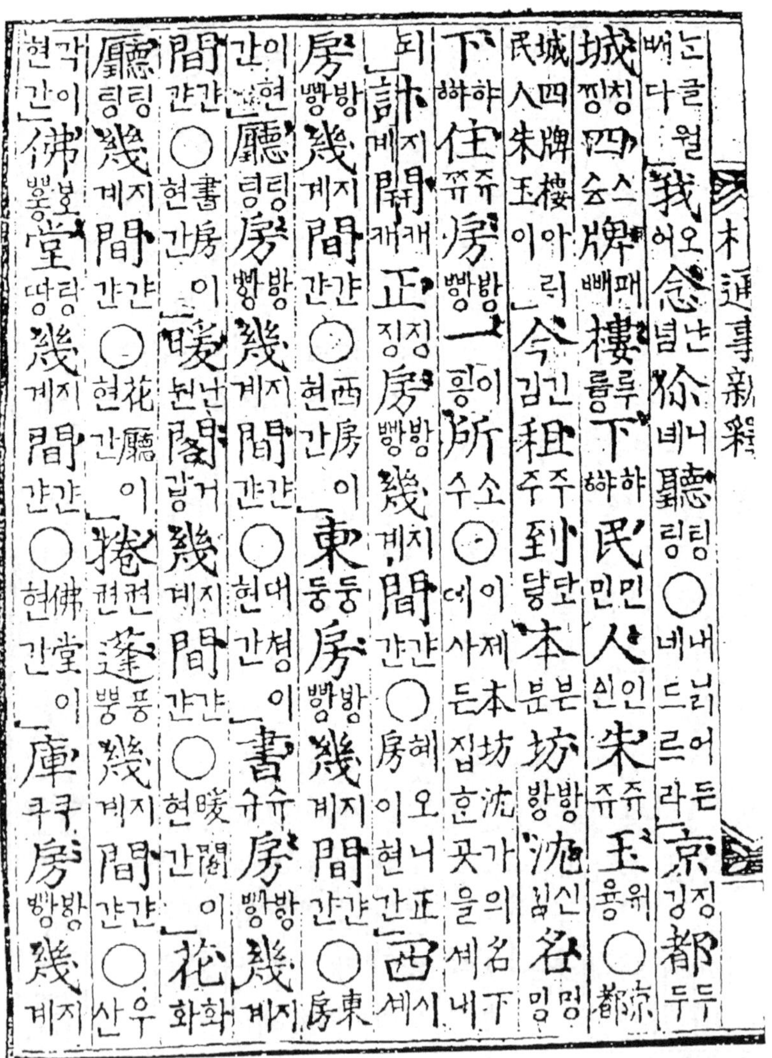
朴通事新釋
배는 다글 월 我 어오 念 념난 你 니니 聽 팅팅 ○ 네내 드니 르어 라든 京 깅징 都 두두
城 찡칭 四 ㅅ스 牌 빼패 樓 릏루 下 햐하 民 민민 人 신인 朱 쥬쥬 玉 융위 ○ 都京
民城 人四 朱牌 玉樓 이아 래 今 김긴 租 주주 到 닿도 本 븐븐 坊 방방 沈 씸신 名 밍밍
下 햐하 住 쥬쥬 房 빵방 一 힝이 所 수소 ○ 데이 사제 든本 집坊 혼沈 곳가 을의 세名 내下
되 討 베지 開 개개 正 징징 房 빵방 幾 계지 間 간간 ○ 房혜 이오 현니 간正 西 세시
房 빵방 幾 계지 間 간간 ○ 현西 간房 이 東 둥둥 房 빵방 幾 계지 間 간간 ○ 房東
간이 현 廳 팅팅 房 빵방 幾 계지 間 간간 ○ 헌대 간청 이 書 슈슈 房 빵방 幾 계지
間 간간 ○ 현書 간房 이 暖 눤난 閣 김거 幾 계지 間 간간 ○ 현暖 간閣 이 花 화화
廳 팅팅 幾 계지 間 간간 ○ 현花 간廳 이 捲 권권 蓬 뿡풍 幾 계지 間 간간 ○ 산우
현각 간이 佛 뽕보 堂 땅탕 幾 계지 間 간간 ○ 현佛 간堂 이 庫 쿠쿠 房 빵방 幾 계지

間간간○현庫간房이馬마마房빵방幾계지間간간○현馬간房이廚쮸츄

房빵방幾계지間간간○현廚간房이周즇직圍위위鋪푸후面면면幾계지

十씽시間간간○周圍鋪面이幾十間이오門문믄窓창촹炕캉캉壁빙비俱규귀

全쮠촨○門窓炕壁이다ᄀᆞ잣고井징징一힝이眼얀얀○우믈ᄒᆞ나空쿵쿵地

뗴디幾계지畝무무○空地幾畝를議이이定띵딩每뮈믜月웨웨房빵방租

주주銀인인二ᅀᅵ을兩량량○每月에집세銀두냥을議定ᄒᆞ여按안안月웨웨交

걍갼納나나不부부致지지短둰돤少셜샾○ᄃᆞᆯ을조차交納ᄒᆞ여ᄯᅥᄅᆞ치매나ᄅᆞ지아

니게ᄒᆞ리라恐쿵쿵後흫후無무우憑삥핑立리리此츠ᄎᆞ爲위위照쟣쟢○

後에의빙ᄒᆞᆯ이업슬가저허이를세워보람을삼노라你니니道땅다我어오這져쳐箇

거거租주주帖텨텨○네니ᄅᆞ라내이세내논글월이寫셔셔得더더妥터토當당당

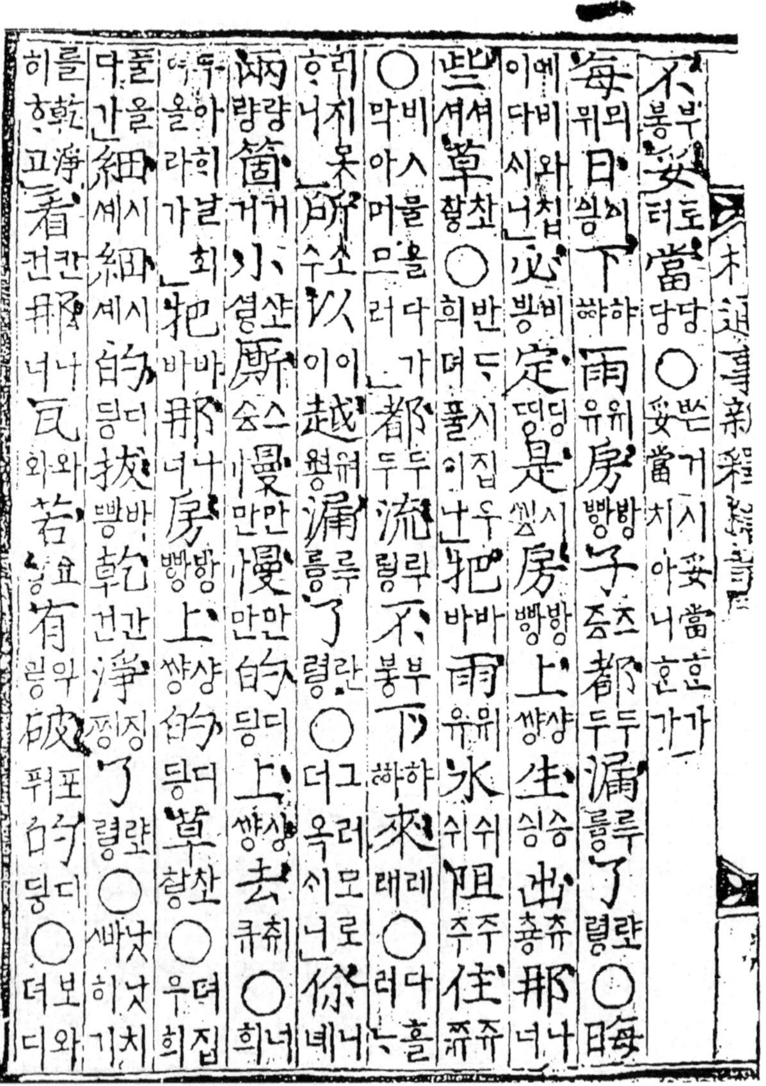

朴通事新釋諺解

不부뿡妥토터當당당 ○ 쁜거시妥當ᄒᆞᆫ가 妥當치아니ᄒᆞᆫ가

每뫼뮈日ᅀᅵᅀᅵᆼ下햐ᅘᅣ雨위유房방빵子ᄌᆞᄌᆞᆷ都두두漏루릏了랴럏 ○ 每日

예비와집이다ᄉᆡ니 必비삥定딩띵是시씨房방빵上샹썅生승싱出츄츙那나너

些셔셔草찬찰 ○ 반ᄃᆞ시집우희며풀이나 把바바雨위유水쉬쉬阻주주住쥬쮸

○ 비ᄉᆞ믈을다가막아머므러 都두두流루릏不부붕下햐ᅘᅣ來래레 ○ 흘러ᄂᆞ

리지못ᄒᆞ니 所소수以이이越워웡漏루릏了란럏 ○ 그러모로더옥ᄉᆡ너 你니녜

兩량량箇거거小샾셯厮ᄉᆞᄉᆞ慢만만慢만만的디딩上샹썅去취큐 ○ 너희

두아ᄒᆡ날회여올라가 把바바那나너房방빵上샹썅的디딩草찬찰 ○ 더집우희

풀을다가 細시셰細시셰的디딩拔바빠乾간건淨징찡了랴럏 ○ 낫낫치ᄲᅡ히기

를乾淨히ᄒᆞ고 看칸컨那나너瓦와와若ᅀᅣᅀᅣᆼ有우ᄋᆡᆼ破포퓌的디딩 ○ 보와더디

새ᄭᅢ야진것잇거든 就직찍換환훤幾지기箇거거新신신的디듸○곳여러낫새거
슬밧고라」㑭니녜上샹쌍去취큐却키캬要야ᇢ혀ᇢ慢만만慢만만的디듸走주즈
○네올라가되ᄯᅩ날회여ᄃᆞ니라」那나너瓦와와被비삐水쉬쉬浸진짐多도더時
스ᄊᆞ不부붕堅견견實시싱○뎌디새물에젓기를오래ᄒᆞ여堅實치못ᄒᆞᄂᆞᆫ」不부붕要
야ᇢ혀ᇢ踏다땅破포풔了랴ᇢ려ᇢ纔채째好한할○볼바ᄭᅢ이치말아야마치됴흐리라」那
나너瓦와와有우잉破포풔的디듸麼마뭐○뎌더새ᄭᅦ야진거시잇ᄂᆞ냐」多도더
有우잉破포풔的디듸○ᄭᅢ야진거시만히잇다」都두두是시씨㑭니녜這져쪄
兩량량箇거거小샤ᇢ셔ᇢ畜추충生승싱○다이너희이두져근즘싱들이每믜뮈日
ᅀᅵᅀᆞ偸투틓空쿵쿵便변뼌上샹쌍去취큐拿나나雀쵸잡兒을싀○每日에뷘
ᄯᅦ를다곳올라가새룰잡노라」把바바瓦와와都두두弄룽룽破포풔了랴ᇢ려ᇢ○더새

룰다가다ᄂᆞᆯ화새이니」把바바你니녜這져저忤우우逆이잉種중중該개개殺

사샹的디딩○너이許逆ᄒᆞᆫ베룰다가죽염즉ᄒᆞ다」你니녜們믄몬如유유今긴김什

시씽歲쉬쉬年년년紀기계了랴량○너희이제열ᄡᆞᆯ나히라」也여여該개개學

효햫些셔셔好한항○또며기착ᄒᆞᆫ일올빈함즉ᄒᆞ거늘」還환환只즈짓管권권淘

탄탕氣치치○당시롱그저ᄉᆞ리여저ᄌᆞ레ᄒᆞ고」終즁중日시싱貪탄탐頑완완耍

솨솨○終日토록놀기를탐ᄒᆞ고」學효햫裏리레也여여不부붕肯큰킁去취큐○

學데도즐겨가ᄌᆞ아너ᄒᆞ니」是시씽不부붕長장쟝進진진的디딩○이長進치못홀

거시로다」古구구人신인道단당○古人이니ᄅᆞ되」家쟈갸富부부小샤셯兒

올ᅀᅵᆯ嬌갼걀○집이가음열면아히ᄒᆞ건양ᄒᆞᆫ다ᄒᆞ니」這져저也여여我오어平핑삥日

시ᅀᅵᆼ姑구구息시싱之즈짓愛애해○이또平日에姑息之愛로」失시싱于위유

教걓쟌訓흔훈了럏랼○教訓홈을 일홈이로다

我어오問몬운你녜니些셔셔字쯔즈樣양양○내 너ᄃᆞ려 져기 字樣을 무르리라

縫뽕붕衣이의裳쨩샹的듸디縫뽕붕字쯔즈怎즘즘麽뭐마寫셔셔○衣裳

호다 ᄒᆞ는 縫字를 어이 ᄡᅳᄂᆞ뇨這져저箇거거字쯔즈不붕부難난난寫셔셔○字이

ᄡᅳ기 어렵지 아니ᄒᆞ니紐뉼부絲ᄉᆞ스傍빵팡加갸가箇거거逢뽕풍字쯔즈○

실ᄉᆞ 변에 逢字ᄒᆞ여시니那너나箇거거逢뽕풍字쯔즈○뎌 逢字는又꿍꾸字쯔즈

底뎨디下햐하手싷삭字쯔즈加갸가箇거거走즇주字쯔즈的듸디便뼌변

是씽시○之字아리 手字ᄒᆞ고 走字ᄒᆞ거시 ᄌᆞ이라替톄티代때대的듸디代때대字

쯔즈怎즘즘麽뭐마寫셔셔○替代ᄒᆞ다 ᄒᆞ는 代字를 어이 ᄡᅳᄂᆞ뇨代때대字쯔즈○

代字는是씽시立링리人신인傍빵팡加갸가箇거거弋잉이字쯔즈便뼌변

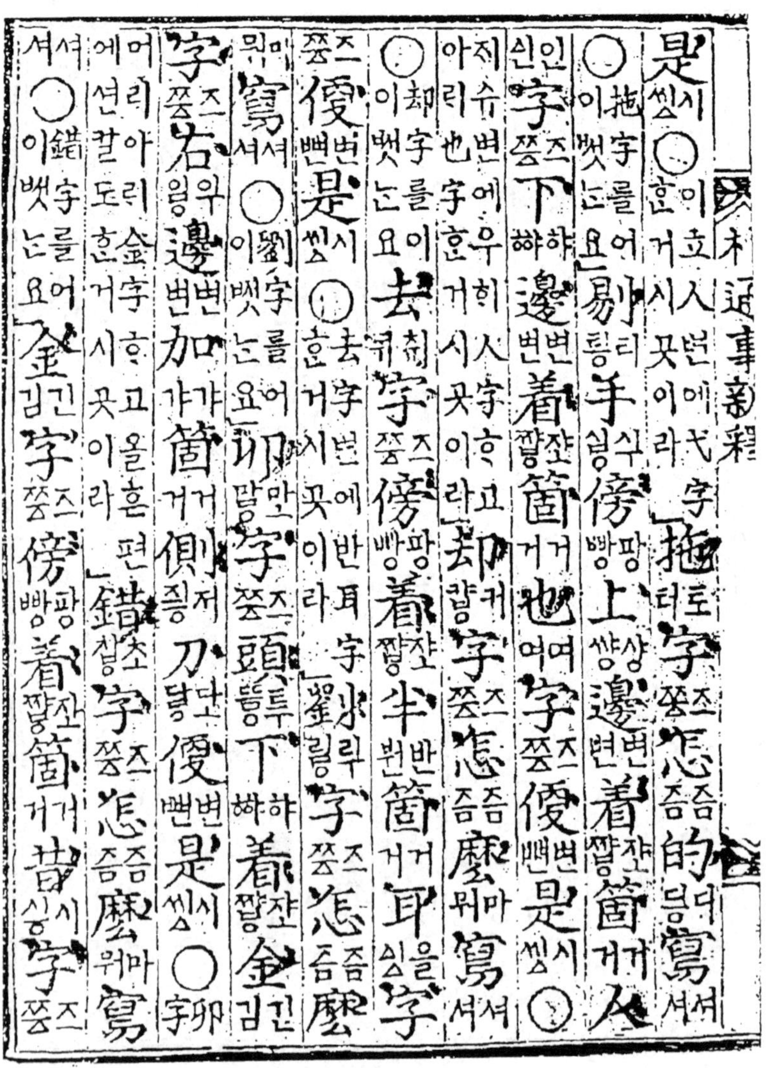

朴通事新釋

是씌시 ○이立人변에弋字ᄒᆞᆫ거시곳이라 拖터토字쯔즈怎즘즘的디디寫셔셔
○이拖字를어뻣ᄂᆞᆫ요 剔틩티手싀식傍빵팡上쌍상邊변변着짤잔箇거거人
신인字쯔즈下햐햐邊변변着짤잔箇거거也여여字쯔즈便뼌변是씌시○
지슈변에우히人字ᄒᆞ고아리也字ᄒᆞᆫ거시곳이라 却캬커字쯔즈怎즘즘麼뭐마寫셔셔
○이却字를이뻣ᄂᆞᆫ요 去귀취字쯔즈傍빵팡着짤잔半뷘반箇거거耳싈을字
쯔즈便뼌변是씌시 ○去字변에반耳字ᄒᆞᆫ거시곳이라 劉리루字쯔즈怎즘즘麼
뭐마寫셔셔 ○이劉字를어뻣ᄂᆞᆫ요 卯맏만字쯔즈頭뜰투下햐하着짤잔金김긴
字쯔즈右임우邊변변加갸가箇거거側즹저刀닿닫便뼌변是씌시 ○卯字
머리아리金字ᄒᆞ고올흔편에션칼도ᄒᆞᆫ거시곳이라 錯찹초字쯔즈怎즘즘麼뭐마寫
셔셔 ○이錯字를어뻣ᄂᆞᆫ요 金김긴字쯔즈傍빵팡着짤잔箇거거昔싱시字쯔즈

便뼌변是씽시 ○ 金字변에昔字ᄒᆞᆫ거시곳이라 宋숭숭字쯔즈怎즘즘麼뭐마寫
셔셔 ○ 宋字를어이뻣ᄂᆞᆫ요 寶방보蓋개개頭뜰투下햐하着쨮쟈箇거거木뭉무
字쯔즈便뼌변是씽시 ○ 갓머리아래木字ᄒᆞᆫ거시곳이라 笠링리字쯔즈怎즘즘
麼뭐마寫셔셔 ○ 笠字를어이뻣ᄂᆞᆫ요 竹쥬주字쯔즈頭뜰투下햐하着쨮쟈箇
거거立링리字쯔즈便뼌변是씽시 ○ 대쥭아래立字ᄒᆞᆫ거시곳이라 滿먼만字쯔즈
怎즘즘麼뭐마寫셔셔 ○ 滿字를어이뻣ᄂᆞᆫ요 三삼산點뎜뎐水쉬쉬傍빵팡着
쨮쟈箇거거草참찬頭뜰투底뎨디下햐하着쨮쟈箇거거雨유유字쯔즈便
뼌변是씽시 ○ 삼슈변에草頭ᄒᆞ고아리雨字ᄒᆞᆫ거시곳이라 待때대字쯔즈怎즘즘的
딍디寫셔셔 ○ 侍字를어이뻣ᄂᆞᆫ요 雙상솽立링리人신인傍빵팡着쨮쟈箇거거
寺ᄉᆞ스字쯔즈便뼌변是씽시 ○ 즁인변에寺字ᄒᆞᆫ거시곳이라 思ᄉᆞ스字쯔즈怎

朴通事新釋

즘즘 麽마뭐 寫셔셔 ○ 思字를 어이 ᄡᅥᆺᄂᆞ뇨 那나너 思스ᄉᆞ 字즈ᄍᆞ ○ 더思字ᄂᆞᆫ 田

편뎐 字즈ᄍᆞ 下햐햐 着잘짤 箇거거 心신심 字즈ᄍᆞ 便변뼌 是시시 ○ 田字아라

心字ᄒᆞᆫ거 시곳이라 你니녜 知지징 道닾땽 麽마뭐 ○ 네 아ᄂᆞᆫ다 字즈ᄍᆞ 之즈즤 形

힝ᄒᆡᆼ 勢시씽 狠흔ᄒᆞᆫ 多도더 大다때 槩개개 如유슈 此츠ᄎᆞ ○ 字의 形勢 ᄀᆞ장 만ᄒᆞ

나 大槩 이 ᄀᆞᄐᆞ니 憑핑삥 你니녜 問운문 多도더 少샾샿 ○ 네대로 아무 만무러도 무

却커캬 考칸캎 不부붕 倒닾당 我오어 哩리례 ○ 도무러나를지 우지못ᄒᆞ리라

我오어 要얀ᅘᅣᇢ 往왕왕 你니녜 莊장좡 頭투ᄐᆕ 家쟈갸 去취큐 ○ 내네농 장집의

가고져 ᄒᆞ되 不부붕 得더듷 工궁궁 夫부부 去취큐 不부붕 得더듷 ○ 工夫를 엇

디못ᄒᆞ여가 지못ᄒᆞ노라 你니녜 每믜뮈 日시싀 做주주 甚셔씸 麽마뭐 ○ 네每 日에

무엇ᄒᆞ ᄂᆞᆫ다 我오어 每믜뮈 日시싀 纔채ᄶᆡ 聽팅팅 明밍밍 鐘중즁 一이힁 聲

싱싱 響향향 〇내 날마다 게요明 鐘호 소리를 듯고 便뺸변 上썅상 馬마마 跟끈근 老

랄랖 爺여여 〇곳 몰ᄐᆞ고 老 爺를 ᄯᆞ라 ᄃᆞᆫ 直찡지 到땋닿 點뎜뎐 燈뜽등 時씽스 分

뽄븐 纔째채 下해하 馬마마 〇잇ᄭᅥ 블 혈 ᄯᅢ에 다ᄃᆞᆺ 게야 ᄀᆞᆺ ᄆᆞᆯ 새ᄂᆞ리니 幾계지 曾쯩층

得듷더 閒햔현 呢녜니 〇언제 일즉 ᄒᆞᆫ가 홈을 어드리오 你녜니 說숴쉬 的딍디 是

씽시 〇네 니ᄅᆞ미 올타 每뮈믜 日싕ᅀᅵ 東둥둥 走즇주 西셰시 走즇주 不붕부 得

듷더 片편편 時씽스 歇혀혀 息싱시 〇每日에 동으로 ᄃᆞᆺ고 셔로 ᄃᆞ라 ᄒᆞᆫ時도 쉼을 엇지 못

ᄒᆞᆫ 난 但댠단 是씽시 你녜니 還환환 不붕부 知징지 那너나 鄉향향 村춘춘 裏

례리 的딍디 好핳한 處츄츄 哩례리 〇다만 네 도로혀 鄉村에 됴흔 곳을 아지 못ᄒᆞᄂᆞᆫ ᄯᅩ

다 ᄂᆞᆫ 到땋닿 那너나 稻땋닿 熟쓩수 的딍디 時씽스 候ᅘᅳᇢ후 〇뎌 벼 닉을 ᄯᅢ에 다ᄃᆞ

라 ᄂᆞᆫ 蟹쌔해 正징징 肥뻬븨 魚유위 正징징 美뮈믜 〇게 졍히 ᄉᆞᆯ디고 고기 졍히 아ᄅᆞᆷ

다온귄終중즁日이싕裏리례或후훵對뒤뒤客커킈飮인힘酒작짇吟인힘

詩시싀○終日토록或客을對ᄒᆞ여술먹고詩를읇고면或휘훵着쟈쨩碁치끼彈탄딴

琴킨낀遣켠켠興힝힝○或바독두며거믄고를타興을보내거니眞진진箇거거無

우무一이힝時스씽不부붕是시씽樂러랍境깅깅○진실로一時도樂境아닌거시

업스니你니녜若쇼샹到닾담那나녀裏리례住쥬쮸幾지계時스씽○네만

일뎌긔가여러세를머믈면只즈징怕파파還환횐不부붕肯큰킁回휘휑來레래

哩리례○다만저프건대도로혀즐겨도라오지아닐가ᄒᆞ노라[illegible]

這저져客커킁位위위收삭싱拾시씽的디뎡好한흥不부붕整징징齊치쪠

○이客位收拾기를ᄀᆞ장整齊히못ᄒᆞ여시니灑새섀些셔셔水쉬쉬○저기물뿌리고

把바바笤닾뗭箒주쯩來레래掃산삼乾간건淨징쯩着져쟣○낫뷔가져다가

빌기를乾淨히ᄒᆞ고將장쟝花화화氈젼잔鋪푸푸在째재炕캉강上썅샹○花氈
가져다가강에ᄭᆞᆯ고兩량량傍빵팡放방방幾게지張장장椅히이子즈즈○두편
에여러교의를노코當당당中즁중掛꽈과一잉이軸쭈주大때다畫화화○當中
ᄒᆞ여ᄒᆞᆫ軸큰그림을걸고將장쟝鏤룽루金김긴香향향爐루루擺배배上썅샹燒
샤셩些셔셔餠빙빙子즈즈香향향○鏤金香爐를다가버려져기餠子香올픠오고那
나너書슈슈案헌안上썅샹把바바幾계지套탕토書슈슈擺배배着쟢져○
뎌書案우희여러질척을다가버리라這져져般번번陳찐친設봉셔妥퉈토當당당
○이리陳設ᄒᆞ기를妥當히ᄒᆞ면來래레的딩디客킈키人신인們믄믄也여여道
됴댜我어오收싱식拾씽시得딍더精징징緻찌지○오ᄂᆞᆫ客人들도내收拾기를精
緻히ᄒᆞ엿다니르거시니豈케치不붕부有잉우趣츄취呢녀니○엇지맛잇지아니ᄒᆞ

랴

老 랄랖 年 년년 兄 흉흉 ○ 老年아 你 녜니 的 듸디 俸 뽕봉 滿 먼만 了 럏랖 不

부붕 曾 쯩충 ○ 네 녹봉이 챗ᄂᆞ냐 못ᄒᆞ엿ᄂᆞ냐 這 져져 五 우우 月 웨웨 內 뉘뉘 便 뼌변

滿 먼만 了 럏랖 ○ 이 五月에 곳 ᄎᆞᄂᆞ니라 接 쪙져 任 싄인 的 듸디 官 권관 有 잉위

了 럏랖 麽 뭐마 ○ 교디홀 만원 이 잇ᄂᆞ냐 吏 례리 部 뿌부 已 이이 選 쉔션 出 츙츄

來 래레 了 럏랖 ○ 吏部ㅣ 이믜 ᄲᅡ 내엿ᄂᆞ니라 你 녜니 的 듸디 陞 싱싱 文 운운 得

듕더 了 럏랖 麽 뭐마 ○ 네 돗ᄂᆞᆫ 준셔롤 어덧ᄂᆞᆫ다 我 어오 在 쟤재 任 싄신 幾 게지 年

년년 並 삥빙 沒 뭉무 有 잉위 不 붕부 了 럏랖 的 듸디 事 씽스 件 껸견 ○ 내 任에 이

션지 여러 히로되 다 못지 못ᄒᆞᆫ 일이 업ᄉᆞᆫ 又 왕우 沒 뭉무 有 잉위 過 궈고 犯 빤반 ○ 過ᄯᅩ

犯이 업ᄉᆞ니 爲 위위 甚 씸서 麽 뭐마 不 붕부 得 듸더 呢 녜니 ○ 무시슬 위ᄒᆞ여 엇지

못ᄒᆞ리오 旣지계 是시씌 這저져 般번번 ○ 이믜 이러면 那나너 幾지계 日시ᅀᅵ

你니녀 又우잉 說쉬워 首시승 領링링 官관권 纔채째 做주주 稿간감 呈칭쪙

堂당땅 ○ 즘ᄭᅴ 네 ᄯᅩ 니ᄅᆞ되 首領官이 ᄀᆞᆺ 초ᄒᆞᆯ ᄆᆡᆫᄀᆞ라 당샹ᄭᅴ 드리니 堂당땅 上상썅 還

환핸 不부붕 曾층쪙 畫화화 押야햐 哩리레 ○ 堂上이 당시롱 일즉 슈례 두지 아니ᄒᆞ엿

다ᄒᆞ더니 這저져 是시씌 大다때 前쳔젼 日시ᅀᅵ 的디디 話화화 ○ 이ᄂᆞᆫ 이 긋그제

말이라 昨조쟉 日시ᅀᅵ 衙야야 門믄문 書슈슈 辦반빤 已이이 將쟝쟝 文운문

書슈슈 送숭숭 來래래 了랴럏 ○ 어제 衙門셔 반이 이믜 文書를 다가 보내엿더라 這

저져 麽마뭐 看칸컨 起치키 來래레 ○ 이리 볼양이면 到도닿 底디뎨 是시씌 你

니녜 的디디 職지짛 分분뿐 好할학 福부뿍 氣치키 好할학 ○ 나죵내 네 職分이 됴

코 福氣 됴타 一이힝 步부뿌 高가강 如슈유 一이힝 步부뿌 ○ ᄒᆞᆫ거름에 ᄒᆞᆫ거름이

朴通事新釋諺解二 五十一

노프니 似스쓰 我오어 這져져 般번뷘 雜자짜 職지징 微위미 員원원 陞싱싱

轉권권 極기끵 難난난 ○우리ᄀᆞᆺᄒᆞᆫ이雜職微員은陞轉ᄒᆞ기극히어려워 滿만뭔 了

럎랴 一이힝 任신심 還환환 不부봉 知지짓 等드등 到다당 何허허 年년년 纔

채째 得더듷 補부부 用용용 哩리레 ○ᄒᆞᆫ벼슬이太ᄒᆞ면당시롱어느히에다ᄃᆞ라마치補用

홈을어들줄을아지못ᄒᆞᄂᆞ니라 你니녀 休하힝 這져져 般번뷘 說쉬쉉 ○네이리니

르지말라 時스씽 來레래 鐵데텽 也여여 爭중징 光광광 ○때오면쇠도빗출ᄃᆞ토고

運윤윤 去취큐 黃황횡 金긴김 失시싱 色서싱 ○運이가면黃金이빗출일ᄂᆞᆫ다ᄒᆞ니

라

那나너 一이힝 日시싱 在재째 李리레 指즈징 揮휘휘 家쟈갸 ○뎌ᄒᆞᆫ날李指揮

집의서 打다다 雙쌍상 陸루롱 時스씽 節져졍 ○雙陸칠때에 王왕왕 千천천

戶 후훃 打 다다 背 븨뷔 後 후훃 來 레래 ○ 王手戶ㅣ뒤흐로셔와 扯 쳐쳐 了 랴럏

我 오어 一 이ᅙᅵᆼ 把 바바 小 샤ᄉᆞᇢ 刀 닾담 子 즈즈 去 취큐 ○ 내ᄒᆞᆫ조ᄀᆞ져 근칼을ᄲᅢ혀

가고 他 타터 前 쳔젼 日 시ᅀᅵᆼ 輸 슈슈 與 위유 我 오어 的 디딍 猪 쥬쥬 頭 투ᄃᆞᇢ 也

여여 不 부봉 肯 큰킹 買 매매 ○ 뎌그젓기내게진돗희머 리도즐겨사지아니ᄒᆞ니 我 오어

正 징징 恨 흔흔 他 타터 不 부봉 過 고궈 ○ 내졍히뎌롤믜워 견ᄃᆡ지못ᄒᆞ더니 昨 조쫗

日 시ᅀᅵᆼ 那 나너 厮 스ᄼᆞ 恰 캬캏 到 닾담 我 오어 家 쟈갸 來 레래 ○ 어지뎌 놈이마

치내집의 왓거ᄂᆞᆯ 我 오어 特 터ᄐᆞᆼ 地 디ᄯᅵ 把 바바 酒 직짐 灌 관권 的 디딍 他 타터

爛 란란 醉 쥐쥐 ○ 내부러술을다가뎌의 게부어爛醉케ᄒᆞ니 他 타터 便 변뼌 眼 얀얀

花 화화 ○ 뎨곳눈이 밤븨여 不 부봉 辨 변뼌 東 둥둥 西 시씨 不 부봉 省 싱싱 人

인신 事 스ᄽᆞ ○ 東西롤분변치못ᄒᆞ고 人事롤아지못ᄒᆞ여 倒 닾담 在 재째 床 참쨩 上

샹샹 便변뼌 打다다 鼾한헌 睡쉬쉬 ○ 床우희 것구러져 곳 코고오고 자거늘 我오어

就직찜 把바바 他타터 的디딩 小샤셜 刀닾담 子즈즈 拔바빵 了랴령 來레래

○ 내 이믜셔 뎌의 저근 칼을 다가 쌔햐ᄆ 又우임 把바바 筆비빙 來레래 在재째 他

타터 面면면 上샹샹 畫화ᅘᅪ 黑희흥 了랴령 ○ 또 붓스로 다가 뎌의 面上에 그려 검게 ᄒᆞ

엿더니 他타터 酒직질 醒싱싱 了랴령 起치켸 來레래 不부붕 覺쟈걍 ○ 뎌 술

이셔야니러나 세도지못ᄒᆞ고 就직찜 那나너 般번뷘 去취큐 了랴령 ○ ᄀᆡ믜셔 그린재

가너 路루루 上샹쨩 人인쉰 看칸컨 見견견 必비빙 定딩뎡 要얄ᅗ 笑샤셤 話

화ᅘᅪ 他타터 ○ 길헤 사ᄅᆞᆷ이 보고 반ᄃᆞ 시 더러우이 너기리라

這저져 孩해ᅘᆡ 兒을싱 幾지계 箇거거 月웨웜 了랴령 ○ 이아ᄒᆡ 몃 ᄃᆞᆯ 이나 ᄒᆞ뇨

九구깅 箇거거 月웨웜 了랴령 ○ 아홉 ᄃᆞᆯ 이라 不부붕 到다담 一이잉 生승싱

日(시 싈)裏(리 례) ○ ᄒᆞᆫ 生日이 다ᄃᆞᆺ지 못ᄒᆞ엿다」會(회 훼)爬(파 빠)麼(마 뭐) ○ 길ᄌᆞᆯ ᄋᆞᆯ아

ᄂᆞᆫ냐」會(회 훼)爬(파 빠)了(랴 럎) ○ 길ᄌᆞᆯ ᄋᆞᆯ아ᄂᆞ니라」這(저 져)妳(내 내)娘(냥 냥)好(한 핳)

不(부 붕)精(징 징)細(시 셰) ○ 이 젓어미 ᄀᆞ장 精細치 못ᄒᆞ다」這(저 져)孩(해 해)子(즈 ᄌᆞ)眼(얀

얀)脂(즈 짖)流(랴 릏)下(햐 쌰)來(래 래)也(여 여)不(부 붕)擦(차 챵) ○ 이 아희 눈ᄭᅳᆸ이 흘러

ᄂᆞ리되 ᄯᅵᆺ기지 아니ᄒᆞᄂᆞᆫ냐」我(오 어)替(티 톄)他(타 터)擦(차 챵)淨(징 찡)了(랴 럎)罷(바 빠) ○

내 뎌ᄅᆞᆯ ᄀᆞᄅᆞ차 ᄲᅥᆺ겨 조히 ᄒᆞ쟈」孩(해 해)兒(올 싛)會(회 훼)學(효 햫)唱(창 챵)喏(여 ᅀᅧ)了(랴 럎)

麼(마 뭐) ○ 아희 읍ᄒᆞᆯ 줄 올 아ᄂᆞᆫ냐」會(회 훼)學(효 햫)亭(팅 뎡)亭(팅 뎡)了(랴 럎)麼(마 뭐)

○ 징징이 질ᄒᆞᆯ 줄 아ᄂᆞᆫ냐」却(거 캽)纔(채 째)會(회 훼)學(효 햫)立(리 릥)的(디 딍)腰(얀 혈)

兒(올 싛)軟(원 원)休(후 힝)弄(룽 룽)他(타 터) ○ 곳 셜 줄 올 아되 허리 부ᄅᆞ니 뎌ᄅᆞᆯ 달호지 말라」

不(부 붕)妨(방 방)事(스 ᄊᆞ)我(오 어)試(스 싀)一(이 ᅙᅵᆼ)試(스 싀) ○ 해롭지 아니ᄒᆞ니 내 시험

朴通事新釋諺解 二 五十三

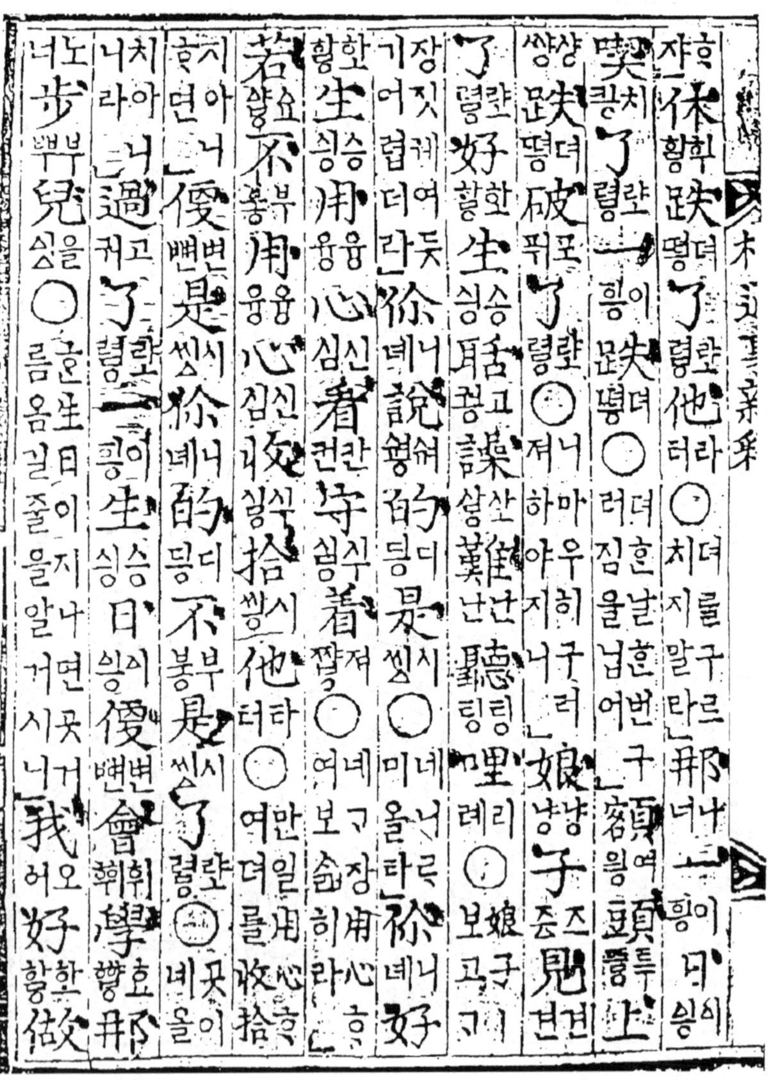

주주 一 휭이 雙 상솽 小 셯샾 繡 심식 鞋 쌔혜 與 유위 他 터타 賀 헤허 一 휭이 賀

헤허 ○ 내훈빵져근슈신을민드라 처물주어하례홈이됴타

姐 져져 姐 져져 來 래레 咱 잫자 們 믄믄 下 햐하 一 휭이 盤 뿬판 [illegible] 뼈벼 碁 끼치

罷 빠바 ○ 각시아오라우리 혼판츄사ᄋᆞᄒᆞ쟈 我 어오 生 싱승 活 훵호 忙 망망 那 너나

能 능능 閑 햔현 要 와와 ○ 내셩녕이빗부니엇지 능히험함히놀리오 你 녜니 做 주주

甚 씸서 麼 뭐마 生 싱승 活 훵호 ○ 네므슴셩녕 을ᄒᆞᄂᆞᆫ다 我 어오 做 주주 袈 갸가

裟 샤사 哩 례리 ○ 내袈裟를 민그노라 咱 찹자 們 믄믄 人 신인 生 싱승 在 째재 世

싱시 ○ 우리사롬이자 라셰샹에이셔 今 김긴 日 싱시 死 숲스 明 밍밍 日 싱시 死 숲스

都 두두 是 씽시 定 띵딩 不 붕부 得 듷더 的 딩디 ○ 오놀죽을똥늬일 죽울쏭다定치못

니ᄒᆞᄂᆞ 做 주주 些 셔셔 好 항한 事 씋스 結 겹겨 箇 거거 好 항한 因 힌인 緣 연연

○져기됴흔일을ᄒᆞ여 됴흔因緣을미즘이 豈치킈不부붕是시씅好한함呢니녜○

엇지아됴치 아니ᄒᆞ랴 怪괘괘哉재재○피이 ᄒᆞ다 纔채쟁十시씽五우우歲쉬쉬

的디딩女뉴뉴孩해해兒을싕○女孩兒ㅣ十五歲에說쉬숴這져져般번번

作조잡怪괘괘的디딩言연연語위유○이런피이ᄒᆞ 말을니론다你니녜怎즘즘

麽마뭐這져져般번번說쉬숴○네엇디이리 니ᄅᆞᄂᆞ다常창쨩言연연道단땋

○常言에 니ᄅᆞ되人인신死스ᄉᆞ不부붕在재째老랖랖少샾셤○사ᄅᆞᆷ의 죽기老

少에잇지아 니타ᄒᆞ니라雖쉬쉬然연션這져져般번번講쟝걍○비록이리 니ᄅᆞ나

你니녜且져쳐來래래咱자쟝們믄문下햐햐一이잉盤판뿬罷바빠○녜 아

직오라우리 ᄒᆞᆫ판두쟈罷바빠罷바빠○두어 두언且처쳐拿나나過고궈碁치끼

來레래下하햐一이잉盤판뿬○아직바독가져 와ᄒᆞᆫ판두쟈我오어先션션着

쟝잡 ○ 내 몬져 두쟈 你니너 怎즘즘 麼마뭐 先션션 着쟈쟝 呢니니 ○ 네 엇디 몬

져리 오두 咱쟈장 賭두두 些셔셔 甚씸셔 麼마뭐 ○ 우리 므서슬 더느료 我오어 輸

슈슈 了랴료 再재재 不부불 敢간감 違위위 姐져져 姐져져 的디디 言연연 語

위유 ○ 내 지면 도 감히 각시의 말을 어긔롯지 못ᄒᆞ고 姐져져 姐져져 若쟈요 輸슈슈 了

랴료 也여여 再재재 不부불 要얀요 違위위 了랴료 我오어 的디디 言연연 語

위유 如슈유 何허허 ○ 각시 만일 져도 내 말을 어긔롯지 말미 엇더ᄒᆞ뇨 不부불 要얀요

聒고궈 譟산삼 了랴료 快괘괘 些셔셔 下햐하 罷바바 ○ 짓궤지 말고 섈리 두라

是시씽 了랴료 ○ 올타 既지계 說쉬숴 定딩띵 了랴료 不부불 要얀요 改개개

口쿠큼 ○ 이의 날려 定ᄒᆞ여시니 번기티 마쟈 咱자쟝 們문믄 先션션 小샤셤 人인신

而을싱 後후흫 君균균 子즈즈 好한항 ○ 무리 몬져ᄂᆞᆫ 小人이오 후에ᄂᆞᆫ 君子로옴이 됴

ᄒᆞ니라

鄭징징哥궈거你니녜來레래○鄭哥ㅣ아이바咱자장們믄믄在재재這저져草찬참地디듸上샹샹學효햫捽쇄좡校갸걍罷바빠○우리이草地에셔ᄡᅵ름ᄒᆞ기ᄇᆡ호쟈咳해ᄒᆡ你니녜這저져矬초쭤漢한헌那나너裏리레能능넝抵디디當당당的디딕我오어○애너이킈져근놈이어듸能히나를抵當ᄒᆞ리오你니녜不부붕要얀얌誇콰콰口쿠큭○네쟈랑말고咱자장兩량량箇거거交갸걍手식싱便변변見견견高갚갑低디디○우리둘히交手ᄒᆞ면곳高低를보리라誰쉬쉬吃치칭蘿로러蔔부봉打다다噎애여咈보뽕○뉘무우먹고트림ᄒᆞ여ᄂᆞ뇨氣치켸息시싱臭칙칭的디딕了랖럏不부붕的디딕○내옴이더러워견듸지못ᄒᆞ니敢간감是시씅這저져矬초쭤漢한헌吃치칭來레래○이킈져근놈이먹은듯ᄒᆞ

다 咳해해 百븨배 忙망망 裏레리 說쉉숴 甚씸셔 麽뭐마 閑현현 話화화 呢

네니 ○ 애밧븐ᄃᆡ므슴힘 ᄒᆞᆫ말을니르ᄂᆞᆫ다ᄆ 咱장자 兩량량 箇거거 捽종쇄 ○ 우리

둘히ᄲᅵ 름ᄒᆞ되 大대다 家가쟈 休힉휘 打다다 臉렴련 ○ 大家ㅣ 뺨 치지말고 好항한

好항한 的딩디 捽즁쇄 ○ 됴히됴히 ᄲᅵ름ᄒᆞ쟈 咳해해 到닿닾 底뎨디 是씽시 你

녜니 這져저 矬쬬초 漢헌한 倒닿닾 了럏랖 ○ 애나죵내너이키져 근놈이것구러지거

다 我어오 原원원 說쉉숴 你녜니 那너나 裏레리 敵띵디 的딩디 我어오 過

궈고 哩레리 ○ 내본ᄃᆡ날ᄂᆞ니네엇 지나ᄅᆞᆯᄃᆡ적ᄒᆞ리오

你녜니 到닿닾 那너나 裏레리 去큐취 ○ 네어ᄃᆡ 가ᄂᆞᆫ다 我어오 只짏즈 到닿닾

這져저 裏레리 來래래 ○ 내그저여 긔오노라 雨유위 纔째채 晴찡칭 了럏랖 街

개개 上썅샹 有잉우 路루루 好항한 走즘주 麽뭐마 ○ 비ᄀᆞᆺ개여시니 거리에길히이

서 ᄃᆞᆫ니기 됴터니 一 那(나/너)裏(리/레)好(할/항)走(주/즇) ○ 어ᄃᆡ ᄃᆞᆫ니기 됴흐리오 一 (이/ᅙᅵᇰ)

路(루/루)稀(히/히)泥(니/녜)眞(진/진)有(읻/잏)沒(무/뭏)脚(교/갸)背(븨/뷔)深(신/심)裏(리/레)

○ 왼 길 즌ᄒᆞᆰ이 진실로 발등이 ᄲᆡ질 깁희 잇더라 一 那(나/너)般(반/붠)你(니/녜)的(디/딩)靴(훠/휘)

子(즈/즈)怎(즘/즘)麽(마/뭐)還(환/환)是(시/씽)乾(간/건)的(디/딩) ○ 그러면 네 靴ㅣ 엇디 도로

여 몰라ᄂᆞ뇨 一 我(오/어)慢(만/만)慢(만/만)兒(을/ᅀᅵᆼ)沿(연/연)着(져/쪙)人(인/ᅀᅵᆫ)家(쟈/갸)房

(ᄈᆞᆷ/ᄈᆞᆼ)檐(연/염)底(디/뎨)下(하/햐) ○ 내 날회여 人家 쳠하롤 조차 一 揀(견/갼)着(져/쨩)道(도/닿)

兒(을/ᅀᅵᆼ)走(주/즇)來(래/레)的(디/딩) ○ 길 ᄀᆞᆯᄒᆡ여 왓노라 一 你(니/녜)看(칸/컨)那(나/너)騎

(치/끼)馬(마/마)的(디/딩)官(관/권)人(인/ᅀᅵᆫ)們(믄/문) ○ 네 보라 ᄆᆞᆯ ᄐᆞᆫ 官人들이 一 衣(이/이)服

(부/뿌)上(샹/썅)都(두/두)汚(우/후)的(디/딩)是(시/씽)泥(니/녜) ○ 衣服에 다 더레인 거시 이 즌ᄒᆞᆰ

이라 一 你(니/녜)還(환/환)要(얀/염)到(단/담)那(나/너)裏(리/레)去(취/큐) ○ 네 도로 어ᄃᆡ 가려 ᄒᆞᄂᆞᆫ

다 我 오어 還 환환 要 얀얍 到 닿닿 別 벼뼈 處 츄츄 去 취큐 ○ 내ᄯ다론 더가려ᄒ

누 有 와읭 些 셔셔 緊 긴긴 要 얀얍 勾 구끙 當 당당 ○ 져긔 緊要ᄒᆫ 일이 잇노라 這

저 麼 마뭐 拿 나나 我 오어 的 디딍 雨 위유 衣 이히 雨 위유 靴 휘훠 來 레래 ○

이 즈려 휘면 를내 가유 져삼 와파 與 위유 你 니녜 換 환훤 穿 쳔춴 了 랴럎 去 취큐 罷

바 빠 ○ 너를 주어 밧고와 닙고 가게 ᄒ자

你 니녜 今 긴김 年 년년 怎 즘즘 麼 마뭐 不 부붕 到 닿당 京 징깅 城 칭찡 去 취큐

○ 네 올히 엇디 京城에 가지 아니ᄒ엿ᄂ뇨 路 루루 上 샹썅 盤 판뻔 纏 쳔쪈 艱 견간 難

난 난 怎 즘즘 麼 마뭐 去 취큐 呢 니녜 ○ 길에 盤纏이 艱難ᄒ니 엇지 가리오 你 니녜 也

여 여 却 커갸 爲 위위 甚 서씸 麼 마뭐 不 부붕 去 취큐 呢 니녜 ○ 너는 ᄯ도 ᄒ여 가엿

지 아니ᄒ 我 오어 也 여여 沒 무뭉 甚 서씸 麼 마뭐 幹 간건 的 디딍 勾 구끙 엿ᄂ다

朴通事新釋諺解 二 五十七

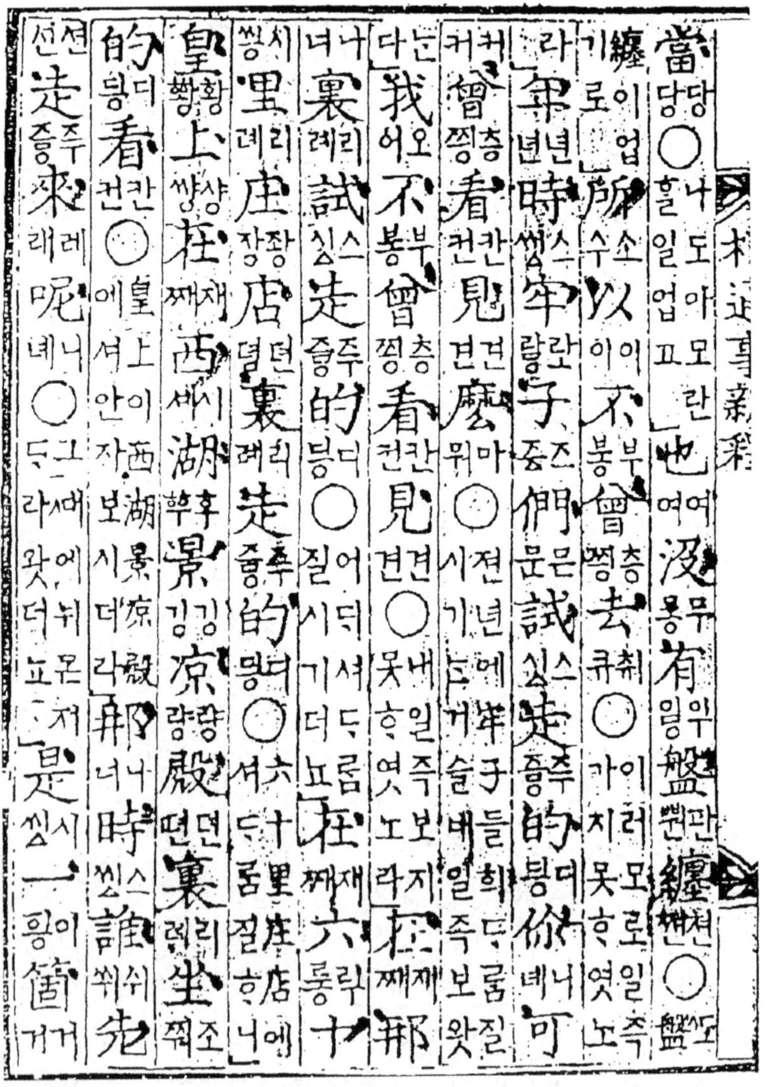

朴通事新釋

當당당 ○ 나도 아모란 홀 일 업고 也여여 沒무몽 有우잉 盤판뻔 纏쳔쳔 ○ 盤纏이 업기로 所소수 以이이 不부봉 曾층쯩 去취큐 ○ 이러모로 일즉 가지 못ᄒᆞ엿노라

秊년년 時스씃 牟랄랄 子즈즈、們믄문 試스싀 走주증 的디듸 你니녀 可커커 曾층쯩 看칸컨 見견견 麼마뭐 ○ 젼년에 牟子들히 ᄃᆞ룸질 시기ᄂᆞᆫ 거슬 네 일즉 보왓ᄂᆞ다

我오어 不부봉 曾층쯩 看칸컨 見견견 ○ 내 일즉 보지 못ᄒᆞ엿노라

在재째 那나녀 裏리례 試스싀 走주증 的디듸 ○ 어디셔 ᄃᆞ룸질 시기더뇨

在재째 六루룽 十시씽 里리례 庄좡장 店뎬뎐 裏리례 走주증 的디듸 ○ 六十里庄店에셔 ᄃᆞ룸질ᄒᆞ니

皇황황 上샹샹 在재째 西시시 湖후후 景깅깅 涼량량 殿뎬뎐 裏리례 坐조쭤 的디듸 看칸컨 ○ 皇上이 西湖景凉殿에셔 안자 보시더라

那나녀 時스씃 誰쉬쒸 先션션 走주증 來레래 呢니녀 ○ 그ᄯᅢ에 뉘 몬저 ᄃᆞ라왓더뇨

是시씽 一이잉 箇거거

細셰시長쨩샹身신신子즈즈團뙨퇀欒뤈뤈面면면的듸디○이ᄒᆞᆫ킈힐힐ᄒᆞ

고ᄂᆞᆺ치두렷ᄒᆞᆫ原원원是씨시箇거거南난난方방방人신인○본디이南方사ᄅᆞᆷ

名밍밍喚훤훤許휴쉬瘦숳수兒ᅀᅵᆼ얼○일홈을許瘦兒ㅣ라부ᄅᆞ리他티타先

션션走즇주來래레○뎨몬져ᄃᆞ라왓더라是씨시誰쒸쉬家갸쟈的듸디牢랗랖

子ᄌᆞ즈呢녀니○이뉘집牢子ㅣ러뇨是씨시跟근근隨쒸쉬張쟝쟝總중중兵

빙빙使ᄉᆞ시喚훤훤的듸디牢랗랖子ᄌᆞ즈○이張總兵을ᄯᆞ라使喚ᄒᆞᄂᆞᆫ牢子ㅣ러라

那녀나日ᅀᅵ시皇황황上샹샹賞샹샹了럏랴他티타一힝이百븽버兩량량

銀인인子ᄌᆞ즈四ᄉᆞ스疋핑피內뉘늬府부부大때다緞뒨돤○그날皇上이더

를一百兩銀과네疋內府大緞을賞주더라萬완완千천천人신인裏례리頭뚷투○

萬千人즁에頭뚷투一힝이箇거거走즇주得듸더了럏랴偌여어多더도賞

賜○웃듬으로 돗고 만흔 상ᄉᆞ로 어드니 眞是皇恩浩蕩好不榮耀○진실로 皇恩의 浩蕩ᄒᆞᆫ지라 ᄀᆞ장 榮耀ᄒᆞ더라

今日幾○오ᄂᆞᆯ이 며츨고 今日是臘月二十五日○오ᄂᆞᆯ이 이 臘月 二十五日이라

咳一件新衣服也沒有怎的好嚒○ᄒᆞᆫ 볼 새 옷도 업스니 엇지ᄒᆞ여야 됴흐리오

把曆頭來我看○칙력 가져오라 내 보자

這月是大盡是小盡○이 ᄃᆞᆯ이 커 그므ᄂᆞ냐 져거 그므ᄂᆞ냐

這的是大盡還有五箇日子哩○이거

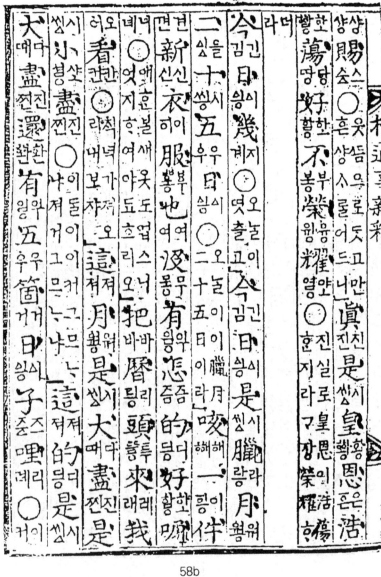

그므니당시롱 닷새잇ᄂᆞ너라 家쟈갸 裏리례 有익잉 五우우 六릭룽 箇거거 婦부뿌
人신인 做주주 活호뽛 裁채째 的디딩 縫봉뽕 的디딩 ○ 집의다옛계 집이이셔셩
녕ᄒᆞ여ᄆᆞ러거 너짓거너ᄒᆞ면 怎즘즘 麼마뭐 就직쥐 趕간건 不부봉 出츄츙 一이힝
套토탕 衣이히 服부뽕 來례래 呢니녜 ○ 엇지곳ᄒᆞᆫ볼옷슬밋처 치어내지못ᄒᆞ리오
角교꺙 安안현 亢강강 食시찡 氏디뗴 房방빵 益이힝 ○ 角은安ᄒᆞ고 亢은食ᄒᆞ고
氏房은 益ᄒᆞ고 斗두등 美미뮈 牛누ᅌᅵᆼ 休햐힝 虛슈휴 得더듷 粮량량 ○ 斗ᄂᆞᆫ美ᄒᆞ
고牛ᄂᆞᆫ休ᄒᆞ고 虛ᄂᆞᆫ得粮ᄒᆞ고 壁비뱅 翼이잉 獲휘횡 財채째 奎큐퀴 得더듷 寶보방
○ 壁翼은獲財ᄒᆞ고 奎ᄂᆞᆫ得寶ᄒᆞ고 婁루릉 增즘징 軫진진 久구깅 鬼귀귀 迎잉잉
祥상썅 ○ 婁ᄂᆞᆫ增ᄒᆞ고 軫은久ᄒᆞ고 鬼ᄂᆞᆫ迎祥ᄒᆞᄂᆞ니 今긴김 日시잉 是시씽 乙이힝 丑
칙침 斗두등 星싱싱 日이잉 ○ 오ᄂᆞᆯ이 이乙丑 斗星日이니 却겨걍 是시씽 箇거거

主(쥬/쥬)得(더/듷)飮(인/힘)食(시/씽)便(변/뼌)好(호/핳)裁(채/쨰)衣(이/히)○ᄯᅩ이됴흔날이요飮食을主ᄒᆞ니곳옷ᄆᆞᄅᆞ기됴타

這(저/져)油(우/잉)綠(루/룽)的(디/딩)裁(채/쨰)做(주/주)袍(포/뽕)子(즈/즘)○이油綠으로란큰옷슬ᄆᆞᆯ라ᄆᆞᆫ들고

玄(훤/훤)青(청/칭)的(디/딩)裁(채/쨰)做(주/주)褂(과/꽈)子(즈/즘)○셕청빗ᄎᆞᆫ등거리ᄆᆞᆯ라ᄆᆞᆫ들고

魚(위/유)白(배/뻥)的(디/딩)裁(채/쨰)做(주/주)綿(면/면)襖(와/함)○옥ᄉᆡᆨ빗ᄎᆞᆫ핫옷ᄆᆞᆯ라ᄆᆞᆫ드되

就(작/쩡)着(잔/쨩)幾(지/계)箇(거/거)婦(부/뿌)人(인/신)們(믄/믄)下(햐/햐)手(식/싕)縫(봉/뽕)罷(바/빠)○즉시여러계집들로ᄒᆞ여손부더러짓게ᄒᆞ고

好(한/항)着(잔/쨩)他(타/터)們(믄/믄)上(상/쌍)緊(긴/긴)趕(간/건)活(호/횅)○ᄀᆞ장뎌들로ᄒᆞ여급히밋처셩녕ᄒᆞ면

這(저/져)還(환/핸)怕(파/파)沒(무/뭉)有(우/잉)新(신/신)衣(이/히)服(부/뿡)過(고/귀)年(년/년)麼(마/뭐)○이도로혀새옷ᄉᆞ로過年ᄒᆞᆯ거시업슬가저프랴

朴팡팦通퉁퉁事씅ᄉᆞ新신신釋싱시諺연연解개계卷권권二ᅀᅵ을終즁중

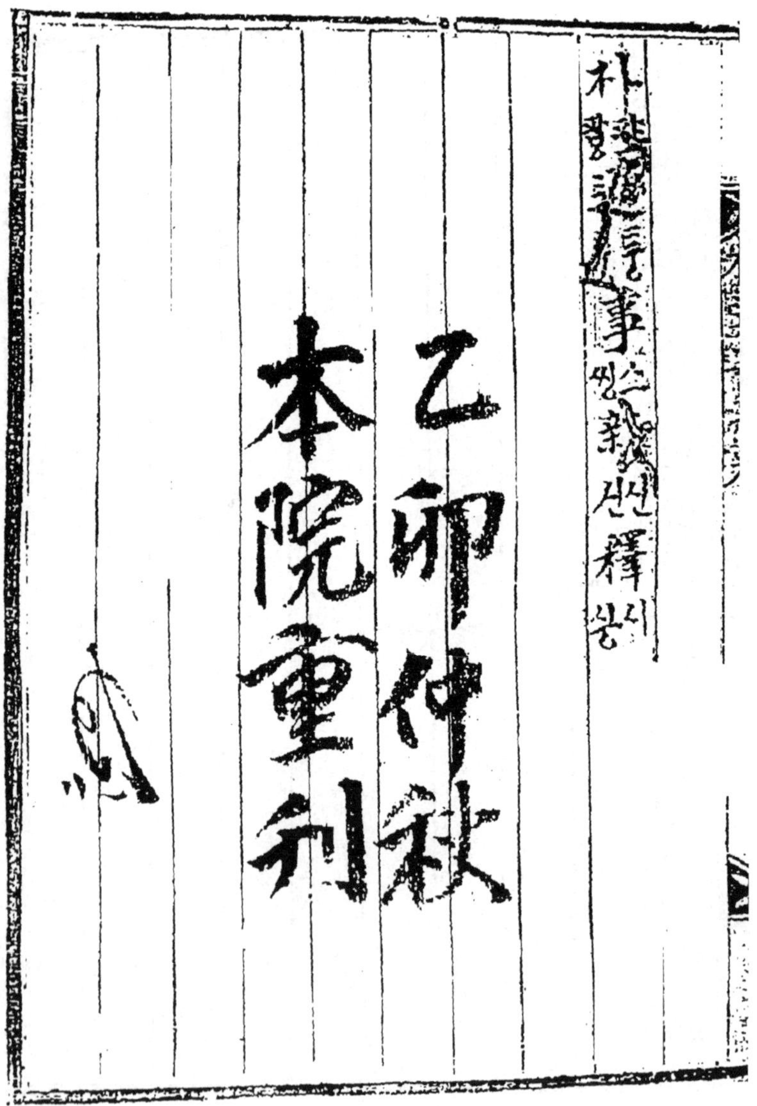

朴通事新釋諺解

乙卯仲秋

本院重刊

60b

朴解 人

龍门早掛黄金榜
玉殿先呼第一人

朴팡관通퉁퉁事쓰스新신신釋싱시諺연연解개개卷권권三

今김긴日싀ᅀᅵ天텬텬氣키치炎연연熱셔여 ◯ 오ᄂᆞᆯ天氣 더오거 把바바這

져져簾렴련子ᄌᆞ즈捲ᄎᆔᆫ권起키치窗챵칭戶ᄒᆞ후支지즈起키치 ◯ 이발을다

가것고窓을 버티오라 怎즘즘麼뭐마這져져蠅잉잉子ᄌᆞ즈這져져麼뭐마多

더도呢니니 ◯ 엇지ᄑᆞ리이 리만호뇨 拿나나蠅잉잉拂부보子ᄌᆞ즈來래레赶

간간一이이赶간간 ◯ ᄑᆞ리채가져 다가쫏고 再재재拿나나把바바扇샨샨子

ᄌᆞ즈來래레與유위我어오 ◯ ᄯᅩᄒᆞᆫᄌᆞ루부치가뎌 다가나를주고려 熱셔여的디디

當당당不부부的디디 ◯ 더위當차 못ᄒᆞ여라 這저져房빵방後ᄒᆞᇢ후偏편편近

긴긴着짱져水쉬쉬窪와와子ᄌᆞ즈 ◯ 이집뒤히편벽히 웅덩이갓가와 田텬텬鷄

계지偏편편又잉위叫경쟌的디디聒궈고譟삼산 ◯ 머구리편벽히 ᄯᅩ우러짓궤단

朴通事新釋

你 녜니 這 져져 孩 ᄒᆡ해 子 ᄌᆞ즈 們 믄믄 怎 즘즘 麽 뭐마 這 져져 般 번번 遭 장잔

害 ᄒᆡ해 我 어오 ○ 이너 리이 나아 들히 보들 채이 ᄂᆞ엇 뇨지 一 힝이 壁 빙비 廂 샹샹 各

갑거 自 ᄍᆞ즈 頑 완완 去 큐취 不 봉부 好 항한 麽 뭐마 ○ 각ᄒᆞᆫ 놀편 라구 가셔 미의 됴과

ᄒᆞ치 ᄂᆞ마 ㄴ니 若 샹요 再 ᄍᆡ재 鬧 낭난 我 어오 我 어오 就 찡작 打 다다 了 령랴 ○

몐맨 면일 내다 곳시 치ᄀᆡ 리게 란들 好 항한 孩 해해 子 ᄌᆞ즈 ○ 히도 아ᄒᆞᆫ ㄴ아 你 녜니 兩

량량 箇 거거 帶 대대 着 쟝져 小 샹샨 兒 휭흡 弟 ᄯᅴ디 ○ 아너 ᄋᆞ희 를둘 ᄃᆞ이 리어 고린

到 ᄃᆞᇢ닾 那 너나 後 ᄒᆞᇢ후 河 허허 裏 례리 洗 셰시 箇 거거 澡 쟝잪 去 큐취 ○ 버뒷

ᄒᆞ에 라목 간욕 洗 셰시 完 원완 了 랼랴 ○ 거씻 든기 ㄴ못 就 찡작 在 째재 柳 릳락 樹

쓔슈 下 햐햐 凉 량량 快 쾌쾌 一 힝이 會 훼휘 兒 ᅀᅵᆯ울 回 훼휘 來 래레 ○ 드곳 나비

논모 이아 ᄒᆞ리 며이 도셔 라ᄒᆞᆫ 오지 고위 ㄴ서 不 봉부 要 향얀 只 짓즈 管 권권 磨 뭐모 人

신인了봄관 ○ 그저ᄉᆞ리어사ᄅᆞᆷ의 ᄊᆡ기ᄭᅵ이지믿라ㄴ

我어오家가쟈裡례리老랖랖鼠슈쉬多더도得듷더很흔흔 ○ 우리진의쥐ᄀᆞ

장만흐ᄂᆞ怎즘즘麽뭐마好핳핲呢비니 ○ 엇지ᄒᆞ여야됴흐료你녜니家갸쟈裡

례리沒뭉무有잎익猫맣맢兒ᅀᅵᆯ얼麽뭐마 ○ 비집의피엽누나ㄴ我어오家가쟈

裡례리沒뭉무有잎익 ○ 우리집의업세라ㄴ庫쿠쿠房빵방裡례리放방방的디디

딩디米몌미都두두被삐븨他터타吃칭치去큐취了럎랸好핳핲些셔셔 ○

庫에둔ᄡᆞᆯ을다제먹으미만코櫃뀌귀子즈ᄌᆞ裡례리裝장좡的디디衣이이服뿌부

也여여被삐븨他터타咬향얀破풔포了럎랸好핳핲些셔셔 ○ 櫃ᄉᆞᆨ에더흔衣

服도제쳐ᄇᆞ린거시만ᄒᆞ니ㄴ很흔흔的딩디我어오沒뭉무法빵바兒ᅀᅵᆯ얼治찡치

他터타 ○ 믜오ᄅᆡ내녀를다스릴法이업세라ㄴ那너나箇기거拿나나藍람란子즈ᄌᆞ

朴通事新釋諺解 三　二

盛찡칭着쨯져貓맣맏的딍디不봉부是씽시賣메매的딍디麽뭐마○드더

나라이치꼴가리져아괴니담가으果져고然연안是씽시賣메매貓맣맏的딍디○

풀票리然로이단괴你네니拿나나貓맣맏來래레我워오看컨칸○져비오피라가

자내ᄂ보我워오買매매一힝이箇기거○홀내사ᄒ가니我워오要햫얀這져져

有잉우花화화兒싈을的딍디母무무貓맣맏○룬내사이려어ᄒ룽니암ᄂ괴你

네니要햫얀多더도些셔쇼錢쪈쳔賣메매呢녀니○풀네려언ᄒ머는돈단에要

형얀一힝이百빙버錢쪈쳔○드一려百ᄒ돈노을란바你네니賣메매的딍디價

가가錢쪈쳔老랗랖實씽시說쉉셔○식네이폴니갑르슬라고ᄂ지又잉우不봉부

是씽시大때다買매매賣메매○이또아이니큰니흥ᄂ셩討탕토甚씸셔麽뭐마

說謊황황價갸가錢쪈쳔○슬우뢰습오거리즛오리ᄂ一힝이百빙버錢쪈쳔少원현

一 황이 個 거거 也 며여 不 붕부 賣 매매 ○ 도一 픈百 시돈 어에 니ᄒᆞ ᄒᆞ나 리히 ᄒᆡ업 ᄂᆞ시

你 녀니 怎 즘즘 麽 뭐마 這 져뎌 麽 뭐미 硬 힝잉 頭 뜰투 硬 힝잉 腦 봥보 的 듸디

呢 비니 ○ 혹비 ᄀᆞ잇 드지 ᄂᆞᆫ이 리 一 황이 個 기기 光 광ᄀᆞ 兒 쉴을 怎 즘즘 麽 뭐미

就 찡쥬 直 찡지 的 듸디 這 져뎌 些 셔서 錢 쪈쳔 ○ 이효 긴낫 시피 ᄡᅵ에 리엣 오치 ᄂᆞ곳

你 비니 這 져뎌 混 훈훈 要 얗얀 錢 쪈쳔 的 듸디 王 왕왕 八 빠바 ○ 업네 시이 ᄂᆞᆫ챵

자탈 라라 야ᄒᆞ ᄂᆞᆫ 你 비니 賣 매매 就 찡쥬 賣 매매 不 봉부 賣 매매 就 찡쥬 拿 나나

了 랼랴 去 큐츄 ○ 아녀 니블 려려 커키 든든 곳곳 가쯤 져고 가퍼 리시 你 녀니 不 봉부 買

매매 便 뼌변 罷 빠바 ○ 커비 든사 곳지 빌아 라나 ᄂᆞ러 錢 쪈쳔 是 씨시 你 녀니 的 듸디

物 ᄆᆞ우 是 씨시 我 어오 的 듸디 ○ 物돈 은은 이이 ᄂᆡ데 것것 지시 라오 你 비니 爲 위위

甚 씸서 麽 뭐마 買 미마 人 인인 ○ 룹네 을ᄃᆞ 상숨 짓ᄒᆞ ᄂᆞᆫ라 ᄃᆞ시 你 비너 뭇 시스 管

朴通事新釋諺解 三 三

七十六

권권 勸 령러 掯 칭큰 不 봉부 賣 래메 ○ 고바 곤그 지저 아ᄉ 니리 호여 니보 채 不 봉부

如 유유 挾 걍갸 着 쟣져 屁 피피 眼 얀얀 家 갸쟈 裡 래리 坐 쭤즈 着 쟙져 去 ᄎᆔ

罷 빠바 ○ 시찌 라흥 갈흔 만치 ᄎᆞᆺ교 지집 못의 ᄒᆞ안 더자 你 녜니 這 져뎌 不 봉부 知 깋지

理 례리 的 딍디 ○ 무비 는이 거도 사리 모 你 녜니 再 재새 罵 마마 我 어오 也 여여

罵 마마 了 랼랴 ○ 나며 도다 복시 ᄒᆞᆫ욕 리ᄒᆞᆫ 리변 常 챵챵 言 연연 道 땅닾 ○ 에常 니言

되ᄅ 風 붕봉 不 붕부 來 래레 樹 쓔슈 不 붕부 搖 얈얀 ○ 너부 면람 남이 기부 흔지 더아

니기 ᄀᆞ지 아 雨 유위 不 봉부 來 래레 河 허허 不 봉부 漲 쟝장 ○ 너비 면오 물지 이아

다넘 ᄒᆞ지 니아 라니 ᄒᆞᆫ

蚊 ᄆᆞᆫ운 子 ᄌᆞᄌᆞ 咬 ᄣᅶ얀 的 딍디 當 당당 不 봉부 的 딍디 ○ 쳐모 못긔 ᄒᆞ므 니러 當

孩 해해 子 ᄌᆞᄌᆞ 你 녜니 與 유위 我 어오 買 매매 幾 기지 對 ᄀᆞᆼ장 夏 햐햐 布 부부

來 래리 ◯ 이아 이희 너아 빌네 뢰기 롤룰 사위 와흐 做 수주 一 횡이 頂 딩딩 蚊 운운 帳
장장 掛 과과 着 정저 [illegible] 쒸쒸 [illegible] 세세 好 항한 ◯ 릐흔 치볼 고모 지귀 이帳 바울 치뭔 됴드
라흐 듸 這 져져 床 짱촹 也 이여 不 붕부 穩 운운 ◯ 치이 아싱 너이 ᄒᆞ산 너잔 안 把
바바 磚 쥔쥔 墊 뎬뎬 好 핳화 着 쟣져 ◯ 과바 됴오 배로 ᄒᆞ다 교가 괴 把 바바 這 져져
窓 창창 糊 후후 紙 징즈 都 두두 扯 처쳐 了 럎랸 ◯ 룰이 아窓 기매 나ᄇᆞ 믹른 치죠 고희
一 횡이 發 바바 把 바바 冷 링릉 布 부부 糊 후후 了 럎랸 ◯ 로홈 다뫼 가밀 ᄇᆞ뮌 ᄃᆞ비
면 又 일우 涼 량 快 쾌쾨 ◯ ᄒᆞ또 고서 늘 蚊 운운 子 ᄌᆞ즈 也 여여 畢 빙비 竟
깅깅 少 샾샾 些 셔셔 ◯ 져오 그저 도 너卑 竟 你 니니 家 갸갸 裡 리리 不 붕부 有
일와 菖 챵챵 蒲 뿌푸 麼 마마 ◯ 엇데 지짐 이외 니菖 ᄉᆞ蒲 ᄂᆞᆫ 摘 쥥재 些 셔셔 葉 여여
子 ᄌᆞ즈 送 송송 我 오어 ◯ 계셔 보기 너너 어흘 리셔 니 要 얀양 他 타타 做 주주 甚

朴通事新釋諺解 三 四

심서 麽 뭐마 ○ 흐뒤 려를 흐흐 는여 다무 엇 我 허오 要 햠얀 用 융융 他 터타 做 주주

廝 쌍시 子 즈즈 鋪 푸푸 着 찰져 睡 쒸쉬 ○ 리니 펴텨 고로 자배 고자 처리 흐를 느린 넌드

跳 떌댶 蚤 쟢잪 也 여예 不 봉부 敢 감깐 近 낀낀 ○ 기벼 ᄂ록 몿이 흐ᄃᆞ 느敢 니히 라갓

這 져져 麽 뭐마 最 줘쥐 好 항하 ○ 장이 됴러 [illegible] 국 我 허오 只 짛즈 知 짛지 道

땅단 蒲 배푸 根 ᄂᆞ근 解 개계 酒 직주 還 환환 好 황할 做 주주 醋 추추 ○ 만네 창다

믿꼬 ᄂᆞ훈 기회 됴관 흔을 줄서 만오 알고 됴또 醋 竟 깅깅 不 붕부 曉 햠햔 得 듬더 [illegible] 염여

兒 싫을 有 잎위 這 져져 用 융융 處 츄츄 ○ 는모 줄좀 올베 이넘 지히 닷이 흔쌀 엿ᄉ 더잇

니 你 의이 你 네니 這 져져 一 흥이 說 쉬워 ○ 둔대 믈이 因호 흔번 어니 我 어오 如

슈슈 수 깁기 把 어여 添 뎐뎐 了 렿랴 些 셔셔 識 씽시 見 견고 了 렿랴 ○ 뼤너 셔미

더더 흐기 도識 다見 올

七十七

你 뉘니 那 너나 告 깡갈 狀 쫭좡 的 딩디 事 씽스 情 찡칭 ○ 호네 일을 告狀 却

게강 曾 쯩층 完 훤완 結 겨뷰 了 럏랴 麽 뭐마 ㊥ 흐더 엿일 누즉 나完 結 堂 땅탕 上

상쌍 官 권관 府 부부 懸 쪵핑 着 쨩쳐 理 리리 自 쯔즈 然 연완 合 허향 斷 된뒨 的

디등 ○ 堂上官府ㅣ 理로 ᄒ면 自然 단 ᄒ염 ᄌ즉 호되 只 징즈 白 빙ᄇ 파 那 너나 冤 원원 家

자가 們 문믄 打 다다 關 관관 節 져뎌 搬 빤반 人 신인 說 쉬셔 情 칭찡 裏 리레 ○

그롬 저올 녀식 冤家 여 情을 이니 쇼로 청가 ᄒ지 여폐 사라 聞 운문 得 더듷 內 니뉘 中 중즘

有 익잉 一 이훙 兩 량량 箇 거거 鄉 향향 宦 환환 ○ 드두 鄉ᄅ 宦니 그이 츔이 에셔 ᄒ

受 식쫗 他 타터 錢 쳔쪈 財 채쩨 替 티테 他 타터 說 쉐쒀 情 칭찡 ○ 뎌티 의를 錢받

고精 뎌을 ᄅ니 ᄀ르 ᄅ니 차 所 소수 以 이이 擋 당당 住 쥬쮸 了 랴럏 還 환환 不 부붕

肯 큰긍 發 바빡 落 로랖 ○ 이즐 러겨 모發 로落 먹디 자이 바니 당ᄒ 시고 ᄅ긍 還 환환 搭

일우 該개개 管관권 的디디 書슈슈 辦빤반 們믄믄 也여여 受싷식 了럏랴 些

셔셔 錢쳔쳔 財째재 ○ 또 마옴 아는 셔반들도 이셔 져기 錢財를 밧고 把바바 我어오 的

딩디 這져저 案안안 文운운 卷쥰쥰 丟듸딕 在재재 一이이 邊변변 ○ 내 文

卷을 다가 ᄒᆞᆫ 편에 드리텨 두고 不봉부 肯큰큰 回휘휘 官관관 辦빤반 理레리 ○ 즐겨

회쳐 공아 ᄒᆞ여 辦理티 아니ᄒᆞ니 不봉부 知지지 到닫도 幾지기 時스시 纔째재 得더더

了럏랴 局쥐귀 裏레리 ○ 아지 못게라 맛치 편케 나리 들어 어너 드ᄯᅢ 라에 오다 ᄃᆞ

今긴긴 是시시 財째재 帛뻐버 世시시 界개게 ○ 帛이 世재 界는 라이 財 你니 비

若잡쇼 不봉부 與유위 他터타 一이이 文운운 錢쳔천 ○ 호비 낫은 돈일 불더 주를

ᄒᆞ지 교아 ㄴ 你네니 道닫다 是시시 有일우 理레리 的디디 事스스 件견견 ○

는비 잇니 이라 라되 ᄒᆞ이 여理 도잇 他더타 偏편편 不봉부 與유위 你니니 辦빤반 ○

례편벽히너를위ᄒᆞ여셔도지이너ᄒᆞ고 你 니니 若 요양 多 도더 與 위유 他 티터 些 시셔

財 채째 物 우ᄋᆞ ○ 네만일녀를만 히財物을주면 便 변뻔 是 시씌 沒 무무 理 리례 的 디

事 ᄉᆞ씃 情 칭찡 ○ 곳이理업순 일이라도 也 여여 辦 반환 做 주주 有 우잉 理 리

례리 ○ 도사뒤집어 미될거시이너 我 오어 料 랸럏 你 니네 那 나너 件 껸변 官 관

司 스승 ○ 내혜이리건 네녀官司ㅣ대 不 부봉 使 시싱 幾 지계 箇 거거 錢 쳔쪈 幹 간

간건 辦 반빤 是 시씌 不 부봉 濟 지졔 事 ᄉᆞ씃 的 디딍 ○ 여러돈을버셔 도지가니면이

일오지 못ᄒᆞ리라 常 챵쨩 言 연연 道 다땅 ○ 常言에 니ᄅᆞ되 衙 아야 門 문 處 츄

츄츄 處 츄츄 向 향향 南 난남 開 개깨 ○ 衙門이곳이南을 向ᄒᆞ여여시나 有 우잉

理 리례 無 우우 錢 쳔쪈 休 후힝 入 유잉 來 래 ○ 理이셔도돈이업 거든드러오지말

라ᄒᆞ 나니라

我어오有잉우差채채使싱시出츄추去큐킈了럏랴 ○ 이내 差使 가니 這

져져些셔셔皮삐피衣이이一이이夏햐햐天텬텬沒무무有잉우收식수拾

시시 ○ 이 갓옷슬 ᄒᆞᆫ 녀름을 收拾디 아니ᄒᆞ여 把바바我어오的디디銀인인鼠슈쉬

皮삐피襖알오土투투的디디貂댱댠鼠슈쉬袖식슈 ○ 내 옷 銀鼠皮 갓

를 피다시 가매 黑 發츙 去 彩 的 無무우一이이根근근風붕붕毛망마오了

럏랴 怎즘즘麼뭐마好합한 ○ 스졈 나어 엇디 어호 여갓 아긴 도털 흐기 요업 吻ᄢᅦ

可커커惜싱시了럏랴 ○ 올애 사앗 가 這져져是씽시誰쉐쉬的디디不부부

是씽시 ○ 내이 그거 름시 고이 我어오 臨림린 去큐킈 時씽스 節졍져 也여여 曾

찡층 尋시싀 三삼산 囑쥬쥬 付부부 ○ 내 즉 月 三를 臨 부ᄒᆞ 여 也 把바바

潮짤참 腦남날 放방방 些셔셔 在째ᄌᆡ 衣이이 箱샹상 裡리리 ○ 가쇼 를

에기 녀옷 고상 조 到 닿단 六 룽루 月 웨웨 裡 레리 取 츄츄 出 충츄 来 래레 晒 새새

幾 계지 次 충츠 ○ 여六 러月 번에 볏다 쬐돗 라거 ᄒᆞ든 여가 시셔 너네 여 你 늬니 們 믄문

若 약쇼 依 이이 我 어오 這 져뎌 般 븬빈 用 융융 心 심신 収 싣사 拾 씽시 ○ 히더

心단 ᄒᆞ일 여내 収대 拾로 ᄒᆞ이 더리 면用 虫 쭝충 子 즈즈 怎 즘즘 麽 뭐마 得 더더 蛀 쥬쥬

呢 니네 ○ 어좀 시이 리엇 오지 됩 這 져뎌 也 여여 是 씽시 壞 괘괘 不 부부 得 더더

虫 쭝충 子 즈즈 ○ 치이 못쏘 홀좀 거을 시허 니를 都 두두 是 씽시 你 니니 的 디디 不

부부 是 씽시 裡 레리 ○ 르다 너이 라네 그 你 니니 聽 딩딩 我 어오 說 숴숴 ○ 드비

더르 르라 까내 不 부부 要 햘야 煩 빤빤 惱 낳낭 了 럏랴 ○ 말서 라그 러 你 니니 的

몸디 身 신신 子 즈즈 安 헌안 樂 랗러 就 찧주 是 씽시 福 붕부 了 럏랴 ○ 이네 安몸

福樂 이ᄒᆞ 니면 라곳 이 古 구구 人 인인 說 숴숴 ○ 니빗 ᄅᆞ사 되ᄅᆞᆷ 이 休 힣히 道 땅도

朴通事新釋諺解 三 七

黃황황金긴김貴귀귀安안한樂뎌랍直지찡錢쳔쪈多도뎌○黃金을귀타너
ᄅᆞ지말라安樂홈이갑ᄊᆞ미만타ᄒᆞ니라
不부붕知지징那나너裡리레來레래的디딩這뎌져些셔셔蚰위웡蜒연면
○아지못게라어ᄃᆡ로셔온이지챠린지ᄂᆞᆫ我오어見견년了랴럏好한함惡어ᅌᅡᆼ心
신심○내보매ᄆᆞ장아니꼬오니快괘괘把바바笤탸텽箒쥐질來레래掃산삼去
취큐了랴럏○빗비ᄂᆞᆺ븨가져다가ᄡᅳ러ᄇᆞ리고再재재拿나나兩량량根근근安
안헌息시심香향향來레래燒샾텅一이잉燒샾텅○또두ᄌᆞᄅᆞ安息香을가져와픠
오라我오어如유유今긴김且쳐쳐不부붕吃치칭飯빤뽠○내이제아직밥을먹
지아닐거시니等등등一이잉會회훼兒ᅀᅵᆯ吃치칭罷바빠○ᄒᆞᆫ디위기ᄃᆞ려먹으
리라咱잔쯍廚쮸쮸子즈즈把바바我오어的디딩飯반뽠菜채채○廚子로ᄒᆞ

여내밥반찬을다가 且쳐쳐 慢만만 些셔셔 收싛쉬 拾씽시 ○ 아직날호여收拾ᄒᆞ게ᄒᆞ

고ㄴ 叫굥쟌 小셯샾 廝ᄉᆞ스 們믄믄 ○ 아히놈들로ᄒᆞ여 且쳐쳐 熬ᅌᅶ앞 些셔셔

芽야야 茶쨔차 來래래 我어오 吃킹치 罷빠바 ○ 아직져기芽茶를달혀오게ᄒᆞ다내

먹자

長쟝쟝 老랗랖 你니니 的듸디 佛뿡부 像썅샹 塑수수 了럏랼 麽뭐마 ○ 長老

ㅣ야비佛像올믿드란ᄂᆞ냐ㄴ 我어오 曾쯩층 塑수수 了럏랼 三삼산 尊쥰준 佛뿡부

○ 내일즉三尊佛을민드란 正징징 要얗얖 裝장좡 金김긴 開캐캐 光광광 ○ 正히

금올려빗내려ᄒᆞ더니 不봉부 料럏랖 前쪈쳔 日싕ᅀᅵ 三삼산 更깅깅 前쪈쳔 後

흫후 被삐븨 賊쯩즤 進진진 來래래 ○ 혜아리지아닌그적의三更은ᄒᆞ여도적이드러완

把비바 我어오 二싱을 三삼산 年년년 化화화 來래래 的등디 布부부 施싱시

朴通事新釋諺解 三 八

金김긴銀인인○시버二三호金銀올비다려가온보盡진진行행힝都두두偸

틓투去큐취了럏랴○여다가도버적ᄒ揪유유今김긴沒뭉무奈내내何허허

○일이엽제번혼要얗얀往왕왕江걍쟝南난난地디디方방방化화화些셔셔

布부부施시시去큐취○江南셔흩향ᄒ여뎌ᄒ려기보시를빌라가고뎌ᄒ니爲위위有

음우禱담도告강간諸쥬쥬佛뽕보菩뿌푸薩상사○薩오ᄂ직비諸ᄂ佛니菩保

별받佑일우我어오完환완了럏랴這져져願원원心심신便뻰변死쓰스也

여여無무우怨원원了럏랴○ᄒ나면를곳保죽佑어ᄒ도여怨이喜願이心업을스못리ᄭ

라長장쟝老랑랖○ㅣ長안老徐녀나沿연인路루루上쌍샹好향한生승승

去큐취罷빼바○히가마길리히됴當당당時쓰스唐땅당三삼산藏짱장師

싱스傳뷰투○故그師ᄯᅢ傳에ㅣ唐三往왕왕西셰시天텬텬去큐취取츄츄經

깅강 的디 時쓰 節져졍 ○ 西天을향ᄒ여經가질라갈제 有잉우 十씨시 萬완완

八바바 千쳔쳔 里리리 程칭칭 途투투 ○ 十萬八千里길히이시니 經깅깅 多도도

少샹샬 風봉봉 寒한한 暑슈슈 熱셔여 ○ 언머風寒暑熱을디내면 受씩삭 多도도

少샹샬 日ᅀᅵᅀᅵ 炎짐지 風봉봉 吹취취 ○ 언미볏ᄶᅬ고보람불믈바드면 過궈고 多

도더 少샹샬 惡어헙 山산산 險혐현 水쉬쉬 ○ 언머惡山險水를디내면 見견변 多

도더 少샹샬 恠괘패 物우우 妖얍얍 精징징 ○ 언머恠物妖精을보아시며 擒찡짱

多 도더 少샹샬 猛멍믕 虎후후 毒두두 虫총충 ○ 언머猛虎毒虫을만나시리오 遭

주즘 了랴럎 少샹샬 好한핳 幾지기 年년년 受씩쑤 盡씬진 千쳔쳔 辛신신 萬완완 苦

쿠쿠 ○ 여러희를든녀千辛萬苦를빠디다ᄒᆞ고 纔채채 到단닫 得더더 西시시 天텬텬

取츄츄 了랴럎 經깅깅 迴휘휘 來래래 ○ 계우西天에니르러經을가지고도라완 度

朴通事新釋諺解 三 九

뚜두 脫퉝토衆즁중生싱승纔째채能눙능成찡청佛뿡보 ○衆生을度脫ᄒᆞ여제

요能히成佛ᄒᆞ여ᄂᆞ니 老랑랖師싀스傅뿡부你녜니也여여休힣휘忙망망 ○

老師傅ㅣ아너도ᄇᆞᆺ바말고 慢만만慢만만的딕디到닿도江걍쟝南남난 ○날호

여江南에가 沿연연門문믄化화화些셔셔布부부施싀시回휘휘來래래 ○

집마다져기보시ᄅᆞᆯ비러도라와 願원원滿먼만功궁궁成찡청 ○願이ᄎᆞ고功이일면

久깋구後흫후你녜니也여여要얗요得듷더證징징正징징果궈고哩례리

○오란후에너도正果證홈을어드리라

咱짬잔一잉이箇거거泥녜니水쉬쉬匠쨩장兩량량箇거거小셯샨工궁궁

來래레 ○ᄒᆞᆫ미쟝이와두조역을불러와 好핳한收싷수拾씽시這져져炕캉캉 ○

丘히이강을收拾ᄒᆞ쟈 你녜니有잏우泥녜니鏝뭔만子즈즈麽뭐마 ○비게흙손

이잇ᄂᆞ니「我어오沒뭉무有잉우這져져傢갸쟈伙훠호○내게이연장이업ᄉᆞ면「做주주甚씸셔麽뭐마泥녜니水쉬쉬匠쨩장○므슴거쟝인쳬ᄒᆞ리오「這져져是씨시死ᄉᆞ스炕킹캉這져져是씨시燒셮샾柴쨔차火훠호炕킹캉都두두不붕부好함할○이ᄂᆞᆫ불못ᄶᅵᆺᄂᆞᆫ강이오이ᄂᆞᆫ불ᄶᅵᆺᄂᆞᆫ강이니다됴치아니ᄒᆞ니「你니니只

징즈與유위我어오改개개做주주煤뮈믜火훠호炕킹캉○네그저나를벽탄픠오ᄂᆞᆫ강을고쳐ᄆᆡᆫ드라주되「炕킹캉前쪈쳔做주주一힝이箇거거煤뮈믜爐루루好할할燒셮샾煤뮈믜○캉앏픠ᄒᆞᆫ煤爐를ᄆᆡᆫ드라벽탄픠오기됴케ᄒᆞ라「炕캉캉面

면면磚쥔젼都두두有잉우麽뭐마○캉면벽이다잇ᄂᆞ니「都두두有잉우○다잇다「這져져麽뭐마快쾌쾌買매미石씨시灰휘휘麻마마刀당도去큐취○이러면밧비회와삼ᄢᅦ울을사라가라「伙훠호計계지們문믄○동모들아「先션션搊

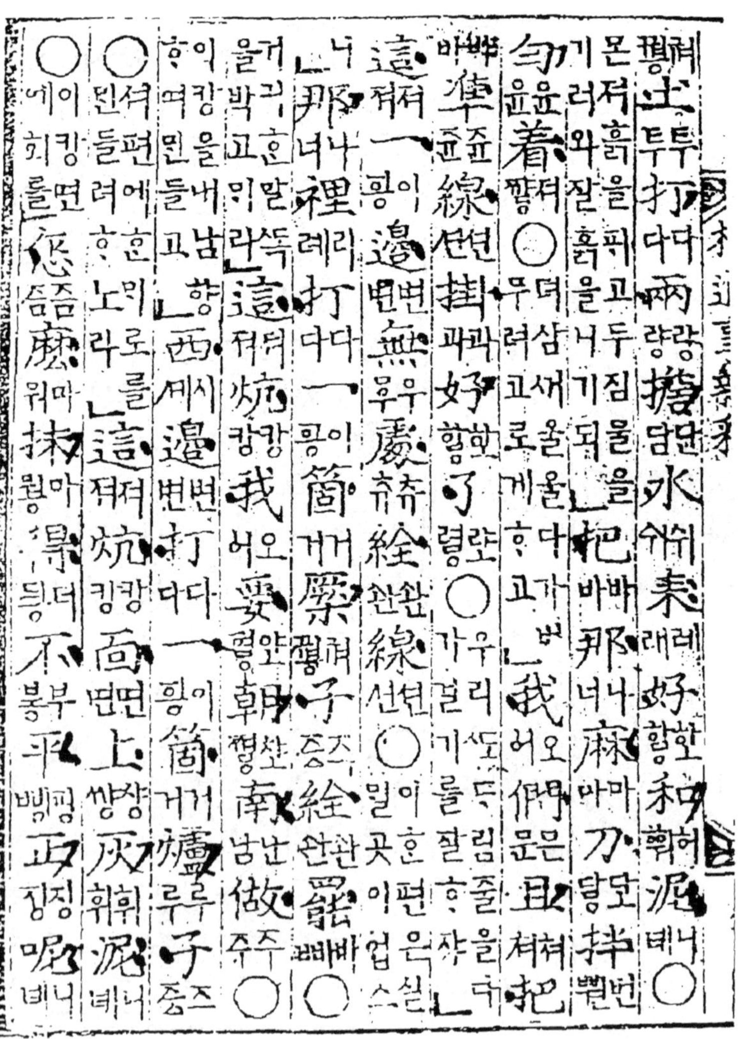

[illegible] 土 투투 打 다다 兩 량랑 擔 담단 水 쉬쉬 來 래레 好 할핳 和 훠허 泥 니니 ○

몬져 흙을 픠고 두 짐 물을 기려와 질흙을 니기되 [illegible] 把 바바 那 너나 麻 마마 刀 닾도 拌 쀈번

勻 윤윤 着 짜져 ○ 무더 삼새 올올 [illegible] 我 어오 們 믄믄 且 쳐쳐 把

準 쥰쥰 線 션션 掛 과과 好 할핲 了 랼랴 ○ 가우 걸리 기 [illegible] 를 두 [illegible] 줄을 [illegible]

這 져져 一 이 邊 변변 無 우우 處 츄츄 拴 솬솬 線 션션 ○ 이 편 밀 곧 이 업 스 [illegible]

那 너나 裏 리리 打 다다 一 이 箇 거거 橛 쮀쥐 子 즈즈 拴 솬솬 罷 바바 ○

[illegible] 말 뚝 박 고 [illegible] 這 져뎌 坑 캉캉 我 어오 要 얖얀 朝 챺챤 南 난난 做 주주 ○

이 캉을 [illegible] 남 향 西 시시 邊 변변 打 다다 一 이 箇 거거 爐 루루 子 즈즈

○ [illegible] 這 져뎌 坑 캉캉 面 면면 上 쌍샹 灰 휘휘 泥 니니

○ 이 캉 [illegible] 您 즘즘 麼 마마 抹 뭥마 得 더더 不 부부 平 핑핑 正 징징 呢 니니

○엇지밧기를平正이못ᄒᆞ엿ᄂᆞ뇨 把비바泥녜니鏝원만來래래再재재抹[illegible]

光광광些셔셔○흙손으로다가다지ᄡᅳ서번번이ᄒᆞ라 儞녜니一[illegible]般븐번動

뚱둥手[illegible]做쭈주生씅승活훵호○비ᄒᆞᆫ가지로손을놀려ᄒᆞᆫ셩녕이 這져져樣

양양做쭈주的디디平뼝핑常짱창○이리ᄆᆡᆫ들기를平常이ᄒᆞ여시니 不불부可

커커情싱시了럏랴我어오的디디工궁궁錢쪈쳔麼뭐마○내工錢이앗갑지아

니ᄒᆞ라咳해해我어오到닫됴處츄츄做주주生승승活훵호○애내간ᄃᆡ마다

셩녕을ᄒᆞ되從쭝충來래래不불부曾쯩층見견견儞녜니這져뎌般븐번仔

조즈細셰시○본디일즉이런仔細ᄒᆞ믈보지못ᄒᆞ엿노라 儞녜니說숴쉬甚씸시麼

뭐마話화화○네무슴말니ᄅᆞᄂᆞᆫ다 常쨩창言연연道땋닾○常言에니ᄅᆞ되 手[illegible]

匠쨩쟝人신인巧캎캬主쥬쥬人신인○拙ᄒᆞᆫ匠人이오ᄯᅩᄒᆞᆫ主人이라ᄒᆞ니라

十二

我 어오 這 져쩌 疥 개계 瘡 챵촹 痒 양양 得 더듸 當 당당 不 부부 的 디듸 ○ 이내 疥瘡이 ᄀ려워 당치못ᄒᆞ니 你 니네 有 우잇 長 챵쨩 指 즈징 甲 가갸 替 티톄 我 어오 抓 좌쟢 一 이흥 抓 좌쟢 ○ 네 긴 손톱이 잇거든 나를 ᄀᆞ차 클그란 滿 만만 指 즈징 甲 가갸 疙 그끙 瘩 낭나 和 허훠 膿 눙눙 水 쉬쉬 怎 즘즘 麽 마뭐 好 한함 呢 니녀 ○ 손톱에 ᄀ득ᄒᆞᆫ 티ᄭᅥᆫ이와 고롬이 엇지 됴흐리오 你 니네 只 즈징 與 위유 我 어오 掐 캬캬 一 이흥 遍 변변 罷 바빠 ○ 네 그저 나를 ᄒᆞᆫ번 긁어 주고려ᄒᆞ노 我 어오 那 나너 幾 지기 日 ...

着 잔짱 小 샾샹 廝 스슨 們 믄믄 ○ 뎌 적의 아희들로 ᄒᆞ여 掐 캬캬 一 이흥 會 ...

孩 히히 兒 을 很 흔흔 好 핳한 ○ 지도 위 ᄒᆞᆫ 장기 더니 ᄃᆞ려 不 부부 想 샹샹 那 나너

廝 스스 打 다다 頭 두두 起 치치 來 래래 ○ 싸홈ᄒᆞ기 도지 아니ᄒᆞᆫ 가 把 바바 瘡

창창 都 두두 撓 난난 破 포퍼 了 랴랴 ○ 瘡을 다가 다 긁어 ᄇᆞ리니 越 위웨 疼 등등

的딩디當당당不봉부得둥더○더옥알피당치못ᄒᆞ여리란你녜니到돠단那너나

鼓구구樓릏루北븨비邊변변王왕왕家갸쟈藥얗요鋪푸푸裡리리○네뎌

鼓樓北편王家의藥鋪에가買매매齊개계藥얗요來래래搽쨔차上썅샹○네뎌

藥을사다가ᄇᆞᄅᆞ면不봉부過궈고一힝이兩량량遍변변管권권情찡칭就찧주

好할한了령랴○ᄒᆞᆫ두번에지나지못ᄒᆞ여여블단코즉시됴ᄒᆞ리라我어오不봉부認

신인得둥더○내아지못ᄒᆞ노라這져져藥얗요鋪푸푸有잏우招쟣잔牌빼패

沒뭉무有잉우○뎌藥鋪에招牌잇ᄂᆞ냐업ᄂᆞ냐那너나藥얗요鋪푸푸門믄문首

싛식掛꿰귀子즈즈上썅샹○뎌藥鋪門앏계유희放빵방着짱져一힝이箇거거

三삼산脚걓교鐵텽텨蝦햐허蟆마마的딩디便뼌변是씽시了령랴○ᄒᆞᆫ세

발가진쇠두텁이노ᄒᆞᆫ거시곳이란買매매了령랴來래래○사와火휘호盆뿐픈上

朴通事新釋諺解三　十二

샹샹 添텸텬些셔셔炭탄탄火훠호 ○화로에숫을더ᄒᆞ고 블 撓낭낲破퍼포了

럏랖 這져져瘡챵촹 ○이瘡을헤쳐허여ᄇᆞ리고 一把바바那너나藥얗요搽짜차上

샹샹 ○그약을다가ᄇᆞᄅᆞ고 向향향火훠호烤캎캎一힝이會휘휘便뻔변不붕부

痒양양痒양양了럏랖 ○블을향ᄒᆞ여효지위ᄶᅬ면 곳ᄀᆞ렵지아니ᄒᆞ리라 這져져所

수소 謂위위 ○이니ᄅᆞᆫ바 休힣힉尋씸신海해해上쌍샹方방방 ○海上方을ᄎᆞᆺ지

말라 角쟢ᄌᆞ有잏우神씬신仙션션藥얗요 ○ᄌᆞ연이神仙藥이 잇다홈이로다

這져져七칭치月웡워十씽시五우우日싛시是씽시中즁중元웬원節졍져

○이七月十五日은 이中元節이라 慶깅깅壽씽식寺ᄊᆞ스裏레리做주주盂유위

蘭란란勝싱싱會휘휘 ○慶壽寺에셔盂蘭 勝會를ᄒᆞ다ᄒᆞ니 我어오們믄믄也여여

隨쒸쉬喜히시去큐츄罷빠바 ○우리도구경 ᄒᆞ라가자 那너나壇딴단主쥬쥬

是씽시朝턍챤鮮션션師싀스傅부부○그擅主ᄂᆞᆫ이訓슈 鮮師傅ㅣ니나옵

둥등身신신材쩨채白쁴베淨찡징顏얀연面면면○듀킈에희조 츌ᄒᆞᄂᆞᆺ시온聰

츙충明밍밍智지지慧휘휘過궈고人신인○聰明智慧ㅣㅣ ᄒᆞ고의게지나고念넘난

白的뎡디聲싱싱音힘인響햫향亮량량○더ᄂᆞᆫ소리 響亮ᄒᆞ고各깅거樣양양經

깅깅卷권권皆개계通퉁통○各樣經卷을 다通ᄒᆞ니眞친신是씽시一힘이箇

거거有잉우德뎌더行힝힝的더디和훠허尙쌍상○진실로이ᄒᆞᆫ德 行잇ᄂᆞᆫ즁이라

談딴탄的듸디是씽시目뭉무連련련尊준준者저저救걱구毋무무經깅깅

○니ᄅᆞᄂᆞᆫ거슨이目連 尊者의救毋經이니這져저些셔셔聽팅팅講걍장的듸디僧

승승尼늬니道땋도俗쑤쉬善쎤션男난난信신신女뉴뉴○이講듯ᄂᆞᆫ 僧尼道俗

과善男 信女ㅣ不붕부知징지其기기數수수○不知 數히其人신인人신인盡

朴通事新釋諺解三　十三

젼진 盤 뻔판 雙 상솽 足 죵주 ○ 발사 을룸 시마 리다 됴다 두 箇 거거 箇 거거 擎 낑킹

拳 퀀쳔 合 헝허 掌 쟝장 ○ 수낫 掌낫 ᄒᆞ치 더攀 나拳 肉 뉘니 中 죵중 有 잉우 一 힝이

箇 거거 人 신인 只 즈즈 管 권권 打 나다 呵 허허 欠 켠켠 ○ 룬그 이둘 그의 더ᄒᆞ ᄉᆞ사

욤뤼 ᄒᆞ이 다하 간회 一 항이 會 휘휘 兒 싱을 儞 니이 着 쟢져 欄 란란 干 건간 便 뻔변

打 나다 頓 둔둔 睡 쉬쉬 覺 쟢잔 了 령랸 ○ 혀훈 꽃지 조위 오欄 더ᄌᆞ 니을 시 不 붕부

知 지지 怎 즘즘 生 싱승 吃 치치 了 령랸 一 힝이 跌 뎨뎌 ○ 잇아 다지 ᄒᆞ것 시졔 ᄒᆞ라

을번 넘구 어러 지 把 비바 鼻 삐비 子 즈ᄌᆞ 跌 뎨뎌 破 퍼포 了 령랸 ○ 기구 구를 리다

브져 디하 너여 那 너나 講 강장 主 쥬쥬 便 뻔변 時 경산 到 당단 跟 근근 前 쪈쳔 來

대러 說 쉬쉬 道 딸단 ○ 히더 오講 다主 ᄒᆞ 어꿏 니블 ᄃᆞ러 듸입 徐 녜니 聽 텅텅 我 허오

說 셩쉬 ○ 버네 니드 ᄅᆞ드 다 這 져뎌 佛 뿡부 法 뵹비 最 죄쉬 尊 준준 最 쥐쉬 貴

們不可不信○이佛法이貴ᄒᆞ니可히尊重ᄒᆞ고

趂着你貪嗔癡三毒不離

於身○貪嗔癡三毒이몸에서不信佛

法不尊三寶○佛法을信치아니ᄒᆞ고三寶를尊치아니ᄒᆞᆫ

因此上今日現報○이러므로오ᄂᆞᆯ現ᄎᆞ

報ᄒᆞᄂᆞ니你如今到家○네이제집의가셔誠心

心懺悔改往修來去○ᄆᆞᄋᆞᆷ으로

懺悔ᄒᆞ여往을改ᄒᆞ고來를修ᄒᆞ라那人聽見師傅這

般說○그사ᄅᆞᆷ이師傅의이리니ᄅᆞᆷ을듯고便跳起

來道○곳뛰여니러니ᄅᆞ되甚麼是佛法

放빵 ◎ 이엇 佛치 法힐 고ᄉᆞᆫ 寫 마며 了 럏랖 幾 계지 句 규취 就 쪋칙 走 즘주 出 츄츄

去 큐취 了 럏랖 ◎ 곳여 ᄃᆞ려 라거 나ᄉᆞ 許실 니고 師 싱스 傅 부부 道 땋도 我 어오 與

유유 他 터태 無 ᄆᆞ우 緣 연연 也 여여 ◎ 더師 부傅 러ㅣ 인니 연ᄅᆞ 이되 엽내 ᄉᆞ며 니도 正

징징 是 씨시 衆 즁중 生 싱승 難 난난 化 화화 了 럏랖 ◎ 키正 어히 렵衆 도生 다을 化

這 져져 幾 계지 日 싀시 我 어오 家 갸쟈 裡 례리 有 왕우 人 신인 回 휘휘 去 큐취

◎ 이요 도ᄉᆞ 라이 ᄀᆞ우 리리 아집 의의 너사 ᄅᆞᆷ 先 선션 生 ᄉᆡᆼ승 你 니니 與 유유 我 어오

寫 셔셔 一 ᅙᅵ이 封 봉봉 書 슈슈 稍 ᄊᆞᇰ산 去 큐취 你 니니 如 유유 ◎ 비先 나生 ᄎᆞᆯ아

여ᄒᆞᆫ 보봉 버ᄅᆞᆯ 미을 엇ᄲᅧ 더수 ᄒᆞ이 ᄂᆞ는 부 我 어오 寫 셔셔 了 럏랖 ◎ 다니 배 你 니

聽 팅팅 我 어오 念 념넌 ◎ 너븨 ᄆᆞᄃᆞ 그ᄅᆞ 미라 愚 유위 男 남난 山 산산 童 퉁퉁 頓

둔둔 首 싱식 百 ᄇᆡᆼ비 拜 ᄆᆡ배 ◎ 育愚 百男 拜山 ᄒᆞ童 며은 頓 稟 빈빈 父 ᄫᅮ부 親 친친

母무무親친친起게치居규귀萬완완安헌안○父親母親ᄭᅴ稟ᄒᆞᄂᆞ니起居萬安ᄒᆞ

간신兒男남난在쨰재都두두城찡칭○아희都城에이셔托탕토賴래래父뿌부

母무무福봉부蔭힘인○父母의福蔭을닙어身신신子쯔쯔粗쭈주安헌안無

후우須슈슈憂힐우念념난○몸이져기편안ᄒᆞ니모롬이憂念치마ᄅᆞ쇼셔男남난自

쯔즈拜배배別뼝벼之징즈後쨯후○아희拜別ᄒᆞᆫ後로부터想상샹念념난之

장즈心심신無무우日싕시能넝능忘망왕○ᄉᆡᆼ각ᄒᆞᄂᆞᆫᄆᆞᄋᆞᆷ이니즐날이업소이다

前쪈쳔者져져姐져져夫부부回휘휘時씽스○젼에姐夫ㅣ도라갈제托탕토

以이이段뚼된疋삐피送숭숭與유위父뿌부親친친使싱시用융융○疋段

으로ᄡᅥ부텨父親ᄭᅴ보내여ᄡᅳ게ᄒᆞ엿더니至장즈今김긴未뮈위見견견回휘휘書슈슈

○至今回書를보지못ᄒᆞ니不봉부知징지收싱식到당도否봉부○아지못게라바

ᄃᆞ신가 못 ᄒᆞ신가 ∟ 如 슈슈 有 우잏 便 편뼌 人 인신 來 레래 京 징깅 ○ 만일 便人이 付

울오리 잇거든 ∟ 望 왕망 卽 지징 示 스씽 明 미밍 以 이이 慰 위위 思 올싱 念 난념 ○

ᄇᆞ라건대 즉시 示明ᄒᆞ여 ᄡᅥ 아ᄒᆡ 념녀ᄅᆞᆯ 위로ᄒᆞ쇼셔 ∟ 玆 즈즈 者 져져 又 우잉 特 터뗭 寄

기게 茶 차짜 色 서싀 段 돤뚠 子 즈즈 二 을싱 疋 피핑 ○ 이제 또 특별이 차빗취 비단

두필과 ∟ 藍 란람 綾 링링 二 을싱 疋 피핑 裡 리례 紬 착찍 四 스ᄉᆞ 疋 피핑 ○ 藍綾

두필과 안녀흘 비단 비필을 부텨 ∟ 與 위유 父 부뿌 親 친친 母 무무 親 친친 弁 빙뼁 兒

兄 흉휭 弟 더뎨 佛 보뽕 童 룽뽕 穿 쳔쳔 用 융융 ○ 父親母親과 다못ᄒᆞ야 佛童을 주어 남게

ᄒᆞᄂᆞ이다 ∟ 男 난남 在 재째 京 징깅 所 소수 幹 간깐 之 즈짓 事 스씽 已 이이 經 깅깅

完 완환 備 븨비 ○ 마히 셔울이셔 所幹事ᄂᆞᆫ 임의 完備ᄒᆞ여시되 ∟ 但 단딴 尙 샹쌍 未 위위

領 링링 憑 핑뻥 ○ 다만 오히려 文憑을 領치 못ᄒᆞ엿시니 ∟ 約 요얍 待 대때 月 웨원 餘

十五

휘유 便 뼌변 可 커커 起 키치 程 찡칭 ○ 더개月餘를기ᄃᆞ리면 못가히起程ᄒᆞ거시니 倘

랑탕 或 황훠 邀 햘얀 天 텬텬 之 징즈 倖 힝힝 ○ 만일하ᄂᆞᆯ 倖을닙어든 得 듸더 以 이이

衣 히이 錦 긴긴 還 환환 鄕 향향 ○ 시러곰벼衣 錦還鄕ᄒᆞ여 拜 배배 見 햔현 父 뿌부

母 무무 光 광광 耀 얗얖 門 문문 閭 류뤼 ○ 父母ᄭᅴ拜見ᄒᆞ고 門閭를光耀ᄒᆞ면 則 즹저

男 남난 之 징즈 心 심신 願 원원 已 이이 足 죵주 ○ 곳아희心願이 足ᄒᆞᆯ거시니 伏

뽕부 望 왕왕 父 뿌부 母 무무 大 때다 人 신인 善 썬션 保 밥받 起 키치 居 규귀 ○

伏望父母大人은 善保起居ᄒᆞ쇼셔 并 뼝빙 請 칭칭 近 낀낀 安 먼안 ○ 아오로요 ᄉᆞ이문안

을請ᄒᆞ ᄂᆞᆫ이다 謹 긴긴 稟 빈빈 ○ 삼가稟ᄒᆞ ᄂᆞ이다 愚 유위 男 남난 山 산산 童 뚱둥

頓 둔둔 首 싷식 百 븽버 拜 배배 具 귀귀 ○ 愚男山童은頓首 百拜具ᄒᆞᄂᆞ이다

我 어오 要 햘얀 盖 개개 三 삼산 間 간관 書 슈슈 房 빵방 ○ 내세간書房 을짓고져ᄒᆞ

朴通事新釋諺解三 十六

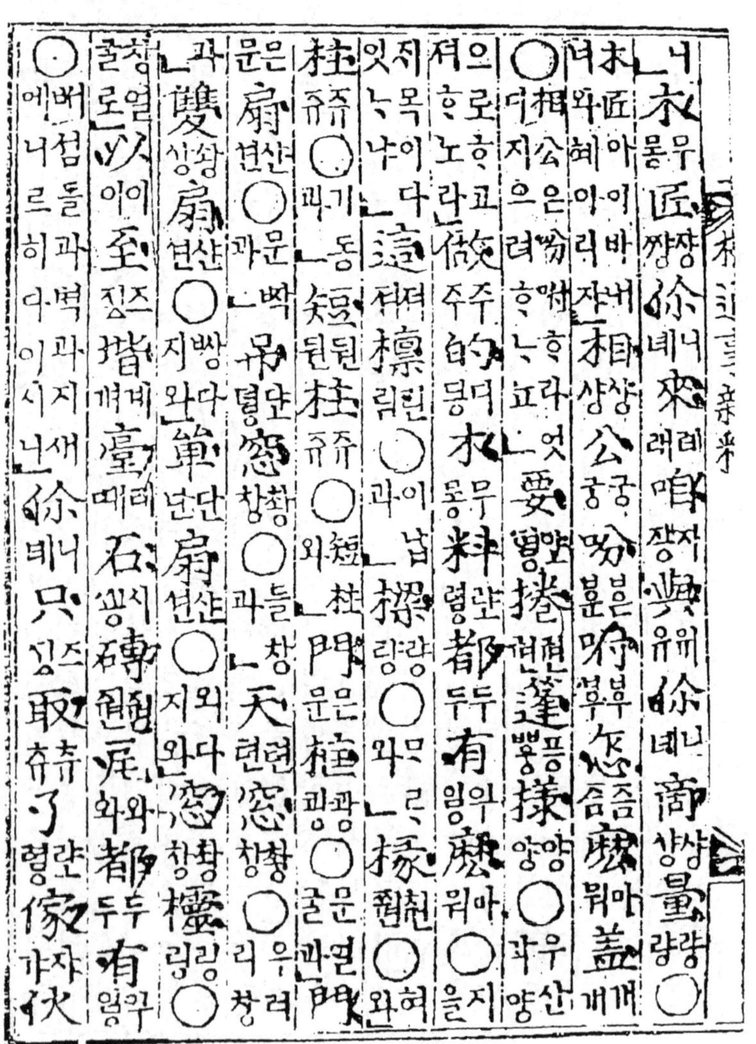

니 木 몯무 匠 쨩쟝 你 녜니 來 래레 咱 쟝자 與 유위 你 녜니 商 샹샹 量 량량 ○

木匠아 이바 내 너와 혜아리쟈 相 샹샹 公 궁궁 吩 분븐 咐 부부 怎 즘즘 麽 뭐마 蓋 개개

○ 相公은 分咐ᄒᆞ라 엇디 지으려 ᄒᆞᄂᆞ뇨 要 얗얀 捲 견견 蓬 뿡픙 樣 양양 ○ 우산 과양

의로 ᄒᆞ고 저ᄒᆞ노라 做 주주 的 디디 木 몯무 料 랼랴 都 두두 有 잉우 麽 뭐마 ○ 지을

지목이 다 잇ᄂᆞ냐 這 져져 檁 린린 ○ 이과 ○ 납 擦 랑랑 ○ 모 와 르 椽 쳔쳔 ○ 혀와

柱 쥬쥬 ○ 기픽과 ○ 동 短 된된 柱 쥬쥬 ○ 쥬 短 외과 ○ 柱 門 문문 框 광광 ○ 문 굴과 門 ... ○ 문

문은 扇 션산 ○ 문과 ○ 빡 吊 댱댱 窗 창창 ○ 들과 ○ 창 天 텬텬 窗 창창 ○ 우 리과 ○ 려 창

과 雙 상상 扇 션산 ○ 쌍 지다 와 單 단단 扇 션산 ○ 외 지다 와 窗 창창 欞 링링 ○

창 열 굴로 以 이이 至 징즈 階 계계 臺 ᄯᅢ대 石 씽시 磚 줜줜 瓦 와와 都 두두 有 잉우

○ 벽 돌 과 과 지새 버 섬 에 니르히 다 이시니 你 녜니 只 징즈 取 츄츄 了 럎랴 傢 갸쟈 伙

호휘 來 래리 做 주주 活 훠호 ○ 네그틔연장을가져와녕녕ᄒᆞᆫ리ᄂᆞᆫ 我 어오 慢 만만 慢

만만 的 듸디 再 재재 摘 지즈 點 뎐뎐 你 니니 ○ 내날호여다시너를거려ᄒᆞ만 蓋 개개

了 럏랴 這 뎌져 房 빵방 子 즈즈 ○ 이집을짓고ᄂᆞᆫ 那 나나 西 세시 壁 빙비 廂 샹샹

還 ᅘᆘᆫ환 要 얀얀 打 다다 一 이 道 단도 墻 쟝챵 ○ 뎌셔편에ᄯᅩᄒᆞᆫ줄담을ᄡᅡᆺ고ᄂᆞᆫ 前

쪈쳔 面 면면 壘 뤼리 一 이이 箇 거거 花 화화 臺 대태 好 하호 栽 재재 花 화화 ○

앏희ᄒᆞᆫ花臺를무어곳시므기됴케ᄒᆞ란 我 어오 要 얀얀 臨 린린 窓 창창 看 칸칸 書 슈슈

也 여여 要 얀얀 看 칸칸 花 화화 裏 리리 ○ 내窓을臨ᄒᆞ여글을보고ᄯᅩ곳츨보고져ᄒᆞ노

라 相 샹샹 公 궁궁 說 숴쉐 的 디디 是 시시 ○ 相公의니ᄅᆞ미올ᄒᆞᆫ 却 갸거 還 ᅘᆘᆫ환

要 얀얀 蓋 개개 甚 씸셔 麽 뭐마 房 빵방 子 즈즈 麽 뭐마 ○ ᄯᅩ무슴집을짓고져ᄒᆞᄂᆞᆫ

다 不 부부 要 얀얀 了 럏랴 儘 진진 彀 구구 住 쥬쥬 了 럏랴 ○ 要치아니ᄒᆞ노라잇

朴通事新釋諺解 三 十七

굿뎌 뎌이 어 물리로다 ㄴ常 쨩챵 言 연연 道 닿단 ○ 常言에 니르되 總 중중 蓋 개개 萬

완완 間 간간 房 빵방 ○ 대되 지으 萬間 집 ㄴ夜 여여 眠 면면 只 지즈 一 이잉 厦

하하 ○ 흔밤 간에 집자 이기 라ᄂᆞᆫ 다ᄒᆞ 만ᄇᆞ 何 허허 必 비빙 以 이이 多 도뎌 爲 위위 貴

귀귀 呢 니녜 ○ 어버 지貴 반ᄒᆞ 시ᄉᆞ 만으 흠리 으오 로

徐 니녜 老 랄랖 爺 여여 如 유유 今 긴긴 除 츄츄 授 ᄉᆞᆼ식 在 지찌 那 나나 衙 야야

門 문문 裡 리레 了 랸랸 ○ 門네 老爺 除授 ᄒᆞ이 엇제 어ᄂᆞ 니ᄂᆞ ㄴ衙 除 츄츄 授 쌍식

了 랸랸 光 광광 祿 루롱 寺 ᄉᆞᄉᆞ 卿 킹킹 了 랸럎 ○ 光祿寺卿 除授 ᄒᆞ엿ᄂᆞ니라 咳

해해 這 져져 一 이잉 缺 쿼퀴 也 여여 沒 무무 甚 씸셔 麽 마마 好 할할 處 츄츄 ○

애이 이ᄒᆞᆫ 자리 또아모 ㄴ不 부부 過 궈고 清 칭칭 高 갇갇 而 얼을 已 이이

○ 불 ᄯᅡ로 이라 清高 ᄒᆞᆫ ㄴ這 져져 衙 야야 門 문문 惟 위위 出 츄츄 些 셔셔 好 할할

飮 힘인 食 씽시 ○ 혼이 음衚 씨衕 이아 나오 니직 ᄂᆞ됴 猪 쥬쥬 羊 양양 鵝 어어 鴨 향아

等 딍등 類 뤼릐 却 캌켜 不 봉부 少 샿샾 吃 칭치 的 딩디 ○ 類猪 ㅣ羊 또鵝 억鴨 ᄀᆞᆯ

아거 니시 ᄒᆞ적 ᄭᅳ지 還 환환 有 윙위 幾 계기 種 즁중 好 할한 酒 젇잳 ○ 가또 지어 됴려

잇흔 고술 ᄂᆞ이 此 ᄎᆞᄎᆞ 外 왜왜 並 삥빙 無 무우 別 뼈벼 件 견견 可 커커 取 츄츄 了

렁랸 ○ 히이 取밧 ᄒᆞᆯ근 것아 시조 업다 ᄂᆞ른 니것 란가 方 방방 纔 째채 書 슈슈 辦 빤반 們

문든 拿 나나 文 ᄋᆞᆫ운 書 슈슈 來 레레 畫 화화 稿 갚갚 ○ 이앗 文가 書又 稿ᄒᆞ 가반 져ᄃᆞᆯ

홈와 밧稿 고에 ᄂᆞ일 案 헌안 上 쌍상 又 잏악 推 뒤뒤 着 짱져 許 휴쉬 多 더도 案 헌안

件 견견 ○ 多더 문안 안우 을희 바또 한許 者 두두 要 향얀 逐 쭇주 件 견견 發 발바 落

랑로 ○ 發다 落낫 ᄒᆞ낫 고치 直 찡지 到 당단 日 잉이 平 삥핑 西 세시 纔 째채 得 뒤더

上 쌍상 馬 마마 回 휘휘 家 갸쟈 ○ 계바 요로 몰히 ᄃᆞ西 고에 집거 의짐 도애 라다 오ᄃᆞ ᄂᆞ라

랴니 天 텬텬 天 텬텬 都 두두 是 씨시 這 져져 般 번번 早 잘잘 聚 쥐쥐 晩 환완 散

산산 麽 뭐마 ○ 고날 늣마 게더 야다 홋이 터리 지원 느고 난호 但 딴단 能 넝능 早 잘잘 散

산산 也 여여 是 씨시 不 붕부 能 넝능 早 잘잘 回 훼휘 家 갸자 ○ 일다 즉만 이능 홋히

집터 의져 도도 라또 오능 지히 못일 ᄒ즉 연이 不 붕부 是 씨시 去 큐취 望 왕왕 這 져져 位

위위 同 뚱퉁 寅 인인 ○ 보이 지位 아同 너寅 면올 가 又 임와 是 씨시 去 큐취 拜 배배

那 너나 位 위위 同 뚱퉁 年 년년 ○ 게또 가더 拜位 ᄒ同 너年 ᄂ의 直 징지 到 낭닷 人

인인 定 띵딩 更 깅깅 深 섭신 纔 쌔채 能 넝능 下 햐하 馬 마마 ○ 更바 深로 홍人 예定

몰다 세드 누라 리계 느요 너능 ᄂ히 這 져져 些 셔셔 衙 야야 役 융이 也 여여 不 붕부 免

면면 受 씽식 這 져져 般 번번 勞 랑랖 苦 쿠쿠 ○ 바이 드衙 블役 弟도 치이 못런 ᄒ勞 ᄂ苦

랴니 你 네니 說 쒀쉬 得 더더 不 붕부 差 처서 ○ 근네 지너 아르 니미 타그 我 어오 們

ᄂᆞᆫ온 往 왕왕 日 ᅀᅵ이 跟 근근 官 관관 的 디디 時 씌스 節 졔졔 ○ 데우 관리 원잔 을ᄂᆞ

ᄒᆞᆫ조 제차 ᄂᆞᆫ 那 너나 裡 례리 管 권관 雨 유위 雪 쒜쉬 陰 힘인 晴 찡싱 ○ 兩어 ᄃᆞᆯ디

옴陰 알晴 리을 오ᄀᆞ ᄂᆞᆫ 忍 인인 多 더도 少 ᄉᆞ 샹샤 餓 거지 渴 컹커 ○ 올인 ᄎᆞᆷ미 ᄂᆞ餓 면渴 受

항샤 多 더도 少 ᄉᆞ 샹샤 勞 랑랖 苦 쿠쿠 ○ 하인 다미 시勞 리苦 ᄅᆞᆯ 온 起 ᄯᅥ기 只 즈지 掐

징ᄌ 堂 탕탕 本 븐븐 官 권관 陞 싱싱 一 이이 箇 거거 好 할할 缺 켜퀴 ○ 안도 초다

올官 그이 을ᄒᆞᆫ 브됴 라흔 ᄂᆞᆫ일 ᄂᆞᆫ에 今 김긴 日 ᅀᅵᅀᅵ 如 슈슈 你 녜니 老 랄랄 爺 여여 估

주주 了 럘랴 大 때다 人 신인 ○ ᄉᆞ오 이돈 되네 여老 시節 ㅣㅣ ᄂᆞᆫ大 雖 쉬쉬 然 ᅀᅧᆫ 슈우 大

때다 歇 흏휴 息 싱시 ○ 흠비 이록 헙크 스게 나ᄒᆡ ᄂᆞᆫ息 比 비비 在 째재 前 쪈쳔 到 ᄃᆞᆼ됴

底 뎨디 強 꺙챵 些 셰셔 ○ 녀이 처힘 기에 나비 드건 나며 ᄂᆞᆫᄯᅳᆺ 古 구구 人 신인 道 ᄯᅡᆼ단

○ 너古 ᄅᆞᆺ人 되이 ᄂᆞᆫ 苦 쿠쿠 盡 진진 甘 간간 來 ᄅᆡ래 ○ 거ᄇᆞᆫ 히거 온지 다盡 ᄒᆞᄒᆞ 니면 라ᄃᆞᆫ

朴通事新釋諺解三 十九

我어오家갸가裡리리一이箇거거小샾샾廝亽스在재재城칭칭外왜왜

種중중地디디 ○ 맛내그집녀호밧아가히다숌개여滅和확허一공이箇거거人신

신인打다다架갸갸 ○ 빠홈핫사티룩니와那나나廝亽스便변변先션션衙하아

마믈은裡리리合갑갑了 랑랸 ○ 樹그門믄이告끈한년把바바我어오家갸가

사자小샾샾廝亽스拿나나去큐취監감뎐了 랑랴兩량량日이 ○ 이내집

놈가완을치다이가풀자이바오가ㄴ가之有우一공이箇거거小샾샾廝亽스

○ 또놈호이아변전半번번夜여여裡리리起치來래래 ○ 나부더夜의往

왕왕凉위의광상上샹샹才랑다燒귀다去큐취 ○ 실燒라場가에더난衣

편遊夜기時다拿니住쥬 ○ 빈鐵쇼在재

冷鋪푸監감禁着 ○

禮 不봉부 節 行힝 這 話 再 也 不봉부 差차차

○ 이예 京 그 르 行 이이 ㅣ난 ᄒᆞ의 디난 種중즁 稻 地 的 당디 那 나나

廝 승스 ○ 그바 ᄂᆞ시 이는 不 봉부 過 귀고 是 씃시 開 홍후 毆 흥우 官 권관 司

승스 ○ 不 過 ㅣ 이 開 敢 即 힌 何 監 不 봉부 放 방방 呢

네니 ○ 又 有 人 인디 不 봉부 見

간고 了 幾 件 衣 服 ○ 漢 衣 服 이 올이 일녀 고더 려

便 說 我 家 가쟈 這 져뎌 小 샹산 廝 승스 偷 등투 了 럏랴

○ 아 이 又 ᄒᆡ보 놈ᄃᆡ 이여 又 다 서르 ᄒᆞ디 다우 ᄒᆞ디 이집 의 所 수소 以 이 廝 승스 打 다

○ 이 로 ᄲᅥ더 ᄒᆞ오 라로 ᄂᆞᆫ 那 나나 官 권관 聽 팅팅 了 럏랴 這 져뎌 供 궁궁

○ 며 다 그위 ᄃᆞᆺ이 고이 便 삔변 把 바바 我 어오 這 져뎌 小 셤샨 廝 승스 監 감견

十八

了 럎랖 ○ 夾 다갸 가우 가리 ᄒᆞ이 앗아 ᄂᆞ희 나놈 란올 捉 좌조 賊 쩍지 無 무우 贓 장쟝 ○

쳥도 롤뎍 어을 ᄇᆞ쿱 스으 니매 便 변변 把 바바 他 더타 監 감견 起 켸차 來 래레 也 여어

不 봉부 怕 파파 ○ 노못 되티 ᄑᆞ를 디다 아가 니가 ᄒᆞ도 딘아 大 때다 明 밍밍 律 률뤼 上

쌍장 條 뗭됴 例 례리 載 지재 得 듸더 明 밍밍 白 뻬베 ○ 실大 런明 거律 시條 明例 白에

난ᄒᆞ 有 잉익 妄 왕왕 告 갛고 官 관관 司 ᄉᆞ스 者 쟈져 反 반반 坐 쬐조 抵 뎨디 罪

쉬위 ○ 反당 坐ᄒᆞ ᄒᆞ도 여이 罪官 에司 다에 듯告 게ᄒᆞ ᄂᆞ는 면者 ᄂᆞㅣ 니이 라시 ᆫ면 雖 수쉬 然

션안 這 쪄져 等 등등 誣 ᅌᅮ뷰 ○ 나비 근록 나이 ᄀᆞ리 也 여여 不 봉부 免 면면 是 씃시

賠 비비 門 믄근 家 갸쟈 裡 레리 坐 쬐조 禍 ᄒᆞ혹 從 쭝충 天 텬텬 上 쌍샹 來 래레

○ 으ᄉᆞ 로이 조門 사롤 온닷 ᄀᆞ고 홈집 운에 ᄎᆞ만 선시 ᄎᆞ니 홈도 이禍 ᄅᆞㅣ ᄀᆞ天 上

我 어오 兩 량량 個 거거 到 단도 書 수슈 鋪 푸푸 裡 레리 去 큐큐 ○ 하구 쥐리 구룰

朴通事新釋諺解

ᄉᆞ에 가 買매매幾계지部뿌부閑햔현書슈슈來래래消셩샾遣견켠何허허

如슈유 ○ 여러 部 힘힘ᄒᆞᆫ 칙을 사 와 消遣홈이 엇더ᄒᆞ뇨 買매매甚씸셔麽뭐마書슈슈

好항한呢녀니 ○ 므슴 칙을 사야 됴흐료 買매매趙쨯잘太태태祖주주飛빙븨

龍룽룽記계지 ○ 趙太祖의 飛龍記와 唐땅탕三삼산藏짱장西세시遊잉우記

계지 ○ 唐三藏의 西遊記를 사쟈 要얄얀買매매書슈슈買매매些셔셔四ᄉᆞ스書

슈슈六륭루經깅깅也여여好항한 ○ 칙을 사려 ᄒᆞ면 四書六經을 사미 또 됴커늘 恁

즘즘麽뭐마只징즈要얄야買매매那너나小셩샾說숴쉬看칸칸呢녀니 ○

엇지 그쳐 뎌 小說을 사 보려 ᄒᆞᄂᆞ뇨 你녀니不봉부知징지這져져西세시遊잉우記

계지熱셔여鬧낭낲得더더很흔흔哩리리 ○ 네 아지 못ᄒᆞᆫ대 이 西遊記 ᄀᆞ장 웨젼ᄌᆞ런

ᄒᆞ니 悶믄믄時씌스節졍져看칸칸看칸칸真진진好항한解계계悶믄믄 ○

朴通事新釋諺解二 二十一

힘힘ᄒᆞᆫ제 보면 진실로 解悶ᄒᆞ기도 ᄒᆞ니라 那 너나 唐 탕당 三 삼산 藏 짱장 引 인인 着

쨔져 孫 순순 行 힝힝 者 져저 ○ 뎌 唐三藏이 孫行者를 드리고 到 닾단 車 쳐쳐 遲 찌치

國 궈귀 ○ 車遲國에 가 和 훠허 伯 뵝비 眼 얀안 大 따다 仙 션션 鬥 듷두 聖 싱싱

這 져저 一 이이 段 뙨돤 故 구구 事 씃스 ○ 伯眼大仙과 鬥聖ᄒᆞ던 이 ᄒᆞᆫ 段 故事를 你

니녜 知 지지 道 땋닾 麽 마뭐 ○ 네 아ᄂᆞᆫ다 你 니니 說 숴쉬 我 오어 聽 팅텅 ○ 네 니

ᄅᆞ라 내 듯쟈 當 당당 年 년년 有 약얻 箇 거거 唐 탕땅 僧 승승 往 왕왕 西 시셰 天

텬텬 取 츄츄 經 깅깅 去 큐취 ○ 當年에 ᄒᆞᆫ 唐僧이 이셔 西天을 향ᄒᆞ여 經 가지라 갈셰 到

단뚱 一 이힝 箇 거거 城 칭찡 子 즈ᄌᆞ ○ ᄒᆞᆫ 城에 니ᄅᆞ니 喚 훤훤 做 주주 車 쳐쳐 遲

치찡 國 궈귀 ○ 車遲國이라 부ᄅᆞᄂᆞᆫ 지라 那 나너 國 궈귀 王 왕왕 敬 깅깅 重 중쯍 佛

보뿡 敎 잔걍 ○ 뎌 國王이 佛敎를 敬重ᄒᆞ더니 國 귀궈 中 중즁 有 우잉 一 이힝 箇 거거

先션션生싱승毁훤훤做주주佛뿡비眼안안 ○ 國가에ᄒᆞᆫ先生이 이시되伯眼이리

보ᄅᆞᆫ ᄂᆞ니 要양얄滅몌멸佛보뿡敎쟌걒 ○ 佛敎를 킈터ᄒᆞ여滅 但딴딴見견견和훠ᄒᆞ

ᄒᆞ여 擧허 尙샹샹 ○ 다만 을보면 중便뺸변拿나나着쨔ᄭᅵ拉라랑車처처鮮게개鋸

ᄭᅦ 규 ○ 곳잡아 술위 이셔 며톱질시 견 起ᄎᆡ케蓋개개三삼산淸칭칭大따때疑이면

○ 三 清大殿 을 지어 如슈ᄉᆞ此츠ᄎᆞ作조접賤쪈변佛뿡부家쟈가弟디ᄯᅦ子

즈 ○ 이러트시 佛家弟 ᄌᆞ를 쳔답ᄒᆞ더란 一이황日싱의先션션生싱승做주주羅

로러 天텬텬大따때醮잡졀 ○ 一日에 天大醮를 先生ᄒᆞ더이니 羅唐땅당僧승싱師

스 徒뚜두二을싱人인인 ○ 唐僧師徒 二人이 却가걔 到닾조 城 裡리례

智 지징 海해해 禪쳔쳔 寺스ᄉᆞ 投뜰두 宿수숭 ○ 寺믄 에득 城안 드러 智海禪자 더

ᄂᆡ 聽팅팅 的디딩 道다땅 人인인 們문문 祭지제 星싱싱 ○ 道人들의 祭星ᄒᆞᄂᆞᆯ

듯고孫순순行힝힝者져져便뼌변到당닫羅러로天텬텬大때다醮쟢쟢壇
면란場쨩창上썅샹藏짱창身신신○孫行者ㅣ곳羅天大醮ᄒᆞ는壇場에가몸을숨초안
把바바祭졔지星싱싱茶짜차果궈고搶쳥챵來래레吃킹치了럏랴○祭星
ᄒᆞᄂᆞᆫ茶果를다가뎌위쳐먹고把바바伯븽비眼얀안打다다了럏랴一힗이鐵텷텨
棒빵방○伯眼을다가ᄒᆞᆫ쇠막대로치넌伯븽버眼얀안道땋닫這져뎌禿퉁투厮
ᄉᆞ스好핳한沒몽무道땋닫理례리○伯眼이너ᄅᆞ되이머리믠놈이ᄆᆞ장道理업다ᄒᆞ고
便뼌변焦쟣잔燥쟣잔起케치來래레○곳노희여니런到당닫國귕귀王왕왕
面면면前쪈쳔正징징告갛갈訴수수求뀌뀌畢빙비○國王ᄭᅴᄋᆞᆲ희가교히告許
ᄒᆞ기를ᄆᆞᆺ지못ᄒᆞ여서唐땅탕僧싱승也이여引인인着쨯져徒뚜투弟떼디去
큐취見견견國귕귀王왕왕○唐僧도徒弟를ᄃᆞ리고가國王을보니王왕왕請칭칭

唐땅당僧싱승上쌍상殿뎐뎐○대王殿에唐僧을請ᄒᆞᆫ대先션션生싱승

對뒤뒤唐땅당僧싱승道땅도○先生이唐僧ᄃᆞ려니ᄅᆞ되咱장자兩량량箇거거

比비비顯현현聖쎵셩非븨븨同뚱퉁小샬샾可커커○우리둘히顯聖ᄒᆞ미ㅣ뎌리젹디아니ᄒᆞ니

라三삼산藏짱장道땅단貧삔핀僧싱승是씨시東둥둥土투투人신인○

이三藏이니ᄅᆞ되貧僧은東土ㅅ사ᄅᆞᆷ이라與유뉘大때다仙션션素수수不부부認

識싱시○大仙으로더브러본ᄃᆡ아디몯ᄒᆞ니有일우何허허冤원원讐쩍착唦

니○무슴冤讐ㅣ이시리오○大때다仙션션睜쩡증開캐캐雙샹솽眼얀얀道

ᄃᆞ단○大仙이두눈을부롭ᄠᆞ고니ᄅᆞ되你니니敎꺙쟌徒뚜투弟띠디壞ᄞᆡ회了

럎랸我어오羅러로天텬텬大때따醮쟢쟢○네徒弟로ᄒᆡ여내羅天大醮를ᄒᆡ여ᄇᆞ리게ᄒᆞ고

更긍긍打다다了럎랸我어오一이이鐵텨텨棒빵방○또나를쇠막대로ᄒᆞᆫ

션쳐 這 뎌져 的 디 不 붕부 是 씨시 太 때다 讐 쨩착 麼 뭐마 ○ 원이 來 쉬 아시 니근

가 唷 쟝자 如 유유 今 김긴 兩 량량 箇 거거 就 찍식 在 째재 王 왕왕 前 쳔쳔 開

등두 法 황바 ○ 왑우 히리 이이 쉬利 閘둘 法히 호곳 여 의 那 녀나 一 힝이 箇 거거 輸

슈슈 了 량랖 ○ 히아 지모 거나 든호 나 即 징시 拜 배비 贏 잉잉 的 늬디 為 워위 師

잉스 傳 부우 ○ 호곳 여이 스거 승는 을이 삼를 자拜 唐 땅탕 僧 싱승 道 땅도 導 쥰준 命

빙밍 ○ 命唐 을僧 조이 츠나 리르 가되 伯 븨비 眼 얀안 道 땅도 ○ 니伯 르眼 되이 弟 뗴디

一 힝이 坐 쭤조 靜 씽징 ○ 고弟 뇨一 히은 호안 고새 늘 弟 뗴디 三 싐을 櫃 궤귀 中

승숭 請 쳐채 物 룽우 ○ 에弟 거二 술는 알櫃 고中 弟 뗴디 三 싼산 滾 군군 油 잉우 洗

셰시 澡 쨩잔 ○ 롬弟 에二 목은 욕물 호는 고기 弟 뗴디 四 숭스 害 헝히 頭 뜰투 再 지재

接 졍져 ○ 다弟 시四 낫는 기이 ㅊ리 자버 홈 說 쉥쉬 罷 배바 ○ 므니 ㅊ르 매기 를 打

다다 一 ᄒᆡᆼ이 聲 싱싱 鍾 즁즁 響 향향 ○ ᄒᆞᆫ 소리 鍾을 치고 各 갇거 上 ᄡᅡᆼ샹 禪 쪈뎐

床 쫭촹 坐 쭤조 定 띵딩 分 분분 毫 할ᄒᆞ 不 부 動 뚱둥 ○ 각각 禪床에 올라 안자 不定에

ᄒᆞ고 分毫도 動치 마라 但 딴단 動 뚱둥 的 디디 便 뼌변 筭 쏸솬 輪 슈슈 ○ 다만 動ᄒᆞ

나ᄂᆞᆫ 이를 곳 지로 혜리라 大 때다 仙 션션 徒 뚜투 弟 떼디 名 밍밍 鹿 루 皮 삐피 ○

大仙의 徒弟 鹿皮라 ᄒᆞ리란 接 삐비 下 햐하 一 ᄒᆡᆼ이 根 근근 頭 뚜투 髮 바 變

변변 做 주주 狗 구 蚤 잔 ○ ᄒᆞᆫ낫 머리터럭을 ᄲᆡ혀 變ᄒᆞ여 개벼록이 되여 到 ᄃᆞᆸ 那

너무 唐 땅탕 僧 싱승 耳 ᅀᅵ을 門 믄문 後 ᅘᅮ후 咬 얀얈 ○ 唐僧의 귀 뒤헤 가 무런 使

시 他 타다 坐 쭤조 不 부 定 띵딩 ○ 뎌로 ᄒᆞ여 定에 안ᄌᆞ디 못ᄒᆞ게 ᄒᆞᆫ 거슨 行 힝 者

뎌뎌 是 ᄉᆡ시 箇 거 胡 후후 孫 순순 ○ 行者ᄂᆞᆫ 이 見 견견 那 너 狗 구

蚤 잔 ○ 뎌 개벼록을 보고 便 변변 拿 나 下 하 來 래레 磕 커 死 스 了

朴通事新釋諺解 三 二十四

렬랴 ○ 줏곳 거자 터바 죽ᄂ 이리 고와 他 더타 也 여이 拔 빠바 下 햐햐 一 히이 根 근근

毛 망만 來 래래 ○ 덜데 을ᄯᅩ ᄲ배ᄒᆞᆫ 현ᄂᆞᆫ 變 변변 做 주주 假 갸가 行 힝힝 者 져져 ○

者變 를ᄒᆞ 민여 그거 라줏 行 靠 캎칸 師 싱스 傳 부부 話 좌잔 着 쟢져 ○ 게스 믹승 시ᄋᆡ

오ᄒᆞ 고여 세 他 더타 却 걓커 走 죻주 到 ᄃᆞᆺ단 金 깁긴 水 쉬쉬 河 허허 邊 변변 ○

河테 ᄉᆞ믄 ᄆᆞ득 의金 나水 取 츄츄 了 렬랴 一 히이 塊 쾌래 靑 칭칭 泥 녜니 來 래래 ○

흠호 올덩 가이 텨ᄏᆞ 와룬 존 向 향향 大 ᄯᅢ다 仙 션션 鼻 삐비 凹 와와 裡 례리 放 방방

着 잪져 ○ 向大 ᄒᆞ仙 여의 노코 ᄒᆞᆫ굼 넌글 就 쥭쥐 變 변변 做 주주 一 히이 箇 거거 大

ᄯᅢ다 靑 칭칭 蝦 햐햐 子 즈즈 ○ 프죽 른시 면變 갈ᄒᆞ 이여 되ᄒᆞᆫ 여큰 蠍 결ᄉᆞ 動 눙둥 尾

밍이 鉤 궇구 鉤 궇구 了 럎랴 一 히이 下 햐햐 ○ 드쇠고 러리 ᄒᆞᆫ각 버ᄃᆞ 귀리 치를 니흔 大

ᄯᅢ다 仙 션션 大 ᄯᅢ다 叫 갼잔 一 히이 聲 싱싱 便 뻔변 跳 턒댶 下 햐햐 床 쫭촹 來

(리리)了(랄랴) ○ 大仙이 크게 ᄒᆞᆫ 소리 지르고 곳 床에 뛰여 ᄂᆞ리니 國(궈궈)王(왕왕)道(닾닾)
唐(땅탕)僧(싱승)得(듸더)勝(싱싱)了(럏랴) ○ 國王이 니ᄅᆞ되 唐僧이 이긔여다 又(잉우)一
(이이)叫(걒쟢)兩(량량)箇(거거)宮(궁궁)娥(어오) ○ 또 宮娥를 불러 擡(때대)過(궈고)一
(잉이)頂(딩딩)紅(훙훙)漆(칭치)櫃(뀌귀)子(즈즈)來(래래)面(면면)前(쪈쳔)放(방방)下
(햐햐) ○ ᄒᆞᆫ 불근 漆ᄒᆞᆫ 궤를 드러와 앏희 노코 着(잪잪)兩(량량)箇(거거)猜(채채)裡(리리)面(면면)
有(잉우)甚(씸셔)麼(뭐미)東(둥둥)西(셰시) ○ 둘로 ᄒᆞ여 안희 므스 거시 잇ᄂᆞᆫ고 알라 ᄒᆞ고
皇(황황)后(후후)暗(암안)使(시시)一(이이)箇(거거)宮(궁궁)娥(어오) ○ 皇后ㅣ ᄀᆞ만여 ᄒᆞᆫ 宮娥로 ᄒᆞ여곰
說(숴숴)與(유위)先(션션)生(승승)櫃(귀귀)中(중충)有(잉우)一
(이이)箇(거거)桃(땊랖) ○ 先生ᄃᆞ려 니ᄅᆞ라 궤 가온대 ᄒᆞᆫ 복셩홰 잇다 ᄒᆞ엿더니 行(힝힝)者(져져)
變(변변)做(주주)小(샾샾)蟲(츙충)兒(ᅀᆞᆯ을) ○ 行者ㅣ 變ᄒᆞ여 져근 버레 되여 飛(비븨)入

朴通事新釋諺解三　二十五

유읍 積귀키 中쥬중 把바바 梔땅탄 肉숭류 都두두 吃칭치 了렬랴 ○ 積ᄂ 속라

에드려가복셩화 只즈징 留릳루 下햐하 梔땅탄 核흫허 ○ 다만 복셩
솔을 다가 다먹언

화삐만 出츄츙 來래래 說쉬쉉 與유위 師스싀 傅부부 ○ 나와 스승
남기 고 ᄃᆞ려 닐 러

셔 王왕왕 說쉬쉉 今긴김 番반반 着쟈짱 唐탕땅 僧승싱 先션션 猜채채 ○
넌

王이 니ᄅᆞ되 이번은 唐僧 三이니 ᄅᆞ되 이ᄒᆞ
으로 ᄒᆞ여 몬져 알게 ᄒᆞ라 ᄒᆞᆫ 三 상산 藏짱장 說쉬쉉 是씽시 一힝이

箇거거 梔땅탄 核흫허 ○ 三藏이 복셩화 삐라 ᄒᆞ니 皇황황 后후흫 大
다 笑샬샨 說쉬쉉 猜채채 不부놓 着쟈짱 了랴렬 ○ 皇后ㅣ 크게 웃
때 ᄃᆡ

못ᄒᆞ 大 때다 仙션션 說쉬쉉 是씽시 一힝이 箇거거 梔땅탄 ○ 大仙이
여 ᄃᆞᆫ ᄂᆞ 로 되 이

이 ᄒᆞᆫ 복셩화 就직찍 着쟈짱 將쟝쟝 軍균균 開개개 櫃귀귀 看칸칸 ○
라 ᄒᆞ여 놀 라

즈 시 將軍 ○ 또 ᄒᆞ 거 是씽시 梔땅탄 核흫허 ○ 또 이 복 셩
시 櫃 를 여 러 보 니 却갸 ○ 화 씨 러

先션션生ᄉᆡᆼ승又일우輪슌슌了랼랸 ○ 先生이 鹿롱루皮삐피對

뒤뒤大때다仙션션說숴쉬 ○ 對鹿皮ᄒᆞ되 大仙의 니ᄅᆞ되 咱쟝자如슈슈今긴긴

燒샾샾起키치油일우鍋궈고跳턀탈入ᅀᅲ유洗세시澡잫잔 ○ 제우 기리 돔이

가마에 블 ᄯᅵᆺ고 여 들어 목욕ᄒᆞ고 자 鹿롱루皮삐피先션션脫퉈토下햐햐衣이이服

뿡부跳턀탈入ᅀᅲ유鍋궈고裡레리 ○ 기鹿皮ㅣ 뒤ᄒᆞᆫ 여러 ᄃᆞᆯ 옷 벗고 눈 行힝힝

者져져念념난 황이靜칭싱唵함안字쯔ᄌᆞ ○ 唵行字者를ㅣ 念ᄒᆞ고 ᄒᆞ소 ᄂᆞ리 山

산산神씬신土투투地떼디神씬신鬼귀귀都두두來래래了랼랸 ○ 山神土

다地오神 나鬼 들이 行힝힝者져져敎걒쟌千쳔쳔里레리眼얀얀順쓘쓘風봉봉

耳ᅀᅵᆼ을兩량량箇거거鬼귀귀 ○ 耳行者 두 귀ㅣ 신 千里眼으로 ᄒᆞ며 順風 在쟤재 에 泄

일와鍋궈고兩량량邊변변看컨칸守ᄉᆡ̈우 ○ 서기 보롬 아가 지마 키두 여 에 鹿

룽루 皮 삐피 待 때대 要 햫얀 出 츄츄 来 래래 ○ 고 鹿 뎌 皮 ᄒᆞ ㅣ 거 나 늘 오 拿 나나 着

경저 肩 견견 膀 빵방 丢 딍두 在 째재 裏 례리 面 면면 ○ 히 엇 드 께 리 를 치 잡 니 아 ᆫ 안

鹿 룽루 皮 삐피 就 찍쥐 在 째재 油 잉우 鍋 궈고 裏 례리 死 ᅀᅳᆼ스 了 럏랴 ○ 皮鹿

에 ᄀ 녀 ㅅ 죽 ㅣ 으 룸 니 가 란 마 五 왕앙 見 견견 他 터타 多 더도 時 씽스 不 붕부 出 츄츄

来 래래 ○ 디 王 아 이 니 데 를 오 보 래 고 나 ᆫ 오 教 걓쟌 將 장장 軍 균균 使 싀시 金 김긴

鉤 긍구 子 즈즈 ○ 공 將 싀 軍 갈 으 고 로 리 ᄂᆞᆫ 로 며 搭 당다 出 츄츄 一 힝이 箇 거거 先

광캉 骨 궁구 頭 뜽투 来 래래 ○ 그 ᄒᆞᆫ 더 뮌 비 ᄲᅧ ᆫ 만 行 ᅘᅵᆼ힝 者 져져 說 쉬숴 我 어오

如 슈슈 今 김긴 入 싱슈 去 큐취 洗 세시 澡 장잡 ○ 이 行 재 者 돌 ㅣ 어 니 가 ᄅᆞ 목 되 욕 배

ᄒᆞ ᄒᆞ 코 리 ᆫ 라 便 뺸변 脫 퉁토 了 럏랴 衣 히이 裳 쌍샹 ○ 벗 곳 고 옷 ᆫ 슬 打 다다 一

힝이 箇 거거 跟 근근 鬥 듷두 跳 댱턒 入 싱슈 油 잉우 中 즁즁 ○ 섿 ᄒᆞᆫ ᄒᆞ 번 며 跟 쉬 鬥

여기롬가온 메들어가」纔째재待대대洗세시澡잪잪起킇키早잪잪不붕부見

견견了럏랖○굿목욕ᄒ려ᄒ더니 볼녀보지못ᄒ려라」王왕왕說숳쉬將쟝샹軍균균

你니니撈랖랖去큐취○王이니로되將軍아네니너라」行힝힝者져져敢감간是

씃시死ᄉᆞ스了럏랖○行者ㅣ즉은돗ᄒ다」將쟝쟝軍균균用융융鉤긓주子ᄌᆞ즈

搭다닿去큐취○將軍이갈고리로삐글려ᄒ니」行힝힝者져져變변변做주주五

우우寸춘춘大따다的딍디胡후후孫순순○行者ㅣ變ᄒ여五寸만치큰진납이되여」

左조저邊변변搭다닿右우잉邊변변走주즘○左편으로돌면右편으로돗고」右

우잉邊변변搭다닿左조저邊변변去큐취○右편으로돌면左편으로가매」百뵈비

般번번搭다닿不부붕着잪잪○ᄇᆡᆨ가지로ᄒ되그지못ᄒ니」將쟝샹軍균균奏

주증道도닿○將軍이엿ᄌ와니ᄅ되」行힝힝者져져被비븨油잏우煎젼젼的

朴通事新釋諺解三　二十七

一六三七

듬더 骨 궁구 肉 슐류 都 두두 沒 몽무 有 잉약 了 럎랸 ○ 다行 다者 여ㅣ 骨기 肉름 이에

이다 나업 ᄂᆞᆫ 唐 땅탕 僧 싱승 聽 팅팅 了 럎랸 啼 떼티 哭 쿵쿠 ○ 고唐 우僧 더이 넌듯

行 힝힝 者 져져 聽 팅팅 了 럎랸 便 뼨변 跳 툘탼 出 츄츄 來 래래 ○ 듯行 고者 꼿ㅣ

나뛰 와여 咱 짬잔 大 따다 王 왕왕 有 잉약 肥 뻬뻬 皂 짱잔 麼 뭐마 與 유위 我 어오

洗 세시 頭 뚷투 ○ 나부 나로 를되 주大 어王 머이 리비 ᄀᆞᆷ노 게ㅣ ᄒᆞ잇 라ᄂᆞ 滾 쥰중 人 신인

唱 황허 秀 재체 說 숴쉬 佛 뿡보 家 가쟈 法 방바 力 리리 大 때다 應 잉잉 了 렬랸

○ 家모 ㅣ든 法사 力ᄅᆞᆷ 이이 크여 다太 이교 기니 잇ᄅᆞ 고되 다倘 行 힝힝 者 져져 又 잉우 把

바바 他 타타 的 더디 頭 뚷투 先 션션 剃 퇴ㅣ 光 광ㄱ 下 햐햐 來 래래 ○ 저行 머者 리ㅣ 를ᄯᅩ

ᄒᆡ다 ᄂᆞᆫ가 리온 치셔 니버 只 징즈 見 견견 血 훼히 淋 림린 淋 림린 的 딩디 腔 강캉 子

초조 ○ 몸그 똥치 만피 보빗 고듯 ᄂᆞᆫ 一 頭 뚷투 落 랑로 在 째재 地 떼디 上 쌍상 ○ 리러

뎌려져ᄲᅥ히잇더니」行 힝힝 者 져지 用 융융 手 슿수 把 바바 頭 ᄐᆞᇢ투 提 ᄯᅵ티 起 키치

○行者ㅣ손으로ᄲᅦ머리를다가잡아니ᄅᆞ혀」捽 쥥쥐 在 ᄶᆡ재 額 븡보 項 향항 上 썅샹

照 쟣쟈 舊 귱쟉 如 유유 初 추추 ○목우희니으니비어로ᄀᆞᄂᆞᆫ지라」一 大 때다 仙

션션 也 여여 剗 쯍거 下 햐햐 頭 ᄐᆞᇢ투 來 래래 待 ᄯᅢ대 要 얗야 再 재재 接 졉져 ○」

大仙도버히리를버혀나리약다시덧고려ᄒᆞ거ᄂᆞᆯ」行 힝힝 者 져져 念 념난 幾 긔지 句 규귀

眞 진진 言 연연 ○行者ㅣ여러귀眞言을念ᄒᆞ고」變 변변 做 주주 一 이이 箇 거거 夾

ᄯᅢ다 黑 흐희 狗 긓구 ○변ᄒᆞ여ᄒᆞᆫ큰거믄개되여」把 바바 先 션션 生 승승 的 디디 頭

ᄐᆞᇢ투 拖 토터 了 럎랴 去 귀취 ○先生의머리를다가ᄯᅳ어가ᄂᆞᆯ」先 션션 生 승승 變 변변

做 주주 老 랍랖 虎 후후 去 귀취 趕 간간 ○先生이변ᄒᆞ여老虎ㅣ되여가ᄯᅳ로거ᄂᆞᆯ」行

힝힝 者 져져 直 지지 拖 토터 的 디디 到 도도 王 왕왕 面 면면 前 쳔쳔 丢 디디 下

하ᄢᅡ ○ 行者ㅣ바로ᄡᅳ어조 의諂희가드리치넌 却갈커 不붕부 見견견 了럏랴 狗흫구

○ 지믄못ᄒᆞ고 ᄀᆞᆨ개도보 也여여 不붕부 見견견 了럏랴 虎후후 ○ 보지못 ᄯᅩ범도

교후 只징즈 剩씽싱 下ᄢᅡ하 一힝이 箇거거 虎후후 頭뚷투 ○ 의머리만 그저ᄒᆞᆫ범

남아시니 國궈귀 王왕왕 道땋닾 原원원 來래레 是씽시 一힝이 箇거거 虎후후

精징징 ○ 國王이니ᄅᆞ되본ᄃᆡ 이ᄒᆞᆫ虎精이럿다 不붕부 是씽시 聖싱싱 僧싱승 ○

이聖僧이아니면 怎즘즘 生싱승 使싱시 他터타 現현현 出츄츄 本분븐 像썅샹

○ 엇지뎌로ᄒᆞ여곰本像을現出케ᄒᆞ리오 就찧작 賜ᄉᆞ스 唐땅당 僧싱숭 金긴김 錢쪈쳔

三삼산 百빙버 貫권권 金긴김 鉢봉보 盂유위 一힝이 箇거거 ○ 唐僧을곳 錢쪈쳔

金錢三百貫과金에 鉢一을ᄉᆞ 又잉우 賜ᄉᆞ스 行힝힝 者져뎌 金긴김 錢쪈쳔 우아리ᄒᆞ나흘주고

三삼산 百빙버 ○ 三百行者를주어 金錢 又ᄯᅩ 郎징지 時씽스 打다다 發빙황 起근

치케 程칭청 ○ 즉시 起打發ᄒᆞ여 너 你니녀 道닫당 這져저 孫순순 行힝힝 者

져져 之즈즈 法뱌화 力리리 還환한 了랴랴 得더더 麽마머 ○ 네 孫行者

롱法 力이 소당ᄒᆞ시 난 伯버버 眼얀안 大다대 仙션션 ○ 伯眼大仙이 那나나 裏

리려 想샹샹 到닾닾 死스스 在재재 胡후후 孫순순 手슈슈 裏리리 ○ 네 那

어질 더죽 을 성음 곽이 ᄒᆞ 胡孫의 손에 이 就짇쥐 這져저 一이이 段돤단 ᄒᆞᄂᆞᆫ

슈슈 다 呈 죵주 可커커 解개계 悶믄믄 了럋랴 ○ 가히 이 一段 을 힘힘 ᄒᆞ칙 을이 플푸 리히

那나나 賣매매 珠쥬쥬 子즈즈 的디디 你니니 來래래 ○ 구슬 ᄑᆞ는 이아 너 더러 리 오나 你

니네 有잉위 好한할 假가가 珠쥬쥬 子즈즈 麽마마 ○ 네 됴흔 가흔 구슬 잇ᄂᆞ니 我

오어 賣매매 的디디 是시시 上상상 等등등 白배배 色셔서 珠쥬쥬 子즈즈 ○

朴通事新釋諺解三 二十九

本…新…

흰내 빗프 치ᄂᆞᆫ 구거 술ᄉᆞᆫ 이이 나上 等 還 환환 有 잉우 幾 게지 箇 궈궈 ◯ 여당 러시 궈쿵

노음 라이 잇 你 녜니 拿 나나 来 래래 我 어오 看 컨칸 ◯ 라비 내가 보져 쟈오 這 져저

不 붕부 是 씽시 燒 뱡샾 的 딩디 假 갸갸 球 쥬쥬 子 ᄌᆞ즈 麼 뭐마 ◯ 조이 구구 술은

나이 간아 喫 해해 你 녜니 真 진진 識 싱시 貨 훠호 ◯ 힝애 ᄒᆞᆫ내 를진 아실 ᄂᆞᆫ로 也 여여

是 씽시 我 어오 運 윤윤 氣 켸치 不 붕부 好 핳핳 撞 쫭좡 着 쟣져 你 녜니 ◯ 내또

여運 녀氣 ᄅᆞᆯ됴 안치 나아 도니 다ᄒᆞ 若 얗요 別 뼝벼 人 신인 却 캅거 看 컨칸 不 붕부 透

툫투 白ᄋᆡ 뵈디 ◯ 보만 이일 너다 지론 못사 ᄒᆞ론 리이 리번 ᄯᅩ 這 져저 球 쥬쥬 子 즈ᄌᆞ 你

뎨디 要 양야 多 더도 少 상샾 價 갸갸 錢 쪈쳔 ◯ 갑이 슬구 달술 라올 ᄒᆞ비 ᄂᆞᆫ엇 단마 對

뒤뒤 你 녜니 説 쉉쉬 實 싱시 價 갸갸 ◯ 술너 니를 를對 거ᄒᆞ 시여 니실 갑 只 장즈 要

양얀 二 잉을 兩 량량 銀 인인 子 ᄌᆞ즈 ◯ 덜그 리저 ᄒᆞ두 노냥 리은 올 你 녜니 這 져저

賊쩍적養양양漢헌한生싱승的듸디小샿샤驢류뤼精징징○셕네養이漢도

흔호나여귀ᄇᆡ삐혼아히一힝이發봥바去큐취做주주賊쩽적不봉부好함화麼

뭐마○이홉됴의치가아도니져ᄒᆞ질난흡你녜니休힣히村춘춘言연연村춘춘語

유위的딍디只짓즈管권관罵마마人싄인○스네리村여言시村ᄅᆞᆫ語을로무ᄀ싯저

라지말你녜니既계지識싱시貨훠호○호비ᄅᆞᆯ이알의면힝還환환我어오多

뎌도少봘샾價갸가錢쪈젼○갑내호게려엇ᄒᆞ마논갑다ᄉᆞᆫ只짓즈幻ᄒᆞ구本분본

我어오就찍직賣매매再재재不봉부爭쥥중論룬룬的딍디○이ᄀᆞ되저면추

論내치곳아풀니고ᄒᆞ다리시라手這져져麼뭐마就찍직與유위你녜니一힝이兩

랑량銀힌인子즈즈麼뭐마○ᄒᆞ이냥러은면을곳주너라를我어오賣매매了럏랖

○리버라풀你녜니拿나나銀힌인子즈즈來래레看컨칸○져네오ᄅᆞᆫ라을보가

쟈ᄂᆞᆫ 你說都是白銀 ○ 네 니ᄅᆞ되 다 십칭은이라 ᄒᆞ더니 怎麼是八成銀子呢 ○ 엇지 八成銀이오 若是這等銀子 ○ 만일 이 은이면 就與我一兩也沒甚麼利息 ○ 곳 나를 두 냥을 주어도 아모 利息이 업스니 太虧我了 ○ 너모 ᄂᆡ게 ᄇᆞᆯ라 你還有好珊瑚麼 ○ 네 또 됴ᄒᆞᆫ 珊瑚ㅣ 잇ᄂᆞ냐 有却有只是不賣 ○ 이심은 또 이시되 그저 ᄑᆞᆫ지 아니ᄒᆞ노라 你不賣拿回家去就做飯吃 ○ 네 ᄑᆞᆯ지 아니코 가져 집의 도라가 밥ᄒᆞ여 먹으려 ᄒᆞᄂᆞ단 你看我這珊瑚 ○ 네 보라 이 珊瑚ㅣ 黃

둥두] 大대다 血훼혀 點뎐뎐 紅훙훙 的디디 好할호 顏얀연 色싀서 ○콩만치 크
고血點ᄀ치 븕은됴흔비치니] 價가갸 錢쪈쳔 却캬기 大때다 哩례리 ○갑시ᄯᅩ 만흐니
라] 你녜니 這져뎌 小셩샾 胡후후 孫순순 寡과과 是씌시 一힝이 張쟝쟝 嘴
쥐쥐 ○네이져근진납이다만 이효부리분이로다] 你녜니 好할한 小셩샾 看컨칸 人
싄인 ○네ᄀ장사ᄅᆞᆷ을 업슈이너긴다] 我어오 就찓주 買매매 不봉부 起케치 你녜니
的딍디 好할한 珊산산 瑚후후 麽뭐마 ○내곳네됴흔珊瑚] 룰사지못흐라] 不봉부
是씌시 這져뎌 般뷘번 說쉐숴 ○이리니르미아니라] 相샹샹 公궁궁 捨셔셔 不
봉부 的딍디 錢쪈쳔 ○相公이돈을앗] 긴다홈이오] 不봉부 是씌시 買매매 不봉부
起케치 ○사지못흐리라] 홈애아니라] 這뎌뎌 珊산산 瑚후후 老랖랖 實씽시 價
가갸 錢쪈쳔 一힝이 兩량량 一힝이 顆커코 ○이珊瑚ㅣ 고지식흔 갑시흔낭에흔낫치

九十

라 你不要自誇 ○ 네 스ᄉᆞ로 자랑말라 把來

是甚麽好東西 ○ ᄯᅩ 이 므슴 됴흔 것 아니 與

你八錢一顆罷 ○ 너를 여ᄃᆞᆲ 돈을 ᄒᆞᆫ 낫체 주리라 這

便賣了 ○ 미 곳 ᄑᆞᆯ리라 我買這珊瑚

却不甚應心 ○ 내 이 珊瑚를 사되 ᄯᅩ 심히 ᄆᆞᄋᆞᆷ에 맛갓지

아니ᄒᆞ다 相公你怕錯買了麽 ○ 公相

아 네 그릇 산가 저허ᄒᆞᄂᆞ냐 着別人再看去 ○ 다른

사ᄅᆞᆷ ᄒᆞ여 다시 뵈라 가라

請大哥到茶館裏喫茶去

○ 請컨대 큰 형아 茶館에 가 차 먹으라 가쟈 茶博士們倒茶

再(째재)來(래레)○茶博士ᄂᆞᆯ이 차를부어오라 客(컹커)官(권관)吃(킹치)甚(씸셔)麽(뭐마)

茶(짜차)吃(킹치)甚(씸셔)麽(뭐마)點(뎜뎬)心(심신)○客官아 므슴 차를 먹으며 므슴 點心

을먹을션 你(니네)先(션션)倒(당단)一(히이)椀(원완)六(룩릭)安(헌안)一(힝이)椀(원완)

松(숭숭)蘿(러로)○네 몬져 ᄒᆞᆫ 사발 六安차와 ᄒᆞᆫ 사발 松蘿차를 부어오고 然(산안)後(흫후)

拿(나나)些(셔셔)達(따다)子(즈즈)餑(뽀보)餑(뽀보)南(난난)糖(땅탕)乾(건간)果(궈고)

子(즈즈)來(래레)○그런 후에 達子 떡과 南糖과 乾果를 가져오라 客(컹커)官(권관)你(니니)

要(얖얀)的(디디)東(둥둥)西(시시)都(두두)擺(배배)上(샹샹)了(럎랴)○客官아 비ᄒᆞ고

뎌ᄒᆞᆫ 눈거슬 다 버려시니 大(때다)哥(거거)請(칭칭)隨(쉬쉬)意(이이)用(융융)些(셔셔)○

큰 형아 請컨댄 ᄯᅳᆺ대로 먹으라 你(니니)看(칸칸)那(나나)賣(매매)刷(쇄솨)子(즈즈)的(디디)

來(래래)了(럎랴)○네 보라 뎌 刷子 ᄑᆞᄂᆞᆫ 이 왓다 我(어오)要(얖얀)買(매매)這(져져)帽

朴通事新釋諺解 三 三十二

만맣 刷솨솽靴훠훠刷솨솽各거거一이잉把바바○너의帽刷靴刷각ᄒᆞᆫ나와刷

솨솽牙야야兩량량把바바掠랴략頭투틓兩량량把바바○刷牙돌과귀잇빗기

돌을사고터ᄒᆞ노라這져쳐箇거거還환환討톼톨甚셔씸麽마뫼價갸갸錢쳔쳔

呢니녜○이거슬당시롬므슴갑슬쐬오리오拿나나二을잉百버븽錢쳔쪈來레래

罷바빠了랴려○二百낫돈을가져오미무던ᄒᆞ다便변뼌依이히他타터買매매

了랴럏罷바빼○곳제내로시잔大다때哥거기我오워送숭숭你니녀一이힝

箇거거刷솨솽牙야야一이힝箇거기掠랴럏頭트뚬○큰ᄒᆞᆫ아비녀를ᄒᆞᆫ刷牙와

ᄒᆞᆫ귀밋빗기를줄거시니拿나나去큐취使시싀用융융不부봉要얀양了랴럏

랴령○가져가ᄡᅳ고셔ᄃᆞ치지말라不부붕妨빙방事스씽○일에해롭지아니ᄒᆞ니

我오어把바바他타터揣채취在지ᄶᅵ靴훠휘靿얀햪裡리례去취큐好핲핳

了럎랖 ○ 네 터를 다가 靴ㅅ 돈에 꼬자 가져가미 됴타

張장쟝 大때다 ○ 張大아 你니니 與유위 我어오 打다다 一힁이 個거거 立

릥리 鼈볌벼 壺훟후 ○ 네 나를 ᄒᆞᆫ 立鼈壺와 ᄒᆞᆫ 一힁이 個거거 蝦햐햐 蟆마마 鼈볌벼

壺훟후 蝎형혀 虎후후 盞잔잔 ○ ᄒᆞᆫ 蝦蟆 鼈壺와 蝎虎 盞을 ᄆᆡᆫ드라 주고려 你니니 要

얍얀 打다다 這져져 器킈치 皿밍밍 的딩디 銀인인 子즈즈 如슈슈 何허허 ○

네 이 器皿을 ᄆᆡᆫ드려 ᄒᆞ면 銀이 엇더ᄒᆞ뇨 不봉부 過궈고 照쟣쟌 常쨩챵 ○ 不過 녜 ᄉᆞ거시

라 元원원 寶밤반 只징즈 有윋우 半뷘반 錠뎡딩 ○ 元寶ㅣ 그저 반 뎡이 이시니

若얗요 再재재 添뎜텬 上쌍샹 三삼산 五우우 兩량량 好핳할 銀인인 子즈즈

○ 만일 다시 三五兩 됴흔 銀을 더ᄒᆞ면 也여여 就쯕작 勾긓구 打다다 了럎랖 ○ 이ᄯᅴ

리셔 녁이 빈 돌리라 鼈볌벼 壺훟후 要얖얀 打다다 得듷더 匾변변 些셔셔 ○

竈臺민돌기를져 기납족이高 嘴쥐쥐子즈즈把바바子즈즈且쳐쳐打다다下

햐하我어오看칸칸了럎랖再재재銲헌한○부리와졸를아직민 드라내보와든다시

란쌔你녜니到됴닾這져져裡리리來래레打다다爐루루子즈즈○네에 와플

셔무고안其끼키餘유위傢가쟈伙훠호○그나믄 연장如슈유鐵뎡려鎚쮜취

鉗껌켠子즈즈鐵텽텨枕쥠진鈷쳐고兒싈을○마치와집게와모 로와도관ᄀᆞ토거

슬你녜니都두두帶대대子럎랖來래레這져져裡례리做주주活훠호去

방방好핳한○네다가지고와예셔셩 뎡홈이보아흐로됴터你녜니看칸칸我어오這

져져帽맣맏頂딩딩子즈즈○네보리네이 갓새뎡조ᄀᆞᆫ在째지門문믄上샹상磕

캉커了럎랖一힝이磕캉커就찍직塌탕타了럎랖半반반邊변변○[illegible]에 나절

려곳반편이 뎌러지고鍍뚜두金김긴顔안연色싀也여여都두두變변변了

九十二

랸령○金올린빗또다變ᄒᆞ여시니」你니녜與위유我오어收식심拾시씽好ᄒᆞᆸ할

○네니를위ᄒᆞ여收拾기를잘ᄒᆞ면」我오어必비삐多도더多도더的디디賞샹샹

你니녜裏리례○네반ᄃᆞ시단히 히비베賞ᄒᆞ리

你니녜那나너裏리례來래레○네이ᄃᆞ로셔오ᄂᆞᆫ다」今긴긴日시싱是시씽萬

완환壽식씸之즈짛日시싱○오ᄂᆞᆯ은이萬壽日이라」我오어在재째衙야하門

믄문裏리례來레래○내衙門으로셔오노라」我오어看칸컨了랸령百버벙官

관권行힝ᅘᅵᆼ禮리례完완ᅌᅪᆫ畢비ᄲᅵ之즈짛後후ᅘᅳᇢ○내百官이行禮ᄒᆞ기를ᄆᆞᄎᆞᆷ을

본후에」又우ᅌᅵᇢ看칸컨他타텨們믄믄摔쇄쫑校갸걍○ᄯᅩ뎌ᄃᆞᆯ희ᄡᅵ롬홈을보니」

那나너些셔셔勇융융士스ᄽᅳ都두두穿쳔쳔着져쟣花화화褲쿠쿠皂자짷

靴훼훼○뎌여러勇士ᄃᆞᆯ이다아롬바지에거믄靴를신고」四스ᄾᆞ五우우對뒤뒤族

朴通事新釋諺解三　三十四

蔟추츄趲잔잔趲잔잔的디디亂롼롼捽쥬쉐 ○ 둑비무다둑숫나빵아식드무

러어롬즈ᄒᆞ러니이」這져져些셔셔看컨칸捽쥬쉐挍쟝쟌的디디官관관貪

원완빼러ᄒᆞ롬니이여려빼롬보」一이힝品핀핀至즈즈九구긷品핀핀

們문믄 ○ 官들貪들이」

○ 一品에 品 으로 九品 까지」 不부봉 知지징 多도더 多도더 少샤샾 少샤샾 ○ 모로

메리런도지다」언 圍위위 着져잡 看칸컨 如슈유 人인인 城칭찡 一이힝 般번번

○ 城에 ᄒᆞᆫ위 가보지 러이 란사 大다때 明밍밍 殿뎐뎬 前쳔쳔 月워웨 臺태태 上

상쌍 ○ 大明殿의 四스숭 邊변변 站잔잡 着져짭 四스숭 箇거거 將쟝쟝

軍균균 ○ 네 將軍이 이셔 」 咳해해 那나너 身신신 長챵찡 六류루 尺치칭

要양명 潤쿵쿵 三삼산 圍위위 ○ 너애 ᄅᆞ 며 기身 長이 六尺이오 허리

頭투둥 戴대디 金긴긴 盔퀴퀴 ○ 머리에 金 투구 쓰고 身신신 穿쳔쳔 金긴긴 甲

가ᇰ ○ 몸에金갑옷닙고 「脚교걓 登등덩 朝찬쨯 鞾훠훠 ○ 발에朝靴를신고」 各

거갑 自즈쯔 腰얀햪 帶대대 七치칭 寶받방 環환훤 刀도당 ○ 각각허리에七寶환

環刀를ᄎ고 「手식싱 持치찌 畫회화 戟기긩 ○ 손에畫戟을가지고 「還환환 有우잉

那나너 拿나나 鉞워웨 斧부부 的디딩 ○ 또뎌鉞斧가지니와」 拿나나 寶받방 劍

견겸 的디딩 ○ 寶劍가져니와 「手식싱 拄쥬쥬 槍창창 的디딩 ○ 손에槍집흔이이시

니」 都두두 是시씽 三산삼 尺치칭 寬권권 肩견견 膀방빵 燈등등 盞잔잔 大

다때 的디딩 雙솽상 眼얀얀 ○ 다이석자나너ᄅ엇게오燈盞만치큰두눈이라」 眞진짐

是시씽 條턒텽 條턒텽 好한항 漢한헌 子즈쯔 ○ 진실로이오리오리됴흔ᄉ나ᄒ니」

正징징 所소수 謂위위 擎킹킁 天텬텬 白배뺑 玉위융 柱쥬쥬 架가갸 海해해

紫즈쯔 金긴김 樑량랑 ○ 正히니ᄅ바하ᄂᆞᆯ을바티ᄂᆞᆫ白玉柱ㅣ오바다흘걸탓ᄂᆞᆫ紫金樑이

九十三

朴通事新釋

라 天 텬텬 子 즈즈 百 븽버 靈 링링 咸 햼현 助 쭈주 将 쟝쟝 軍 쥰쥰 八 바바 面

면면 威 위위 風 붕붕 ○ 天子는百靈이다돕고將軍은八面威風이러라

咱 쟝자 們 문믄 到 됴도 飯 뽠반 店 뎜뎐 裡 리리 吃 칭치 飯 뽠반 去 큐취 ○ 우리

밥뎜에가밥먹으라가쟈 西 셔시 華 홰화 門 문믄 外 왜외 有 읭우 箇 거거 好 향한 飯

뽠반 店 뎜뎐 ○ 西華門밧긔ᄒᆞᆫ됴ᄒᆞᆫ밥뎜이이시니 那 너나 裡 리리 吃 칭치 去 큐취 罷

빠배 ○ 뎌긔먹으라가쟈 走 즘주 堂 땅탕 的 딩디 伱 니니 來 래레 有 읭우 甚 씸셔

麼 뭐마 飯 뽠반 ○ 음식ᄯᅩᄂᆞᆫ이이바므슴밥이잇ᄂᆞ뇨 官 권관 人 신인 們 문믄 各

거강 自 쯔즈 說 숴쉬 愛 해애 吃 칭치 甚 씸셔 麼 뭐마 飯 뽠반 ○ 官人들은각각니르

라므슴밥머기를즐기ᄂᆞ뇨 我 어오 念 념넌 與 유위 官 권관 人 신인 聽 텅팅 ○ 내

아官人의게ᄂᆞᆯ리마 羊 양양 肉 융류 饅 원만 頭 뜽투 ○ 羊肉너ᄒᆞᆫ饅頭와 素 수수 餡

햡현稍샇샨麥뭏미○稍믠麥소과너흔匾변변食씽시○와변시水쉬쉬精

칭징包밯반子즈즈○믄제包돌子에와솔薄밯밧餅빙빙○마薄餅煎젼뎐餅

빙빙○과煎餅寬퀀퀀條뗠턒麪면면○슈너와븐국掛과괘麪면면○로므

와국슈芝즈즈麻마마燒샾샨餅빙빙○燒츰餅내괴무친黃황황燒샾샨餅

빙빙○餅과름燒油임약酥수수燒샾샨餅빙빙○뎐수燒유餅에과더硬잉잉

麪면면火훠호燒샾샨都두두有일우○은硬떡麪이으이로이민세드라라구官

권과人신인們믄믄要햫얗那너나幾계지種중중吃칭치呢녜니○듣官이스

머어으닉려엿ᄒ가는지다를你녜니把바바包밯밧子즈즈火훠호燒샾샨先션션

取츄츄來래레○다네가ᄃ온子뒤와가구셔은오석고올擺재재下햐햐幾계지碗

원완寬퀀퀀條뗠턒麪면면與유위我어오們믄믄○분ᄉ도국여슈러를사눈밟러ㅂ

九十四

유우 되리 를 ⌐ 只 징즈 要 햘얀 收 싱식 拾 씽시 乾 깐간 淨 찡징 些 셔셔 ○ 훌그 호저
히기 ᄒᆞ를 고乾 ⌐淨 不 봉부 要 햘얀 冷 링릉 了 럏랴 ○ 말太 라게 ⌐ 這 져져 的 딩디 不
봉부 淸 셩싱 說 쉉숴 ○ 너이 루는 지부 말절 라업 ⌐시 我 어오 管 권관 做 주주 甚 씸셔
麽 뭐마 ○ ᄆᆞ내 옴무 알섯 리ᄒᆞ 오기 ⌐를 往 왕왕 常 짱창 請 칭칭 也 여여 請 칭칭 官
권관 人 신인 們 문믄 不 봉부 至 징즈 ○ 을샹 請시 ᄒᆞ에 ᄂᆡ청 나ᄒᆞ 르여 지도 못官 ᄒᆞᆯ人 거들
년시 豈 계치 不 봉부 用 융융 心 심신 伏 뿡후 侍 씽스 的 딩디 呢 녜니 ○ 用엇 心지
이ᄒᆞ 니여 ᄒᆞ伏 래侍 오칙
咱 쟘자 們 문믄 今 김긴 日 싱이 打 다다 毬 끵쿠 罷 빠비 ○ 방우 올리 치오 자놀 ⌐당
賭 두두 甚 씸셔 麽 뭐마 呢 녜니 ○ 누무 리서 오슬 ⌐더 咱 쟝자 賭 두두 錢 쪈쳔 ○
터우 누리 자돈 ⌐을 那 너나 箇 거기 新 신신 來 래래 的 딩디 崔 취취 哥 거거 你 녜니

也(여여)會(훼휘)打(다다)麽(뭐마) ○ 뎌 새로온 崔哥ㅣ아 너도 칠 줄을 아는다 我(어오)怎
(즘즘)麽(뭐마)不(봉부)會(훼휘)打(다다) ○ 내 엇지 칠 줄을 아지 못ᄒᆞ리오 你(녜니)是(씨시)
新(신신)来(래레)的(디디)莊(장좡)家(갸쟈)人(신인) ○ 너는 이 새로 온 항암엣 사룸이라
只(짖즈)怕(파파)不(봉부)會(훼휘)打(다다)哩(리리) ○ 그저 저프건마 칠 줄을 아지 못ᄒᆞᆯ가
ᄒᆞ노라 你(니니)不(봉부)要(얖얀)管(권권) ○ 네 ᄀᆞ옴아지 말라 我(어오)且(쳐쳐)學(햫효)
打(다다)這(져져)一(이이)會(훼휘)與(유위)你(녜니)看(칸간)何(허허)如(유유) ○
내 아직 ᄒᆞᆫ디위 비화 쳐 비게 뵘이 엇더ᄒᆞ뇨 這(져져)麽(뭐마)把(바비)我(어오)那(나너)皮
(삐피)絛(ᄐᆞ댜)来(래레) ○ 이러면 내 이 皮絛를 가져와 拿(나나)出(츄츄)毬(킿쿠)棒(빵방)
借(져져)與(유위)崔(취취)哥(거거)打(다다) ○ 동방올 딱대를 내여 崔哥를 빌려주어 치게 ᄒᆞ
쟈 咱(잠자)打(다다)那(나너)一(이이)箇(거거)窩(워오)兒(ᅀᅵᆯ) ○ 우리 어닉 ᄒᆞᆫ 굼글 치

오리 且쳐쳐打다다毬킹쿠門믄문窩워오兒ᅀᅵᆯ을罷빠바 ○ 아직 毬門 궁글 치라
還환환是씌시打다다花화화臺때태窩워오兒ᅀᅵᆯ을 ○ 당시롱 花臺 굼글 치며
打다다花화화房빵방窩워오兒ᅀᅵᆯ은呢녜니 ○ 花房 굼글 칠 거시니 你녜니且
쳐쳐快쾌쾌打다다罷빠바 ○ 네 아직 밧비 치라 崔칆취哥거거這져뎌幾기지
回훼휘果궈고然연안打다다得듸더好핳할 ○ 崔哥ㅣ 이 여러 다위를 果然 치기를
잘ᄒᆞ다 我어오不불부想샹상你니니這져뎌莊장좡家갸쟈漢한한 ○ 내 너
이 향암엣 놈이 倒닾단慣관관會훼휘打다다毬킹쿠裏레리 ○ 도로혀 당방올 치기
닉이일 줄을 싱각지 못ᄒᆞ엿노라 這져져真진진是씌시人신인不불부可커커貌
맣맏相샹샹海해해不불부可커커斗듷두量량량 ○ 이 진실로 사ᄅᆞᆷ은 可히 얼굴로
보지 못ᄒᆞᆯ 거시오 바다ᄒᆞᆫ 可히 말로 되지 못ᄒᆞᆯ 거지로다

那너나老랗랖安힌안因힌인甚셥셔麼뭐마事씽스監감견在째새牢랗랖

裡레리○뎌老安이므슴일因ᄒᆞ여옥에가텨엿ᄂᆞ뇨」你니니不부부知지지道닾단

○네아지못ᄒᆞᄂᆞ다」那너나城쳥칭外외외劉릳릭村춘츤地띠디方방방○

뎌城밧劉셔셔혼」是씨시他타타主쥬쥬子즈즈的디디莊장좡田텬뎐○지이

항것식농소ㅣ라」ᄆᆡᆨ掌쟝쟝他타타管관관着져져○며로ᄒᆞ여ㄱ옴아더니」到닾단

了랗랖秋칙칙收식식的디디時씽스候흐후○秋收ᄒᆞᆫ때예다드라」他타타種쥬쥬

種즁즁的디디稻닾닾子즈즈○벼제시ᄃᆞᆫ와와」高갚갚粱랴량○와슈슈」黍슈슈

子즈즈○과기장」大때다麥뭐머○와보리」小셩샾麥뭐머○와밀」蕎걑걓

麥뭐머○과모밀」黃황황豆뜯두○과콩」小셩샾豆뜯두○과ᄑᆞᆺ」菉루루豆

豆뜯두○와菉豆」豌원원豆뜯두○이광장」黑흐희豆뜯두○공거믄」芝즈즈

麻마마○와춤세蘇수수子즈즈○새믐諸쥬쥬般붠번糧량량食쐉시○
곡여식리을가지除쮸츄了럏랴種즁중子즈즈之징즈外왜왜○론빠맛플섹더
三삼산停띵팅裡례리該개개分분분與유위主쥬쥬人신인二싀을停띵팅
纔째채是씽시○운세을운는에화서주맛어당마이올主커人눌을두他터타只징즈
交갈걒一힝이停띵팅與유위主쥬쥬人신인○가뎨主다人만을흔주운고을다
其끼키餘유위賣매매的듸디賣매마了럏랴○것그풀남고아풀還훤환落
립로下햐햐些셔셔養양양活황호他터타媳싱시婦뿌부孩해해兒싱을○
婦또와져孩기見세를르치처려커니媳被삐븨一힝이箇거거挾쟝가蟄찡칙的듸디
人신인告갛간訴수수了럏랴他터타主쥬쥬人신인○롬호이挾제蟄主호人사
홈의을게닙告언訴便뼌변到당더衙아야門문믄裡례리去큐취告강간了럏랸

九十六

○ 곳 橋門에 가 告ᄒᆞ니 所수소以이이把바비老랄랄安헌안監갼견下햐햐要

얗얀追쥐쥐比비비哩례리 ○ 이러므로 老安을 다가 가도아 믈릐려 ᄒᆞᄂᆞ니라 嗐해해

孩해해兒ᅀᅵᆯ을使ᄉᆞ시爹뎌뎌娘냥냥的디디 ○ 예 ᄌᆞ식이 어버의 거슬 ᄡᅳ고 奴

누누婢삐비使ᄉᆞ시家갸쟈主쥬쥬的디디 ○ 죵이 항거싀 거슬 ᄡᅳᄂᆞᆫ 거시 都두두

是씨시常쨩챵事ᄊᆞ스 ○ 다 이 常事ㅣ라 既계지占쨘잔他터타管권권着쨯져

那너나莊장좡田뗜텬 ○ 이믜 저로 ᄒᆞ여 뎌 농소를 ᄀᆞᄋᆞᆷ알게 ᄒᆞ니 他터타不불부使

ᄉᆞ시些셔셔做주주甚씸서麽뭐마 ○ 뎌져기 ᄡᅳ지 아니ᄒᆞ고 무엇ᄒᆞ리오 常쨩챵言

연연道땅도 ○ 常言에 니ᄅᆞ되 管권권山산산吃킹치山산산管권권水쉬쉬吃

킹치水쉬쉬 ○ 山을 ᄀᆞᄋᆞᆷ알면 山엣 것 먹고 믈을 ᄀᆞᄋᆞᆷ알면 믈엣 것 먹ᄂᆞᆫ다 ᄒᆞ니라

徐쒸쉬令링링兄휭흉除쮸츄授쒸수在째재那너나裡례리了럏랴 ○ 슈네

朴通事新釋諺解 三　三十九

兒 이벼ᄉᆞᆯᄒᆞ여 어듸잇ᄂᆞ뇨 是 씨씨 南 난남 京 깅깅 應 잉잉 天 텬텬 府 부부 府 부부

丞 칭칭 ○ 이南京應天府府丞이라 幾 지기 日 시ᅀᅵ 榮 융융 行 힝힝 ○ 언제榮行ᄒᆞᄂᆞ

뇨 昨 조짶 日 시ᅀᅵ 起 치키 身 신신 去 취큐 了 랴랴 ○ 어제起身ᄒᆞ여 갓ᄂᆞ니라 驛

이잉 馬 마마 去 취큐 的 디딩 呢 니녜 ○ 驛馬로 갓ᄂᆞ냔 還 환환 是 시씨 僱 구구 的 디딩

디딩 長 챵쨩 行 힝힝 馬 마마 去 취큐 的 디딩 ○ 또이세번長行 馬로갓ᄂᆞ냐 是 시씨

驛 이잉 站 잔잠 裡 리례 去 취큐 的 디딩 ○ 이驛站으로 갓ᄂᆞ니라 去 취큐 的 디딩

時 스씨 餅 뎌뎡 却 커갸 也 여여 體 티톄 面 면면 ○ 體面이라 ᄯᅩ 比 비비 丞 칭칭

칭칭 相 샹샹 差 차치 不 부봉 多 도더 ○ 丞相에 比컨ᄃᆡ 거의 ᄒᆞ니 ᄯᅩ 車 귀규 馬 마마

마마 羅 로러 傘 산산 ○ 車馬와 羅傘과 金 긴김 瓜 과과 鉞 워웽 斧 부봉 ○ 金瓜와 鉞

斧와 對 뒤뒤 對 뒤뒤 皂 잔짱 隸 리례 擺 배배 着 져쩡 喝 허헝 道 도닫 ○ 방방ᄒᆞ고

肆唱道 버러ᄒᆞ고 還환환 有ᇦ약 大때다 小셤샾 官권관 員원원 一힝이 行헝항
部뿌부 從쭝중 送숭숭 他타타 ○ 또 大小官員과 一行部從이 이셔 뎌를 보내니 眞진진
好향한 榮웡융 耀염얀 氣케치 像썅샹 ○ 진실로 마장 榮耀ᄒᆞᆫ 긔샹이러라 你녜니
爲위위 甚씸ᄉᆞᆷ 麽뭐마 不붕부 跟근근 了럏랴 去큐취 呢네너 ○ 비므서슬 위ᄒᆞ
여ᄯᅳ라가지 아니ᄒᆞᆫ다 我어오 若얍요 跟근근 隨쒸쉬 他터타 去큐취 ○ 내 만일 뎌
를ᄯᅳ라 가면 這쥐져 衙야야 門몬문 中즁중 上썅샹 直찌지 咱짠잔 誰쒸쉬 替
데티 我어오 呢네니 ○ 뎌이 나衙를門데에당上제直ᄒᆞ올리놀오로ᄒᆞ 你녜니 何헣허
不붕부 在째재 衙야야 門문문 裡례리 告감간 幾계지 月웡워 暇햐하 ○ 엇비
지衙門에 여러ᄃᆞᆯ 말미를 告ᄒᆞ고 送숭숭 他터타 上썅샹 任임인 去큐취 ○ 뎌를 보내
여 도임ᄒᆞ라 가지 아니ᄒᆞᆫ다 你녜니 那너나 日싕이 到당다 底뎨디 送숭숭 到당다

朴通事新釋諺解 三 四十

九十七

那(너나)裡(례리)就(찍직)回(훼휘)來(래리)了(럏랴)○네그날므슴곳데보내여어터가도

뇨라오⌞送(숭숭)到(땋닾)四(亼스)十(씽시)里(례리)地(떼디)○보내여四十里싸히가⌞

住(쥬쥬)了(럏랴)一(잉이)宿(숩수)便(뼌번)辭(쯧ᄎᆞ)別(뼝벼)迴(훼휘)來(래레)了(럏랴)

○ᄒᆞᄅᆞᆺ밤머므러곳하직ᄒᆞ고도라오롸⌞既(계지)不(붕부)能(능능)彀(궁구)跟(근근)去

(큐)○이믜능히유여히ᄀᆞᆺ드라가지못홀쟈시면⌞只(즐즈)管(권권)遠(원원)送(숭숭)他(터타)

怎(즘즘)麼(뭐마)○그저ᄉᆞ티여멀리려롤보내여므슴ᄒᆞ리오⌞古(구구)人(신인)道(땋닾)

○古人이니ᄅᆞ되送(숭숭)君(균균)千(쳔쳔)里(례리)終(즁중)須(슈슈)一(잉이)別(뼝볘)

○送君千里나終須一別이라ᄒᆞ니라

好(항한)畫(화화)匠(쨩장)那(너나)裡(례리)有(읻우)○그림잘그리는장인이어듸잇ᄂᆞ뇨⌞

你(녜니)都(걷거)知(징지)道(땋닾)麼(뭐마)○네ᄯᅩ다아는다⌞我(어오)知(징지)道(땋닾)

一箇有名的畫匠 ○ 有名ᄒᆞᆫ 畫匠이 비이노니

是天下無雙的 ○ 이 天下에 雙 업스니라

在那裏住呢 ○ 어ᄃᆡ셔 사ᄂᆞ뇨

他在搖窯院西頭住 ○ 뎌 搖窯院 西편에셔 사ᄂᆞ니라

那裏人氏呢 ○ 어ᄃᆡ 人氏이고

是真定府人 ○ 真定府 사ᄅᆞᆷ이라

你要畫甚麼 ○ 네 무서슬 그리고져 ᄒᆞᄂᆞᆫ다

我要畫我的喜容 ○ 내 나의 진영을 그리고져 ᄒᆞ노라

他在別處畫了一箇人的影像 ○ 뎌 다ᄅᆞᆫ ᄃᆡ셔 ᄒᆞᆫ 사ᄅᆞᆷ의 화샹을 그리니

就如活的只少一口氣

哩례리 ○ 입곳 과사 군니 안ㅅ 업고 뎌그 라져 호 這져져 般뷘번 ○ 면이 그러 你녜니
可커커 能닝능 請칭칭 他터타 到당단 這져져 裡례리 來래래 麽뭐마 ○ 可녜
호하 여能 여히 괴뎌 올를 ᄯ請 他터타 與유위 我어오 極끼끼 好핳핲 相샹샹 與유위
○ 히톄 됴날 히로 시더 과부 되러 極 但딴단 是씨시 他터타 家쟈쟈 裡례리 事씨스
多더도 您즘즘 麽뭐마 來래례 的딩디 呢녜니 ○ 만니 후만 니톄 엇집 지의 오일 리이
오 既계지 是씨시 那너나 般뷘번 ○ 러이 면의 그 咱쟌자 兩량량 個거거 就
평작 到당단 那너나 裡례리 去큐취 ○ 곳우 저리 과둘 간히 與유위 他터타 商샹샹
量량량 了럏랖 放방방 下햐햐 定띵딩 錢쪈젼 ○ 호뎌 여로 마더 초부 임러 갑商 슴量
번두 他터타 便뼨변 肯컹큰 畫화화 了럏랖 ○ 그톄 리꼿 리즐 판겨 他터타 不부부
是씨시 開캐캐 鋪푸푸 的딩디 ○ 어톄 니이 이푸 니ㅈ 오를 又임우 不부부 肯컹큰

到당닾人인인家갸쟈去츄츼畵화회○ᄯᅩ즘니人家에가 그리시이니ᄒᆞ고 也셔여
不봉부要햫얀工궁궁錢쪈쳔○산고錢을빗 시이니ᄒᆞ면 倒딴닾有잎우好핳핲
相샹샹識싱시們믄믄十씽시分뿐븐旁향방及깅기他타타○다ᄆᆞᆫ뇨 히셔ᄅᆞ
아ᄂᆞ니ᄂᆞᆯ이ᄀᆞ 장뎌의게쎈면 方방방肯킹큰畵화화裏례리○보야흐로줄 겨ᄂᆞ니ᄂᆞ니
라 難난난道땊닾連련련工궁궁錢쪈쳔也여여是씽시不봉부要햫얀白的
딩다○工錢조차ᄯᅩ밧지아닛 ᄂᆞᆫ다니ᄅᆞ기어렵다 說쒀쉬知징지道땊닾他터타白的
봉다就찍잒裏례리○뉘뎌의속 을알리오 常쨩샹言연연道땊닾○常言에 니ᄅᆞ되
畵화화虎후후畵화화皮삐피難난난畵화화骨궁구○범을그리매 가족은그려
도ᄲᅧ그리 기어렵고 知징지人인인知징지面면면不봉부知징지心심신○사 ᄅᆞᆷ
믈알매ᄂᆞᆺ츤아라도ᄆᆞ 옴아지못ᄒᆞᆫ다ᄒᆞᄂᆞ니라

朴通事新釋諺解 三 四十二

十八

你니니到닿단老랄랄曹짱찰家갸쟈去큐취送숭숭人신인情찡칭來래레的디디麽뭐마 ○ 네 老曹의 집의 가 人情을 보내고 온다 甚씸셔麽뭐마人신인情찡칭 ○ 므슴 人情고 老랄랄曹짱찰死스스了럏랖 ○ 老曹ㅣ 죽엇ᄂᆞ니라 我어오竟깅깅不부부知지지道닿단却캬커曾쯩층出츄츄殯빈빈麽뭐마 ○ 내 참 아지 못ᄒᆞ엿ᄂᆞ니 또 일즉 出殯ᄒᆞ엿ᄂᆞ뇨 今긴긴早짠잘已이이出츄츄殯빈빈了럏랖 ○ 오ᄂᆞᆯ 세빼 이믜 出殯ᄒᆞ니라 他터타多더도大때다年년년紀계기了럏랖 ○ 뎌ᄂᆡ 나히 언머고 纔쩨채三산산十씽시七칭치歲쉬쉬 ○ ᄀᆞ올 셜흔닐굽 ᄒᆡ니라 陰힘인陽양양是씽시誰쉬쉬 ○ 陰陽ᄒᆞ는 이는 뉘러뇨 是씽시朱쥬쥬 ○ 또 ᄒᆞ나ᄒᆡ 年년년紀계기還환해小샿샾哩레리 ○ 또 나히 져그니라 先션선生싱승 ○ 이 先生이 朱先生이라 他터타家갸쟈贴텋텨榜방방在째재

那 나나 門 믄믄 上 썅샹 ○ 뎌집의挾榜을니 門우희부첫ᄂᆞᆫ닌 不 봉부 曾 쯩층 着 쟣챠 看

컨칸 見 견견 麽 뭐마 ○ 일즉보지 못ᄒᆞ여 我 어오 不 봉부 曾 쯩층 留 릳릭 心 심신 看

컨칸 ○ 내일즉ᄆᆞ옴두이보 지어디ᄒᆞ여서니 不 봉부 知 징지 寫 셔셔 着 쟣쳐 甚 씸셔

麽 뭐마 裏 례리 ○ 야지笑게라므 서시라베뎌ᄂᆞ 寫 셔셔 的 딩디 是 씽시 壬 싄인 辰

씬친 年 년년 二 ᅀᅵᆼ얼 月 웨웨 十 씽시 二 ᅀᅵᆼ얼 日 ᅀᅵᆼᅀᅵ 生 ᄉᆞᆼᄉᆞᆼ 的 딩디 ○ ᄇᆞᆫ거 시이

壬辰年二月十 二日生이오ᄂᆞᆫ 年 년년 三 삼산 十 씽시 七 칭치 歲 쉬쉬 身 신신 故 구구

○ 나히三十七歲 에身故ᄒᆞ여오 二 ᅀᅵ얼 十 씽시 四 ᄉᆞᄉᆞ 日 ᅀᅵᆼ시 寅 인인 時 씽스 出

츄추 殯 빈빈 ○ 二十四日寅時 에出殯ᄒᆞ니 忌 기기 巳 ᄉᆞᄉᆞ 午 우우 亥 ᄒᆡᄒᆡ 卯 맏마

生 ᄉᆞᆼᄉᆞᆼ 人 ᅀᅵᆫ인 ○ 巳午亥卯生사ᄅᆞᆷ이 ᄅᆞᆫᄒᆞᆫ다ᄒᆞ엿더라 照 졈조 夜 여여 做 주주 道

땅닾 場 쨩챵 有 잉우 你 니니 在 째재 那 나나 裏 례리 麽 뭐마 ○ 어젯밤道 湯ᄒᆞᄂᆞᆫ데

朴通事新釋諺解三　四十三

뎌거 나리 잇 我 어오 當 쪙충 在 째재 那 나나 裡 례리 看 컨칸 見 견견 鋪 부푸 設

셩셔 的 뎌디 ○ 設내 호일 거즉 슬게 보이 니셔 鋪 大 때다 門 문믄 外 왜왜 放 방빙 一

흥이 張 쟝쟝 桌 좌조 子 즈즈 ○ 싱큰 을門 노밧 코긔 호 上 쌍상 面 면면 供 궁궁 着

짭져 一 힝이 尊 준준 佛 뽕보 像 썅샹 ○ 像우 을희 供一 ᄒᆞ尊 고佛 點 뎜뎐 起 키치 燈

딩등 燭 줗주 ○ 燈혀 고燭 을 擺 배배 列 렬려 菜 채차 果 귀고 ○ 버菜 리果 고를 衆

즁중 和 훠허 尚 쌍샹 ○ 尚모 이든 和 吹 취취 鑼 러로 打 다다 鈸 뽛바 ○ 불고 고라

뒤가 고라 擂 뤼리 鼓 구구 敲 캎캎 磬 킹킹 ○ 磬북 티디 고고 看 칸칸 經 깅깅 念 볌난

佛 뽕보 ○ 佛看 ᄒᆞ經 며念 直 쯔시 到 담도 天 텬텬 明 밍밍 ○ 붓비 라기 로 예하 니놀 ᄅᆞ이

란더 你 네니 却 캎커 曾 쩡층 送 송숭 麼 뭐 ○ 너 보 베 번또 디일 즉 我 워오 也 여여

送 숭숭 的 딩디 ○ 엿비 노삿 너보 내 靈 링링 柩 잉기 前 쪈쳔 面 면면 ○ 앏靈 희柩

는 是 씨시 影 잉힝 亭 팅텅 香 향향 亭 팅텅 轎 갸걀 馬 마마 ○ 香亭 影亭 還

馬완 衣 이이 帽 맏맏 靴 훠훠 帶 대대 等 등등 類 릐릐 ○ 等衣帽靴帶ㅣ나 오

환훤 有 잉약 十 씨씌 餘 유위 對 뒤뒤 幢 좡촹 幡 판빤 寶 밮빈 蓋 개개 ○ 나 ㄷ 닐

빵 寶蓋幢ㅣ幡 완과 和 훠허 尚 쌍샹 鼓 구구 手 쓩식 ○ 手 쥐ㅣ 尚 잇끼 ㄴ鼓 咳 해해 還

환환 有 잉약 他 타타 那 나나 小 샹샾 兒 싱을 子 즈즈 ○ 란애 ㅋ스 도디 이의 이그 셔어

穿 촨촨 着 잘셔 麻 마마 衣 이이 ○ 麻衣 고 ㄴ를 一 이 路 루루 悲 비븨 哀 해애

啼 티티 哭 쿠쿠 ○ 피 울고 路에 ㄴ술 又 잉약 見 견킨 那 나나 些 시셔 送 숭숭 殯

빈빈 親 친친 朋 뻥픙 ○ 도 보 ㄴ 親니 朋더 이 送殯 着 孝 帶 대대

白 빅 不 부부 可 커커 勝 싱싱 數 수수 ○ 여복 ㄴ 實

시 葬 장장 了 랴랸 呢 니 還 환 是 시 火 호 葬 장장 的 디 ○ 葬

九十九

朴通事新釋諺解

엳나내 葬혼엳나셔 놔이 [illegible] 把빠바 尸싀스 首싷숵 燒샾샤 化화화 了럎랴 ◯ 首尸

솔홀와다가 如슈슈 今긴긴 在째재 寺숭스 裡례리 寄계기 放방방 着쨯져 哩

졔기 ◯ 두이 엇제 난절 나에 라부 러 咳해해 這져져 老랖랖 畵쨩챵 却캏캬 也여여

苦쿠쿠 了럎랖 ◯ 쇼매 쉶이 노老 다書 ㅣ 眞진진 所수소 謂위위 ◯ 널진 은실 반로

三삼산 寸츈춘 氣키치 在째재 千쳔쳔 般뷘번 有윙우 ◯ 이三 시寸 매긔 나운 가이

더지 넌잇 一힁이 日싀 無무우 常쨩챵 萬완완 事씃스 休힐히 ◯ 엳一 셧ㅋ 홈여

休이 ㅎ엽 다스 홈매 이萬 ㅗ事 다ㅣ

咳해해 春츈춘 奴누누 ◯ ㅣ해 아春 奴 你니니 做주주 飯빤반 要얖얀 留릫루

心심신 纔쨰채 好핳한 ◯ 홈네 이밤 마을 치지 또으 ㅎ매 나留 린心 做주주 得ᄃ더 [illegible]

승 硬싱잉 了럎랖 難난난 吃킿치 ◯ 면짓 믹기 기를 어서 렵려 고새 忒틍티 爛란란

了也不中吃 ○ 너무 물러도 먹기에 맛당치 아니ᄒᆞ니라 淘米也要乾淨着 ○ ᄡᆞᆯ 일기ᄅᆞᆯ 또 乾淨히 ᄒᆞ라 早起那飯裏 ○ 아ᄎᆞᆷ 그 밥에 「我咬着一塊沙子 ○ ᄂᆡ ᄒᆞᆫ 덩이 모래ᄅᆞᆯ 무니 「便疼的了不得 ○ 곳 니 알파 견디지 못ᄒᆞ여라 「着水也要估量着 ○ 물 두기도 짐쟉ᄒᆞ여 「不要多也不要少了 ○ 만히도 말고 젹개도 말라 또 「煤爐子也要收拾好了 ○ 煤爐도 收拾ᄒᆞ기ᄅᆞᆯ 잘ᄒᆞ라 「乾煤簡子還有麼 ○ ᄆᆞ른 ᄆᆡ탄 덩이 ᄯᅩ 잇ᄂᆞ냐 「若沒有 ○ 만일 업거든 「就和些濕煤

뮈믜燒샾샤也여여好항호○곳져기濕煤를섯ᄡᅥ퓌어도됴흐니只징즈要얗얖弄

룽룽得듷더火훠호快쾌쾌○그져불퓌오기를섈리ᄒᆞ라若얗요飯빤반熟쓯수

了럏랸○반일밥이닉거든就찧주煮쥬쥬一힁이脚걓교羊양양蹄뗴티好

항하下햐햐飯빤반○이믜셔ᄒᆞ羊의다리를술마밥녀가됴게ᄒᆞ고若얗요做쭈주完

훤완備삐븨了럏랸早쨯잔些셔셔擺배배上쌍샹○만일믄ᄃᆞ라完備ᄒᆞ거든일즉

이버리라我어오好항한早쨯잔些셔셔吃칭치○내져기일즉이먹자若얗요挨

애애摸무무到땋다點뎜뎐燈덩등時씋스候훟후○만일그으내여블혈ᄢᅢ에ᄀᆞ드

르먼我어오就찧주不붕부敢감간吃칭치多더도了럏랸○내곳감히먹기를만

히노못ᄒᆞ다古구구人신인道땋다○古人이니ᄅᆞ되夜여여飯뽠반少샾샤一

이힁口쿠쿵○밤밥을ᄒᆞᆫ술을덜면活홓호到당단九꾸귀十씽시九꾸귀○아흔

아홉을산다ᄒᆞ니라

宋숭숭哥거거我어오同뚱퉁你녜니看컨칸打다다春츈츈去큐취罷빠바

○宋가형아내너와ᄒᆞᆫ가지로닙츈노곳ᄒᆞᄂᆞᆫ양보라가쟈」我어오不붕부去큐취也여여

懶란란怠대대看컨칸○내가지아니ᄒᆞ리라또보기슬희여라」我어오却깡거從

쯍츙來래레不붕부曾쯩층見견견過궈고○내또본ᄃᆡ일즉보지못ᄒᆞ여시매」所

수소以이이約햫요你녜니同뚱퉁去큐취哩례리○그러모로너를언약ᄒᆞ여ᄒᆞᆫ가

지로가려ᄒᆞ노라」我어오說숴쉬與유위你녜니便뼌변強걍챵似쓰스目뭉무

睹두두了럎랴○내너ᄃᆞ려니ᄅᆞ새시녁곳눈으로보논이도곤나으리라」那너나牛닉누

廠챵창裡례리○뎌쇼廠에셔」塑수수一힝이箇거거如슈슈象썅샹一힝이

般뻔번大따다的뎡디春츈츈牛닝누○ᄒᆞᆫ코키리마치큰春쇼를민ᄃᆞᆯ고」渾훈훈

身 신친 畫 화화 着 쟣져 顔 얀연 色 싀서 ○ 촐온 그몸 려에 빗 裝 좡좡 在 쨰재 一

황이 箇 거거 大 때다 車 처쳐 上 쌍상 ○ 시흔 더큰 두술 고위 에 把 바바 四 쓰스 條

뎡또 繩 씽싱 絟 촨촨 着 쟣져 大 때다 車 처쳐 ○ 가네 큰오 술리 위노 에흐 미로 고다 衆

즁즁 人 신인 拉 라라 着 쟣져 ○ 이여 그러 울사 고롬 前 쳔쳔 面 면면 擡 때대 着 쟣다

彩 채채 亭 띵팅 ○ 메깁 웟히 는彩 더亭 을 擡 수수 着 쟣져 一 이이 箇 거거 小 셩샨

童 뚱둥 子 쯔즈 中 경쟌 做 주주 芒 망망 兒 싱을 ○ 락흔 쟌小 兒童 ㅣ子 라를 부민 ㄹ드

고 牌 빼패 上 쌍상 寫 셔셔 着 쟣져 勾 긍구 芒 망밍 神 씬신 ○ 를牌 勾에 芒쓰 神기

흔이 고라 手 싞식 執 징지 彩 채채 線 션션 鞭 변변 ○ 올손 기에 지彩 고線 鞭 頭 뜰투

挽 환완 雙 상쐉 丫 야야 髻 기기 ○ 샹머 토리 조에 지기 고르 站 잔잔 着 쟣져 赶 간간

牛 잉닉 ○ 를더 올더 변쇼 順 쓘쓘 天 텬텬 府 부부 官 권관 員 원원 與 유위 欽 김긴

天텬텬監견갼衆중즁官관관們믄문 ○ 順天府官員과다뭇欽天監모든관원들이

兩량량邊변변擺배배着져졓走주즘 ○ 두편에버러가면셔 前쳔쪈面면면奏

주즘動둥뚱細시세樂요얗引인인着져쟣行힝힝 ○ 앏희셰풍뉴ᄒᆞ여인도ᄒᆞ여가

고 還환환有우읻那나너粧좡장二을 郎랑랑神신씬的디뎌 ○ ᄯᅩ녀二郎

神의모양ᄌᆞ민거시이시니 身신신穿쳔쳔黃황황袍포뽀 ○ 몸에黃袍를닙고 腰

얖결繫기계玉위융帶대대 ○ 허리에[illegible]ᄯᅴ셔고 頭투뚜戴대대幞부뿌頭투뚜

○ 머리에幞頭ᄡᅳ고 脚교걒登등뜽朝챂쨯靴훠훠 ○ 발에朝靴신고 手솨싛拿

나냐線션션鞭변변 ○ 손에線鞭가지고 騎치끼坐조쬒白배삥馬미마 ○ 白馬

ᄐᆞ고 一이잉箇거거小샤샾鬼귀귀撑충칭着져쟣紅홍황羅로러傘산산在

재째馬마마前쳔쳔 ○ ᄒᆞᆫ小鬼ㅣ紅羅傘바티여ᄆᆞᆯ앏희잇고 後후헣邊변변又위잏

朴通事新釋諺解二 四十七

跟근근着쟝져大따다小샿샿鬼귀귀卒쭈주○뒤히또大小鬼卒이ᄯᆞ로고又

잉우有잉우一힁이箇거거鬼귀귀○또ᄒᆞᆫ귀졸이이셔拿나나着쟝져三산산

丈짱쟝高갈간的디디一힝이面면면大따다旗기치○세길이나ᄒᆞᆫ큰一面大旗

를가지고上쌍샹寫셔셔着쟝져明밍밍現현현眞진진君균균四쓰스箇거거

大따다字쯔즈○우희明現眞君네큰字를ᄡᅳ고到달도了럏랴鼓구구樓럏루前쳔쳔

쳔쳔面면면○鼓樓앏희다ᄃᆞ라朝쨯챺東둥둥放빵방着쟝져土투투牛닣닉

○東을향ᄒᆞ여土牛를노코芒망망兒얼을立릭리在째재牛닣닉背베븨後ᅘᅮᇢ후

○芒兒ㅣ쇠뒤히셔셔候ᅘᅮᇢ후到닿단幾게지時씽스幾게지刻큉킈立릭리春츈츈

츈춘○어ᄂᆞ떼어ᄂᆞ刻에다ᄃᆞ라立春홈을기ᄃᆞ려ᄂᆞ司쓰스天텬텬臺태태便뻔변報

봥밮時씽스辰씬친○히天臺곳時辰을報ᄒᆞ면衆쭝중官권관員원원們문믄都

두두燒셩샨香향향禮례리拜배배 ○ 모든官員들이다燒香禮拜ᄒᆞ여 等등둥候

후후那나나地디디上샹샹申신신的디디時시스節졔계 ○ 뎌地氣올

라펴질ᄯᅢ를기ᄃᆞ리더니 那나나灰휘휘忽훙후然연안飛븨뵈起키치 ○ 뎌灰문득ᄂᆞ라

느라나니면 這져져些셔셔王왕왕公궁궁大다다臣신친 ○ 이여러王公大臣인

各거갑執지징一이잉鞭변변打다다那나나土투투牛누닝 ○ 각각ᄒᆞᆫ채를가

져ᄐᆡᆨ 土牛 這져져就짇짝謂위위之즈즈打다다春츈츈了랴랴 ○ 이

불로 온 봄 을 니 라 춘 노 你니니何허허必비빙還환환定딩딩要야얗去취큐看

건간麼마마 ○ 네엇지반ᄃᆞ시또일정가보고져ᄒᆞᄂᆞᆫ다

北버븡京징깅城칭징共궁궁有위잉九기깅座조쥐門믄믄 ○ 北京에城이

九座門이니南난난有위잉正징징陽양양門믄믄宣쉬쉰武우무門믄믄

崇쭝충文운운門문믄 ○ 南門에는 正陽門과 宣武門과 崇文門이 잇고 東둥둥有잉익

朝짶찬陽양양門문믄東둥둥直찌지門문믄 ○ 東에는 朝陽門과 東直門이 잇고

北븨버有잉익安헌안定띵딩門문믄德뜽더勝싱싱門문믄 ○ 北에는 安定門과 德勝門이 잇고

西세시有잉익阜뿌부城찡칭門문믄西세시直찌지門문믄 ○ 西에는 阜城門과 西直門이 이시니 這저저都두두是씽시門문믄的딩디舊찡쥐

名밍밍 ○ 이는 다 이 門 넷 일홈이라 如유위今김긴人신인把비바這저저宣쉔쉰

武우우叫걒쟌順쓘슌城찡칭門문믄 ○ 이제 사롬이 이 宣武를 다가 順城門이라 부르고 崇쭝충文운운叫걒쟌哈항하達따다門문믄 ○ 이 崇文은 哈達門이라 부르고

朝짶찬陽양양叫걒쟌齊쩨치華홧화門문믄 ○ 이 朝陽은 齊華門이라 부르고 阜뿡부城찡칭叫걒쟌平빙핑則쩌저門문믄 ○ 이 阜城은 平則門이라 부르니 這저져

都뒤두是씨시些셔서俗쑤쉬名밍밍了럏랴○이ᄂᆞᆫ다이名이니라俗

秀싱수才쨰채哥거거咱장차們문믄打다다魚유위去큐취罷빠바○秀才

혀아우리고기잡으라가쟈我어오不뿌부去큐취○ᄂᆡ가지아니ᄒᆞ리라諒량량你

니니要양야金긴긴榜방방題틔티名밍밍的디디書슈슈生싱승○혜아리건

대너金榜에題名코져ᄒᆞᄂᆞᆫ書生인那너나裡레리知징지道닿도我어오這져저漁

유위翁훙웅之즈즈樂랗러呢니니○어더우리이漁翁의즐거오믈알리오你네니

聽팅팅我어오說숴쉬○비ᄃᆞᆯ으라내니ᄅᆞ마我어오棄끼키了럏랴名밍밍利릐리

례리○내名利ᄅᆞᆯᄇᆞ리고撑청충箇거거一이이葉영여小셯샨漁유위船쭨촨

○一葉小漁船을저어載재재着죠져這져저酒직쥐琴낀킨魚유위網왕왕○

이酒琴魚網을싯고有잉익時씽스高갑간興힝힝○잇다감놉흔興으로便뼌변彈딴단

먼단 一흥이 曲큐취 流릭루 水쉬쉬 高갛간 山산산 ○ 곳호곡丘流水高山을드뎌

把바바 我어오 這저저 錦김긴 心심신 繡싱작 腹봉후 ○ 내어錦心繡腹을다가

都두두 付뷰뷰 這저저 水쉬쉬 國귕귀 魚유위 鄉향향 了럏랖 ○ 다이水國魚鄉

에부티고 也여여 有임우 時씽스 披피피 着쨯져 這저저 箬샹요 笠링리 蓑서소

衣허이 ○ 또잇다감이箬笠蓑衣를닙고 一흥이 任심인 斜써셔 風봉붕 細세시 雨

유위 ○ 斜風細雨를一任ᄒᆞ고 對뒤뒤 酒쥥직 自쯔즈 飲힝인 自쯔즈 歌거거 ○

술을對ᄒᆞ여自飲自歌ᄒᆞ여 消샵샨 遣켠켠 那나나 山산산 光광광 水쉬쉬 色승서

○ 뎌山光水色을消遣ᄒᆞ고 閒한현 時씽스 節졍져 常쨩챵 住쮸쥬 在쨰재 那녀나

青칭칭 蒲뿌푸 紅훙훙 蓼럏랖 灘탄탄 邊변변 ○ 한가ᄒᆞᆫ때에덧덧이뎌青蒲紅蓼灘

邊에머므러 繫계기 船쭨촨 下햐햐 網방왕 ○ ᄇᆡ미고그믈디며 或훼휘 撑칭충

到 닿단 這 쪄져 荷 허허 花 화화 香 햫향 處 츄츄 ○ 或이 荷花香너나 는곳에저이기

慢 만만 慢 만만 的 딩디 把 바바 釣 됴댠 鈎 궇구 垂 쮜취 下 햐햐 水 쉬쉬 去 큐츄

○ 널회여낙시를다 가물에드리워ㄴ 暫 잠잔 眼 한안 間 간갼 釣 뎡生 出 츙츄 箇 거거

老 랑랖 大 때다 金 김긴 色 싀서 鯉 례리 魚 유위 ○ 눈금작흘ᄉ이에 호ᄀ징큰금빗히

鯉魚를나ㄴ 가네니 豈 케치 不 붕부 快 괘쾌 樂 랗러 ○ 엇지快樂지 아니ᄒᆞ리오ㄴ 我 어오

不 붕부 管 권권 那 너나 李 례리 白 쀵베 撈 랗랖 月 웨워 ○ 내뎌李白의 撈月홈을ᄀ

ᄌᆞ아지아 너ᄒᆞ고ㄴ 也 여여 不 붕부 問 운운 那 너나 屈 큐귀 原 원원 投 뚜투 江 강장

○ 또뎌屈原의投江홈을 묻지아니ᄒᆞ니ㄴ 便 뼌변 是 씋시 那 너나 姜 강강 太 태태 公

궁궁 遇 유위 文 문운 王 왕왕 ○ 곳이뎌姜太公의 文王만남이라도ㄴ 我 어오 也 여여 無

무우 心 심신 羨 션션 慕 무무 他 타타 了 럏랴 ○ 내ᄯᅩᄆᆞ음에뎌를 羨慕홈이업세라

朴通事新釋諺解 三 五十

朴通事新釋

告강간狀쨩좡人신인某무무村춘춘某무무人신인○告狀ᄒᆞᄂᆞᆫ 사ᄅᆞᆷ 아므 村에

아뫼今김긴告강갇到됴도老랄란爺여여臺때대下햐하○이제 老爺 臺下에 告

ᄒᆞᄂᆞ이다今김긴年년년某무무月웨워某무무日ᅀᅵ이○今年 아모 ᄃᆞᆯ 아모 날小

셩샨人신인家갸쟈下햐하被븨븨賊쩍적竊쳐쳐去큐취布부부一ᅙᅵ이百

뷩버疋핑피○小人의 집의셔 도적이 뵈 一百 疋을 도적ᄒᆞ여 가믈 닙으니小셩샨人신인

即징지時씽스驚깅깅覺걒쟢○小人이 即時 놀라 ᄭᆡᄃᆞ라叫걓쟢起키치隣린린

人신인并빙빙巡쓘쓘宿숭수總중중甲걍갸人신인等등등追쥐쥐趕건간

○隣人과 다뭇 巡宿ᄒᆞᄂᆞᆫ 總甲 等을 블러 ᄒᆞ여 ᄯᆞ라趕쭁지至징즈某무무處츄츄

○바로 아모 곳에 니르러 되賊쩍적人신인不부부知징지去큐취向향향○賊人

의 去向을 아지 몯ᄒᆞ대小셩샨人신인與유위隣린린人신인等등등看컨칸驗

得賊人蹤跡 ○ 小人이 隣人等으로 더브러 賊의 蹤跡을 看驗ᄒ니

約有賊衆幾人 ○ 대되 賊衆이 여러 사ᄅᆞᆷ이

由本家西墻跳入 ○ 本家西墻으로 부터 여드러 [illegible]

於東屋山墻外窟進內 ○ [illegible] 偷盜布疋 仍跳墻而去 ○ 布疋을 도적ᄒ고 인ᄒ여 담을 너머 나가시니

至今贓物未獲 ○ 至今 贓物을 엇지 못ᄒ여시니

伏乞憲天老爺立賜看驗 ○ 伏乞 憲天老爺는 즉시 看驗홈을 주어

嚴差捕役人等緝拿到案 ○ 嚴히 捕役人等을 시겨 緝拿ᄒ여 案에 와 追還

朴通事新釋諺解二 五十一

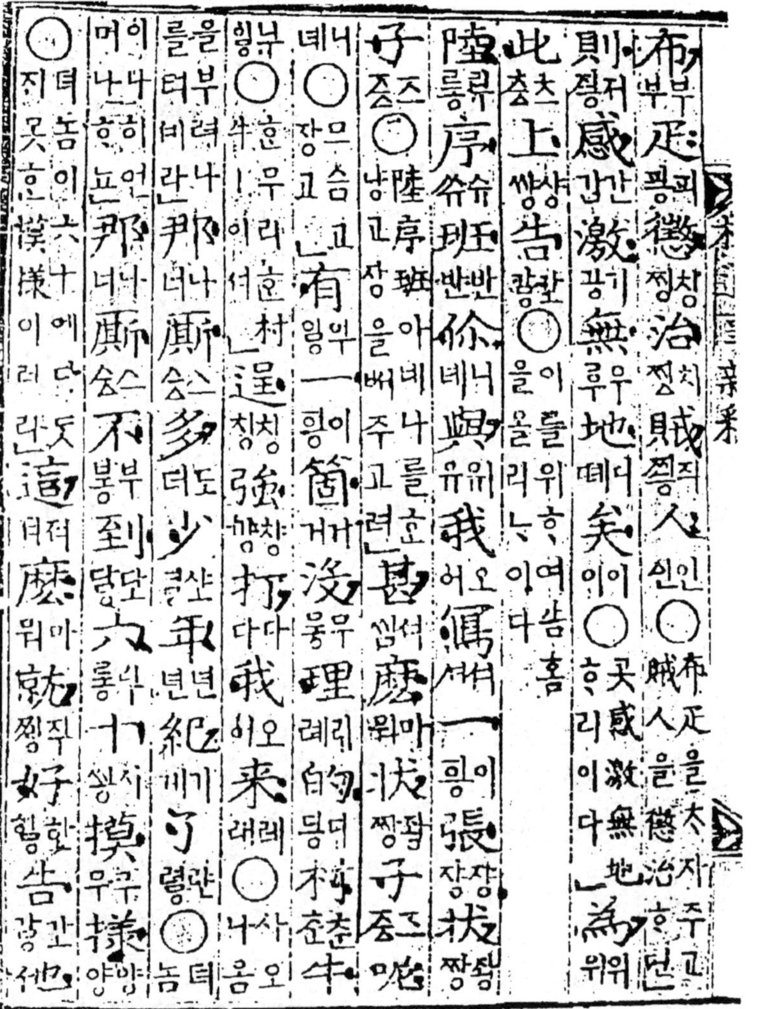

布부부疋피피懲칭칭治치치賊쯰즤人신인 ○ 布疋을太자주고 賊人을懲治ᄒᆞ던

則쯩저感간간激끼기無후우地띠디矣이이 ○ 곳感激無地ᄒᆞ리이다 爲위위

此ᄎᆞ츠上쌍샹告깡갈 ○ 이를위ᄒᆞ여告흠을올리ᄂᆞ이다

陸롱루亭슈슈班빤반你녀니與유위我어오寫셔셔一힝이張쟝쟝狀쫭좡

子즈즈 ○ 陸亭班아네나를ᄒᆞ요낭고장을써주고려 甚씸서麼뭐마狀쫭좡子즈즈呢

녜니 ○ 므슴고장고 有임우一힝이箇거거沒뭉무理례리的딩디村춘춘牛

닝뉴 ○ ᄒᆞᆫ무리ᄒᆞᆫ村쇼ㅣ이셔 逞칭칭強컁챵打다다我허오來래래 ○ 사오나옴

을부려나를터비라 那너나廝슷스多더도少쇼샨年년년紀기기了랼란 ○ 뎌놈

이나히언머나ᄒᆞᆫ뇨 那너나廝슷스不봉부到당도六릉뉴十씽시模무무樣양양

○ 뎌놈이六十에ᄃᆞᄃᆞᆺ지못ᄒᆞᆫ漢樣이러라 這뎌저麼뭐마就찡직好핳한告강갈也

타티 ○ 이려면 맛져 듯 告ᄒᆞ기 됴타 大 다때 明 밍밍 律 뤼룽 上 상썅 載 재재 明 밍밍

○ 大明律에 실닌 大 다때 凡 빤빵 七 치칭 十 시씽 已 이이 上 상썅 十

시씽 五 우우 已 이이 下 하햐 不 부봉 合 허항 加 갸가 刑 힝힝 ○ 무릇 七十 已上과 十

五 已下ᄂᆞᆫ 加刑홈이 맛당치 아니타 ᄒᆞ니라 你 니니 聽 팅팅 我 오어 念 넨넘 ○ 네 드르라

버넉 으만 告 간강 狀 좡좡 人 인신 李 리례 萬 완완 現 현현 年 년년 幾 지게 歲 쉬쉬

○ 告狀ᄒᆞᄂᆞᆫ 사ᄅᆞᆷ 李萬의 시방 나히 현이오 係 히히 本 본분 府 부부 本 본분 縣 현현 附 부부

부뿌 籍 지징 民 민민 人 인신 ○ 本府本縣에 미여 附籍ᄒᆞᆫ 民人이다 今 긴김 告 간강 到

닫당 老 랄랑 爺 여여 臺 대때 下 하햐 ○ 이제 老爺臺下에 告ᄒᆞᄂᆞ이다 本 븐분 年 년년

某 무무 月 워웨 某 무무 日 시싱 ○ 本年 아모 ᄃᆞᆯ 아모 날 小 샤샹 人 인신 前 쳔쳔 往 왕왕

왕왕 某 무무 處 추취 ○ 小人이 아모 곳에 가다가 忽 후훙 遇 위유 本 본분 府 부부 張

장쟝 千 쳔쳔 ○ 믄득本府張千을만나닌 帶 대대 酒 쟉작 肆 ᄉᆞ스 強 걍챵 ○ 술을먹고

사오나옴들부려 扣 큼쿠 住 쥬쥬 小 샿샿 人 신인 衣 이이 領 링링 百 버버 般 번번

打 다다 罵 마마 ○ 小人의옷깃슬트러잡고百般텨고욕호되 小 샿샿 人 신인 知 지지

他 타타 酒 쟉작 醉 쥐쥐 不 부부 敢 간간 抵 뎨디 敵 띵디 ○ 小人이제술취홈을알고

敢히抵敵지아니ᄒᆞ엿더니 竟 깅깅 將 쟝쟝 小 샿샿 人 신인 面 면면 門 믄믄 打 다다

破 퍼포 耳 싈을 根 근근 打 다다 傷 샹샹 ○ ᄆᆞᄎᆞᆷ내小人의ᄂᆞᆺ출다가텨ᄡᆞ기고귀밋출텨

傷히오니 當 당당 有 잉우 某 무무 縣 현현 某 무무 村 춘춘 人 신인 王 왕왕 大 때다

爲 위위 證 징졍 ○ 곳某縣某村사ᄅᆞᆷ王大ㅣ이셔證ᄒᆞ엿ᄂᆞ니이다 小 셤샾 人 신인 無

우우 辜 구구 受 씽식 辱 숑수 情 찡칭 理 례리 難 난난 甘 감간 ○ 小人이죄업시辱을

비드니情理難甘ᄒᆞ여 爲 위위 此 ᄎᆞ츠 激 깅기 切 쳥쳐 上 썅샹 告 갛갇 ○ 이를爲ᄒᆞ

여激切ᄒᆞ여上告ᄒᆞᄂᆞ니」伏부뿡乞키킹大다때老랖랗爺여여恩ᄒᆞᆫ은准쥰쥰施
시싱行ᅘᆡᆼ힝◯伏乞大老爺ᄂᆞᆫ恩准施行ᄒᆞ쇼셔」這져져狀좡좡告갈강到닾당衙
야야門문문◯이고장을衙門에告ᄒᆞ면」不부봉過궈궈三산삼日이ᅀᅵ之즈즈內
뉘뉘◯三日안에지나지못ᄒᆞ여」定띵딩行ᅘᆡᆼ힝審신심理리례發발방落로랄◯
일뎡審理發落ᄒᆞᆷ이되리라」常창쨩言연연道단땅◯常言에니ᄅᆞ되」捉조좡賊즤쩡
見견견贓장장◯도ᄌᆞᆨ잡기ᄂᆞᆫ贓物을보고」厮스ᄉᆞ打다다驗연엄傷상샹◯서ᄅᆞ
빠혼ᄃᆡᄂᆞᆫ傷處를驗ᄒᆞ야ᄒᆞᄂᆞ니라
今긴김日이ᅀᅵ早잔잗起치킈◯오ᄂᆞᆯ일즉이」我오어到ᄃᆞᆯ댱別뼈뼈處츄츄
去큐ᅔᅱ望왕왕相샹샹識시싱◯내다ᄅᆞᆫᄃᆡ가아ᄂᆞᆫ이를보려ᄒᆞ여」門문ᄆᆞᆫ前쳔쪈
拴산산着져쨔帶대대鞍안언子즈즈的디디白배뼁馬마마◯門앏희기ᄅᆞ마

지은 흰 몰을 미엿더니 不부붕 知지징 怎즘즘 麼마뭐 走주즉 了랴럎 ○ 아지 못게
라 엇지ᄒᆞ여 ᄃᆞ라난지 竟깅깅 不부붕 知지칭 去취큐 向향향 ○ ᄆᆞᄎᆞᆷ내 去 向을 아지
못ᄒᆞ니 你니녜 與유유 我오어 寫셔셔 一이잏 箇거거 招쟈쟣 子즈즈 ○ 네 나
를 ᄒᆞᆫ 방을 ᄡᅥ 주어 好한햫 到도닿 各거갛 處츄츄 橋챠걓 上샹샹 墻챵쟝 角교갸
頭투듷 貼텨텽 去취큐 ○ 各處ᄃᆞ리 우와 ᄃᆞᆷ 모롱이에 부치라 가게ᄒᆞ고 還환훤 得더듷
雇구구 一이잏 箇거거 小샤셯 廝스슿 ○ 또ᄒᆞᆫ 아ᄒᆡ 놈 울 삭 내여 着쟈쨯 他타텨
沿연연 街개걔 叫쟢걓 喚훤훤 尋신씬 覓미밍 纔채쨰 好한햫 哩리례 ○ 뎌로
ᄒᆞ여 거리를 조차 워여 ᄎᆞ자야 마치 됴ᄒᆞ리라 這져져 招쟈쟣 子즈즈 寫셔셔 了랴럎 ○
이 방 배 나 我오어 念년념 你니녜 聽팅팅 ○ 내 닐러든 네 드르라 本본븐 年년년 月
웨웽 日이잉 ○ 本年月日에 失시싱 去취큐 帶대뎨 鞍안헌 白배뻥 馬마마 一

이황 匹 핑피 ○ 기르마지은몰 흔필을원허시흰너 「牙 야아 幾 게지 歲 쉬쉬 ○ 나히 현이

라 「報 발반 信 신신 者 져져 給 긔지 銀 힌인 三 삼산 兩 량량 ○ 報信ᄒᆞᄂᆞᆫ 이ᄂᆞᆫ銀석

냥을 주고 「收 싱수 管 권권 者 져져 謝 셔셔 銀 인인 六 루릭 兩 량량 ○ 거두어 두니논

銀엿냥을샤 례ᄒᆞ리라 「這 져져 招 쟝쟌 子 즈즈 寫 셔셔 得 더더 極 긔기 簡 간간 便

뻔편 ○ 이방쓰기를極히 簡便히ᄒᆞ엿다 「我 어오 就 쩍직 雇 구구 人 인인 拿 나나 去

큐취 找 장잔 馬 마마 罷 빠바 ○ 내곳사롬을삭내여 가져가몰을ᄎᆞᆺ자 「大 때다 哥 거거

○ 큰형 아 「若 약요 得 더더 了 럎랴 這 져져 馬 마마 來 래래 ○ 만일이몰 을어더오

거든 「就 쩍직 請 칭칭 你 니니 吃 치치 酒 직직 ○ 곳너를청ᄒᆞ여 술먹으믈락라

「如 유유 何 헤허 數 수수 日 잉이 不 봉부 見 간간 先 션선 生 승승 呢 니니 ○ 엇 지

數日을先生을 보지못ᄒᆞ러뇨 「你 니니 聽 팅팅 我 이오 說 숑쉬 ○ 네드르라 내니르마 「이ᄉ

샨뎡 弟디뗴 近긴낀 日싀잉 聽팅텽 得더둥 ○小弟ㅣ 요ᄉ이 드르니 有우잉 箇

커거 高갚강 麗리려 来리래 的디뎌 秀수싱 亦채째 ○호高麗로셔 온 秀才잇다 ᄒᆞ면

我오어 去킈큐 尋신씸 他타텨 講걍강 論룬룬 些셔서 書슈슈 ○내가더 들太자

글을 論ᄒᆞ 講ᄒᆞᆫ 因인힌 此ᄎᆞ츠 不부봉 得더둥 工궁궁 夫부뿌 ○이런 로븐 젼을 太을

엇지 ᄒᆞ여 못 闕궈귕 拜배배 望왕망 了랴령 得더둥 罪쥐쮜 ○拜望ᄒᆞ옴을 闕ᄒᆞ니 罪을

로ᄅᆞᆯ 잇란 괘 先션션 生승싱 近긴낀 来리러 却쳐쿄 有우잉 些셔서 新신신 聞운운

麽마뭐 ○ ○ 新先聞生이 아요 잇ᄉᆞ 나이 또 没무뭉 甚시심 麽마뭐 新신신 聞운운

○ 聞 아 모 이란 新 섭 고 只즈징 聽팅텽 得더둥 些셔서 東둥둥 國궈귕 故구구 事

스 ○ ○ 다 事 만 ᄅᆞᆯ 져 드 기 럿 東 노 國 라 故 你니비 就쟉쩡 說워숴 一이힝 說워숴 ○

비 ᄃᆞ 나 你니비 要약영 我오서 說워숴 甚시심 麽마뭐 ○비 니 ᄃᆞᆯ 러 라 ᄒᆞ 려

여므홀다ᄂᆞ슴 如 유유 今 긴김 訪 쟝작 同 뚱퉁 小 셩샿 弟 뗴디 去 킈킈 拜 배베 望

왕왕 他 타타 便 뺸변 了 럏랼 ◯ 이제 가 즉시 려 ᄅᆞᆯ 拜 小 望 弟 ᄒᆞ 와 여 호 ᄀᆞᆺ 가 ᄒᆞ 지 리 로 라 咳

해해 我 오 이 沒 무 뭉 有 우 윌 牲 승 싱 口 쿠 쿵 却 커 캳 怎 즘 즘 麼 마 뭐 好 한 할 呢

나 녜 ◯ 애 또 내 엇 게 치 즘 ᄒᆞ 성 여 이 와 업 됴 스 흐 니 됴 不 부 봉 知 지 징 街 개 개 坊 방 방 上

샹 샹 可 커 커 有 우 읭 債 난 님 的 디 딩 驢 뤼 류 麼 마 뭐 ◯ 아 리 지 에 못 네 게 별 라 나 커 커

잇 나 ᄂᆞ 有 우 읭 錢 쳔 쪈 債 난 님 便 변 뺸 有 우 읭 驢 뤼 류 ◯ 돈 내 이 러 이 ᄒᆞ 셔 면 ᄀᆞᆺ 곳 ᄀᆞᆺ

나 ᄂᆞ 귀 너 잇 라 那 나 너 麼 마 뭐 着 져 짷 ◯ 그 먼 러 ᄂᆞ 就 쟉 짱 取 츄 츄 一 이 힝 百 버 븽

錢 쳔 쪈 云 킈 큐 債 난 님 來 래 래 討 [illegible] 上 샹 샹 ◯ 곳 가 ᄒᆞ 삭 박 개 돈 여 을 와 가 안 져 장

러 라 ᄂᆞ 으 先 션 선 生 숭 싱 ◯ 先 아 生 ᄂᆞ 纔 채 째 剛 강 강 說 쉬 숭 的 디 뎡 那 나 너 秀

삭 싱 才 채 째 ◯ 앗 그 가 秀 니 才 ᄂᆞ 로 ᄂᆞ 돈 却 커 캳 住 쥬 쥬 在 재 쩨 那 나 너 裡 리 레 呢

녜너 ○ 려또 잇어 느되 뇨머 느문 在 째재 崇 쭝충 文 운운 門 문믄 裡 례리 大 때다 街

개게 東 둥둥 張 쟝장 編 뼌변 修 실삭 家 갸자 住 쥬쥬 着 쟢져 ○ 큰崇 거文 리門 東안

이편 서張 어編 으修 느의 너집 란의 那 너나 麽 뭐마 更 궁긍 好 함한 ○ 옥그 됴려 타면 느더

張 장장 編 뼌변 修 싱식 是 씽시 个 셩샹 弟 뎨디 的 듸디 同 뚱퉁 年 년년 ○ 編張

의修 同는 年이 이小 란弟 也 여여 就 쥭쥐 拜 배배 他 티타 一 힝이 拜 배배 豈 케치 不

봉부 更 깅긍 妙 뱡먀 麽 뭐마 ○ 지또 더곳 옥져 妙의 티게 아拜 너홈 ᄒ이 관엇 己 이이 到

댱댜 張 쟝샹 編 뼌변 修 싱식 門 문믄 首 싱식 可 럼랸 ○ 門볼 잡부 희張 다編 드修 거의

느다 你 녜니 相 샹샹 公 궁궁 在 째재 家 갸쟈 麽 뭐마 ○ 의네 잇相 느公 나이 느집 我

어오 相 샹샹 公 궁궁 不 붕부 在 째재 家 갸쟈 ○ 잇우 지리 아相 너公 ᄒ이 너집 란의 我

어오 問 운운 你 녜니 ○ 뭇내 노브 니드 려 느 言 강간 麗 례리 來 래래 的 듸디 秀 싱식

才 째재 還 훤환 在 째재 此 ᄎᆞᄉᆞ 住 쥬쥬 麽 뭐마 ○ 高麗로셔온秀才당시롱예이셔머

므ᄂᆞ냐 在 째재 書 슈슈 房 빵방 裏 례리 看 칸칸 書 슈슈 哩 례리 ○ 書房에셔글을

보ᄂᆞ니라 你 니니 進 진진 去 큐취 說 쉬숴 ○ 네들어가니ᄅᆞ라 有 윙우 箇 귀거 常

쟝창 來 래레 的 디디 沈 씸신 進 진진 中 중중 ○ ᄆᆡ양오ᄂᆞᆫ沈進中이 今 긴긴 同 뚱퉁

葛 궈거 敬 깅깅 之 즈즈 教 쟢쟌 授 쑤수 ○ 이제葛敬之教授와ᄒᆞᆫ가지로 特 뜽터 來 래

래레 拜 배배 望 왕왕 先 션션 生 승승 的 디디 ○ 특별이와先生ᄭᅴ拜望ᄒᆞ다ᄒᆞ라 韓

헌한 相 샹샹 公 궁궁 ○ 韓相公인 外 왜외 面 면면 有 윙우 沈 씸신 相 샹샹 公 궁궁

同 뚱퉁 客 킈커 來 래레 奉 뽕봉 拜 배배 ○ 밧씌沈相公이客과ᄒᆞᆫ가지로와奉拜ᄒᆞ더라

快 쾌쾌 請 칭칭 進 진진 來 래레 相 샹샹 會 휘회 ○ 밧비청ᄒᆞ여드러와서ᄅᆞ못게ᄒᆞ라

沈 씸신 兄 휭훙 這 져저 位 위위 尊 준준 姓 싱싱 ○ 沈兄아이분의놉흔姓이여 不

봉부 敢 감간 ○ 不敢ᄒᆞ여리ᄂᆞᆫ 在 째재 下 햐하 姓 싱싱 尊 쥰귀 字 쯔즈 敬 깅깅 之

징즈 ○ 在下ㅣ姓은葛이오字ᄂᆞᆫ敬之라이 請 싱싱 問 운운 先 션션 生 승승 貴 귀귀 姓

싱싱 ○ 청컨되묻ᄂᆞ니先生의貴ᄒᆞᆫ姓이연 不 봉부 敢 감간 ○ 不敢ᄒᆞ여라ᄂᆞᆫ 在 째재 下

햐하 姓 싱싱 韓 현한 名 밍밍 彬 빈빈 字 쯔즈 文 운운 中 즁중 ○ 在下ㅣ姓은韓이오

일홈은彬이오字ᄂᆞᆫ文中이라ᄒᆞᄂᆞᆫ 韓 현한 先 션션 生 승승 貴 귀귀 庚 궁궁 ○ 韓先生의

貴ᄒᆞᆫ나ㅣ하여ᄂᆞᆫ 三 삼산 十 씽시 三 삼슨 歲 쉬쉬 了 럏랴 ○ 설흔술이라ᄂᆞᆫ 先 션션 生

승승 令 링링 尊 쥰쥬 令 링링 堂 땅탕 俱 규쥐 在 째재 堂 땅탕 麽 뭐마 ○ 先生의令

尊令堂이다在堂ᄒᆞ신가 在 째재 下 햐하 具 규쥐 慶 킹킹 ○ 在下ㅣ具慶ᄒᆞ여라 先 션션

生 싱승 ○ 先生아ᄂᆞᆫ 你 네니 這 저저 東 둥둥 國 궈귀 歷 리리 代 때대 以 이이 來

레레 有 위우 多 더도 少 샾샾 年 넨녠 了 럏랴 ○ 네이東國이歷代ᄲᅵ돔으로몃히나ᄒᆞ연

當당당初추추怎즘즘生싱승建견견國궈궈○當初에 엇지 나라흘 셰웟는지
請칭칭道땅닾其끼키詳썅샹○請컨대 그 자셰홈올 니ᄅᆞ라 高강갚麗례리太태태
祖주주姓싱싱王왕왕諱휘휘建견견表뱧뱦字ᄍᆞᄌᆞ若샹쇼天텬텬○高麗
太祖의 姓은 王이오 諱는 建이오 字는 若天이라 年년년當당당二싱을十씽시歲쉬쉬
時씽스分분븐○에 나히 二十歲 당홀 대는 正징징是씽시唐땅당昭쨯쟈宗중중
乾껸껸寧닁닝三산산年년년○乾寧三年은 唐昭宗이라 那너나時씽스有
잉우箇거거王왕왕名밍밍弓궁궁裔이이○그 때예 ᄒᆞᆫ 님금이 이셔 일홈이 弓裔니 이
眞진진是씽시無우우道땅닾無우우所소소不부부爲위위○진실로 道ㅣ 업
서 ᄒᆞ지 아닐 배 업ᄂᆞᆫ지라 有잉우將쟝쟝軍균균裴뻬퀴玄훤훤慶킹킹洪훙훙儒
유유卜부부智지지謙견견申신신崇충충謙견견等등등四스스箇거거人

朴通事新釋諺解三 五十七

一六九七

인인 ○ 將軍裴玄慶洪儒卜智謙 申崇謙等네사룸이이션 向향향 太태태 祖주주 商상상
量량량 道땅도 ○ 太祖를향호여 논호여니르되 弓궁궁 王왕왕 如유유 此층츠
無무우 道땅도 ○ 弓王이無道호니 사無道이이러 願원원 公궁궁 速송수 救긴구 百
姓싱싱 之즈즈 苦쿠쿠 ○ 願컨대公은百姓의괴로옴을구셜호기 라 那나나 時
太태태 祖주주 不부부 允윤윤 ○ 그때에太祖ㅣ 듯지아니호더니 倒도도 是
娘냥냥 子즈즈 柳류류 氏스스 出추추 來래래 說쉐쉐 道땅도 ○ 娘로
와子 柳氏니르되 나 ㅣ 征징징 伐빠바 無무우 道땅도 乃내내 國궈궈 家가자 正
징징 理리리 ○ 無道를征伐홈은國家正理라 如유유 我오오 婦부부 人인인 家
가자 ○ 겨우집리도마 듣 聽팅팅 得더더 心신신 內뉘니 尙샹샹 然연안 不부부
忍신인 ○ 드르매 오히려 스 참디 몯 호 거 든 況황황 爲위위 男난난 子즈즈 漢

한헌的디딍怕파과甚씸셔麽마뭐呢니ᄂᆡ○ᄒᆞᆫ믈너ᄉᆞ나희되엿ᄂᆞ니므서슬저퍼ᄒᆞ

주주穿춴현上샹샹○곳金甲ᄒᆞᆫ볼올드러ᄂᆡ어太祖를주어닙히고ㄴ叫걍쟌衆중중

將쟝쟝軍균균們믄믄服뿡부侍씃스上샹샹馬마마○여러將軍들을블려뫼셔

돋뎌오고ㄴ又익우着쨯쟈人인인前쪈쳔去큐취曉햫햪諭유위衆중중百빙버

姓싱싱道땋댜○또사ᄅᆞᆷ으로ᄒᆞ여나아가모든百姓들의게曉諭ᄒᆞ여니ᄅᆞ되ㄴ王왕왕公

궁궁已이이舉규귀義이이兵빙빙○王公이볼셔義兵을드럿ᄂᆞ니라ㄴ百붕비姓

싱싱們믄믄聽팅팅得뒹더這져져話화화○百姓들이이말을듯고ㄴ便뼌변播

뤄리鼓구구打다다鑼러로○곳북치고바라치고ㄴ聚쥬쥬集찡지萬완완千쳔쳔

人인인把바바弓궁궁王왕왕圍위위困쿤쿤○萬千사ᄅᆞᆷ을모하弓王을다가에워

朴通事新釋諺解 三　五十八

ᄒᆞ田넌케 弓 궁궁 王 왕왕 只 즈주 得 더더 改 개개 換 환환 衣 이이 裳 쟝쌍 ◯ 조ᄀᆞ

을이 고그 시저 고衣 裳 逃 땅토 往 왕왕 山 산산 中 중중 去 큐취 了 랼랸 ◯ ᄒᆞ도 여망

여山 맛中 더을 나향 ᄒᆞ 後 흫후 來 래레 有 일약 人 인인 向 향향 山 산산 中 중중 打 다다

다다 園 위위 ◯ 後 향에 ᄒᆞ사 여ᄅᆞᆷ 산이 영山 ᄒᆞ中 다을 간 撞 쨩짱 見 견견 弓 궁궁 王 왕왕

放 방방 箭 젼잔 射 써셔 殺 상시 了 랼랸 他 터타 ◯ 박ᄅᆞ 아王 텨을 를만 죽나 이살 니로

라 卽 장지 便 뺀변 請 칭칭 太 태태 祖 주주 登 등등 布 부부 政 징징 殿 뎐뎬 卽

장지 了 랼랸 王 왕왕 位 위위 ◯ 殿 즉에 시옫 太라 王祖 位를 請이 ᄒᆞ여 卽ᄒᆞ 布고 政 國 궈귀

號 항한 高 감간 麗 례리 ◯ 國 ㅣ라 號ᄒᆞ 롤고 高 麗 第 떼디 二 ᅀᅵᆼ을 年 년년 便 뺀변

移 이이 都 두두 松 숭숭 岳 얖요 郡 균균 ◯ 岳 郡 二 年에 移 都ᄒᆞ 니松 這 저져

便 뺀변 是 씨시 當 당당 年 년년 高 감간 麗 례리 建 견견 國 궈귀 之 즈즈 故 구구

一七〇〇

事씃스了럎랼 ◯註 這是當年에高麗ㅣ 國ᄒᆞᆫ故事ㅣ니라 咱장자們믄믄都두두領

링링教갸쟌了럎랼 ◯ 을 領ᄒᆞ여다 ᄅᆞ리다마 치 請칭칭暫짠잔別뼈벼過궈교

羅빠바 ◯ 請 ᄂᆡ대 ᄒᆞ잠 견건 ᄂᆞᆫ 신 旣 ᄒᆞ여 承찡칭 二 을 位위위 光광광 顧구구

◯ 임의 一位光顧ᄒᆞ여시니 且 请 坐 一 坐 再 用

융융 一 杯 粗 茶 ◯ 아직 請ᄒᆞᆫ 잔 좀 차 ᄆᆞᆯ 안 ᄌᆞ 시 먹 라 小

쏭산 厮 們 快 送 茶 来 ◯ 아 ᄒᆡ 들 은 ᄲᆞᆯ 니 ᄎᆞ 가져 오 라

니 子 別 無 甚 宜 帶 来 ◯ 小 子

로 土 産 은 가 져 오 디 아 니 ᄒᆞ 고 오 직 惟 有 些 高 麗 筆 墨

紙 張 ◯ 오직 져 기 高 麗 ㅅ 붓 과 먹 과 죠 희 ᄅᆞᆯ 이 시 니 聊 以 奉

送 ... 勿 見 笑 ◯ 애 아 로 시 ᄲᅥ 밧 드 려 보 ᄂᆡ 니 ᄒᆡᆼ 혀 웃 지 말 라

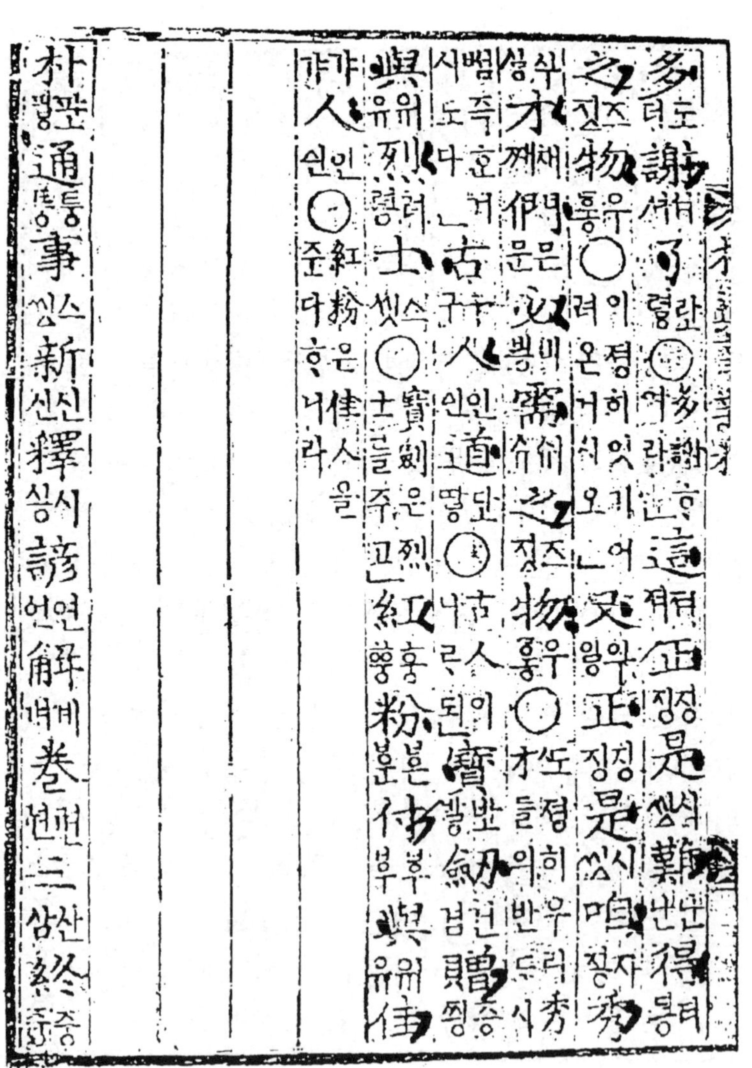

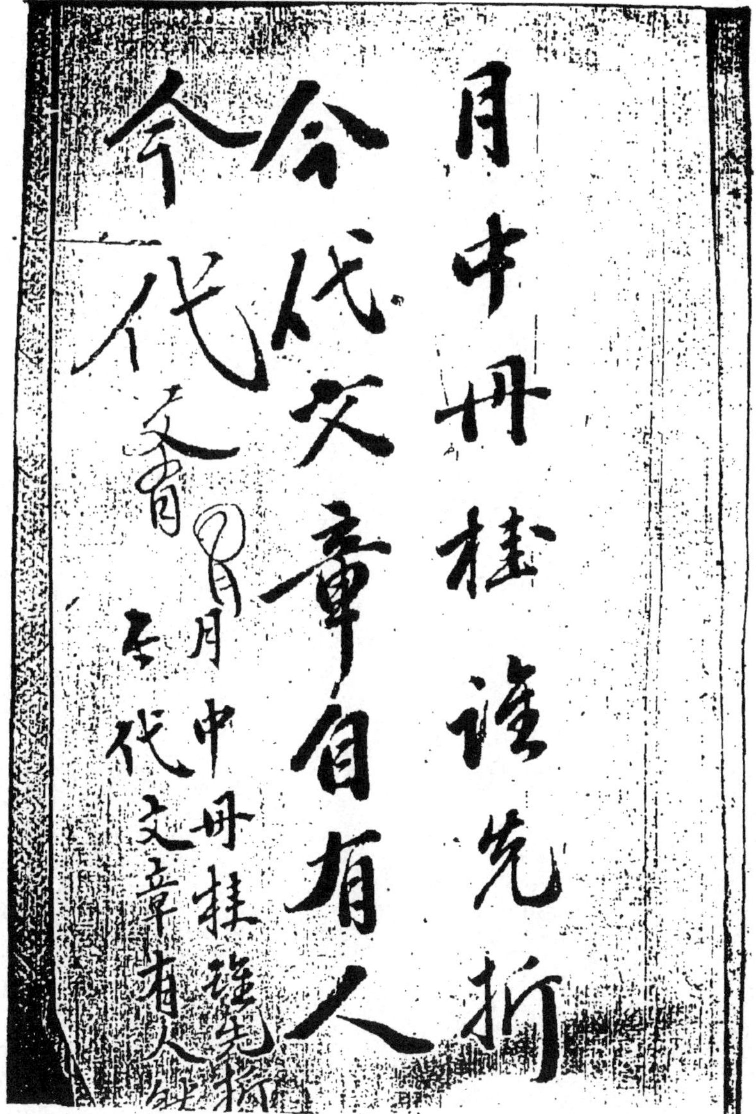
月中丹桂誰先折
今代文章自有人